2011 年版

中国科技期刊引证报告（核心版）

中国科技论文统计源期刊

中国科学技术信息研究所

科学技术文献出版社
SCIENTIFIC AND TECHNICAL DOCUMENTATION PRESS
北　京

2011年版中国科技期刊引证报告（核心版）

本报告受国家自然科学基金项目"发达国家科技期刊建设同经济实力、科技发展的关系暨期刊语言选择的历时性研究及其借鉴意义"(70973118)、中央级公益性科研院所基本科研业务费专项资金项目"创新型国家建设进程中科技产出跟踪监测平台建设"(ZD2011-5-1)共同资助

通信地址：北京市海淀区复兴路15号 100038

中国科学技术信息研究所　情报方法研究中心

网　　址：www.istic.ac.cn

电　　话：010-58882027，58882537，58882539

传　　真：010-58882028

电子信箱：cstpcd@istic.ac.cn

前言

1987 年，中国科学技术信息研究所（ISTIC）受国家科学技术部（原国家科委）的委托，开始对中国科技人员在国内外发表论文的数量和被引用情况进行统计分析，并利用统计数据建立了中国科技论文与引文数据库（CSTPCD）。这项工作开展后受到了社会各界的普遍重视和广泛好评。20 多年来，中国科学技术信息研究所通过艰苦繁杂的劳动，积累了大量的宝贵数据，为国家科技部等各级管理部门、高等院校、科研机构、期刊编辑部和科研工作者提供了各类论文统计基础数据和期刊评估指标。

从 1997 年第 1 本《中国科技期刊引证报告》（CJCR）面世至今，已连续出版了 10 余版。《中国科技期刊引证报告》是一种专门用于期刊引用分析研究的重要检索评价工具。利用 CJCR 所提供的统计数据，可以清楚地了解期刊引用和被引用的情况，以及进行引用效率、引用网络、期刊自引等统计分析。同时，利用 CJCR 中的期刊评价指标，还可以方便地定量评价期刊的相互影响和相互作用，正确评估某种期刊在科学交流体系中的作用和地位。自 CJCR 问世以来，在开展科研管理和科学评价期刊方面一直发挥着巨大的作用。

《中国科技期刊引证报告》选用的是中国科技论文统计源期刊，即中国科技核心期刊，这些期刊是在经过严格的定量和定性分析的基础上选取的各个学科的重要科技期刊。《2011 年版中国科技期刊引证报告（核心版）》收录中国科技论文统计源期刊共 1998 种。中国科技论文统计源期刊的论文构成了中国科技论文与引文数据库（CSTPCD），即中国科学技术信息研究所每年进行中国科技论文统计与分析的数据库，该数据库的统计结果编入国家统计局和国家科学技术部编制的《中国科技统计年鉴》，统计结果被科技管理部门和学术界广泛应用。

中国科学技术信息研究所在与国际评价机制接轨的同时，充分利用 20 余年积累的科技论文和科技期刊评价工作经验和丰富数据，选择了总被引频次、影响因子等重要的期刊科学计量指标进行统计和分析，同时又注意结合中国科技期刊发展的实际情况，创新了基金论文比、地区分布数、机构分布数、他引率、离均差率等多种期刊评价指标。在出版《中国科技期刊引证报告》的 10 余年间，我国科技期刊有了长足的进步，科技期刊的发展也带动了科技期刊相关的指标和评价体系研究工作的不断进步，我们将研究成果应用在《中国科技期刊引证报告》中，适时进行指标的增补和修正。《2011 年版中国科技期刊引证报告（核心版）》中已经扩展到 23 项科学计量指标，120 多幅插图。读者可以看到，每一版《中国科技期刊引证报告》都有新的变化和进步。我们衷心希望《中国科技期刊引证报告》能成为广大读者开展工作时检索查询的友好助手和得力工具，并愿为大家奉献一份独一无二的科技期刊分析与评价报告。

《中国科技期刊引证报告》的出版，是我国科技界和知识界的一件大事。这些丰富和适用的期刊评价指标使我国的广大科技工作者、期刊编辑部和科研管理部门能够科学快速、准确地选择和利用期刊，为科技期刊出版单位和科研人员客观地了解期刊的学术影响力，提供公正、合理、科学、客观的评价依据。同时，也为决策管理部门科学地评价我国科学活动的宏观水平、微观绩效，以及建立科学交流传播机制积累基础数据。10 多年来已经为国家期刊奖的评定，中国科协、国家自然科学基金委员会、中国科学院和地方省市和行业机构的期刊管理部门提供了大量的各类评估数据，大大提高了我国科技期刊科学管理的水平，促进我国科技期刊评价管理工作进一步向科学化、定量化和规范化方向发展。同时，《中国科技期刊引证报告》的发行，也有力地填补了我国关于期刊评价数据的空白。

在整个编写过程中，我们力求严格规范，细致准确，精益求精。但由于一些实际情况，例如期刊的更名合并、期刊引用文献著录不规范等，给我们的统计、分析与编辑工作带来很大困难。因此错误和疏漏在所难免，诚望广大读者不吝赐教，批评指正。

中国科学技术信息研究所

2011 年 11 月

主要计量指标（1998 种期刊）

	平均值	统计数字
总被引频次	971 次/刊	≥2 000 次的期刊共有 210 种
影响因子	0.463	≥1.000 的期刊共有 123 种
即年指标	0.060	≥0.100 的期刊共有 304 种
基金论文比	0.51	≥0.80 的期刊共有 446 种
海外论文比	0.02	≥0.2 的期刊共有 36 种（其中 30 种是英文期刊） 830 种期刊无海外论文
他引率	0.82	≥0.95 的期刊共有 252 种
篇均作者数	3.92 人/篇	≥5 人/篇的期刊共有 262 种
篇均引文数	13.41 条/篇	≥20 条/篇的期刊共有 254 种
综合评价总分	37.6 分	≥50 分的期刊共有 385 种

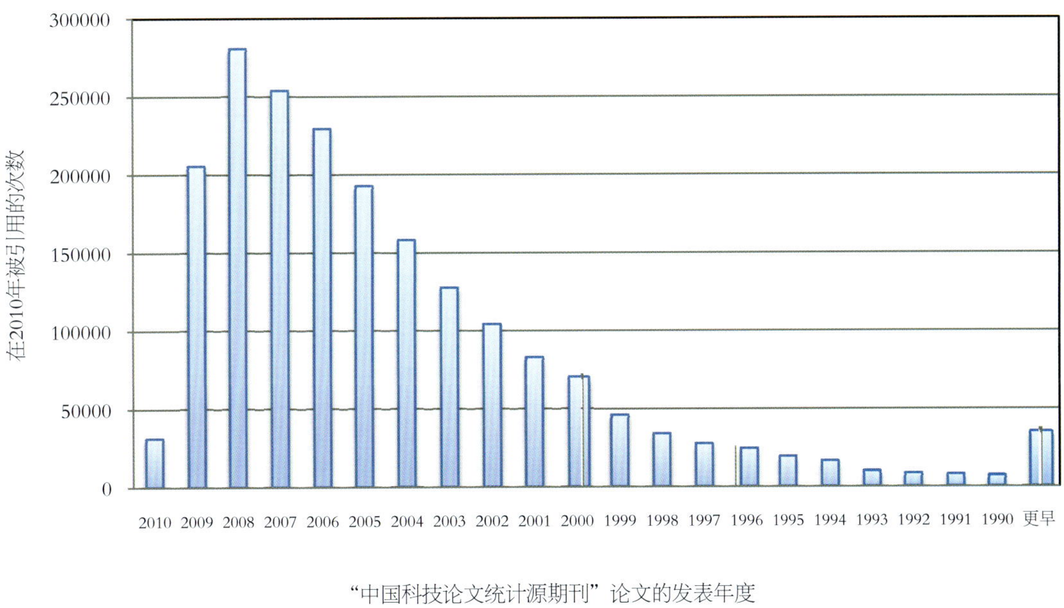

2010 年被引用的“中国科技论文统计源期刊”论文的发表时间分布图

说明：图中数据统计来源为《2010 年度中国科技论文与引文数据库》（CSTPCD 2010）。横坐标为论文的发表年，柱状图示表示该年度在“中国科技论文统计源期刊”上发表的论文在 2010 年度被引用的次数。

目　录

7　2010 年中国科技期刊综合评价

8　2010 年中国科技论文统计源期刊目录

9　期刊变更表

10　新入选中国科技论文统计源期刊

1 编制说明

《2011 年版中国科技期刊引证报告（核心版）》以《中国科技论文与引文数据库(CSTPCD)》为基础，采用科学客观的研究方法与评价方式，遴选中国自然科学领域各个学科分类的重要期刊作为统计来源期刊。《2011 年版中国科技期刊引证报告（核心版）》收录了在中国（不含港澳台地区）正式出版的 1998 种科技期刊，即“中国科技论文统计源期刊”（也称“中国科技核心期刊”）。

1.1 总体设计说明

《2011 年版中国科技期刊引证报告（核心版）》包括 4 个主要部分：

（1）期刊指标总表：期刊被引用指标和期刊来源指标；

（2）各学科期刊指标：各学科期刊整体情况和期刊在学科内相对位置的主要指标和图表；

（3）期刊综合评价指标：期刊综合评价总分排名，以及影响因子和总被引频次的总排名；

（4）中国科技论文统计源期刊（中国科技核心期刊）名录和变更情况。

这 4 部分独立成系统，又互相联系，构成一个中国科技期刊综合评价指标体系，从各个角度对期刊进行统计描述和分析评价。根据这些数据，读者可以对期刊的学术水平、学科地位、编辑状况、交流范围以及读者满意程度有一个客观、概括的了解。在内容组织和编排上，《2011 年版中国科技期刊引证报告（核心版）》设计了多角度、多层次查询和评价期刊的丰富功能，图文并茂，可以满足读者在多样化的评估、管理和研究工作中的不同需求。

1.2 期刊评价指标

为了全面、准确、公正、客观地评价和利用期刊，《2011 年版中国科技期刊引证报告（核心版）》借鉴国际通用评价体系，并在此基础上，结合中国期刊的实际情况，设计计算了 23 项学术计量指标，基本涵盖和描述了期刊的各个方面。这些指标包括：

期刊被引用计量指标：总被引频次、影响因子、即年指标、他引率、引用刊数、扩散因子、权威因子和被引半衰期；

期刊来源计量指标：来源文献量、文献选出率、参考文献量、平均引文数、平均作者数、地区分布数、机构分布数、海外论文比、基金论文比和引用半衰期；

学科分类内期刊计量指标：综合评价总分、学科扩散指标、学科影响指标、总被引频次的离均差率和影响因子的离均差率。

《2011 年版中国科技期刊引证报告（核心版）》还分别计算了期刊综合评价总分、总被引频次和影响因子在其所在学科分类内和全部 1998 种“中国科技论文统计源期刊（中国科技核心期刊）”的排名。

1.3 期刊的学科分类

《2011年版中国科技期刊引证报告(核心版)》依据《学科分类与代码(国家标准GB/T 13745—2008)》和《中国图书资料分类法(第四版)》的学科分类原则,同时考虑到来源期刊的实际分布情况,将1998种来源期刊分别归类到61个学科类别。

这61个学科分类的设计结构为:

·综合(3)——综合,综合大学学报,师范大学学报;

·理学(12)——数学,力学,信息科学与系统科学,物理学,化学,天文学,测绘学,地球科学,地理科学,地质科学,海洋科学,大气科学;

·农学(8)——农学,农艺学、园艺学,农业工程,农业大学学报,林学,畜牧、兽医科学,水产学,预防医学与卫生学;

·生命科学(17)——生物学,基础医学,医学综合,医科大学学报,药学,临床医学,保健医学,妇产科学、儿科学,护理医学,神经病学、精神病学,口腔医学,内科学,外科学,眼科学、耳鼻咽喉科学,肿瘤学,中医学与中药学,军事医学与特种医学、医学影像学;

·工程技术(20)——工程与技术科学综合,工程与技术大学学报,材料科学,矿山工程技术,能源科学技术,冶金工程技术,机械工程,仪器仪表技术,兵工技术,动力与电力工程,核科学技术,电子、通信与自动控制,计算机科学技术,化学工程,轻工、纺织科学技术、食品科学技术,土木建筑工程,水利工程,交通运输工程,航空、航天科学技术,环境科学技术、安全科学技术;

·管理学(1)。

学科是随着科学技术的发展而不断融合、衍生和变化的。一些交叉领域的期刊,刊载内容是跨学科的科研成果。尽管如此,为了保持统计数据的连续性和可操作性,根据每个期刊刊载论文的主要分布领域,《2011年版中国科技期刊引证报告(核心版)》中每种期刊只归入一个学科分类。

1.4 各类统计表格的编排

《2011年版中国科技期刊引证报告(核心版)》采用了多种形式的排序格式,包括全部期刊名称字顺排序、学科内期刊名称排序、全部期刊综合评价总分排序和来源期刊总目录等,以帮助读者综合全面地评价分析期刊,迅速有效地检索出所需要的期刊统计信息。

(1)期刊被引用计量指标和来源指标是本报告的主体部分,分为两个主表:

·"2010年中国科技期刊被引用指标刊名字顺索引"包含1998种期刊被引用方面的8项指标数据。全表按照期刊名称汉语拼音字顺排列。

·"2010年中国科技期刊来源指标刊名字顺索引"包含1998种期刊来源文献方面的10项指标数据。全表按照期刊名称汉语拼音字顺排列。

计算各项指标的数据范围，仅为正式刊期中的数据，“增刊”等正刊以外的数据未予计入。

（2）各学科分类期刊计量指标情况是本报告的另一个重要组成部分，包括 1 个学科分类主表和图表，还包括 61 个学科分类的数据分表和图表，其编排格式和指标如下：

· **2010 年各学科分类的期刊指标整体情况**——各学科统计源期刊数、总被引频次平均值和中值、以及影响因子的平均值和中值。这一主表用于了解由于学科差异所导致的各个学科指标差异的整体情况。

· **各个学科分类期刊总被引频次和影响因子离均差率的分布散点图**——根据各个学科分类中，期刊总被引频次和影响因子数值相对于学科平均水平的距离，分别计算每个期刊总被引频次和影响因子的“离均差率”，并分别作为横坐标和纵坐标位置绘制各个学科的总被引频次和影响因子离均差率的分布散点图。通过总被引频次和影响因子离均差率的分布散点图，可以了解整个学科期刊的指标分布情况和期刊绝对影响能力（总被引频次方面）和相对影响效率（影响因子方面）的平衡程度。

· **各个学科分类期刊基于互引网络的引证关系示意图**——根据各个学科中所收录的期刊相互引用次数的统计数据，计算期刊之间的相似性距离的归一化矩阵，并利用 Pajek 绘图软件，以图形方式显示学科内不同期刊之间的引用强度和相似性。图中每个节点代表一个期刊，节点面积表示期刊被引用次数的大小，节点之间的连线粗细程度表示期刊引用关系相似程度。为了使图示更加清晰，节点之间联系较弱的连线没有显示。通过互引网络的引证关系示意图，可以清晰地看到学科内期刊相互之间的联系与聚合状态。

· **各学科分类期刊主要指标与排名**——分别列出按各学科分类中，按期刊名称排序的 61 个数据分表，分表列出了各期刊学科的总被引频次和影响因子的数值和在学科内的排位，以及总被引频次和影响因子的离均差率。同时还排出了各个期刊的综合评价总分和在学科中的排名，便于读者评价和查询期刊。

（3）**综合评价总分排名表**——这是一个主表，是将 1998 种期刊按综合评价总分排序，同时列出了各个期刊的影响因子和总被引频次数值及其在全部期刊中的总排序，从中可以大致了解期刊学术质量和影响在全国范围内所处的综合排名。期刊被引用计量指标主要显示该期刊被读者使用和重视的程度，以及在科学交流中的地位和作用，是评价期刊影响的重要依据和客观标准。综合评价总分则是对期刊整体状况的一个综合描述。各期刊的综合评价总分是根据中国科学技术信息研究所研制的中国科技期刊综合评价指标体系，计算多项科学计量指标，采用层次分析法确定重要指标的权重，分学科对每种期刊进行综合评定，计算出每个期刊的综合评价总分。

（4）刊名目录和变更情况——这一部分的主表是“2011 种中国科技论文统计源期刊目录”，包括刊名、主编姓名和期刊的学科分类。按照期刊名称的汉语拼音字顺排序，英文期刊的刊名以英文显示。除此之外，这部分中还列出了与上一年度引证报告相比，期刊收录范围的变化情况和刊名变化的情况。期刊改名的现象很多。这里我们一律按新刊名计算引文数据，并进行期刊排序。在计算项被引用指标的时候，将原刊名的被引用情况都计入新刊名的统计结果中，合并计算指标。

2 使用说明

《中国科技期刊引证报告》是一种新颖独特的专用于中国科技期刊分析与评价的科学计量工具。作为科学计量工具，本报告可用于定量分析和科学评价期刊的学术特征和学科地位，较为客观地反映期刊发展的趋势和规律，为科研管理和决策提供依据。因此，本报告在期刊分析评价和科学计量学研究与应用等方面具有其他检索评价工具无法取代的独特功能。正确使用和充分开发本报告，可以使其成为科研工作者、期刊编辑部、图书情报人员、科研管理人员和科学计量学家的得力助手和有效工具。

2.1 主要功能

《中国科技期刊引证报告》应用引文分析方法及各种量化指标，可以清楚地表明：

· 某一学科领域内，哪些期刊学术影响力较大；

· 某一学科领域内，期刊之间指标分布情况和互引关系分布情况如何；

· 某一种期刊被引用了多少次；

· 某一种期刊出版后多久被引用；

· 某一种期刊引用其他期刊多少次；

· 某一种期刊的各项学术指标在学科中所处的位置。

根据使用者的工作性质，本报告可以给使用者不同的有益提示。例如：

· 帮助科研人员发表论文时，选择相关领域的最适合的期刊，提高论文的知名度和影响；

· 帮助期刊编辑与同类刊物相比较并评估自刊的地位，从而确定编辑和出版策略；

· 帮助科研管理人员科学地评价管理期刊，为开展期刊评比和择优资助提供决策依据；

· 帮助图书情报人员更有效地管理馆藏期刊文献，合理运用有限的预算订购重要期刊；

· 帮助科学计量学家开展期刊评价研究相关，以及进行学科的科学评估。

2.2 查阅方法

2.2.1 查询期刊指标

在报告的第 4 部分，包括 2 个表格：“表 4–1　2010 年中国科技期刊被引用指标刊名字顺索引”和“表 4–2　2010 年中国科技期刊来源指标刊名字顺索引”。这 2 个表格分别列出了期刊的多项科学计量指标，都是按照期刊名称的汉语拼音字顺排序的。其中英文期刊的刊名用英文标示。读者可以根据期刊的名字快速查找到期刊的各项引用指标数据和来源文献的多项指标数据。

2.2.2 期刊在学科领域内学术指标位置

如果读者希望了解某一个期刊在其所属学科领域中的位置，可查询“表 8　2010 年 1998 种中国科技论文统计源期刊目录”，找到该刊所在的分类。再到“表 5　2010 年各学科分类期刊数量、总被引频次和影响因子”中检索到这一分类的具体位置，也就是在第 6 部分中相应的表格中检索。在第 6 部分学科数据表中，可以进一步查阅在期刊总被引频次和影响因子的分类排序，以及综合评价总分的数值，还可以对照各学科平均总被引频次和平均影响因子以及离均差率分布图，了解期刊在学科中的具体位置，了解学科内期刊的互引关系。在使用时需要考虑指标分布的整体情况以及由于学科不同所造成的指标差异。

2.2.3 期刊在所有期刊中的学术指标位置

根据查询所得的期刊综合评价指标，可以在“表 7　2010 年中国科技期刊综合评价总分排名”中检索出该期刊在全部期刊中的学术指标位置。同时还可以检索出科技期刊总被引频次总排序和影响因子总排序及各期刊在全国期刊中的排位。

2.3　评价方法

利用《中国科技期刊引证报告（核心版）》评价期刊有两种方式，即单一指标评价和综合指标评价。具体方法分述如下。

2.3.1　单一指标评价

单一指标评价主要是指按照影响因子和总被引频次这两个国际通行评价指标，对期刊进行评价。这时可通过期刊的影响因子排序表和总被引频次排序表确定该期刊在同类期刊中所处的位置，从而对该期刊的学术影响力和学科地位进行评价和评估。还可以通过影响因子总排序表和总被引频次总排序表在不同学科领域中进行横向比较，确定该期刊的位置。单一指标评价也可以通过期刊来源指标刊名字顺索引表对期刊的编辑状况、交流范围、论文质量和老化速率等进行分析、比较、统计和评估。

2.3.2　综合指标评价

由于期刊评价工作是一项非常复杂的工作，涉及领域广，学科差异大，因此单一指标往往难以全面、准确地评价期刊的学术水平和学科地位，这时一般需要通过综合指标评价，以使期刊评价更加客观、全面和准确。要进行期刊的综合指标评价，首先需要建立期刊综合评价指标体系，利用数学方法确定各指标的权重值，然后求出综合指标排序值，最终得到期刊指标的综合排序。

这种期刊评价方法已被广泛地推广和使用，1999 年中国科学技术信息研究所在国内首先提出了中国科技期刊综合评价指标体系。根据这一指标体系，计算得出的综合评价总分，即是一种综合评价的结果。中国科学技术信息研究所在每年的中国科技论文统计结果发布中提出的“百种中国杰出学术期刊”，就是利用几个主要学术指标通过隶属度转换、加权评分，最终得出每一种期刊的综合指标排序值，完成对期刊的评价。

3 名词解释

为方便读者查阅和使用，现将《中国科技期刊引证报告（核心版）》中所使用的期刊评价指标的理论意义和具体算法简要解释如下：

总被引频次：指该期刊自创刊以来所登载的全部论文在统计当年被引用的总次数。这是一个非常客观实际的评价指标，可以显示该期刊被使用和受重视的程度，以及在科学交流中的作用和地位。

影响因子：这是一个国际上通行的期刊评价指标，是 E·加菲尔德于 1972 年提出的。由于它是一个相对统计量，所以可公平地评价和处理各类期刊。通常，期刊影响因子越大，它的学术影响力和作用也越大。具体算法为：

$$影响因子=\frac{该刊前两年发表论文在统计当年被引用的总次数}{该刊前两年发表论文总数}$$

即年指标：这是一个表征期刊即时反应速率的指标，主要描述期刊当年发表的论文在当年被引用的情况。具体算法为：

$$即年指标=\frac{该期刊当年发表论文的被引用次数}{该期刊当年发表论文总数}$$

他引率：指该期刊全部被引次数中，被其他刊引用次数所占的比例。具体算法为：

$$他引率=\frac{被其他刊引用的次数}{期刊被引用的总次数}$$

引用刊数：引用被评价期刊的期刊数，反映被评价期刊被使用的范围。

扩散因子：这是一个用于评估期刊影响力的学术指标，显示总被引频次扩散的范围。具体意义为该期刊当年每被引 100 次所涉及的期刊数。

$$扩散因子=\frac{总被引频次涉及的期刊数\times100}{总被引频次}$$

学科扩散指标：在统计源期刊范围内，引用该刊的期刊数量与其所在学科全部期刊数量之比。

$$学科扩散指标=\frac{引用刊数}{所在学科期刊数}$$

学科影响指标：指期刊所在学科内，引用该刊的期刊数占全部期刊数量的比例。

$$学科影响指标=\frac{所在学科内引用被评价期刊的数量}{所在学科期刊数}$$

被引半衰期：指该期刊在统计当年被引用的全部次数中，较新一半是在多长一段时间内发表的。被引半衰期是测度期刊老化速度的一种指标，通常不是针对个别文献或某一组文献，而是对某一学科或专业领域的文献的总和而言。

权威因子：利用 PageRank 算法计算出来的来源期刊在统计当年的 PageRank 值。与其他单纯计算被引次数的指标不同的是，权威因子考虑了不同引用之间的重要性区别，重要的引用被赋予更高的权值，因此能更好地反映期刊的权威性。

来源文献量：指来源期刊在统计当年发表的全部论文数，它们是统计期刊引用数据的来源。

文献选出率：按统计源的选取原则选出的文献数与期刊的发表文献数之比。

参考文献量：指来源期刊论文所引用的全部参考文献数，是衡量该期刊科学交流程度和吸收外部信息能力的一个指标。

平均引文数：指来源期刊每一篇论文平均引用的参考文献数。

平均作者数：指来源期刊每一篇论文平均拥有的作者数，是衡量该期刊科学生产能力的一个指标。

地区分布数：指来源期刊登载论文所涉及的地区数，按全国 31 个省、自治区和直辖市计（不含港、澳、台地区）。这是衡量期刊论文覆盖面和全国影响力大小的一个指标。

机构分布数：指来源期刊论文的作者所涉及的机构数。这是衡量期刊科学生产能力的另一个指标。

海外论文比：指来源期刊中，海外作者发表论文占全部论文的比例。这是衡量期刊国际交流程度的一个指标。

基金论文比：指来源期刊中，国家、省部级以上及其他各类重要基金资助的论文占全部论文的比例。这是衡量期刊论文学术质量的重要指标。

引用半衰期：指该期刊引用的全部参考文献中，较新一半是在多长一段时间内发表的。通过这个指标可以反映出作者利用文献的新颖度。

离均差率：指期刊的某项指标与其所在学科的平均值之间的差距与平均值的比例。通过这项指标可以反映期刊的单项指标在学科内的相对位置。

$$\text{某项指标的离均差率}=\frac{\text{被评价期刊的指标}-\text{所在学科内该项指标的平均值}}{\text{所在学科内该项指标的平均值}}$$

综合评价总分：根据中国科技期刊综合评价指标体系，计算多项科学计量指标，采用层次分析法确定重要指标的权重，分学科对每种期刊进行综合评定，计算出每个期刊的综合评价总分。

综合评价总分是根据科学计量学原理，系统性地综合考虑被评价期刊的各影响力指标（总被引频次、影响因子、他引率、基金论文比、引文率等）在其所在学科中的相对位置，并按照一定的权重系数将这些指标进行综合集成。

具体的算法如下：

$$\text{综合指标} = \sum_{i=1}^{n} \mu_i k_i$$

其中，μ 为各指标的权重系数，k 为影响力指标的相对位置的得分。k 的计算公式如下：

$$k = \frac{x - x_{\min}}{x_{\max} - x_{\min}}$$

其中，x 为影响力指标的得分，比如，对于总被引频次指标来说就是该刊的总被引频次。$x_{\max}$ 为该刊所在学科的影响力指标的最大值，比如，对于总被引频次指标来说就是该刊所在学科期刊的总被引频次的最大值。$x_{\min}$ 为该刊所在学科的影响力指标的最小值，比如，对于总被引频次指标来说就是该刊所在学科期刊的总被引频次的最小值。

各影响力指标对期刊的作用不是同等重要的。因此，不同的指标被赋予了不同的权重系数 μ，权重系数是采用专家打分和层次分析法确定的。在《2011 年版中国科技期刊引证报告（核心版）》中，权重系数总和为 100，即综合评价总分在 0 至 100 之间。数值越大，说明该期刊的综合学术质量和影响力越高。

根据综合评价指标体系的设计原理，综合评价总分已经屏蔽了各个学科之间总体指标背景值的差异，可以进行跨学科比较。

中国科学技术信息研究所每年定期出版《中国科技期刊引证报告》，公布“中国科技论文引文数据库”（CSTPCD）收录的中国科技论文统计源期刊的多项科学计量指标。从 1999 年开始，中国科学技术信息研究所就开始以这些指标为基础，研制发布了“中国科技期刊综合评价指标体系”，采用层次分析法，由专家打分确定了重要指标的权重，并分学科对每种期刊进行了综合评定。并且从 2002 年开始应用于“中国百种杰出学术期刊”的评价中。其后随着研究的深入，又不断开发出新的评估和计量指标。10 多年以来，根据各界对评价结果的反馈，先后召开了 20 余次由科学计量学专家、自然科学学术领域科学家、科技与期刊管理部门专家学者共同参与的专家研讨会，对指标的设置和权重进行了更新和调整，从而形成了目前这一套日臻完善的科技期刊评价体系和方法。

表 4-1 2010 年中国科技期刊被引用指标刊名字顺索引

CODE	刊名	总被引频次	影响因子	即年指标	他引率	引用刊数	扩散因子	权威因子	被引半衰期
F034	ACTA BIOCHIMICA ET BIOPHYSICA SINICA	610	0.556	0.138	0.92	312	51.15	368.91	6.3
C096	ACTA MATHEMATICA SCIENTIA	421	0.453	0.040	0.79	84	19.95	317.04	4.9
B030	ACTA MATHEMATICA SINICA ENGLISH SERIES	394	0.251	0.044	0.87	86	21.83	316.85	5.2
I051	ACTA MATHEMATICAE APPLICATAE SINICA	130	0.230	0.046	0.98	74	56.92	225.23	5.3
C105	ACTA MECHANICA SINICA	293	0.409	0.031	0.74	92	31.40	274.03	6.0
M100	ACTA METALLURGICA SINICA	142	0.260	0.050	0.96	68	47.89	228.80	5.9
G001	ACTA PHARMACOLOGICA SINICA	1608	0.623	0.202	0.90	476	29.60	668.28	6.3
I062	ADVANCES IN ATMOSPHERIC SCIENCES	817	0.654	0.169	0.80	117	14.32	506.11	7.3
I145	AGRICULTURAL SCIENCE & TECHNOLOGY	409	0.768	0.004	0.16	48	11.74	279.02	2.0
I282	ASIAN JOURNAL OF ANDROLOGY	429	0.559	0.664	0.72	137	31.93	306.00	3.3
I072	CELL RESEARCH	795	1.099	0.194	0.92	318	40.00	418.46	3.5
I139	CHEMICAL RESEARCH IN CHINESE UNIVERSITIES	270	0.272	0.055	0.68	111	41.11	258.82	3.5
E158	CHINA OCEAN ENGINEERING	287	0.413	0.082	0.69	78	27.18	295.82	5.8
B023	CHINESE ANNALS OF MATHEMATICS SERIES B	205	0.260	0.048	0.86	57	27.80	253.38	8.5
D031	CHINESE CHEMICAL LETTERS	699	0.328	0.063	0.81	228	32.62	392.89	3.5
I122	CHINESE JOURNAL OF AERONAUTICS	240	0.545	0.031	0.86	105	43.75	261.64	3.6
I037	CHINESE JOURNAL OF CANCER RESEARCH	61	0.140	0.041	0.92	47	77.05	201.62	5.9
T100	CHINESE JOURNAL OF CHEMICAL ENGINEERING	542	0.567	0.034	0.73	182	33.58	348.17	3.9
C070	CHINESE JOURNAL OF CHEMICAL PHYSICS	310	0.179	0.062	0.87	149	48.06	274.76	6.8
E012	CHINESE JOURNAL OF OCEANOLOGY AND LIMNOLOGY	205	0.212	0.040	0.81	78	38.05	247.29	6.7
D017	CHINESE JOURNAL OF POLYMER SCIENCE	162	0.224	0.046	0.56	47	29.01	228.92	4.2
D019	CHINESE JOURNAL OF STRUCTURAL CHEMISTRY	623	0.440	0.026	0.36	77	12.36	341.08	3.9
I200	CHINESE JOURNAL OF TRAUMATOLOGY	260	0.452	0.132	0.92	123	47.31	265.23	4.3
I201	CHINESE MEDICAL JOURNAL	3060	0.891	0.120	0.83	593	19.38	1108.78	4.1
G126	CHINESE MEDICAL SCIENCES JOURNAL	204	0.469	0.065	0.99	150	73.53	246.63	5.2
I071	CHINESE OPTICS LETTERS	875	0.827	0.080	0.68	97	11.09	441.57	2.7
C106	CHINESE PHYSICS B	4840	1.459	0.186	0.46	222	4.59	1436.94	2.8
C058	CHINESE PHYSICS C	353	0.242	0.027	0.77	74	20.96	280.88	4.6
C059	CHINESE PHYSICS LETTERS	2959	0.614	0.134	0.52	241	8.14	946.60	3.0
B022	CHINESE QUARTERLY JOURNAL OF MATHEMATICS	80	0.096	0.011	0.96	48	60.00	208.59	8.3
B010	COMMUNICATIONS IN MATHEMATICAL RESEARCH	79	0.020	0.000	0.94	50	63.29	212.38	>10
C095	COMMUNICATIONS IN THEORETICAL PHYSICS	878	0.291	0.060	0.57	82	9.34	404.32	3.8
E626	CT 理论与应用研究	179	0.533	0.017	0.74	88	49.16	246.17	4.7
F017	CURRENT ZOOLOGY	1132	0.634	0.723	0.95	227	20.05	551.07	8.0
T082	ENGINEERING SCIENCES	38	0.106	0.000	0.82	29	76.32	196.77	4.5
I220	FRONTIERS OF EARHT SCIENCE IN CHINA	17	0.085	0.098	0.65	12	70.59	188.32	1.9
I012	INSECT SCIENCE	165	0.268	0.407	0.82	52	31.52	233.56	5.3
I227	JOURNAL OF CHINESE PHARMACEUTICAL SCIENCES	203	0.114	0.046	0.97	120	59.11	247.44	6.1
S051	JOURNAL OF COMPUTER SCIENCE AND TECHNOLOGY	269	0.311	0.128	0.86	95	35.32	260.47	4.8

表 4-1　2010 年中国科技期刊被引用指标刊名字顺索引（续）

CODE	刊名	总被引频次	影响因子	即年指标	他引率	引用刊数	扩散因子	权威因子	被引半衰期
Z027	JOURNAL OF ENVIRONMENTAL SCIENCES	942	0.675	0.064	0.87	277	29.41	475.54	3.5
I018	JOURNAL OF FORESTRY RESEARCH	256	0.392	0.012	0.89	121	47.27	265.96	5.4
F013	JOURNAL OF GENETICS AND GENOMICS	1754	0.412	0.091	0.99	321	18.30	743.35	7.8
I063	JOURNAL OF GEOGRAPHICAL SCIENCES	34	0.125	0.000	0.94	22	64.71	194.34	4.2
W015	JOURNAL OF HYDRODYNAMICS SERIES B	600	1.442	0.264	0.47	93	15.50	409.71	2.8
F029	JOURNAL OF INTEGRATIVE PLANT BIOLOGY	2897	0.454	0.524	0.96	408	14.08	1143.80	>10
M015	JOURNAL OF MATERIALS SCIENCE & TECHNOLOGY	354	0.195	0.037	0.83	112	31.64	287.87	5.4
B005	JOURNAL OF MATHEMATICAL RESEARCH AND EXPOSITION	249	0.150	0.007	0.94	97	38.96	266.84	6.4
F021	JOURNAL OF MOLECULAR CELL BIOLOGY	269	0.372	0.016	1.00	156	57.99	266.49	5.2
I105	JOURNAL OF NATURAL GAS CHEMISTRY	162	0.473	0.126	0.56	43	26.54	229.45	3.0
I120	JOURNAL OF OCEAN UNIVERSITY OF CHINA	96	0.250	0.049	0.76	43	44.79	213.24	3.6
B024	JOURNAL OF PARTIAL DIFFERENTIAL EQUATIONS	24	0.023	0.000	1.00	19	79.17	190.91	>10
M035	JOURNAL OF RARE EARTHS	702	0.515	0.060	0.76	181	25.78	397.60	4.1
R062	JOURNAL OF SEMICONDUCTORS	895	0.316	0.036	0.79	191	21.34	456.31	4.5
I090	JOURNAL OF WUHAN UNIVERSITY OF TECHNOLOGY MATERIALS SCIENCE EDITION	214	0.159	0.017	0.77	110	51.40	246.22	3.7
I041	JOURNAL OF ZHEJIANG UNIVERSITY SCIENCE A	209	0.159	0.033	0.90	117	55.98	248.85	3.6
I184	MINING SCIENCE AND TECHNOLOGY	542	1.032	0.252	0.52	115	21.22	367.91	2.6
F019	MOLECULAR PLANT	1682	0.822	0.205	0.94	253	15.04	719.32	8.6
G278	NEUROSCIENCE BULLETIN	264	0.642	0.172	0.86	147	55.68	262.03	4.5
I202	PARTICUOLOGY	123	0.380	0.051	0.84	60	48.78	221.23	3.1
H046	PEDOSPHERE	637	0.663	0.023	0.94	155	24.33	404.79	4.7
C072	RESEARCH IN ASTRONOMY AND ASTROPHYSICS	91	0.111	0.019	0.92	34	37.36	210.87	6.1
G616	THE CHINESE-GERMAN JOURNAL OF CLINICAL ONCOLOGY	187	0.222	0.053	0.66	97	51.87	236.85	3.4
M104	TRANSACTIONS OF NONFERROUS METALS SOCIETY OF CHINA	1167	0.647	0.046	0.73	199	17.05	525.63	4.0
G095	VIROLOGICA SINICA	381	0.160	0.000	0.96	153	40.16	303.35	6.5
G275	WORLD JOURNAL OF GASTROENTEROLOGY	6418	0.808	0.196	0.87	589	9.18	2078.77	4.4
G549	癌变·畸变·突变	378	0.294	0.068	0.92	201	53.17	298.52	5.4
G011	癌症	2297	0.960	0.221	0.96	447	19.46	876.40	5.2
G481	癌症进展	383	0.363	0.056	0.97	177	46.21	295.21	4.3
A003	安徽大学学报自然科学版	207	0.206	0.048	0.84	143	69.08	249.04	4.8
M031	安徽工业大学学报自然科学版	161	0.172	0.010	0.94	115	71.43	237.99	5.1
K027	安徽理工大学学报自然科学版	123	0.182	0.028	0.95	81	65.85	226.95	5.0
H002	安徽农业大学学报	809	0.394	0.057	0.97	286	35.35	439.37	7.4
A009	安徽师范大学学报自然科学版	364	0.305	0.051	0.62	160	43.96	302.45	5.5
G012	安徽医科大学学报	758	0.542	0.037	0.72	297	39.18	417.39	4.0
G786	安徽医学	698	0.369	0.036	0.74	237	33.95	377.08	2.8
Q906	安徽医药	1581	0.463	0.071	0.70	315	19.92	633.97	3.2
G013	安徽中医学院学报	588	0.264	0.024	0.96	177	30.10	373.20	7.4
Z549	安全与环境学报	1363	0.681	0.118	0.55	314	23.04	607.96	4.1
F044	氨基酸和生物资源	485	0.426	0.000	0.93	220	45.36	339.15	6.8
G550	白血病·淋巴瘤	351	0.180	0.027	0.68	131	37.32	284.19	5.2
R024	半导体光电	376	0.197	0.013	0.82	132	35.11	303.59	4.5
R063	半导体技术	345	0.174	0.017	0.77	152	44.06	292.23	4.4

表 4-1 2010 年中国科技期刊被引用指标刊名字顺索引（续）

CODE	刊名	总被引频次	影响因子	即年指标	他引率	引用刊数	扩散因子	权威因子	被引半衰期
G741	蚌埠医学院学报	662	0.369	0.071	0.90	222	33.53	362.48	2.9
U521	包装与食品机械	169	0.216	0.128	0.76	61	36.09	238.51	4.6
U645	保鲜与加工	257	0.255	0.067	0.93	76	29.57	261.16	5.5
N017	爆破	436	0.715	0.033	0.57	68	15.60	386.53	4.3
N012	爆破器材	185	0.170	0.053	0.77	45	24.32	275.12	7.0
N006	爆炸与冲击	756	0.308	0.063	0.87	170	22.49	474.96	7.2
G002	北京大学学报医学版	1132	0.582	0.145	0.97	474	41.87	538.99	6.6
A005	北京大学学报自然科学版	1027	0.497	0.034	0.96	443	43.14	529.77	6.9
U019	北京服装学院学报自然科学版	75	0.184	0.000	0.97	47	62.67	209.41	5.2
J030	北京工业大学学报	605	0.295	0.049	0.92	310	51.24	384.41	4.3
Y001	北京航空航天大学学报	1333	0.354	0.015	0.90	375	28.13	629.75	5.0
T020	北京化工大学学报自然科学版	611	0.364	0.028	0.94	273	44.68	387.09	5.6
X014	北京交通大学学报自然科学版	504	0.254	0.005	0.96	272	53.97	354.65	5.9
M030	北京科技大学学报	1069	0.393	0.028	0.88	329	30.78	546.86	5.0
G500	北京口腔医学	432	0.491	0.078	0.84	119	27.55	320.07	4.8
N001	北京理工大学学报	898	0.283	0.027	0.94	394	43.88	478.20	5.6
H025	北京林业大学学报	1920	0.751	0.023	0.93	279	14.53	814.50	6.9
H263	北京农学院学报	290	0.238	0.035	0.97	148	51.03	272.78	6.6
G004	北京生物医学工程	391	0.245	0.021	0.92	173	44.25	306.44	4.6
A010	北京师范大学学报自然科学版	581	0.290	0.025	0.92	311	53.53	375.25	6.5
L530	北京石油化工学院学报	90	0.150	0.018	0.98	72	80.00	213.50	4.8
G016	北京医学	728	0.321	0.049	0.97	307	42.17	404.23	4.5
R018	北京邮电大学学报	402	0.427	0.029	0.74	122	30.35	308.68	3.7
G620	北京中医药	685	0.368	0.028	0.96	182	26.57	400.08	3.5
G017	北京中医药大学学报	1751	0.531	0.114	0.96	244	13.93	775.99	7.6
A570	编辑学报	1045	0.809	0.142	0.47	79	7.56	587.49	4.1
N101	变压器	447	0.237	0.042	0.65	75	16.78	355.38	5.3
G410	标记免疫分析与临床	249	0.273	0.026	0.90	141	56.63	257.11	4.5
W568	标准科学	152	0.174	0.029	0.47	59	38.82	231.66	2.7
T098	表面技术	779	0.402	0.049	0.80	171	21.95	454.61	5.2
E135	冰川冻土	2087	0.750	0.071	0.74	250	11.98	964.42	7.0
N008	兵工学报	884	0.335	0.016	0.89	262	29.64	488.26	4.9
R730	兵工自动化	332	0.180	0.008	0.82	146	43.98	286.26	3.2
N085	兵器材料科学与工程	488	0.284	0.012	0.90	178	36.48	346.54	6.4
G018	病毒学报	606	0.750	0.071	0.93	187	30.86	383.31	5.8
C060	波谱学杂志	205	0.244	0.015	0.67	92	44.88	249.51	6.8
V040	玻璃钢/复合材料	580	0.798	0.062	0.52	121	20.86	402.06	4.8
T051	玻璃与搪瓷	151	0.188	0.056	0.76	60	39.74	246.53	6.7
A808	渤海大学学报自然科学版	78	0.147	0.023	0.72	54	69.23	210.23	3.5
M005	材料保护	1344	0.382	0.017	0.80	226	16.82	645.18	6.6
M103	材料导报	2528	0.407	0.017	0.88	477	18.87	989.18	4.7
Y007	材料工程	1019	0.394	0.020	0.93	245	24.04	515.59	5.9
M010	材料开发与应用	262	0.242	0.014	0.97	120	45.80	271.76	5.7
M008	材料科学与工程学报	955	0.338	0.014	0.96	335	35.08	496.36	5.9

表 4-1 2010 年中国科技期刊被引用指标刊名字顺索引（续）

CODE	刊名	总被引频次	影响因子	即年指标	他引率	引用刊数	扩散因子	权威因子	被引半衰期
M006	材料科学与工艺	793	0.274	0.032	0.91	216	27.24	443.37	5.9
N026	材料热处理学报	848	0.441	0.038	0.81	149	17.57	449.58	4.5
M009	材料研究学报	653	0.475	0.043	0.97	234	35.83	394.38	6.8
K512	采矿与安全工程学报	517	0.591	0.052	0.79	68	13.15	365.47	4.4
H009	蚕业科学	706	0.576	0.163	0.57	131	18.56	397.84	4.9
H525	草地学报	1187	1.138	0.136	0.70	152	12.81	563.31	5.3
H234	草业科学	2497	1.393	0.178	0.56	207	8.29	941.97	4.0
H527	草业学报	2455	2.908	0.307	0.66	189	7.70	949.55	3.6
H538	草原与草坪	653	0.690	0.143	0.57	99	15.16	399.50	4.5
E543	测绘工程	316	0.227	0.016	0.85	118	37.34	297.50	5.3
E600	测绘科学	1152	0.405	0.028	0.77	248	21.53	578.54	3.7
E615	测绘科学技术学报	346	0.308	0.034	0.94	121	34.97	306.37	4.6
E510	测绘通报	984	0.362	0.032	0.87	209	21.24	534.28	5.6
E152	测绘学报	1070	0.960	0.104	0.91	204	19.07	580.54	7.2
E164	测绘与空间地理信息	393	0.189	0.007	0.80	126	32.06	314.88	3.5
L017	测井技术	614	0.272	0.000	0.74	96	15.64	446.61	7.4
Y022	测控技术	704	0.290	0.006	0.92	253	35.94	411.32	4.6
R711	测试技术学报	327	0.297	0.019	0.92	153	46.79	293.04	5.7
H001	茶叶科学	685	0.755	0.088	0.79	149	21.75	401.50	6.7
X036	长安大学学报自然科学版	1024	0.786	0.101	0.88	228	22.27	594.36	5.1
N056	长春理工大学学报自然科学版	256	0.220	0.036	0.77	141	55.08	265.13	4.4
G992	长春中医药大学学报	889	0.286	0.065	0.80	192	21.60	448.07	3.2
W010	长江科学院院报	548	0.299	0.035	0.89	191	34.85	381.66	5.8
Z029	长江流域资源与环境	1646	0.941	0.096	0.82	312	18.96	736.87	5.3
J066	长沙理工大学学报自然科学版	116	0.283	0.000	0.84	62	53.45	225.68	4.1
G264	肠外与肠内营养	689	0.684	0.075	0.84	191	27.72	399.50	5.3
L036	常州大学学报自然科学版	141	0.141	0.000	0.96	104	73.76	227.98	6.3
N024	车用发动机	197	0.195	0.023	0.85	70	35.53	253.58	5.0
E113	沉积学报	2283	1.118	0.197	0.91	184	8.06	1110.73	7.8
E547	沉积与特提斯地质	421	0.269	0.000	0.93	92	21.85	350.61	7.7
E102	成都理工大学学报自然科学版	1010	0.763	0.018	0.95	205	20.30	579.25	6.8
E011	成都信息工程学院学报	155	0.080	0.061	0.84	87	56.13	235.29	4.9
G019	成都中医药大学学报	437	0.381	0.008	0.98	153	35.01	323.21	6.7
V050	城市规划	1146	0.632	0.126	0.84	151	13.18	582.52	6.4
V028	城市规划学刊	657	0.644	0.126	0.86	122	18.57	410.93	5.8
X043	城市轨道交通研究	435	0.458	0.010	0.48	80	18.39	346.15	3.4
X046	城市交通	199	0.357	0.075	0.90	65	32.66	255.31	3.6
J021	重庆大学学报自然科学版	1308	0.330	0.032	0.94	541	41.36	610.67	5.9
X029	重庆交通大学学报自然科学版	538	0.313	0.045	0.80	178	33.09	366.01	4.6
N757	重庆理工大学学报自然科学版	442	0.260	0.057	0.77	203	45.93	314.90	2.6
A512	重庆师范大学学报自然科学版	312	0.521	0.071	0.67	128	41.03	281.73	3.9
G186	重庆医科大学学报	1002	0.399	0.030	0.88	386	38.52	473.98	3.6
G225	重庆医学	3578	0.471	0.061	0.67	511	14.28	1172.95	3.4
R559	重庆邮电大学学报自然科学版	295	0.392	0.076	0.66	101	34.24	272.54	3.1

表 4-1　2010 年中国科技期刊被引用指标刊名字顺索引（续）

CODE	刊名	总被引频次	影响因子	即年指标	他引率	引用刊数	扩散因子	权威因子	被引半衰期
N060	传感技术学报	1413	0.579	0.057	0.67	333	23.57	619.61	3.7
R532	传感器与微系统	959	0.285	0.010	0.90	309	32.22	488.53	4.7
G458	传染病信息	379	0.598	0.134	0.77	141	37.20	299.76	3.3
X010	船舶工程	252	0.190	0.025	0.88	98	38.89	272.49	6.2
X633	船舶力学	502	0.399	0.041	0.76	114	22.71	356.53	5.0
G322	创伤外科杂志	793	0.697	0.127	0.92	215	27.11	419.80	4.1
R048	磁性材料及器件	240	0.246	0.018	0.71	76	31.67	260.84	5.6
D013	催化学报	1713	0.777	0.065	0.78	246	14.36	719.05	5.6
E144	大地测量与地球动力学	1031	0.763	0.142	0.54	118	11.45	592.70	4.5
E146	大地构造与成矿学	786	1.551	0.121	0.76	100	12.72	484.27	4.9
R051	大电机技术	178	0.102	0.031	0.78	61	34.27	257.14	7.3
H038	大豆科学	1296	0.628	0.057	0.69	170	13.12	593.53	6.3
U512	大连工业大学学报	249	0.319	0.025	0.86	147	59.04	263.20	5.6
X024	大连海事大学学报	314	0.263	0.037	0.92	178	56.69	292.74	5.4
X001	大连交通大学学报	169	0.211	0.006	0.87	112	66.27	239.44	4.0
J024	大连理工大学学报	832	0.235	0.016	0.96	391	47.00	463.75	7.4
H005	大连水产学院学报	555	0.502	0.000	0.90	129	23.24	366.79	5.5
G020	大连医科大学学报	409	0.292	0.015	0.97	236	57.70	306.22	4.4
E109	大气科学	2373	1.539	0.109	0.85	189	7.96	1202.42	7.3
L512	大庆石油地质与开发	1762	0.941	0.138	0.47	113	6.41	990.59	5.0
L004	大庆石油学院学报	713	0.288	0.101	0.74	181	25.39	460.28	6.0
S086	单片机与嵌入式系统应用	415	0.205	0.027	0.89	139	33.49	313.95	4.4
H040	淡水渔业	736	0.682	0.000	0.82	134	18.21	422.58	6.1
N004	弹道学报	291	0.183	0.010	0.80	98	33.68	295.60	6.3
T941	当代化工	274	0.244	0.022	0.94	137	50.00	276.88	3.8
Y503	导弹与航天运载技术	182	0.171	0.000	0.91	96	52.75	249.80	6.8
N019	低温工程	188	0.284	0.012	0.83	63	33.51	256.50	6.3
V020	低温建筑技术	234	0.057	0.009	0.84	109	46.58	260.74	4.5
C055	低温物理学报	151	0.201	0.041	0.70	60	39.74	230.65	5.3
C031	低温与超导	195	0.188	0.032	0.64	66	33.85	249.65	3.5
E133	地层学杂志	624	0.693	0.056	0.83	84	13.46	432.06	9.6
E130	地理科学	2538	1.435	0.102	0.80	315	12.41	1128.15	6.2
E584	地理科学进展	1617	1.393	0.094	0.84	272	16.82	719.39	5.7
E639	地理空间信息	309	0.181	0.035	0.77	124	40.13	285.53	3.3
E315	地理信息世界	224	0.392	0.054	0.80	69	30.80	263.42	3.9
E305	地理学报	4899	2.438	0.184	0.94	386	7.88	1938.82	7.3
E310	地理研究	2843	1.605	0.168	0.81	332	11.68	1162.11	6.1
E527	地理与地理信息科学	1070	0.667	0.064	0.92	275	25.70	549.64	5.7
E024	地球化学	1570	0.992	0.136	0.94	202	12.87	772.55	8.9
E142	地球科学	1899	1.216	0.221	0.87	246	12.95	904.92	7.7
E115	地球科学进展	2434	1.174	0.276	0.91	394	16.19	1063.49	6.6
E004	地球科学与环境学报	560	0.911	0.187	0.82	192	34.29	393.65	5.0
E153	地球物理学报	4001	1.998	0.456	0.80	301	7.52	1703.99	4.8
E308	地球物理学进展	2076	0.983	0.286	0.50	227	10.93	888.74	3.9

表 4-1 2010 年中国科技期刊被引用指标刊名字顺索引（续）

CODE	刊名	总被引频次	影响因子	即年指标	他引率	引用刊数	扩散因子	权威因子	被引半衰期
E656	地球信息科学学报	570	0.813	0.139	0.76	174	30.53	378.07	3.8
E300	地球学报	1432	1.215	1.757	0.77	190	13.27	726.24	6.4
E549	地球与环境	608	0.541	0.036	0.87	196	32.24	402.62	7.0
V031	地下空间与工程学报	917	0.433	0.047	0.77	173	18.87	510.27	4.5
E357	地学前缘	2747	1.031	0.145	0.93	296	10.78	1213.29	6.4
E306	地震	571	0.971	0.143	0.87	78	13.66	462.70	6.7
E119	地震地磁观测与研究	446	0.387	0.050	0.54	53	11.88	394.11	5.1
E150	地震地质	1154	2.220	0.119	0.87	128	11.09	681.84	6.7
E118	地震工程与工程振动	1623	0.760	0.154	0.88	222	13.68	818.13	6.9
E143	地震学报	1194	0.865	0.221	0.90	140	11.73	725.12	8.7
E112	地震研究	418	0.606	0.096	0.61	82	19.62	378.68	6.0
E362	地质科技情报	970	0.689	0.074	0.83	204	21.03	541.52	6.5
E139	地质科学	1345	0.828	0.273	0.91	143	10.63	691.32	8.9
E026	地质力学学报	576	1.697	2.316	0.62	129	22.40	460.43	4.5
E009	地质论评	1989	1.351	0.320	0.94	181	9.10	941.24	7.6
E127	地质通报	2177	1.116	0.167	0.86	201	9.23	967.07	4.7
E010	地质学报	3046	1.774	0.247	0.87	183	6.01	1320.82	4.9
E151	地质与勘探	1295	0.892	0.116	0.67	159	12.28	669.97	6.6
E525	地质与资源	262	0.341	0.015	0.88	90	34.35	284.09	6.1
E132	地质找矿论丛	257	0.214	0.062	0.91	75	29.18	281.87	7.7
G005	第二军医大学学报	1733	0.478	0.038	0.97	567	32.72	714.57	5.8
G021	第三军医大学学报	3153	0.668	0.128	0.78	596	18.90	1109.95	4.2
E301	第四纪研究	2326	1.669	0.289	0.70	249	10.71	1038.24	6.2
G361	癫痫与神经电生理学杂志	252	0.189	0.028	0.89	120	47.62	262.16	5.9
R007	电波科学学报	856	0.571	0.024	0.50	143	16.71	472.01	4.6
R673	电测与仪表	505	0.270	0.024	0.82	149	29.50	343.90	5.1
R003	电池	414	0.388	0.019	0.69	116	28.02	333.25	5.3
Z015	电镀与环保	330	0.247	0.041	0.87	69	20.91	302.23	7.0
T508	电镀与精饰	361	0.332	0.020	0.79	92	25.48	309.83	5.4
T598	电镀与涂饰	587	0.380	0.043	0.79	110	18.74	388.12	4.8
R010	电工电能新技术	359	0.638	0.086	0.75	87	24.23	330.57	5.3
R043	电工技术学报	2260	0.720	0.035	0.86	239	10.58	976.97	4.7
R740	电光与控制	693	0.409	0.018	0.51	150	21.65	396.60	3.7
N067	电焊机	492	0.266	0.029	0.53	80	16.26	358.45	4.4
D036	电化学	232	0.303	0.000	0.90	101	43.53	261.28	5.6
R088	电机与控制学报	623	0.741	0.038	0.72	159	25.52	388.21	3.8
R045	电机与控制应用	315	0.225	0.029	0.81	99	31.43	292.50	4.2
N027	电加工与模具	292	0.238	0.019	0.69	82	28.08	298.08	6.2
R011	电力电子技术	967	0.340	0.033	0.76	166	17.17	511.37	4.3
R654	电力科学与技术学报	166	0.504	0.014	0.78	82	49.40	241.77	3.5
N102	电力系统保护与控制	1654	0.371	0.026	0.61	152	9.19	710.55	4.3
R071	电力系统及其自动化学报	911	0.665	0.034	0.69	135	14.82	503.99	5.3
S019	电力系统自动化	6891	1.611	0.245	0.72	234	3.40	2843.84	4.9
R090	电力自动化设备	1675	0.698	0.068	0.60	166	9.91	729.00	4.3

表 4-1 2010 年中国科技期刊被引用指标刊名字顺索引（续）

CODE	刊名	总被引频次	影响因子	即年指标	他引率	引用刊数	扩散因子	权威因子	被引半衰期
R516	电路与系统学报	400	0.207	0.034	0.91	168	42.00	307.69	5.4
R044	电气传动	466	0.279	0.035	0.87	131	28.11	338.27	4.3
R029	电气应用	393	0.095	0.002	0.94	126	32.06	315.27	4.9
R058	电气自动化	123	0.137	0.006	0.93	62	50.41	222.58	3.9
R537	电视技术	490	0.267	0.068	0.33	88	17.96	322.75	3.2
R039	电网技术	5954	1.637	0.131	0.65	242	4.06	2399.69	4.8
R116	电网与清洁能源	604	0.962	0.305	0.39	75	12.42	381.85	1.8
R684	电信科学	409	0.480	0.051	0.40	86	21.03	305.08	2.2
R019	电源技术	610	0.280	0.016	0.78	208	34.10	376.54	4.6
R055	电子测量技术	893	0.412	0.083	0.67	199	22.28	460.53	2.7
R021	电子测量与仪器学报	963	1.443	0.203	0.81	147	15.26	497.70	2.5
R651	电子产品世界	213	0.168	0.059	0.72	84	39.44	253.09	4.0
R548	电子工艺技术	396	0.562	0.222	0.37	82	20.71	432.96	4.2
R067	电子技术应用	659	0.162	0.015	0.92	212	32.17	387.21	4.6
R036	电子科技大学学报	630	0.355	0.015	0.87	248	39.37	378.34	4.4
R512	电子器件	446	0.178	0.032	0.84	186	41.70	324.58	3.6
R724	电子设计工程	490	0.228	0.020	0.77	137	27.96	331.13	3.6
R001	电子显微学报	388	0.355	0.022	0.84	230	59.28	311.85	6.7
R006	电子学报	4105	0.771	0.040	0.84	455	11.08	1479.42	5.6
R022	电子与信息学报	1944	0.507	0.050	0.85	307	15.79	788.39	3.6
R020	电子元件与材料	608	0.293	0.015	0.70	173	28.45	376.08	5.1
J023	东北大学学报自然科学版	1338	0.377	0.025	0.90	461	34.45	619.29	5.0
H262	东北林业大学学报	1418	0.348	0.020	0.85	316	22.28	636.99	5.9
H006	东北农业大学学报	1219	0.565	0.062	0.69	268	21.99	548.88	4.5
A030	东北师大学报自然科学版	543	0.716	0.065	0.79	235	43.28	366.59	5.8
U014	东华大学学报自然科学版	377	0.151	0.000	0.93	177	46.95	312.54	6.5
E002	东华理工大学学报自然科学版	243	0.229	0.030	0.81	138	56.79	275.83	6.3
G057	东南大学学报医学版	405	0.424	0.061	0.88	221	54.57	303.18	4.5
J028	东南大学学报自然科学版	1081	0.456	0.031	0.96	459	42.46	544.40	5.8
G944	东南国防医药	461	0.511	0.088	0.64	134	29.07	331.18	3.0
P003	动力工程学报	900	0.599	0.083	0.72	171	19.00	535.09	4.5
F014	动物分类学报	577	0.343	0.094	0.63	113	19.58	369.08	6.1
F022	动物学研究	916	0.524	0.095	0.91	223	24.34	480.54	8.2
F043	动物学杂志	1021	0.528	0.023	0.89	223	21.84	514.61	7.2
F231	动物营养学报	653	0.610	0.093	0.73	93	14.24	368.89	5.0
X034	都市快轨交通	315	0.294	0.064	0.48	52	16.51	307.12	3.8
G542	毒理学杂志	601	0.377	0.026	0.93	239	39.77	371.30	5.0
N070	锻压技术	770	0.619	0.096	0.57	99	12.86	441.98	3.4
N082	锻压装备与制造技术	410	0.296	0.077	0.47	58	14.15	347.51	4.6
G920	儿科药学杂志	380	0.379	0.027	0.95	151	39.74	292.72	4.5
C071	发光学报	866	1.120	0.034	0.54	144	16.63	455.92	3.2
G874	法医学杂志	335	0.235	0.055	0.74	127	37.91	295.62	4.7
Z544	防灾减灾工程学报	353	0.395	0.088	0.94	152	43.06	318.21	5.6
U013	纺织高校基础科学学报	151	0.228	0.025	0.74	60	39.74	234.63	4.0

表 4-1　2010 年中国科技期刊被引用指标刊名字顺索引（续）

CODE	刊名	总被引频次	影响因子	即年指标	他引率	引用刊数	扩散因子	权威因子	被引半衰期
U015	纺织科学研究	48	0.114	0.000	0.96	22	45.83	200.64	6.7
U053	纺织学报	1062	0.336	0.028	0.60	163	15.35	542.96	4.6
G893	放射免疫学杂志	811	0.412	0.033	0.74	231	28.48	418.61	4.4
G608	放射学实践	1247	0.525	0.056	0.92	256	20.53	562.92	4.2
Y006	飞行力学	351	0.211	0.014	0.85	97	27.64	305.74	6.0
Y030	飞行器测控学报	166	0.108	0.000	0.84	77	46.39	241.96	5.4
K002	非金属矿	594	0.500	0.077	0.82	170	28.62	406.23	5.0
D022	分析测试学报	1961	1.080	0.058	0.78	377	19.22	813.84	4.0
D005	分析化学	4352	1.529	0.130	0.87	575	13.21	1602.28	4.9
D026	分析科学学报	943	0.637	0.033	0.81	268	28.42	492.29	5.1
D004	分析试验室	1905	1.096	0.048	0.72	328	17.22	778.45	3.5
D062	分析仪器	271	0.429	0.034	0.91	121	44.65	269.88	4.2
D015	分子催化	828	1.729	0.329	0.66	143	17.27	446.49	3.5
D035	分子科学学报	277	0.640	0.081	0.56	96	34.66	274.90	3.4
H845	分子植物育种	1063	0.861	0.083	0.88	181	17.03	525.34	4.2
V052	粉煤灰综合利用	198	0.181	0.045	0.80	96	48.48	260.50	6.2
M105	粉末冶金工业	222	0.333	0.048	0.83	74	33.33	262.25	6.1
M039	粉末冶金技术	361	0.322	0.011	0.89	108	29.92	308.34	6.9
Q006	辐射防护	230	0.318	0.015	0.89	92	40.00	267.35	8.2
Q005	辐射研究与辐射工艺学报	240	0.340	0.027	0.87	131	54.58	263.74	5.6
H051	福建林学院学报	673	0.550	0.075	0.89	158	23.48	410.88	8.2
H268	福建农林大学学报自然科学版	1003	0.530	0.037	0.88	254	25.32	507.67	7.0
H265	福建农业学报	496	0.513	0.006	0.84	155	31.25	340.30	6.7
A078	福建师范大学学报自然科学版	330	0.254	0.027	0.91	205	62.12	289.04	5.8
G024	福建医科大学学报	479	0.338	0.038	0.93	274	57.20	329.62	4.8
A029	福州大学学报自然科学版	417	0.230	0.046	0.94	268	64.27	321.89	6.1
M003	腐蚀科学与防护技术	665	0.336	0.036	0.89	167	25.11	418.95	6.6
M505	腐蚀与防护	626	0.250	0.021	0.80	141	22.52	399.16	5.7
G068	复旦学报医学版	881	0.481	0.053	0.98	428	48.58	455.82	5.3
A001	复旦学报自然科学版	493	0.196	0.017	0.98	311	63.08	339.15	7.0
Y019	复合材料学报	1353	0.730	0.064	0.76	251	18.55	648.88	5.4
B029	复杂系统与复杂性科学	170	0.559	0.106	0.84	79	46.47	236.27	4.4
G957	腹部外科	511	0.340	0.020	0.95	154	30.14	339.30	5.8
G338	腹腔镜外科杂志	983	0.714	0.091	0.76	155	15.77	485.56	3.2
A034	甘肃科学学报	386	0.359	0.064	0.59	173	44.82	314.24	4.5
G699	甘肃中医	553	0.142	0.018	0.88	149	26.94	349.95	4.3
H844	甘蔗糖业	172	0.244	0.063	0.77	58	33.72	263.84	6.3
G879	肝胆外科杂志	745	0.457	0.062	0.95	195	26.17	409.81	5.9
G690	肝胆胰外科杂志	620	0.535	0.020	0.80	162	26.13	370.18	4.5
G803	肝脏	733	0.652	0.059	0.90	238	32.47	415.10	4.7
G392	感染·炎症·修复	116	0.343	0.067	0.79	70	60.34	221.28	3.3
H045	干旱地区农业研究	2087	0.657	0.051	0.88	239	11.45	866.90	5.4
E020	干旱区地理	1503	1.341	0.099	0.69	228	15.17	732.73	4.8
E105	干旱区研究	1344	1.038	0.116	0.71	219	16.29	647.83	4.8

表 4-1 2010 年中国科技期刊被引用指标刊名字顺索引（续）

CODE	刊名	总被引频次	影响因子	即年指标	他引率	引用刊数	扩散因子	权威因子	被引半衰期
M050	钢铁	1192	0.313	0.035	0.87	179	15.02	640.40	6.3
M013	钢铁钒钛	236	0.314	0.014	0.75	69	29.24	280.90	5.9
M027	钢铁研究	260	0.169	0.010	0.94	101	38.85	285.46	7.6
M019	钢铁研究学报	629	0.297	0.018	0.96	135	21.46	405.84	5.4
X028	港工技术	127	0.100	0.010	0.80	67	52.76	235.83	6.9
D020	高等学校化学学报	3932	0.839	0.117	0.80	584	14.85	1400.08	5.4
B002	高等学校计算数学学报	173	0.091	0.000	0.96	84	48.55	248.97	9.1
R038	高电压技术	3481	0.971	0.175	0.54	244	7.01	1348.12	4.1
T001	高分子材料科学与工程	2135	0.435	0.036	0.88	328	15.36	901.70	5.8
T002	高分子通报	943	0.717	0.092	0.87	247	26.19	483.27	5.4
D021	高分子学报	1452	0.725	0.061	0.79	251	17.29	647.96	6.2
A080	高技术通讯	688	0.117	0.009	0.97	347	50.44	404.62	6.5
E358	高校地质学报	954	0.993	0.121	0.95	131	13.73	533.14	6.4
T016	高校化学工程学报	1074	0.719	0.048	0.76	294	27.37	535.06	4.8
B003	高校应用数学学报	205	0.258	0.015	0.98	116	56.59	251.46	7.1
R037	高压电器	643	0.420	0.029	0.63	94	14.62	392.84	4.9
C056	高压物理学报	277	0.293	0.000	0.84	111	40.07	282.73	6.6
E005	高原气象	2897	1.733	0.059	0.52	176	6.08	1390.63	5.9
V021	给水排水	1301	0.300	0.037	0.83	249	19.14	627.56	6.0
N105	工程爆破	322	0.316	0.000	0.61	65	20.19	345.85	6.3
E360	工程地质学报	818	1.115	0.109	0.86	179	21.88	488.70	4.4
N049	工程机械	263	0.102	0.004	0.79	99	37.64	273.51	5.4
V030	工程勘察	481	0.208	0.033	0.88	158	32.85	350.92	6.6
V033	工程抗震与加固改造	345	0.331	0.075	0.88	95	27.54	309.93	4.5
C002	工程力学	1982	0.491	0.036	0.85	323	16.30	873.65	4.8
C073	工程热物理学报	1416	0.289	0.020	0.88	312	22.03	680.45	5.3
N590	工程设计学报	223	0.274	0.022	0.84	111	49.78	258.82	4.6
B031	工程数学学报	477	0.275	0.034	0.80	161	33.75	344.61	5.1
T003	工程塑料应用	874	0.537	0.025	0.73	180	20.59	478.30	4.8
N061	工程图学学报	400	0.210	0.010	0.81	157	39.25	311.46	5.0
N064	工具技术	728	0.202	0.012	0.71	140	19.23	419.19	5.3
K018	工矿自动化	319	0.153	0.027	0.55	98	30.72	278.68	3.6
T563	工业催化	542	0.353	0.021	0.88	149	27.49	361.23	4.6
J057	工业工程	264	0.247	0.006	0.85	119	45.08	263.03	3.9
N110	工业工程与管理	337	0.328	0.021	0.88	107	31.75	282.80	4.6
P009	工业加热	131	0.120	0.017	0.87	69	52.67	235.37	4.6
V010	工业建筑	1250	0.288	0.072	0.87	223	17.84	622.15	6.0
P005	工业炉	113	0.153	0.041	0.73	47	41.59	239.86	4.9
Z013	工业水处理	1337	0.383	0.036	0.87	292	21.84	636.84	5.8
F030	工业微生物	355	0.404	0.000	0.92	140	39.44	292.94	6.3
G025	工业卫生与职业病	470	0.257	0.018	0.93	144	30.64	334.81	6.9
N037	工业仪表与自动化装置	223	0.193	0.016	0.90	115	51.57	255.23	5.0
Z032	工业用水与废水	513	0.456	0.033	0.74	136	26.51	368.13	4.7
G207	公共卫生与预防医学	442	0.261	0.029	0.82	168	38.01	322.28	3.4

表 4-1　2010 年中国科技期刊被引用指标刊名字顺索引（续）

CODE	刊名	总被引频次	影响因子	即年指标	他引率	引用刊数	扩散因子	权威因子	被引半衰期
X579	公路	1142	0.135	0.009	0.86	213	18.65	572.62	5.2
X022	公路工程	593	0.432	0.009	0.51	119	20.07	388.53	3.8
X047	公路交通技术	204	0.098	0.004	0.83	81	39.71	249.39	4.4
X682	公路与汽运	412	0.296	0.034	0.37	87	21.12	303.71	2.9
N039	功能材料	2098	0.422	0.048	0.85	438	20.88	831.51	4.7
M502	功能材料与器件学报	234	0.166	0.000	0.96	120	51.28	255.04	5.0
E601	古地理学报	734	1.064	0.157	0.84	116	15.80	475.15	5.8
E304	古脊椎动物学报	342	0.477	0.091	0.64	33	9.65	325.36	>10
E022	古生物学报	583	0.539	0.184	0.82	74	12.69	406.74	>10
R047	固体电子学研究与进展	148	0.158	0.008	0.82	65	43.92	230.16	4.2
Y013	固体火箭技术	516	0.349	0.051	0.70	123	23.84	377.05	5.9
C103	固体力学学报	399	0.340	0.051	0.90	146	36.59	322.41	6.6
W007	管理工程学报	520	0.335	0.047	0.93	124	23.85	334.23	5.5
W018	管理科学	220	0.473	0.026	0.89	69	31.36	246.75	3.7
W008	管理科学学报	837	0.654	0.033	0.75	157	18.76	436.64	5.9
W025	管理评论	224	0.184	0.026	0.76	68	30.36	245.49	4.5
W016	管理学报	414	0.372	0.063	0.69	82	19.81	293.10	3.4
H226	灌溉排水学报	976	0.460	0.014	0.85	169	17.32	530.50	6.1
R026	光电工程	1167	0.488	0.061	0.84	244	20.91	560.43	4.2
R061	光电子·激光	1915	1.181	0.112	0.49	251	13.11	785.79	2.9
R082	光电子技术	125	0.179	0.000	0.90	70	56.00	224.26	5.3
C091	光谱学与光谱分析	3523	0.873	0.062	0.87	602	17.09	1304.03	3.8
C097	光散射学报	189	0.287	0.000	0.78	92	48.68	246.66	5.0
R031	光通信技术	188	0.173	0.004	0.63	66	35.11	244.88	3.5
R017	光纤与电缆及其应用技术	51	0.045	0.014	0.75	28	54.90	202.66	6.1
N015	光学技术	949	0.310	0.037	0.90	233	24.55	505.55	5.6
N033	光学精密工程	2457	1.105	0.110	0.60	263	10.70	1041.29	3.5
C050	光学学报	4311	1.620	0.184	0.62	287	6.66	1523.17	3.4
N031	光学仪器	255	0.199	0.043	0.78	96	37.65	271.15	5.1
R097	光学与光电技术	196	0.190	0.029	0.83	84	42.86	248.07	3.8
C037	光子学报	2386	0.610	0.071	0.63	301	12.62	958.08	4.1
J029	广东工业大学学报	141	0.141	0.011	0.94	106	75.18	228.01	5.8
H272	广东海洋大学学报	421	0.212	0.043	0.91	133	31.59	320.58	6.1
H893	广东林业科技	290	0.219	0.000	0.71	79	27.24	280.97	5.8
G390	广东牙病防治	434	0.250	0.055	0.79	123	28.34	312.36	4.1
G027	广东药学院学报	549	0.302	0.023	0.93	249	45.36	353.04	4.8
G026	广东医学	2132	0.331	0.039	0.92	492	23.08	800.95	4.2
A042	广西大学学报自然科学版	372	0.463	0.075	0.54	160	43.01	302.30	3.9
A535	广西科学	229	0.112	0.046	0.93	153	66.81	258.45	6.7
H069	广西农业科学	846	0.573	0.138	0.73	162	19.15	427.82	3.3
A062	广西师范大学学报自然科学版	525	0.409	0.052	0.78	238	45.33	358.82	4.7
G028	广西医科大学学报	942	0.255	0.022	0.97	375	39.81	463.48	4.9
G816	广西医学	1849	0.269	0.018	0.78	401	21.69	717.13	4.0
F028	广西植物	990	0.488	0.035	0.83	219	22.12	503.47	6.2

表 4-1　2010 年中国科技期刊被引用指标刊名字顺索引（续）

CODE	刊名	总被引频次	影响因子	即年指标	他引率	引用刊数	扩散因子	权威因子	被引半衰期
G029	广州医学院学报	274	0.122	0.000	0.98	179	65.33	264.74	6.2
G030	广州中医药大学学报	822	0.511	0.042	0.96	226	27.49	453.39	5.8
V572	规划师	475	0.255	0.045	0.77	101	21.26	342.00	5.2
T004	硅酸盐通报	1009	0.693	0.040	0.65	231	22.89	503.60	4.1
T005	硅酸盐学报	2078	0.569	0.048	0.87	389	18.72	855.20	5.5
M048	贵金属	296	0.681	0.081	0.79	97	32.77	290.11	5.4
G031	贵阳医学院学报	555	0.506	0.114	0.97	206	37.12	341.30	3.0
G032	贵阳中医学院学报	323	0.142	0.014	0.99	149	46.13	282.46	5.3
A077	贵州大学学报自然科学版	178	0.145	0.029	0.92	129	72.47	238.47	3.7
H275	贵州农业科学	1089	0.327	0.061	0.76	198	18.18	496.80	3.5
A527	贵州师范大学学报自然科学版	267	0.188	0.017	0.81	117	43.82	269.05	5.9
M033	桂林工学院学报	381	0.226	0.081	0.84	179	46.98	322.97	7.6
A040	国防科技大学学报	607	0.306	0.061	0.90	237	39.04	384.97	5.6
G495	国际病毒学杂志	103	0.092	0.047	0.98	83	80.58	214.33	5.9
G350	国际病理科学与临床杂志	508	0.376	0.043	0.98	286	56.30	336.20	6.4
V529	国际城市规划	263	0.318	0.074	0.81	58	22.05	270.59	5.1
G936	国际儿科学杂志	478	0.149	0.005	0.99	203	42.47	323.36	6.7
G436	国际耳鼻咽喉头颈外科杂志	295	0.107	0.000	0.96	130	44.07	275.61	6.9
G659	国际妇产科学杂志	505	0.427	0.034	1.00	184	36.44	326.65	5.5
G498	国际骨科学杂志	411	0.430	0.031	0.88	162	39.42	315.83	4.0
G938	国际呼吸杂志	731	0.119	0.019	0.94	268	36.66	399.30	5.0
G967	国际护理学杂志	1435	0.087	0.004	0.91	173	12.06	599.33	6.6
G362	国际检验医学杂志	1312	0.281	0.039	0.69	326	24.85	555.41	4.4
G929	国际精神病学杂志	467	0.276	0.013	0.99	181	38.76	330.35	8.2
G997	国际口腔医学杂志	490	0.268	0.035	0.96	148	30.20	329.82	5.7
G930	国际流行病学传染病学杂志	375	0.167	0.038	0.97	170	45.33	302.32	5.7
G975	国际麻醉学与复苏杂志	740	0.179	0.026	0.96	229	30.95	396.77	7.4
G349	国际泌尿系统杂志	448	0.054	0.004	0.96	202	45.09	315.14	6.5
G983	国际免疫学杂志	352	0.195	0.032	0.86	192	54.55	288.67	6.6
G939	国际脑血管病杂志	755	0.243	0.012	0.96	236	31.26	399.52	6.4
G415	国际内分泌代谢杂志	773	0.181	0.008	0.99	277	35.83	408.93	6.3
G889	国际皮肤性病学杂志	396	0.125	0.009	0.97	171	43.18	305.71	7.5
G426	国际神经病学神经外科学杂志	591	0.409	0.059	0.88	221	37.39	358.62	6.0
G928	国际生物医学工程杂志	271	0.081	0.000	0.96	148	54.61	264.37	6.4
G954	国际外科学杂志	618	0.244	0.073	0.88	243	39.32	367.84	4.2
G660	国际消化病杂志	429	0.308	0.052	1.00	204	47.55	311.68	5.1
G940	国际心血管病杂志	315	0.245	0.018	0.98	168	53.33	273.59	5.8
G933	国际药学研究杂志	452	0.704	0.110	0.95	227	50.22	321.60	6.3
G661	国际医学放射学杂志	375	0.523	0.039	0.99	156	41.60	295.08	5.0
G499	国际医学寄生虫病杂志	206	0.182	0.024	0.87	68	33.01	250.68	4.7
G984	国际遗传学杂志	246	0.106	0.025	0.96	160	65.04	257.99	6.4
G934	国际中医中药杂志	520	0.112	0.042	0.95	192	36.92	346.56	8.9
G937	国际肿瘤学杂志	558	0.081	0.017	1.00	255	45.70	344.93	6.5
E578	国土资源科技管理	239	0.182	0.000	0.88	98	41.00	262.94	4.2

表 4-1　2010 年中国科技期刊被引用指标刊名字顺索引（续）

CODE	刊名	总被引频次	影响因子	即年指标	他引率	引用刊数	扩散因子	权威因子	被引半衰期
E591	国土资源遥感	657	0.608	0.077	0.84	182	27.70	421.78	6.5
R683	国外电子测量技术	545	0.526	0.089	0.66	108	19.82	356.07	2.8
H028	果树学报	1877	0.881	0.104	0.89	183	9.75	791.39	5.6
T008	过程工程学报	963	0.597	0.076	0.87	319	33.13	496.11	4.3
X025	哈尔滨工程大学学报	667	0.302	0.035	0.89	266	39.88	406.13	4.8
J003	哈尔滨工业大学学报	1664	0.267	0.022	0.96	608	36.54	735.99	5.1
J013	哈尔滨理工大学学报	365	0.251	0.044	0.74	180	49.32	300.08	4.8
U021	哈尔滨商业大学学报自然科学版	398	0.244	0.129	0.77	198	49.75	310.63	5.2
G033	哈尔滨医科大学学报	494	0.223	0.016	0.98	284	57.49	331.94	5.5
J055	海军工程大学学报	434	0.355	0.000	0.79	169	38.94	334.06	5.4
Y029	海军航空工程学院学报	214	0.257	0.018	0.83	100	46.73	252.70	3.3
A012	海南大学学报自然科学版	211	0.225	0.024	0.90	130	61.61	252.97	7.2
G941	海南医学	1195	0.175	0.041	0.83	304	25.44	508.98	3.4
G416	海南医学院学报	790	0.659	0.098	0.93	170	21.52	383.53	2.0
E651	海洋测绘	310	0.243	0.050	0.73	108	34.84	300.69	4.8
E155	海洋地质与第四纪地质	955	0.544	0.068	0.85	152	15.92	533.33	7.5
E131	海洋工程	443	0.377	0.036	0.88	138	31.15	360.33	6.8
E312	海洋湖沼通报	470	0.317	0.021	0.94	153	32.55	343.51	6.5
Z010	海洋环境科学	1104	0.548	0.034	0.76	192	17.39	551.56	7.0
E147	海洋开发与管理	183	0.126	0.011	0.58	61	33.33	243.65	3.4
E145	海洋科学	1541	0.343	0.018	0.92	293	19.01	696.53	7.5
E006	海洋科学进展	558	0.618	0.042	0.93	166	29.75	375.10	6.4
E311	海洋通报	753	0.518	0.033	0.93	209	27.76	444.42	7.1
E003	海洋学报	1594	0.585	0.051	0.92	275	17.25	750.69	8.5
E149	海洋学研究	308	0.325	0.020	0.90	114	37.01	292.21	8.7
H284	海洋渔业	444	0.774	0.114	0.82	83	18.69	332.06	5.1
E008	海洋与湖沼	2064	1.404	0.066	0.88	277	13.42	896.68	9.3
E108	海洋预报	219	0.256	0.000	0.74	71	32.42	271.03	7.8
L586	含能材料	542	0.425	0.075	0.61	93	17.16	384.24	4.1
N076	焊接	399	0.214	0.016	0.87	97	24.31	317.92	5.3
N624	焊接技术	282	0.139	0.008	0.77	76	26.95	280.58	6.5
N021	焊接学报	1262	0.394	0.027	0.78	178	14.10	619.93	4.9
Y027	航空材料学报	544	0.362	0.055	0.93	161	29.60	365.57	5.1
Y017	航空动力学报	1181	0.428	0.060	0.57	186	15.75	556.63	4.2
Y031	航空计算技术	266	0.137	0.014	0.94	144	54.14	266.35	5.0
Y012	航空精密制造技术	194	0.160	0.010	0.94	93	47.94	251.04	5.8
Y002	航空学报	1731	0.599	0.096	0.86	318	18.37	759.27	5.1
Y014	航空制造技术	550	0.250	0.023	0.86	157	28.55	378.42	4.7
Y034	航天返回与遥感	139	0.283	0.047	0.84	72	51.80	235.26	5.9
Y015	航天控制	325	0.223	0.008	0.91	99	30.46	298.20	5.3
Y033	航天器工程	204	0.321	0.018	0.58	64	31.37	256.60	3.3
Y032	航天器环境工程	235	0.329	0.044	0.49	62	26.38	266.84	3.6
G034	航天医学与医学工程	474	0.451	0.000	0.78	170	35.86	346.19	6.7
T057	合成材料老化与应用	151	0.374	0.000	0.96	69	45.70	237.32	5.2

表 4-1　2010 年中国科技期刊被引用指标刊名字顺索引（续）

CODE	刊名	总被引频次	影响因子	即年指标	他引率	引用刊数	扩散因子	权威因子	被引半衰期
D602	合成化学	400	0.217	0.012	0.86	157	39.25	308.34	5.5
T505	合成树脂及塑料	343	0.322	0.000	0.89	93	27.11	302.13	5.5
T067	合成纤维	271	0.272	0.032	0.75	85	31.37	284.87	4.4
T065	合成纤维工业	306	0.252	0.025	0.77	82	26.80	298.89	5.7
T018	合成橡胶工业	486	0.320	0.094	0.81	104	21.40	378.44	7.7
J053	合肥工业大学学报自然科学版	898	0.221	0.069	0.86	445	49.55	470.91	4.8
A031	河北大学学报自然科学版	305	0.153	0.027	0.82	183	60.00	281.80	5.5
J017	河北工业大学学报	235	0.109	0.000	0.94	174	74.04	262.01	7.0
J019	河北工业科技	183	0.255	0.042	0.96	114	62.30	245.31	4.1
K032	河北建筑科技学院学报自然科学版	214	0.386	0.101	0.68	96	44.86	260.11	3.2
J058	河北科技大学学报	315	0.476	0.109	0.47	117	37.14	295.67	5.1
H289	河北林果研究	303	0.169	0.030	0.91	109	35.97	281.51	6.7
H244	河北农业大学学报	1017	0.366	0.024	0.95	279	27.43	509.66	6.8
A076	河北师范大学学报自然科学版	275	0.140	0.026	0.96	207	75.27	270.05	5.6
G035	河北医科大学学报	413	0.151	0.010	0.97	235	56.90	306.59	5.0
G641	河北医学	781	0.186	0.027	0.97	263	33.67	405.54	3.9
G898	河北医药	2101	0.526	0.038	0.71	351	16.71	733.85	2.4
G384	河北中医	1153	0.260	0.021	0.83	172	14.92	526.92	4.5
G301	河北中医药学报	236	0.347	0.041	0.79	84	35.59	267.23	4.8
W012	河海大学学报自然科学版	1043	0.371	0.066	0.91	306	29.34	561.68	6.7
A067	河南大学学报自然科学版	247	0.186	0.014	0.91	155	62.75	260.91	5.3
U004	河南工业大学学报自然科学版	589	0.380	0.047	0.92	157	26.66	367.59	6.3
J014	河南科技大学学报自然科学版	423	0.345	0.012	0.69	210	49.65	319.34	4.7
A011	河南科学	380	0.126	0.079	0.84	211	55.53	301.62	4.2
K526	河南理工大学学报自然科学版	305	0.209	0.024	0.82	140	45.90	286.97	5.5
H011	河南农业大学学报	962	0.637	0.051	0.86	225	23.39	496.26	6.0
H356	河南农业科学	1364	0.424	0.046	0.69	217	15.91	584.10	4.1
A058	河南师范大学学报自然科学版	439	0.286	0.044	0.67	200	45.56	317.26	3.2
Q007	核电子学与探测技术	484	0.144	0.013	0.65	143	29.55	334.62	5.1
Q004	核动力工程	422	0.265	0.076	0.77	120	28.44	337.81	5.7
Q002	核化学与放射化学	197	0.379	0.075	0.74	67	34.01	255.06	6.3
Q001	核技术	570	0.283	0.029	0.85	198	34.74	373.20	5.7
C092	核聚变与等离子体物理	151	0.333	0.039	0.68	60	39.74	237.19	4.1
Q009	核科学与工程	237	0.214	0.033	0.76	69	29.11	278.05	6.4
H042	核农学报	1323	0.977	0.065	0.66	199	15.04	588.22	4.6
A084	黑龙江大学自然科学学报	222	0.257	0.043	0.76	111	50.00	255.80	3.4
K505	黑龙江科技学院学报	163	0.195	0.074	0.78	84	51.53	241.97	4.1
R535	红外技术	577	0.447	0.067	0.69	158	27.38	386.36	4.3
C035	红外与毫米波学报	761	0.824	0.058	0.86	224	29.43	453.68	5.0
R084	红外与激光工程	1045	0.612	0.033	0.73	196	18.76	537.64	4.3
A039	湖北大学学报自然科学版	229	0.157	0.009	0.96	161	70.31	257.57	6.4
H203	湖北农业科学	917	0.232	0.024	0.84	247	26.94	459.63	3.9
G334	湖北中医学院学报	295	0.241	0.010	0.86	135	45.76	278.41	4.6
E111	湖泊科学	1634	1.688	0.133	0.85	261	15.97	744.06	5.6

表 4-1　2010 年中国科技期刊被引用指标刊名字顺索引（续）

CODE	刊名	总被引频次	影响因子	即年指标	他引率	引用刊数	扩散因子	权威因子	被引半衰期
A028	湖南大学学报自然科学版	662	0.377	0.014	0.94	354	53.47	408.42	4.7
K016	湖南科技大学学报自然科学版	329	0.491	0.060	0.86	165	50.15	294.28	4.2
H060	湖南农业大学学报自然科学版	1226	0.577	0.050	0.87	255	20.80	582.93	6.1
H231	湖南农业科学	941	0.478	0.051	0.59	170	18.07	450.56	2.7
G548	湖南师范大学学报医学版	83	0.132	0.000	0.94	66	79.52	208.38	3.8
A055	湖南师范大学自然科学学报	218	0.169	0.000	0.89	154	70.64	253.99	6.3
G041	湖南中医药大学学报	676	0.319	0.030	0.89	194	28.70	396.72	5.6
G336	护理管理杂志	1861	0.840	0.095	0.73	140	7.52	769.21	4.3
G987	护理学报	2523	0.779	0.090	0.59	189	7.49	920.91	3.7
G503	护理学杂志	5251	0.697	0.091	0.73	263	5.01	1814.96	4.5
G654	护理研究	5257	0.428	0.036	0.87	304	5.78	1728.78	4.3
G460	护理与康复	1085	0.416	0.017	0.59	126	11.61	510.96	3.3
G734	护士进修杂志	3765	0.459	0.050	0.90	232	6.16	1316.95	4.4
E141	华北地震科学	152	0.279	0.038	0.71	43	28.29	262.01	7.6
R046	华北电力大学学报	420	0.304	0.015	0.90	184	43.81	328.87	5.3
H032	华北农学报	1866	0.816	0.059	0.88	225	12.06	761.05	5.4
R752	华东电力	712	0.287	0.036	0.74	138	19.38	426.31	3.4
X003	华东交通大学学报	212	0.117	0.000	0.90	144	67.92	249.34	4.5
T021	华东理工大学学报自然科学版	705	0.253	0.013	0.97	350	49.65	415.37	6.3
A054	华东师范大学学报自然科学版	394	0.339	0.027	0.91	235	59.64	313.05	5.2
E103	华南地震	202	0.477	0.016	0.75	49	24.26	272.03	6.1
G340	华南国防医学杂志	461	0.675	0.247	0.71	146	31.67	325.19	2.6
J004	华南理工大学学报自然科学版	1317	0.417	0.052	0.90	524	39.79	608.50	5.1
H013	华南农业大学学报	987	0.498	0.050	0.98	267	27.05	500.18	8.3
A052	华南师范大学学报自然科学版	295	0.255	0.000	0.84	190	64.41	281.34	7.1
G525	华南预防医学	587	0.512	0.065	0.91	155	26.41	372.44	4.2
A021	华侨大学学报自然科学版	259	0.284	0.019	0.69	147	56.76	265.08	4.4
G043	华西口腔医学杂志	905	0.541	0.046	0.92	191	21.10	465.91	6.0
G044	华西药学杂志	1057	0.441	0.050	0.84	280	26.49	525.38	4.8
G294	华西医学	1183	0.211	0.025	0.96	397	33.56	535.01	3.6
V506	华中建筑	275	0.069	0.013	0.56	63	22.91	262.91	4.0
V035	华中科技大学学报城市科学版	286	0.251	0.012	0.98	168	58.74	284.24	5.1
G077	华中科技大学学报医学版	806	0.420	0.086	0.90	357	44.29	429.72	5.6
J033	华中科技大学学报自然科学版	1590	0.402	0.076	0.86	560	35.22	698.02	5.7
H003	华中农业大学学报	1417	0.659	0.049	0.82	301	21.24	654.93	6.4
A004	华中师范大学学报自然科学版	425	0.165	0.040	0.89	243	57.18	320.24	6.5
Z009	化工环保	830	0.828	0.008	0.60	194	23.37	481.25	4.9
T006	化工机械	238	0.192	0.013	0.87	93	39.08	267.27	5.7
T101	化工进展	1803	0.607	0.069	0.86	439	24.35	754.20	4.5
T532	化工科技	216	0.181	0.033	0.98	130	60.19	255.87	5.8
T007	化工学报	2480	0.667	0.076	0.82	460	18.55	981.94	4.5
T066	化工自动化及仪表	710	0.626	0.063	0.39	128	18.03	404.57	4.5
T009	化学反应工程与工艺	334	0.315	0.039	0.92	120	35.93	290.58	5.8
D604	化学分析计量	386	0.426	0.013	0.94	149	38.60	308.73	4.0

表 4-1　2010 年中国科技期刊被引用指标刊名字顺索引（续）

CODE	刊名	总被引频次	影响因子	即年指标	他引率	引用刊数	扩散因子	权威因子	被引半衰期
T025	化学工程	744	0.374	0.031	0.84	216	29.03	419.92	4.8
T567	化学工程师	504	0.175	0.034	0.95	248	49.21	352.78	5.3
T076	化学工业与工程	372	0.256	0.029	0.95	186	50.00	304.49	6.1
T501	化学工业与工程技术	198	0.194	0.000	0.94	118	59.60	248.46	5.6
D506	化学进展	1499	0.743	0.084	0.86	444	29.62	633.89	4.4
D011	化学试剂	617	0.238	0.012	0.87	206	33.39	378.03	5.1
D018	化学通报	982	0.342	0.052	0.95	364	37.07	490.78	7.2
D030	化学学报	3025	0.801	0.048	0.82	498	16.46	1104.29	4.9
D501	化学研究	263	0.282	0.039	0.91	141	53.61	265.42	5.0
D037	化学研究与应用	998	0.411	0.050	0.80	320	32.06	494.14	4.3
T931	化学与黏合	280	0.259	0.039	0.94	119	42.50	276.78	4.8
T553	化学与生物工程	563	0.319	0.022	0.95	273	48.49	361.96	3.9
Z017	环境保护科学	511	0.276	0.019	0.95	226	44.23	352.65	5.9
Z005	环境工程	719	0.323	0.026	0.94	266	37.00	429.94	6.1
Z021	环境工程学报	2055	0.584	0.026	0.87	431	20.97	855.66	5.0
D024	环境化学	1567	0.825	0.031	0.90	380	24.25	707.23	5.7
Z554	环境监测管理与技术	661	1.080	0.138	0.62	150	22.69	425.21	3.7
Z506	环境科技	364	0.426	0.075	0.72	147	40.38	303.32	4.2
Z004	环境科学	5197	1.125	0.084	0.87	563	10.83	1895.90	4.6
Z003	环境科学学报	3914	1.033	0.118	0.92	535	13.67	1482.49	5.3
Z002	环境科学研究	2328	1.531	0.129	0.74	404	17.35	957.23	4.6
Z025	环境科学与技术	1902	0.597	0.038	0.78	424	22.29	790.37	4.0
H049	环境昆虫学报	271	0.500	0.042	0.93	81	29.89	273.15	8.4
Z035	环境卫生工程	275	0.228	0.000	0.76	98	35.64	284.92	5.0
Z019	环境污染与防治	1304	0.515	0.037	0.88	360	27.61	605.94	4.8
Z031	环境与健康杂志	1161	0.456	0.049	0.81	322	27.73	549.78	3.9
G882	环境与职业医学	633	0.371	0.004	0.89	207	32.70	386.63	5.1
G656	环球中医药	78	0.208	0.076	0.77	48	61.54	206.59	1.5
M631	黄金	462	0.269	0.063	0.80	104	22.51	362.62	6.6
N042	火工品	187	0.212	0.000	0.72	46	24.60	268.37	6.1
N005	火力与指挥控制	702	0.173	0.011	0.81	160	22.79	403.76	4.2
N007	火炸药学报	604	0.495	0.038	0.66	91	15.07	419.78	5.2
X011	机车电传动	204	0.167	0.007	0.61	69	33.82	272.27	5.4
N069	机床与液压	1434	0.216	0.011	0.80	274	19.11	632.99	4.2
N672	机电工程	582	0.327	0.032	0.71	184	31.62	360.38	3.2
R099	机电一体化	159	0.080	0.012	0.87	91	57.23	234.09	5.2
S004	机器人	773	0.676	0.016	0.88	189	24.45	428.04	6.2
N040	机械传动	326	0.193	0.007	0.78	105	32.21	286.53	4.9
M004	机械工程材料	869	0.289	0.023	0.88	206	23.71	470.69	5.2
N051	机械工程学报	3959	0.731	0.062	0.79	465	11.75	1482.66	5.1
N050	机械科学与技术	1270	0.311	0.022	0.86	293	23.07	592.22	6.0
N057	机械强度	910	0.319	0.025	0.76	232	25.49	495.24	5.7
N047	机械设计	707	0.256	0.014	0.90	212	29.99	411.93	5.5
N054	机械设计与研究	437	0.286	0.005	0.87	163	37.30	325.62	5.1

表 4-1　2010 年中国科技期刊被引用指标刊名字顺索引（续）

CODE	刊名	总被引频次	影响因子	即年指标	他引率	引用刊数	扩散因子	权威因子	被引半衰期
N028	机械设计与制造	1190	0.185	0.017	0.84	297	24.96	559.53	3.6
N053	机械与电子	337	0.139	0.015	0.95	162	48.07	288.41	4.4
N682	机械制造	341	0.116	0.008	0.96	134	39.30	292.04	5.1
N515	机械制造与自动化	207	0.089	0.006	0.95	117	56.52	247.46	3.9
G003	基础医学与临床	811	0.311	0.026	0.84	359	44.27	433.40	4.4
H245	基因组学与应用生物学	432	0.401	0.083	0.92	169	39.12	316.97	5.5
R025	激光技术	850	0.454	0.039	0.56	133	15.65	457.51	5.0
F045	激光生物学报	439	0.278	0.020	0.88	224	51.03	320.60	4.6
R514	激光与光电子学进展	452	0.616	0.056	0.80	103	22.79	323.67	4.0
R521	激光与红外	871	0.441	0.026	0.72	200	22.96	470.94	3.9
R028	激光杂志	528	0.258	0.018	0.83	180	34.09	349.66	4.8
E116	吉林大学学报地球科学版	1264	0.801	0.113	0.82	248	19.62	644.93	4.8
J042	吉林大学学报工学版	693	0.371	0.034	0.79	265	38.24	407.05	3.7
A035	吉林大学学报理学版	883	0.492	0.033	0.88	433	49.04	473.49	4.4
R586	吉林大学学报信息科学版	233	0.361	0.038	0.66	85	36.48	257.75	4.2
G014	吉林大学学报医学版	1004	0.382	0.076	0.92	363	36.16	482.39	5.2
H243	吉林农业大学学报	998	0.392	0.070	0.87	290	29.06	515.83	6.7
H227	吉林农业科学	413	0.267	0.009	0.92	131	31.72	319.16	6.8
G719	吉林中医药	1372	0.450	0.024	0.63	185	13.48	594.75	4.2
E007	极地研究	145	0.211	0.026	0.72	56	38.62	235.49	7.1
G452	疾病监测	1043	0.515	0.093	0.88	169	16.20	530.04	3.8
G439	脊柱外科杂志	392	0.592	0.092	0.75	109	27.81	312.61	4.0
N038	计量技术	421	0.145	0.028	0.53	129	30.64	329.26	5.4
N014	计量学报	467	0.392	0.032	0.86	158	33.83	344.59	5.7
S050	计算机测量与控制	1594	0.428	0.042	0.50	279	17.50	657.15	3.5
S049	计算机仿真	1980	0.265	0.018	0.80	436	22.02	787.54	4.2
S013	计算机辅助设计与图形学学报	1909	0.601	0.044	0.81	321	16.82	773.04	5.7
S034	计算机工程与科学	730	0.226	0.026	0.89	235	32.19	391.21	4.0
S022	计算机工程与设计	2865	0.331	0.031	0.71	430	15.01	982.53	3.3
S025	计算机工程与应用	5709	0.324	0.028	0.83	637	11.16	1821.86	4.1
S030	计算机集成制造系统-CIMS	1811	0.645	0.070	0.78	244	13.47	736.38	4.4
S520	计算机技术与发展	1350	0.336	0.025	0.57	285	21.11	552.20	3.3
S006	计算机科学	2099	0.333	0.031	0.90	356	16.96	775.74	3.9
S085	计算机科学与探索	71	0.390	0.042	0.72	28	39.44	202.57	2.4
S509	计算机系统应用	374	0.177	0.013	0.82	138	36.90	288.41	3.1
S018	计算机学报	3361	1.290	0.110	0.96	392	11.66	1179.95	5.4
S021	计算机研究与发展	2416	0.971	0.048	0.91	315	13.04	886.74	5.3
S029	计算机应用	2778	0.465	0.040	0.91	468	16.85	978.80	3.8
S016	计算机应用研究	2574	0.323	0.038	0.88	467	18.14	910.65	3.8
S009	计算机应用与软件	1124	0.188	0.017	0.85	298	26.51	501.84	3.4
S048	计算机与数字工程	481	0.160	0.025	0.90	209	43.45	324.65	3.2
S500	计算机与现代化	407	0.147	0.015	0.74	157	38.57	297.03	3.6
S014	计算机与应用化学	747	0.380	0.036	0.55	205	27.44	392.11	3.7
S507	计算技术与自动化	161	0.175	0.000	0.93	103	63.98	232.77	4.5

表 4-1　2010 年中国科技期刊被引用指标刊名字顺索引（续）

CODE	刊名	总被引频次	影响因子	即年指标	他引率	引用刊数	扩散因子	权威因子	被引半衰期
C003	计算力学学报	809	0.291	0.063	0.87	244	30.16	469.06	6.4
B014	计算数学	284	0.295	0.026	0.90	114	40.14	300.59	9.9
C094	计算物理	460	0.398	0.029	0.67	177	38.48	343.10	5.0
S718	技术经济	286	0.237	0.114	0.53	83	29.02	258.89	2.7
A656	济南大学学报自然科学版	228	0.355	0.047	0.93	167	73.25	258.13	4.6
G292	寄生虫与医学昆虫学报	229	0.294	0.026	0.85	61	26.64	263.52	7.5
A045	暨南大学学报自然科学与医学版	449	0.282	0.050	0.94	306	68.15	323.99	6.1
H240	家畜生态学报	383	0.306	0.051	0.86	94	24.54	295.60	4.4
G638	检验医学	950	0.345	0.072	0.92	281	29.58	466.45	5.2
V051	建筑材料学报	657	0.497	0.030	0.85	182	27.70	410.73	5.2
V057	建筑钢结构进展	121	0.286	0.019	0.86	45	37.19	229.27	4.4
V045	建筑技术	339	0.115	0.033	0.85	123	36.28	302.40	6.3
V014	建筑结构	972	0.249	0.154	0.75	140	14.40	531.53	6.1
V044	建筑结构学报	1699	1.134	0.196	0.89	187	11.01	813.45	6.6
S635	建筑经济	391	0.205	0.068	0.53	83	21.23	305.25	3.2
V005	建筑科学	470	0.212	0.050	0.89	165	35.11	344.93	4.1
V013	建筑科学与工程学报	323	0.653	0.107	0.90	116	35.91	315.53	3.9
V047	建筑学报	453	0.217	0.041	0.94	85	18.76	326.60	5.8
Y564	舰船科学技术	369	0.114	0.002	0.82	143	38.75	306.22	4.6
A136	江南大学学报自然科学版	203	0.201	0.019	0.83	133	65.52	247.73	4.2
G453	江苏大学学报医学版	400	0.360	0.047	0.91	223	55.75	301.91	4.5
J035	江苏大学学报自然科学版	681	0.621	0.039	0.80	277	40.68	423.41	4.7
X015	江苏科技大学学报自然科学版	305	0.374	0.014	0.71	138	45.25	285.94	4.2
H700	江苏农业科学	1702	0.496	0.023	0.83	263	15.45	700.97	3.3
H199	江苏农业学报	1138	0.933	0.046	0.84	187	16.43	519.75	3.8
G046	江苏医药	1124	0.278	0.030	0.74	342	30.43	491.97	4.1
G397	江苏中医药	1314	0.327	0.026	0.98	202	15.37	597.14	5.2
H283	江西农业大学学报	1083	0.470	0.027	0.92	284	26.22	530.02	5.6
H701	江西农业学报	941	0.329	0.039	0.89	218	23.17	459.89	2.8
A112	江西师范大学学报自然科学版	424	0.385	0.141	0.51	141	33.25	325.50	3.7
G047	江西医学院学报	505	0.238	0.031	0.94	249	49.31	328.69	4.4
X002	交通科学与工程	178	0.340	0.119	0.89	104	58.43	247.31	4.4
X020	交通信息与安全	311	0.206	0.073	0.83	127	40.84	284.99	3.8
X672	交通运输工程学报	838	0.764	0.153	0.92	189	22.55	512.81	4.6
X694	交通运输工程与信息学报	126	0.211	0.000	0.94	65	51.59	226.47	4.3
X685	交通运输系统工程与信息	389	0.521	0.047	0.77	112	28.79	312.97	3.5
L587	节能技术	223	0.222	0.058	0.80	112	50.22	263.40	4.0
W567	节水灌溉	669	0.573	0.071	0.69	133	19.88	399.43	3.4
K553	洁净煤技术	190	0.169	0.016	0.69	75	39.47	255.23	3.7
V049	结构工程师	412	0.403	0.012	0.60	99	24.03	331.67	4.3
G869	结直肠肛门外科	464	0.371	0.012	0.81	142	30.60	323.99	4.9
G316	解放军护理杂志	2959	0.510	0.039	0.81	230	7.77	1086.09	4.4
A121	解放军理工大学学报自然科学版	343	0.226	0.008	0.86	193	56.27	305.61	5.7
G295	解放军药学学报	614	0.388	0.025	0.94	223	36.32	376.37	5.1

表 4-1 2010 年中国科技期刊被引用指标刊名字顺索引（续）

CODE	刊名	总被引频次	影响因子	即年指标	他引率	引用刊数	扩散因子	权威因子	被引半衰期
G048	解放军医学杂志	1803	0.604	0.141	0.91	472	26.18	742.62	4.6
G315	解放军医院管理杂志	1565	0.569	0.063	0.64	148	9.46	753.86	3.3
G961	解放军预防医学杂志	593	0.398	0.038	0.91	241	40.64	384.53	5.9
G507	解剖科学进展	438	0.560	0.055	0.69	173	39.50	321.29	4.9
G049	解剖学报	619	0.349	0.065	0.89	258	41.68	372.37	5.6
G358	解剖学研究	330	0.301	0.058	0.77	156	47.27	288.26	4.7
G050	解剖学杂志	829	0.390	0.014	0.82	290	34.98	444.93	5.0
G886	介入放射学杂志	1372	0.884	0.087	0.74	251	18.29	612.10	4.2
N048	金刚石与磨料磨具工程	367	0.307	0.044	0.62	81	22.07	323.14	5.8
M051	金属功能材料	193	0.283	0.026	0.85	87	45.08	245.14	5.7
K022	金属矿山	1397	0.472	0.055	0.62	212	15.18	667.75	3.7
N083	金属热处理	1096	0.300	0.050	0.81	182	16.61	538.89	5.5
M012	金属学报	2168	0.732	0.160	0.89	258	11.90	890.10	7.0
E599	经济地理	1620	0.497	0.077	0.78	198	12.22	705.70	5.6
H266	经济林研究	494	0.410	0.009	0.88	125	25.30	336.79	6.1
N749	精密制造与自动化	103	0.100	0.013	0.93	48	46.60	218.70	5.0
G953	精神医学杂志	380	0.407	0.030	0.81	119	31.32	298.64	3.8
T102	精细化工	1330	0.518	0.096	0.85	348	26.17	613.76	5.3
T955	精细化工中间体	369	0.344	0.008	0.92	165	44.72	304.86	5.0
T542	精细石油化工	392	0.273	0.008	0.89	138	35.20	316.48	6.9
G677	颈腰痛杂志	754	0.434	0.078	0.73	153	20.29	426.53	5.2
Z553	净水技术	280	0.284	0.009	0.90	99	35.36	276.00	5.1
G553	局解手术学杂志	764	0.615	0.183	0.62	184	24.08	422.99	3.3
T512	聚氨酯工业	264	0.437	0.014	0.83	82	31.06	278.17	6.5
R016	绝缘材料	313	0.323	0.044	0.70	84	26.84	292.35	4.8
G052	军事医学科学院院刊	384	0.314	0.070	0.92	211	54.95	301.96	5.2
J056	军械工程学院学报	161	0.109	0.009	0.96	102	63.35	234.95	5.3
G187	军医进修学院学报	504	0.248	0.031	0.90	228	45.24	332.38	4.3
F018	菌物学报	1021	0.622	0.193	0.82	209	20.47	514.10	7.0
M018	勘察科学技术	183	0.150	0.021	0.91	98	53.55	250.58	6.8
A645	科技导报	982	0.475	0.125	0.84	465	47.35	494.85	3.4
S812	科技管理研究	958	0.170	0.010	0.59	172	17.95	426.43	3.1
R588	科技进步与对策	802	0.158	0.016	0.72	155	19.33	389.33	3.8
A083	科技通报	507	0.234	0.011	0.98	337	66.47	348.61	6.3
W027	科技与法律	71	0.142	0.123	0.37	15	21.13	205.05	2.3
A537	科学技术与工程	1092	0.141	0.016	0.86	529	48.44	517.95	3.1
A075	科学通报	5938	0.746	0.150	0.92	921	15.51	2268.30	7.7
W514	科学学研究	688	0.345	0.023	0.82	106	15.41	360.45	4.4
W531	科研管理	798	0.487	0.055	0.94	125	15.66	390.77	5.6
L516	可再生能源	522	0.415	0.042	0.85	190	36.40	355.94	4.2
E140	空间科学学报	287	0.309	0.081	0.83	105	36.59	283.26	5.3
J059	空军工程大学学报自然科学版	337	0.306	0.061	0.87	142	42.14	292.74	4.9
Y016	空气动力学学报	464	0.266	0.032	0.84	131	28.23	345.98	7.0
S503	控制工程	551	0.283	0.005	0.88	209	37.93	361.50	5.1

表 4-1　2010 年中国科技期刊被引用指标刊名字顺索引（续）

CODE	刊名	总被引频次	影响因子	即年指标	他引率	引用刊数	扩散因子	权威因子	被引半衰期
R060	控制理论与应用	1352	0.598	0.035	0.83	293	21.67	612.76	5.3
S001	控制与决策	2264	0.738	0.034	0.88	381	16.83	893.90	4.9
G246	口腔颌面外科杂志	524	0.449	0.050	0.77	139	26.53	350.34	5.5
G894	口腔颌面修复学杂志	479	0.587	0.111	0.76	92	19.21	338.83	4.7
G325	口腔医学	737	0.403	0.032	0.78	146	19.81	404.37	4.8
G266	口腔医学研究	878	0.637	0.030	0.74	168	19.13	455.46	4.2
K525	矿产保护与利用	277	0.287	0.012	0.92	107	38.63	289.58	6.4
V054	矿产勘查	257	0.043	0.000	0.98	113	43.97	281.09	8.7
K025	矿产与地质	508	0.270	0.000	0.91	116	22.83	378.54	6.7
K004	矿产综合利用	301	0.395	0.026	0.94	110	36.54	299.74	6.0
E106	矿床地质	1818	1.648	0.363	0.85	92	5.06	843.01	7.0
K014	矿山机械	491	0.073	0.031	0.65	132	26.88	336.01	4.9
E350	矿物学报	673	0.459	0.068	0.92	190	28.23	432.16	8.9
E354	矿物岩石	760	0.832	0.113	0.88	169	22.24	488.56	6.9
E504	矿物岩石地球化学通报	520	0.583	0.164	0.95	151	29.04	376.00	6.8
M101	矿冶	300	0.277	0.000	0.96	125	41.67	291.92	6.3
M045	矿冶工程	638	0.401	0.065	0.82	186	29.15	414.00	5.7
K010	矿业研究与开发	407	0.237	0.030	0.75	128	31.45	323.53	4.9
F005	昆虫分类学报	206	0.193	0.038	0.86	66	32.04	252.41	>10
F015	昆虫学报	1835	0.747	0.089	0.86	220	11.99	780.25	6.8
F035	昆虫知识	1538	0.695	0.079	0.82	190	12.35	676.64	6.0
J020	昆明理工大学学报理工版	379	0.174	0.007	0.98	251	66.23	307.90	6.7
G053	昆明医学院学报	507	0.275	0.026	0.97	245	48.32	328.72	3.2
G395	兰州大学学报医学版	228	0.235	0.011	0.92	146	64.04	254.28	5.8
A016	兰州大学学报自然科学版	911	0.569	0.076	0.81	370	40.61	488.07	6.0
X016	兰州交通大学学报	288	0.147	0.016	0.76	152	52.78	276.02	4.6
J008	兰州理工大学学报	599	0.337	0.043	0.74	244	40.73	377.71	4.2
G628	老年医学与保健	253	0.204	0.021	0.88	141	55.73	257.84	5.4
R096	雷达科学与技术	242	0.543	0.055	0.51	67	27.69	271.76	3.2
T010	离子交换与吸附	569	0.557	0.027	0.85	207	36.38	381.00	7.0
M001	理化检验化学分册	1417	0.520	0.020	0.82	245	17.29	629.85	4.1
M002	理化检验物理分册	312	0.090	0.010	0.83	140	44.87	295.74	6.3
C101	力学季刊	296	0.221	0.011	0.94	143	48.31	287.65	5.9
C102	力学进展	822	1.028	0.108	0.96	298	36.25	462.97	7.2
C001	力学学报	954	0.493	0.059	0.91	263	27.57	511.42	7.1
C104	力学与实践	570	0.260	0.039	0.74	221	38.77	381.80	6.9
G580	立体定向和功能性神经外科杂志	343	0.375	0.068	0.82	111	32.36	297.08	4.9
L014	炼油技术与工程	474	0.186	0.016	0.91	109	23.00	363.69	6.2
U002	粮食储藏	276	0.265	0.099	0.62	54	19.57	295.94	6.3
U055	粮食与饲料工业	774	0.275	0.009	0.89	157	20.28	416.49	6.7
U008	粮油加工	592	0.165	0.019	0.82	133	22.47	358.70	4.8
C032	量子电子学报	543	0.519	0.063	0.67	136	25.05	364.43	5.0
C110	量子光学学报	89	0.190	0.019	0.75	30	33.71	212.79	4.0
K008	辽宁工程技术大学学报自然科学版	903	0.323	0.021	0.86	325	35.99	487.34	5.2

表 4-1　2010 年中国科技期刊被引用指标刊名字顺索引（续）

CODE	刊名	总被引频次	影响因子	即年指标	他引率	引用刊数	扩散因子	权威因子	被引半衰期
H261	辽宁农业科学	454	0.187	0.008	0.97	143	31.50	326.72	8.1
A072	辽宁师范大学学报自然科学版	245	0.182	0.024	0.86	165	67.35	263.08	5.6
L035	辽宁石油化工大学学报	378	0.484	0.078	0.75	140	37.04	323.77	4.4
G850	辽宁中医药大学学报	1035	0.198	0.021	0.92	246	23.77	502.47	2.9
G646	辽宁中医杂志	2660	0.351	0.035	0.93	333	12.52	1022.47	4.7
U037	林产工业	242	0.239	0.043	0.86	70	28.93	274.93	6.6
T017	林产化学与工业	803	0.468	0.071	0.85	253	31.51	441.69	5.4
H740	林业科技开发	520	0.262	0.043	0.83	126	24.23	351.41	5.1
H280	林业科学	3469	1.026	0.066	0.89	293	8.45	1326.31	5.9
H281	林业科学研究	1718	0.756	0.082	0.91	219	12.75	746.47	7.4
H102	林业调查规划	277	0.189	0.028	0.85	113	40.79	271.86	4.2
G880	临床超声医学杂志	666	0.353	0.014	0.86	179	26.88	384.36	3.9
G607	临床儿科杂志	1623	0.822	0.047	0.92	310	19.10	667.38	4.5
G276	临床耳鼻咽喉头颈外科杂志	1825	0.492	0.060	0.84	304	16.66	761.56	5.1
G271	临床放射学杂志	2089	0.554	0.046	0.92	329	15.75	825.98	5.2
Q908	临床肺科杂志	1897	0.582	0.072	0.67	292	15.39	737.65	3.1
G501	临床肝胆病杂志	626	0.350	0.081	0.94	232	37.06	369.71	4.9
G291	临床骨科杂志	1314	1.068	0.151	0.61	179	13.62	691.44	3.5
G664	临床和实验医学杂志	1473	0.287	0.039	0.90	388	26.34	593.22	2.9
G658	临床荟萃	1723	0.264	0.018	0.87	395	22.93	675.99	4.5
G345	临床急诊杂志	156	0.297	0.019	0.80	77	49.36	230.29	2.8
G204	临床检验杂志	1009	0.465	0.018	0.93	280	27.75	495.60	6.1
G310	临床精神医学杂志	974	0.433	0.042	0.89	188	19.30	499.45	6.4
G881	临床军医杂志	689	0.293	0.038	0.88	284	41.22	385.61	3.7
G287	临床口腔医学杂志	942	0.320	0.073	0.89	202	21.44	474.52	5.1
G222	临床麻醉学杂志	2396	0.706	0.065	0.85	291	12.15	902.80	4.7
G317	临床泌尿外科杂志	1598	0.447	0.033	0.91	265	16.58	661.31	5.7
G257	临床内科杂志	994	0.383	0.037	0.98	340	34.21	479.34	5.1
G230	临床皮肤科杂志	1448	0.474	0.045	0.85	273	18.85	655.85	5.7
G309	临床神经病学杂志	1066	0.541	0.055	0.83	260	24.39	511.18	5.6
G802	临床神经外科杂志	161	0.535	0.023	0.72	69	42.86	237.82	2.9
G797	临床输血与检验	386	0.469	0.045	0.88	121	31.35	302.47	4.1
G256	临床外科杂志	1255	0.415	0.030	0.92	289	23.03	567.79	4.6
G942	临床误诊误治	2112	0.897	0.213	0.27	250	11.84	804.14	2.8
G855	临床消化病杂志	372	0.331	0.031	0.96	172	46.24	292.94	4.7
Q909	临床小儿外科杂志	346	0.305	0.012	0.79	134	38.73	292.31	4.0
G585	临床心电学杂志	443	0.456	0.028	0.86	132	29.80	328.28	4.3
G261	临床心血管病杂志	1128	0.660	0.089	0.80	255	22.61	513.49	4.0
G293	临床血液学杂志	470	0.656	0.077	0.89	180	38.30	326.99	4.0
Q913	临床眼科杂志	448	0.253	0.022	0.90	120	26.79	316.65	5.0
G274	临床与实验病理学杂志	981	0.493	0.045	0.78	265	27.01	488.78	5.7
Q910	临床肿瘤学杂志	1013	0.585	0.074	0.93	299	29.52	476.15	3.8
G491	岭南心血管病杂志	213	0.192	0.013	0.92	133	62.44	246.24	4.5
N023	流体机械	615	0.220	0.022	0.88	170	27.64	404.15	5.6

表 4-1　2010 年中国科技期刊被引用指标刊名字顺索引（续）

CODE	刊名	总被引频次	影响因子	即年指标	他引率	引用刊数	扩散因子	权威因子	被引半衰期
X570	路基工程	776	0.334	0.016	0.34	109	14.05	427.41	2.9
H748	麦类作物学报	1464	0.817	0.044	0.76	155	10.59	637.53	5.0
T060	煤化工	234	0.161	0.052	0.88	90	38.46	276.98	5.5
K005	煤炭科学技术	952	0.293	0.096	0.69	156	16.39	501.21	4.6
K017	煤炭学报	2603	1.109	0.215	0.60	285	10.95	1080.87	4.6
D027	煤炭转化	579	0.464	0.068	0.72	126	21.76	414.71	7.2
K009	煤田地质与勘探	717	0.318	0.055	0.91	166	23.15	455.80	7.7
U036	棉纺织技术	888	0.919	0.045	0.18	49	5.52	663.80	3.1
H037	棉花学报	1022	0.903	0.029	0.77	124	12.13	547.61	6.6
G056	免疫学杂志	883	0.746	0.174	0.63	267	30.24	443.22	4.1
B017	模糊系统与数学	571	0.297	0.012	0.84	172	30.12	363.04	6.3
N087	模具工业	338	0.222	0.034	0.75	68	20.12	308.44	4.1
N107	模具技术	182	0.156	0.041	0.82	52	28.57	257.26	6.3
S015	模式识别与人工智能	439	0.388	0.000	0.94	165	37.59	312.51	6.0
T077	膜科学与技术	552	0.336	0.015	0.79	151	27.36	363.26	6.7
N084	摩擦学学报	1068	0.740	0.106	0.80	214	20.04	568.26	6.5
U533	木材工业	322	0.342	0.143	0.80	74	22.98	313.05	6.5
M655	纳米技术与精密工程	128	0.251	0.020	0.76	67	52.34	225.64	3.4
M042	耐火材料	400	0.202	0.030	0.66	76	19.00	360.33	6.4
J050	南昌大学学报工科版	183	0.255	0.059	0.81	124	67.76	242.81	5.2
A013	南昌大学学报理科版	348	0.274	0.015	0.71	174	50.00	296.74	5.0
Y011	南昌航空大学学报自然科学版	100	0.070	0.000	0.95	76	76.00	216.72	6.3
R117	南方电网技术	286	0.853	0.288	0.81	24	8.39	278.32	2.0
H068	南方水产	365	0.994	0.113	0.82	80	21.92	302.49	3.2
G023	南方医科大学学报	2126	0.451	0.057	0.93	584	27.47	819.18	4.1
B016	南京大学学报数学半年刊	33	0.050	0.000	0.88	25	75.76	195.41	7.4
A025	南京大学学报自然科学	809	0.553	0.159	0.85	359	44.38	474.08	7.7
T011	南京工业大学学报自然科学版	387	0.344	0.061	0.93	226	58.40	314.02	5.7
Y026	南京航空航天大学学报	677	0.294	0.033	0.95	286	42.25	408.35	6.3
N011	南京理工大学学报自然科学版	500	0.300	0.018	0.85	252	50.40	351.46	5.3
H033	南京林业大学学报自然科学版	1209	0.474	0.063	0.90	259	21.42	579.32	6.2
H021	南京农业大学学报	1347	0.554	0.106	0.96	274	20.34	612.20	8.1
A061	南京师大学报自然科学版	341	0.223	0.009	0.93	234	68.62	296.81	6.8
E120	南京信息工程大学学报	1086	0.796	0.000	0.99	168	15.47	615.49	5.6
G058	南京医科大学学报自然科学版	1018	0.358	0.040	0.84	395	38.80	482.51	3.9
R008	南京邮电大学学报自然科学版	155	0.231	0.010	0.98	97	62.58	230.20	4.0
G059	南京中医药大学学报自然科学版	858	0.575	0.056	0.97	209	24.36	461.45	6.4
A008	南开大学学报自然科学版	282	0.162	0.017	0.98	216	76.60	274.44	6.0
W590	南水北调与水利科技	382	0.253	0.045	0.48	100	26.18	302.84	3.4
G288	脑与神经疾病杂志	549	0.455	0.050	0.97	211	38.43	344.76	4.6
G662	内科急危重症杂志	346	0.348	0.060	0.88	171	49.42	288.75	5.0
G523	内科理论与实践	138	0.363	0.025	0.94	103	74.64	225.99	2.6
E104	内陆地震	164	0.191	0.017	0.68	39	23.78	266.76	7.7
A026	内蒙古大学学报自然科学版	453	0.248	0.031	0.88	224	49.45	332.30	7.4

表 4-1 2010 年中国科技期刊被引用指标刊名字顺索引（续）

CODE	刊名	总被引频次	影响因子	即年指标	他引率	引用刊数	扩散因子	权威因子	被引半衰期
J039	内蒙古工业大学学报自然科学版	79	0.067	0.000	0.97	66	83.54	209.40	6.3
H271	内蒙古农业大学学报自然科学版	545	0.158	0.004	0.90	196	35.96	356.21	7.6
A111	内蒙古师范大学学报自然科学汉文版	223	0.222	0.067	0.53	88	39.46	253.33	3.9
G513	内蒙古医学院学报	175	0.166	0.021	0.92	117	66.86	235.31	4.3
P004	内燃机学报	586	0.599	0.033	0.87	144	24.57	401.67	6.6
W002	泥沙研究	593	0.385	0.056	0.85	130	21.92	420.09	7.8
A110	宁夏大学学报自然科学版	224	0.240	0.021	0.86	150	66.96	256.26	6.0
G665	宁夏医科大学学报	417	0.182	0.019	0.89	223	53.48	305.35	3.7
T034	农药	1352	0.448	0.054	0.80	249	18.42	632.46	5.2
H404	农药学学报	581	0.609	0.023	0.88	169	29.09	374.76	5.6
H279	农业工程学报	6958	1.347	0.135	0.77	542	7.79	2451.44	4.4
Z008	农业环境科学学报	3700	1.024	0.103	0.86	420	11.35	1380.24	4.7
H773	农业环境与发展	269	0.179	0.045	0.89	116	43.12	270.15	6.0
H278	农业机械学报	2561	0.793	0.169	0.69	422	16.48	1011.63	3.7
H286	农业生物技术学报	1010	0.524	0.074	0.91	209	20.69	495.99	5.4
H237	农业系统科学与综合研究	432	0.372	0.021	0.93	170	39.35	324.72	5.9
H222	农业现代化研究	626	0.503	0.040	0.90	177	28.27	385.29	4.5
V032	暖通空调	1003	0.292	0.083	0.66	157	15.65	526.16	5.4
H219	排灌机械工程学报	366	0.767	0.009	0.55	77	21.04	321.99	3.6
U602	皮革科学与工程	210	0.332	0.059	0.52	57	27.14	258.60	4.3
U604	皮革与化工	114	0.186	0.000	0.83	52	45.61	224.18	6.2
G759	齐鲁医学杂志	578	0.638	0.045	0.84	200	34.60	367.23	3.2
N041	起重运输机械	287	0.113	0.020	0.64	85	29.62	276.93	3.9
E021	气候变化研究进展	624	1.171	0.227	0.89	137	21.96	421.31	3.7
E361	气候与环境研究	1094	1.128	0.118	0.87	182	16.64	616.39	5.6
E352	气象	2827	1.819	0.476	0.53	207	7.32	1404.47	4.8
E566	气象科技	1076	0.724	0.049	0.58	191	17.75	623.54	4.7
E359	气象科学	873	0.941	0.022	0.57	143	16.38	518.68	4.6
E001	气象学报	2513	1.248	0.116	0.86	207	8.24	1279.22	8.1
E633	气象与环境学报	330	0.892	0.157	0.60	99	30.00	314.46	2.9
X018	汽车工程	1004	0.405	0.035	0.89	206	20.52	526.94	5.2
X013	汽车技术	396	0.207	0.006	0.91	130	32.83	319.90	5.5
P001	汽轮机技术	282	0.182	0.000	0.78	93	32.98	290.28	5.9
A093	前沿科学	53	0.147	0.103	0.85	38	71.70	202.71	3.2
Y009	强度与环境	162	0.265	0.085	0.83	78	48.15	245.75	6.8
C007	强激光与粒子束	1944	0.557	0.031	0.49	203	10.44	757.42	4.7
X021	桥梁建设	467	0.355	0.038	0.85	100	21.41	366.25	5.8
U018	青岛大学学报工程技术版	163	0.211	0.013	0.91	107	65.64	240.53	6.5
A658	青岛大学学报自然科学版	119	0.081	0.000	0.92	93	78.15	222.95	6.8
G061	青岛大学医学院学报	685	0.674	0.015	0.80	232	33.87	406.86	3.3
T012	青岛科技大学学报自然科学版	229	0.194	0.033	0.91	165	72.05	256.84	5.0
H267	青岛农业大学学报自然科学版	335	0.304	0.026	0.97	139	41.49	289.28	6.6
U535	轻工机械	442	0.543	0.056	0.48	83	18.78	324.26	2.9
J001	清华大学学报自然科学版	2497	0.487	0.047	0.95	703	28.15	1026.62	6.5

表 4-1 2010 年中国科技期刊被引用指标刊名字顺索引（续）

CODE	刊名	总被引频次	影响因子	即年指标	他引率	引用刊数	扩散因子	权威因子	被引半衰期
W020	情报学报	324	0.268	0.026	0.68	86	26.54	275.10	4.7
D002	燃料化学学报	1069	0.733	0.037	0.81	193	18.05	564.77	5.8
P011	燃烧科学与技术	456	0.325	0.052	0.90	152	33.33	353.17	5.9
G448	热带病与寄生虫学	181	0.253	0.000	0.77	52	28.73	251.16	4.0
E563	热带地理	415	0.364	0.049	0.83	155	37.35	326.99	6.7
E642	热带海洋学报	767	0.488	0.080	0.86	170	22.16	448.85	7.0
H516	热带农业科学	534	0.219	0.031	0.87	166	31.09	346.34	6.8
E110	热带气象学报	1094	0.775	0.054	0.64	122	11.15	641.55	6.0
G609	热带医学杂志	835	0.333	0.031	0.75	250	29.94	439.18	3.6
H223	热带作物学报	753	0.479	0.055	0.73	157	20.85	406.30	4.8
T105	热固性树脂	364	0.609	0.070	0.84	100	27.47	309.32	5.0
N071	热加工工艺	2041	0.397	0.036	0.46	174	8.53	777.72	3.3
C134	热科学与技术	127	0.145	0.000	0.93	80	62.99	228.45	5.3
P006	热能动力工程	558	0.266	0.030	0.89	176	31.54	386.80	6.6
T013	人工晶体学报	901	0.602	0.085	0.60	191	21.20	453.46	3.4
N106	人类工效学	157	0.147	0.000	0.85	76	48.41	234.55	7.0
F041	人类学学报	349	0.434	0.000	0.59	70	20.06	320.21	>10
G805	人民军医	1014	0.660	0.123	0.75	263	25.94	511.42	3.7
T070	日用化学工业	662	0.399	0.037	0.82	201	30.36	405.88	7.4
S011	软件学报	4286	1.422	0.120	0.95	394	9.19	1440.66	5.2
N029	润滑与密封	1082	0.355	0.033	0.64	245	22.64	550.39	4.1
R086	三峡大学学报自然科学版	275	0.268	0.043	0.86	155	56.36	277.80	4.6
D012	色谱	2035	1.926	0.126	0.84	351	17.25	837.12	4.5
E635	沙漠与绿洲气象	71	0.253	0.012	0.66	32	45.07	210.07	2.7
A063	厦门大学学报自然科学版	946	0.345	0.033	0.94	408	43.13	490.58	6.6
H070	山地农业生物学报	402	0.347	0.052	0.92	161	40.05	308.81	6.2
E101	山地学报	1173	0.972	0.170	0.91	258	21.99	605.18	6.5
G742	山东大学耳鼻喉眼学报	260	0.177	0.007	0.88	114	43.85	263.67	4.1
J022	山东大学学报工学版	395	0.298	0.040	0.93	240	60.76	310.66	4.7
A020	山东大学学报理学版	416	0.345	0.068	0.81	192	46.15	308.95	3.3
G062	山东大学学报医学版	736	0.277	0.039	0.93	339	46.06	399.69	4.3
V012	山东建筑大学学报	285	0.447	0.081	0.50	105	36.84	280.56	3.4
A637	山东科学	170	0.174	0.014	0.99	136	80.00	238.10	4.6
H031	山东农业大学学报自然科学版	741	0.264	0.029	0.98	255	34.41	418.51	8.2
H804	山东农业科学	986	0.468	0.065	0.67	177	17.95	484.46	3.5
A057	山东师范大学学报自然科学版	315	0.237	0.005	0.75	147	46.67	282.85	4.1
G063	山东中医药大学学报	847	0.332	0.030	0.96	196	23.14	457.26	6.7
G574	山东中医杂志	950	0.191	0.025	0.97	201	21.16	483.29	6.3
A014	山西大学学报自然科学版	316	0.160	0.023	0.90	188	59.49	283.31	6.8
H393	山西农业大学学报自然科学版	477	0.228	0.038	0.97	200	41.93	333.72	6.5
H390	山西农业科学	909	0.432	0.141	0.51	144	15.84	456.39	3.5
G064	山西医科大学学报	712	0.274	0.020	0.98	343	48.17	392.70	4.5
G923	山西医药杂志	879	0.309	0.026	0.95	319	36.29	436.40	3.2
U025	陕西科技大学学报自然科学版	229	0.128	0.004	0.96	167	72.93	254.60	5.6

表 4-1　2010 年中国科技期刊被引用指标刊名字顺索引（续）

CODE	刊名	总被引频次	影响因子	即年指标	他引率	引用刊数	扩散因子	权威因子	被引半衰期
H217	陕西农业科学	461	0.099	0.020	0.92	164	35.57	323.41	5.2
A066	陕西师范大学学报自然科学版	484	0.322	0.073	0.90	258	53.31	336.84	5.8
G630	陕西医学杂志	1415	0.307	0.023	0.68	315	22.26	597.33	4.1
G725	陕西中医	2504	0.312	0.051	0.74	249	9.94	971.41	4.3
A056	上海大学学报自然科学版	303	0.200	0.000	0.96	226	74.59	281.29	6.4
W023	上海管理科学	41	0.038	0.013	0.98	26	63.41	193.65	4.4
X038	上海海事大学学报	149	0.227	0.042	0.88	84	56.38	235.58	5.2
H292	上海海洋大学学报	753	0.558	0.125	0.89	140	18.59	424.99	5.6
G330	上海护理	563	0.346	0.070	0.93	120	21.31	351.51	4.3
X006	上海交通大学学报	1739	0.358	0.026	0.93	549	31.57	762.83	6.1
H022	上海交通大学学报农业科学版	450	0.378	0.011	0.93	188	41.78	324.26	5.6
G066	上海交通大学学报医学版	1098	0.381	0.034	0.96	442	40.26	520.34	4.1
M021	上海金属	216	0.297	0.058	0.83	75	34.72	263.62	5.7
G343	上海精神医学	668	0.458	0.018	0.91	181	27.10	399.69	6.8
G283	上海口腔医学	610	0.433	0.053	0.89	167	27.38	373.61	4.9
J031	上海理工大学学报	291	0.226	0.015	0.85	177	60.82	279.05	5.2
H282	上海农业学报	614	0.321	0.043	0.92	173	28.18	376.30	6.8
A043	上海师范大学学报自然科学版	211	0.145	0.010	0.94	159	75.36	251.26	6.0
G069	上海医学	953	0.309	0.019	0.93	363	38.09	467.91	6.0
G596	上海针灸杂志	1418	0.437	0.040	0.84	154	10.86	690.49	5.6
G946	上海中医药大学学报	546	0.505	0.047	0.96	160	29.30	365.23	5.0
G389	上海中医药杂志	1660	0.410	0.021	0.93	247	14.88	725.88	5.8
A515	深圳大学学报理工版	191	0.395	0.148	0.67	113	59.16	246.24	3.5
G329	神经疾病与精神卫生	388	0.294	0.009	0.88	153	39.43	299.89	4.4
G070	神经解剖学杂志	300	0.274	0.046	0.89	153	51.00	275.20	4.6
G319	神经损伤与功能重建	257	0.332	0.064	0.99	136	52.92	258.45	4.6
J052	沈阳工业大学学报	412	0.357	0.000	0.86	182	44.17	318.97	4.9
V011	沈阳建筑大学学报自然科学版	490	0.335	0.052	0.75	193	39.39	341.93	3.7
J027	沈阳理工大学学报	147	0.125	0.015	0.95	104	70.75	230.47	5.1
H024	沈阳农业大学学报	1174	0.463	0.029	0.95	275	23.42	569.23	6.5
A586	沈阳师范大学学报自然科学版	282	0.412	0.066	0.39	94	33.33	269.64	3.3
G071	沈阳药科大学学报	1271	0.636	0.060	0.93	317	24.94	597.48	5.9
G202	肾脏病与透析肾移植杂志	961	0.563	0.118	0.94	237	24.66	469.91	6.6
F203	生理科学进展	535	0.421	0.089	1.00	307	57.38	350.24	7.7
F001	生理学报	621	0.735	0.067	0.88	263	42.35	377.66	5.5
F042	生命的化学	474	0.245	0.020	0.97	288	60.76	325.26	6.1
F215	生命科学	407	0.390	0.025	0.98	269	66.09	310.27	5.0
F046	生命科学研究	283	0.227	0.010	0.97	179	63.25	271.37	5.9
Z034	生态毒理学报	349	0.867	0.040	0.72	116	33.24	288.67	2.8
H784	生态环境学报	2863	0.933	0.107	0.89	437	15.26	1109.14	4.4
S784	生态经济	569	0.159	0.021	0.83	180	31.63	355.51	3.7
Z014	生态学报	11763	1.606	0.124	0.87	532	4.52	4091.50	5.5
Z028	生态学杂志	3909	1.039	0.084	0.88	414	10.59	1461.55	5.2
Z023	生态与农村环境学报	995	1.018	0.159	0.91	249	25.03	514.56	5.7

表 4-1 2010 年中国科技期刊被引用指标刊名字顺索引（续）

CODE	刊名	总被引频次	影响因子	即年指标	他引率	引用刊数	扩散因子	权威因子	被引半衰期
F049	生物多样性	1569	1.284	0.276	0.95	256	16.32	704.77	7.0
F003	生物工程学报	1353	0.630	0.316	0.89	376	27.79	590.73	4.8
G401	生物骨科材料与临床研究	261	0.566	0.047	0.88	111	42.53	262.38	3.2
F016	生物化学与生物物理进展	1161	0.687	0.133	0.94	462	39.79	535.18	6.6
F224	生物技术通讯	621	0.307	0.117	0.95	300	48.31	373.64	4.4
F204	生物加工过程	232	0.404	0.047	0.92	105	45.26	253.72	3.9
B009	生物数学学报	568	0.433	0.022	0.69	183	32.22	393.33	6.6
F012	生物物理学报	352	0.356	0.046	0.93	207	58.81	290.75	8.3
F040	生物信息学	88	0.229	0.011	0.86	64	72.73	210.21	3.5
F213	生物学杂志	614	0.395	0.020	0.92	296	48.21	372.59	5.5
G006	生物医学工程学杂志	1043	0.339	0.043	0.94	428	41.04	500.82	5.4
G332	生物医学工程研究	219	0.411	0.042	0.95	126	57.53	249.85	3.8
G603	生物医学工程与临床	311	0.396	0.054	0.96	171	54.98	276.10	3.7
G624	生殖医学杂志	416	0.278	0.028	0.92	166	39.90	308.78	5.3
G072	生殖与避孕	713	0.514	0.049	0.76	182	25.53	402.42	5.0
C033	声学技术	502	0.411	0.014	0.70	162	32.27	365.13	3.9
C054	声学学报	705	0.591	0.093	0.79	158	22.41	441.10	7.5
V043	施工技术	633	0.219	0.036	0.68	126	19.91	405.35	4.3
E302	湿地科学	391	0.816	0.082	0.73	120	30.69	323.75	4.1
E636	湿地科学与管理	71	0.225	0.018	0.89	44	61.97	208.96	3.4
A615	石河子大学学报自然科学版	431	0.290	0.012	0.72	178	41.30	318.04	4.9
T933	石化技术与应用	263	0.279	0.026	0.88	102	38.78	273.47	5.5
X042	石家庄铁道大学学报自然科学版	163	0.062	0.000	0.98	104	63.80	240.00	7.2
L016	石油地球物理勘探	1269	1.084	0.065	0.70	115	9.06	707.87	6.2
L015	石油化工	1742	0.734	0.067	0.71	243	13.95	752.76	5.4
L034	石油化工高等学校学报	345	0.348	0.077	0.88	142	41.16	310.17	5.4
L023	石油化工设备	625	0.739	0.201	0.38	111	17.76	404.69	3.3
L021	石油化工设备技术	156	0.130	0.000	0.92	62	39.74	244.29	6.9
L522	石油化工自动化	236	0.185	0.007	0.49	63	26.69	268.23	4.6
L019	石油机械	700	0.181	0.009	0.76	160	22.86	465.43	6.0
L031	石油勘探与开发	2809	2.689	0.126	0.82	165	5.87	1555.92	6.4
L032	石油矿场机械	1199	1.048	0.267	0.26	93	7.76	696.56	2.6
L030	石油炼制与化工	856	0.462	0.090	0.76	141	16.47	499.21	6.4
E126	石油实验地质	1300	1.462	0.094	0.77	100	7.69	755.34	5.5
L005	石油物探	1011	0.885	0.167	0.62	85	8.41	639.57	5.6
L028	石油学报	3183	1.632	0.132	0.81	261	8.20	1669.60	6.0
L012	石油学报石油加工	595	0.422	0.054	0.78	127	21.34	389.09	5.7
L006	石油与天然气地质	2047	1.551	0.205	0.73	117	5.72	1162.98	5.9
L008	石油钻采工艺	836	0.552	0.111	0.73	97	11.60	558.00	5.6
L025	石油钻探技术	830	0.819	0.248	0.48	88	10.60	584.29	4.2
G387	实验动物与比较医学	260	0.217	0.055	0.87	145	55.77	266.08	7.3
A113	实验技术与管理	1832	0.542	0.046	0.48	164	8.95	702.89	3.5
C009	实验力学	418	0.298	0.010	0.87	189	45.22	332.33	7.3
Y018	实验流体力学	286	0.310	0.017	0.79	115	40.21	284.92	5.7

表 4-1 2010 年中国科技期刊被引用指标刊名字顺索引（续）

CODE	刊名	总被引频次	影响因子	即年指标	他引率	引用刊数	扩散因子	权威因子	被引半衰期
A115	实验室研究与探索	2160	0.672	0.050	0.39	188	8.70	791.86	3.4
G512	实用癌症杂志	642	0.382	0.042	0.97	243	37.85	365.94	5.1
G875	实用儿科临床杂志	3309	0.935	0.075	0.78	405	12.24	1158.18	3.4
G534	实用放射学杂志	1946	0.458	0.016	0.86	302	15.52	766.99	4.9
G586	实用妇产科杂志	2365	0.655	0.086	0.98	282	11.92	853.01	5.8
G746	实用肝脏病杂志	501	0.521	0.087	0.74	180	35.93	331.52	3.9
G457	实用骨科杂志	876	0.566	0.050	0.77	173	19.75	441.83	3.5
G224	实用口腔医学杂志	1147	0.501	0.052	0.83	201	17.52	554.63	5.7
G700	实用老年医学	567	0.569	0.086	0.70	195	34.39	355.43	4.0
Q919	实用临床医药杂志	1866	0.557	0.102	0.81	271	14.52	711.64	2.6
G652	实用皮肤病学杂志	32	0.112	0.058	0.75	14	43.75	193.06	2.1
G834	实用药物与临床	714	0.800	0.124	0.84	191	26.75	392.21	2.9
G324	实用医学杂志	4593	0.570	0.088	0.73	558	12.15	1488.26	3.0
G760	实用医院临床杂志	542	0.388	0.070	0.74	215	39.67	337.98	2.9
G768	实用预防医学	1585	0.250	0.030	0.88	386	24.35	659.61	4.1
G856	实用肿瘤学杂志	481	0.299	0.042	0.80	194	40.33	324.80	4.4
G890	实用肿瘤杂志	667	0.336	0.018	0.88	236	35.38	381.85	5.6
U005	食品工业科技	2711	0.406	0.033	0.85	345	12.73	963.00	4.1
U006	食品科学	7701	0.572	0.074	0.71	535	6.95	2375.78	4.5
U035	食品与发酵工业	2503	0.411	0.028	0.90	339	13.54	912.01	5.7
U641	食品与发酵科技	231	0.207	0.146	0.67	66	28.57	252.02	4.0
U547	食品与机械	935	0.509	0.091	0.75	169	18.07	454.46	4.3
U029	食品与生物技术学报	931	0.562	0.035	0.85	256	27.50	466.23	5.7
G748	食品与药品	462	0.449	0.037	0.95	210	45.45	326.23	4.0
E363	世界地震工程	655	0.347	0.014	0.86	161	24.58	433.33	7.1
E548	世界地质	535	0.491	0.072	0.78	162	30.28	391.55	6.6
G190	世界华人消化杂志	3458	0.694	0.094	0.83	499	14.43	1207.02	4.2
A201	世界科技研究与发展	375	0.107	0.008	0.97	250	66.67	303.42	6.0
G906	世界科学技术-中医药现代化	653	0.376	0.030	0.89	186	28.48	403.28	4.7
G485	世界临床药物	396	0.186	0.067	0.96	186	46.97	300.76	5.6
G484	世界中西医结合杂志	268	0.209	0.023	0.97	128	47.76	265.98	2.5
G483	世界中医药	120	0.230	0.044	0.97	64	53.33	219.38	2.5
A023	首都师范大学学报自然科学版	269	0.253	0.045	0.95	189	70.26	273.68	4.9
G073	首都医科大学学报	707	0.455	0.035	0.97	342	48.37	398.79	4.8
F033	兽类学报	672	0.758	0.015	0.76	102	15.18	403.71	8.0
R005	数据采集与处理	467	0.264	0.021	0.95	206	44.11	331.89	6.6
W009	数理统计与管理	424	0.272	0.007	0.88	209	49.29	316.14	5.4
B015	数学的实践与认识	932	0.175	0.020	0.76	324	34.76	465.31	4.0
B007	数学进展	329	0.265	0.011	0.94	112	34.04	295.30	6.7
B004	数学年刊 A	275	0.166	0.013	0.94	92	33.45	276.59	8.8
C036	数学物理学报	378	0.216	0.011	0.80	117	30.95	306.69	5.5
B006	数学学报	837	0.382	0.086	0.87	140	16.73	467.50	7.4
B012	数学杂志	183	0.083	0.006	0.78	80	43.72	244.80	6.8
S032	数值计算与计算机应用	115	0.214	0.059	0.90	71	61.74	225.51	7.3

表 4-1 2010 年中国科技期刊被引用指标刊名字顺索引（续）

CODE	刊名	总被引频次	影响因子	即年指标	他引率	引用刊数	扩散因子	权威因子	被引半衰期
W022	数字图书馆论坛	53	0.087	0.044	0.58	17	32.08	199.23	2.7
H008	水产学报	2047	1.081	0.158	0.87	179	8.74	849.06	7.0
H232	水产学杂志	187	0.418	0.019	0.86	60	32.09	245.53	6.3
Z016	水处理技术	1135	0.473	0.040	0.84	257	22.64	556.78	4.8
X533	水道港口	210	0.309	0.040	0.58	52	24.76	269.27	4.6
P007	水电能源科学	831	0.448	0.089	0.53	173	20.82	442.54	3.2
V034	水电自动化与大坝监测	477	0.527	0.038	0.38	79	16.56	408.20	4.7
W004	水动力学研究与进展 A	918	1.194	0.147	0.75	211	22.98	543.03	5.2
W013	水科学进展	1979	1.333	0.101	0.85	290	14.65	958.37	5.7
R050	水力发电	541	0.166	0.020	0.85	136	25.14	382.63	5.3
R049	水力发电学报	709	0.349	0.084	0.88	163	22.99	448.66	5.1
R587	水利经济	219	0.273	0.035	0.59	63	28.77	262.18	4.4
W011	水利水电技术	648	0.179	0.010	0.94	212	32.72	416.36	6.0
W502	水利水电科技进展	454	0.340	0.054	0.90	154	33.92	345.61	5.0
W006	水利水运工程学报	293	0.288	0.028	0.91	109	37.20	296.99	7.7
W003	水利学报	3588	0.996	0.124	0.90	399	11.12	1552.66	6.8
W026	水利与建筑工程学报	246	0.245	0.030	0.64	102	41.46	262.64	3.6
F010	水生生物学报	1755	0.728	0.083	0.86	237	13.50	760.00	7.4
H850	水生态学杂志	713	0.463	0.044	0.86	157	22.02	409.32	4.8
H015	水土保持通报	1336	0.437	0.023	0.87	241	18.04	633.89	6.8
H287	水土保持学报	4046	1.003	0.046	0.89	321	7.93	1587.83	5.9
H056	水土保持研究	1658	0.387	0.028	0.92	285	17.19	734.60	4.9
E540	水文	606	0.445	0.031	0.91	174	28.71	403.03	5.5
E154	水文地质工程地质	997	0.534	0.092	0.89	259	25.98	549.56	6.2
R566	水资源保护	618	0.562	0.095	0.88	192	31.07	394.23	4.3
W570	水资源与水工程学报	357	0.267	0.016	0.86	155	43.42	302.54	4.2
U056	丝绸	320	0.195	0.011	0.66	52	16.25	294.72	5.3
J051	四川大学学报工程科学版	904	0.581	0.040	0.88	371	41.04	479.76	4.7
G045	四川大学学报医学版	1098	0.472	0.066	0.95	430	39.16	515.10	5.1
A006	四川大学学报自然科学版	911	0.309	0.041	0.68	346	37.98	463.38	5.1
Z007	四川环境	495	0.316	0.015	0.91	226	45.66	343.25	5.0
V007	四川建筑科学研究	390	0.110	0.021	0.90	151	38.72	316.46	4.7
A033	四川师范大学学报自然科学版	750	0.529	0.092	0.61	219	29.20	420.61	5.0
G575	四川医学	1269	0.245	0.032	0.95	388	30.58	553.93	4.0
G745	四川中医	1643	0.185	0.015	0.96	210	12.78	688.93	5.1
H862	饲料工业	1053	0.284	0.019	0.87	211	20.04	503.33	4.9
H864	饲料研究	525	0.190	0.006	0.93	131	24.95	344.93	5.5
G074	苏州大学学报医学版	867	0.264	0.013	0.86	337	38.87	438.25	4.7
A037	苏州大学学报自然科学版	94	0.118	0.000	0.95	83	88.30	212.15	6.9
T106	塑料	687	0.720	0.004	0.65	132	19.21	416.17	3.5
T014	塑料工业	829	0.459	0.031	0.84	156	18.82	463.45	4.7
T536	塑料科技	458	0.503	0.044	0.74	109	23.80	337.25	3.5
T580	塑性工程学报	674	0.409	0.050	0.84	131	19.44	410.30	4.7
X634	隧道建设	346	0.346	0.111	0.53	64	18.50	314.24	3.7

表 4-1 2010 年中国科技期刊被引用指标刊名字顺索引（续）

CODE	刊名	总被引频次	影响因子	即年指标	他引率	引用刊数	扩散因子	权威因子	被引半衰期
E123	台湾海峡	652	0.383	0.037	0.90	160	24.54	410.47	9.0
L009	太阳能学报	1512	0.423	0.035	0.84	374	24.74	703.97	5.6
J011	太原理工大学学报	475	0.204	0.005	0.97	289	60.84	341.88	6.8
M544	钛工业进展	267	0.308	0.018	0.82	79	29.59	281.68	6.3
T500	弹性体	293	0.250	0.000	0.86	85	29.01	295.23	6.2
T527	炭素	132	0.176	0.049	0.87	66	50.00	233.50	6.7
T015	炭素技术	220	0.176	0.000	0.83	99	45.00	266.54	7.6
N043	探测与控制学报	247	0.317	0.033	0.69	85	34.41	272.32	4.1
V524	陶瓷	200	0.146	0.051	0.72	65	32.50	254.21	4.2
V531	陶瓷学报	191	0.177	0.007	0.83	85	44.50	244.73	5.0
H041	特产研究	307	0.272	0.033	0.89	126	41.04	283.46	6.5
V027	特种结构	200	0.133	0.011	0.86	83	41.50	255.06	5.3
T999	特种橡胶制品	287	0.318	0.022	0.85	81	28.22	299.98	6.2
L505	特种油气藏	682	0.291	0.015	0.57	92	13.49	445.64	5.3
N065	特种铸造及有色合金	1316	0.439	0.084	0.65	124	9.42	600.28	5.1
A041	天津大学学报	884	0.383	0.021	0.98	437	49.43	478.64	5.1
U017	天津工业大学学报	300	0.306	0.039	0.92	152	50.67	285.31	5.0
U031	天津科技大学学报	207	0.282	0.000	0.94	142	68.60	247.87	4.9
J054	天津理工大学学报	198	0.227	0.007	0.92	148	74.75	248.34	4.4
G508	天津医科大学学报	492	0.267	0.023	0.98	282	57.32	333.42	4.9
G076	天津医药	778	0.255	0.048	0.94	323	41.52	413.24	4.5
G626	天津中医药	704	0.352	0.024	0.99	159	22.59	408.13	5.8
T611	天然产物研究与开发	1765	0.600	0.035	0.92	391	22.15	749.86	5.5
L518	天然气地球科学	1082	0.847	0.067	0.62	99	9.15	645.54	4.6
L029	天然气工业	2670	0.790	0.097	0.73	229	8.58	1411.90	4.7
T074	天然气化工	308	0.355	0.000	0.87	104	33.77	286.99	6.1
E023	天文学报	168	0.323	0.132	0.80	62	36.90	247.44	6.0
E114	天文学进展	103	0.267	0.000	0.84	48	46.60	220.83	4.9
X517	铁道标准设计	656	0.247	0.048	0.45	91	13.87	389.31	3.8
X019	铁道车辆	172	0.072	0.000	0.78	62	36.05	259.28	6.8
X521	铁道工程学报	698	0.463	0.082	0.60	135	19.34	422.19	3.6
X007	铁道科学与工程学报	378	0.343	0.063	0.84	151	39.95	313.68	4.5
X005	铁道学报	963	0.433	0.026	0.86	243	25.23	536.35	6.9
G238	听力学及言语疾病杂志	602	0.528	0.032	0.79	128	21.26	375.86	4.4
R065	通信学报	1324	0.622	0.078	0.93	257	19.41	579.27	4.8
G965	同济大学学报医学版	565	0.459	0.048	0.75	244	43.19	357.72	3.9
J032	同济大学学报自然科学版	1926	0.439	0.051	0.96	524	27.21	864.07	6.3
Q003	同位素	132	0.271	0.060	0.86	65	49.24	229.35	5.3
T103	涂料工业	743	0.409	0.029	0.73	158	21.27	437.40	4.9
V029	土木工程学报	2435	0.697	0.115	0.94	281	11.54	1074.27	6.1
V019	土木建筑与环境工程	628	0.402	0.020	0.94	255	40.61	395.94	5.3
H043	土壤	1891	0.750	0.026	0.90	268	14.17	832.09	6.4
H057	土壤通报	2643	0.646	0.024	0.93	311	11.77	1064.78	6.0
H012	土壤学报	3783	1.550	0.058	0.93	331	8.75	1508.25	7.0

表 4-1　2010 年中国科技期刊被引用指标刊名字顺索引（续）

CODE	刊名	总被引频次	影响因子	即年指标	他引率	引用刊数	扩散因子	权威因子	被引半衰期
Y025	推进技术	632	0.366	0.007	0.84	118	18.67	400.94	6.2
G601	外科理论与实践	845	0.528	0.027	0.94	240	28.40	441.32	5.3
G996	皖南医学院学报	191	0.169	0.022	0.88	116	60.73	239.01	4.9
R070	微波学报	337	0.352	0.024	0.61	110	32.64	301.18	5.0
S005	微处理机	141	0.092	0.005	0.93	79	56.03	225.89	3.5
R057	微电机	430	0.197	0.018	0.67	118	27.44	319.85	4.0
R064	微电子学	422	0.330	0.034	0.55	118	27.96	323.99	4.1
R004	微电子学与计算机	1512	0.415	0.005	0.49	228	15.08	639.33	3.5
R098	微纳电子技术	216	0.173	0.014	0.87	112	51.85	254.45	4.6
F004	微生物学报	1638	0.724	0.126	0.93	385	23.50	695.14	5.5
F011	微生物学通报	1858	0.738	0.127	0.89	404	21.74	761.10	5.0
F225	微生物学杂志	827	0.439	0.027	0.97	344	41.60	442.22	5.6
G651	微生物与感染	96	0.427	0.064	0.98	73	76.04	213.62	2.9
R085	微特电机	346	0.169	0.007	0.77	106	30.64	297.01	4.9
E052	微体古生物学报	308	0.524	0.027	0.81	66	21.43	300.32	9.1
S033	微型电脑应用	187	0.075	0.047	0.87	97	51.87	237.90	4.6
G210	微循环学杂志	364	0.249	0.058	0.94	183	50.27	293.74	5.7
G079	卫生研究	1380	0.475	0.048	0.96	388	28.12	617.98	5.8
G800	胃肠病学	931	0.559	0.028	0.94	261	28.03	469.81	4.2
G326	胃肠病学和肝病学杂志	750	0.420	0.041	0.91	255	34.00	405.08	3.9
G702	温州医学院学报	381	0.305	0.029	0.87	215	56.43	299.28	4.2
D003	无机材料学报	1670	0.708	0.074	0.87	337	20.18	709.04	5.5
D023	无机化学学报	2039	0.764	0.072	0.72	318	15.60	786.83	4.3
T072	无机盐工业	599	0.363	0.029	0.73	171	28.55	399.45	4.5
N044	无损检测	621	0.237	0.011	0.65	167	26.89	411.20	6.2
W014	武汉大学学报工学版	778	0.319	0.038	0.95	308	39.59	460.97	6.3
A024	武汉大学学报理学版	719	0.315	0.007	0.97	375	52.16	409.32	6.7
E107	武汉大学学报信息科学版	2024	0.592	0.075	0.74	309	15.27	922.32	5.2
G038	武汉大学学报医学版	537	0.261	0.058	0.95	301	56.05	348.53	4.8
M032	武汉科技大学学报自然科学版	341	0.205	0.035	0.88	212	62.17	303.05	5.2
J006	武汉理工大学学报	1479	0.229	0.027	0.91	558	37.73	657.61	4.5
X017	武汉理工大学学报交通科学与工程版	727	0.281	0.026	0.78	280	38.51	423.14	4.5
J018	武汉理工大学学报信息与管理工程版	322	0.199	0.054	0.75	163	50.62	280.02	4.0
F008	武汉植物学研究	1034	0.570	0.049	0.94	233	22.53	513.25	7.7
G707	武警医学	684	0.224	0.016	0.80	276	40.35	385.29	4.4
G771	武警医学院学报	351	0.266	0.016	0.94	202	57.55	285.43	2.9
C090	物理	406	0.267	0.039	0.94	220	54.19	312.22	6.4
D001	物理化学学报	2265	0.920	0.102	0.77	372	16.42	851.62	4.0
C006	物理学报	11141	1.532	0.155	0.54	548	4.92	3406.86	3.8
C053	物理学进展	220	0.238	0.067	0.99	111	50.45	251.41	7.0
A149	物流技术	524	0.167	0.014	0.50	136	25.95	325.58	3.7
E136	物探化探计算技术	483	0.375	0.025	0.66	95	19.67	366.30	7.3
E138	物探与化探	790	0.463	0.028	0.75	159	20.13	489.43	6.3
R009	西安电子科技大学学报自然科学版	836	0.599	0.066	0.75	232	27.75	452.83	4.4

表 4-1 2010 年中国科技期刊被引用指标刊名字顺索引（续）

CODE	刊名	总被引频次	影响因子	即年指标	他引率	引用刊数	扩散因子	权威因子	被引半衰期
U030	西安工程大学学报	176	0.113	0.021	0.84	81	46.02	244.36	4.3
J036	西安工业大学学报	208	0.187	0.000	0.92	144	69.23	251.68	5.0
V018	西安建筑科技大学学报自然科学版	698	0.544	0.057	0.79	233	33.38	435.64	4.9
X030	西安交通大学学报	1610	0.428	0.076	0.91	506	31.43	728.36	6.0
G081	西安交通大学学报医学版	754	0.469	0.093	0.96	342	45.36	414.20	5.0
A150	西安科技大学学报	354	0.482	0.079	0.69	132	37.29	313.00	3.2
J002	西安理工大学学报	351	0.305	0.044	0.88	205	58.40	307.12	6.8
L010	西安石油大学学报自然科学版	740	0.450	0.069	0.90	165	22.30	479.20	5.2
A032	西北大学学报自然科学版	780	0.377	0.041	0.83	367	47.05	450.27	5.6
E307	西北地震学报	506	0.777	0.069	0.64	83	16.40	431.87	5.9
E125	西北地质	482	0.845	0.010	0.81	91	18.88	363.21	6.8
Y023	西北工业大学学报	621	0.239	0.039	0.96	265	42.67	388.41	5.9
G245	西北国防医学杂志	404	0.223	0.043	0.83	183	45.30	308.42	4.8
H224	西北林学院学报	1442	0.596	0.042	0.74	242	16.78	640.23	4.7
H018	西北农林科技大学学报自然科学版	2508	0.596	0.056	0.93	442	17.62	971.19	5.2
H288	西北农业学报	1653	0.555	0.036	0.79	284	17.18	682.03	4.2
A022	西北师范大学学报自然科学版	449	0.505	0.013	0.91	222	49.44	323.19	4.4
G792	西北药学杂志	702	0.330	0.037	0.74	208	29.63	404.64	4.9
F020	西北植物学报	4219	0.921	0.114	0.86	354	8.39	1547.20	5.6
H385	西部林业科学	390	0.506	0.060	0.66	100	25.64	335.81	4.8
J045	西华大学学报自然科学版	176	0.222	0.015	0.86	122	69.32	241.11	3.2
A148	西华师范大学学报自然科学版	97	0.137	0.012	0.99	72	74.23	214.45	4.2
H004	西南大学学报自然科学版	1555	0.575	0.066	0.80	344	22.12	672.09	4.2
G312	西南国防医药	572	0.204	0.024	0.86	231	40.38	354.07	3.5
X032	西南交通大学学报	907	0.636	0.107	0.81	309	34.07	499.53	5.9
V548	西南科技大学学报	151	0.191	0.000	0.96	112	74.17	232.92	5.8
H270	西南林学院学报	336	0.264	0.041	0.92	125	37.20	292.89	5.5
H061	西南农业学报	1474	0.546	0.076	0.88	240	16.28	631.09	4.6
A064	西南师范大学学报自然科学版	1015	0.429	0.038	0.81	281	27.68	501.57	5.4
L002	西南石油大学学报自然科学版	1281	0.710	0.090	0.78	163	12.72	730.87	4.2
M041	稀土	749	0.572	0.023	0.71	202	26.97	446.83	6.6
M029	稀有金属	1094	0.849	0.041	0.76	239	21.85	548.22	5.2
M052	稀有金属材料与工程	2246	0.478	0.033	0.80	317	14.11	890.69	4.6
S505	系统仿真技术	54	0.170	0.062	0.85	44	81.48	202.33	3.4
S003	系统仿真学报	4542	0.344	0.033	0.87	578	12.73	1643.45	4.2
B028	系统工程	1139	0.345	0.016	0.93	308	27.04	532.92	5.5
B025	系统工程理论与实践	2735	0.620	0.056	0.93	475	17.37	1036.29	6.7
B018	系统工程学报	782	0.465	0.023	0.86	219	28.01	432.28	6.1
R059	系统工程与电子技术	2307	0.483	0.036	0.84	393	17.04	905.19	4.8
B027	系统管理学报	361	0.224	0.009	0.93	137	37.95	292.96	5.4
B021	系统科学与数学	380	0.210	0.017	0.86	150	39.47	312.73	7.0
G188	细胞与分子免疫学杂志	1067	0.537	0.063	0.81	370	34.68	496.65	3.4
E027	现代地质	1275	0.974	0.110	0.77	174	13.65	653.78	5.9
R089	现代电力	206	0.161	0.067	0.93	96	46.60	252.92	4.8

表 4-1　2010 年中国科技期刊被引用指标刊名字顺索引（续）

CODE	刊名	总被引频次	影响因子	即年指标	他引率	引用刊数	扩散因子	权威因子	被引半衰期
Y561	现代防御技术	268	0.135	0.000	0.81	88	32.84	271.22	5.2
G300	现代妇产科进展	1092	0.445	0.038	0.96	255	23.35	505.72	4.6
T063	现代化工	1100	0.424	0.028	0.94	346	31.45	541.84	5.3
G653	现代检验医学杂志	608	0.287	0.014	0.88	222	36.51	363.26	3.7
N100	现代科学仪器	512	0.268	0.023	0.85	213	41.60	347.75	4.7
G321	现代口腔医学杂志	833	0.394	0.030	0.96	191	22.93	439.40	5.9
R087	现代雷达	752	0.265	0.048	0.64	136	18.09	437.64	4.9
G438	现代临床护理	735	0.554	0.044	0.68	114	15.51	393.82	3.1
G341	现代泌尿外科杂志	376	0.459	0.011	0.82	151	40.16	294.21	3.5
G067	现代免疫学	510	0.394	0.083	0.80	249	48.82	344.17	6.4
H417	现代农药	258	0.288	0.021	0.93	114	44.19	268.44	4.6
F250	现代生物医学进展	908	0.237	0.018	0.81	394	43.39	439.15	2.8
U010	现代食品科技	1268	0.590	0.116	0.67	232	18.30	560.68	3.6
T929	现代塑料加工应用	306	0.342	0.010	0.92	92	30.07	290.06	5.5
X673	现代隧道技术	473	0.538	0.132	0.73	98	20.72	373.74	5.5
G451	现代消化及介入诊疗	282	0.500	0.000	0.97	146	51.77	271.81	3.6
G223	现代医学	421	0.316	0.064	0.87	199	47.27	307.93	4.4
N115	现代仪器	241	0.176	0.012	0.85	142	58.92	262.84	5.1
G963	现代预防医学	3474	0.324	0.030	0.86	550	15.83	1241.85	3.4
N111	现代制造工程	666	0.208	0.016	0.79	192	28.83	392.31	4.4
G951	现代中西医结合杂志	3718	0.232	0.042	0.92	495	13.31	1261.35	3.6
G486	现代中药研究与实践	528	0.236	0.021	0.96	195	36.93	352.95	6.7
G826	现代肿瘤医学	1714	0.448	0.046	0.79	374	21.82	665.75	3.0
M011	现代铸铁	240	0.210	0.022	0.60	30	12.50	289.55	6.0
T073	香料香精化妆品	196	0.144	0.000	0.91	94	47.96	248.41	6.8
A018	湘潭大学自然科学学报	220	0.163	0.021	0.93	147	66.82	255.11	6.4
W024	项目管理技术	110	0.162	0.096	0.45	27	24.55	216.08	1.9
T064	橡胶工业	472	0.217	0.013	0.80	116	24.58	377.05	7.0
T953	消防科学与技术	572	0.371	0.098	0.34	88	15.38	376.66	3.9
P010	小型内燃机与摩托车	135	0.141	0.007	0.75	60	44.44	231.71	4.1
S027	小型微型计算机系统	1144	0.270	0.024	0.89	262	22.90	508.32	4.7
G083	心肺血管病杂志	503	0.658	0.136	0.59	166	33.00	338.59	4.2
E046	心理学报	811	0.392	0.035	0.84	188	23.18	432.50	6.7
G419	心血管病学进展	771	0.404	0.092	0.99	262	33.98	409.95	3.9
G578	心血管康复医学杂志	671	0.491	0.054	0.66	184	27.42	383.10	4.1
G260	心脏杂志	641	0.330	0.011	0.77	214	33.39	368.45	4.7
N080	新技术新工艺	447	0.151	0.017	0.88	174	38.93	330.45	4.5
V026	新建筑	172	0.110	0.025	0.87	48	27.91	239.93	6.0
A087	新疆大学学报自然科学版	206	0.148	0.000	0.94	123	59.71	249.63	6.4
E159	新疆地质	735	0.469	0.221	0.79	93	12.65	461.77	7.8
H908	新疆农业大学学报	459	0.362	0.034	0.93	163	35.51	329.08	5.5
H276	新疆农业科学	858	0.550	0.038	0.60	166	19.35	439.71	4.2
L007	新疆石油地质	1204	0.575	0.040	0.86	116	9.63	717.59	6.2
G328	新乡医学院学报	970	0.891	0.112	0.88	209	21.55	460.04	3.0

表 4-1　2010 年中国科技期刊被引用指标刊名字顺索引（续）

CODE	刊名	总被引频次	影响因子	即年指标	他引率	引用刊数	扩散因子	权威因子	被引半衰期
V056	新型建筑材料	515	0.245	0.013	0.74	138	26.80	353.34	4.3
M102	新型炭材料	657	0.806	0.049	0.76	164	24.96	423.48	6.4
G721	新医学	1223	0.389	0.063	0.78	324	26.49	553.78	5.2
R034	信号处理	571	0.310	0.040	0.89	196	34.33	361.89	4.1
R519	信息技术	378	0.104	0.004	0.93	200	52.91	297.20	3.9
R652	信息与电子工程	197	0.294	0.019	0.50	76	38.58	246.83	3.5
S002	信息与控制	614	0.321	0.030	0.96	229	37.30	377.71	5.9
A510	信阳师范学院学报自然科学版	291	0.285	0.044	0.75	152	52.23	276.20	4.3
A502	徐州师范大学学报自然科学版	128	0.216	0.068	0.63	77	60.16	229.60	4.9
G565	徐州医学院学报	472	0.212	0.027	0.91	258	54.66	323.94	4.2
H023	畜牧兽医学报	1353	0.565	0.069	0.91	182	13.45	577.40	5.2
H218	畜牧与兽医	686	0.214	0.009	0.90	152	22.16	380.46	4.7
G346	血栓与止血学	218	0.411	0.012	0.91	133	61.01	249.60	4.4
G627	循证医学	198	0.298	0.012	0.96	125	63.13	244.63	4.6
R069	压电与声光	865	0.406	0.014	0.52	186	21.50	460.53	4.7
N052	压力容器	390	0.288	0.124	0.65	105	26.92	328.62	5.1
N068	压缩机技术	102	0.089	0.010	0.59	41	40.20	231.48	5.6
G189	牙体牙髓牙周病学杂志	717	0.344	0.011	0.91	154	21.48	397.35	5.9
U562	烟草科技	1509	0.677	0.055	0.73	150	9.94	724.80	6.5
A501	烟台大学学报自然科学与工程版	117	0.206	0.016	0.77	76	64.96	225.70	5.1
E053	岩矿测试	904	1.280	0.189	0.72	149	16.48	483.17	4.3
E157	岩石矿物学杂志	803	0.784	0.160	0.89	143	17.81	460.46	6.9
C005	岩石力学与工程学报	6968	1.972	0.245	0.78	385	5.53	2832.39	5.6
E309	岩石学报	4558	1.788	0.549	0.64	128	2.81	1735.43	4.4
V574	岩土工程技术	244	0.193	0.038	0.89	98	40.16	274.85	6.3
V037	岩土工程学报	4221	0.835	0.098	0.91	313	7.42	1778.28	7.3
C004	岩土力学	4404	0.839	0.100	0.72	314	7.13	1789.78	4.7
E500	盐湖研究	233	0.262	0.000	0.87	88	37.77	270.93	7.3
T054	盐业与化工	252	0.253	0.010	0.74	86	34.13	280.19	5.9
G962	眼科	422	0.358	0.078	0.91	119	28.20	316.68	5.3
G554	眼科新进展	961	0.540	0.047	0.65	177	18.42	463.53	4.0
G773	眼科研究	832	0.410	0.068	0.79	191	22.96	434.25	4.5
G990	眼外伤职业眼病杂志	1348	0.294	0.061	0.57	151	11.20	590.00	5.8
J025	燕山大学学报	173	0.239	0.000	0.80	108	62.43	239.25	5.1
H016	扬州大学学报农业与生命科学版	616	0.422	0.063	0.90	173	28.08	386.75	8.4
A514	扬州大学学报自然科学版	162	0.236	0.000	0.78	108	66.67	238.17	5.8
S031	遥测遥控	98	0.074	0.012	0.89	65	66.33	217.34	5.9
Z543	遥感技术与应用	918	0.767	0.108	0.88	238	25.93	504.40	5.0
S024	遥感信息	483	0.488	0.029	0.93	179	37.06	352.12	5.0
Z006	遥感学报	1539	0.865	0.086	0.95	290	18.84	731.14	6.1
G403	药物不良反应杂志	786	0.933	0.105	0.91	208	26.46	426.55	5.0
G087	药物分析杂志	2012	0.543	0.050	0.88	298	14.81	815.23	4.6
G877	药物流行病学杂志	545	0.418	0.034	0.81	148	27.16	350.85	5.3
G514	药物生物技术	423	0.351	0.017	0.85	198	46.81	315.70	5.8

表 4-1　2010 年中国科技期刊被引用指标刊名字顺索引（续）

CODE	刊名	总被引频次	影响因子	即年指标	他引率	引用刊数	扩散因子	权威因子	被引半衰期
G977	药学服务与研究	452	0.502	0.032	0.86	144	31.86	325.70	3.8
G440	药学实践杂志	443	0.302	0.000	0.98	182	41.08	317.43	5.8
G008	药学学报	2916	1.085	0.193	0.91	513	17.59	1136.25	7.9
G527	药学与临床研究	363	0.395	0.038	0.94	144	39.67	294.57	3.8
M023	冶金分析	899	0.598	0.038	0.58	136	15.13	486.85	4.2
M047	冶金能源	182	0.239	0.019	0.85	85	46.70	261.84	4.9
M026	冶金自动化	188	0.203	0.045	0.76	75	39.89	260.94	5.9
C503	液晶与显示	551	0.891	0.027	0.40	95	17.24	371.27	2.9
N035	液压与气动	507	0.149	0.027	0.72	118	23.27	347.46	5.0
G605	医疗卫生装备	1581	0.494	0.077	0.58	226	14.29	694.00	3.5
G482	医学动物防制	492	0.140	0.021	0.78	154	31.30	345.32	4.7
G333	医学分子生物学杂志	277	0.231	0.044	0.88	164	59.21	265.86	5.5
S590	医学教育探索	938	0.434	0.049	0.57	132	14.07	457.65	2.7
G545	医学临床研究	1095	0.166	0.012	0.94	369	33.70	505.01	4.0
G281	医学研究生学报	1803	1.296	0.152	0.57	379	21.02	723.03	2.9
G480	医学研究杂志	855	0.261	0.018	0.97	390	45.61	439.25	3.5
G265	医学影像学杂志	1141	0.460	0.026	0.90	279	24.45	524.22	3.8
G964	医学与社会	1219	0.793	0.161	0.42	153	12.55	587.19	3.1
G860	医学综述	1800	0.283	0.030	0.95	503	27.94	709.06	3.1
G844	医药导报	1628	0.386	0.027	0.89	363	22.30	668.48	3.9
G723	医药论坛杂志	1178	0.110	0.011	0.88	342	29.03	513.10	3.9
G088	医用生物力学	268	0.261	0.067	0.82	105	39.18	267.47	4.9
N074	仪表技术与传感器	857	0.371	0.024	0.73	233	27.19	454.51	3.5
N066	仪器仪表学报	3262	1.089	0.116	0.72	452	13.86	1242.76	4.2
F024	遗传	1765	0.890	0.112	0.94	345	19.55	726.83	5.3
G455	疑难病杂志	823	0.505	0.021	0.83	201	24.42	407.42	3.3
U054	印染	798	0.296	0.022	0.66	121	15.16	466.52	4.8
T104	印染助剂	421	0.342	0.012	0.80	96	22.80	329.26	4.6
G089	营养学报	1221	0.548	0.033	0.94	366	29.98	569.67	6.5
D014	影像科学与光化学	173	0.368	0.000	0.85	102	58.96	240.52	5.6
G649	影像诊断与介入放射学	215	0.186	0.033	0.96	109	50.70	248.07	4.6
B008	应用概率统计	213	0.151	0.000	0.94	100	46.95	256.65	9.0
C109	应用光学	470	0.396	0.049	0.75	124	26.38	342.42	3.8
T949	应用化工	794	0.318	0.031	0.86	282	35.52	436.89	3.5
D016	应用化学	1532	0.524	0.033	0.92	417	27.22	678.86	5.4
A580	应用基础与工程科学学报	370	0.368	0.044	0.86	223	60.27	312.36	5.9
R033	应用激光	444	0.271	0.009	0.86	153	34.46	334.67	5.7
A015	应用科学学报	309	0.272	0.058	0.98	214	69.26	284.60	5.1
C008	应用力学学报	491	0.271	0.026	0.92	231	47.05	352.51	5.9
E122	应用气象学报	1843	1.375	0.121	0.82	214	11.61	988.45	6.5
Z018	应用生态学报	9295	1.640	0.162	0.88	501	5.39	3304.00	6.1
C052	应用声学	254	0.280	0.014	0.91	129	50.79	269.47	7.5
B011	应用数学	270	0.205	0.023	0.92	120	44.44	276.54	6.6
B020	应用数学和力学	541	0.212	0.026	0.84	226	41.77	368.72	7.7

表 4-1 2010 年中国科技期刊被引用指标刊名字顺索引（续）

CODE	刊名	总被引频次	影响因子	即年指标	他引率	引用刊数	扩散因子	权威因子	被引半衰期
B001	应用数学学报	454	0.251	0.055	0.95	168	37.00	340.52	8.5
F100	应用与环境生物学报	1541	0.750	0.056	0.90	354	22.97	679.47	6.4
M014	硬质合金	296	0.406	0.081	0.55	59	19.93	300.81	7.1
L027	油气储运	568	0.219	0.039	0.63	132	23.24	401.74	6.3
L504	油气地质与采收率	1233	1.109	0.136	0.46	105	8.52	707.82	4.0
L020	油气田地面工程	483	0.135	0.028	0.65	113	23.40	391.46	4.3
Z538	油气田环境保护	199	0.255	0.015	0.68	77	38.69	266.81	6.2
L033	油田化学	701	0.320	0.018	0.84	123	17.55	475.96	9.1
E051	铀矿地质	297	0.220	0.052	0.76	62	20.88	313.17	7.4
K020	铀矿冶	146	0.220	0.059	0.68	55	37.67	261.33	7.3
T916	有机硅材料	328	0.796	0.113	0.55	77	23.48	303.37	4.8
D025	有机化学	1402	0.623	0.045	0.73	247	17.62	588.95	4.9
M036	有色金属	595	0.381	0.023	0.94	207	34.79	392.21	6.5
M020	有色金属冶炼部分	243	0.182	0.033	0.84	70	28.81	279.61	6.8
N907	鱼雷技术	147	0.179	0.000	0.71	49	33.33	235.78	4.4
H998	渔业科学进展	822	0.669	0.065	0.83	138	16.79	457.04	5.1
H220	渔业现代化	359	0.556	0.068	0.69	74	20.61	304.54	4.1
Y020	宇航材料工艺	512	0.332	0.042	0.89	161	31.45	359.16	6.9
Y008	宇航计测技术	121	0.090	0.000	0.91	72	59.50	225.70	5.7
Y024	宇航学报	1538	0.582	0.080	0.81	262	17.04	703.84	4.1
H909	玉米科学	1710	0.774	0.084	0.79	154	9.01	753.35	5.0
G518	预防医学情报杂志	629	0.277	0.015	0.85	182	28.93	381.56	4.1
H039	园艺学报	4049	1.014	0.118	0.88	215	5.31	1518.66	6.2
C108	原子核物理评论	190	0.281	0.036	0.63	59	31.05	241.70	5.4
Q008	原子能科学技术	502	0.244	0.057	0.74	132	26.29	344.51	5.7
C057	原子与分子物理学报	598	0.391	0.102	0.40	84	14.05	353.90	4.0
A038	云南大学学报自然科学版	578	0.456	0.045	0.85	306	52.94	377.81	6.1
H269	云南农业大学学报	782	0.380	0.043	0.95	239	30.56	431.01	5.6
A053	云南师范大学学报自然科学版	210	0.221	0.083	0.89	138	65.71	252.02	6.4
M506	云南冶金	270	0.433	0.010	0.72	86	31.85	280.66	5.3
F007	云南植物研究	1068	0.398	0.000	0.96	239	22.38	544.20	9.1
G090	云南中医学院学报	303	0.240	0.023	0.91	126	41.58	284.82	6.2
B013	运筹学学报	100	0.186	0.000	0.96	57	57.00	215.45	6.9
B522	运筹与管理	417	0.249	0.012	0.90	158	37.89	310.46	4.8
H989	杂草科学	334	0.340	0.031	0.84	99	29.64	306.03	5.6
H293	杂交水稻	832	0.360	0.081	0.77	93	11.18	500.70	6.8
E148	灾害学	777	1.106	0.118	0.65	203	26.13	466.50	4.6
C100	噪声与振动控制	428	0.237	0.022	0.79	165	38.55	331.08	4.1
M043	轧钢	277	0.258	0.016	0.61	70	25.27	318.87	4.9
T569	粘接	306	0.340	0.007	0.78	76	24.84	289.92	4.2
A017	浙江大学学报工学版	1485	0.353	0.034	0.88	512	34.48	677.33	4.8
A002	浙江大学学报理学版	465	0.314	0.034	0.83	278	59.78	337.54	5.4
H035	浙江大学学报农业与生命科学版	1154	0.553	0.058	0.98	335	29.03	560.19	8.1
G091	浙江大学学报医学版	466	0.498	0.196	0.91	274	58.80	325.99	5.4

表 4-1　2010 年中国科技期刊被引用指标刊名字顺索引（续）

CODE	刊名	总被引频次	影响因子	即年指标	他引率	引用刊数	扩散因子	权威因子	被引半衰期
J016	浙江工业大学学报	335	0.267	0.013	0.99	234	69.85	290.55	4.9
U028	浙江理工大学学报	157	0.173	0.000	0.94	97	61.78	233.19	3.9
H019	浙江林学院学报	844	0.641	0.063	0.83	200	23.70	463.60	5.5
H277	浙江林业科技	467	0.465	0.025	0.87	143	30.62	337.18	5.6
G433	浙江临床医学	1165	0.245	0.011	0.89	345	29.61	525.43	3.9
H201	浙江农业学报	573	0.374	0.029	0.96	201	35.08	363.94	6.2
A051	浙江师范大学学报自然科学版	139	0.156	0.011	0.91	104	74.82	227.62	5.4
G810	浙江医学	629	0.126	0.004	0.95	282	44.83	370.62	4.0
G479	浙江预防医学	981	0.221	0.061	0.79	278	28.34	488.65	3.9
G092	浙江中医药大学学报	964	0.273	0.022	0.98	263	27.28	482.81	5.2
G093	针刺研究	881	0.971	0.064	0.80	133	15.10	519.32	6.0
G488	针灸临床杂志	1511	0.496	0.046	0.77	143	9.46	698.75	5.4
N086	真空	202	0.160	0.015	0.79	89	44.06	253.50	5.7
R032	真空电子技术	156	0.139	0.039	0.76	61	39.10	238.01	6.3
N025	真空科学与技术学报	507	0.638	0.028	0.53	130	25.64	350.61	4.0
C038	真空与低温	183	0.200	0.083	0.69	80	43.72	259.69	6.8
G259	诊断病理学杂志	627	0.469	0.015	0.87	224	35.73	380.85	5.4
G615	诊断学理论与实践	322	0.277	0.033	0.97	194	60.25	280.58	4.1
Y010	振动测试与诊断	422	0.663	0.028	0.66	141	33.41	334.57	5.1
Y004	振动工程学报	809	0.530	0.018	0.94	245	30.28	464.43	6.9
N030	振动与冲击	1725	0.657	0.037	0.70	314	18.20	743.84	3.5
E316	震灾防御技术	108	0.550	0.017	0.85	46	42.59	231.21	2.9
J012	郑州大学学报工学版	347	0.341	0.033	0.82	196	56.48	299.76	4.6
A019	郑州大学学报理学版	256	0.276	0.018	0.79	136	53.13	270.52	4.4
G036	郑州大学学报医学版	935	0.260	0.043	0.90	371	39.68	466.60	4.5
U003	郑州轻工业学院学报自然科学版	231	0.142	0.000	0.93	131	56.71	255.75	5.0
G884	职业与健康	1517	0.159	0.019	0.86	350	23.07	640.43	4.1
H577	植物保护	1374	0.566	0.075	0.91	189	13.76	630.48	5.7
H014	植物保护学报	1032	0.735	0.026	0.92	164	15.89	526.65	7.2
H052	植物病理学报	1332	0.778	0.086	0.93	166	12.46	636.57	7.4
F039	植物分类学报	678	0.415	0.156	0.98	179	26.40	416.68	>10
H584	植物检疫	600	0.274	0.046	0.80	111	18.50	393.19	7.0
F038	植物生理学通讯	3093	0.599	0.047	0.92	307	9.93	1168.15	>10
F009	植物生态学报	4081	1.870	0.319	0.94	320	7.84	1550.66	7.5
F023	植物学报	1487	0.809	0.179	0.93	258	17.35	664.65	8.7
F050	植物研究	1109	0.812	0.029	0.83	201	18.12	549.98	5.7
H238	植物遗传资源学报	766	0.910	0.076	0.78	129	16.84	423.82	4.7
H890	植物营养与肥料学报	2956	1.163	0.082	0.86	226	7.65	1196.01	5.8
Z551	植物资源与环境学报	710	0.773	0.143	0.86	204	28.73	428.09	7.1
N091	指挥控制与仿真	267	0.229	0.021	0.87	85	31.84	269.05	3.6
U011	制冷学报	288	0.469	0.014	0.86	81	28.13	288.16	5.0
U640	制冷与空调	313	0.259	0.054	0.83	97	30.99	296.18	4.7
N046	制造技术与机床	602	0.189	0.012	0.84	142	23.59	373.20	4.6
S023	制造业自动化	418	0.150	0.010	0.86	160	38.28	310.68	4.1

表 4-1　2010 年中国科技期刊被引用指标刊名字顺索引（续）

CODE	刊名	总被引频次	影响因子	即年指标	他引率	引用刊数	扩散因子	权威因子	被引半衰期
C034	质谱学报	389	0.687	0.180	0.90	145	37.28	313.02	5.5
S052	智能系统学报	120	0.261	0.000	0.88	73	60.83	221.67	3.3
N002	中北大学学报自然科学版	223	0.139	0.008	0.95	155	69.51	257.26	5.8
G007	中草药	6178	0.904	0.260	0.80	577	9.34	2269.20	6.2
G094	中风与神经疾病杂志	1086	0.472	0.064	0.84	271	24.95	501.11	5.3
G546	中国 CT 和 MRI 杂志	427	0.660	0.052	0.57	108	25.29	322.38	3.1
G538	中国癌症杂志	1043	0.633	0.083	0.95	306	29.34	490.07	4.7
G985	中国艾滋病性病	1295	0.789	0.072	0.89	166	12.82	604.11	4.5
G129	中国安全科学学报	1647	0.729	0.144	0.61	337	20.46	722.15	4.1
Z552	中国安全生产科学技术	830	0.849	0.220	0.35	116	13.98	460.67	2.7
F048	中国比较医学杂志	649	0.361	0.070	0.85	279	42.99	385.53	4.4
N103	中国表面工程	361	0.421	0.043	0.86	115	31.86	302.01	5.5
G750	中国病案	780	0.673	0.120	0.32	102	13.08	455.29	2.7
G096	中国病理生理杂志	2452	0.760	0.064	0.71	497	20.27	934.83	4.2
G339	中国病原生物学杂志	1022	0.557	0.049	0.76	177	17.32	514.98	4.6
H213	中国草地学报	1318	1.092	0.031	0.82	160	12.14	620.07	7.2
H241	中国草食动物	375	0.236	0.050	0.76	76	20.27	295.79	5.8
N830	中国测试	382	0.260	0.013	0.87	201	52.62	308.17	4.1
G097	中国超声医学杂志	2215	0.733	0.046	0.92	321	14.49	873.11	5.5
H294	中国畜牧兽医	1227	0.365	0.078	0.55	183	14.91	511.81	3.2
H242	中国畜牧杂志	893	0.224	0.047	0.88	128	14.33	443.20	5.3
G901	中国当代儿科杂志	866	0.589	0.066	0.88	250	28.87	440.10	4.3
H939	中国稻米	373	0.358	0.033	0.79	87	23.32	310.32	4.7
G099	中国地方病防治杂志	649	0.331	0.043	0.84	152	23.42	429.33	6.3
G098	中国地方病学杂志	1457	0.858	0.097	0.67	185	12.70	786.13	5.3
E351	中国地震	503	0.588	0.000	0.92	90	17.89	415.76	9.5
E654	中国地质	1364	1.144	0.129	0.82	162	11.88	682.64	4.4
R040	中国电机工程学报	10986	1.361	0.138	0.72	424	3.86	4280.14	5.3
R511	中国电力	953	0.398	0.032	0.92	209	21.93	528.77	5.5
G234	中国动脉硬化杂志	1065	0.498	0.060	0.72	275	25.82	497.60	4.8
G825	中国儿童保健杂志	1239	0.457	0.048	0.81	206	16.63	552.05	4.7
G270	中国耳鼻咽喉颅底外科杂志	413	0.252	0.021	0.83	132	31.96	317.31	5.0
G543	中国耳鼻咽喉头颈外科	957	0.495	0.070	0.81	217	22.68	495.28	4.7
G100	中国法医学杂志	387	0.235	0.045	0.79	146	37.73	312.46	5.7
G290	中国防痨杂志	1232	0.543	0.103	0.80	191	15.50	584.90	6.3
V023	中国非金属矿工业导刊	272	0.208	0.059	0.81	122	44.85	285.75	5.1
G320	中国肺癌杂志	708	0.366	0.125	0.88	222	31.36	383.58	5.1
G402	中国分子心脏病学杂志	161	0.322	0.011	0.96	108	67.08	232.03	4.1
V568	中国粉体技术	271	0.265	0.029	0.85	151	55.72	277.19	5.9
M007	中国腐蚀与防护学报	752	0.563	0.052	0.81	142	18.88	454.78	7.0
G456	中国妇产科临床杂志	629	0.647	0.063	0.95	205	32.59	367.81	4.4
G680	中国妇幼保健	4455	0.294	0.024	0.76	409	9.18	1446.66	3.6
G687	中国妇幼健康研究	602	0.294	0.019	0.94	209	34.72	357.94	4.9
G631	中国感染控制杂志	617	0.811	0.043	0.91	192	31.12	406.15	3.9

表 4-1　2010 年中国科技期刊被引用指标刊名字顺索引（续）

CODE	刊名	总被引频次	影响因子	即年指标	他引率	引用刊数	扩散因子	权威因子	被引半衰期
G337	中国感染与化疗杂志	1126	2.051	0.095	0.93	228	20.25	565.89	3.6
X035	中国港湾建设	224	0.173	0.023	0.75	84	37.50	269.81	6.0
V036	中国给水排水	3201	0.603	0.044	0.73	373	11.65	1294.57	4.6
N089	中国工程机械学报	158	0.297	0.010	0.94	96	60.76	237.37	3.6
N754	中国工程科学	1163	0.518	0.052	0.99	541	46.52	581.71	6.5
G244	中国工业医学杂志	525	0.298	0.026	0.86	147	28.00	350.29	5.4
G102	中国公共卫生	4973	0.822	0.068	0.75	597	12.00	1842.21	4.8
X031	中国公路学报	1460	0.917	0.165	0.97	250	17.12	734.87	6.1
G103	中国骨伤	1819	0.819	0.311	0.68	246	13.52	793.68	4.4
G249	中国骨与关节损伤杂志	3176	0.832	0.047	0.68	226	7.12	1300.28	4.4
G648	中国骨与关节外科	42	0.333	0.018	0.98	32	76.19	196.29	1.8
G663	中国骨质疏松杂志	1146	0.562	0.033	0.73	264	23.04	523.78	5.6
G857	中国骨肿瘤骨病	290	0.407	0.027	0.62	95	32.76	271.59	4.7
H397	中国瓜菜	438	0.343	0.062	0.56	69	15.75	376.51	5.6
W021	中国管理科学	1056	0.682	0.097	0.80	175	16.57	504.28	5.0
N104	中国惯性技术学报	664	0.584	0.047	0.72	142	21.39	428.77	4.1
G637	中国国境卫生检疫杂志	300	0.360	0.050	0.50	85	28.33	283.48	4.0
H215	中国果树	486	0.214	0.059	0.92	101	20.78	356.87	7.9
L013	中国海上油气	584	0.324	0.021	0.92	124	21.23	451.32	7.7
E313	中国海洋大学学报自然科学版	1424	0.585	0.065	0.89	349	24.51	664.36	6.1
L026	中国海洋平台	166	0.308	0.015	0.83	73	43.98	255.62	5.0
G104	中国海洋药物	547	0.497	0.025	0.84	194	35.47	367.50	7.2
X039	中国航海	171	0.202	0.010	0.75	65	38.01	248.92	4.7
G973	中国呼吸与危重监护杂志	634	0.671	0.105	0.84	179	28.23	373.35	4.3
G417	中国护理管理	1400	0.980	0.162	0.88	128	9.14	634.99	3.1
Z030	中国环境监测	855	0.624	0.027	0.94	251	29.36	479.66	5.4
Z001	中国环境科学	2924	1.457	0.075	0.86	505	17.27	1148.90	6.2
N059	中国机械工程	3100	0.482	0.041	0.87	439	14.16	1190.69	5.2
G902	中国基层医药	4287	1.046	0.139	0.42	261	6.09	1283.99	2.5
A079	中国基础科学	157	0.184	0.000	0.96	116	73.89	236.59	5.0
R066	中国激光	3496	1.532	0.117	0.61	235	6.72	1267.91	3.3
R013	中国激光医学杂志	311	0.364	0.011	0.81	122	39.23	286.60	5.5
G852	中国急救复苏与灾害医学杂志	587	0.561	0.081	0.34	98	16.70	349.44	2.6
G241	中国急救医学	1909	0.491	0.075	0.93	371	19.43	753.74	5.3
G192	中国脊柱脊髓杂志	1947	0.787	0.102	0.89	236	12.12	811.01	5.5
G907	中国计划生育学杂志	992	0.540	0.086	0.85	194	19.56	486.80	4.7
G105	中国寄生虫学与寄生虫病杂志	1010	0.653	0.095	0.89	171	16.93	525.09	6.6
G787	中国健康教育	1527	0.706	0.066	0.81	201	13.16	676.08	4.4
G784	中国健康心理学杂志	1375	0.375	0.040	0.68	199	14.47	593.04	3.7
N108	中国舰船研究	83	0.145	0.010	0.77	44	53.01	211.31	3.3
T075	中国胶粘剂	573	0.490	0.041	0.71	119	20.77	378.25	4.5
G233	中国矫形外科杂志	3821	0.837	0.068	0.77	326	8.53	1375.86	4.7
G239	中国介入心脏病学杂志	400	0.465	0.060	0.93	159	39.75	304.91	5.1
G206	中国介入影像与治疗学	717	1.141	0.206	0.76	149	20.78	413.00	2.8

表 4-1 2010 年中国科技期刊被引用指标刊名字顺索引（续）

CODE	刊名	总被引频次	影响因子	即年指标	他引率	引用刊数	扩散因子	权威因子	被引半衰期
G323	中国康复	974	0.678	0.032	0.74	191	19.61	496.19	5.1
G400	中国康复理论与实践	1848	0.602	0.059	0.80	337	18.24	745.67	4.2
G106	中国康复医学杂志	2853	1.332	0.082	0.67	322	11.29	1083.45	3.9
G107	中国抗生素杂志	972	0.637	0.049	0.86	293	30.14	500.28	5.0
A098	中国科技论坛	456	0.229	0.030	0.77	98	21.49	301.93	3.5
A583	中国科技期刊研究	858	0.614	0.149	0.42	75	8.74	501.40	3.5
A108	中国科学地球科学	3998	2.296	0.335	0.95	347	8.68	1667.36	6.5
A106	中国科学化学	979	0.442	0.107	0.93	373	38.10	518.10	>10
A081	中国科学基金	311	0.550	0.156	0.90	179	57.56	291.57	5.5
A007	中国科学技术大学学报	571	0.231	0.023	0.92	321	56.22	368.01	4.8
A109	中国科学技术科学	992	0.659	0.140	0.91	339	34.17	504.96	4.7
A107	中国科学生命科学	948	1.152	0.426	0.93	362	38.19	477.49	4.2
A105	中国科学数学	955	0.471	0.324	0.95	421	44.08	507.96	9.4
A103	中国科学物理学力学天文学	390	0.531	0.120	0.73	135	34.62	300.86	2.6
E355	中国科学院上海天文台年刊	41	0.059	0.000	0.78	26	63.41	206.51	7.3
A102	中国科学院研究生院学报	296	0.228	0.043	0.97	194	65.54	282.90	4.6
Y003	中国空间科学技术	278	0.291	0.043	0.90	100	35.97	286.04	7.0
G441	中国口腔颌面外科杂志	302	0.391	0.054	0.87	104	34.44	280.36	4.1
K030	中国矿业	840	0.280	0.028	0.87	238	28.33	478.98	4.6
K015	中国矿业大学学报	1651	1.009	0.066	0.87	351	21.26	779.69	5.9
G247	中国老年学杂志	2689	0.418	0.044	0.85	517	19.23	956.10	3.7
U001	中国粮油学报	1359	0.526	0.039	0.81	195	14.35	586.27	4.9
G447	中国临床保健杂志	1319	1.128	0.120	0.81	191	14.48	563.99	2.9
G108	中国临床解剖学杂志	1363	0.462	0.085	0.84	276	20.25	658.00	6.1
G536	中国临床神经科学	474	0.422	0.036	0.87	192	40.51	326.26	4.7
G794	中国临床神经外科杂志	917	0.515	0.057	0.86	206	22.46	464.21	3.9
G221	中国临床心理学杂志	1594	0.633	0.140	0.78	203	12.74	691.58	5.2
G870	中国临床药理学与治疗学	1187	0.454	0.036	0.77	319	26.87	540.79	4.8
G109	中国临床药理学杂志	670	0.546	0.036	0.94	232	34.63	389.75	6.3
G544	中国临床药学杂志	492	0.405	0.044	0.98	188	38.21	334.54	6.1
G814	中国临床医生	782	0.202	0.040	0.89	251	32.10	427.92	4.8
G974	中国临床医学	1194	0.423	0.060	0.86	391	32.75	549.95	4.7
G304	中国临床医学影像杂志	844	0.486	0.034	0.94	243	28.79	440.66	4.3
G110	中国麻风皮肤病杂志	879	0.449	0.011	0.86	219	24.91	455.09	4.5
H212	中国麻业科学	284	0.220	0.059	0.67	74	26.06	295.23	6.8
G613	中国慢性病预防与控制	1008	0.444	0.013	0.90	228	22.62	495.45	5.1
G598	中国媒介生物学及控制杂志	965	0.425	0.067	0.68	126	13.06	534.01	5.9
K037	中国煤炭地质	511	0.342	0.062	0.57	96	18.79	369.79	4.4
G428	中国美容医学	2149	0.598	0.111	0.54	241	11.21	768.73	3.5
G297	中国美容整形外科杂志	1098	0.862	0.171	0.61	143	13.02	498.43	4.2
K036	中国锰业	203	0.294	0.015	0.73	55	27.09	271.66	6.0
H211	中国棉花	547	0.175	0.025	0.85	86	15.72	391.99	8.2
G111	中国免疫学杂志	990	0.425	0.038	0.94	371	37.47	484.54	5.3
Y028	中国民航大学学报	152	0.163	0.000	0.89	88	57.89	234.31	4.7

表 4-1 2010 年中国科技期刊被引用指标刊名字顺索引（续）

CODE	刊名	总被引频次	影响因子	即年指标	他引率	引用刊数	扩散因子	权威因子	被引半衰期
H952	中国奶牛	455	0.188	0.050	0.72	61	13.41	309.22	5.2
G303	中国男科学杂志	736	0.377	0.042	0.80	195	26.49	405.88	4.4
H273	中国南方果树	513	0.235	0.026	0.85	104	20.27	354.77	6.0
G422	中国脑血管病杂志	480	0.470	0.109	0.89	167	34.79	325.99	4.4
G277	中国内镜杂志	2458	0.548	0.036	0.80	303	12.33	947.79	5.2
R524	中国能源	255	0.269	0.121	0.87	116	45.49	273.66	4.7
U609	中国酿造	1282	0.543	0.047	0.59	165	12.87	536.43	3.0
W005	中国农村水利水电	1128	0.376	0.039	0.63	211	18.71	547.10	3.9
H958	中国农学通报	4207	0.437	0.045	0.85	451	10.72	1481.81	3.9
H027	中国农业大学学报	1140	0.496	0.032	0.95	342	30.00	548.71	7.9
H567	中国农业科技导报	538	0.490	0.048	0.96	186	34.57	352.60	4.6
H030	中国农业科学	6823	1.154	0.155	0.91	405	5.94	2415.85	5.8
H210	中国农业气象	1024	0.988	0.092	0.75	174	16.99	533.35	5.5
H221	中国农业资源与区划	392	0.658	0.082	0.68	99	25.26	326.92	4.5
G311	中国皮肤性病学杂志	1491	0.601	0.066	0.76	281	18.85	649.27	4.9
G226	中国普通外科杂志	1753	0.667	0.123	0.71	280	15.97	706.57	4.2
G269	中国普外基础与临床杂志	1551	1.086	0.190	0.55	251	16.18	618.86	3.8
G776	中国全科医学	3657	0.850	0.164	0.70	399	10.91	1198.23	3.3
G629	中国热带医学	1573	0.255	0.034	0.93	391	24.86	669.84	3.6
Z546	中国人口资源与环境	1191	0.885	0.070	0.86	238	19.98	559.24	4.3
G112	中国人兽共患病学报	1437	0.553	0.048	0.86	270	18.79	649.81	5.1
U052	中国乳品工业	730	0.309	0.035	0.84	131	17.95	394.36	5.4
E124	中国沙漠	3013	1.645	0.109	0.56	232	7.70	1255.33	5.2
G366	中国社会医学杂志	432	0.305	0.049	0.91	153	35.42	318.53	5.8
G114	中国神经精神疾病杂志	1552	0.702	0.097	0.85	331	21.33	671.94	6.0
G242	中国神经免疫学和神经病学杂志	364	0.408	0.022	0.87	165	45.33	296.99	4.7
G268	中国生化药物杂志	713	0.658	0.100	0.85	265	37.17	414.78	6.0
H555	中国生态农业学报	1990	1.011	0.155	0.87	303	15.23	834.24	4.2
H044	中国生物防治	697	0.618	0.047	0.90	143	20.52	412.27	7.9
F255	中国生物工程杂志	1037	0.412	0.081	0.93	386	37.22	500.77	5.4
F002	中国生物化学与分子生物学报	717	0.497	0.059	0.86	324	45.19	399.69	5.5
G115	中国生物医学工程学报	655	0.493	0.064	0.91	278	42.44	384.75	4.6
G258	中国生物制品学杂志	605	0.366	0.098	0.57	182	30.08	352.90	3.2
L001	中国石油大学学报自然科学版	1510	0.601	0.047	0.84	280	18.54	801.75	6.9
F047	中国实验动物学报	391	0.524	0.064	0.84	191	48.85	308.05	4.0
G604	中国实验方剂学杂志	1309	0.465	0.043	0.79	259	19.79	583.76	4.4
G883	中国实验血液学杂志	1116	0.642	0.081	0.71	274	24.55	503.28	3.5
G853	中国实验诊断学	1087	0.325	0.021	0.92	352	32.38	497.36	3.4
G273	中国实用儿科杂志	2180	0.585	0.088	0.95	323	14.82	820.74	6.4
G228	中国实用妇科与产科杂志	3643	0.801	0.135	0.98	344	9.44	1206.68	6.5
G305	中国实用护理杂志	4802	0.199	0.034	0.90	257	5.35	1558.87	6.0
G267	中国实用内科杂志	2684	0.613	0.067	0.97	460	17.14	985.55	5.0
G272	中国实用外科杂志	4420	1.140	0.130	0.93	369	8.35	1569.48	6.3
G872	中国实用眼科杂志	1779	0.178	0.015	0.87	216	12.14	724.93	6.5

表 4-1 2010 年中国科技期刊被引用指标刊名字顺索引（续）

CODE	刊名	总被引频次	影响因子	即年指标	他引率	引用刊数	扩散因子	权威因子	被引半衰期
U635	中国食品添加剂	742	0.388	0.025	0.93	192	25.88	400.74	5.6
G429	中国食品卫生杂志	698	0.542	0.014	0.93	209	29.94	396.01	5.4
U007	中国食品学报	691	0.692	0.027	0.85	180	26.05	386.58	3.8
U563	中国食物与营养	703	0.389	0.022	0.91	212	30.16	393.48	4.2
H326	中国兽医科学	943	0.537	0.066	0.85	166	17.60	453.51	5.7
H225	中国兽医学报	1034	0.331	0.029	0.85	206	19.92	484.66	6.3
G796	中国输血杂志	1457	0.582	0.049	0.70	192	13.18	635.92	4.6
H207	中国蔬菜	1155	0.332	0.080	0.77	158	13.68	550.64	5.3
G926	中国数字医学	501	0.461	0.106	0.51	77	15.37	357.77	2.1
H290	中国水产科学	1649	1.178	0.104	0.91	170	10.31	726.90	5.7
H020	中国水稻科学	1607	1.189	0.098	0.90	177	11.01	728.22	6.2
H295	中国水土保持科学	590	0.708	0.063	0.86	134	22.71	379.56	4.0
T022	中国塑料	855	0.319	0.024	0.84	156	18.25	471.13	6.4
G211	中国糖尿病杂志	1993	0.665	0.063	0.96	382	19.17	785.81	6.2
T068	中国陶瓷	316	0.106	0.022	0.80	102	32.28	285.12	5.0
G521	中国疼痛医学杂志	548	0.431	0.062	0.95	205	37.41	354.73	5.5
G561	中国体视学与图像分析	269	0.408	0.025	0.80	144	53.53	276.59	5.6
G444	中国体外循环杂志	235	0.455	0.056	0.75	87	37.02	260.89	4.2
G101	中国天然药物	586	0.743	0.021	0.95	191	32.59	378.29	4.2
U567	中国甜菜糖业	102	0.111	0.000	0.73	51	50.00	229.44	6.3
X004	中国铁道科学	824	0.566	0.063	0.87	218	26.46	497.62	5.4
G437	中国听力语言康复科学杂志	184	0.309	0.079	0.60	43	23.37	248.02	3.4
R083	中国图象图形学报	2079	0.439	0.034	0.93	387	18.61	833.53	5.8
H350	中国土地科学	796	1.003	0.043	0.76	123	15.45	444.44	3.8
H233	中国土壤与肥料	1082	0.622	0.046	0.96	181	16.73	531.02	6.3
G116	中国危重病急救医学	2906	0.880	0.236	0.82	380	13.08	1228.33	5.8
G373	中国微创外科杂志	2298	0.836	0.092	0.79	315	13.71	902.05	4.0
G959	中国微侵袭神经外科杂志	812	0.569	0.107	0.87	194	23.89	444.71	4.3
G517	中国微生态学杂志	907	0.370	0.042	0.83	293	32.30	460.11	4.9
G988	中国卫生检验杂志	3200	0.505	0.035	0.78	483	15.09	1154.74	3.6
S725	中国卫生经济	1189	0.543	0.241	0.61	155	13.04	637.09	3.8
G253	中国卫生统计	1103	0.866	0.043	0.73	264	23.93	577.62	4.4
G752	中国卫生质量管理	374	0.382	0.054	0.69	87	23.26	323.11	3.4
K035	中国钨业	234	0.441	0.028	0.65	68	29.06	282.43	4.8
M022	中国稀土学报	1050	0.447	0.051	0.87	282	26.86	530.77	6.4
F025	中国细胞生物学学报	483	0.363	0.037	0.94	279	57.76	332.72	4.7
G841	中国现代普通外科进展	514	0.475	0.034	0.81	181	35.21	333.11	2.8
G623	中国现代神经疾病杂志	340	0.343	0.064	0.79	136	40.00	283.07	4.5
G885	中国现代手术学杂志	338	0.323	0.026	0.94	149	44.08	285.77	4.7
G237	中国现代医学杂志	3125	0.331	0.018	0.82	564	18.05	1092.45	4.9
G849	中国现代应用药学	853	0.386	0.043	0.95	268	31.42	443.54	5.9
G284	中国消毒学杂志	1118	0.647	0.063	0.60	175	15.65	621.17	3.5
G765	中国小儿急救医学	609	0.326	0.083	0.93	176	28.90	364.04	4.6
G845	中国小儿血液与肿瘤杂志	214	0.293	0.038	0.91	103	48.13	247.97	4.7

表 4-1　2010 年中国科技期刊被引用指标刊名字顺索引（续）

CODE	刊名	总被引频次	影响因子	即年指标	他引率	引用刊数	扩散因子	权威因子	被引半衰期
G298	中国斜视与小儿眼科杂志	296	0.246	0.048	0.78	69	23.31	292.35	8.6
G117	中国心理卫生杂志	2780	0.761	0.121	0.91	280	10.07	1081.16	7.7
G380	中国心血管杂志	366	0.457	0.020	0.87	169	46.17	294.62	4.4
G203	中国心脏起搏与心电生理杂志	733	0.625	0.045	0.76	162	22.10	415.44	4.7
G082	中国新生儿科杂志	652	0.823	0.059	0.81	156	23.93	386.12	4.6
G250	中国新药与临床杂志	1135	0.470	0.054	0.86	302	26.61	528.02	5.9
G747	中国新药杂志	2196	0.430	0.035	0.94	474	21.58	854.42	5.1
G232	中国胸心血管外科临床杂志	717	0.673	0.045	0.75	176	24.55	401.50	5.1
G118	中国修复重建外科杂志	2029	0.848	0.154	0.83	313	15.43	799.44	4.0
G908	中国学校卫生	2348	0.593	0.046	0.59	220	9.37	885.18	4.3
G675	中国血吸虫病防治杂志	1620	1.676	0.293	0.41	103	6.36	822.91	4.3
G633	中国血液净化	953	0.712	0.135	0.88	201	21.09	465.96	4.4
G952	中国血液流变学杂志	455	0.119	0.007	0.93	227	49.89	321.48	5.4
G119	中国循环杂志	631	0.332	0.000	0.97	239	37.88	372.25	7.0
G756	中国循证儿科杂志	303	1.074	0.203	0.91	122	40.26	280.31	2.9
G645	中国循证心血管医学杂志	102	0.595	0.440	0.89	22	21.57	212.56	1.4
G396	中国循证医学杂志	831	0.736	0.130	0.87	277	33.33	447.39	3.4
H208	中国烟草科学	1004	0.942	0.111	0.85	100	9.96	515.00	7.2
U647	中国烟草学报	646	0.799	0.052	0.86	113	17.49	397.67	6.0
E303	中国岩溶	575	0.630	0.167	0.79	144	25.04	395.57	7.7
G318	中国药房	4121	0.556	0.071	0.64	424	10.29	1377.64	3.6
G120	中国药科大学学报	1025	0.521	0.028	0.97	306	29.85	512.47	7.9
G121	中国药理学通报	3477	1.236	0.253	0.73	537	15.44	1310.93	4.4
G122	中国药理学与毒理学杂志	452	0.559	0.065	0.95	218	48.23	325.87	7.5
G878	中国药师	1672	0.367	0.032	0.79	302	18.06	680.57	3.7
G220	中国药物化学杂志	491	0.629	0.082	0.94	181	36.86	341.86	4.9
G227	中国药物警戒	382	0.658	0.142	0.72	92	24.08	298.89	2.4
G248	中国药物依赖性杂志	407	0.404	0.029	0.74	136	33.42	314.22	5.7
G713	中国药物应用与监测	354	0.690	0.066	0.83	131	37.01	292.40	3.0
G621	中国药物与临床	707	0.240	0.046	0.94	290	41.02	392.19	3.8
G009	中国药学杂志	3172	0.559	0.054	0.94	527	16.61	1191.50	5.6
G755	中国药业	1492	0.289	0.032	0.85	323	21.65	617.03	3.5
G809	中国医刊	1018	0.285	0.012	0.85	321	31.53	499.43	5.3
G123	中国医科大学学报	853	0.343	0.020	0.97	376	44.08	438.62	4.9
G124	中国医疗器械杂志	412	0.344	0.088	0.91	152	36.89	318.09	5.3
G679	中国医疗设备	1495	0.473	0.080	0.55	175	11.71	664.24	3.0
G306	中国医师进修杂志	2020	0.254	0.056	0.73	327	16.19	733.04	4.1
G313	中国医师杂志	1303	0.086	0.004	0.88	378	29.01	561.65	5.5
G236	中国医学计算机成像杂志	518	0.436	0.027	0.91	175	33.78	349.02	5.3
G709	中国医学教育技术	219	0.168	0.057	0.53	58	26.48	251.58	4.4
G125	中国医学科学院学报	1158	0.620	0.045	0.99	457	39.46	548.03	6.0
G911	中国医学伦理学	817	0.373	0.095	0.55	116	14.20	469.50	3.9
G622	中国医学物理学杂志	376	0.388	0.056	0.82	157	41.76	299.37	4.4
G127	中国医学影像技术	3959	0.870	0.106	0.76	427	10.79	1448.03	4.6

表 4-1　2010 年中国科技期刊被引用指标刊名字顺索引（续）

CODE	刊名	总被引频次	影响因子	即年指标	他引率	引用刊数	扩散因子	权威因子	被引半衰期
G193	中国医学影像学杂志	795	0.568	0.040	0.97	251	31.57	428.40	5.2
S591	中国医学装备	461	0.335	0.065	0.69	98	21.26	335.37	3.3
G519	中国医药	1038	0.558	0.151	0.82	107	10.31	466.79	2.6
G644	中国医药导报	2092	0.140	0.027	0.88	432	20.65	773.84	2.6
G924	中国医药导刊	372	0.089	0.005	0.95	202	54.30	293.06	3.7
T019	中国医药工业杂志	1091	0.374	0.052	0.90	269	24.66	529.55	6.3
G531	中国医药生物技术	114	0.457	0.011	0.95	88	77.19	218.47	2.4
Q918	中国医院	726	0.433	0.119	0.89	126	17.36	457.73	3.4
G454	中国医院管理	1985	0.838	0.144	0.71	180	9.07	993.54	3.9
G243	中国医院药学杂志	2722	0.447	0.014	0.91	420	15.43	1009.12	4.4
G314	中国疫苗和免疫	1354	0.963	0.119	0.84	120	8.86	654.66	4.7
G130	中国应用生理学杂志	457	0.288	0.041	0.93	224	49.02	326.31	6.0
G706	中国优生与遗传杂志	1690	0.317	0.032	0.78	306	18.11	666.80	4.4
H205	中国油料作物学报	1198	0.990	0.048	0.89	169	14.11	557.63	6.6
U032	中国油脂	1423	0.495	0.074	0.82	232	16.30	627.22	5.8
M028	中国有色金属学报	2905	0.841	0.069	0.86	332	11.43	1111.78	5.6
H099	中国预防兽医学报	811	0.457	0.061	0.84	131	16.15	416.22	4.6
G753	中国预防医学杂志	817	0.375	0.059	0.93	253	30.97	439.37	3.5
V039	中国园林	720	0.247	0.114	0.76	136	18.89	416.07	6.9
G131	中国运动医学杂志	912	0.367	0.027	0.80	213	23.36	454.53	7.0
X012	中国造船	428	0.515	0.059	0.75	106	24.77	336.01	7.2
U012	中国造纸	490	0.253	0.041	0.58	113	23.06	348.32	4.7
U033	中国造纸学报	204	0.167	0.029	0.90	89	43.63	252.89	5.5
H204	中国沼气	409	0.454	0.053	0.76	112	27.38	333.40	5.9
G600	中国针灸	2983	0.710	0.069	0.84	217	7.27	1271.42	6.7
H067	中国真菌学杂志	228	0.411	0.042	0.70	89	39.04	261.60	3.3
G945	中国职业医学	764	0.404	0.055	0.72	164	21.47	433.43	5.1
G347	中国中西医结合耳鼻咽喉科杂志	283	0.193	0.008	0.78	115	40.64	272.98	4.8
G843	中国中西医结合急救杂志	1211	1.143	0.175	0.79	208	17.18	621.51	5.7
G757	中国中西医结合皮肤性病学杂志	307	0.372	0.044	0.87	107	34.85	276.59	4.5
G846	中国中西医结合肾病杂志	1483	0.591	0.038	0.70	245	16.52	631.46	4.7
G758	中国中西医结合外科杂志	763	0.338	0.030	0.89	247	32.37	418.10	5.4
G528	中国中西医结合消化杂志	725	0.337	0.035	0.92	169	23.31	417.95	6.9
G678	中国中西医结合影像学杂志	224	0.215	0.005	0.72	99	44.20	250.17	3.6
G182	中国中西医结合杂志	4300	0.710	0.076	0.95	435	10.12	1568.14	8.0
G132	中国中药杂志	5961	0.752	0.072	0.89	590	9.90	2123.91	5.5
G240	中国中医骨伤科杂志	976	0.367	0.031	0.82	185	18.95	477.42	4.9
G632	中国中医基础医学杂志	1874	0.292	0.029	0.96	268	14.30	799.83	6.6
G524	中国中医急症	1718	0.284	0.022	0.86	252	14.67	699.46	3.7
G749	中国中医眼科杂志	343	0.235	0.029	0.85	95	27.70	293.50	6.0
G551	中国中医药科技	1068	0.494	0.051	0.87	237	22.19	523.68	5.5
G832	中国中医药信息杂志	1964	0.340	0.042	0.96	344	17.52	801.56	5.2
G642	中国肿瘤	1283	0.552	0.108	0.87	342	26.66	582.93	4.7
G133	中国肿瘤临床	2056	0.689	0.023	0.82	389	18.92	797.36	4.8

表 4-1 2010 年中国科技期刊被引用指标刊名字顺索引（续）

CODE	刊名	总被引频次	影响因子	即年指标	他引率	引用刊数	扩散因子	权威因子	被引半衰期
G636	中国肿瘤临床与康复	565	0.252	0.021	0.98	243	43.01	350.07	6.0
G255	中国肿瘤生物治疗杂志	405	0.589	0.052	0.92	172	42.47	299.64	3.6
N072	中国铸造装备与技术	172	0.173	0.025	0.90	43	25.00	244.92	5.1
G667	中国综合临床	1194	0.215	0.038	0.84	317	26.55	522.80	5.1
G529	中国卒中杂志	356	0.426	0.022	0.87	140	39.33	289.02	3.3
G299	中国组织工程研究与临床康复	8768	0.470	0.071	0.81	762	8.69	2741.96	4.8
G134	中国组织化学与细胞化学杂志	517	0.521	0.030	0.95	257	49.71	336.96	4.6
G502	中华保健医学杂志	321	0.473	0.032	0.72	137	42.68	283.24	2.8
G135	中华病理学杂志	1346	0.415	0.075	0.90	355	26.37	603.04	6.3
G195	中华超声影像学杂志	1953	0.566	0.054	0.82	298	15.26	818.59	5.2
G136	中华传染病杂志	1390	0.463	0.052	0.92	283	20.36	624.34	6.6
G408	中华创伤骨科杂志	1915	0.459	0.059	0.91	232	12.11	791.49	5.2
G137	中华创伤杂志	2075	0.326	0.049	0.92	335	16.14	831.27	6.1
G138	中华儿科杂志	3983	1.578	0.191	0.96	442	11.10	1406.42	6.6
G139	中华耳鼻咽喉头颈外科杂志	2644	0.740	0.228	0.86	324	12.25	1063.49	5.8
G743	中华耳科学杂志	328	0.553	0.057	0.82	99	30.18	292.87	3.8
G140	中华放射学杂志	4142	0.659	0.173	0.91	416	10.04	1527.33	6.7
G141	中华放射医学与防护杂志	790	0.205	0.069	0.78	234	29.62	440.52	6.1
G251	中华放射肿瘤学杂志	1358	0.691	0.042	0.85	207	15.24	614.35	5.5
G286	中华风湿病学杂志	1255	0.373	0.089	0.86	308	24.54	567.04	6.1
G142	中华妇产科杂志	3908	0.575	0.102	0.97	407	10.41	1352.00	7.4
G689	中华妇幼临床医学杂志电子版	227	0.438	0.064	0.68	90	39.65	249.56	2.8
G262	中华肝胆外科杂志	1559	0.239	0.020	0.82	277	17.77	672.21	6.0
G231	中华肝脏病杂志	3452	0.646	0.149	0.93	419	12.14	1277.34	6.0
G235	中华高血压杂志	1463	0.744	0.162	0.84	311	21.26	629.77	4.8
G143	中华骨科杂志	3987	0.700	0.105	0.95	324	8.13	1472.11	8.0
G691	中华关节外科杂志电子版	170	0.475	0.159	0.51	45	26.47	234.62	2.1
G263	中华行为医学与脑科学杂志	2681	0.660	0.235	0.70	344	12.83	1045.75	5.2
G335	中华航海医学与高气压医学杂志	373	0.216	0.040	0.67	120	32.17	307.93	5.6
G144	中华航空航天医学杂志	351	0.328	0.069	0.57	80	22.79	302.76	6.8
G145	中华核医学杂志	742	0.438	0.165	0.74	204	27.49	446.00	6.2
G146	中华护理杂志	8112	1.517	0.198	0.96	329	4.06	2643.98	6.1
G555	中华急诊医学杂志	1906	0.422	0.055	0.77	346	18.15	767.43	5.1
G302	中华疾病控制杂志	1092	0.790	0.064	0.70	264	24.18	525.24	4.2
G174	中华检验医学杂志	2712	0.560	0.184	0.95	422	15.56	1028.37	5.5
G751	中华健康管理学杂志	142	0.417	0.053	0.46	44	30.99	229.85	2.2
G147	中华结核和呼吸杂志	5103	1.024	0.107	0.95	469	9.19	1780.20	7.4
G159	中华精神科杂志	891	0.520	0.093	0.95	224	25.14	484.05	8.9
G148	中华口腔医学杂志	1622	0.510	0.070	0.92	254	15.66	703.41	6.9
G280	中华口腔正畸学杂志	413	0.541	0.057	0.90	83	20.10	316.75	7.9
G149	中华劳动卫生职业病杂志	1036	0.329	0.016	0.80	227	21.91	512.22	6.1
G639	中华老年多器官疾病杂志	282	0.299	0.007	0.94	157	55.67	266.84	4.3
G833	中华老年口腔医学杂志	305	0.553	0.097	0.62	69	22.62	286.07	4.2
G876	中华老年心脑血管病杂志	889	0.453	0.068	0.83	261	29.36	444.47	4.1

表 4-1 2010 年中国科技期刊被引用指标刊名字顺索引（续）

CODE	刊名	总被引频次	影响因子	即年指标	他引率	引用刊数	扩散因子	权威因子	被引半衰期
G150	中华老年医学杂志	1224	0.230	0.013	0.88	339	27.70	553.78	5.7
G692	中华临床感染病杂志	120	0.528	0.068	0.79	61	50.83	224.46	1.6
G693	中华临床免疫和变态反应杂志	37	0.220	0.020	0.89	31	83.78	194.19	2.3
G504	中华临床医师杂志电子版	224	0.268	0.037	0.80	134	59.82	248.95	2.0
G824	中华临床营养杂志	515	0.885	0.067	0.84	192	37.28	349.80	4.0
G152	中华流行病学杂志	4493	0.778	0.120	0.94	513	11.42	1660.02	6.3
G153	中华麻醉学杂志	2184	0.382	0.051	0.87	311	14.24	828.73	6.3
G154	中华泌尿外科杂志	2561	0.605	0.079	0.90	305	11.91	990.50	6.8
G282	中华男科学杂志	1226	0.630	0.058	0.73	281	22.92	552.44	4.6
G155	中华内分泌代谢杂志	1983	1.039	0.221	0.80	377	19.01	804.04	5.4
G156	中华内科杂志	3957	0.656	0.107	0.98	526	13.29	1398.30	6.4
G157	中华皮肤科杂志	1709	0.326	0.073	0.84	316	18.49	747.33	6.5
G254	中华普通外科杂志	1838	0.270	0.021	0.95	314	17.08	746.84	6.3
G158	中华器官移植杂志	500	0.145	0.024	0.85	178	35.60	331.52	5.3
G526	中华全科医师杂志	531	0.136	0.022	0.90	221	41.62	339.54	5.0
G515	中华全科医学	1774	0.487	0.071	0.45	279	15.73	652.47	3.1
G505	中华乳腺病杂志电子版	167	0.630	0.104	0.69	72	43.11	232.58	2.2
G900	中华烧伤杂志	989	0.678	0.169	0.78	201	20.32	507.81	5.8
G197	中华神经科杂志	3879	0.633	0.559	0.91	377	9.72	1407.57	>10
G976	中华神经外科疾病研究杂志	609	0.572	0.040	0.79	191	31.36	375.15	4.3
G160	中华神经外科杂志	2707	0.612	0.074	0.75	302	11.16	1050.01	5.8
G446	中华神经医学杂志	978	0.382	0.083	0.82	245	25.05	473.08	4.3
G161	中华肾脏病杂志	1577	0.431	0.081	0.88	319	20.23	665.53	5.7
G162	中华实验和临床病毒学杂志	635	0.354	0.031	0.96	198	31.18	390.38	5.8
G703	中华实验和临床感染病杂志电子版	109	0.528	0.063	0.94	67	61.47	219.04	2.2
G163	中华实验外科杂志	2790	0.373	0.055	0.56	429	15.38	1073.00	5.3
G367	中华实用诊断与治疗杂志	1638	0.639	0.040	0.47	283	17.28	639.23	3.1
G848	中华手外科杂志	1299	0.561	0.073	0.69	183	14.09	781.11	6.7
G506	中华损伤与修复杂志电子版	122	0.214	0.036	0.70	53	43.44	221.37	2.7
G164	中华外科杂志	4813	0.514	0.101	0.94	489	10.16	1721.59	6.4
G165	中华微生物学和免疫学杂志	976	0.329	0.045	0.93	337	34.53	495.77	5.7
G296	中华围产医学杂志	733	0.293	0.066	0.95	189	25.78	402.55	5.8
G740	中华卫生杀虫药械	363	0.287	0.007	0.69	58	15.98	326.11	4.3
G793	中华胃肠外科杂志	1266	0.552	0.108	0.84	251	19.83	558.63	5.1
G166	中华物理医学与康复杂志	1609	0.292	0.058	0.76	309	19.20	688.68	5.8
G167	中华显微外科杂志	1766	0.700	0.130	0.59	198	11.21	967.22	5.7
G847	中华现代护理杂志	3305	0.220	0.008	0.74	251	7.59	1111.04	4.3
G285	中华消化内镜杂志	1648	0.546	0.077	0.88	263	15.96	706.84	6.2
G978	中华消化外科杂志	665	0.655	0.143	0.75	173	26.02	406.74	3.7
G168	中华消化杂志	2530	0.455	0.050	0.97	373	14.74	958.01	6.6
G169	中华小儿外科杂志	1043	0.219	0.036	0.85	228	21.86	507.32	6.7
G892	中华心律失常学杂志	472	0.295	0.048	0.84	137	29.03	330.33	5.6
G170	中华心血管病杂志	4674	0.721	0.137	0.96	425	9.09	1603.04	6.8
G171	中华胸心血管外科杂志	1075	0.370	0.024	0.93	236	21.95	516.83	7.3

表 4-1　2010 年中国科技期刊被引用指标刊名字顺索引（续）

CODE	刊名	总被引频次	影响因子	即年指标	他引率	引用刊数	扩散因子	权威因子	被引半衰期
G172	中华血液学杂志	1335	0.348	0.052	0.91	319	23.90	598.21	6.7
G191	中华眼底病杂志	747	0.430	0.042	0.82	139	18.61	421.53	6.2
G173	中华眼科杂志	2318	0.558	0.092	0.88	273	11.78	913.33	7.3
G873	中华眼视光学与视觉科学杂志	346	0.359	0.009	0.87	99	28.61	291.48	5.6
Q920	中华医学超声杂志电子版	341	0.340	0.043	0.69	104	30.50	284.92	3.4
G705	中华医学教育杂志	584	0.202	0.003	0.69	102	17.47	365.23	4.3
G489	中华医学美学美容杂志	622	0.306	0.048	0.81	113	18.17	372.57	5.7
G175	中华医学遗传学杂志	911	0.377	0.035	0.92	279	30.63	463.14	6.0
G176	中华医学杂志	6102	0.559	0.090	0.92	697	11.42	2100.49	5.5
G194	中华医院感染学杂志	9432	1.731	0.119	0.57	423	4.48	4091.74	3.9
G591	中华医院管理杂志	2226	0.507	0.164	0.78	209	9.39	1054.82	5.5
G610	中华胰腺病杂志	346	0.204	0.000	0.84	127	36.71	287.21	5.5
G177	中华预防医学杂志	1729	0.629	0.265	0.85	363	20.99	754.15	5.9
G178	中华整形外科杂志	1168	0.449	0.082	0.90	197	16.87	550.56	6.3
G859	中华中医药学刊	2726	0.388	0.031	0.93	391	14.34	1044.68	4.4
G910	中华中医药杂志	2069	0.750	0.089	0.78	258	12.47	836.38	4.4
G858	中华肿瘤防治杂志	1755	0.495	0.044	0.72	379	21.60	688.71	3.8
G179	中华肿瘤杂志	2498	0.578	0.076	0.90	427	17.09	979.72	6.5
G039	中南大学学报医学版	1014	0.548	0.101	0.92	420	41.42	485.93	4.9
K001	中南大学学报自然科学版	1270	0.605	0.046	0.83	392	30.87	599.19	4.5
H053	中南林业科技大学学报	890	0.408	0.038	0.78	234	26.29	459.02	5.3
G599	中南药学	655	0.513	0.075	0.65	191	29.16	376.54	3.1
G180	中日友好医院学报	328	0.349	0.017	0.98	200	60.98	281.09	5.2
G181	中山大学学报医学科学版	826	0.647	0.083	0.88	342	41.40	433.79	4.8
A036	中山大学学报自然科学版	1151	0.487	0.086	0.92	520	45.18	564.24	6.4
X539	中外公路	725	0.266	0.030	0.68	145	20.00	414.90	3.8
S020	中文信息学报	672	0.520	0.043	0.73	114	16.96	392.41	4.8
G842	中西医结合肝病杂志	701	0.529	0.020	0.84	176	25.11	407.69	6.0
G597	中西医结合心脑血管病杂志	1624	0.372	0.046	0.87	295	18.17	662.00	4.1
G442	中西医结合学报	999	0.718	0.243	0.90	244	24.42	509.13	3.7
R775	中兴通讯技术	95	0.380	0.077	0.58	42	44.21	216.44	2.6
G183	中药材	3335	0.546	0.040	0.92	488	14.63	1246.24	5.5
G564	中药新药与临床药理	1001	0.614	0.063	0.95	246	24.58	497.67	5.2
G685	中医学报	747	0.447	0.000	0.66	173	23.16	400.69	4.2
G681	中医药导报	920	0.205	0.017	0.95	238	25.87	459.38	4.2
G943	中医药信息	783	0.453	0.146	0.96	187	23.88	429.38	4.8
G812	中医药学报	840	0.532	0.098	0.91	215	25.60	453.85	5.7
G010	中医杂志	2874	0.782	0.076	0.96	265	9.22	1134.71	7.2
G643	中医正骨	1266	0.325	0.024	0.81	195	15.40	566.89	5.3
G184	肿瘤	1080	0.635	0.146	0.82	323	29.91	505.94	4.0
G185	肿瘤防治研究	983	0.420	0.050	0.81	297	30.21	463.70	4.6
G412	肿瘤学杂志	573	0.366	0.089	0.92	237	41.36	351.29	3.8
G522	肿瘤研究与临床	506	0.122	0.038	0.79	196	38.74	328.30	4.8
G695	肿瘤预防与治疗	181	0.267	0.013	0.94	105	58.01	234.05	3.4

表 4-1　2010 年中国科技期刊被引用指标刊名字顺索引（续）

CODE	刊名	总被引频次	影响因子	即年指标	他引率	引用刊数	扩散因子	权威因子	被引半衰期
H103	种子	1324	0.300	0.034	0.82	186	14.05	590.85	5.1
N055	重型机械	176	0.106	0.010	0.79	66	37.50	247.36	7.4
N022	轴承	345	0.219	0.016	0.68	92	26.67	307.47	5.2
H026	竹子研究汇刊	346	0.297	0.000	0.74	77	22.25	317.36	9.3
N075	铸造	1094	0.312	0.043	0.82	132	12.07	551.07	6.0
N081	铸造技术	786	0.222	0.027	0.80	146	18.58	446.03	4.6
N034	装备环境工程	324	0.185	0.018	0.83	129	39.81	296.25	5.6
A133	装备指挥技术学院学报	228	0.194	0.012	0.84	100	43.86	258.60	4.5
Z022	资源科学	2448	0.957	0.075	0.88	347	14.17	1000.05	5.0
R737	自动化技术与应用	401	0.166	0.020	0.84	167	41.65	307.47	3.4
S026	自动化学报	1819	0.928	0.116	0.92	365	20.07	753.27	5.2
N013	自动化仪表	544	0.310	0.022	0.84	186	34.19	356.99	5.1
S501	自动化与仪表	192	0.215	0.028	0.86	104	54.17	246.19	3.6
R611	自动化与仪器仪表	206	0.120	0.021	0.91	100	48.54	246.61	4.6
A905	自然杂志	428	0.407	0.018	0.99	306	71.50	324.89	9.1
E137	自然灾害学报	1437	0.563	0.076	0.88	333	23.17	711.42	6.3
Z012	自然资源学报	2764	1.083	0.079	0.92	357	12.92	1125.52	6.9
G229	卒中与神经疾病	413	0.376	0.031	0.85	160	38.74	308.78	5.5
N088	组合机床与自动化加工技术	530	0.176	0.019	0.74	132	24.91	341.39	4.9
G701	组织工程与重建外科杂志	185	0.344	0.000	0.94	66	35.68	235.92	3.4
L018	钻井液与完井液	596	0.355	0.043	0.60	69	11.58	503.55	5.6
H034	作物学报	5093	1.431	0.144	0.90	252	4.95	1884.91	6.3
H410	作物研究	459	0.301	0.009	0.89	120	26.14	334.13	5.6
H202	作物杂志	570	0.317	0.026	0.93	126	22.11	362.91	5.2

表 4-2　2010 年中国科技期刊来源指标刊名字顺索引

CODE	刊名	来源文献量	文献选出率	参考文献量	平均引文数	平均作者数	地区分布数	机构分布数	海外论文比	基金论文比	引用半衰期
F034	ACTA BIOCHIMICA ET BIOPHYSICA SINICA	116	0.95	3962	34.16	6.09	18	86	0.09	0.87	7.3
C096	ACTA MATHEMATICA SCIENTIA	177	0.98	3062	17.30	2.08	21	116	0.21	0.85	>10
B030	ACTA MATHEMATICA SINICA ENGLISH SERIES	205	0.95	3273	15.97	2.04	23	138	0.35	0.82	>10
I051	ACTA MATHEMATICAE APPLICATAE SINICA	65	0.97	997	15.34	2.34	18	53	0.05	0.86	>10
C105	ACTA MECHANICA SINICA	97	0.98	2279	23.49	3.05	18	55	0.39	0.68	8.3
M100	ACTA METALLURGICA SINICA	60	1.00	970	16.17	4.13	17	41	0.18	0.67	7.5
G001	ACTA PHARMACOLOGICA SINICA	208	0.98	8636	41.52	6.27	19	132	0.35	0.77	6.5
I062	ADVANCES IN ATMOSPHERIC SCIENCES	118	0.98	4381	37.13	3.54	9	47	0.36	0.85	9.6
I145	AGRICULTURAL SCIENCE & TECHNOLOGY	506	0.99	7187	14.20	4.30	31	281	0.01	0.79	6.8
I282	ASIAN JOURNAL OF ANDROLOGY	122	0.92	4074	33.39	4.42	13	112	0.75	0.34	8.1
I072	CELL RESEARCH	160	0.98	6134	38.34	5.95	11	111	0.64	0.63	5.9
I139	CHEMICAL RESEARCH IN CHINESE UNIVERSITIES	218	1.00	4581	21.01	5.09	27	96	0.07	0.85	7.5
E158	CHINA OCEAN ENGINEERING	61	0.95	1228	20.13	3.57	11	36	0.23	0.80	>10
B023	CHINESE ANNALS OF MATHEMATICS SERIES B	63	0.89	1320	20.95	2.24	14	46	0.38	0.90	>10
D031	CHINESE CHEMICAL LETTERS	396	1.00	6019	15.20	4.32	27	219	0.24	0.55	8.0
I122	CHINESE JOURNAL OF AERONAUTICS	97	0.94	2005	20.67	3.43	7	22	0.07	0.71	7.9
I037	CHINESE JOURNAL OF CANCER RESEARCH	49	0.91	1286	26.24	5.57	12	34	0.02	0.63	6.1
T100	CHINESE JOURNAL OF CHEMICAL ENGINEERING	146	0.96	3645	24.97	4.32	19	71	0.17	0.78	7.9
C070	CHINESE JOURNAL OF CHEMICAL PHYSICS	129	0.91	3605	27.95	4.26	20	75	0.12	0.78	8.0
E012	CHINESE JOURNAL OF OCEANOLOGY AND LIMNOLOGY	174	0.97	5093	29.27	4.61	12	56	0.18	0.92	>10
D017	CHINESE JOURNAL OF POLYMER SCIENCE	109	1.00	3006	27.58	4.08	17	61	0.22	0.71	8.6
D019	CHINESE JOURNAL OF STRUCTURAL CHEMISTRY	310	1.00	6536	21.08	4.16	26	152	0.04	0.79	7.7
I200	CHINESE JOURNAL OF TRAUMATOLOGY	76	0.97	1305	17.17	4.87	18	49	0.26	0.34	7.2
I201	CHINESE MEDICAL JOURNAL	724	0.97	17396	24.03	5.94	26	298	0.13	0.43	6.6
G126	CHINESE MEDICAL SCIENCES JOURNAL	46	0.98	855	18.59	6.28	9	18	0.15	0.54	7.1
I071	CHINESE OPTICS LETTERS	324	0.98	4654	14.36	5.06	20	129	0.10	0.73	5.4
C106	CHINESE PHYSICS B	1164	0.99	29766	25.57	3.98	29	326	0.08	0.86	7.2
C058	CHINESE PHYSICS C	373	0.98	7721	20.70	5.79	26	181	0.38	0.53	8.7
C059	CHINESE PHYSICS LETTERS	886	0.98	18491	20.87	4.48	26	330	0.14	0.82	7.2
B022	CHINESE QUARTERLY JOURNAL OF MATHEMATICS	88	0.96	756	8.59	1.98	25	74	0.00	0.83	>10
B010	COMMUNICATIONS IN MATHEMATICAL RESEARCH	35	0.95	435	12.43	2.11	14	27	0.00	0.83	>10
C095	COMMUNICATIONS IN THEORETICAL PHYSICS	435	0.96	11814	27.16	2.75	27	220	0.15	0.74	8.7
E626	CT 理论与应用研究	60	0.94	780	13.00	3.92	15	41	0.00	0.47	6.4
F017	CURRENT ZOOLOGY	83	0.95	5060	60.96	2.94	10	70	0.86	0.41	>10
T082	ENGINEERING SCIENCES	61	0.98	690	11.31	3.36	18	42	0.08	0.69	7.4
I220	FRONTIERS OF EARHT SCIENCE IN CHINA	51	0.98	1892	37.10	3.67	12	33	0.41	0.51	9.3

表 4-2 2010 年中国科技期刊来源指标刊名字顺索引（续）

CODE	刊名	来源文献量	文献选出率	参考文献量	平均引文数	平均作者数	地区分布数	机构分布数	海外论文比	基金论文比	引用半衰期
I012	INSECT SCIENCE	59	1.00	2920	49.49	3.88	11	48	0.69	0.61	9.9
I227	JOURNAL OF CHINESE PHARMACEUTICAL SCIENCES	65	0.93	1267	19.49	5.25	15	31	0.08	0.58	7.8
S051	JOURNAL OF COMPUTER SCIENCE AND TECHNOLOGY	109	0.96	3553	32.60	3.45	14	75	0.47	0.79	6.2
Z027	JOURNAL OF ENVIRONMENTAL SCIENCES	283	0.99	8692	30.71	4.61	23	168	0.36	0.77	8.0
I018	JOURNAL OF FORESTRY RESEARCH	82	0.93	2588	31.56	3.66	14	59	0.65	0.51	>10
F013	JOURNAL OF GENETICS AND GENOMICS	77	0.96	3047	39.57	6.00	16	52	0.19	0.86	6.4
I063	JOURNAL OF GEOGRAPHICAL SCIENCES	69	0.92	2300	33.33	4.64	16	35	0.07	0.93	8.4
W015	JOURNAL OF HYDRODYNAMICS SERIES B	106	0.99	1973	18.61	3.41	15	49	0.12	0.81	5.8
F029	JOURNAL OF INTEGRATIVE PLANT BIOLOGY	105	0.93	5318	50.65	4.70	17	80	0.50	0.73	7.3
M015	JOURNAL OF MATERIALS SCIENCE & TECHNOLOGY	190	0.99	4611	24.27	4.12	21	120	0.31	0.66	8.0
B005	JOURNAL OF MATHEMATICAL RESEARCH AND EXPOSITION	134	0.96	1625	12.13	2.03	26	95	0.03	0.90	>10
F021	JOURNAL OF MOLECULAR CELL BIOLOGY	62	0.95	1997	32.21	4.24	7	56	0.85	0.34	5.6
I105	JOURNAL OF NATURAL GAS CHEMISTRY	111	0.97	2684	24.18	4.00	18	69	0.33	0.50	8.3
I120	JOURNAL OF OCEAN UNIVERSITY OF CHINA	61	0.97	1516	24.85	4.08	4	14	0.15	0.77	9.4
B024	JOURNAL OF PARTIAL DIFFERENTIAL EQUATIONS	23	0.92	293	12.74	1.52	7	21	0.43	0.43	>10
M035	JOURNAL OF RARE EARTHS	199	0.99	4122	20.71	4.40	25	131	0.15	0.80	6.5
R062	JOURNAL OF SEMICONDUCTORS	336	1.00	4628	13.77	4.70	23	101	0.09	0.68	6.9
I090	JOURNAL OF WUHAN UNIVERSITY OF TECHNOLOGY MATERIALS SCIENCE EDITION	229	0.98	3411	14.90	4.11	25	112	0.11	0.75	7.9
I041	JOURNAL OF ZHEJIANG UNIVERSITY SCIENCE A	120	0.90	2551	21.26	3.56	16	60	0.34	0.72	7.1
I184	MINING SCIENCE AND TECHNOLOGY	155	0.96	2765	17.84	3.98	14	44	0.16	0.83	7.1
F019	MOLECULAR PLANT	83	0.95	6602	79.54	5.41	3	74	0.92	0.66	6.2
G278	NEUROSCIENCE BULLETIN	58	0.92	2433	41.95	4.59	17	49	0.19	0.78	7.9
I202	PARTICUOLOGY	99	0.94	2607	26.33	3.58	16	75	0.55	0.44	8.2
H046	PEDOSPHERE	86	0.93	3164	36.79	4.63	18	58	0.53	0.91	>10
C072	RESEARCH IN ASTRONOMY AND ASTROPHYSICS	106	0.91	4757	44.88	4.13	13	61	0.43	0.78	8.8
G616	THE CHINESE-GERMAN JOURNAL OF CLINICAL ONCOLOGY	152	0.80	2423	15.94	5.05	26	108	0.06	0.18	6.0
M104	TRANSACTIONS OF NONFERROUS METALS SOCIETY OF CHINA	390	0.72	9745	24.99	5.96	23	150	0.18	0.73	6.5
G095	VIROLOGICA SINICA	51	0.94	1677	32.88	5.63	12	28	0.14	0.75	7.4
G275	WORLD JOURNAL OF GASTROENTEROLOGY	918	0.94	35511	38.68	5.79	27	742	0.72	0.37	6.9
G549	癌变·畸变·突变	117	0.94	1847	15.79	5.00	24	71	0.03	0.71	5.9
G011	癌症	163	0.89	3602	22.10	5.64	24	102	0.05	0.44	6.2
G481	癌症进展	142	0.93	2587	18.22	3.91	20	72	0.00	0.16	5.4
F044	氨基酸和生物资源	86	0.97	1053	12.24	3.69	21	59	0.01	0.41	6.8
A003	安徽大学学报自然科学版	124	0.99	1602	12.92	3.07	18	56	0.02	0.80	7.4
M031	安徽工业大学学报自然科学版	97	0.68	1107	11.41	3.73	6	19	0.00	0.57	8.0
K027	安徽理工大学学报自然科学版	71	0.91	602	8.48	3.03	11	30	0.01	0.51	6.5
H002	安徽农业大学学报	159	0.96	2203	13.86	4.53	20	62	0.03	0.85	8.0

表 4-2　2010 年中国科技期刊来源指标刊名字顺索引（续）

CODE	刊名	来源文献量	文献选出率	参考文献量	平均引文数	平均作者数	地区分布数	机构分布数	海外论文比	基金论文比	引用半衰期
A009	安徽师范大学学报自然科学版	138	0.99	1598	11.58	2.67	15	50	0.00	0.77	7.1
G012	安徽医科大学学报	245	0.97	2517	10.27	4.80	4	22	0.00	0.52	5.4
G786	安徽医学	611	0.88	5805	9.50	3.48	16	252	0.00	0.09	5.6
Q906	安徽医药	701	0.92	8049	11.48	3.12	22	278	0.00	0.16	5.3
G013	安徽中医学院学报	166	0.94	1442	8.69	3.83	14	79	0.01	0.36	6.4
Z549	安全与环境学报	314	1.00	5061	16.12	3.85	26	153	0.01	0.69	6.1
G550	白血病·淋巴瘤	262	0.89	3413	13.03	4.60	27	177	0.02	0.19	5.4
R024	半导体光电	230	0.98	2405	10.46	3.97	24	110	0.00	0.55	6.2
R063	半导体技术	292	0.90	2296	7.86	3.71	22	123	0.01	0.47	6.6
G741	蚌埠医学院学报	562	0.95	5213	9.28	3.30	13	185	0.00	0.15	6.3
U521	包装与食品机械	94	0.90	858	9.13	2.77	16	52	0.00	0.24	6.0
U645	保鲜与加工	89	0.79	893	10.03	3.94	22	59	0.01	0.56	6.4
N017	爆破	123	0.98	1011	8.22	3.06	22	77	0.00	0.28	6.7
N012	爆破器材	75	0.89	461	6.15	3.23	20	49	0.00	0.04	7.5
N006	爆炸与冲击	112	0.98	1226	10.95	3.97	18	53	0.00	0.70	8.7
G002	北京大学学报医学版	173	0.95	2578	14.90	4.97	11	33	0.05	0.43	6.2
A005	北京大学学报自然科学版	147	0.97	2921	19.87	4.03	17	42	0.04	0.89	7.0
U019	北京服装学院学报自然科学版	40	0.91	328	8.20	2.48	4	6	0.00	0.40	6.7
J030	北京工业大学学报	288	0.97	3227	11.20	3.66	20	67	0.00	0.88	6.9
Y001	北京航空航天大学学报	334	0.97	3004	8.99	3.12	8	19	0.01	0.56	7.1
T020	北京化工大学学报自然科学版	176	0.98	1883	10.70	3.74	8	15	0.01	0.63	6.2
X014	北京交通大学学报自然科学版	182	0.99	1867	10.26	3.23	10	29	0.07	0.83	6.5
M030	北京科技大学学报	288	1.00	3725	12.93	4.36	20	49	0.02	0.72	6.5
G500	北京口腔医学	116	0.89	1378	11.88	3.84	14	45	0.04	0.35	7.1
N001	北京理工大学学报	336	0.97	2832	8.43	3.40	20	60	0.01	0.80	7.5
H025	北京林业大学学报	216	0.95	4313	19.97	4.23	25	58	0.04	0.96	8.2
H263	北京农学院学报	85	1.00	1208	14.21	4.12	10	22	0.00	0.82	7.3
G004	北京生物医学工程	144	0.91	1577	10.95	3.42	19	69	0.01	0.54	6.5
A010	北京师范大学学报自然科学版	160	0.96	2141	13.38	3.50	12	36	0.03	0.78	8.2
L530	北京石油化工学院学报	55	0.95	614	11.16	3.22	4	7	0.00	0.38	8.0
G016	北京医学	307	0.76	3295	10.73	4.80	14	127	0.01	0.18	6.0
R018	北京邮电大学学报	175	0.97	1727	9.87	3.62	15	44	0.01	0.94	5.0
G620	北京中医药	357	0.92	2619	7.34	3.39	24	132	0.01	0.31	6.9
G017	北京中医药大学学报	211	0.95	1596	7.56	4.79	18	66	0.01	0.66	6.9
A570	编辑学报	218	0.91	2145	9.84	2.48	25	163	0.00	0.17	3.7
N101	变压器	240	0.87	1024	4.27	2.91	24	160	0.00	0.08	7.7
G410	标记免疫分析与临床	156	0.91	1427	9.15	3.58	20	115	0.00	0.15	5.9
W568	标准科学	242	0.96	1508	6.23	2.17	24	134	0.01	0.22	5.7
T098	表面技术	184	0.99	2050	11.14	3.69	25	118	0.01	0.41	6.6
N008	兵工学报	308	0.98	3360	10.91	3.49	22	92	0.01	0.55	7.0
R730	兵工自动化	357	0.97	2401	6.73	3.04	25	117	0.00	0.29	6.0
N085	兵器材料科学与工程	173	0.96	1974	11.41	4.32	22	74	0.00	0.40	7.1
E135	冰川冻土	169	0.94	4083	24.16	4.38	17	58	0.02	0.97	8.0
G018	病毒学报	85	0.90	1649	19.40	6.95	20	53	0.00	0.84	6.8

表 4-2 2010 年中国科技期刊来源指标刊名字顺索引（续）

CODE	刊名	来源文献量	文献选出率	参考文献量	平均引文数	平均作者数	地区分布数	机构分布数	海外论文比	基金论文比	引用半衰期
V040	玻璃钢/复合材料	129	0.95	1543	11.96	3.43	23	67	0.02	0.37	6.9
T051	玻璃与搪瓷	54	0.76	378	7.00	2.78	13	33	0.00	0.02	6.9
C060	波谱学杂志	66	0.94	1726	26.15	3.91	19	53	0.32	0.50	8.9
A808	渤海大学学报自然科学版	88	0.97	779	8.85	2.58	8	32	0.00	0.74	6.7
M005	材料保护	293	0.93	3385	11.55	3.75	26	161	0.00	0.47	7.0
M103	材料导报	751	0.68	24173	32.19	5.64	28	250	0.01	0.86	6.1
Y007	材料工程	254	0.99	3620	14.25	4.33	25	95	0.01	0.61	7.0
M010	材料开发与应用	141	0.98	1521	10.79	3.15	24	76	0.00	0.18	8.0
M008	材料科学与工程学报	212	0.97	3221	15.19	4.01	25	112	0.01	0.67	6.8
M006	材料科学与工艺	186	1.00	2530	13.60	3.97	23	75	0.02	0.75	7.1
N026	材料热处理学报	364	0.97	4872	13.38	4.42	27	140	0.01	0.78	7.4
M009	材料研究学报	116	1.00	1910	16.47	4.43	22	64	0.03	0.82	6.7
K512	采矿与安全工程学报	116	0.97	1446	12.47	3.98	11	28	0.00	0.97	7.0
H009	蚕业科学	178	0.95	2814	15.81	5.40	14	41	0.00	0.85	7.3
H525	草地学报	162	0.95	3749	23.14	4.36	24	58	0.02	0.97	7.8
H234	草业科学	349	0.93	8049	23.06	4.16	29	168	0.00	0.80	6.7
H527	草业学报	212	0.99	6592	31.09	4.86	27	91	0.02	0.92	7.4
H538	草原与草坪	119	0.98	2061	17.32	4.08	20	51	0.01	0.76	7.4
E543	测绘工程	129	0.99	1090	8.45	2.87	21	68	0.00	0.36	6.3
E600	测绘科学	472	1.00	4825	10.22	3.20	28	189	0.01	0.57	6.7
E615	测绘科学技术学报	116	0.97	949	8.18	3.56	12	31	0.01	0.47	6.9
E510	测绘通报	285	0.97	1724	6.05	2.71	28	163	0.00	0.26	5.6
E152	测绘学报	106	0.90	1679	15.84	3.47	15	53	0.02	0.91	7.1
E164	测绘与空间地理信息	453	1.00	2441	5.39	2.34	30	251	0.00	0.15	5.9
L017	测井技术	133	0.93	1138	8.56	4.01	17	59	0.00	0.38	7.2
Y022	测控技术	327	0.96	2215	6.77	2.97	25	149	0.00	0.31	5.9
R711	测试技术学报	108	0.98	1047	9.69	3.39	17	55	0.00	0.52	6.4
H001	茶叶科学	80	0.74	1691	21.14	5.94	18	39	0.00	0.81	6.4
L036	常州大学学报自然科学版	73	1.00	775	10.62	3.33	3	4	0.04	0.37	6.4
X036	长安大学学报自然科学版	129	0.99	1383	10.72	3.13	16	30	0.02	0.84	6.0
N056	长春理工大学学报自然科学版	196	0.99	1492	7.61	3.29	17	57	0.01	0.37	6.2
G992	长春中医药大学学报	447	0.69	4086	9.14	3.26	26	256	0.00	0.16	5.7
W010	长江科学院院报	228	0.95	2136	9.37	3.37	20	100	0.02	0.54	7.2
Z029	长江流域资源与环境	240	0.99	4435	18.48	3.68	22	121	0.01	0.92	6.6
J066	长沙理工大学学报自然科学版	62	0.94	800	12.90	3.23	6	8	0.00	0.87	6.1
G264	肠外与肠内营养	120	0.97	1548	12.90	4.12	18	75	0.01	0.31	5.9
N024	车用发动机	128	0.96	979	7.65	4.15	21	61	0.01	0.50	7.1
E113	沉积学报	142	0.97	3696	26.03	4.90	20	55	0.01	0.81	>10
E547	沉积与特提斯地质	71	0.96	1094	15.41	4.35	10	24	0.00	0.42	9.3
V050	城市规划	191	0.69	2004	10.49	2.98	20	90	0.05	0.24	5.8
V028	城市规划学刊	87	0.61	1781	20.47	3.32	13	41	0.13	0.46	6.7
X043	城市轨道交通研究	286	0.83	1486	5.20	2.09	20	157	0.00	0.12	5.4
X046	城市交通	80	0.79	757	9.46	2.58	11	43	0.20	0.28	5.2
E102	成都理工大学学报自然科学版	111	0.97	1658	14.94	4.05	9	36	0.02	0.72	8.2

表 4-2　2010 年中国科技期刊来源指标刊名字顺索引（续）

CODE	刊名	来源文献量	文献选出率	参考文献量	平均引文数	平均作者数	地区分布数	机构分布数	海外论文比	基金论文比	引用半衰期
E011	成都信息工程学院学报	131	1.00	1156	8.82	2.71	13	41	0.00	0.34	6.3
G019	成都中医药大学学报	125	0.98	840	6.72	3.86	17	55	0.03	0.54	7.5
J021	重庆大学学报自然科学版	277	0.96	4690	16.93	3.84	19	41	0.01	0.98	5.1
X029	重庆交通大学学报自然科学版	242	1.00	2402	9.93	2.99	16	66	0.01	0.53	6.0
N757	重庆理工大学学报自然科学版	298	0.97	2964	9.95	3.21	26	86	0.00	0.69	5.9
A512	重庆师范大学学报自然科学版	127	0.98	1941	15.28	2.42	15	46	0.01	0.75	7.6
G186	重庆医科大学学报	566	0.96	6247	11.04	4.31	23	140	0.01	0.33	6.3
G225	重庆医学	1602	0.92	16472	10.28	3.80	29	561	0.00	0.15	5.3
R559	重庆邮电大学学报自然科学版	171	0.98	1958	11.45	2.73	18	54	0.03	0.77	5.3
N060	传感技术学报	366	0.97	4910	13.42	3.81	23	136	0.01	0.78	5.3
R532	传感器与微系统	505	0.99	4367	8.65	3.39	24	181	0.00	0.59	6.1
G458	传染病信息	119	0.97	2319	19.49	5.03	19	64	0.03	0.74	3.8
X010	船舶工程	122	0.81	928	7.61	3.02	16	59	0.00	0.44	5.9
X633	船舶力学	170	0.98	2209	12.99	3.24	14	41	0.02	0.42	9.0
G322	创伤外科杂志	150	0.55	1901	12.67	7.42	24	95	0.01	0.22	5.7
R048	磁性材料及器件	111	0.89	1251	11.27	3.49	18	64	0.00	0.41	6.7
D013	催化学报	246	0.93	6332	25.74	4.89	23	94	0.11	0.85	6.4
E144	大地测量与地球动力学	204	0.73	2928	14.35	4.84	19	68	0.02	0.80	7.1
E146	大地构造与成矿学	66	0.96	1946	29.48	5.26	15	31	0.00	0.80	7.9
R051	大电机技术	97	0.97	462	4.76	2.92	19	54	0.01	0.16	7.9
H038	大豆科学	247	0.97	4179	16.92	4.82	24	97	0.03	0.83	8.8
U512	大连工业大学学报	121	0.94	1110	9.17	4.18	10	13	0.01	0.55	6.6
X024	大连海事大学学报	135	0.61	1163	8.61	4.19	17	42	0.00	0.60	6.0
X001	大连交通大学学报	163	0.98	1275	7.82	2.95	14	33	0.00	0.49	6.8
J024	大连理工大学学报	184	0.99	2286	12.42	3.37	4	8	0.01	0.82	7.9
H005	大连水产学院学报	108	0.96	1987	18.40	4.59	16	43	0.01	0.89	9.0
G020	大连医科大学学报	206	0.97	2216	10.76	3.90	8	38	0.00	0.13	5.7
E109	大气科学	101	0.98	3077	30.47	3.67	12	38	0.04	0.99	8.9
L512	大庆石油地质与开发	210	0.97	2795	13.31	3.57	19	65	0.00	0.53	6.3
L004	大庆石油学院学报	148	0.94	2070	13.99	3.39	13	45	0.00	0.79	6.4
S086	单片机与嵌入式系统应用	299	0.87	1521	5.09	2.34	23	180	0.00	0.08	4.1
H040	淡水渔业	86	0.93	1780	20.70	5.07	22	48	0.01	0.88	8.4
N004	弹道学报	103	0.97	770	7.48	3.31	12	26	0.00	0.45	7.5
T941	当代化工	229	0.99	1793	7.83	2.75	23	124	0.01	0.08	6.5
Y503	导弹与航天运载技术	80	0.91	773	9.66	3.13	10	41	0.01	0.19	7.0
N019	低温工程	84	0.95	750	8.93	3.63	17	47	0.00	0.60	8.2
V020	低温建筑技术	652	0.99	3380	5.18	2.40	27	248	0.00	0.18	7.6
C055	低温物理学报	97	1.00	1432	14.76	5.10	17	53	0.02	0.73	8.0
C031	低温与超导	218	1.00	1921	8.81	3.68	19	92	0.01	0.43	7.6
E133	地层学杂志	54	0.95	1450	26.85	4.48	14	37	0.04	0.81	>10
E130	地理科学	147	0.96	3386	23.03	3.56	22	68	0.03	0.97	6.3
E584	地理科学进展	213	0.96	7743	36.35	3.35	24	86	0.04	0.93	7.0
E639	地理空间信息	311	0.99	2165	6.96	2.65	29	161	0.00	0.46	6.1
E315	地理信息世界	92	0.88	863	9.38	3.21	18	58	0.01	0.54	5.0

表 4-2　2010 年中国科技期刊来源指标刊名字顺索引（续）

CODE	刊名	来源文献量	文献选出率	参考文献量	平均引文数	平均作者数	地区分布数	机构分布数	海外论文比	基金论文比	引用半衰期
E305	地理学报	147	0.79	4373	29.75	4.03	23	66	0.07	0.94	7.3
E310	地理研究	220	0.97	6755	30.70	3.36	27	89	0.04	0.95	7.6
E527	地理与地理信息科学	156	0.99	2245	14.39	3.46	26	95	0.02	0.79	6.0
E024	地球化学	59	0.89	2093	35.47	4.88	17	26	0.05	0.88	9.7
E142	地球科学	122	0.95	3682	30.18	4.77	14	32	0.05	0.98	8.6
E115	地球科学进展	145	0.87	6146	42.39	4.43	18	77	0.04	0.90	8.0
E004	地球科学与环境学报	75	0.93	1564	20.85	4.28	16	39	0.03	0.92	7.4
E153	地球物理学报	320	0.96	9022	28.19	4.47	22	115	0.14	0.96	9.0
E308	地球物理学进展	287	0.99	7683	26.77	3.76	25	126	0.03	0.78	7.2
E656	地球信息科学学报	122	0.96	2280	18.69	3.89	18	59	0.02	0.93	5.7
E300	地球学报	103	0.90	2761	26.81	4.92	15	48	0.00	0.92	7.5
E549	地球与环境	83	0.98	2014	24.27	4.10	20	49	0.01	0.84	8.1
V031	地下空间与工程学报	232	0.70	3366	14.51	4.41	21	107	0.01	0.61	6.6
E357	地学前缘	193	0.95	7536	39.05	4.64	21	82	0.10	0.91	8.9
E306	地震	63	0.94	959	15.22	4.00	12	23	0.05	0.73	>10
E119	地震地磁观测与研究	181	0.96	1105	6.10	3.84	27	86	0.01	0.47	7.0
E150	地震地质	67	0.94	1637	24.43	4.19	17	33	0.03	0.82	8.4
E118	地震工程与工程振动	156	0.98	1927	12.35	3.12	21	63	0.00	0.90	8.2
E143	地震学报	86	0.91	1563	18.17	3.71	18	43	0.02	0.91	>10
E112	地震研究	73	0.97	1057	14.48	4.01	21	39	0.00	0.81	8.5
E362	地质科技情报	135	0.94	3610	26.74	4.16	18	33	0.01	0.85	8.4
E139	地质科学	88	0.95	2891	32.85	5.57	18	40	0.08	0.91	9.5
E026	地质力学学报	38	0.95	897	23.61	4.68	8	18	0.03	0.82	6.9
E009	地质论评	97	0.85	3267	33.68	4.88	19	63	0.04	0.87	9.0
E127	地质通报	221	0.94	6005	27.17	5.08	24	74	0.01	0.90	8.7
E010	地质学报	162	0.98	7021	43.34	5.09	20	69	0.04	0.93	9.8
E151	地质与勘探	147	0.95	3353	22.81	4.48	21	68	0.01	0.63	8.1
E525	地质与资源	65	0.96	738	11.35	3.77	13	39	0.03	0.34	9.7
E132	地质找矿论丛	65	0.98	1030	15.85	3.71	16	38	0.00	0.31	>10
G005	第二军医大学学报	366	0.94	5466	14.93	5.12	25	138	0.01	0.52	5.2
G021	第三军医大学学报	741	0.85	10705	14.45	5.65	26	221	0.01	0.51	4.5
E301	第四纪研究	135	0.91	4934	36.55	4.57	16	56	0.07	0.99	7.0
G361	癫痫与神经电生理学杂志	107	0.93	1178	11.01	4.40	26	81	0.00	0.20	7.3
R007	电波科学学报	205	0.97	2576	12.57	3.55	20	81	0.01	0.74	7.0
R673	电测与仪表	208	0.72	1930	9.28	4.38	24	129	0.00	0.33	6.1
R003	电池	103	0.90	1094	10.62	3.34	23	65	0.00	0.45	4.6
Z015	电镀与环保	98	0.89	845	8.62	2.73	20	68	0.00	0.16	6.5
T508	电镀与精饰	149	0.87	1524	10.23	3.10	22	88	0.01	0.28	6.4
T598	电镀与涂饰	164	0.60	2083	12.70	4.45	22	100	0.03	0.27	6.4
R010	电工电能新技术	70	0.97	671	9.59	3.81	17	39	0.01	0.39	6.2
R043	电工技术学报	344	0.95	4455	12.95	3.93	24	80	0.03	0.69	6.7
R740	电光与控制	282	0.98	3025	10.73	3.11	21	86	0.00	0.57	6.0
N067	电焊机	314	0.89	1566	4.99	2.84	25	167	0.01	0.17	6.3
D036	电化学	79	0.96	1261	15.96	4.46	18	45	0.06	0.90	6.2

表 4-2 2010 年中国科技期刊来源指标刊名字顺索引（续）

CODE	刊名	来源文献量	文献选出率	参考文献量	平均引文数	平均作者数	地区分布数	机构分布数	海外论文比	基金论文比	引用半衰期
R088	电机与控制学报	213	1.00	2558	12.01	3.45	19	66	0.01	0.83	5.9
R045	电机与控制应用	172	0.91	1146	6.66	2.84	22	102	0.00	0.43	6.3
N027	电加工与模具	103	0.74	793	7.70	3.58	16	46	0.00	0.43	5.6
R011	电力电子技术	461	0.99	2369	5.14	3.14	28	192	0.01	0.39	5.8
R654	电力科学与技术学报	69	0.93	890	12.90	3.25	17	40	0.00	0.71	5.1
N102	电力系统保护与控制	925	1.00	9497	10.27	3.48	29	364	0.01	0.30	6.2
R071	电力系统及其自动化学报	178	0.97	2344	13.17	3.44	24	87	0.01	0.44	6.6
S019	电力系统自动化	526	0.98	7393	14.06	3.98	23	112	0.05	0.60	4.9
R090	电力自动化设备	395	0.99	6159	15.59	3.47	28	151	0.02	0.42	5.5
R516	电路与系统学报	145	0.99	1614	11.13	3.01	20	64	0.01	0.68	6.9
R044	电气传动	226	1.00	1755	7.77	3.02	24	123	0.00	0.38	5.9
R029	电气应用	437	0.63	1485	3.40	2.26	27	283	0.01	0.09	6.4
R058	电气自动化	166	1.00	1179	7.10	2.78	22	80	0.00	0.30	6.3
R537	电视技术	503	0.84	3128	6.22	2.82	29	247	0.00	0.40	4.3
R039	电网技术	480	0.99	8904	18.55	4.04	25	139	0.02	0.48	5.3
R116	电网与清洁能源	236	0.94	2535	10.74	2.86	30	132	0.00	0.32	4.3
R684	电信科学	312	0.94	2286	7.33	2.57	23	115	0.00	0.34	4.1
R019	电源技术	318	0.85	3377	10.62	3.55	27	160	0.01	0.47	5.8
R055	电子测量技术	420	0.96	4027	9.59	2.94	25	177	0.00	0.21	4.5
R021	电子测量与仪器学报	187	0.91	2809	15.02	3.21	21	69	0.02	0.60	5.4
R651	电子产品世界	219	0.60	1065	4.86	2.24	21	107	0.09	0.10	6.0
R548	电子工艺技术	90	0.88	585	6.50	3.01	18	58	0.00	0.21	5.0
R067	电子技术应用	453	0.73	2794	6.17	3.27	25	216	0.01	0.38	5.6
R036	电子科技大学学报	201	0.98	2618	13.02	3.26	24	71	0.01	0.93	6.1
R512	电子器件	185	0.96	1914	10.35	3.44	15	52	0.00	0.58	5.7
R724	电子设计工程	666	0.97	4668	7.01	2.56	28	267	0.00	0.22	4.8
R001	电子显微学报	90	0.91	1425	15.83	4.29	19	60	0.10	0.64	8.4
R006	电子学报	519	0.93	7724	14.88	3.71	25	146	0.02	0.87	6.4
R022	电子与信息学报	558	1.00	6762	12.12	3.34	22	103	0.02	0.79	4.4
R020	电子元件与材料	261	0.94	3049	11.68	3.81	25	109	0.00	0.69	5.4
J023	东北大学学报自然科学版	441	1.00	4357	9.88	3.51	2	3	0.01	1.00	7.0
H262	东北林业大学学报	496	0.99	7243	14.60	3.97	26	140	0.00	0.81	8.1
H006	东北农业大学学报	372	0.96	6253	16.81	4.38	22	77	0.01	0.84	7.6
A030	东北师大学报自然科学版	124	1.00	1517	12.23	3.56	19	57	0.01	1.00	8.4
U014	东华大学学报自然科学版	141	0.99	1386	9.83	2.96	13	40	0.01	0.49	6.3
E002	东华理工大学学报自然科学版	67	0.94	999	14.91	3.45	17	35	0.01	0.52	8.6
G057	东南大学学报医学版	180	0.96	2563	14.24	3.87	12	79	0.01	0.48	5.9
J028	东南大学学报自然科学版	257	0.79	3924	15.27	4.37	12	32	0.02	0.90	5.7
G944	东南国防医药	239	0.83	2115	8.85	4.51	9	96	0.00	0.08	4.2
P003	动力工程学报	181	0.92	1766	9.76	4.01	21	71	0.01	0.51	5.7
F014	动物分类学报	170	0.97	2733	16.08	2.90	26	78	0.04	0.84	>10
F022	动物学研究	95	0.95	2868	30.19	4.20	20	57	0.11	0.86	9.3
F043	动物学杂志	130	0.92	2753	21.18	5.58	26	87	0.02	0.85	9.6
F231	动物营养学报	259	0.98	5783	22.33	5.23	25	62	0.02	0.85	8.7

表 4-2 2010 年中国科技期刊来源指标刊名字顺索引（续）

CODE	刊名	来源文献量	文献选出率	参考文献量	平均引文数	平均作者数	地区分布数	机构分布数	海外论文比	基金论文比	引用半衰期
X034	都市快轨交通	156	0.93	1123	7.20	2.17	15	80	0.04	0.16	5.7
G542	毒理学杂志	155	0.95	1910	12.32	5.07	28	106	0.03	0.57	7.2
N070	锻压技术	239	0.96	2347	9.82	3.47	26	130	0.00	0.55	5.8
N082	锻压装备与制造技术	183	0.83	1101	6.02	2.64	21	109	0.00	0.11	6.7
G920	儿科药学杂志	147	0.89	1410	9.59	2.85	24	93	0.01	0.05	5.3
C071	发光学报	177	0.94	2715	15.34	4.63	25	94	0.01	0.92	5.8
G874	法医学杂志	145	0.79	1468	10.12	5.15	20	70	0.00	0.36	7.0
Z544	防灾减灾工程学报	114	0.54	2222	19.49	5.65	15	45	0.01	0.86	7.3
U013	纺织高校基础科学学报	121	0.98	956	7.90	2.30	13	36	0.00	0.53	7.7
U015	纺织科学研究	30	0.88	191	6.37	2.50	10	18	0.00	0.13	5.9
U053	纺织学报	361	0.98	4219	11.69	3.37	21	84	0.02	0.53	6.2
G893	放射免疫学杂志	427	0.94	3225	7.55	3.11	24	272	0.00	0.04	7.4
G608	放射学实践	377	0.77	3985	10.57	5.10	24	246	0.01	0.09	6.1
K002	非金属矿	142	0.96	1322	9.31	3.87	25	74	0.00	0.51	6.1
Y006	飞行力学	142	0.96	990	6.97	3.08	13	34	0.00	0.32	7.9
Y030	飞行器测控学报	117	0.93	769	6.57	2.92	16	36	0.00	0.10	7.4
D022	分析测试学报	276	0.97	4918	17.82	4.59	29	184	0.00	0.74	5.3
D005	分析化学	370	0.95	6528	17.64	5.02	28	211	0.02	0.83	5.0
D026	分析科学学报	181	0.98	2235	12.35	3.89	28	124	0.01	0.70	6.1
D004	分析试验室	351	0.99	7128	20.31	4.13	30	208	0.00	0.62	2.8
D062	分析仪器	117	0.79	1096	9.37	3.24	25	101	0.00	0.20	6.0
D015	分子催化	85	0.91	2431	28.60	4.53	26	54	0.00	0.79	5.9
D035	分子科学学报	86	0.98	1397	16.24	3.60	20	64	0.00	0.83	7.0
H845	分子植物育种	192	0.88	4081	21.26	5.31	26	89	0.03	0.89	7.3
V052	粉煤灰综合利用	111	0.94	527	4.75	2.55	25	75	0.00	0.23	6.1
M105	粉末冶金工业	62	0.76	759	12.24	3.55	17	47	0.08	0.39	8.4
M039	粉末冶金技术	91	0.93	1154	12.68	3.93	23	57	0.07	0.52	8.5
Q006	辐射防护	65	0.96	643	9.89	4.55	18	42	0.02	0.38	7.7
Q005	辐射研究与辐射工艺学报	74	0.93	1055	14.26	4.95	17	46	0.00	0.65	7.1
H051	福建林学院学报	80	0.96	1146	14.33	3.64	11	45	0.00	0.90	7.7
H268	福建农林大学学报自然科学版	135	0.99	1980	14.67	4.27	16	36	0.01	0.84	7.9
H265	福建农业学报	164	0.99	2205	13.93	4.54	6	64	0.00	0.82	6.7
A078	福建师范大学学报自然科学版	147	0.96	1562	10.63	3.31	3	16	0.00	0.88	7.2
G024	福建医科大学学报	131	0.88	1514	11.56	4.31	2	37	0.01	0.51	5.5
A029	福州大学学报自然科学版	174	0.98	1752	10.07	2.64	9	30	0.01	0.77	7.0
M003	腐蚀科学与防护技术	138	0.99	1535	11.12	3.88	24	77	0.00	0.49	8.2
M505	腐蚀与防护	288	0.97	2459	8.54	3.84	25	185	0.01	0.32	7.1
G068	复旦学报医学版	169	0.94	2664	15.76	4.51	15	57	0.02	0.41	5.6
A001	复旦学报自然科学版	115	0.96	1519	13.21	3.53	9	13	0.02	0.76	7.6
Y019	复合材料学报	187	0.95	2892	15.47	3.96	25	72	0.02	0.83	6.7
B029	复杂系统与复杂性科学	47	0.94	1507	32.06	2.70	14	29	0.04	0.79	3.8
G957	腹部外科	150	0.75	806	5.37	4.55	22	115	0.00	0.04	6.4
G338	腹腔镜外科杂志	384	0.93	3048	7.94	3.82	28	306	0.00	0.02	5.6
H045	干旱地区农业研究	294	0.98	5131	17.45	4.34	22	101	0.01	0.96	7.5

表 4-2　2010 年中国科技期刊来源指标刊名字顺索引（续）

CODE	刊名	来源文献量	文献选出率	参考文献量	平均引文数	平均作者数	地区分布数	机构分布数	海外论文比	基金论文比	引用半衰期
E020	干旱区地理	142	0.95	2919	20.56	4.09	18	65	0.01	0.97	7.0
E105	干旱区研究	146	0.95	3027	20.73	4.23	11	68	0.01	0.91	7.5
A034	甘肃科学学报	157	0.95	1535	9.78	2.66	15	53	0.00	0.46	7.0
G699	甘肃中医	445	0.86	3270	7.35	2.47	25	227	0.00	0.06	7.0
H844	甘蔗糖业	63	0.95	275	4.37	4.08	7	33	0.00	0.27	8.8
G879	肝胆外科杂志	177	0.93	1973	11.15	4.08	24	119	0.00	0.10	6.0
G690	肝胆胰外科杂志	201	0.93	2123	10.56	4.13	22	142	0.00	0.10	6.3
G803	肝脏	135	0.72	1606	11.90	6.17	22	103	0.00	0.31	5.2
G392	感染·炎症·修复	75	0.66	927	12.36	5.52	13	38	0.00	0.29	6.1
M050	钢铁	255	0.96	1914	7.51	4.18	22	102	0.01	0.42	7.5
M013	钢铁钒钛	71	0.95	535	7.54	3.96	13	28	0.00	0.30	9.2
M027	钢铁研究	105	0.95	504	4.80	3.12	18	64	0.00	0.10	6.6
M019	钢铁研究学报	166	1.00	1540	9.28	4.18	21	61	0.00	0.61	8.9
X028	港工技术	101	0.94	460	4.55	2.40	12	59	0.00	0.19	7.3
D020	高等学校化学学报	469	0.98	9579	20.42	4.86	27	178	0.01	0.93	6.6
B002	高等学校计算数学学报	38	0.88	445	11.71	2.32	17	30	0.05	0.79	>10
R038	高电压技术	509	1.00	9330	18.33	4.61	24	121	0.01	0.76	6.0
T001	高分子材料科学与工程	555	0.98	4735	8.53	4.09	29	168	0.02	0.73	6.9
T002	高分子通报	185	0.99	5211	28.17	4.09	21	87	0.01	0.72	6.6
D021	高分子学报	228	1.00	5033	22.07	4.43	22	104	0.03	0.86	6.4
A080	高技术通讯	222	0.95	2908	13.10	3.64	18	76	0.03	0.99	6.3
E358	高校地质学报	58	0.98	1818	31.34	4.50	13	27	0.02	0.93	9.1
T016	高校化学工程学报	187	0.96	2704	14.46	4.25	23	66	0.04	0.78	6.7
B003	高校应用数学学报	66	0.94	762	11.55	2.26	18	56	0.00	0.95	>10
R037	高压电器	312	0.97	3281	10.52	3.68	24	168	0.01	0.25	6.6
C056	高压物理学报	77	0.91	1009	13.10	4.27	18	35	0.00	0.82	9.1
E005	高原气象	187	0.98	4749	25.40	4.29	24	92	0.02	0.97	7.4
V021	给水排水	464	0.75	3537	7.62	4.09	24	280	0.01	0.25	6.6
N105	工程爆破	99	0.88	641	6.47	3.38	23	74	0.00	0.15	6.5
E360	工程地质学报	137	0.94	2025	14.78	3.70	18	65	0.01	0.70	7.8
N049	工程机械	223	0.58	926	4.15	3.55	24	150	0.00	0.10	6.5
V030	工程勘察	243	0.96	2105	8.66	3.04	27	139	0.01	0.45	6.8
V033	工程抗震与加固改造	134	0.97	1382	10.31	3.20	23	79	0.00	0.53	7.2
C002	工程力学	470	0.79	7926	16.86	3.83	25	143	0.03	0.85	8.4
C073	工程热物理学报	544	1.00	4350	8.00	3.99	21	86	0.02	0.91	8.0
N590	工程设计学报	92	0.91	914	9.93	3.38	23	64	0.00	0.71	6.1
B031	工程数学学报	147	0.94	1577	10.73	2.41	27	101	0.01	0.82	9.5
T003	工程塑料应用	285	0.90	3244	11.38	3.64	24	153	0.00	0.25	6.2
N061	工程图学学报	206	0.97	1750	8.50	2.80	22	111	0.00	0.48	8.1
N064	工具技术	431	0.83	2917	6.77	2.81	26	228	0.01	0.35	7.3
K018	工矿自动化	484	0.96	3043	6.29	2.68	25	225	0.00	0.25	5.2
T563	工业催化	188	0.94	2911	15.48	4.04	25	96	0.00	0.47	7.0
J057	工业工程	155	0.97	2031	13.10	2.52	19	74	0.01	0.64	6.0
N110	工业工程与管理	144	0.96	1804	12.53	2.61	18	61	0.01	0.81	6.9

表 4-2 2010 年中国科技期刊来源指标刊名字顺索引（续）

CODE	刊名	来源文献量	文献选出率	参考文献量	平均引文数	平均作者数	地区分布数	机构分布数	海外论文比	基金论文比	引用半衰期
P009	工业加热	118	0.94	736	6.24	2.87	22	72	0.00	0.21	7.4
V010	工业建筑	377	0.97	3010	7.98	3.04	27	171	0.01	0.55	7.3
P005	工业炉	97	0.95	347	3.58	2.71	22	79	0.00	0.05	8.0
Z013	工业水处理	331	0.94	3278	9.90	3.61	27	224	0.01	0.38	6.6
F030	工业微生物	77	0.91	1076	13.97	4.61	19	40	0.00	0.75	8.1
G025	工业卫生与职业病	113	0.84	1072	9.49	4.43	22	80	0.00	0.28	7.0
N037	工业仪表与自动化装置	192	0.96	1092	5.69	2.74	21	99	0.01	0.19	5.9
Z032	工业用水与废水	151	0.97	1344	8.90	3.04	24	113	0.01	0.30	5.8
N039	功能材料	604	0.79	10797	17.88	5.74	30	195	0.00	0.95	6.5
M502	功能材料与器件学报	113	0.99	1600	14.16	4.26	24	71	0.01	0.71	7.4
G207	公共卫生与预防医学	310	0.88	2446	7.89	4.04	19	168	0.00	0.15	5.7
X579	公路	657	0.97	4117	6.27	2.75	30	313	0.01	0.29	6.7
X022	公路工程	235	1.00	2152	9.16	2.48	24	127	0.00	0.25	6.3
X047	公路交通技术	233	0.99	2310	9.91	2.24	20	113	0.00	0.10	7.0
X682	公路与汽运	326	0.99	3056	9.37	2.03	27	191	0.00	0.13	5.6
E601	古地理学报	70	0.88	2694	38.49	4.33	17	38	0.04	0.80	>10
E304	古脊椎动物学报	33	0.92	1038	31.45	2.36	4	13	0.36	0.85	>10
E022	古生物学报	49	0.91	1798	36.69	3.14	9	22	0.14	0.90	>10
R047	固体电子学研究与进展	122	0.94	1264	10.36	4.29	18	53	0.02	0.62	7.2
Y013	固体火箭技术	157	1.00	1490	9.49	3.98	14	44	0.01	0.42	9.3
C103	固体力学学报	78	0.86	2587	33.17	3.09	20	51	0.01	0.85	7.8
W007	管理工程学报	106	0.96	1966	18.55	2.48	17	46	0.01	0.89	8.9
W018	管理科学	77	0.99	2310	30.00	2.32	15	36	0.04	0.87	5.9
W008	管理科学学报	122	0.90	3040	24.92	2.74	18	59	0.04	0.93	8.7
W025	管理评论	189	0.94	4505	23.84	2.42	20	90	0.04	0.77	8.5
W016	管理学报	287	0.98	6021	20.98	2.56	24	105	0.04	0.85	8.7
H226	灌溉排水学报	209	1.00	1580	7.56	4.03	25	95	0.01	0.94	7.2
R026	光电工程	314	0.96	3502	11.15	3.63	24	112	0.00	0.74	6.2
R061	光电子·激光	427	0.96	5557	13.01	4.36	25	148	0.01	0.94	4.8
R082	光电子技术	61	0.91	640	10.49	3.93	18	39	0.02	0.59	6.5
C091	光谱学与光谱分析	759	0.98	11887	15.66	4.96	30	290	0.06	0.97	6.7
C097	光散射学报	74	0.95	1005	13.58	4.15	19	56	0.00	0.66	6.8
R031	光通信技术	227	0.95	1598	7.04	3.25	23	113	0.00	0.40	5.5
R017	光纤与电缆及其应用技术	72	0.95	483	6.71	2.75	14	46	0.01	0.21	5.9
N015	光学技术	190	0.96	1994	10.49	3.62	23	103	0.01	0.52	7.0
N033	光学精密工程	362	0.95	4734	13.08	4.08	23	90	0.01	0.97	5.6
C050	光学学报	658	0.97	10661	16.20	4.39	26	192	0.01	0.80	5.8
N031	光学仪器	117	0.94	1028	8.79	2.98	20	62	0.01	0.36	6.4
R097	光学与光电技术	140	0.96	1190	8.50	3.44	24	77	0.05	0.41	6.8
C037	光子学报	451	0.98	5853	12.98	3.93	27	172	0.01	0.83	6.0
J029	广东工业大学学报	92	0.96	894	9.72	2.96	3	8	0.00	0.40	5.9
H272	广东海洋大学学报	115	0.89	1739	15.12	3.55	14	34	0.01	0.63	9.2
H893	广东林业科技	123	0.98	1315	10.69	4.37	8	67	0.00	0.56	7.1
G390	广东牙病防治	199	0.93	2303	11.57	3.51	22	124	0.02	0.22	6.9

表 4-2 2010 年中国科技期刊来源指标刊名字顺索引（续）

CODE	刊名	来源文献量	文献选出率	参考文献量	平均引文数	平均作者数	地区分布数	机构分布数	海外论文比	基金论文比	引用半衰期
G027	广东药学院学报	171	0.92	1731	10.12	3.97	11	62	0.00	0.46	5.4
G026	广东医学	1352	0.88	14402	10.65	4.60	30	507	0.01	0.26	6.0
A042	广西大学学报自然科学版	200	0.97	2218	11.09	3.55	23	57	0.01	1.00	6.1
A535	广西科学	108	0.96	1109	10.27	3.41	13	47	0.00	0.70	8.2
H069	广西农业科学	377	0.97	4273	11.33	4.93	20	153	0.03	0.67	6.3
A062	广西师范大学学报自然科学版	134	0.96	1588	11.85	3.57	22	62	0.02	1.00	6.2
G028	广西医科大学学报	414	0.95	3302	7.98	4.02	14	136	0.00	0.41	7.0
G816	广西医学	706	0.96	5974	8.46	2.84	9	242	0.00	0.16	5.8
F028	广西植物	172	0.97	3054	17.76	4.08	29	102	0.03	0.92	9.7
G029	广州医学院学报	176	0.96	1558	8.85	3.84	8	97	0.00	0.16	6.5
G030	广州中医药大学学报	165	0.93	1522	9.22	4.22	10	55	0.01	0.53	7.8
V572	规划师	224	0.83	2081	9.29	2.48	21	120	0.04	0.25	5.5
T004	硅酸盐通报	299	0.98	4103	13.72	4.06	26	132	0.00	0.57	6.4
T005	硅酸盐学报	434	0.97	6911	15.92	4.33	26	163	0.06	0.85	6.6
M033	桂林工学院学报	124	0.95	1309	10.56	3.64	15	45	0.02	0.88	7.3
M048	贵金属	62	0.94	973	15.69	4.34	12	30	0.00	0.55	8.4
G031	贵阳医学院学报	236	0.88	1939	8.22	3.73	16	94	0.00	0.23	5.6
G032	贵阳中医学院学报	284	0.94	1460	5.14	2.42	18	113	0.00	0.12	7.7
A077	贵州大学学报自然科学版	208	0.97	1710	8.22	2.52	19	67	0.00	0.60	7.2
H275	贵州农业科学	874	0.98	9698	11.10	3.86	30	303	0.00	0.69	7.5
A527	贵州师范大学学报自然科学版	120	0.99	1681	14.01	2.64	19	37	0.01	0.78	7.9
A040	国防科技大学学报	180	1.00	1982	11.01	3.59	5	7	0.00	0.73	6.7
G495	国际病毒学杂志	43	0.91	1063	24.72	2.30	21	37	0.00	0.33	5.7
G350	国际病理科学与临床杂志	115	0.95	2759	23.99	2.70	20	64	0.02	0.40	4.9
V529	国际城市规划	94	0.73	2712	28.85	2.74	10	56	0.35	0.35	9.0
G936	国际儿科学杂志	210	0.97	4463	21.25	1.66	23	98	0.00	0.19	4.9
G436	国际耳鼻咽喉头颈外科杂志	101	0.94	2168	21.47	2.65	21	59	0.00	0.37	5.4
G659	国际妇产科学杂志	118	0.89	2276	19.29	2.06	22	69	0.01	0.20	3.5
G498	国际骨科学杂志	128	0.89	3537	27.63	3.27	18	58	0.00	0.19	4.7
G938	国际呼吸杂志	370	0.92	7913	21.39	3.19	28	216	0.00	0.28	5.7
G967	国际护理学杂志	907	0.96	6124	6.75	2.82	28	476	0.00	0.02	6.7
G362	国际检验医学杂志	737	0.89	6398	8.68	3.57	27	505	0.00	0.11	5.1
G929	国际精神病学杂志	75	0.94	1013	13.51	2.55	20	53	0.00	0.12	6.3
G997	国际口腔医学杂志	201	0.96	3850	19.15	2.71	23	86	0.01	0.38	6.1
G930	国际流行病学传染病学杂志	130	0.89	1876	14.43	3.98	21	84	0.00	0.35	4.2
G975	国际麻醉学与复苏杂志	155	0.98	2459	15.86	3.40	25	100	0.01	0.26	5.9
G349	国际泌尿系统杂志	245	0.98	5002	20.42	2.59	26	154	0.00	0.08	5.5
G983	国际免疫学杂志	124	0.93	2569	20.72	2.99	22	90	0.02	0.61	3.4
G939	国际脑血管病杂志	165	0.88	6607	40.04	4.09	23	109	0.01	0.26	5.6
G415	国际内分泌代谢杂志	124	0.78	2697	21.75	3.11	18	85	0.00	0.26	3.6
G889	国际皮肤性病学杂志	112	0.73	1827	16.31	4.12	20	72	0.00	0.11	4.3
G426	国际神经病学神经外科学杂志	153	0.93	3327	21.75	2.46	22	111	0.01	0.29	4.2
G928	国际生物医学工程杂志	90	0.93	1689	18.77	4.23	17	65	0.01	0.61	5.6
G954	国际外科学杂志	288	0.91	4462	15.49	3.23	27	179	0.00	0.19	4.9

表 4-2 2010 年中国科技期刊来源指标刊名字顺索引（续）

CODE	刊名	来源文献量	文献选出率	参考文献量	平均引文数	平均作者数	地区分布数	机构分布数	海外论文比	基金论文比	引用半衰期
G660	国际消化病杂志	115	0.94	2296	19.97	2.68	24	79	0.00	0.12	5.1
G940	国际心血管病杂志	110	0.84	2221	20.19	2.83	18	67	0.00	0.20	4.2
G933	国际药学研究杂志	82	0.92	2009	24.50	3.65	18	46	0.01	0.63	4.4
G661	国际医学放射学杂志	76	0.75	2365	31.12	2.57	19	57	0.01	0.29	5.4
G499	国际医学寄生虫病杂志	83	0.90	2100	25.30	3.66	20	47	0.01	0.48	7.7
G984	国际遗传学杂志	81	0.93	2124	26.22	3.59	22	61	0.01	0.72	5.0
G934	国际中医中药杂志	237	0.69	2470	10.42	3.92	25	146	0.01	0.21	6.7
G937	国际肿瘤学杂志	298	0.97	5638	18.92	1.85	24	169	0.01	0.35	3.3
E578	国土资源科技管理	144	0.97	1331	9.24	2.69	23	77	0.00	0.40	5.2
E591	国土资源遥感	104	0.67	1822	17.52	5.37	18	64	0.01	0.72	7.5
R683	国外电子测量技术	248	0.79	1943	7.83	2.39	24	118	0.01	0.09	4.9
H028	果树学报	211	0.99	3448	16.34	5.14	27	93	0.01	0.91	7.9
T008	过程工程学报	211	0.79	5069	24.02	5.79	25	82	0.01	0.75	7.0
X025	哈尔滨工程大学学报	283	0.99	3366	11.89	3.26	18	61	0.02	0.82	7.5
J003	哈尔滨工业大学学报	418	0.99	5223	12.50	3.63	18	47	0.02	0.83	7.1
J013	哈尔滨理工大学学报	181	1.00	1764	9.75	2.81	15	47	0.01	0.52	6.1
U021	哈尔滨商业大学学报自然科学版	194	0.97	1536	7.92	3.10	15	44	0.00	0.64	7.0
G033	哈尔滨医科大学学报	187	0.92	1728	9.24	4.84	5	31	0.00	0.45	7.0
J055	海军工程大学学报	131	0.95	1114	8.50	3.03	13	21	0.00	0.56	6.5
Y029	海军航空工程学院学报	166	0.97	1470	8.86	3.14	15	50	0.00	0.26	7.3
A012	海南大学学报自然科学版	83	1.00	705	8.49	2.67	17	39	0.01	0.48	6.8
G941	海南医学	1667	0.94	12216	7.33	2.88	28	904	0.00	0.03	6.4
G416	海南医学院学报	570	0.98	4877	8.56	3.03	27	323	0.05	0.12	5.6
E651	海洋测绘	141	0.95	1055	7.48	3.48	16	60	0.00	0.27	6.8
E155	海洋地质与第四纪地质	118	0.87	3428	29.05	4.41	16	55	0.03	0.89	9.8
E131	海洋工程	83	0.97	1023	12.33	3.54	12	33	0.02	0.76	8.5
E312	海洋湖沼通报	97	0.96	1837	18.94	4.19	13	51	0.00	0.72	8.7
Z010	海洋环境科学	208	0.97	3688	17.73	4.05	12	89	0.02	0.84	9.3
E147	海洋开发与管理	178	0.55	1424	8.00	3.66	13	60	0.02	0.33	5.4
E145	海洋科学	223	0.95	4406	19.76	4.39	15	84	0.01	0.92	8.8
E006	海洋科学进展	71	0.95	1538	21.66	4.24	9	31	0.03	0.94	9.5
E311	海洋通报	122	0.98	2325	19.06	4.11	18	80	0.00	0.79	>10
E003	海洋学报	117	0.98	3295	28.16	4.70	11	55	0.06	0.97	9.9
E149	海洋学研究	49	0.91	925	18.88	3.76	11	29	0.02	0.86	9.3
H284	海洋渔业	70	0.99	1597	22.81	4.50	9	16	0.00	0.91	8.7
E008	海洋与湖沼	137	1.00	3274	23.90	4.82	18	54	0.04	0.97	9.1
E108	海洋预报	82	0.92	874	10.66	3.61	13	51	0.01	0.33	9.6
L586	含能材料	159	0.95	2260	14.21	4.55	14	37	0.00	0.50	8.2
N076	焊接	182	0.81	1433	7.87	3.72	20	98	0.01	0.27	6.4
N624	焊接技术	260	0.92	1416	5.45	3.06	26	180	0.00	0.24	6.6
N021	焊接学报	335	0.96	2558	7.64	3.96	24	108	0.02	0.68	7.0
Y027	航空材料学报	109	0.98	1525	13.99	4.46	18	44	0.01	0.62	7.9
Y017	航空动力学报	435	0.98	5486	12.61	3.48	16	57	0.00	0.56	8.7
Y031	航空计算技术	207	0.97	1376	6.65	2.76	13	46	0.01	0.34	7.3

表 4-2 2010 年中国科技期刊来源指标刊名字顺索引（续）

CODE	刊名	来源文献量	文献选出率	参考文献量	平均引文数	平均作者数	地区分布数	机构分布数	海外论文比	基金论文比	引用半衰期
Y012	航空精密制造技术	98	0.78	540	5.51	3.10	17	46	0.00	0.24	7.2
Y002	航空学报	335	0.97	5357	15.99	3.39	17	52	0.02	0.81	7.4
Y014	航空制造技术	387	0.60	1093	2.82	3.39	19	144	0.04	0.15	6.7
Y034	航天返回与遥感	64	0.84	615	9.61	3.03	9	17	0.00	0.33	6.7
Y015	航天控制	120	0.98	875	7.29	2.81	13	45	0.00	0.23	7.2
Y033	航天器工程	113	0.87	1235	10.93	2.97	9	29	0.00	0.50	6.5
Y032	航天器环境工程	160	0.90	1440	9.04	3.42	10	37	0.01	0.48	8.2
G034	航天医学与医学工程	91	0.94	1376	15.12	4.84	14	47	0.02	0.80	7.6
Q007	核电子学与探测技术	390	1.00	2732	7.01	4.38	25	125	0.00	0.36	7.9
Q004	核动力工程	184	0.86	1301	7.07	4.13	18	69	0.01	0.26	8.7
Q002	核化学与放射化学	67	0.91	883	13.18	5.24	9	29	0.00	0.34	9.4
Q001	核技术	205	0.97	2117	10.33	5.09	21	68	0.01	0.48	7.8
C092	核聚变与等离子体物理	77	0.96	784	10.18	4.45	14	29	0.04	0.60	8.8
Q009	核科学与工程	60	0.94	599	9.98	4.68	12	25	0.00	0.37	6.6
H042	核农学报	231	0.97	5006	21.67	5.21	27	104	0.02	0.93	7.2
T057	合成材料老化与应用	42	0.91	482	11.48	3.17	11	27	0.00	0.21	7.4
D602	合成化学	250	0.98	2609	10.44	4.05	27	131	0.00	0.70	7.5
T505	合成树脂及塑料	124	0.95	1202	9.69	3.46	21	73	0.00	0.31	7.4
T067	合成纤维	158	0.89	1146	7.25	2.90	18	82	0.00	0.22	6.1
T065	合成纤维工业	120	0.94	966	8.05	3.75	20	68	0.00	0.37	7.1
T018	合成橡胶工业	106	0.85	1110	10.47	4.18	19	45	0.00	0.57	8.2
J053	合肥工业大学学报自然科学版	450	0.97	4846	10.77	2.98	20	105	0.01	0.67	6.7
A031	河北大学学报自然科学版	149	0.99	1507	10.11	3.85	17	44	0.01	0.93	7.8
J017	河北工业大学学报	162	1.00	1213	7.49	3.23	10	30	0.00	0.67	7.0
J019	河北工业科技	144	0.97	1168	8.11	3.23	12	64	0.00	0.18	6.3
K032	河北建筑科技学院学报自然科学版	109	1.00	1080	9.91	2.90	20	37	0.00	0.37	6.2
J058	河北科技大学学报	129	0.96	1260	9.77	3.25	18	53	0.01	0.48	6.4
H289	河北林果研究	101	0.95	1206	11.94	3.36	12	52	0.00	0.36	8.1
H244	河北农业大学学报	168	0.96	2373	14.13	4.38	11	32	0.01	0.79	7.5
A076	河北师范大学学报自然科学版	156	0.96	1861	11.93	3.26	21	80	0.03	0.84	8.1
G035	河北医科大学学报	589	0.88	4545	7.72	3.83	20	261	0.00	0.21	3.1
G641	河北医学	706	0.97	4214	5.97	2.83	24	358	0.00	0.02	6.8
G898	河北医药	1939	0.88	15208	7.84	3.91	30	640	0.00	0.09	6.7
G384	河北中医	981	0.85	5983	6.10	2.94	25	491	0.00	0.13	6.9
G301	河北中医药学报	97	0.73	670	6.91	4.79	7	64	0.00	0.39	6.7
W012	河海大学学报自然科学版	137	0.94	2038	14.88	3.39	16	37	0.02	0.87	7.1
A067	河南大学学报自然科学版	144	1.00	1575	10.94	2.89	17	56	0.01	0.76	7.6
U004	河南工业大学学报自然科学版	129	1.00	1402	10.87	3.86	13	29	0.00	0.45	6.6
J014	河南科技大学学报自然科学版	162	0.96	1710	10.56	3.40	19	58	0.00	1.00	5.7
A011	河南科学	393	0.97	2957	7.52	2.73	21	153	0.00	0.67	6.7
K526	河南理工大学学报自然科学版	167	0.97	1652	9.89	2.89	21	68	0.01	0.60	6.8
H011	河南农业大学学报	156	1.00	2100	13.46	4.69	10	29	0.00	0.96	7.1
H356	河南农业科学	474	0.95	6143	12.96	4.37	28	179	0.00	0.69	7.0
A058	河南师范大学学报自然科学版	316	1.00	2791	8.83	3.11	25	125	0.00	0.82	6.7

表 4-2 2010 年中国科技期刊来源指标刊名字顺索引（续）

CODE	刊名	来源文献量	文献选出率	参考文献量	平均引文数	平均作者数	地区分布数	机构分布数	海外论文比	基金论文比	引用半衰期
A084	黑龙江大学自然科学学报	162	0.98	1678	10.36	3.47	23	58	0.00	0.88	7.5
K505	黑龙江科技学院学报	121	0.95	1093	9.03	2.65	12	23	0.00	0.45	5.2
R535	红外技术	163	0.99	1543	9.47	3.86	20	66	0.00	0.48	6.1
C035	红外与毫米波学报	103	0.98	1113	10.81	4.45	21	62	0.03	0.94	7.1
R084	红外与激光工程	243	0.98	2397	9.86	4.04	22	106	0.01	0.89	6.5
A039	湖北大学学报自然科学版	110	0.99	1046	9.51	3.06	13	48	0.00	0.67	7.8
H203	湖北农业科学	991	0.98	10458	10.55	3.99	30	373	0.00	0.70	7.3
G334	湖北中医学院学报	199	0.94	1493	7.50	3.41	12	75	0.00	0.21	7.0
E111	湖泊科学	128	0.96	3592	28.06	4.69	21	65	0.02	0.93	7.8
A028	湖南大学学报自然科学版	220	1.00	2485	11.30	3.67	12	30	0.02	0.95	6.8
K016	湖南科技大学学报自然科学版	116	1.00	1403	12.09	3.42	19	50	0.01	0.92	6.3
H060	湖南农业大学学报自然科学版	160	0.96	2612	16.33	4.83	21	64	0.03	0.93	7.3
H231	湖南农业科学	819	0.96	7142	8.72	3.59	28	333	0.00	0.48	6.0
G548	湖南师范大学学报医学版	117	0.94	822	7.03	2.72	6	55	0.00	0.19	6.6
A055	湖南师范大学自然科学学报	100	0.97	1214	12.14	3.35	17	48	0.01	0.95	7.5
G041	湖南中医药大学学报	404	0.99	3050	7.55	3.35	25	224	0.00	0.33	6.7
G336	护理管理杂志	388	0.85	3832	9.88	3.58	25	232	0.00	0.11	4.9
G987	护理学报	697	0.91	7442	10.68	3.34	26	405	0.00	0.08	4.9
G503	护理学杂志	976	0.77	8988	9.21	3.84	28	521	0.00	0.13	5.4
G654	护理研究	1678	0.76	14739	8.78	3.53	28	822	0.00	0.12	5.3
G460	护理与康复	576	0.96	3652	6.34	2.46	8	249	0.00	0.03	5.2
G734	护士进修杂志	1094	0.86	4693	4.29	3.25	28	559	0.00	0.11	6.0
E141	华北地震科学	53	0.95	442	8.34	4.34	13	32	0.00	0.64	7.8
R046	华北电力大学学报	133	1.00	1500	11.28	3.24	17	40	0.00	0.47	6.4
H032	华北农学报	289	0.68	7055	24.41	7.66	21	91	0.01	0.93	8.2
R752	华东电力	535	0.92	2816	5.26	3.09	23	182	0.00	0.33	5.5
X003	华东交通大学学报	142	0.97	1472	10.37	2.36	14	25	0.01	0.54	5.7
T021	华东理工大学学报自然科学版	152	0.94	1858	12.22	3.78	8	18	0.01	0.63	7.5
A054	华东师范大学学报自然科学版	112	0.95	1900	16.96	3.26	14	36	0.02	0.79	8.5
F103	华南地震	61	0.69	824	13.51	4.97	18	33	0.00	0.48	7.8
G340	华南国防医学杂志	178	0.92	1999	11.23	5.12	19	72	0.01	0.34	5.3
J004	华南理工大学学报自然科学版	330	0.95	4089	12.39	3.40	17	35	0.01	0.98	5.9
H013	华南农业大学学报	119	0.98	1801	15.13	4.80	13	39	0.01	0.85	8.2
A052	华南师范大学学报自然科学版	106	0.96	1191	11.24	3.18	8	27	0.00	0.71	7.0
G525	华南预防医学	168	0.96	1120	6.67	4.65	19	96	0.01	0.13	4.3
A021	华侨大学学报自然科学版	157	0.97	1571	10.01	2.71	12	20	0.01	0.91	7.7
G043	华西口腔医学杂志	175	0.95	2018	11.53	4.37	26	96	0.04	0.51	7.1
G044	华西药学杂志	301	0.98	2113	7.02	4.06	27	139	0.00	0.37	5.7
G294	华西医学	917	0.89	7637	8.33	3.38	27	452	0.00	0.05	6.1
V506	华中建筑	634	0.90	3921	6.18	2.13	26	169	0.01	0.18	6.5
V035	华中科技大学学报城市科学版	81	0.98	741	9.15	2.94	12	42	0.01	0.28	7.0
G077	华中科技大学学报医学版	210	0.97	2693	12.82	4.94	18	67	0.01	0.55	6.4
J033	华中科技大学学报自然科学版	394	0.92	4592	11.65	3.55	23	103	0.01	0.96	5.8
H003	华中农业大学学报	164	0.99	2526	15.40	4.62	21	60	0.01	0.99	6.9

表 4-2　2010 年中国科技期刊来源指标刊名字顺索引（续）

CODE	刊名	来源文献量	文献选出率	参考文献量	平均引文数	平均作者数	地区分布数	机构分布数	海外论文比	基金论文比	引用半衰期
A004	华中师范大学学报自然科学版	149	0.97	1878	12.60	3.26	21	82	0.01	0.83	8.1
Z009	化工环保	131	0.95	2002	15.28	3.71	24	99	0.00	0.44	5.0
T006	化工机械	225	0.99	1349	6.00	2.96	28	111	0.00	0.17	7.6
T101	化工进展	433	0.96	10675	24.65	4.00	28	169	0.01	0.63	5.7
T532	化工科技	123	0.98	1389	11.29	3.98	21	52	0.00	0.42	6.9
T007	化工学报	489	0.97	9138	18.69	4.02	24	132	0.02	0.87	7.0
T066	化工自动化及仪表	398	0.97	2891	7.26	2.81	28	220	0.00	0.36	5.8
T009	化学反应工程与工艺	102	0.94	1281	12.56	4.11	22	47	0.00	0.52	7.0
D604	化学分析计量	223	0.94	1411	6.33	2.73	29	132	0.00	0.15	7.5
T025	化学工程	327	0.95	3550	10.86	4.01	26	131	0.01	0.63	7.9
T567	化学工程师	266	0.98	2284	8.59	3.14	26	160	0.00	0.23	6.5
T076	化学工业与工程	104	0.91	1737	16.70	3.85	18	49	0.01	0.44	6.5
T501	化学工业与工程技术	94	0.95	1185	12.61	2.86	21	65	0.00	0.13	8.2
D506	化学进展	261	0.95	18632	71.39	3.88	26	126	0.02	0.86	5.3
D011	化学试剂	336	0.97	4004	11.92	3.76	30	215	0.01	0.57	7.6
D018	化学通报	194	0.94	5005	25.80	3.88	28	133	0.01	0.78	6.2
D030	化学学报	415	0.95	9127	21.99	4.75	27	192	0.01	0.90	6.7
D501	化学研究	152	0.99	2413	15.88	3.48	23	92	0.01	0.55	6.4
D037	化学研究与应用	338	0.98	4851	14.35	4.09	28	196	0.00	0.65	6.2
T553	化学与生物工程	315	0.97	3748	11.90	3.53	30	145	0.00	0.46	7.0
T931	化学与黏合	129	0.98	1638	12.70	3.64	16	59	0.01	0.28	7.5
Z017	环境保护科学	157	0.99	1365	8.69	2.94	21	98	0.00	0.29	6.8
Z005	环境工程	195	0.98	1487	7.63	3.28	28	144	0.00	0.37	6.3
Z021	环境工程学报	579	1.00	8122	14.03	4.39	27	227	0.00	0.79	6.3
D024	环境化学	254	0.95	3298	12.98	4.56	28	154	0.04	0.76	6.3
Z554	环境监测管理与技术	109	0.95	1452	13.32	3.37	20	80	0.00	0.46	5.5
Z506	环境科技	174	0.75	2097	12.05	3.74	20	121	0.01	0.33	5.9
Z004	环境科学	513	0.98	13346	26.02	4.85	26	183	0.02	0.96	6.6
Z003	环境科学学报	347	0.99	8368	24.12	4.73	24	140	0.02	0.97	6.7
Z002	环境科学研究	241	0.97	5955	24.71	4.85	27	122	0.01	0.96	5.8
Z025	环境科学与技术	550	1.00	8434	15.33	4.01	27	276	0.01	0.80	6.8
H049	环境昆虫学报	96	0.97	2128	22.17	4.41	17	43	0.00	0.84	8.8
Z035	环境卫生工程	131	0.96	731	5.58	2.78	21	89	0.01	0.19	5.5
Z019	环境污染与防治	296	0.89	4617	15.60	4.04	25	157	0.03	0.73	6.3
Z031	环境与健康杂志	391	0.89	5093	13.03	4.94	30	199	0.01	0.58	6.1
G882	环境与职业医学	223	0.86	2629	11.79	4.58	26	129	0.02	0.38	6.6
G656	环球中医药	158	0.91	1684	10.66	2.80	23	99	0.02	0.32	4.3
M631	黄金	175	0.91	1183	6.76	3.29	25	115	0.00	0.19	6.9
N042	火工品	89	0.99	569	6.39	4.04	17	39	0.00	0.09	8.7
N005	火力与指挥控制	610	0.99	4337	7.11	3.10	24	152	0.00	0.62	7.6
N007	火炸药学报	132	0.98	1476	11.18	4.53	12	21	0.00	0.39	7.1
G003	基础医学与临床	302	0.90	3005	9.95	4.57	27	186	0.00	0.55	3.9
H245	基因组学与应用生物学	193	0.80	3710	19.22	4.84	26	115	0.02	0.72	7.1
X011	机车电传动	138	0.95	631	4.57	2.41	18	60	0.00	0.14	6.0

表 4-2 2010 年中国科技期刊来源指标刊名字顺索引（续）

CODE	刊名	来源文献量	文献选出率	参考文献量	平均引文数	平均作者数	地区分布数	机构分布数	海外论文比	基金论文比	引用半衰期
N069	机床与液压	1043	0.97	6422	6.16	2.88	28	402	0.00	0.35	6.6
N672	机电工程	372	0.97	3824	10.28	2.88	25	115	0.00	0.41	5.5
R099	机电一体化	250	0.91	1412	5.65	2.85	19	64	0.01	0.30	5.5
S004	机器人	122	0.99	1789	14.66	3.62	16	54	0.01	0.89	5.8
N040	机械传动	306	0.98	2185	7.14	2.89	29	181	0.00	0.40	6.7
M004	机械工程材料	300	0.96	3559	11.86	4.05	27	135	0.01	0.58	7.4
N051	机械工程学报	697	0.98	9938	14.26	3.71	23	148	0.04	0.89	7.1
N050	机械科学与技术	372	0.97	3713	9.98	3.26	26	125	0.01	0.67	7.3
N057	机械强度	198	0.99	2243	11.33	3.40	21	87	0.01	0.67	8.4
N047	机械设计	283	1.00	2461	8.70	3.21	27	140	0.00	0.54	6.8
N054	机械设计与研究	202	0.95	1796	8.89	3.18	26	110	0.00	0.59	6.3
N028	机械设计与制造	1331	1.00	8011	6.02	2.95	29	367	0.00	0.54	6.7
N053	机械与电子	273	1.00	1698	6.22	3.00	24	118	0.00	0.27	6.1
N682	机械制造	357	0.93	2049	5.74	2.73	26	176	0.00	0.25	6.5
N515	机械制造与自动化	353	0.95	2079	5.89	2.18	25	187	0.00	0.13	6.7
R025	激光技术	230	0.97	2878	12.51	4.04	26	112	0.01	0.47	6.6
F045	激光生物学报	153	0.98	2323	15.18	4.79	17	65	0.02	0.89	7.3
R514	激光与光电子学进展	249	0.88	4305	17.29	4.48	26	140	0.01	0.65	5.6
R521	激光与红外	304	0.98	2858	9.40	3.74	25	143	0.00	0.43	6.3
R028	激光杂志	228	0.73	2688	11.79	4.82	26	103	0.04	0.46	6.6
E116	吉林大学学报地球科学版	212	0.98	3695	17.43	4.50	18	58	0.00	0.97	7.2
J042	吉林大学学报工学版	326	1.00	3301	10.13	3.83	22	74	0.01	0.99	6.7
A035	吉林大学学报理学版	213	0.97	2454	11.52	3.53	24	70	0.02	0.94	7.3
R586	吉林大学学报信息科学版	105	0.95	1366	13.01	3.38	14	44	0.00	0.61	5.0
G014	吉林大学学报医学版	277	0.60	3428	12.38	7.10	20	67	0.04	0.97	4.9
H243	吉林农业大学学报	158	0.99	2091	13.23	4.23	17	55	0.01	0.90	8.2
H227	吉林农业科学	113	0.97	1135	10.04	4.92	13	40	0.01	0.41	8.3
G719	吉林中医药	538	0.91	4562	8.48	2.54	23	174	0.00	0.19	5.4
E007	极地研究	39	0.89	932	23.90	3.97	11	26	0.10	0.90	8.7
G452	疾病监测	300	0.89	2066	6.89	4.69	27	179	0.00	0.17	5.0
G439	脊柱外科杂志	98	0.95	1587	16.19	5.32	18	63	0.01	0.12	6.8
S718	技术经济	272	0.93	4035	14.83	2.33	23	95	0.00	0.57	6.4
A656	济南大学学报自然科学版	107	1.00	1314	12.28	3.37	10	24	0.00	0.94	6.2
G292	寄生虫与医学昆虫学报	39	0.89	807	20.69	6.64	15	32	0.10	0.69	8.3
N038	计量技术	286	0.96	1631	5.70	2.63	27	184	0.00	0.05	7.1
N014	计量学报	125	0.70	1399	11.19	5.33	20	63	0.00	0.58	8.2
S050	计算机测量与控制	931	0.97	6613	7.10	2.99	27	322	0.00	0.44	5.5
S049	计算机仿真	1068	0.97	8953	8.38	2.74	29	383	0.00	0.35	6.9
S013	计算机辅助设计与图形学学报	317	0.99	4999	15.77	3.39	23	101	0.03	0.91	6.3
S034	计算机工程与科学	506	0.99	5536	10.94	2.93	30	224	0.01	0.66	6.4
S022	计算机工程与设计	1398	0.99	13536	9.68	2.72	30	427	0.00	0.61	4.7
S025	计算机工程与应用	2576	1.00	26145	10.15	2.79	30	567	0.00	0.76	6.8
S030	计算机集成制造系统-CIMS	372	0.99	5403	14.52	3.42	25	98	0.01	0.91	5.7
S520	计算机技术与发展	753	0.99	8502	11.29	2.68	29	238	0.00	0.81	5.6

表 4-2 2010 年中国科技期刊来源指标刊名字顺索引（续）

CODE	刊名	来源文献量	文献选出率	参考文献量	平均引文数	平均作者数	地区分布数	机构分布数	海外论文比	基金论文比	引用半衰期
S006	计算机科学	877	0.99	12893	14.70	3.19	28	240	0.01	0.92	6.7
S085	计算机科学与探索	118	0.90	2203	18.67	3.32	20	49	0.05	0.98	6.0
S509	计算机系统应用	679	0.99	5019	7.39	2.59	29	241	0.00	0.46	5.6
S018	计算机学报	227	0.99	4628	20.39	3.41	19	78	0.03	0.97	6.1
S021	计算机研究与发展	250	0.59	6277	25.11	6.02	24	87	0.02	0.96	5.6
S029	计算机应用	946	0.88	11295	11.94	3.19	28	325	0.01	0.68	5.3
S016	计算机应用研究	1354	1.00	17700	13.07	3.08	28	368	0.01	0.82	5.8
S009	计算机应用与软件	1097	1.00	8894	8.11	2.62	30	476	0.00	0.49	6.8
S048	计算机与数字工程	643	0.98	5638	8.77	2.43	29	306	0.00	0.23	6.2
S500	计算机与现代化	656	0.99	9395	14.32	2.31	30	376	0.00	0.21	5.5
S014	计算机与应用化学	384	0.97	6611	17.22	3.64	26	180	0.00	0.60	7.1
S507	计算技术与自动化	140	1.00	1092	7.80	2.36	18	91	0.01	0.41	6.7
C003	计算力学学报	189	0.99	2244	11.87	3.08	24	79	0.02	0.84	9.7
B014	计算数学	38	1.00	553	14.55	2.47	20	33	0.00	0.84	>10
C094	计算物理	136	0.95	1931	14.20	3.29	18	77	0.02	0.74	>10
A045	暨南大学学报自然科学与医学版	140	0.94	1471	10.51	4.16	12	35	0.02	0.88	7.2
H240	家畜生态学报	157	0.96	2271	14.46	5.04	26	87	0.00	0.72	6.9
G638	检验医学	304	0.89	2608	8.58	4.11	23	209	0.00	0.14	5.9
Y564	舰船科学技术	411	0.97	3064	7.45	3.23	22	116	0.00	0.11	7.6
V051	建筑材料学报	169	0.94	1680	9.94	3.60	23	72	0.03	0.82	7.2
V057	建筑钢结构进展	53	0.84	759	14.32	3.15	12	26	0.11	0.30	8.0
V045	建筑技术	273	0.88	1096	4.01	2.64	23	198	0.00	0.19	7.5
V014	建筑结构	390	0.97	2602	6.67	3.55	27	164	0.01	0.40	7.1
V044	建筑结构学报	204	0.93	2737	13.42	4.10	17	50	0.03	0.81	6.7
S635	建筑经济	369	0.96	2108	5.71	2.02	27	203	0.01	0.25	4.5
V005	建筑科学	338	0.93	2635	7.80	3.16	26	157	0.01	0.48	7.0
V013	建筑科学与工程学报	75	0.94	1134	15.12	3.08	8	29	0.01	0.83	6.3
V047	建筑学报	242	0.78	958	3.96	2.43	20	101	0.07	0.18	9.4
A136	江南大学学报自然科学版	162	0.96	1819	11.23	3.03	18	63	0.01	0.62	6.1
G453	江苏大学学报医学版	148	0.97	1496	10.11	4.83	7	64	0.01	0.32	5.8
J035	江苏大学学报自然科学版	152	1.00	1577	10.38	3.78	21	48	0.03	0.99	5.0
X015	江苏科技大学学报自然科学版	138	0.96	1386	10.04	2.91	7	20	0.00	0.54	6.2
H700	江苏农业科学	1153	0.99	12287	10.66	4.14	30	398	0.00	0.61	7.1
H199	江苏农业学报	280	0.99	4789	17.10	5.20	23	70	0.00	0.88	7.2
G046	江苏医药	1256	0.91	9422	7.50	4.19	28	441	0.00	0.16	6.1
G397	江苏中医药	495	0.78	2337	4.72	3.03	29	269	0.00	0.25	7.2
H283	江西农业大学学报	224	0.95	3896	17.39	4.59	28	103	0.03	0.97	7.7
H701	江西农业学报	798	1.00	9752	12.22	4.04	28	303	0.00	0.53	6.4
A112	江西师范大学学报自然科学版	149	0.98	1707	11.46	2.75	23	78	0.00	0.87	7.4
G047	江西医学院学报	519	0.92	5800	11.18	3.60	20	163	0.00	0.15	5.5
X002	交通科学与工程	67	0.94	767	11.45	3.04	15	24	0.01	0.76	6.1
X020	交通信息与安全	177	0.99	1385	7.82	2.93	21	79	0.04	0.44	5.3
X672	交通运输工程学报	124	0.96	1557	12.56	3.23	17	43	0.01	0.92	4.9
X694	交通运输工程与信息学报	86	0.96	651	7.57	2.62	15	31	0.00	0.44	6.5

表 4-2 2010 年中国科技期刊来源指标刊名字顺索引（续）

CODE	刊名	来源文献量	文献选出率	参考文献量	平均引文数	平均作者数	地区分布数	机构分布数	海外论文比	基金论文比	引用半衰期
X685	交通运输系统工程与信息	170	0.92	1907	11.22	3.24	19	63	0.06	0.74	6.7
L587	节能技术	137	0.96	1061	7.74	3.00	23	98	0.00	0.26	6.5
W567	节水灌溉	252	0.96	2566	10.18	3.77	29	134	0.00	0.67	6.5
K553	洁净煤技术	190	0.97	1303	6.86	3.13	21	111	0.00	0.22	6.4
V049	结构工程师	167	0.99	1709	10.23	2.72	16	51	0.02	0.39	6.8
G869	结直肠肛门外科	166	0.85	1469	8.85	3.33	22	117	0.00	0.08	6.8
G316	解放军护理杂志	766	0.89	6172	8.06	3.33	25	371	0.00	0.07	5.1
A121	解放军理工大学学报自然科学版	126	0.95	1476	11.71	3.70	19	46	0.00	0.90	7.1
G295	解放军药学学报	198	0.96	1568	7.92	4.27	26	110	0.01	0.24	5.6
G048	解放军医学杂志	411	0.85	5361	13.04	5.82	26	186	0.02	0.50	4.9
G315	解放军医院管理杂志	575	0.95	2838	4.94	2.96	28	253	0.00	0.06	3.6
G961	解放军预防医学杂志	156	0.76	904	5.79	5.62	26	107	0.01	0.21	5.9
G507	解剖科学进展	165	0.98	1975	11.97	4.33	21	69	0.02	0.56	6.0
G049	解剖学报	168	0.97	2422	14.42	5.74	26	92	0.01	0.76	6.4
G358	解剖学研究	137	0.93	1606	11.72	4.64	21	84	0.00	0.36	6.5
G050	解剖学杂志	293	0.90	3074	10.49	4.88	29	154	0.02	0.51	6.2
G886	介入放射学杂志	265	0.91	3173	11.97	5.65	27	170	0.01	0.16	5.6
N048	金刚石与磨料磨具工程	114	0.97	967	8.48	3.92	19	67	0.03	0.53	7.2
M051	金属功能材料	116	0.96	1752	15.10	4.53	19	55	0.00	0.53	7.7
K022	金属矿山	564	0.97	4555	8.08	3.35	28	199	0.00	0.46	6.2
N083	金属热处理	359	0.95	3239	9.02	3.76	27	224	0.01	0.38	7.1
M012	金属学报	219	0.99	5068	23.14	4.07	21	70	0.05	0.79	7.4
N749	精密制造与自动化	75	0.89	314	4.19	2.24	17	39	0.00	0.11	6.7
G953	精神医学杂志	169	0.88	2252	13.33	4.28	19	98	0.00	0.13	6.7
T102	精细化工	280	1.00	4219	15.07	4.11	28	130	0.01	0.66	5.9
T955	精细化工中间体	122	0.96	1526	12.51	3.74	19	77	0.01	0.19	7.6
T542	精细石油化工	125	0.96	1551	12.41	3.86	24	77	0.00	0.46	7.1
E599	经济地理	375	0.97	6120	16.32	2.52	29	161	0.02	0.77	6.0
H266	经济林研究	117	0.97	1653	14.13	4.29	21	61	0.01	0.76	8.1
G677	颈腰痛杂志	166	0.90	1935	11.66	4.56	22	135	0.00	0.05	6.4
Z553	净水技术	114	0.93	1297	11.38	3.63	18	82	0.00	0.39	7.2
G553	局解手术学杂志	197	0.53	2074	10.53	6.44	24	98	0.00	0.11	4.3
T512	聚氨酯工业	74	0.90	825	11.15	3.36	20	55	0.00	0.23	6.8
R016	绝缘材料	114	0.94	1230	10.79	3.73	23	68	0.00	0.39	7.0
F018	菌物学报	145	0.93	2820	19.45	4.48	25	65	0.01	0.90	8.5
G052	军事医学科学院院刊	158	0.86	2234	14.14	5.57	17	64	0.00	0.61	5.7
J056	军械工程学院学报	114	0.95	866	7.60	3.43	11	21	0.00	0.41	6.6
G187	军医进修学院学报	515	0.86	4213	8.18	5.34	26	111	0.00	0.42	5.7
M018	勘察科学技术	97	0.94	622	6.41	3.03	24	69	0.00	0.19	7.3
A645	科技导报	502	0.54	8344	16.62	4.15	29	226	0.01	0.56	6.3
S812	科技管理研究	1807	0.99	15633	8.65	1.99	29	563	0.01	0.52	5.9
R588	科技进步与对策	914	1.00	10897	11.92	2.11	29	256	0.01	0.69	6.5
A083	科技通报	184	0.94	2113	11.48	3.14	20	115	0.02	0.67	7.8
W027	科技与法律	122	0.95	1181	9.68	1.40	21	76	0.02	0.29	5.2

表 4-2　2010 年中国科技期刊来源指标刊名字顺索引（续）

CODE	刊名	来源文献量	文献选出率	参考文献量	平均引文数	平均作者数	地区分布数	机构分布数	海外论文比	基金论文比	引用半衰期
A537	科学技术与工程	2106	0.99	15654	7.43	2.79	30	542	0.00	0.35	6.9
A075	科学通报	480	0.92	15043	31.34	5.16	27	203	0.06	0.93	7.0
W514	科学学研究	263	0.96	5505	20.93	2.23	22	106	0.02	0.79	8.4
W531	科研管理	145	0.97	3100	21.38	2.23	19	72	0.01	0.84	8.3
L516	可再生能源	214	0.91	2327	10.87	3.76	25	134	0.00	0.54	5.2
E140	空间科学学报	86	0.97	1361	15.83	4.10	15	42	0.07	0.52	7.4
J059	空军工程大学学报自然科学版	115	0.95	1366	11.88	3.74	7	18	0.01	0.84	6.8
Y016	空气动力学学报	124	0.96	1458	11.76	3.52	14	38	0.01	0.60	>10
S503	控制工程	214	1.00	2184	10.21	2.97	23	98	0.00	0.88	6.8
R060	控制理论与应用	289	0.98	4099	14.18	3.09	23	104	0.02	0.89	6.8
S001	控制与决策	380	0.99	5387	14.18	3.00	26	137	0.01	0.93	6.4
G325	口腔医学	285	0.90	2703	9.48	3.57	24	189	0.00	0.24	6.7
G266	口腔医学研究	303	0.91	3009	9.93	4.03	27	174	0.01	0.33	6.9
G246	口腔颌面外科杂志	119	0.89	1704	14.32	3.26	23	80	0.02	0.42	5.7
G894	口腔颌面修复学杂志	108	0.86	1276	11.81	4.02	18	71	0.01	0.28	5.7
K525	矿产保护与利用	86	0.96	630	7.33	2.87	25	58	0.00	0.33	6.5
V054	矿产勘查	104	0.87	764	7.35	2.86	20	69	0.01	0.12	9.0
K025	矿产与地质	105	1.00	943	8.98	3.07	22	71	0.00	0.18	>10
K004	矿产综合利用	77	0.96	528	6.86	3.04	18	41	0.00	0.22	7.1
E106	矿床地质	102	0.96	3933	38.56	5.18	18	37	0.04	0.86	9.0
K014	矿山机械	645	0.61	3461	5.37	3.86	29	296	0.00	0.20	6.2
E350	矿物学报	74	0.97	1558	21.05	4.68	18	37	0.00	0.85	9.4
E354	矿物岩石	71	0.99	1156	16.28	4.45	16	28	0.01	0.83	9.0
E504	矿物岩石地球化学通报	61	0.94	1742	28.56	4.44	15	39	0.00	0.90	9.6
M101	矿冶	105	0.96	849	8.09	3.10	17	34	0.00	0.27	7.4
M045	矿冶工程	170	1.00	1747	10.28	3.74	21	79	0.00	0.48	6.7
K010	矿业研究与开发	198	0.98	1744	8.81	3.10	23	92	0.01	0.56	5.9
F005	昆虫分类学报	53	0.69	1382	26.08	3.96	15	25	0.04	0.75	>10
F015	昆虫学报	192	0.98	5197	27.07	4.52	28	79	0.06	0.92	9.0
F035	昆虫知识	239	0.97	4781	20.00	4.22	30	122	0.00	0.79	9.3
J020	昆明理工大学学报理工版	150	0.96	1531	10.21	3.23	25	80	0.01	0.74	7.5
G053	昆明医学院学报	548	0.96	3893	7.10	3.99	16	144	0.00	0.16	6.9
G395	兰州大学学报医学版	87	0.96	1032	11.86	4.57	7	32	0.00	0.32	6.7
A016	兰州大学学报自然科学版	197	0.97	3380	17.16	3.49	23	75	0.01	0.81	8.1
X016	兰州交通大学学报	247	0.98	1932	7.82	2.12	19	50	0.00	0.38	6.7
J008	兰州理工大学学报	232	0.95	2365	10.19	3.20	24	66	0.01	0.67	6.6
G628	老年医学与保健	140	0.98	1670	11.93	3.59	14	61	0.01	0.24	5.4
R096	雷达科学与技术	109	0.99	1003	9.20	3.01	13	30	0.00	0.34	6.7
T010	离子交换与吸附	74	0.99	1068	14.43	4.30	21	60	0.01	0.80	7.6
M001	理化检验化学分册	508	0.97	4744	9.34	3.77	29	359	0.00	0.44	7.2
M002	理化检验物理分册	209	0.98	1140	5.45	2.94	26	161	0.00	0.13	8.6
G580	立体定向和功能性神经外科杂志	103	0.92	1249	12.13	5.14	19	73	0.01	0.17	6.2
C101	力学季刊	88	0.96	1124	12.77	2.78	17	41	0.02	0.80	8.8
C102	力学进展	37	0.52	3545	95.81	4.62	11	24	0.11	0.76	9.6

表 4-2 2010 年中国科技期刊来源指标刊名字顺索引（续）

CODE	刊名	来源文献量	文献选出率	参考文献量	平均引文数	平均作者数	地区分布数	机构分布数	海外论文比	基金论文比	引用半衰期
C001	力学学报	153	0.96	2757	18.02	3.14	20	67	0.05	0.88	9.4
C104	力学与实践	181	0.85	1680	9.28	2.61	25	115	0.01	0.46	7.9
L014	炼油技术与工程	188	0.94	656	3.49	2.63	20	89	0.00	0.07	6.9
U002	粮食储藏	81	1.00	668	8.25	4.22	19	52	0.00	0.42	7.0
U055	粮食与饲料工业	220	0.93	1915	8.70	3.48	26	122	0.00	0.31	7.2
U008	粮油加工	579	1.00	4749	8.20	3.30	30	217	0.00	0.28	6.4
C032	量子电子学报	127	0.96	1866	14.69	3.22	19	76	0.02	0.75	7.4
C110	量子光学学报	53	0.91	891	16.81	3.23	15	31	0.00	0.81	8.1
K008	辽宁工程技术大学学报自然科学版	384	0.98	3558	9.27	2.79	25	183	0.01	0.77	6.9
H261	辽宁农业科学	121	0.90	1094	9.04	4.11	8	51	0.00	0.38	8.2
A072	辽宁师范大学学报自然科学版	126	0.96	1211	9.61	3.06	14	40	0.01	0.63	7.5
L035	辽宁石油化工大学学报	103	0.98	1012	9.83	2.65	3	10	0.00	0.20	6.6
G850	辽宁中医药大学学报	1396	0.98	11620	8.32	2.66	30	543	0.00	0.21	6.6
G646	辽宁中医杂志	1122	0.97	8306	7.40	3.49	30	418	0.00	0.47	7.1
U037	林产工业	92	0.83	704	7.65	2.93	18	35	0.02	0.42	6.8
T017	林产化学与工业	141	0.95	2339	16.59	4.16	22	63	0.04	0.77	6.8
H102	林业调查规划	216	0.98	1981	9.17	2.64	21	109	0.00	0.28	7.0
H740	林业科技开发	235	0.97	2953	12.57	3.81	22	103	0.02	0.80	7.6
H280	林业科学	347	0.98	8753	25.22	4.50	29	109	0.03	0.96	8.9
H281	林业科学研究	158	0.99	3458	21.89	4.69	23	48	0.01	0.98	8.4
G880	临床超声医学杂志	292	0.69	2514	8.61	4.99	28	220	0.00	0.11	6.1
G607	临床儿科杂志	322	0.94	4138	12.85	4.24	28	164	0.01	0.24	5.8
G276	临床耳鼻咽喉头颈外科杂志	385	0.85	3782	9.82	4.64	30	250	0.01	0.21	6.9
G271	临床放射学杂志	439	0.79	5097	11.61	5.52	29	295	0.01	0.16	6.5
Q908	临床肺科杂志	836	0.68	6071	7.26	4.22	29	549	0.00	0.05	5.6
G501	临床肝胆病杂志	223	0.93	2938	13.17	3.64	25	160	0.04	0.12	5.6
G291	临床骨科杂志	279	0.70	1804	6.47	5.68	28	228	0.00	0.05	4.4
G664	临床和实验医学杂志	846	0.71	7367	8.71	3.17	28	643	0.00	0.02	6.4
G345	临床急诊杂志	156	0.86	1185	7.60	3.42	21	124	0.00	0.04	6.4
G204	临床检验杂志	166	0.72	1361	8.20	5.92	23	107	0.01	0.42	5.4
G310	临床精神医学杂志	166	0.62	1302	7.84	5.56	23	114	0.01	0.15	6.6
G881	临床军医杂志	416	0.68	3706	8.91	5.66	25	182	0.00	0.06	6.3
G287	临床口腔医学杂志	303	0.90	2839	9.37	3.82	27	205	0.02	0.29	7.4
G222	临床麻醉学杂志	418	0.86	3100	7.42	4.41	27	283	0.00	0.14	6.2
G317	临床泌尿外科杂志	302	0.89	3241	10.73	6.07	26	172	0.00	0.10	6.3
G257	临床内科杂志	299	0.81	3141	10.51	4.26	27	202	0.00	0.09	5.2
G230	临床皮肤科杂志	286	0.66	2398	8.38	5.98	24	132	0.01	0.09	6.8
G309	临床神经病学杂志	163	0.79	2170	13.31	5.26	25	124	0.00	0.30	6.4
G802	临床神经外科杂志	88	0.82	839	9.53	5.81	15	71	0.00	0.16	6.4
G797	临床输血与检验	154	0.92	1162	7.55	3.69	24	116	0.00	0.08	5.5
G256	临床外科杂志	369	0.83	2732	7.40	4.28	26	217	0.01	0.06	5.2
G942	临床误诊误治	567	0.61	6572	11.59	4.60	30	368	0.00	0.02	4.4
G855	临床消化病杂志	129	0.92	1095	8.49	3.66	24	105	0.00	0.05	6.1
Q909	临床小儿外科杂志	172	0.81	1679	9.76	4.85	25	84	0.01	0.12	6.5

表 4-2 2010 年中国科技期刊来源指标刊名字顺索引（续）

CODE	刊名	来源文献量	文献选出率	参考文献量	平均引文数	平均作者数	地区分布数	机构分布数	海外论文比	基金论文比	引用半衰期
G585	临床心电学杂志	108	0.69	659	6.10	3.36	26	76	0.00	0.00	5.8
G261	临床心血管病杂志	305	0.89	3408	11.17	5.24	30	207	0.01	0.22	5.9
G293	临床血液学杂志	130	0.82	1393	10.72	6.11	24	103	0.02	0.22	6.1
Q913	临床眼科杂志	183	0.75	1820	9.95	4.35	24	146	0.00	0.08	7.5
G274	临床与实验病理学杂志	224	0.93	2756	12.30	4.42	30	156	0.00	0.21	6.2
Q910	临床肿瘤学杂志	283	0.92	3988	14.09	4.59	24	201	0.00	0.22	4.8
G658	临床荟萃	850	0.82	9422	11.08	4.33	30	514	0.00	0.09	5.5
G491	岭南心血管病杂志	150	0.89	1710	11.40	3.92	21	99	0.00	0.17	5.9
N023	流体机械	228	0.95	1886	8.27	3.43	20	106	0.00	0.42	7.3
X570	路基工程	515	0.91	3374	6.55	2.39	31	253	0.00	0.25	6.5
H748	麦类作物学报	225	0.91	4326	19.23	5.52	21	78	0.01	0.96	8.2
T060	煤化工	96	0.93	408	4.25	2.58	18	77	0.00	0.09	6.1
K005	煤炭科学技术	405	0.97	3805	9.40	2.99	20	171	0.00	0.41	6.3
K017	煤炭学报	409	0.85	6639	16.23	4.17	23	116	0.02	0.83	6.2
D027	煤炭转化	88	0.99	1116	12.68	4.09	19	48	0.01	0.86	7.4
K009	煤田地质与勘探	109	0.94	1251	11.48	3.50	17	47	0.01	0.62	7.8
U036	棉纺织技术	221	0.68	1417	6.41	3.37	23	136	0.00	0.16	3.9
H037	棉花学报	102	0.94	1954	19.16	5.55	14	38	0.04	0.95	7.8
G056	免疫学杂志	265	0.95	4069	15.35	5.07	29	164	0.01	0.65	5.3
B017	模糊系统与数学	162	1.00	1837	11.34	2.14	24	113	0.06	0.78	9.4
N087	模具工业	235	0.91	1048	4.46	2.46	25	169	0.00	0.16	6.7
N107	模具技术	98	0.99	441	4.50	2.10	21	73	0.00	0.09	5.5
S015	模式识别与人工智能	129	0.99	2209	17.12	3.22	20	70	0.02	0.86	7.1
T077	膜科学与技术	131	0.94	1813	13.84	3.98	25	74	0.03	0.63	6.9
N084	摩擦学学报	104	0.96	1621	15.59	3.95	22	55	0.03	0.68	7.1
U533	木材工业	98	0.95	563	5.74	3.06	12	21	0.02	0.67	5.9
M655	纳米技术与精密工程	99	0.96	1317	13.30	4.39	19	46	0.06	0.95	5.8
M042	耐火材料	135	0.94	781	5.79	3.59	18	62	0.01	0.17	7.9
J050	南昌大学学报工科版	85	0.96	1130	13.29	3.18	8	11	0.02	0.68	6.2
A013	南昌大学学报理科版	134	0.96	1691	12.62	3.16	15	39	0.01	0.87	8.3
Y011	南昌航空大学学报自然科学版	75	0.97	582	7.76	2.60	10	17	0.00	0.32	7.1
R117	南方电网技术	139	0.74	1690	12.16	4.60	19	58	0.04	0.12	4.7
H068	南方水产	80	0.95	1758	21.98	4.49	13	31	0.00	0.94	7.1
G023	南方医科大学学报	858	0.97	9231	10.76	4.96	27	301	0.02	0.52	6.1
B016	南京大学学报数学半年刊	28	0.90	312	11.14	2.25	6	23	0.04	0.75	>10
A025	南京大学学报自然科学	88	0.97	1495	16.99	3.67	12	32	0.02	0.88	7.3
T011	南京工业大学学报自然科学版	132	0.98	1761	13.34	3.75	6	11	0.00	0.75	6.4
Y026	南京航空航天大学学报	152	0.96	1836	12.08	3.51	11	26	0.01	0.64	7.6
N011	南京理工大学学报自然科学版	167	0.97	1924	11.52	3.53	14	34	0.01	0.63	6.5
H033	南京林业大学学报自然科学版	223	0.96	3883	17.41	4.11	23	71	0.06	0.81	7.5
H021	南京农业大学学报	132	0.96	2437	18.46	5.15	10	19	0.02	0.96	7.6
A061	南京师大学报自然科学版	116	0.98	1427	12.30	3.26	15	46	0.00	0.86	8.0
E120	南京信息工程大学学报	108	0.96	1385	12.82	2.83	12	27	0.01	0.62	6.2
G058	南京医科大学学报自然科学版	474	0.98	6432	13.57	4.80	22	163	0.00	0.38	5.1

表 4-2 2010 年中国科技期刊来源指标刊名字顺索引（续）

CODE	刊名	来源文献量	文献选出率	参考文献量	平均引文数	平均作者数	地区分布数	机构分布数	海外论文比	基金论文比	引用半衰期
R008	南京邮电大学学报自然科学版	102	1.00	1679	16.46	2.55	3	5	0.02	0.79	5.4
G059	南京中医药大学学报自然科学版	162	0.96	1189	7.34	3.85	15	59	0.01	0.68	7.5
A008	南开大学学报自然科学版	118	0.98	1337	11.33	3.84	14	36	0.03	0.77	7.8
W590	南水北调与水利科技	246	0.95	3024	12.29	3.50	24	127	0.00	0.51	6.0
G288	脑与神经疾病杂志	140	0.92	1394	9.96	4.91	18	79	0.02	0.31	6.6
G662	内科急危重症杂志	117	0.87	1344	11.49	3.76	18	72	0.00	0.07	5.7
G523	内科理论与实践	122	0.92	2885	23.65	3.56	12	49	0.04	0.15	5.3
E104	内陆地震	58	0.92	480	8.28	3.67	8	21	0.00	0.55	8.5
A026	内蒙古大学学报自然科学版	129	0.98	1477	11.45	2.85	18	43	0.00	0.78	7.7
J039	内蒙古工业大学学报自然科学版	58	1.00	541	9.33	3.09	4	7	0.00	0.62	7.9
H271	内蒙古农业大学学报自然科学版	268	1.00	3550	13.25	3.74	14	47	0.01	0.69	8.1
A111	内蒙古师范大学学报自然科学汉文版	135	0.99	1702	12.61	2.53	16	41	0.00	0.87	9.0
G513	内蒙古医学院学报	144	0.96	1597	11.09	3.67	3	19	0.00	0.56	5.1
P004	内燃机学报	90	0.98	1078	11.98	4.08	16	33	0.09	0.93	6.5
W002	泥沙研究	72	1.00	1051	14.60	3.51	15	40	0.04	0.75	9.8
A110	宁夏大学学报自然科学版	96	0.96	1125	11.72	2.72	15	36	0.00	0.79	7.4
G665	宁夏医科大学学报	413	0.80	3288	7.96	4.60	8	90	0.00	0.25	6.1
T034	农药	316	0.96	3481	11.02	4.34	27	157	0.00	0.46	6.6
H404	农药学学报	87	0.95	1668	19.17	5.13	20	44	0.02	0.82	6.7
H279	农业工程学报	780	0.99	14723	18.88	4.40	29	234	0.03	0.92	5.8
Z008	农业环境科学学报	390	0.83	9775	25.06	5.67	28	176	0.02	0.96	6.6
H773	农业环境与发展	157	0.96	1219	7.76	2.76	27	123	0.00	0.17	5.1
H278	农业机械学报	538	0.99	6740	12.53	4.05	28	147	0.02	0.94	6.0
H286	农业生物技术学报	188	0.89	3540	18.83	5.51	25	76	0.00	0.93	7.6
H237	农业系统科学与综合研究	95	0.96	1356	14.27	3.34	15	45	0.03	0.98	6.9
H222	农业现代化研究	175	0.96	1945	11.11	3.27	28	110	0.02	0.82	5.3
V032	暖通空调	325	0.87	2577	7.93	3.23	24	156	0.03	0.34	6.0
H219	排灌机械工程学报	114	0.99	1155	10.13	4.06	16	32	0.02	0.99	5.1
U602	皮革科学与工程	102	0.92	1144	11.22	3.75	13	28	0.00	0.41	6.8
U604	皮革与化工	54	0.69	804	14.89	3.19	12	25	0.00	0.20	6.7
G759	齐鲁医学杂志	221	0.88	1785	8.08	3.93	9	79	0.01	0.08	6.2
N041	起重运输机械	396	0.96	1569	3.96	2.39	28	249	0.00	0.10	6.9
E021	气候变化研究进展	75	0.77	1372	18.29	3.85	14	45	0.03	0.79	4.9
E361	气候与环境研究	85	0.96	1895	22.29	3.94	15	38	0.00	0.96	7.0
E352	气象	248	0.92	4232	17.06	3.73	27	126	0.02	0.78	6.2
E566	气象科技	162	0.95	2094	12.93	3.76	26	119	0.00	0.58	6.5
E359	气象科学	134	0.96	2435	18.17	3.57	20	71	0.01	0.92	6.5
E001	气象学报	95	0.98	2439	25.67	3.94	12	40	0.06	0.99	9.0
E633	气象与环境学报	83	0.94	1011	12.18	3.73	17	59	0.00	0.71	5.4
X018	汽车工程	226	0.97	1904	8.42	3.82	20	58	0.02	0.60	6.3
X013	汽车技术	179	0.97	1190	6.65	3.66	20	69	0.01	0.32	6.7
P001	汽轮机技术	146	0.99	937	6.42	3.26	18	62	0.00	0.27	7.7
A093	前沿科学	39	0.72	472	12.10	1.87	13	32	0.13	0.08	7.7
Y009	强度与环境	59	0.98	529	8.97	2.90	11	27	0.00	0.08	>10

表 4-2　2010 年中国科技期刊来源指标刊名字顺索引（续）

CODE	刊名	来源文献量	文献选出率	参考文献量	平均引文数	平均作者数	地区分布数	机构分布数	海外论文比	基金论文比	引用半衰期
C007	强激光与粒子束	669	0.97	7601	11.36	5.22	25	152	0.00	0.71	7.7
X021	桥梁建设	130	0.99	572	4.40	2.26	17	71	0.00	0.17	6.4
U018	青岛大学学报工程技术版	75	1.00	663	8.84	3.48	6	21	0.00	0.37	5.6
A658	青岛大学学报自然科学版	82	0.99	632	7.71	2.96	7	11	0.01	0.40	6.8
G061	青岛大学医学院学报	195	0.89	1924	9.87	4.27	8	43	0.00	0.19	6.6
T012	青岛科技大学学报自然科学版	153	0.97	1581	10.33	2.92	8	17	0.00	0.45	7.8
H267	青岛农业大学学报自然科学版	78	0.92	950	12.18	3.56	5	9	0.00	0.68	8.4
U535	轻工机械	195	0.94	1962	10.06	2.73	17	75	0.00	0.26	5.5
J001	清华大学学报自然科学版	423	0.98	4266	10.09	3.67	9	25	0.02	0.81	6.9
W020	情报学报	152	0.99	2473	16.27	2.55	23	59	0.03	0.80	5.6
D002	燃料化学学报	134	0.95	2329	17.38	4.61	22	63	0.04	0.84	6.6
P011	燃烧科学与技术	97	0.99	1248	12.87	4.37	17	42	0.05	0.93	7.9
G448	热带病与寄生虫学	84	0.88	829	9.87	4.42	16	61	0.01	0.21	7.1
E563	热带地理	122	0.95	2213	18.14	3.05	15	58	0.00	0.78	6.7
E642	热带海洋学报	137	0.95	3054	22.29	4.79	12	46	0.04	0.94	8.9
H516	热带农业科学	262	0.97	2250	8.59	3.08	12	103	0.00	0.49	7.0
E110	热带气象学报	111	0.97	2241	20.19	3.86	14	52	0.06	0.90	8.3
G609	热带医学杂志	489	0.99	4837	9.89	4.76	26	276	0.01	0.31	5.0
H223	热带作物学报	400	0.98	7055	17.64	4.86	16	100	0.01	0.95	7.9
T105	热固性树脂	86	0.92	1250	14.53	3.67	20	57	0.00	0.35	6.2
N071	热加工工艺	1493	0.99	12235	8.19	3.10	29	442	0.00	0.37	7.0
C134	热科学与技术	62	0.94	690	11.13	3.60	17	32	0.03	0.61	7.8
P006	热能动力工程	135	0.79	1525	11.30	3.77	21	68	0.01	0.53	7.1
T013	人工晶体学报	319	0.98	4479	14.04	4.84	26	144	0.02	0.83	6.8
N106	人类工效学	91	0.99	911	10.01	2.49	17	44	0.00	0.43	7.0
F041	人类学学报	46	0.92	957	20.80	4.37	14	29	0.11	0.74	>10
G805	人民军医	381	0.51	2322	6.09	6.65	28	198	0.00	0.04	5.1
T070	日用化学工业	109	0.97	1705	15.64	3.75	19	66	0.00	0.53	7.2
S011	软件学报	250	0.95	6129	24.52	3.61	22	84	0.04	0.98	6.3
N029	润滑与密封	361	0.96	3584	9.93	3.32	25	177	0.01	0.61	7.2
R086	三峡大学学报自然科学版	161	0.96	1574	9.78	3.03	19	48	0.00	0.46	6.9
D012	色谱	222	0.91	4255	19.17	4.63	26	151	0.02	0.77	4.6
E635	沙漠与绿洲气象	85	0.87	751	8.84	3.71	7	44	0.00	0.41	8.6
H070	山地农业生物学报	116	0.96	1564	13.48	3.63	12	32	0.02	0.72	8.1
E101	山地学报	100	0.94	1788	17.88	4.24	18	65	0.06	0.92	8.1
G742	山东大学耳鼻喉眼学报	135	0.86	1429	10.59	4.03	17	96	0.00	0.06	7.2
J022	山东大学学报工学版	176	0.98	2190	12.44	3.32	22	77	0.02	0.81	6.6
A020	山东大学学报理学版	278	0.99	3020	10.86	2.48	28	141	0.00	0.76	7.5
G062	山东大学学报医学版	435	0.99	5213	11.98	5.00	21	114	0.02	0.48	5.9
V012	山东建筑大学学报	148	0.94	1472	9.95	3.34	8	27	0.00	0.51	6.0
A637	山东科学	141	0.97	1186	8.41	3.87	6	37	0.01	0.47	6.4
H031	山东农业大学学报自然科学版	137	0.99	1338	9.77	3.85	12	50	0.00	0.49	8.0
H804	山东农业科学	462	0.97	4035	8.73	4.52	20	185	0.00	0.57	7.4
A057	山东师范大学学报自然科学版	414	1.00	2445	5.91	1.86	22	183	0.00	0.35	6.7

表 4-2 2010 年中国科技期刊来源指标刊名字顺索引（续）

CODE	刊名	来源文献量	文献选出率	参考文献量	平均引文数	平均作者数	地区分布数	机构分布数	海外论文比	基金论文比	引用半衰期
G063	山东中医药大学学报	234	0.95	1910	8.16	2.82	19	97	0.00	0.46	7.8
G574	山东中医杂志	406	0.78	2458	6.05	2.65	25	244	0.00	0.13	7.3
A014	山西大学学报自然科学版	131	0.95	1473	11.24	3.00	20	63	0.01	0.87	7.5
H393	山西农业大学学报自然科学版	131	0.87	1693	12.92	3.65	15	33	0.00	0.73	7.2
H390	山西农业科学	404	0.95	3775	9.34	3.44	21	144	0.00	0.55	6.4
G064	山西医科大学学报	345	0.96	3284	9.52	3.73	18	169	0.01	0.25	6.4
G923	山西医药杂志	659	0.79	3404	5.17	3.02	26	383	0.00	0.08	6.9
U025	陕西科技大学学报自然科学版	259	0.98	2152	8.31	2.67	18	70	0.01	0.34	6.7
H217	陕西农业科学	512	0.92	2721	5.31	2.98	23	251	0.00	0.18	7.0
A066	陕西师范大学学报自然科学版	137	0.91	1779	12.99	3.18	8	21	0.00	0.92	7.4
G630	陕西医学杂志	737	0.82	5589	7.58	3.85	26	333	0.00	0.11	6.7
G725	陕西中医	956	0.88	5140	5.38	2.71	27	572	0.00	0.13	7.1
A056	上海大学学报自然科学版	124	0.93	1710	13.79	3.59	6	10	0.02	0.86	6.8
W023	上海管理科学	150	0.99	1417	9.45	1.97	15	47	0.01	0.50	8.2
X038	上海海事大学学报	72	0.94	744	10.33	2.44	9	14	0.00	0.63	5.6
H292	上海海洋大学学报	144	0.97	2958	20.54	4.24	12	42	0.01	0.90	7.9
G330	上海护理	200	0.95	2110	10.55	2.73	6	85	0.01	0.03	5.6
X006	上海交通大学学报	352	0.96	3621	10.29	3.40	20	70	0.01	0.83	6.9
H022	上海交通大学学报农业科学版	89	0.96	1709	19.20	4.99	13	27	0.01	0.85	7.7
G066	上海交通大学学报医学版	388	0.95	5748	14.81	4.73	16	83	0.01	0.51	5.0
M021	上海金属	86	0.93	933	10.85	3.78	6	24	0.01	0.41	8.3
G343	上海精神医学	112	0.71	1515	13.53	4.97	15	57	0.03	0.32	6.0
G283	上海口腔医学	152	0.94	2153	14.16	3.97	18	80	0.01	0.55	7.3
J031	上海理工大学学报	135	0.94	1299	9.62	2.98	7	18	0.00	0.65	7.2
H282	上海农业学报	141	0.98	1799	12.76	4.70	14	63	0.00	0.89	7.3
A043	上海师范大学学报自然科学版	105	0.95	1280	12.19	3.17	3	16	0.06	0.86	8.0
G069	上海医学	319	0.87	4271	13.39	4.62	20	110	0.02	0.22	5.9
G596	上海针灸杂志	278	0.71	2478	8.91	3.87	24	188	0.01	0.32	7.3
G946	上海中医药大学学报	149	0.92	1597	10.72	3.91	8	41	0.02	0.83	6.3
G389	上海中医药杂志	380	0.94	2781	7.32	3.47	25	173	0.01	0.39	6.6
A515	深圳大学学报理工版	88	0.99	1179	13.40	3.74	15	36	0.03	0.91	5.7
G329	神经疾病与精神卫生	220	0.95	3144	14.29	3.63	22	144	0.00	0.21	6.8
G070	神经解剖学杂志	131	0.98	2391	18.25	4.79	25	74	0.04	0.69	6.6
G319	神经损伤与功能重建	109	0.83	1713	15.72	4.43	21	66	0.05	0.31	6.7
J052	沈阳工业大学学报	138	1.00	1615	11.70	3.51	17	42	0.01	0.94	6.5
V011	沈阳建筑大学学报自然科学版	229	0.96	2981	13.02	3.62	14	42	0.01	1.00	6.7
J027	沈阳理工大学学报	136	0.96	1249	9.18	2.76	6	20	0.04	0.35	6.5
H024	沈阳农业大学学报	175	0.99	2303	13.16	4.42	13	34	0.00	0.71	7.5
A586	沈阳师范大学学报自然科学版	151	0.97	2065	13.68	2.59	17	49	0.00	0.97	6.4
G071	沈阳药科大学学报	218	0.99	2375	10.89	4.75	15	45	0.03	0.36	6.7
G202	肾脏病与透析肾移植杂志	119	0.98	2608	21.92	3.19	12	39	0.02	0.19	5.9
C033	声学技术	146	0.99	1344	9.21	2.92	19	66	0.01	0.39	7.5
C054	声学学报	97	0.92	1490	15.36	3.45	13	37	0.01	0.67	9.5
F203	生理科学进展	101	0.86	1316	13.03	3.25	18	60	0.04	0.77	3.5

表 4-2　2010 年中国科技期刊来源指标刊名字顺索引（续）

CODE	刊名	来源文献量	文献选出率	参考文献量	平均引文数	平均作者数	地区分布数	机构分布数	海外论文比	基金论文比	引用半衰期
F001	生理学报	75	0.93	2140	28.53	5.04	23	59	0.07	0.85	7.1
F042	生命的化学	203	0.97	5364	26.42	2.90	27	126	0.01	0.59	4.5
F215	生命科学	200	0.87	7924	39.62	3.00	26	134	0.03	0.78	5.1
F046	生命科学研究	101	0.94	2160	21.39	4.59	20	52	0.01	0.86	6.6
Z034	生态毒理学报	126	0.95	3397	26.96	4.28	19	72	0.01	0.91	7.1
H784	生态环境学报	515	0.97	12315	23.91	4.58	31	243	0.02	0.94	7.0
S784	生态经济	516	0.93	4341	8.41	2.08	30	271	0.00	0.64	5.4
Z014	生态学报	804	0.99	27648	34.39	4.71	30	258	0.04	0.97	8.2
Z028	生态学杂志	392	0.99	11769	30.02	4.44	29	186	0.01	0.96	7.4
Z023	生态与农村环境学报	132	0.92	2372	17.97	4.33	24	66	0.02	0.96	6.8
F049	生物多样性	76	0.90	3291	43.30	4.41	16	47	0.07	0.89	6.8
F003	生物工程学报	228	0.91	5465	23.97	5.24	26	119	0.02	0.86	6.6
G401	生物骨科材料与临床研究	106	0.87	1202	11.34	4.08	20	91	0.00	0.13	6.7
F016	生物化学与生物物理进展	166	0.95	4623	27.85	5.05	23	102	0.04	0.84	5.5
F224	生物技术通讯	206	0.97	3352	16.27	5.17	25	101	0.01	0.65	6.6
F204	生物加工过程	86	0.88	1194	13.88	4.28	21	52	0.00	0.84	6.2
B009	生物数学学报	93	0.97	1185	12.74	2.75	25	79	0.00	0.77	8.5
F012	生物物理学报	108	0.75	3979	36.84	4.01	18	73	0.02	0.83	6.3
F040	生物信息学	87	0.99	1320	15.17	3.72	24	57	0.00	0.62	7.4
F213	生物学杂志	199	0.98	2528	12.70	3.47	28	115	0.00	0.61	7.2
G006	生物医学工程学杂志	301	0.99	4115	13.67	4.10	21	151	0.02	0.67	6.3
G332	生物医学工程研究	72	0.92	818	11.36	4.29	19	55	0.01	0.42	6.3
G603	生物医学工程与临床	148	0.92	1644	11.11	4.44	22	116	0.01	0.29	5.5
G624	生殖医学杂志	143	0.79	2019	14.12	4.78	24	91	0.01	0.21	6.7
G072	生殖与避孕	164	0.92	2836	17.29	4.36	22	101	0.02	0.35	6.2
V043	施工技术	412	0.92	2013	4.89	2.95	25	236	0.02	0.16	6.4
E302	湿地科学	61	1.00	1439	23.59	4.43	15	42	0.10	0.87	6.9
E636	湿地科学与管理	57	0.70	407	7.14	3.21	20	49	0.02	0.37	8.6
A615	石河子大学学报自然科学版	172	0.97	2362	13.73	4.56	6	22	0.01	0.65	7.1
T933	石化技术与应用	115	0.93	1256	10.92	3.88	17	57	0.00	0.11	6.6
X042	石家庄铁道大学学报自然科学版	95	0.95	768	8.08	2.36	17	41	0.01	0.37	6.1
L016	石油地球物理勘探	153	0.68	2647	17.30	5.56	19	56	0.03	0.52	7.8
L015	石油化工	238	0.92	5313	22.32	4.02	24	115	0.00	0.58	6.5
L034	石油化工高等学校学报	91	0.99	980	10.77	3.89	13	32	0.00	0.96	7.0
L023	石油化工设备	169	0.78	2163	12.80	3.54	20	117	0.00	0.11	7.3
L021	石油化工设备技术	110	0.90	328	2.98	1.96	17	56	0.00	0.03	8.2
L522	石油化工自动化	142	0.96	1141	8.04	2.02	23	103	0.00	0.02	6.6
L019	石油机械	332	0.95	1713	5.16	3.97	18	150	0.00	0.45	6.2
L031	石油勘探与开发	111	0.95	2188	19.71	4.77	13	46	0.02	0.81	6.3
L032	石油矿场机械	300	0.97	2301	7.67	3.92	18	162	0.00	0.30	4.5
L030	石油炼制与化工	199	0.94	1645	8.27	3.17	21	105	0.00	0.27	7.2
E126	石油实验地质	117	0.93	2074	17.73	4.18	13	44	0.01	0.79	6.5
L005	石油物探	96	0.93	1523	15.86	4.24	15	40	0.02	0.53	6.6
L028	石油学报	189	0.96	2975	15.74	4.50	18	64	0.02	0.97	6.6

表 4-2 2010 年中国科技期刊来源指标刊名字顺索引（续）

CODE	刊名	来源文献量	文献选出率	参考文献量	平均引文数	平均作者数	地区分布数	机构分布数	海外论文比	基金论文比	引用半衰期
L012	石油学报石油加工	166	0.73	2780	16.75	5.27	20	67	0.01	0.74	8.0
L006	石油与天然气地质	117	0.91	2272	19.42	3.73	15	45	0.02	0.61	6.5
L008	石油钻采工艺	190	0.78	1729	9.10	5.64	16	104	0.00	0.37	6.6
L025	石油钻探技术	157	0.96	1487	9.47	3.64	14	64	0.00	0.55	5.5
U005	食品工业科技	1320	0.87	16869	12.78	3.99	29	351	0.01	0.57	7.1
U006	食品科学	2002	0.97	35348	17.66	4.40	30	430	0.01	0.67	6.3
U035	食品与发酵工业	529	0.95	7168	13.55	4.04	27	170	0.00	0.68	6.6
U641	食品与发酵科技	157	0.92	1609	10.25	3.71	20	67	0.01	0.31	6.5
U547	食品与机械	275	0.93	3530	12.84	3.80	28	152	0.01	0.48	5.9
U029	食品与生物技术学报	173	0.97	2494	14.42	3.90	24	75	0.00	0.87	6.8
G748	食品与药品	134	0.84	1680	12.54	3.79	21	73	0.02	0.22	5.5
G387	实验动物与比较医学	109	0.93	1230	11.28	5.35	19	72	0.02	0.54	7.1
A113	实验技术与管理	732	0.99	6543	8.94	2.91	29	317	0.00	0.43	4.3
C009	实验力学	101	0.96	1459	14.45	3.58	21	56	0.00	0.71	8.3
Y018	实验流体力学	118	0.94	1242	10.53	3.80	16	45	0.03	0.63	10.0
A115	实验室研究与探索	714	0.96	7623	10.68	2.89	29	333	0.00	0.43	4.2
G512	实用癌症杂志	215	0.83	2730	12.70	4.07	26	159	0.00	0.14	5.9
G875	实用儿科临床杂志	697	0.93	9727	13.96	4.26	27	279	0.00	0.32	3.1
G534	实用放射学杂志	505	0.83	6058	12.00	5.21	30	328	0.01	0.15	6.8
G586	实用妇产科杂志	339	0.86	2245	6.62	3.62	28	185	0.01	0.15	5.6
G746	实用肝脏病杂志	183	0.91	2530	13.83	4.50	26	136	0.00	0.24	5.0
G457	实用骨科杂志	378	0.94	3409	9.02	4.23	29	320	0.00	0.04	6.8
G224	实用口腔医学杂志	231	0.96	2131	9.23	4.02	29	163	0.02	0.32	6.8
G700	实用老年医学	185	0.94	2110	11.41	3.51	19	124	0.01	0.08	5.4
Q919	实用临床医药杂志	1204	0.81	13085	10.87	3.03	29	504	0.00	0.04	5.0
G652	实用皮肤病学杂志	86	0.67	688	8.00	4.69	18	63	0.00	0.07	5.9
G834	实用药物与临床	210	0.93	1877	8.94	3.05	22	112	0.00	0.11	4.1
G324	实用医学杂志	1894	0.84	18793	9.92	4.39	31	932	0.00	0.20	5.2
G760	实用医院临床杂志	370	0.92	4129	11.16	3.44	23	177	0.00	0.10	5.7
G768	实用预防医学	1072	0.97	8291	7.73	3.48	29	543	0.00	0.11	6.0
G856	实用肿瘤学杂志	165	0.97	2115	12.82	3.85	21	72	0.00	0.22	5.6
G890	实用肿瘤杂志	163	0.95	2382	14.61	4.74	27	122	0.01	0.18	5.1
E363	世界地震工程	139	0.99	1328	9.55	3.37	21	70	0.02	0.85	8.3
E548	世界地质	97	1.00	1414	14.58	3.84	15	36	0.01	0.61	7.9
G190	世界华人消化杂志	712	0.90	17963	25.23	4.35	29	349	0.01	0.45	4.9
A201	世界科技研究与发展	254	1.00	3177	12.51	3.27	22	85	0.00	0.44	6.2
G906	世界科学技术-中医药现代化	198	0.92	2843	14.36	5.02	23	93	0.05	0.88	5.2
G485	世界临床药物	180	0.85	3351	18.62	3.04	19	86	0.00	0.22	5.4
G484	世界中西医结合杂志	398	0.89	3338	8.39	3.39	26	213	0.01	0.29	6.7
G483	世界中医药	180	0.65	887	4.93	3.80	24	135	0.02	0.18	7.2
A023	首都师范大学学报自然科学版	111	0.95	1442	12.99	2.84	11	21	0.00	0.34	8.4
G073	首都医科大学学报	170	0.84	2609	15.35	4.98	8	42	0.01	0.52	5.5
F033	兽类学报	68	0.92	2026	29.79	5.07	21	44	0.07	0.84	>10
R005	数据采集与处理	145	0.95	1643	11.33	3.23	17	76	0.01	0.71	7.2

表 4-2　2010 年中国科技期刊来源指标刊名字顺索引（续）

CODE	刊名	来源文献量	文献选出率	参考文献量	平均引文数	平均作者数	地区分布数	机构分布数	海外论文比	基金论文比	引用半衰期
W009	数理统计与管理	134	0.93	1842	13.75	2.11	27	85	0.01	0.64	8.8
B015	数学的实践与认识	906	1.00	8176	9.02	2.47	29	457	0.00	0.63	8.4
B007	数学进展	93	0.95	1526	16.41	1.91	24	74	0.00	0.91	>10
B004	数学年刊 A	76	0.89	992	13.05	1.99	20	53	0.01	0.87	>10
C036	数学物理学报	179	0.99	2658	14.85	2.01	28	125	0.03	0.84	>10
B006	数学学报	139	0.93	1904	13.70	1.98	24	99	0.01	0.87	>10
B012	数学杂志	176	0.97	1437	8.16	2.01	26	128	0.01	0.72	>10
S032	数值计算与计算机应用	34	1.00	398	11.71	2.53	17	28	0.00	0.71	9.6
W022	数字图书馆论坛	135	0.88	1633	12.10	2.53	13	48	0.07	0.27	1.8
H008	水产学报	241	0.99	6257	25.96	5.24	21	71	0.03	0.98	8.6
H232	水产学杂志	54	0.98	925	17.13	4.31	9	21	0.00	0.67	8.6
Z016	水处理技术	403	0.96	5687	14.11	3.88	29	200	0.00	0.58	5.9
X533	水道港口	126	0.93	989	7.85	2.91	17	47	0.06	0.31	7.1
P007	水电能源科学	619	1.00	4933	7.97	3.19	30	210	0.00	0.50	5.8
V034	水电自动化与大坝监测	132	0.96	1008	7.64	3.04	19	53	0.00	0.08	5.5
W004	水动力学研究与进展 A	109	0.96	1760	16.15	3.62	17	56	0.06	0.82	7.3
W013	水科学进展	119	0.93	2127	17.87	3.83	20	59	0.04	0.97	5.9
R587	水利经济	115	0.88	1117	9.71	2.60	20	68	0.00	0.37	5.0
W011	水利水电技术	298	0.92	1389	4.66	2.61	23	116	0.01	0.32	6.7
W502	水利水电科技进展	129	0.93	1983	15.37	3.22	24	73	0.01	0.71	7.6
W006	水利水运工程学报	71	0.91	871	12.27	3.17	18	29	0.00	0.79	7.6
W003	水利学报	209	0.98	3473	16.62	3.33	22	86	0.03	0.91	7.9
W026	水利与建筑工程学报	304	0.98	2495	8.21	2.64	26	155	0.00	0.27	7.0
R050	水力发电	356	0.96	1407	3.95	2.67	26	146	0.00	0.25	6.8
R049	水力发电学报	238	0.95	1801	7.57	3.69	20	66	0.00	0.79	7.5
F010	水生生物学报	180	0.99	4165	23.14	4.79	21	75	0.01	0.98	9.8
H850	水生态学杂志	158	0.89	2926	18.52	4.77	26	103	0.01	0.73	8.5
H015	水土保持通报	304	0.99	4557	14.99	3.86	28	160	0.01	0.94	6.8
H287	水土保持学报	329	0.99	5065	15.40	4.62	29	124	0.01	0.98	7.3
H056	水土保持研究	352	0.98	5159	14.66	3.78	30	166	0.00	0.93	7.4
E540	水文	129	0.97	1271	9.85	3.20	25	93	0.01	0.52	8.2
E154	水文地质工程地质	163	0.92	1906	11.69	3.67	21	90	0.04	0.66	6.8
R566	水资源保护	137	0.96	1633	11.92	3.26	26	97	0.01	0.52	7.0
W570	水资源与水工程学报	258	1.00	2791	10.82	3.28	28	123	0.00	0.59	6.4
U056	丝绸	190	0.71	1490	7.84	3.07	15	84	0.00	0.34	6.0
J051	四川大学学报工程科学版	252	0.88	3946	15.66	4.25	24	95	0.02	0.92	6.7
G045	四川大学学报医学版	273	0.95	3247	11.89	5.45	17	53	0.01	0.49	7.1
A006	四川大学学报自然科学版	267	0.98	3428	12.84	3.93	20	66	0.00	0.72	8.0
Z007	四川环境	194	0.99	2782	14.34	3.11	22	119	0.01	0.33	6.6
V007	四川建筑科学研究	480	0.98	3671	7.65	2.66	28	216	0.00	0.34	8.2
A033	四川师范大学学报自然科学版	184	0.96	3180	17.28	2.73	20	88	0.01	0.98	6.7
G575	四川医学	868	0.92	5949	6.85	3.49	25	374	0.00	0.07	6.8
G745	四川中医	795	0.92	3874	4.87	2.76	28	455	0.00	0.16	8.2
H862	饲料工业	422	0.77	5097	12.08	4.40	30	213	0.01	0.36	7.8

表 4-2 2010 年中国科技期刊来源指标刊名字顺索引（续）

CODE	刊名	来源文献量	文献选出率	参考文献量	平均引文数	平均作者数	地区分布数	机构分布数	海外论文比	基金论文比	引用半衰期
H864	饲料研究	317	0.92	807	2.55	3.95	29	166	0.03	0.31	7.3
G074	苏州大学学报医学版	462	0.98	3620	7.84	4.63	16	143	0.02	0.24	6.1
A037	苏州大学学报自然科学版	83	1.00	730	8.80	2.43	5	18	0.00	0.54	8.0
T106	塑料	225	0.93	2114	9.40	3.72	24	112	0.01	0.41	5.8
T014	塑料工业	259	0.72	3469	13.39	4.60	28	128	0.00	0.37	6.1
T536	塑料科技	204	0.88	2307	11.31	3.34	27	127	0.00	0.36	6.0
T580	塑性工程学报	179	0.97	1994	11.14	3.89	21	79	0.02	0.68	7.0
X634	隧道建设	153	0.98	1309	8.56	2.03	22	95	0.00	0.08	4.3
E123	台湾海峡	81	0.95	1558	19.23	3.83	9	24	0.02	0.90	9.9
L009	太阳能学报	283	0.95	3248	11.48	4.43	24	111	0.02	0.77	6.9
J011	太原理工大学学报	189	0.98	1534	8.12	3.18	15	75	0.11	0.69	6.9
M544	钛工业进展	57	0.80	644	11.30	4.63	13	34	0.00	0.46	7.8
T500	弹性体	120	0.91	1196	9.97	4.32	18	57	0.00	0.40	6.6
N043	探测与控制学报	123	0.97	1041	8.46	3.21	15	47	0.00	0.37	6.6
T527	炭素	41	0.93	597	14.56	3.83	17	32	0.00	0.37	8.2
T015	炭素技术	92	0.87	765	8.32	3.33	22	57	0.01	0.28	8.1
V524	陶瓷	158	0.81	876	5.54	2.34	16	83	0.00	0.05	6.7
V531	陶瓷学报	140	0.96	1580	11.29	3.81	19	48	0.00	0.44	7.5
H041	特产研究	92	0.94	947	10.29	4.52	13	35	0.00	0.54	8.0
V027	特种结构	174	0.90	1138	6.54	2.66	21	91	0.00	0.14	7.6
T999	特种橡胶制品	93	0.90	762	8.19	3.24	14	38	0.01	0.08	8.5
L505	特种油气藏	204	0.96	2362	11.58	3.55	15	69	0.00	0.70	7.3
N065	特种铸造及有色合金	382	0.86	4034	10.56	3.80	27	163	0.01	0.49	7.0
A041	天津大学学报	187	0.93	2379	12.72	3.56	13	25	0.02	0.87	6.8
U017	天津工业大学学报	129	0.96	1356	10.51	3.16	15	31	0.01	0.55	6.1
U031	天津科技大学学报	117	0.95	1165	9.96	3.00	2	4	0.00	0.55	6.1
J054	天津理工大学学报	137	0.99	1058	7.72	3.16	7	14	0.00	0.58	6.6
G508	天津医科大学学报	213	0.96	2363	11.09	3.88	2	27	0.00	0.18	5.5
G076	天津医药	441	0.85	3643	8.26	4.54	26	151	0.00	0.31	5.0
G626	天津中医药	207	0.81	1035	5.00	4.10	20	93	0.02	0.54	6.7
T611	天然产物研究与开发	256	1.00	3639	14.21	4.45	28	139	0.01	0.64	7.5
L518	天然气地球科学	164	0.96	2402	14.65	4.99	15	63	0.00	0.65	6.8
L029	天然气工业	370	0.94	3243	8.76	4.01	21	162	0.03	0.51	5.4
T074	天然气化工	108	0.95	1331	12.32	3.57	23	68	0.00	0.43	6.8
E023	天文学报	38	0.75	710	18.68	4.13	15	26	0.00	0.89	7.9
E114	天文学进展	33	0.87	1716	52.00	2.82	11	18	0.06	0.88	9.7
X517	铁道标准设计	503	0.84	3878	7.71	1.90	26	202	0.00	0.10	6.6
X019	铁道车辆	175	0.88	420	2.40	2.10	24	93	0.00	0.03	5.2
X521	铁道工程学报	281	0.99	2630	9.36	2.08	22	94	0.00	0.17	5.8
X007	铁道科学与工程学报	142	0.96	1430	10.07	2.72	20	51	0.00	0.61	6.2
X005	铁道学报	151	0.96	1782	11.80	3.36	18	43	0.02	0.78	7.4
G238	听力学及言语疾病杂志	190	0.88	2614	13.76	4.49	24	110	0.02	0.38	7.4
R065	通信学报	230	0.98	3664	15.93	3.47	22	87	0.00	0.88	5.4
G965	同济大学学报医学版	187	0.94	2151	11.50	3.61	9	41	0.01	0.44	3.8

表 4-2　2010 年中国科技期刊来源指标刊名字顺索引（续）

CODE	刊名	来源文献量	文献选出率	参考文献量	平均引文数	平均作者数	地区分布数	机构分布数	海外论文比	基金论文比	引用半衰期
J032	同济大学学报自然科学版	335	0.97	3905	11.66	3.17	17	27	0.04	0.83	7.3
Q003	同位素	50	0.96	603	12.06	4.72	11	30	0.00	0.50	7.6
T103	涂料工业	240	0.93	2575	10.73	3.67	26	149	0.01	0.28	6.6
V029	土木工程学报	227	0.90	2711	11.94	3.33	20	90	0.04	0.84	7.5
V019	土木建筑与环境工程	150	0.96	2557	17.05	3.61	22	55	0.02	0.90	5.1
H043	土壤	152	0.98	3405	22.40	4.76	26	65	0.01	0.91	7.7
H057	土壤通报	294	0.98	4933	16.78	4.46	30	143	0.01	0.93	9.1
H012	土壤学报	172	0.97	3918	22.78	4.92	23	65	0.05	0.99	9.2
Y025	推进技术	140	0.99	1587	11.34	3.65	11	26	0.03	0.49	9.3
G601	外科理论与实践	187	0.95	2825	15.11	3.90	18	85	0.01	0.27	5.9
G996	皖南医学院学报	178	0.96	1686	9.47	3.60	7	70	0.00	0.13	5.6
R070	微波学报	125	0.98	1398	11.18	3.71	18	57	0.02	0.64	7.1
S005	微处理机	219	0.98	1346	6.15	2.55	24	104	0.00	0.12	6.3
R057	微电机	339	0.97	2619	7.73	2.95	23	145	0.00	0.36	6.6
R064	微电子学	205	1.00	1747	8.52	3.41	19	79	0.00	0.48	6.4
R004	微电子学与计算机	616	0.98	4457	7.24	2.88	28	252	0.00	0.63	5.5
R098	微纳电子技术	139	0.93	2337	16.81	4.45	20	69	0.00	0.68	5.7
F004	微生物学报	238	0.92	5154	21.66	5.15	26	119	0.01	0.92	7.2
F011	微生物学通报	292	0.90	5689	19.48	4.92	30	188	0.00	0.82	6.2
F225	微生物学杂志	146	0.93	1678	11.49	4.77	25	87	0.01	0.70	6.8
G651	微生物与感染	47	0.84	1015	21.60	3.85	11	31	0.02	0.62	5.7
R085	微特电机	275	0.92	1987	7.23	2.97	23	119	0.00	0.33	6.3
E052	微体古生物学报	37	0.88	1248	33.73	4.41	13	25	0.03	0.92	>10
S033	微型电脑应用	256	0.95	1788	6.98	2.26	19	96	0.00	0.28	6.1
G210	微循环学杂志	103	0.89	1052	10.21	3.66	12	61	0.01	0.26	5.7
G800	胃肠病学	216	0.93	3389	15.69	3.89	19	92	0.01	0.19	5.0
G326	胃肠病学和肝病学杂志	366	0.94	4447	12.15	4.44	26	203	0.00	0.24	5.1
G079	卫生研究	227	0.97	2840	12.51	5.03	27	93	0.03	0.72	6.2
G702	温州医学院学报	210	0.91	2021	9.62	4.84	7	56	0.00	0.22	5.8
D003	无机材料学报	256	1.00	5048	19.72	4.66	24	120	0.03	0.87	6.0
D023	无机化学学报	401	0.99	9296	23.18	4.42	27	179	0.02	0.92	5.9
T072	无机盐工业	239	0.88	1689	7.07	3.49	28	125	0.00	0.38	5.9
N044	无损检测	271	0.95	1672	6.17	3.26	24	171	0.02	0.29	7.3
W014	武汉大学学报工学版	183	0.99	1704	9.31	3.27	20	61	0.01	0.67	7.8
A024	武汉大学学报理学版	142	1.00	2116	14.90	3.82	22	70	0.01	0.91	6.4
E107	武汉大学学报信息科学版	345	0.98	3810	11.04	3.26	20	97	0.03	0.96	6.4
G038	武汉大学学报医学版	225	0.98	2244	9.97	4.52	11	63	0.01	0.40	5.8
M032	武汉科技大学学报自然科学版	144	1.00	1357	9.42	4.58	13	27	0.01	0.65	7.1
J006	武汉理工大学学报	1102	0.98	9272	8.41	3.17	29	311	0.02	0.63	6.8
X017	武汉理工大学学报交通科学与工程版	312	0.98	2503	8.02	3.12	24	119	0.00	0.78	6.6
J018	武汉理工大学学报信息与管理工程版	260	0.96	2809	10.80	2.48	21	65	0.00	0.58	5.6
F008	武汉植物学研究	122	0.97	2502	20.51	4.34	26	81	0.00	0.84	8.9
G707	武警医学	445	0.90	4017	9.03	4.42	31	146	0.00	0.10	5.5
G771	武警医学院学报	379	0.91	3444	9.09	3.87	29	136	0.00	0.07	6.3

表 4-2 2010 年中国科技期刊来源指标刊名字顺索引（续）

CODE	刊名	来源文献量	文献选出率	参考文献量	平均引文数	平均作者数	地区分布数	机构分布数	海外论文比	基金论文比	引用半衰期
C090	物理	102	0.61	2551	25.01	3.39	17	59	0.11	0.47	6.9
D001	物理化学学报	501	0.99	16052	32.04	4.60	29	197	0.03	0.92	6.6
C006	物理学报	1370	1.00	29290	21.38	4.23	29	317	0.01	0.90	6.6
C053	物理学进展	15	0.79	1875	125.00	2.73	9	12	0.07	0.73	8.8
A149	物流技术	832	0.96	5886	7.07	2.23	27	242	0.01	0.22	4.9
E136	物探化探计算技术	122	0.92	1590	13.03	3.40	19	52	0.00	0.46	7.9
E138	物探与化探	178	0.98	1634	9.18	3.51	24	97	0.01	0.38	7.9
R009	西安电子科技大学学报自然科学版	196	0.97	2253	11.49	3.35	14	26	0.01	0.95	5.1
U030	西安工程大学学报	187	0.99	1515	8.10	2.61	14	50	0.01	0.37	5.9
J036	西安工业大学学报	130	0.94	1294	9.95	2.90	4	18	0.00	0.46	6.8
V018	西安建筑科技大学学报自然科学版	159	0.96	1654	10.40	3.31	18	51	0.00	0.84	6.8
X030	西安交通大学学报	302	0.96	3260	10.79	3.62	19	43	0.01	0.92	5.8
G081	西安交通大学学报医学版	194	0.97	2507	12.92	5.03	21	56	0.03	0.59	6.3
A150	西安科技大学学报	151	0.96	1416	9.38	3.01	17	52	0.01	0.77	6.6
J002	西安理工大学学报	91	0.96	1024	11.25	3.57	4	8	0.00	0.80	6.2
L010	西安石油大学学报自然科学版	145	0.91	1865	12.86	3.57	12	59	0.00	0.64	7.5
A032	西北大学学报自然科学版	243	0.97	2691	11.07	3.30	9	55	0.01	0.93	8.5
E307	西北地震学报	72	0.96	971	13.49	3.78	18	36	0.00	0.76	7.9
E125	西北地质	101	0.92	1694	16.77	4.46	18	55	0.00	0.77	8.4
Y023	西北工业大学学报	180	0.97	1395	7.75	3.36	1	2	0.02	0.66	7.5
G245	西北国防医学杂志	209	0.61	1469	7.03	6.30	16	61	0.00	0.17	5.9
H224	西北林学院学报	306	0.99	4804	15.70	3.85	29	104	0.01	0.76	7.5
H018	西北农林科技大学学报自然科学版	446	0.98	8451	18.95	4.78	28	81	0.01	0.93	7.1
H288	西北农业学报	505	0.98	7738	15.32	4.69	30	142	0.00	0.82	7.3
A022	西北师范大学学报自然科学版	153	0.96	1993	13.03	3.14	18	49	0.00	0.81	7.1
G792	西北药学杂志	272	0.94	2121	7.80	3.05	24	182	0.00	0.18	5.7
F020	西北植物学报	377	0.92	9061	24.03	4.60	30	151	0.01	0.89	8.3
H385	西部林业科学	84	0.98	833	9.92	4.58	10	35	0.00	0.73	8.1
J045	西华大学学报自然科学版	203	0.95	1916	9.44	2.78	17	51	0.01	0.51	6.8
A148	西华师范大学学报自然科学版	81	0.96	1125	13.89	3.42	6	11	0.01	0.72	7.5
H004	西南大学学报自然科学版	396	1.00	5206	13.15	3.63	24	143	0.00	0.83	6.9
G312	西南国防医药	675	0.84	4873	7.22	4.76	23	177	0.00	0.11	6.4
X032	西南交通大学学报	168	0.99	2515	14.97	3.21	18	41	0.02	0.84	6.5
V548	西南科技大学学报	80	0.98	713	8.91	3.51	8	22	0.03	0.68	6.3
H270	西南林学院学报	122	0.79	2414	19.79	4.89	13	48	0.00	0.76	7.9
H061	西南农业学报	476	1.00	6167	12.96	5.29	26	158	0.00	0.83	7.7
A064	西南师范大学学报自然科学版	314	0.99	3520	11.21	2.97	21	139	0.01	0.56	6.8
L002	西南石油大学学报自然科学版	211	0.93	3904	18.50	3.72	19	76	0.04	0.64	7.1
M041	稀土	128	0.95	1733	13.54	4.04	20	70	0.00	0.47	7.9
M029	稀有金属	172	0.98	2984	17.35	4.44	23	69	0.01	0.82	6.8
M052	稀有金属材料与工程	490	0.79	9066	18.50	5.74	27	146	0.02	0.77	7.8
S505	系统仿真技术	65	0.94	510	7.85	2.68	17	44	0.00	0.46	6.4
S003	系统仿真学报	665	0.89	7964	11.98	3.67	25	203	0.01	0.60	6.4
B028	系统工程	254	1.00	3635	14.31	2.50	19	91	0.00	0.75	6.9

表 4-2　2010 年中国科技期刊来源指标刊名字顺索引（续）

CODE	刊名	来源文献量	文献选出率	参考文献量	平均引文数	平均作者数	地区分布数	机构分布数	海外论文比	基金论文比	引用半衰期
B025	系统工程理论与实践	301	0.96	4845	16.10	2.85	25	131	0.02	0.92	7.7
B018	系统工程学报	132	0.96	1874	14.20	2.64	17	61	0.02	0.89	7.5
R059	系统工程与电子技术	578	0.98	7812	13.52	3.27	21	117	0.01	0.72	5.9
B027	系统管理学报	113	0.96	1749	15.48	2.37	18	58	0.00	0.84	7.4
B021	系统科学与数学	175	0.97	2214	12.65	2.26	27	126	0.00	0.92	9.1
G188	细胞与分子免疫学杂志	474	0.98	4407	9.30	4.39	29	291	0.00	0.57	5.1
A063	厦门大学学报自然科学版	180	0.96	2265	12.58	3.58	11	33	0.00	0.86	7.5
E027	现代地质	155	0.97	4120	26.58	4.53	12	46	0.03	0.91	8.1
R089	现代电力	119	0.95	1251	10.51	3.27	23	50	0.00	0.25	5.6
Y561	现代防御技术	183	0.99	1670	9.13	2.96	17	62	0.00	0.21	6.5
G300	现代妇产科进展	286	0.87	3710	12.97	4.08	28	180	0.00	0.25	5.1
T063	现代化工	282	0.85	4536	16.09	4.17	27	168	0.01	0.47	6.1
G653	现代检验医学杂志	350	0.90	3357	9.59	4.44	25	256	0.00	0.17	6.1
N100	现代科学仪器	258	0.95	2205	8.55	3.40	28	168	0.00	0.43	6.1
G321	现代口腔医学杂志	132	0.90	1970	14.92	3.83	23	94	0.02	0.30	7.1
R087	现代雷达	271	0.97	2146	7.92	2.84	19	86	0.00	0.31	7.0
G438	现代临床护理	366	0.93	3375	9.22	3.27	22	242	0.00	0.05	5.3
G341	现代泌尿外科杂志	179	0.81	1832	10.23	5.39	25	126	0.01	0.10	5.6
G067	现代免疫学	109	0.96	1663	15.26	4.54	19	74	0.01	0.65	5.1
H417	现代农药	95	0.94	813	8.56	3.43	21	73	0.00	0.18	7.8
F250	现代生物医学进展	1417	0.97	20246	14.29	4.35	30	580	0.01	0.34	5.7
U010	现代食品科技	378	0.99	3852	10.19	3.78	26	163	0.01	0.38	6.6
T929	现代塑料加工应用	103	0.92	625	6.07	3.58	22	60	0.00	0.34	6.1
X673	现代隧道技术	114	0.98	939	8.24	2.32	23	93	0.02	0.18	5.5
G451	现代消化及介入诊疗	127	0.92	1802	14.19	3.89	23	85	0.02	0.08	5.7
G223	现代医学	233	0.97	2169	9.31	3.30	20	141	0.00	0.04	6.1
N115	现代仪器	163	0.90	1557	9.55	3.48	24	116	0.02	0.20	5.4
G963	现代预防医学	1812	0.93	15446	8.52	4.12	31	987	0.00	0.20	6.0
N111	现代制造工程	449	0.96	3282	7.31	3.02	26	213	0.01	0.45	6.3
G951	现代中西医结合杂志	2836	0.82	18829	6.64	2.94	30	1458	0.00	0.03	6.8
G486	现代中药研究与实践	188	0.96	1278	6.80	3.86	25	111	0.02	0.46	6.9
G826	现代肿瘤医学	922	0.94	10806	11.72	4.33	30	508	0.00	0.20	6.3
M011	现代铸铁	89	0.56	589	6.62	3.79	20	68	0.02	0.07	8.9
T073	香料香精化妆品	84	0.79	743	8.85	3.89	17	58	0.01	0.13	9.1
A018	湘潭大学自然科学学报	97	0.96	1010	10.41	3.00	22	55	0.01	0.84	7.7
W024	项目管理技术	219	0.94	1509	6.89	2.14	23	134	0.00	0.26	5.3
T064	橡胶工业	152	0.82	1181	7.77	3.61	20	66	0.00	0.30	7.5
T953	消防科学与技术	316	0.97	2135	6.76	2.49	27	139	0.00	0.27	6.0
P010	小型内燃机与摩托车	147	0.99	1023	6.96	3.13	25	78	0.02	0.38	7.6
S027	小型微型计算机系统	500	0.99	6651	13.30	3.26	23	137	0.01	0.89	6.4
N080	新技术新工艺	409	0.93	2397	5.86	2.93	28	241	0.00	0.13	6.8
V026	新建筑	121	0.64	841	6.95	2.76	18	59	0.12	0.25	9.4
A087	新疆大学学报自然科学版	93	0.96	1133	12.18	3.19	3	10	0.00	0.77	7.6
E159	新疆地质	86	0.93	1317	15.31	4.62	13	39	0.00	0.50	7.7

表 4-2　2010 年中国科技期刊来源指标刊名字顺索引（续）

CODE	刊名	来源文献量	文献选出率	参考文献量	平均引文数	平均作者数	地区分布数	机构分布数	海外论文比	基金论文比	引用半衰期
H908	新疆农业大学学报	118	0.95	1406	11.92	4.45	7	20	0.01	0.86	7.7
H276	新疆农业科学	472	0.99	6524	13.82	5.06	8	46	0.00	0.96	7.9
L007	新疆石油地质	202	0.94	1520	7.52	4.16	18	80	0.00	0.39	7.3
G328	新乡医学院学报	232	0.92	2915	12.56	4.01	20	136	0.00	0.25	4.3
V056	新型建筑材料	316	0.95	1868	5.91	3.39	29	190	0.01	0.43	5.7
M102	新型炭材料	81	0.90	1593	19.67	4.81	17	47	0.16	0.69	7.4
G721	新医学	287	0.89	2764	9.63	3.90	25	185	0.00	0.18	4.6
G083	心肺血管病杂志	154	0.90	2008	13.04	5.38	21	65	0.01	0.12	6.0
E046	心理学报	115	0.91	3702	32.19	3.29	19	61	0.17	0.82	9.0
G419	心血管病学进展	260	0.94	6518	25.07	1.57	26	146	0.00	0.17	5.1
G578	心血管康复医学杂志	224	0.95	2338	10.44	4.19	22	139	0.01	0.23	6.7
G260	心脏杂志	269	0.89	3194	11.87	4.93	26	172	0.00	0.24	5.8
R034	信号处理	324	1.00	4091	12.63	3.20	21	66	0.01	0.62	6.7
R519	信息技术	672	0.98	3885	5.78	2.17	29	313	0.00	0.16	6.1
R652	信息与电子工程	161	0.96	1441	8.95	2.96	20	69	0.00	0.25	6.0
S002	信息与控制	132	1.00	1735	13.14	3.05	22	75	0.01	0.73	6.2
A510	信阳师范学院学报自然科学版	160	0.99	1961	12.26	2.76	25	84	0.01	0.81	7.8
A502	徐州师范大学学报自然科学版	74	0.96	762	10.30	2.36	11	30	0.04	0.66	6.9
G565	徐州医学院学报	299	0.94	2807	9.39	3.78	13	106	0.00	0.23	6.6
H023	畜牧兽医学报	262	0.98	4894	18.68	6.12	26	74	0.01	0.92	7.9
H218	畜牧与兽医	423	0.89	4136	9.78	4.94	30	172	0.00	0.52	7.4
G346	血栓与止血学	82	0.91	830	10.12	4.32	24	68	0.00	0.27	6.7
G627	循证医学	82	0.86	956	11.66	2.82	12	42	0.00	0.11	5.3
R069	压电与声光	293	0.98	2987	10.19	3.94	25	119	0.01	0.69	7.0
N052	压力容器	145	0.91	1284	8.86	3.41	21	91	0.01	0.26	8.4
N068	压缩机技术	105	0.91	423	4.03	2.39	23	79	0.01	0.11	8.9
G189	牙体牙髓牙周病学杂志	189	0.81	2530	13.39	4.53	25	112	0.01	0.35	6.8
U562	烟草科技	182	0.96	2200	12.09	4.70	20	93	0.00	0.24	6.5
A501	烟台大学学报自然科学与工程版	64	0.94	665	10.39	3.25	7	21	0.00	0.73	8.1
E500	盐湖研究	52	0.93	746	14.35	3.62	10	15	0.02	0.56	9.5
T054	盐业与化工	97	0.95	803	8.28	2.87	15	47	0.00	0.28	7.4
E053	岩矿测试	175	0.97	3164	18.08	4.12	25	92	0.01	0.63	7.6
E157	岩石矿物学杂志	75	0.93	3289	43.85	4.92	15	37	0.01	0.84	8.3
C005	岩石力学与工程学报	310	0.56	9530	30.74	6.76	25	98	0.07	0.88	6.6
E309	岩石学报	308	0.99	16350	53.08	5.31	19	58	0.04	1.00	8.3
V574	岩土工程技术	78	0.93	693	8.88	2.31	21	70	0.00	0.17	7.3
V037	岩土工程学报	306	0.94	4329	14.15	3.52	23	115	0.05	0.82	8.6
C004	岩土力学	662	0.88	10274	15.52	3.92	27	186	0.02	0.78	7.8
G962	眼科	116	0.83	1286	11.09	4.54	18	56	0.02	0.14	6.8
G554	眼科新进展	337	0.98	4979	14.77	3.93	27	223	0.00	0.30	6.1
G773	眼科研究	294	0.85	4846	16.48	4.27	29	175	0.04	0.41	7.2
G990	眼外伤职业眼病杂志	361	0.92	3911	10.83	3.30	30	288	0.01	0.04	7.2
J025	燕山大学学报	106	0.95	1346	12.70	3.19	13	25	0.01	0.73	5.8
H016	扬州大学学报农业与生命科学版	79	0.95	1360	17.22	5.47	11	32	0.04	0.97	7.9

表 4-2　2010 年中国科技期刊来源指标刊名字顺索引（续）

CODE	刊名	来源文献量	文献选出率	参考文献量	平均引文数	平均作者数	地区分布数	机构分布数	海外论文比	基金论文比	引用半衰期
A514	扬州大学学报自然科学版	75	1.00	864	11.52	2.92	10	23	0.00	0.88	6.1
S031	遥测遥控	84	0.99	569	6.77	2.99	12	26	0.00	0.18	6.9
Z543	遥感技术与应用	139	0.98	2190	15.76	3.91	23	83	0.02	0.82	6.9
S024	遥感信息	140	0.92	1973	14.09	3.46	20	80	0.01	0.73	7.2
Z006	遥感学报	93	1.00	1679	18.05	4.01	16	53	0.10	0.96	7.0
G403	药物不良反应杂志	152	0.79	1590	10.46	3.49	19	97	0.00	0.10	5.0
G087	药物分析杂志	598	0.97	4731	7.91	4.08	30	309	0.01	0.31	6.1
G877	药物流行病学杂志	236	0.81	2173	9.21	3.25	26	180	0.00	0.03	4.8
G514	药物生物技术	121	0.95	1818	15.02	4.02	18	62	0.01	0.53	5.8
G977	药学服务与研究	155	0.88	1397	9.01	3.54	23	103	0.00	0.19	4.2
G440	药学实践杂志	151	0.94	1460	9.67	3.80	19	88	0.00	0.26	6.2
G008	药学学报	259	0.94	5323	20.55	5.00	24	128	0.07	0.77	5.2
G527	药学与临床研究	183	0.95	1865	10.19	3.09	12	92	0.01	0.19	5.4
M023	冶金分析	209	0.97	2788	13.34	3.66	24	138	0.01	0.40	5.7
M047	冶金能源	107	0.96	592	5.53	3.22	19	71	0.00	0.24	7.0
M026	冶金自动化	88	0.89	471	5.35	2.91	20	57	0.00	0.20	6.0
C503	液晶与显示	182	0.94	1846	10.14	3.86	20	87	0.01	0.59	5.0
N035	液压与气动	408	0.95	1809	4.43	2.70	29	237	0.00	0.20	6.8
G605	医疗卫生装备	588	0.70	4655	7.92	4.48	27	274	0.00	0.17	4.8
G482	医学动物防制	433	0.67	2925	6.76	4.70	27	279	0.00	0.05	5.8
G333	医学分子生物学杂志	114	0.97	2121	18.61	4.50	19	70	0.01	0.78	4.5
S590	医学教育探索	611	0.98	4323	7.08	3.40	30	250	0.00	0.20	3.9
G545	医学临床研究	999	0.99	8058	8.07	3.10	27	462	0.00	0.07	6.0
G281	医学研究生学报	329	0.94	5756	17.50	4.34	20	114	0.00	0.52	4.6
G480	医学研究杂志	558	0.96	6349	11.38	4.04	29	362	0.00	0.40	5.6
G265	医学影像学杂志	492	0.71	5234	10.64	5.22	27	334	0.00	0.09	6.6
G964	医学与社会	465	0.98	3456	7.43	2.83	28	200	0.00	0.31	4.3
G860	医学综述	1376	0.98	28833	20.95	1.96	31	683	0.00	0.16	5.3
G844	医药导报	623	0.90	5488	8.81	3.52	27	353	0.00	0.15	5.7
G723	医药论坛杂志	1975	0.95	11628	5.89	2.34	29	715	0.00	0.03	6.2
G088	医用生物力学	90	0.95	1398	15.53	4.77	15	51	0.02	0.68	6.6
F024	遗传	178	0.89	5881	33.04	4.55	27	108	0.01	0.83	5.9
N074	仪表技术与传感器	449	0.99	2991	6.66	3.16	29	213	0.00	0.41	5.6
N066	仪器仪表学报	467	1.00	7190	15.40	3.55	24	133	0.01	0.81	5.4
G455	疑难病杂志	423	0.77	4893	11.57	4.02	28	306	0.00	0.08	4.7
U054	印染	356	0.85	2108	5.92	2.74	19	143	0.00	0.18	6.2
T104	印染助剂	172	0.90	1731	10.06	3.13	17	55	0.00	0.20	6.3
B008	应用概率统计	64	0.90	693	10.83	2.20	17	52	0.03	0.83	>10
C109	应用光学	223	0.97	1917	8.60	3.71	24	110	0.00	0.35	6.7
T949	应用化工	552	1.00	5886	10.66	3.75	29	243	0.00	0.55	6.8
D016	应用化学	300	0.96	4675	15.58	4.29	27	157	0.01	0.74	6.8
A580	应用基础与工程科学学报	113	0.94	1784	15.79	3.67	22	73	0.02	0.92	7.3
R033	应用激光	116	0.94	1062	9.16	4.36	21	67	0.03	0.54	6.0
A015	应用科学学报	104	0.95	1389	13.36	3.02	15	32	0.01	0.79	5.2

表 4-2 2010 年中国科技期刊来源指标刊名字顺索引（续）

CODE	刊名	来源文献量	文献选出率	参考文献量	平均引文数	平均作者数	地区分布数	机构分布数	海外论文比	基金论文比	引用半衰期
C008	应用力学学报	152	0.95	1932	12.71	3.20	21	73	0.00	0.80	9.0
E122	应用气象学报	91	0.94	2118	23.27	4.32	18	45	0.01	0.87	7.3
C052	应用声学	73	0.88	773	10.59	3.22	15	41	0.01	0.51	8.3
Z018	应用生态学报	468	1.00	14179	30.30	4.85	29	163	0.03	0.97	7.1
B011	应用数学	131	0.97	1385	10.57	1.94	25	102	0.00	0.82	10.0
B020	应用数学和力学	153	0.93	2780	18.17	2.95	23	95	0.33	0.73	9.9
B001	应用数学学报	109	0.99	1287	11.81	2.28	27	91	0.01	0.87	>10
F100	应用与环境生物学报	178	0.97	4335	24.35	4.72	28	97	0.02	0.94	8.0
G089	营养学报	151	0.89	1833	12.14	4.99	23	95	0.01	0.74	6.9
D014	影像科学与光化学	56	0.90	899	16.05	4.23	14	24	0.00	0.61	6.8
G649	影像诊断与介入放射学	121	0.83	1122	9.27	4.30	14	84	0.02	0.12	6.8
M014	硬质合金	74	0.93	935	12.64	3.38	14	42	0.00	0.39	7.0
E051	铀矿地质	58	0.97	655	11.29	3.79	18	29	0.00	0.36	8.9
K020	铀矿冶	51	0.89	309	6.06	3.10	10	18	0.00	0.24	8.1
L027	油气储运	285	0.93	1689	5.93	3.83	19	136	0.00	0.15	7.5
L504	油气地质与采收率	184	0.95	2636	14.33	3.36	14	70	0.01	0.78	6.1
L020	油气田地面工程	600	0.82	985	1.64	2.97	19	230	0.00	0.16	5.9
Z538	油气田环境保护	68	0.65	642	9.44	5.56	15	44	0.00	0.13	6.3
L033	油田化学	112	0.98	1185	10.58	4.49	16	65	0.01	0.37	6.9
T916	有机硅材料	53	0.58	1401	26.43	5.13	13	39	0.00	0.21	4.2
D025	有机化学	291	0.94	8889	30.55	4.46	29	142	0.01	0.82	6.7
M036	有色金属	131	0.96	1387	10.59	3.53	23	70	0.00	0.54	8.1
M020	有色金属冶炼部分	92	0.99	649	7.05	3.61	20	46	0.00	0.45	7.7
N907	鱼雷技术	101	0.94	796	7.88	3.00	10	29	0.00	0.29	7.3
H998	渔业科学进展	108	0.94	2297	21.27	5.12	14	33	0.01	0.97	8.4
H220	渔业现代化	103	0.99	1339	13.00	3.62	15	46	0.00	0.68	5.5
Y020	宇航材料工艺	142	0.97	1795	12.64	3.99	19	67	0.00	0.35	7.7
Y008	宇航计测技术	103	0.95	711	6.90	3.40	16	54	0.00	0.14	8.3
Y024	宇航学报	435	0.97	5510	12.67	3.36	22	91	0.02	0.59	7.5
H909	玉米科学	214	0.99	2784	13.01	4.95	23	78	0.01	0.77	8.1
G518	预防医学情报杂志	335	0.93	2665	7.96	3.97	24	194	0.00	0.08	5.3
C108	原子核物理评论	83	0.93	1791	21.58	6.78	17	40	0.04	0.92	9.4
Q008	原子能科学技术	296	0.67	3934	13.29	7.13	19	93	0.03	0.52	8.8
C057	原子与分子物理学报	206	0.97	3652	17.73	3.44	25	108	0.01	0.78	8.8
H039	园艺学报	365	1.00	5364	14.70	5.13	27	118	0.01	0.91	7.9
A038	云南大学学报自然科学版	132	0.99	1899	14.39	4.03	18	59	0.00	0.95	7.6
H269	云南农业大学学报	162	0.95	2937	18.13	4.94	16	57	0.01	0.85	8.3
A053	云南师范大学学报自然科学版	96	0.94	1139	11.86	2.92	12	33	0.03	0.65	7.9
M506	云南冶金	105	0.91	1428	13.60	2.57	10	43	0.00	0.05	2.0
F007	云南植物研究	75	0.90	2004	26.72	3.84	17	41	0.05	0.83	9.6
G090	云南中医学院学报	133	0.97	984	7.40	3.20	15	63	0.01	0.32	7.0
B013	运筹学学报	53	1.00	613	11.57	2.28	16	40	0.02	0.83	>10
B522	运筹与管理	173	0.97	2272	13.13	2.60	20	81	0.01	0.87	7.6
H989	杂草科学	98	0.81	604	6.16	4.22	25	69	0.00	0.37	7.6

表 4-2 2010 年中国科技期刊来源指标刊名字顺索引（续）

CODE	刊名	来源文献量	文献选出率	参考文献量	平均引文数	平均作者数	地区分布数	机构分布数	海外论文比	基金论文比	引用半衰期
H293	杂交水稻	209	0.96	1048	5.01	5.29	19	141	0.01	0.69	7.4
E148	灾害学	110	0.47	2487	22.61	6.75	24	76	0.00	0.91	5.5
C100	噪声与振动控制	276	0.98	2153	7.80	3.14	25	151	0.00	0.49	7.7
M043	轧钢	125	0.95	555	4.44	3.07	18	73	0.00	0.19	6.3
T569	粘接	143	0.51	1842	12.88	3.80	22	76	0.02	0.10	6.7
A017	浙江大学学报工学版	407	0.96	5433	13.35	3.60	16	43	0.01	0.78	7.3
A002	浙江大学学报理学版	146	0.96	1880	12.88	2.80	17	70	0.02	0.68	7.5
H035	浙江大学学报农业与生命科学版	104	0.92	1901	18.28	4.23	15	42	0.01	0.92	8.0
G091	浙江大学学报医学版	112	0.90	2047	18.28	4.58	13	46	0.01	0.73	5.7
J016	浙江工业大学学报	149	0.96	1435	9.63	3.19	6	15	0.01	0.53	7.2
U028	浙江理工大学学报	206	1.00	2059	10.00	3.49	5	14	0.01	0.58	6.9
H019	浙江林学院学报	160	0.95	2750	17.19	4.13	19	58	0.01	0.93	7.6
H277	浙江林业科技	122	0.95	1558	12.77	4.61	17	79	0.01	0.69	8.2
G433	浙江临床医学	735	0.93	5202	7.08	2.55	25	413	0.00	0.01	6.5
H201	浙江农业学报	175	0.99	2487	14.21	4.63	16	74	0.00	0.83	7.4
A051	浙江师范大学学报自然科学版	92	0.93	1266	13.76	2.85	6	20	0.00	0.71	7.7
G810	浙江医学	800	0.95	6778	8.47	3.82	6	289	0.00	0.11	6.7
G479	浙江预防医学	446	0.77	3086	6.92	3.58	5	276	0.00	0.06	5.2
G092	浙江中医药大学学报	491	0.86	2209	4.50	2.99	26	264	0.00	0.18	7.3
N086	真空	131	0.88	1248	9.53	4.15	22	85	0.01	0.27	8.1
R032	真空电子技术	103	0.98	790	7.67	2.96	15	44	0.00	0.05	7.7
N025	真空科学与技术学报	142	0.98	2079	14.64	4.53	22	83	0.05	0.67	6.7
C038	真空与低温	48	0.94	543	11.31	3.85	11	13	0.00	0.42	7.4
G093	针刺研究	94	0.90	1442	15.34	5.13	21	50	0.03	0.74	6.8
G488	针灸临床杂志	369	0.89	3245	8.79	2.94	28	197	0.00	0.20	6.6
G259	诊断病理学杂志	136	0.64	1641	12.07	5.85	23	111	0.01	0.07	6.4
G615	诊断学理论与实践	153	0.94	2322	15.18	4.12	15	63	0.00	0.28	5.8
E316	震灾防御技术	60	0.98	750	12.50	3.28	15	30	0.02	0.77	8.4
Y010	振动测试与诊断	144	0.94	1438	9.99	3.58	22	78	0.02	0.78	6.6
Y004	振动工程学报	109	0.94	1333	12.23	3.26	17	49	0.06	0.82	8.0
N030	振动与冲击	614	0.96	7503	12.22	3.34	27	188	0.02	0.78	7.5
J012	郑州大学学报工学版	184	0.97	1587	8.63	3.18	17	45	0.00	0.70	5.9
A019	郑州大学学报理学版	112	0.97	1037	9.26	3.41	21	64	0.00	0.68	6.6
G036	郑州大学学报医学版	419	0.98	2938	7.01	4.25	18	110	0.00	0.32	5.7
U003	郑州轻工业学院学报自然科学版	191	1.00	1526	7.99	3.04	19	58	0.00	0.60	6.1
G884	职业与健康	1475	0.94	8694	5.89	3.05	31	739	0.00	0.05	6.2
H577	植物保护	255	0.96	4258	16.70	4.48	30	116	0.01	0.78	8.5
H014	植物保护学报	117	0.97	2019	17.26	4.70	25	51	0.00	0.97	8.1
H052	植物病理学报	105	0.97	1641	15.63	5.20	24	51	0.02	0.96	8.6
F039	植物分类学报	45	1.00	2217	49.27	3.67	10	35	0.36	0.78	>10
H584	植物检疫	131	0.89	1271	9.70	4.85	24	91	0.00	0.47	7.8
F038	植物生理学通讯	274	0.96	4933	18.00	4.25	27	128	0.00	0.84	7.5
F009	植物生态学报	160	0.96	6310	39.44	4.59	27	76	0.03	0.91	8.2
F023	植物学报	84	0.97	3372	40.14	4.88	25	58	0.00	0.92	7.1

表 4-2　2010 年中国科技期刊来源指标刊名字顺索引（续）

CODE	刊名	来源文献量	文献选出率	参考文献量	平均引文数	平均作者数	地区分布数	机构分布数	海外论文比	基金论文比	引用半衰期
F050	植物研究	137	0.95	2669	19.48	3.91	26	78	0.03	0.79	9.5
H238	植物遗传资源学报	145	0.97	3225	22.24	5.66	26	68	0.02	0.97	8.3
H890	植物营养与肥料学报	208	0.98	4971	23.90	5.56	26	79	0.02	0.98	7.9
Z551	植物资源与环境学报	63	1.00	1139	18.08	4.46	18	36	0.00	0.89	7.6
N091	指挥控制与仿真	188	0.95	1370	7.29	2.97	19	78	0.00	0.15	6.0
U011	制冷学报	71	1.00	858	12.08	4.07	16	40	0.03	0.58	6.9
U640	制冷与空调	148	0.94	1054	7.12	2.84	19	92	0.02	0.20	6.8
N046	制造技术与机床	490	0.81	2424	4.95	2.92	29	291	0.00	0.31	6.3
S023	制造业自动化	812	0.99	4624	5.69	2.31	30	438	0.00	0.26	6.2
S052	智能系统学报	87	0.92	1251	14.38	2.95	18	58	0.01	0.84	6.2
C034	质谱学报	61	0.87	1040	17.05	4.93	17	49	0.00	0.52	5.7
N002	中北大学学报自然科学版	130	1.00	1316	10.12	3.11	18	51	0.00	0.58	6.9
G007	中草药	619	0.99	8141	13.15	4.53	31	315	0.02	0.68	5.8
G094	中风与神经疾病杂志	343	0.86	4649	13.55	4.69	27	203	0.00	0.28	6.6
G546	中国 CT 和 MRI 杂志	154	0.97	1496	9.71	3.99	23	130	0.00	0.07	6.4
G538	中国癌症杂志	206	0.98	2918	14.17	4.80	24	134	0.00	0.31	5.3
G985	中国艾滋病性病	194	0.86	2033	10.48	5.51	22	129	0.02	0.57	5.4
G129	中国安全科学学报	353	0.96	5111	14.48	2.91	24	156	0.01	0.65	4.9
Z552	中国安全生产科学技术	236	0.98	2649	11.22	2.81	23	124	0.00	0.44	4.5
F048	中国比较医学杂志	230	0.97	2791	12.13	4.53	27	139	0.00	0.49	7.4
N103	中国表面工程	115	0.91	1499	13.03	3.99	16	54	0.03	0.68	7.3
G750	中国病案	409	0.81	2300	5.62	3.00	30	247	0.00	0.04	4.1
G096	中国病理生理杂志	484	0.96	6842	14.14	5.22	28	243	0.03	0.76	5.5
G339	中国病原生物学杂志	308	0.86	4425	14.37	5.37	28	190	0.00	0.48	6.8
H213	中国草地学报	128	0.85	2210	17.27	4.32	17	53	0.02	0.89	7.6
H241	中国草食动物	139	0.35	1851	13.32	11.93	25	96	0.01	0.35	8.3
N830	中国测试	159	0.98	1555	9.78	3.04	23	89	0.01	0.31	5.8
G097	中国超声医学杂志	327	0.67	2531	7.74	6.08	30	197	0.01	0.32	6.4
G901	中国当代儿科杂志	287	0.94	3893	13.56	4.43	28	144	0.03	0.24	5.5
H939	中国稻米	150	0.94	1171	7.81	4.45	17	84	0.00	0.47	7.2
G099	中国地方病防治杂志	161	0.69	1194	7.42	5.60	23	99	0.00	0.23	7.3
G098	中国地方病学杂志	186	0.77	1809	9.73	6.45	29	107	0.01	0.58	5.8
E351	中国地震	48	1.00	998	20.79	3.88	15	25	0.02	0.88	9.5
E654	中国地质	186	0.93	4507	24.23	4.99	22	89	0.04	0.78	8.9
R040	中国电机工程学报	720	0.94	15347	21.32	4.29	25	127	0.04	0.80	6.1
R511	中国电力	216	0.90	1567	7.25	3.74	28	127	0.00	0.17	5.4
G234	中国动脉硬化杂志	251	0.97	3963	15.79	4.48	28	166	0.02	0.52	5.0
G825	中国儿童保健杂志	397	0.92	3960	9.97	3.88	25	261	0.01	0.23	5.2
G270	中国耳鼻咽喉颅底外科杂志	142	0.91	1235	8.70	3.93	21	118	0.01	0.10	6.7
G543	中国耳鼻咽喉头颈外科	201	0.75	2226	11.07	5.55	26	132	0.00	0.32	6.4
G100	中国法医学杂志	157	0.76	1204	7.67	5.54	25	88	0.01	0.35	7.0
G290	中国防痨杂志	252	0.93	1887	7.49	4.98	29	159	0.00	0.23	5.8
V023	中国非金属矿工业导刊	118	0.94	835	7.08	2.81	24	83	0.00	0.22	6.4
G320	中国肺癌杂志	224	0.90	5321	23.75	5.14	22	134	0.08	0.31	5.0

表 4-2 2010 年中国科技期刊来源指标刊名字顺索引（续）

CODE	刊名	来源文献量	文献选出率	参考文献量	平均引文数	平均作者数	地区分布数	机构分布数	海外论文比	基金论文比	引用半衰期
G402	中国分子心脏病学杂志	90	0.90	1501	16.68	5.28	10	49	0.01	0.46	6.7
V568	中国粉体技术	139	0.97	1529	11.00	3.81	24	80	0.01	0.65	7.1
M007	中国腐蚀与防护学报	97	0.99	1555	16.03	4.16	21	57	0.04	0.73	7.8
G456	中国妇产科临床杂志	159	0.88	1768	11.12	3.88	23	98	0.01	0.17	5.5
G680	中国妇幼保健	2541	0.95	17147	6.75	3.30	31	1280	0.00	0.16	6.6
G687	中国妇幼健康研究	324	0.98	2606	8.04	3.69	27	206	0.01	0.16	4.4
G631	中国感染控制杂志	140	0.90	1269	9.06	4.04	22	113	0.00	0.11	5.2
G337	中国感染与化疗杂志	105	0.78	1237	11.78	7.30	17	69	0.01	0.17	5.1
X035	中国港湾建设	130	0.78	981	7.55	3.26	19	79	0.00	0.14	7.4
V036	中国给水排水	847	0.94	5039	5.95	3.81	27	413	0.01	0.46	5.3
N089	中国工程机械学报	100	0.96	701	7.01	3.57	19	49	0.00	0.53	5.8
N754	中国工程科学	233	0.94	1889	8.11	3.22	22	128	0.01	0.52	6.6
G244	中国工业医学杂志	190	0.87	1504	7.92	4.36	27	127	0.00	0.22	6.6
G102	中国公共卫生	808	0.91	7512	9.30	5.65	31	373	0.02	0.69	4.9
X031	中国公路学报	103	0.80	1638	15.90	4.74	16	38	0.04	0.93	6.3
G103	中国骨伤	322	0.90	3136	9.74	4.73	25	236	0.01	0.13	5.9
G249	中国骨与关节损伤杂志	594	0.91	3839	6.46	5.02	31	443	0.01	0.07	5.9
G648	中国骨与关节外科	113	0.93	1704	15.08	4.52	22	79	0.02	0.09	7.3
G663	中国骨质疏松杂志	246	0.95	4480	18.21	4.19	26	168	0.02	0.30	6.4
G857	中国骨肿瘤骨病	147	0.86	1815	12.35	4.49	24	99	0.01	0.05	7.2
H397	中国瓜菜	129	0.84	756	5.86	4.22	23	85	0.00	0.36	7.5
W021	中国管理科学	155	0.96	2903	18.73	2.79	22	72	0.01	0.87	6.4
N104	中国惯性技术学报	149	0.96	1321	8.87	3.38	13	48	0.00	0.81	5.3
G637	中国国境卫生检疫杂志	121	0.95	1530	12.64	5.12	19	70	0.00	0.39	5.4
H215	中国果树	136	0.74	467	3.43	5.27	27	93	0.00	0.46	7.8
L013	中国海上油气	97	0.93	682	7.03	3.79	11	36	0.00	0.47	7.1
E313	中国海洋大学学报自然科学版	291	0.98	5590	19.21	4.03	12	29	0.02	0.90	8.7
L026	中国海洋平台	66	0.97	545	8.26	3.00	12	38	0.02	0.42	8.5
G104	中国海洋药物	79	0.90	1242	15.72	4.53	12	44	0.00	0.71	6.5
X039	中国航海	100	0.96	862	8.62	2.38	11	39	0.01	0.58	5.2
G973	中国呼吸与危重监护杂志	172	0.86	2620	15.23	4.38	25	128	0.00	0.26	5.9
G417	中国护理管理	370	0.89	3211	8.68	3.12	25	228	0.05	0.09	5.3
Z030	中国环境监测	112	0.96	1108	9.89	3.88	24	83	0.00	0.39	6.8
Z001	中国环境科学	281	0.85	6281	22.35	4.90	24	135	0.04	0.94	6.5
G902	中国基层医药	1992	0.80	22323	11.21	3.01	31	1210	0.00	0.03	5.1
A079	中国基础科学	75	0.81	527	7.03	1.99	13	43	0.01	0.37	6.1
N059	中国机械工程	614	0.98	6963	11.34	3.47	26	166	0.01	0.82	6.7
R066	中国激光	581	0.97	9420	16.21	4.69	26	187	0.02	0.73	5.6
R013	中国激光医学杂志	90	0.78	825	9.17	4.47	19	69	0.00	0.18	6.6
G852	中国急救复苏与灾害医学杂志	471	0.90	3741	7.94	4.07	27	223	0.00	0.11	4.9
G241	中国急救医学	333	0.93	3687	11.07	4.30	29	240	0.00	0.23	5.1
G192	中国脊柱脊髓杂志	255	0.92	3881	15.22	5.02	25	139	0.00	0.19	6.4
G105	中国寄生虫学与寄生虫病杂志	126	0.86	2068	16.41	5.30	27	76	0.02	0.67	7.3
G907	中国计划生育学杂志	280	0.84	2058	7.35	4.11	30	205	0.00	0.26	6.0

表 4-2 2010 年中国科技期刊来源指标刊名字顺索引（续）

CODE	刊名	来源文献量	文献选出率	参考文献量	平均引文数	平均作者数	地区分布数	机构分布数	海外论文比	基金论文比	引用半衰期
G787	中国健康教育	304	0.96	2692	8.86	3.99	28	214	0.03	0.25	4.8
G784	中国健康心理学杂志	645	0.99	5998	9.30	3.29	29	361	0.00	0.21	6.9
N108	中国舰船研究	105	0.98	1156	11.01	3.02	10	26	0.00	0.35	6.8
T075	中国胶粘剂	169	0.83	2042	12.08	3.73	22	73	0.01	0.27	5.0
G233	中国矫形外科杂志	619	0.83	7463	12.06	4.90	30	358	0.01	0.19	5.8
G239	中国介入心脏病学杂志	100	0.79	1123	11.23	6.22	24	72	0.00	0.20	5.5
G206	中国介入影像与治疗学	180	0.80	2382	13.23	5.27	25	136	0.00	0.24	4.7
G323	中国康复	220	0.83	2455	11.16	4.24	25	159	0.00	0.13	6.7
G400	中国康复理论与实践	444	0.97	6150	13.85	4.23	28	229	0.01	0.25	6.3
G106	中国康复医学杂志	331	0.97	5705	17.24	4.29	28	225	0.02	0.34	5.8
G107	中国抗生素杂志	184	0.86	2893	15.72	4.99	26	115	0.01	0.43	6.1
A098	中国科技论坛	331	0.97	3319	10.03	2.10	25	156	0.02	0.72	5.3
A583	中国科技期刊研究	241	0.94	2353	9.76	2.38	27	196	0.00	0.20	4.0
A108	中国科学地球科学	161	0.91	6651	41.31	5.35	20	78	0.17	0.99	9.3
A106	中国科学化学	215	0.95	7686	35.75	4.64	27	125	0.07	0.83	6.0
A081	中国科学基金	64	0.67	477	7.45	3.22	17	46	0.02	0.16	4.3
A007	中国科学技术大学学报	214	0.99	2811	13.14	3.56	11	30	0.02	0.79	7.8
A109	中国科学技术科学	171	0.90	3525	20.61	4.02	20	86	0.08	0.91	7.7
A107	中国科学生命科学	129	0.90	5795	44.92	5.29	22	86	0.13	0.86	6.7
A105	中国科学数学	102	0.84	1873	18.36	2.21	24	69	0.09	0.89	>10
A103	中国科学物理学力学天文学	192	0.95	4254	22.16	4.21	20	103	0.07	0.85	8.2
E355	中国科学院上海天文台年刊	21	0.91	143	6.81	3.52	2	3	0.00	0.52	6.6
A102	中国科学院研究生院学报	115	0.96	1846	16.05	2.89	17	42	0.01	0.66	7.6
Y003	中国空间科学技术	70	0.90	588	8.40	3.17	12	26	0.01	0.36	6.8
G441	中国口腔颌面外科杂志	112	0.84	1975	17.63	4.93	18	52	0.02	0.51	7.6
K030	中国矿业	392	0.95	2728	6.96	2.51	28	176	0.01	0.25	6.3
K015	中国矿业大学学报	166	0.95	2367	14.26	3.92	17	50	0.02	0.99	6.8
G247	中国老年学杂志	1837	0.98	18676	10.17	4.04	30	783	0.00	0.33	6.4
U001	中国粮油学报	334	0.96	4893	14.65	3.97	26	128	0.01	0.70	7.4
G447	中国临床保健杂志	283	0.94	2798	9.89	3.71	19	152	0.00	0.23	4.9
G108	中国临床解剖学杂志	189	0.80	2236	11.83	6.42	23	117	0.01	0.34	6.9
G536	中国临床神经科学	139	0.95	2550	18.35	4.69	21	82	0.00	0.27	6.0
G794	中国临床神经外科杂志	282	0.93	2580	9.15	5.02	27	196	0.00	0.12	6.7
G221	中国临床心理学杂志	257	1.00	3818	14.86	3.54	21	90	0.03	0.53	7.0
G870	中国临床药理学与治疗学	251	0.88	4541	18.09	5.00	22	157	0.02	0.47	5.5
G109	中国临床药理学杂志	250	0.97	2318	9.27	4.39	28	155	0.01	0.25	5.5
G544	中国临床药学杂志	114	0.88	1081	9.48	4.24	13	71	0.00	0.17	5.4
G814	中国临床医生	329	0.86	1487	4.52	2.53	25	189	0.00	0.02	6.3
G974	中国临床医学	331	0.98	2626	7.93	4.53	26	171	0.00	0.25	6.2
G304	中国临床医学影像杂志	320	0.87	3192	9.98	4.83	29	230	0.01	0.08	6.6
G110	中国麻风皮肤病杂志	371	0.65	3330	8.98	5.41	28	218	0.01	0.12	6.5
H212	中国麻业科学	85	0.93	704	8.28	4.20	16	38	0.00	0.52	8.4
G613	中国慢性病预防与控制	228	0.83	2939	12.89	5.32	22	151	0.00	0.25	5.3
K037	中国煤炭地质	209	0.74	1848	8.84	3.31	25	127	0.01	0.24	6.9

表 4-2　2010 年中国科技期刊来源指标刊名字顺索引（续）

CODE	刊名	来源文献量	文献选出率	参考文献量	平均引文数	平均作者数	地区分布数	机构分布数	海外论文比	基金论文比	引用半衰期
G598	中国媒介生物学及控制杂志	225	0.88	2455	10.91	4.96	30	152	0.01	0.30	7.3
G428	中国美容医学	757	0.28	15814	20.89	9.88	28	440	0.00	0.13	6.1
G297	中国美容整形外科杂志	258	0.82	4597	17.82	4.69	25	132	0.01	0.10	3.8
K036	中国锰业	67	0.96	494	7.37	2.67	11	29	0.00	0.19	8.2
H211	中国棉花	197	0.61	535	2.72	6.12	18	123	0.00	0.36	6.6
G111	中国免疫学杂志	263	0.96	4131	15.71	4.93	28	185	0.01	0.69	5.5
Y028	中国民航大学学报	91	1.00	805	8.85	2.42	8	15	0.00	0.54	7.6
H952	中国奶牛	260	0.93	2851	10.97	4.01	28	138	0.02	0.38	8.0
H273	中国南方果树	191	0.95	1054	5.52	4.62	19	127	0.01	0.52	7.3
G303	中国男科学杂志	236	0.86	3203	13.57	5.17	25	149	0.00	0.23	6.8
G422	中国脑血管病杂志	147	0.86	2419	16.46	5.14	23	86	0.01	0.37	5.3
G277	中国内镜杂志	443	0.85	4128	9.32	4.28	29	338	0.00	0.03	5.6
R524	中国能源	107	0.64	707	6.61	2.50	18	73	0.00	0.27	3.3
U609	中国酿造	698	0.97	7275	10.42	3.63	31	259	0.00	0.38	6.8
W005	中国农村水利水电	569	0.98	4733	8.32	3.06	30	248	0.00	0.47	6.4
H958	中国农学通报	2093	0.99	33576	16.04	4.20	31	749	0.00	0.77	7.2
H027	中国农业大学学报	124	0.95	2446	19.73	4.73	18	39	0.02	0.96	7.6
H567	中国农业科技导报	145	0.95	3440	23.72	4.26	26	84	0.01	0.86	6.6
H030	中国农业科学	621	1.00	17970	28.94	5.52	28	144	0.02	0.99	7.3
H210	中国农业气象	120	0.98	2273	18.94	4.33	27	72	0.02	0.86	6.8
H221	中国农业资源与区划	97	0.95	970	10.00	2.77	25	71	0.01	0.46	5.2
G311	中国皮肤性病学杂志	423	0.72	4017	9.50	5.50	31	268	0.01	0.17	5.8
G226	中国普通外科杂志	366	0.92	5003	13.67	4.39	28	225	0.01	0.18	5.3
G269	中国普外基础与临床杂志	343	0.83	7842	22.86	4.82	28	198	0.01	0.21	5.3
G776	中国全科医学	1513	0.85	16215	10.72	4.24	30	866	0.01	0.21	5.3
G629	中国热带医学	650	0.77	5797	8.92	4.80	28	391	0.00	0.17	6.3
Z546	中国人口资源与环境	355	0.99	5579	15.72	2.52	24	128	0.01	0.73	5.8
G112	中国人兽共患病学报	311	0.96	4128	13.27	5.54	29	174	0.00	0.70	6.8
U052	中国乳品工业	202	0.91	2427	12.01	4.00	26	109	0.00	0.42	7.7
E124	中国沙漠	221	0.99	6104	27.62	4.27	18	70	0.00	0.96	7.6
G366	中国社会医学杂志	163	0.97	1386	8.50	3.80	25	98	0.02	0.31	4.7
G114	中国神经精神疾病杂志	217	0.84	3224	14.86	5.76	24	136	0.02	0.41	5.6
G242	中国神经免疫学和神经病学杂志	137	0.83	1401	10.23	4.15	19	79	0.01	0.27	5.4
G268	中国生化药物杂志	140	0.96	1488	10.63	3.99	26	101	0.01	0.41	5.5
H555	中国生态农业学报	251	0.97	5919	23.58	4.71	28	116	0.02	0.96	7.6
H044	中国生物防治	85	0.93	1559	18.34	4.32	22	51	0.02	0.95	8.5
F255	中国生物工程杂志	272	0.93	5590	20.55	4.86	27	162	0.01	0.77	6.5
F002	中国生物化学与分子生物学报	170	0.94	4600	27.06	4.40	24	109	0.04	0.92	6.0
G115	中国生物医学工程学报	156	1.00	2633	16.88	4.08	24	87	0.04	0.81	5.9
G258	中国生物制品学杂志	357	0.95	4864	13.62	5.37	22	145	0.01	0.53	5.0
L001	中国石油大学学报自然科学版	212	0.95	3038	14.33	3.89	16	35	0.01	0.88	7.3
U635	中国食品添加剂	239	0.88	2611	10.92	3.39	28	142	0.01	0.28	7.5
G429	中国食品卫生杂志	144	0.88	1495	10.38	3.97	24	93	0.01	0.37	5.8
U007	中国食品学报	221	0.94	3414	15.45	4.28	22	84	0.03	0.71	6.8

表 4-2 2010 年中国科技期刊来源指标刊名字顺索引（续）

CODE	刊名	来源文献量	文献选出率	参考文献量	平均引文数	平均作者数	地区分布数	机构分布数	海外论文比	基金论文比	引用半衰期
U563	中国食物与营养	275	0.96	2664	9.69	3.48	25	168	0.00	0.37	6.0
F047	中国实验动物学报	125	0.96	1640	13.12	5.35	22	88	0.02	0.78	7.1
G604	中国实验方剂学杂志	1260	0.96	9700	7.70	4.26	30	496	0.00	0.50	6.0
G883	中国实验血液学杂志	346	0.98	5367	15.51	6.26	27	171	0.01	0.57	5.3
G853	中国实验诊断学	825	0.95	7060	8.56	4.14	27	367	0.00	0.27	6.8
G273	中国实用儿科杂志	284	0.84	4343	15.29	3.80	24	118	0.00	0.15	4.5
G228	中国实用妇科与产科杂志	303	0.89	3815	12.59	3.20	24	141	0.00	0.15	5.3
G305	中国实用护理杂志	1137	0.70	9802	8.62	3.67	29	665	0.00	0.10	5.1
G267	中国实用内科杂志	446	0.94	2838	6.36	3.97	27	193	0.01	0.21	4.6
G272	中国实用外科杂志	347	0.86	4024	11.60	3.56	25	141	0.02	0.09	4.5
G872	中国实用眼科杂志	404	0.82	4926	12.19	4.42	28	250	0.01	0.13	7.4
H326	中国兽医科学	258	0.97	4309	16.70	5.96	28	76	0.01	0.86	7.2
H225	中国兽医学报	384	0.98	5129	13.36	5.96	28	108	0.01	0.87	8.1
H207	中国蔬菜	498	0.84	3592	7.21	4.29	30	252	0.01	0.56	7.3
G796	中国输血杂志	429	0.88	3614	8.42	4.34	30	248	0.05	0.14	5.6
G926	中国数字医学	368	0.81	1893	5.14	3.61	25	215	0.01	0.43	4.0
H290	中国水产科学	164	0.97	4504	27.46	5.16	16	56	0.02	0.99	9.1
H020	中国水稻科学	112	0.97	2744	24.50	5.93	18	45	0.02	1.00	8.2
H295	中国水土保持科学	126	0.94	2444	19.40	4.25	21	60	0.02	0.94	6.7
T022	中国塑料	253	0.90	3137	12.40	3.60	26	124	0.00	0.36	6.3
G211	中国糖尿病杂志	287	0.86	2516	8.77	5.29	30	208	0.00	0.37	5.3
T068	中国陶瓷	279	0.87	2658	9.53	2.84	24	139	0.00	0.33	7.3
G521	中国疼痛医学杂志	113	0.72	948	8.39	4.69	28	103	0.03	0.15	6.5
G561	中国体视学与图像分析	81	0.90	819	10.11	3.80	16	45	0.00	0.53	6.2
G444	中国体外循环杂志	71	0.90	903	12.72	5.54	20	49	0.03	0.30	5.9
G101	中国天然药物	95	0.91	1843	19.40	4.53	17	54	0.05	0.72	6.0
U567	中国甜菜糖业	77	0.95	319	4.14	3.25	9	42	0.00	0.21	9.0
X004	中国铁道科学	144	0.94	1305	9.06	3.57	20	43	0.00	0.89	6.5
G437	中国听力语言康复科学杂志	114	0.91	1004	8.81	3.34	15	50	0.04	0.37	6.0
R083	中国图象图形学报	263	0.96	3681	14.00	3.17	21	105	0.01	0.80	6.8
H350	中国土地科学	164	0.95	2370	14.45	2.88	21	72	0.02	0.68	5.3
H233	中国土壤与肥料	109	0.96	1810	16.61	4.82	28	68	0.02	0.81	7.6
G373	中国微创外科杂志	434	0.97	4253	9.80	4.60	29	287	0.01	0.05	5.0
G959	中国微侵袭神经外科杂志	177	0.74	1941	10.97	6.25	20	100	0.01	0.33	4.8
G517	中国微生态学杂志	359	0.97	4160	11.59	4.18	26	188	0.00	0.42	6.4
G116	中国危重病急救医学	225	0.76	3309	14.71	5.35	27	156	0.00	0.55	5.6
G988	中国卫生检验杂志	1411	0.88	10829	7.67	4.26	29	708	0.00	0.14	5.7
S725	中国卫生经济	390	0.91	2438	6.25	3.52	25	172	0.02	0.40	4.4
G253	中国卫生统计	230	0.83	1939	8.43	4.10	27	139	0.03	0.33	6.2
G752	中国卫生质量管理	223	0.95	1290	5.78	3.46	25	154	0.02	0.14	4.4
K035	中国钨业	72	0.82	630	8.75	3.04	13	35	0.00	0.24	8.2
M022	中国稀土学报	136	0.96	2267	16.67	4.68	28	87	0.01	0.79	6.5
F025	中国细胞生物学学报	162	0.95	4014	24.78	4.36	25	97	0.01	0.75	6.1
G841	中国现代普通外科进展	320	0.86	3682	11.51	4.48	27	190	0.00	0.12	6.4

表 4-2　2010 年中国科技期刊来源指标刊名字顺索引（续）

CODE	刊名	来源文献量	文献选出率	参考文献量	平均引文数	平均作者数	地区分布数	机构分布数	海外论文比	基金论文比	引用半衰期
G623	中国现代神经疾病杂志	141	0.92	3406	24.16	3.21	19	69	0.02	0.28	5.5
G885	中国现代手术学杂志	151	0.88	1261	8.35	4.44	19	120	0.00	0.06	4.7
G237	中国现代医学杂志	1083	0.84	11826	10.92	4.18	30	552	0.00	0.26	6.0
G849	中国现代应用药学	323	0.94	3113	9.64	3.85	31	233	0.01	0.39	5.8
G284	中国消毒学杂志	332	0.75	1853	5.58	4.40	28	243	0.00	0.10	5.5
G765	中国小儿急救医学	216	0.81	2429	11.25	4.06	23	111	0.00	0.08	5.8
G845	中国小儿血液与肿瘤杂志	80	0.82	1049	13.11	4.05	20	60	0.01	0.15	5.6
G298	中国斜视与小儿眼科杂志	63	0.77	582	9.24	4.14	23	55	0.00	0.10	9.2
G082	中国新生儿科杂志	102	0.61	1422	13.94	4.71	22	74	0.01	0.14	5.4
G250	中国新药与临床杂志	221	0.93	2778	12.57	3.86	27	136	0.03	0.24	4.8
G747	中国新药杂志	511	0.90	6538	12.79	4.09	29	281	0.01	0.33	5.2
G117	中国心理卫生杂志	223	0.93	3589	16.09	4.94	24	111	0.04	0.43	6.9
G380	中国心血管杂志	153	0.84	1464	9.57	4.27	24	106	0.01	0.20	5.1
G203	中国心脏起搏与心电生理杂志	154	0.79	2121	13.77	5.42	21	83	0.02	0.18	5.5
G232	中国胸心血管外科临床杂志	133	0.63	2364	17.77	8.02	21	79	0.02	0.20	5.8
G118	中国修复重建外科杂志	377	0.93	7340	19.47	5.34	28	228	0.00	0.31	5.0
H294	中国畜牧兽医	727	0.90	10180	14.00	5.23	31	232	0.00	0.60	6.7
H242	中国畜牧杂志	444	0.97	3175	7.15	3.68	31	144	0.02	0.57	7.6
G908	中国学校卫生	713	0.92	8251	11.57	3.89	30	422	0.01	0.28	5.5
G675	中国血吸虫病防治杂志	167	0.78	2803	16.78	7.08	20	91	0.01	0.58	5.8
G633	中国血液净化	178	0.82	2798	15.72	4.54	24	98	0.00	0.13	5.9
G952	中国血液流变学杂志	272	0.99	1889	6.94	3.44	18	145	0.01	0.11	7.0
G119	中国循环杂志	136	0.82	1358	9.99	6.46	21	73	0.02	0.20	5.7
G756	中国循证儿科杂志	69	0.77	1614	23.39	5.42	13	35	0.12	0.35	5.3
G645	中国循证心血管医学杂志	75	0.78	1029	13.72	3.68	22	61	0.01	0.15	6.0
G396	中国循证医学杂志	246	0.89	4967	20.19	5.20	24	110	0.12	0.21	5.8
H208	中国烟草科学	108	0.86	1405	13.01	6.13	16	53	0.00	0.30	7.1
U647	中国烟草学报	115	0.82	2026	17.62	6.39	19	67	0.00	0.30	7.3
E303	中国岩溶	72	0.95	1364	18.94	3.64	15	36	0.01	0.75	7.4
G318	中国药房	1772	0.92	14649	8.27	3.55	30	935	0.00	0.16	4.8
G120	中国药科大学学报	107	0.92	1775	16.59	4.61	14	30	0.04	0.64	5.2
G121	中国药理学通报	423	0.96	6349	15.01	5.01	29	206	0.03	0.90	4.6
G122	中国药理学与毒理学杂志	92	0.90	1721	18.71	4.40	22	61	0.00	0.75	6.4
G878	中国药师	845	0.96	6175	7.31	3.26	29	528	0.00	0.13	5.5
G220	中国药物化学杂志	97	0.82	1589	16.38	4.81	16	42	0.01	0.43	6.3
G227	中国药物警戒	226	0.76	2161	9.56	4.09	24	123	0.01	0.31	5.2
G248	中国药物依赖性杂志	105	0.81	1856	17.68	4.61	24	63	0.02	0.40	6.3
G713	中国药物应用与监测	136	0.89	1239	9.11	3.68	20	76	0.00	0.16	3.8
G621	中国药物与临床	695	0.88	4544	6.54	3.30	25	289	0.00	0.16	6.7
G009	中国药学杂志	480	0.91	6258	13.04	4.66	29	269	0.01	0.48	5.7
G755	中国药业	1119	0.79	8017	7.16	3.14	29	705	0.00	0.04	6.1
G809	中国医刊	412	0.87	2775	6.74	3.11	24	203	0.00	0.03	5.9
G123	中国医科大学学报	342	0.97	3112	9.10	4.60	19	75	0.02	0.58	6.0
G124	中国医疗器械杂志	137	0.90	1058	7.72	3.36	16	98	0.01	0.20	6.6

表 4-2 2010 年中国科技期刊来源指标刊名字顺索引（续）

CODE	刊名	来源文献量	文献选出率	参考文献量	平均引文数	平均作者数	地区分布数	机构分布数	海外论文比	基金论文比	引用半衰期
G679	中国医疗设备	575	0.72	4996	8.69	3.11	30	381	0.00	0.07	4.4
G306	中国医师进修杂志	1248	0.94	9581	7.68	3.50	30	810	0.00	0.03	4.7
G313	中国医师杂志	672	0.92	5613	8.35	4.01	26	451	0.00	0.09	4.9
G236	中国医学计算机成像杂志	111	0.96	1395	12.57	4.37	15	69	0.00	0.25	5.7
G709	中国医学教育技术	212	0.97	1459	6.88	2.86	26	130	0.00	0.19	4.2
G125	中国医学科学院学报	156	0.95	1980	12.69	5.37	15	52	0.01	0.28	5.6
G911	中国医学伦理学	305	0.86	2058	6.75	2.75	25	182	0.02	0.19	4.4
G622	中国医学物理学杂志	198	0.97	1890	9.55	3.83	25	114	0.01	0.39	6.9
G127	中国医学影像技术	681	0.79	8213	12.06	5.57	28	322	0.01	0.35	4.7
G193	中国医学影像学杂志	150	0.86	1608	10.72	4.59	26	113	0.01	0.11	5.8
S591	中国医学装备	279	0.93	1695	6.08	2.53	27	200	0.00	0.05	4.8
G519	中国医药	509	0.83	5700	11.20	3.97	26	306	0.00	0.09	5.5
G644	中国医药导报	2969	0.71	27226	9.17	3.09	29	1783	0.00	0.03	5.0
G924	中国医药导刊	1066	0.78	8816	8.27	3.62	30	683	0.00	0.06	6.0
T019	中国医药工业杂志	252	0.90	2483	9.85	3.73	27	125	0.01	0.38	6.0
G531	中国医药生物技术	91	0.79	1569	17.24	4.45	20	78	0.00	0.56	5.2
Q918	中国医院	318	0.91	1463	4.60	3.16	19	170	0.03	0.10	4.2
G454	中国医院管理	360	0.88	2209	6.14	3.67	26	208	0.01	0.29	4.0
G243	中国医院药学杂志	864	0.94	6764	7.83	3.91	30	533	0.00	0.25	5.4
G314	中国疫苗和免疫	126	0.69	1490	11.83	7.69	24	62	0.01	0.22	5.7
G130	中国应用生理学杂志	147	0.99	1164	7.92	4.82	27	95	0.01	0.75	6.8
G706	中国优生与遗传杂志	627	0.70	7335	11.70	5.14	29	382	0.00	0.15	7.2
H205	中国油料作物学报	104	0.98	2174	20.90	5.13	22	45	0.02	0.92	7.8
U032	中国油脂	244	0.91	2613	10.71	3.72	27	109	0.00	0.47	6.0
M028	中国有色金属学报	360	0.74	8091	22.48	6.21	25	98	0.02	0.87	6.5
H099	中国预防兽医学报	244	0.96	3143	12.88	6.41	24	70	0.00	0.95	7.2
G753	中国预防医学杂志	387	0.86	4274	11.04	5.06	28	262	0.01	0.27	5.3
V039	中国园林	229	0.67	2069	9.03	2.74	22	122	0.12	0.24	6.9
G131	中国运动医学杂志	186	0.95	3763	20.23	3.88	20	101	0.05	0.51	6.4
X012	中国造船	118	0.77	1445	12.25	3.77	12	41	0.00	0.37	7.2
U012	中国造纸	220	0.83	2009	9.13	3.42	22	93	0.02	0.25	6.8
U033	中国造纸学报	68	0.97	923	13.57	3.68	16	26	0.03	0.68	7.7
H204	中国沼气	94	0.90	866	9.21	3.66	23	63	0.01	0.40	5.4
H067	中国真菌学杂志	96	0.95	1314	13.69	4.54	22	64	0.03	0.31	5.9
G600	中国针灸	260	0.70	3216	12.37	4.65	28	176	0.04	0.43	7.2
G945	中国职业医学	199	0.88	2119	10.65	4.83	27	123	0.01	0.33	6.2
G347	中国中西医结合耳鼻咽喉科杂志	128	0.91	1160	9.06	3.72	20	93	0.02	0.19	6.6
G843	中国中西医结合急救杂志	120	0.67	1790	14.92	5.50	24	97	0.00	0.48	6.1
G757	中国中西医结合皮肤性病学杂志	159	0.69	1270	7.99	4.49	22	111	0.00	0.14	6.7
G846	中国中西医结合肾病杂志	393	0.84	5308	13.51	4.36	28	255	0.01	0.25	5.8
G758	中国中西医结合外科杂志	299	0.95	2026	6.78	3.72	20	189	0.00	0.09	5.9
G528	中国中西医结合消化杂志	141	0.93	1335	9.47	4.03	24	118	0.00	0.31	6.6
G678	中国中西医结合影像学杂志	192	0.77	1812	9.44	3.84	26	138	0.01	0.07	7.2
G182	中国中西医结合杂志	327	0.93	4409	13.48	4.69	27	201	0.01	0.61	6.2

表 4-2　2010 年中国科技期刊来源指标刊名字顺索引（续）

CODE	刊名	来源文献量	文献选出率	参考文献量	平均引文数	平均作者数	地区分布数	机构分布数	海外论文比	基金论文比	引用半衰期
G132	中国中药杂志	767	0.96	9244	12.05	4.83	29	285	0.02	0.79	6.4
G240	中国中医骨伤科杂志	357	0.82	3729	10.45	4.32	27	227	0.01	0.18	6.9
G632	中国中医基础医学杂志	512	0.92	2334	4.56	3.59	28	251	0.01	0.42	7.1
G524	中国中医急症	1325	0.86	7784	5.87	2.81	30	664	0.00	0.10	6.7
G749	中国中医眼科杂志	136	0.85	1203	8.85	3.77	26	96	0.01	0.13	8.3
G551	中国中医药科技	295	0.58	2156	7.31	5.11	25	195	0.00	0.29	7.9
G832	中国中医药信息杂志	618	0.84	4363	7.06	3.78	27	314	0.01	0.34	6.8
G642	中国肿瘤	204	0.92	2671	13.09	4.49	24	136	0.00	0.23	5.1
G133	中国肿瘤临床	399	0.86	5198	13.03	5.53	27	213	0.01	0.40	4.8
G636	中国肿瘤临床与康复	191	0.96	1930	10.10	4.38	23	149	0.01	0.04	6.4
G255	中国肿瘤生物治疗杂志	135	0.94	3190	23.63	4.79	23	98	0.01	0.79	4.1
N072	中国铸造装备与技术	119	0.90	558	4.69	2.41	21	80	0.00	0.08	8.9
G667	中国综合临床	506	0.91	5012	9.91	4.36	30	357	0.00	0.15	5.8
G529	中国卒中杂志	185	0.84	3233	17.48	4.37	21	93	0.06	0.18	6.7
G299	中国组织工程研究与临床康复	2351	0.95	52558	22.36	4.26	30	1021	0.01	0.39	5.1
G134	中国组织化学与细胞化学杂志	134	0.98	1707	12.74	4.31	23	81	0.01	0.61	6.3
G502	中华保健医学杂志	185	0.78	1685	9.11	4.10	21	100	0.00	0.11	5.3
G135	中华病理学杂志	212	0.82	3539	16.69	5.33	24	134	0.02	0.33	5.8
G195	中华超声影像学杂志	316	0.72	3422	10.83	7.18	23	163	0.00	0.41	5.5
G136	中华传染病杂志	191	0.86	2099	10.99	6.00	26	124	0.01	0.47	5.1
G408	中华创伤骨科杂志	304	0.77	3607	11.87	5.72	23	153	0.05	0.22	6.1
G137	中华创伤杂志	324	0.90	4131	12.75	5.07	27	217	0.01	0.22	6.4
G138	中华儿科杂志	209	0.79	3969	18.99	4.90	19	86	0.04	0.25	5.6
G139	中华耳鼻咽喉头颈外科杂志	254	0.78	3841	15.12	5.56	26	143	0.01	0.30	6.0
G743	中华耳科学杂志	105	0.92	1422	13.54	5.47	20	62	0.04	0.54	6.9
G140	中华放射学杂志	313	0.82	4103	13.11	6.30	28	190	0.02	0.30	6.1
G141	中华放射医学与防护杂志	216	0.94	2702	12.51	5.74	23	125	0.01	0.53	5.8
G251	中华放射肿瘤学杂志	167	0.86	2271	13.60	6.49	22	85	0.01	0.32	6.1
G286	中华风湿病学杂志	237	0.79	3308	13.96	5.24	23	127	0.03	0.45	5.5
G142	中华妇产科杂志	236	0.83	3182	13.48	5.42	25	116	0.03	0.41	5.2
G689	中华妇幼临床医学杂志电子版	125	0.73	1820	14.56	4.43	21	87	0.02	0.25	5.4
G262	中华肝胆外科杂志	307	0.87	3649	11.89	5.93	29	202	0.01	0.25	6.5
G231	中华肝脏病杂志	261	0.86	3280	12.57	5.26	27	157	0.02	0.53	4.6
G235	中华高血压杂志	260	0.81	3300	12.69	4.63	27	156	0.02	0.32	5.1
G143	中华骨科杂志	258	0.90	4552	17.64	5.29	21	124	0.04	0.20	7.1
G691	中华关节外科杂志电子版	126	0.85	1903	15.10	4.96	19	74	0.10	0.19	6.6
G335	中华航海医学与高气压医学杂志	124	0.75	1319	10.64	5.92	18	65	0.00	0.31	7.2
G144	中华航空航天医学杂志	72	0.71	1404	19.50	6.78	10	27	0.00	0.26	7.9
G145	中华核医学杂志	109	0.75	1385	12.71	6.98	20	75	0.01	0.42	5.4
G146	中华护理杂志	444	0.87	5394	12.15	3.86	28	279	0.04	0.14	5.4
G555	中华急诊医学杂志	364	0.82	4746	13.04	5.14	28	228	0.01	0.31	5.8
G302	中华疾病控制杂志	388	0.93	3890	10.03	5.25	27	213	0.01	0.32	5.0
G174	中华检验医学杂志	255	0.83	3893	15.27	5.72	27	151	0.04	0.47	5.0
G751	中华健康管理学杂志	133	0.83	1230	9.25	4.68	16	105	0.01	0.18	4.4

表 4-2 2010 年中国科技期刊来源指标刊名字顺索引（续）

CODE	刊名	来源文献量	文献选出率	参考文献量	平均引文数	平均作者数	地区分布数	机构分布数	海外论文比	基金论文比	引用半衰期
G147	中华结核和呼吸杂志	271	0.77	3602	13.29	5.34	27	141	0.02	0.30	5.2
G159	中华精神科杂志	54	0.62	1169	21.65	9.11	11	27	0.06	0.57	6.2
G148	中华口腔医学杂志	171	0.74	2512	14.69	4.20	23	76	0.01	0.47	7.0
G280	中华口腔正畸学杂志	53	0.80	708	13.36	3.45	14	35	0.02	0.32	7.8
G149	中华劳动卫生职业病杂志	306	0.83	3745	12.24	5.25	26	174	0.03	0.39	6.7
G639	中华老年多器官疾病杂志	142	0.85	1776	12.51	5.23	19	92	0.00	0.12	6.2
G833	中华老年口腔医学杂志	103	0.89	1284	12.47	3.62	18	65	0.00	0.27	6.0
G876	中华老年心脑血管病杂志	355	0.86	3895	10.97	5.06	27	198	0.01	0.30	3.5
G150	中华老年医学杂志	300	0.94	3295	10.98	4.89	27	189	0.01	0.24	5.5
G692	中华临床感染病杂志	117	0.94	1438	12.29	4.97	18	89	0.02	0.32	4.6
G693	中华临床免疫和变态反应杂志	50	0.76	1148	22.96	4.90	15	37	0.00	0.38	5.8
G504	中华临床医师杂志电子版	672	0.97	8617	12.82	4.31	31	397	0.01	0.22	5.0
G824	中华临床营养杂志	89	0.87	1409	15.83	4.56	19	58	0.00	0.18	5.5
G152	中华流行病学杂志	391	0.92	5493	14.05	6.79	28	195	0.06	0.60	5.6
G153	中华麻醉学杂志	473	0.89	4790	10.13	4.91	29	256	0.01	0.38	6.7
G154	中华泌尿外科杂志	214	0.68	2794	13.06	8.44	27	129	0.01	0.21	6.1
G282	中华男科学杂志	260	0.91	3677	14.14	5.13	27	176	0.01	0.28	5.6
G155	中华内分泌代谢杂志	340	0.89	4072	11.98	4.87	27	166	0.01	0.39	5.3
G156	中华内科杂志	318	0.80	3993	12.56	5.34	25	155	0.01	0.32	5.2
G157	中华皮肤科杂志	261	0.62	2886	11.06	7.40	27	152	0.03	0.46	6.0
G254	中华普通外科杂志	326	0.74	2785	8.54	6.88	27	182	0.01	0.28	5.4
G158	中华器官移植杂志	209	0.77	2564	12.27	6.49	24	109	0.00	0.38	5.7
G526	中华全科医师杂志	320	0.74	2769	8.65	4.15	27	195	0.00	0.11	5.8
G515	中华全科医学	804	0.87	10207	12.70	3.88	29	459	0.00	0.07	5.0
G505	中华乳腺病杂志电子版	106	0.86	1730	16.32	3.90	19	73	0.06	0.16	5.2
G900	中华烧伤杂志	136	0.65	1723	12.67	5.77	28	74	0.02	0.34	5.0
G197	中华神经科杂志	227	0.78	3802	16.75	5.38	27	128	0.02	0.34	5.4
G976	中华神经外科疾病研究杂志	176	0.91	2024	11.50	5.32	25	117	0.01	0.35	6.2
G160	中华神经外科杂志	349	0.78	5022	14.39	6.84	29	185	0.00	0.36	5.4
G446	中华神经医学杂志	337	0.93	4654	13.81	5.00	28	224	0.01	0.32	5.3
G161	中华肾脏病杂志	211	0.70	3096	14.67	6.87	26	128	0.03	0.51	5.7
G162	中华实验和临床病毒学杂志	161	0.90	1291	8.02	6.52	25	97	0.01	0.45	5.9
G703	中华实验和临床感染病杂志电子版	80	0.86	1038	12.98	4.31	20	65	0.00	0.35	4.9
G163	中华实验外科杂志	649	0.82	6175	9.51	6.26	28	260	0.02	0.59	5.6
G367	中华实用诊断与治疗杂志	649	0.97	6346	9.78	3.65	26	394	0.00	0.14	5.6
G848	中华手外科杂志	123	0.64	1176	9.56	7.14	23	78	0.00	0.27	7.1
G506	中华损伤与修复杂志电子版	139	0.91	1196	8.60	4.99	25	102	0.00	0.09	6.6
G164	中华外科杂志	506	0.84	7124	14.08	6.12	25	197	0.01	0.23	5.8
G165	中华微生物学和免疫学杂志	242	0.83	3643	15.05	6.67	29	173	0.02	0.72	5.9
G296	中华围产医学杂志	152	0.84	2019	13.28	4.09	21	91	0.01	0.25	5.6
G793	中华胃肠外科杂志	279	0.79	3732	13.38	5.31	22	141	0.02	0.27	5.1
G740	中华卫生杀虫药械	148	0.81	848	5.73	4.65	24	109	0.00	0.19	7.9
G166	中华物理医学与康复杂志	312	0.91	4249	13.62	4.56	29	214	0.01	0.29	6.6
G167	中华显微外科杂志	200	0.79	1879	9.40	6.36	24	135	0.01	0.28	5.9

表 4-2　2010 年中国科技期刊来源指标刊名字顺索引（续）

CODE	刊名	来源文献量	文献选出率	参考文献量	平均引文数	平均作者数	地区分布数	机构分布数	海外论文比	基金论文比	引用半衰期
G847	中华现代护理杂志	1959	0.84	17377	8.87	3.41	27	803	0.01	0.05	5.7
G285	中华消化内镜杂志	246	0.80	2137	8.69	5.85	28	171	0.01	0.11	5.4
G978	中华消化外科杂志	154	0.79	1577	10.24	5.60	19	98	0.03	0.66	4.2
G168	中华消化杂志	258	0.85	2896	11.22	5.30	26	150	0.01	0.26	5.3
G169	中华小儿外科杂志	281	0.83	3694	13.15	5.60	28	121	0.01	0.25	6.2
G892	中华心律失常学杂志	105	0.88	1776	16.91	6.33	15	53	0.02	0.24	6.9
G170	中华心血管病杂志	262	0.85	4126	15.75	6.35	27	131	0.02	0.45	5.5
G263	中华行为医学与脑科学杂志	395	0.90	5531	14.00	4.95	24	244	0.03	0.59	5.1
G171	中华胸心血管外科杂志	127	0.68	1901	14.97	7.43	20	77	0.00	0.22	6.8
G172	中华血液学杂志	229	0.83	2972	12.98	7.13	25	119	0.00	0.52	5.3
G191	中华眼底病杂志	189	0.92	2787	14.75	4.23	26	115	0.02	0.29	6.2
G173	中华眼科杂志	249	0.83	4086	16.41	4.20	22	110	0.01	0.24	5.8
G873	中华眼视光学与视觉科学杂志	116	0.90	1710	14.74	3.97	20	86	0.03	0.31	6.5
Q920	中华医学超声杂志电子版	369	0.91	3338	9.05	4.05	27	222	0.02	0.23	6.2
G705	中华医学教育杂志	346	0.95	2003	5.79	4.02	26	177	0.01	0.24	4.2
G489	中华医学美学美容杂志	145	0.81	1398	9.64	4.83	27	124	0.01	0.10	6.5
G175	中华医学遗传学杂志	172	0.63	2494	14.50	8.17	25	128	0.02	0.66	6.5
G176	中华医学杂志	877	0.86	12125	13.83	5.97	29	354	0.02	0.40	5.5
G194	中华医院感染学杂志	1482	0.75	9399	6.34	4.52	31	817	0.00	0.11	3.5
G591	中华医院管理杂志	342	0.94	2315	6.77	3.96	23	205	0.01	0.30	4.3
G610	中华胰腺病杂志	166	0.90	1966	11.84	5.25	25	104	0.01	0.23	6.2
G177	中华预防医学杂志	283	0.86	3794	13.41	5.80	25	162	0.01	0.64	4.9
G178	中华整形外科杂志	147	0.91	1793	12.20	5.56	25	103	0.00	0.21	6.4
G859	中华中医药学刊	948	0.98	9124	9.62	3.91	29	382	0.00	0.57	7.0
G910	中华中医药杂志	694	0.96	6418	9.25	4.19	28	294	0.01	0.61	5.7
G858	中华肿瘤防治杂志	585	0.93	7400	12.65	4.73	28	355	0.01	0.32	4.9
G179	中华肿瘤杂志	223	0.86	2830	12.69	5.94	23	129	0.01	0.38	5.8
G039	中南大学学报医学版	207	0.98	3440	16.62	4.91	10	35	0.03	0.56	6.0
K001	中南大学学报自然科学版	394	0.99	6775	17.20	4.00	24	93	0.01	0.99	7.0
H053	中南林业科技大学学报	395	0.95	5472	13.85	3.77	23	97	0.01	0.74	7.5
G599	中南药学	279	0.95	4057	14.54	4.09	20	142	0.00	0.26	5.2
G180	中日友好医院学报	116	0.87	1561	13.46	3.95	12	46	0.01	0.07	5.0
G181	中山大学学报医学科学版	181	0.98	2761	15.25	5.85	7	45	0.02	0.90	5.4
A036	中山大学学报自然科学版	197	0.99	2939	14.92	3.87	21	78	0.01	0.93	7.6
X539	中外公路	467	0.99	3450	7.39	2.63	28	219	0.00	0.26	6.7
S020	中文信息学报	117	0.96	1766	15.09	3.44	20	56	0.06	0.84	6.7
G842	中西医结合肝病杂志	147	0.93	1470	10.00	3.81	21	108	0.00	0.31	6.5
G597	中西医结合心脑血管病杂志	818	0.93	7940	9.71	3.37	27	460	0.00	0.15	7.2
G442	中西医结合学报	177	0.81	3505	19.80	4.89	19	85	0.11	0.69	6.4
R775	中兴通讯技术	78	0.72	807	10.35	2.53	10	36	0.00	0.62	2.8
G183	中药材	631	0.98	5859	9.29	4.30	30	314	0.01	0.58	6.4
G564	中药新药与临床药理	208	0.98	1813	8.72	4.61	23	101	0.01	0.66	5.7
G685	中医学报	590	0.95	4745	8.04	2.19	24	290	0.00	0.29	6.3
G681	中医药导报	760	0.92	4910	6.46	2.40	26	389	0.00	0.10	6.5

表 4-2　2010 年中国科技期刊来源指标刊名字顺索引（续）

CODE	刊名	来源文献量	文献选出率	参考文献量	平均引文数	平均作者数	地区分布数	机构分布数	海外论文比	基金论文比	引用半衰期
G943	中医药信息	314	0.99	2193	6.98	3.29	23	115	0.01	0.47	7.0
G812	中医药学报	326	0.96	2460	7.55	3.25	23	165	0.01	0.40	6.8
G010	中医杂志	406	0.77	2992	7.37	4.04	26	235	0.00	0.39	7.1
G643	中医正骨	420	0.91	3437	8.18	3.62	24	224	0.01	0.09	6.7
H103	种子	475	0.94	4626	9.74	4.34	31	278	0.01	0.62	7.7
G184	肿瘤	226	0.94	3885	17.19	5.19	27	136	0.03	0.45	4.7
G185	肿瘤防治研究	399	0.95	5502	13.79	4.69	28	260	0.00	0.44	5.9
G412	肿瘤学杂志	291	0.94	3886	13.35	4.12	22	194	0.00	0.22	4.7
G522	肿瘤研究与临床	314	0.92	3699	11.78	3.92	28	200	0.00	0.14	6.3
G695	肿瘤预防与治疗	152	0.92	1995	13.13	3.76	21	85	0.01	0.15	6.4
N055	重型机械	101	0.38	970	9.60	7.97	19	63	0.00	0.11	7.5
N022	轴承	244	0.97	1033	4.23	3.07	23	122	0.00	0.21	6.8
H026	竹子研究汇刊	50	0.93	781	15.62	4.00	13	29	0.02	0.76	7.6
N075	铸造	277	0.81	2568	9.27	3.85	27	164	0.04	0.40	7.6
N081	铸造技术	476	0.94	2934	6.16	3.12	28	266	0.01	0.25	7.6
N034	装备环境工程	221	1.00	1490	6.74	3.30	19	101	0.01	0.15	8.0
A133	装备指挥技术学院学报	169	0.96	1153	6.82	2.80	16	39	0.00	0.38	4.8
Z022	资源科学	332	0.96	6050	18.22	3.64	29	151	0.02	0.90	5.8
R737	自动化技术与应用	442	0.96	2599	5.88	2.40	29	254	0.00	0.11	5.6
S026	自动化学报	233	1.00	4780	20.52	3.14	20	97	0.06	0.91	6.0
N013	自动化仪表	275	0.96	2176	7.91	2.79	27	170	0.00	0.30	5.5
S501	自动化与仪表	180	0.95	1091	6.06	2.99	25	112	0.01	0.56	5.3
R611	自动化与仪器仪表	332	0.96	1642	4.95	2.17	27	157	0.00	0.13	6.6
A905	自然杂志	57	0.72	1164	20.42	2.44	10	36	0.04	0.35	6.1
E137	自然灾害学报	170	0.99	2296	13.51	3.68	23	105	0.01	0.86	7.8
Z012	自然资源学报	214	1.00	5046	23.58	3.87	27	100	0.01	0.93	6.6
G229	卒中与神经疾病	127	0.92	1591	12.53	4.34	20	81	0.00	0.24	5.8
N088	组合机床与自动化加工技术	371	0.98	3200	8.63	2.81	25	170	0.00	0.50	5.4
G701	组织工程与重建外科杂志	106	0.93	1646	15.53	4.85	21	62	0.00	0.32	6.2
L018	钻井液与完井液	164	0.95	885	5.40	4.57	19	93	0.00	0.24	6.9
H034	作物学报	270	0.96	7329	27.14	6.23	25	75	0.04	0.99	8.2
H410	作物研究	107	0.95	1135	10.61	3.56	6	58	0.00	0.37	6.8
H202	作物杂志	227	0.90	2587	11.40	4.79	29	128	0.00	0.70	8.0

5 2010 年各学科分类期刊整体情况

表 5 2010 年各学科分类期刊数量、总被引频次和影响因子

表格	学科分类	期刊数量	总被引频次		影响因子	
			平均值	中值	平均值	中值
表 6-1	综合类	15	973	386	0.330	0.234
表 6-2	综合大学学报类	61	432	315	0.290	0.244
表 6-3	师范大学学报类	30	361	314	0.297	0.255
表 6-4	数学类	28	349	280	0.221	0.223
表 6-5	力学类	12	1021	285	0.456	0.375
表 6-6	信息科学与系统科学类	11	1332	782	0.427	0.345
表 6-7	物理学类	36	1217	465	0.528	0.394
表 6-8	化学类	35	1227	979	0.656	0.623
表 6-9	天文学类	4	101	97	0.190	0.189
表 6-10	测绘学类	14	824	788	0.497	0.447
表 6-11	地球科学类	39	1038	655	0.839	0.777
表 6-12	地理科学类	16	1178	743	0.807	0.582
表 6-13	地质科学类	32	1283	955	0.945	0.839
表 6-14	海洋科学类	18	746	514	0.508	0.380
表 6-15	大气科学类	14	1400	1090	1.063	1.035
表 6-16	生物学类	60	1428	932	0.610	0.262
表 6-17	农学类	46	1299	964	0.584	0.535
表 6-18	农艺学、园艺学类	30	1053	730	0.552	0.359
表 6-19	农业工程类	14	1582	823	0.631	0.538
表 6-20	农业大学学报类	24	947	993	0.437	0.443
表 6-21	林学类	19	910	520	0.468	0.410
表 6-22	畜牧、兽医科学类	16	1058	918	0.703	0.497
表 6-23	水产学类	12	754	634	0.674	0.614
表 6-24	预防医学与卫生学类	67	1134	981	0.459	0.433
表 6-25	基础医学类	46	651	514	0.395	0.389
表 6-26	医学综合类	48	1426	1081	0.391	0.313
表 6-27	医科大学学报类	51	757	707	0.377	0.358
表 6-28	药学类	45	1077	702	0.515	0.470
表 6-29	临床医学类	59	1151	879	0.504	0.427
表 6-30	保健医学类	11	1772	974	0.603	0.473
表 6-31	妇产科学、儿科学类	25	1489	866	0.554	0.457
表 6-32	护理医学类	14	3075	2741	0.574	0.485
表 6-33	神经病学、精神病学类	35	929	609	0.460	0.433
表 6-34	口腔医学类	17	692	610	0.448	0.449
表 6-35	内科学类	49	1324	750	0.504	0.498

表 5　2010 年各学科分类期刊数量、总被引频次和影响因子（续）

表格	学科分类	期刊数量	总被引频次		影响因子	
			平均值	中值	平均值	中值
表 6-36	外科学类	59	1330	983	0.536	0.514
表 6-37	眼科学、耳鼻咽喉科学类	18	935	675	0.387	0.385
表 6-38	肿瘤学类	27	889	642	0.420	0.382
表 6-39	中医学与中药学类	67	1343	964	0.417	0.367
表 6-40	军事医学与特种医学、医学影像学类	29	1115	742	0.484	0.458
表 6-41	工程与技术科学综合类	12	483	349	0.316	0.258
表 6-42	工程与技术大学学报类	71	634	412	0.297	0.000
表 6-43	材料科学类	36	829	661	0.419	0.378
表 6-44	矿山工程技术类	22	643	500	0.422	0.306
表 6-45	能源科学技术类	44	897	691	0.574	0.423
表 6-46	冶金工程技术类	24	649	306	0.366	0.314
表 6-47	机械工程类	64	687	224	0.285	0.238
表 6-48	仪器仪表技术类	13	785	467	0.397	0.270
表 6-49	兵工技术类	13	429	332	0.294	0.212
表 6-50	动力与电力工程类	38	1242	512	0.477	0.333
表 6-51	核科学技术类	9	335	240	0.273	0.271
表 6-52	电子、通信与自动控制类	69	670	444	0.382	0.310
表 6-53	计算机科学技术类	29	1483	1124	0.415	0.331
表 6-54	化学工程类	69	581	458	0.379	0.344
表 6-55	轻工、纺织科学技术、食品科学技术类	38	927	697	0.392	0.334
表 6-56	土木建筑工程类	42	886	473	0.381	0.287
表 6-57	水利工程类	20	738	545	0.501	0.320
表 6-58	交通运输工程类	45	443	369	0.309	0.294
表 6-59	航空、航天科学技术类	29	532	325	0.309	0.291
表 6-60	环境科学技术、安全科学技术类	36	1432	1050	0.701	0.678
表 6-61	管理学类	22	479	419	0.324	0.270

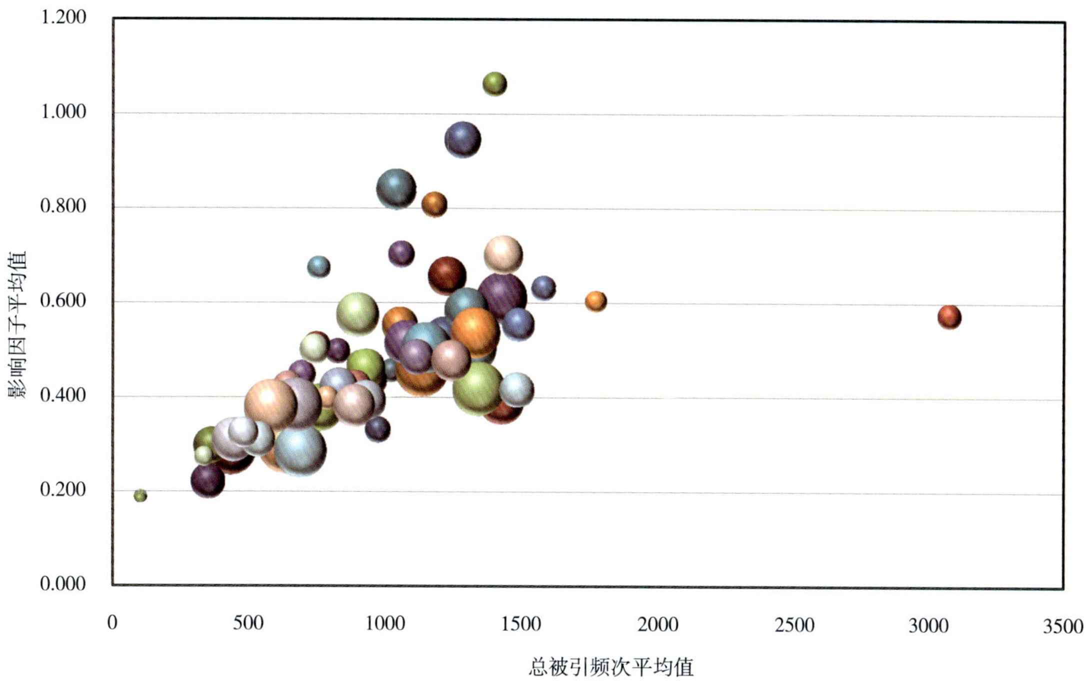

2010 年各学科分类期刊数量、总被引频次和影响因子的分布图

说明：图中每个数据点代表一个学科分类，数据点的面积大小表示该学科分类所包含期刊数量的多少，数据点的坐标位置表示该学科内期刊的总被引频次平均值（横坐标）和影响因子平均值（纵坐标）。

综合类

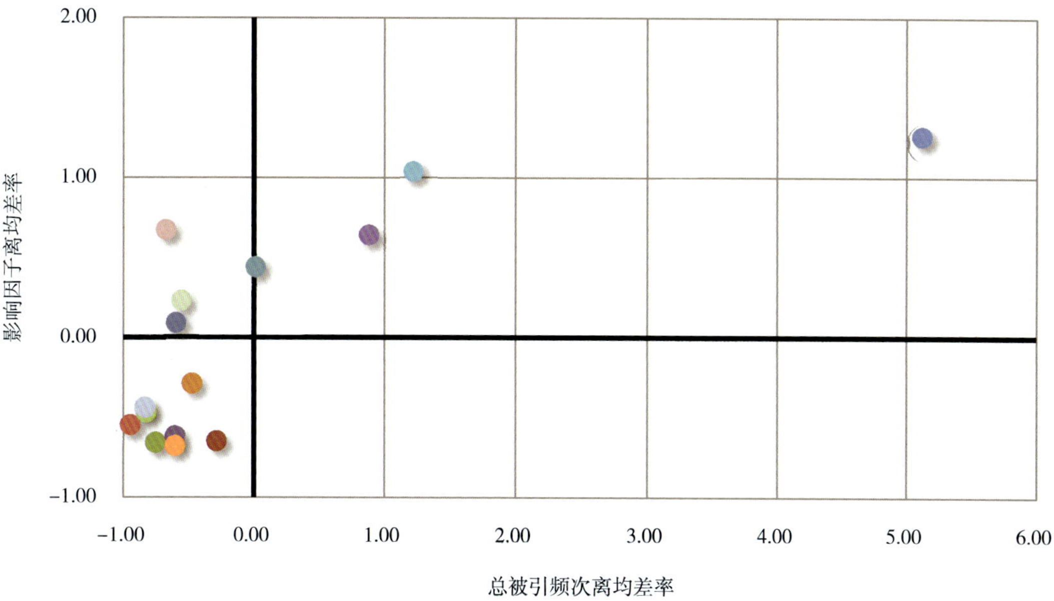

2010 年综合类期刊总被引频次和影响因子离均差率的分布图

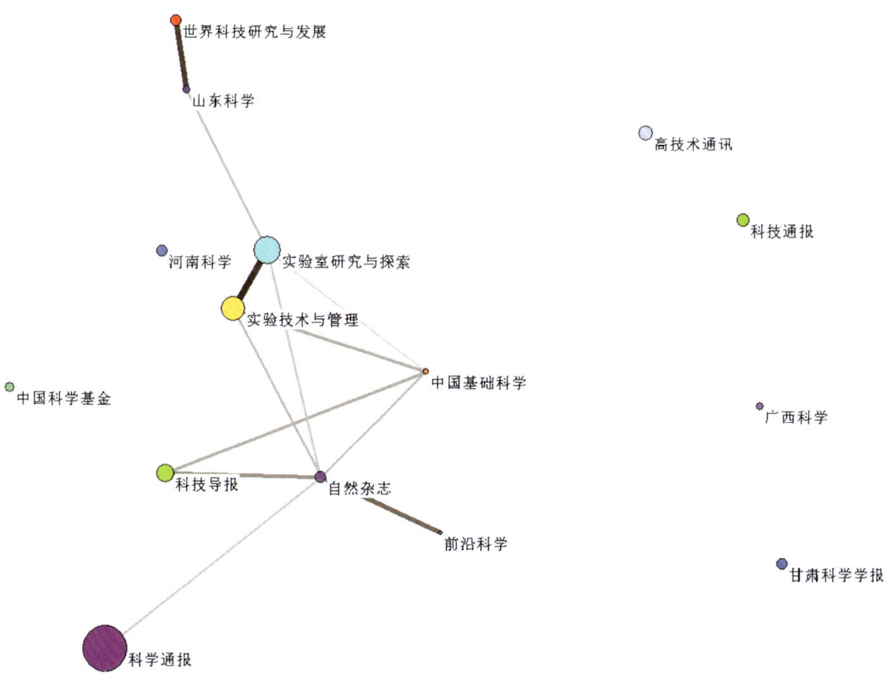

2010 年综合类期刊互引关系示意图

表 6-1　2010 年综合类期刊主要指标

CODE	刊名	总被引频次			影响因子			综合评价总分		学科扩散指标	学科影响指标
		数值	排名	离均差率	数值	排名	离均差率	数值	排名		
A034	甘肃科学学报	386	8	-0.60	0.359	7	0.09	25.3	11	11.53	0.27
A080	高技术通讯	688	5	-0.29	0.117	13	-0.65	33.7	8	23.13	0.27
A535	广西科学	229	12	-0.76	0.112	14	-0.66	25.5	10	10.20	0.20
A011	河南科学	380	9	-0.61	0.126	12	-0.62	22.8	14	14.07	0.27
A645	科技导报	982	4	0.01	0.475	5	0.44	45.5	2	31.00	0.60
A083	科技通报	507	6	-0.48	0.234	8	-0.29	34.6	7	22.47	0.40
A075	科学通报	5938	1	5.10	0.746	1	1.26	97.2	1	61.40	0.80
A093	前沿科学	53	15	-0.95	0.147	11	-0.55	17.8	15	2.53	0.13
A637	山东科学	170	13	-0.83	0.174	10	-0.47	26.7	9	9.07	0.20
A113	实验技术与管理	1832	3	0.88	0.542	4	0.64	37.8	6	10.93	0.20
A115	实验室研究与探索	2160	2	1.22	0.672	2	1.04	43.9	3	12.53	0.27
A201	世界科技研究与发展	375	10	-0.61	0.107	15	-0.68	25.3	11	16.67	0.33
A079	中国基础科学	157	14	-0.84	0.184	9	-0.44	24.6	13	7.73	0.33
A081	中国科学基金	311	11	-0.68	0.550	3	0.67	39.2	5	11.93	0.27
A905	自然杂志	428	7	-0.56	0.407	6	0.23	43.0	4	20.40	0.40
	15 种平均值	973			0. 330						

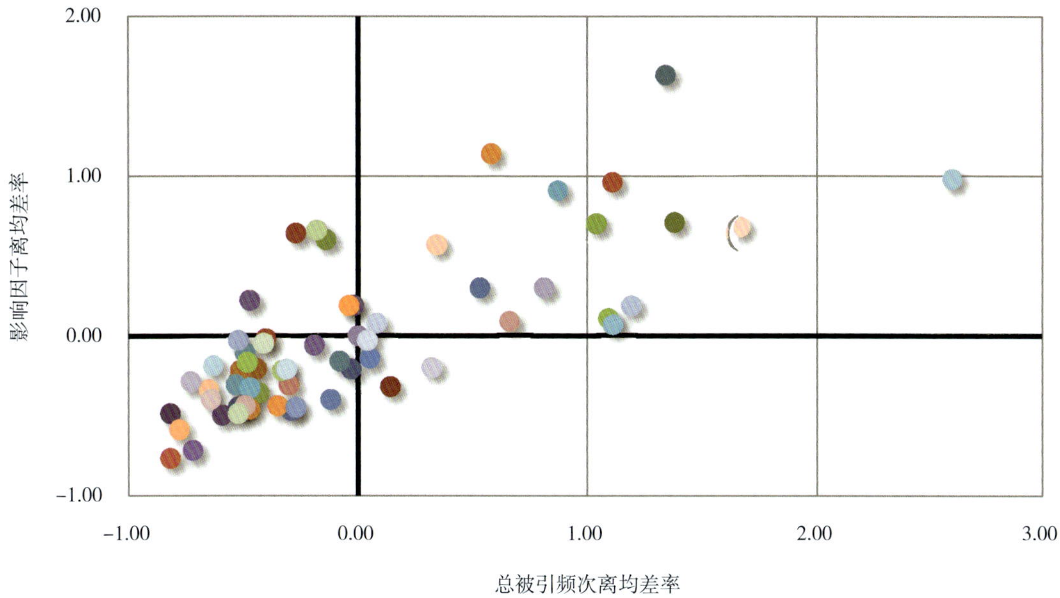

2010 年综合大学学报类期刊总被引频次和影响因子离均差率的分布图

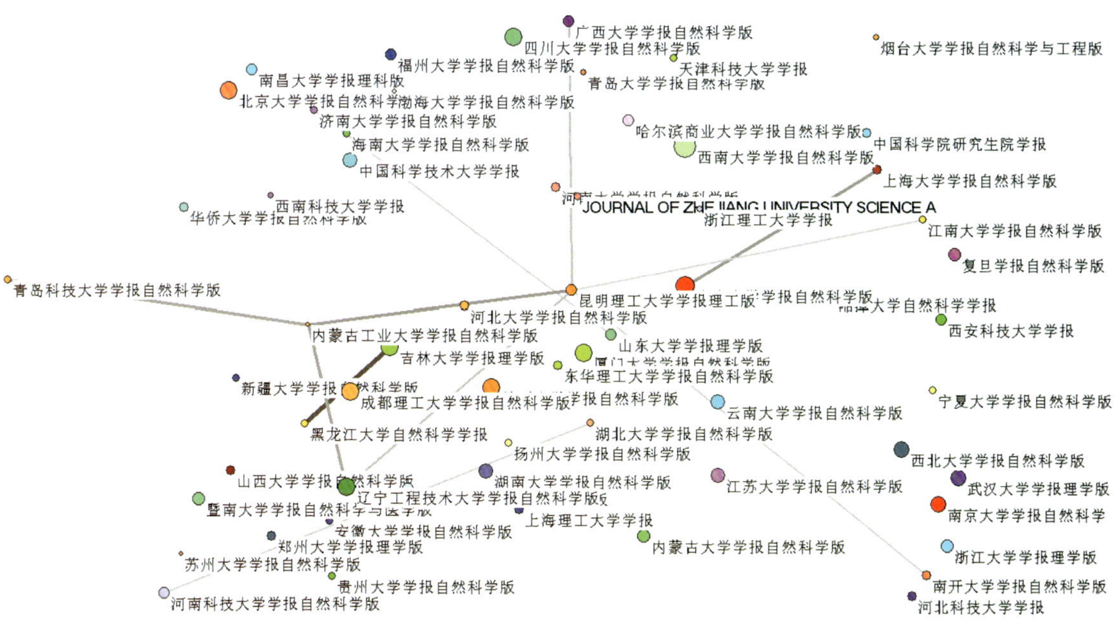

2010 年综合大学学报类期刊互引关系示意图

表 6-2　2010 年综合大学学报类期刊主要指标(续)

CODE	刊名	总被引频次			影响因子			综合评价总分		学科扩散指标	学科影响指标
		数值	排名	离均差率	数值	排名	离均差率	数值	排名		
I041	JOURNAL OF ZHEJIANG UNIVERSITY SCIENCE A	209	48	-0.52	0.159	53	-0.45	37.4	29	1.92	0.07
A003	安徽大学学报自然科学版	207	49	-0.52	0.206	40	-0.29	32.5	39	2.34	0.15
A005	北京大学学报自然科学版	1027	3	1.38	0.497	6	0.71	73.5	3	7.26	0.34
A808	渤海大学学报自然科学版	78	61	-0.82	0.147	57	-0.49	18.9	60	0.89	0.03
E102	成都理工大学学报自然科学版	1010	4	1.34	0.763	1	1.63	78.2	1	3.36	0.23
E002	东华理工大学学报自然科学版	243	40	-0.44	0.229	36	-0.21	30.0	48	2.26	0.10
A029	福州大学学报自然科学版	417	23	-0.03	0.230	35	-0.21	38.9	27	4.39	0.28
A001	复旦学报自然科学版	493	17	0.14	0.196	44	-0.32	42.5	19	5.10	0.28
A042	广西大学学报自然科学版	372	27	-0.14	0.463	11	0.60	38.8	28	2.62	0.16
A077	贵州大学学报自然科学版	178	53	-0.59	0.145	58	-0.50	25.2	56	2.11	0.13
U021	哈尔滨商业大学学报自然科学版	398	25	-0.08	0.244	31	-0.16	29.3	50	3.25	0.13
A012	海南大学学报自然科学版	211	47	-0.51	0.225	39	-0.22	26.9	54	2.13	0.10
A031	河北大学学报自然科学版	305	32	-0.29	0.153	55	-0.47	31.6	42	3.00	0.13
J058	河北科技大学学报	315	31	-0.27	0.476	10	0.64	26.0	55	1.92	0.11
A067	河南大学学报自然科学版	247	39	-0.43	0.186	47	-0.36	32.8	37	2.54	0.23
J014	河南科技大学学报自然科学版	423	22	-0.02	0.345	16	0.19	39.5	24	3.44	0.08
A084	黑龙江大学自然科学学报	222	45	-0.49	0.257	29	-0.11	31.7	41	1.82	0.11
A039	湖北大学学报自然科学版	229	41	-0.47	0.157	54	-0.46	30.3	46	2.64	0.10
A028	湖南大学学报自然科学版	662	14	0.53	0.377	13	0.30	54.5	12	5.80	0.30
A021	华侨大学学报自然科学版	259	37	-0.40	0.284	24	-0.02	31.4	43	2.41	0.18
A035	吉林大学学报理学版	883	9	1.04	0.492	7	0.70	62.1	7	7.10	0.30
A656	济南大学学报自然科学版	228	43	-0.47	0.355	15	0.22	44.6	16	2.74	0.16
A045	暨南大学学报自然科学与医学版	449	20	0.04	0.282	25	-0.03	44.0	17	5.02	0.20
A136	江南大学学报自然科学版	203	52	-0.53	0.201	42	-0.31	27.6	52	2.18	0.10
J035	江苏大学学报自然科学版	681	13	0.58	0.621	2	1.14	60.8	8	4.54	0.25
J020	昆明理工大学学报理工版	379	26	-0.12	0.174	48	-0.40	36.6	30	4.11	0.13
A016	兰州大学学报自然科学版	911	6	1.11	0.569	4	0.96	65.7	5	6.07	0.33
K008	辽宁工程技术大学学报自然科学版	903	8	1.09	0.323	19	0.11	49.8	14	5.33	0.23
A013	南昌大学学报理科版	348	29	-0.19	0.274	28	-0.06	34.8	32	2.85	0.25
A025	南京大学学报自然科学	809	10	0.87	0.553	5	0.91	65.2	6	5.89	0.16
A008	南开大学学报自然科学版	282	36	-0.35	0.162	51	-0.44	35.4	31	3.54	0.13
A026	内蒙古大学学报自然科学版	453	19	0.05	0.248	30	-0.14	39.5	24	3.67	0.21
J039	内蒙古工业大学学报自然科学版	79	60	-0.82	0.067	61	-0.77	22.5	59	1.08	0.07
A110	宁夏大学学报自然科学版	224	44	-0.48	0.240	32	-0.17	34.0	35	2.46	0.18
A658	青岛大学学报自然科学版	119	57	-0.72	0.081	60	-0.72	17.4	61	1.52	0.11
T012	青岛科技大学学报自然科学版	229	41	-0.47	0.194	45	-0.33	27.1	53	2.70	0.08
A020	山东大学学报理学版	416	24	-0.04	0.345	16	0.19	39.8	23	3.15	0.31
A014	山西大学学报自然科学版	316	30	-0.27	0.160	52	-0.45	34.8	32	3.08	0.18
A056	上海大学学报自然科学版	303	33	-0.30	0.200	43	-0.31	40.1	21	3.70	0.23
J031	上海理工大学学报	291	35	-0.33	0.226	38	-0.22	30.5	45	2.90	0.20

表 6-2　2010 年综合大学学报类期刊主要指标（续）

CODE	刊名	总被引频次			影响因子			综合评价总分		学科扩散指标	学科影响指标
		数值	排名	离均差率	数值	排名	离均差率	数值	排名		
A615	石河子大学学报自然科学版	431	21	0.00	0.290	23	0.00	34.8	32	2.92	0.08
A006	四川大学学报自然科学版	911	6	1.11	0.309	22	0.07	44.8	15	5.67	0.31
A037	苏州大学学报自然科学版	94	59	-0.78	0.118	59	-0.59	22.7	58	1.36	0.07
U031	天津科技大学学报	207	49	-0.52	0.282	25	-0.03	33.0	36	2.33	0.08
A024	武汉大学学报理学版	719	12	0.66	0.315	20	0.09	56.0	10	6.15	0.33
A150	西安科技大学学报	354	28	-0.18	0.482	9	0.66	39.4	26	2.16	0.08
A032	西北大学学报自然科学版	780	11	0.81	0.377	13	0.30	52.6	13	6.02	0.33
H004	西南大学学报自然科学版	1555	1	2.60	0.575	3	0.98	76.5	2	5.64	0.23
V548	西南科技大学学报	151	56	-0.65	0.191	46	-0.34	29.9	49	1.84	0.08
A063	厦门大学学报自然科学版	946	5	1.19	0.345	16	0.19	58.4	9	6.69	0.39
A018	湘潭大学自然科学学报	220	46	-0.49	0.163	50	-0.44	32.8	37	2.41	0.13
A087	新疆大学学报自然科学版	206	51	-0.52	0.148	56	-0.49	32.3	40	2.02	0.10
A501	烟台大学学报自然科学与工程版	117	58	-0.73	0.206	40	-0.29	25.1	57	1.25	0.05
A514	扬州大学学报自然科学版	162	54	-0.63	0.236	33	-0.19	31.0	44	1.77	0.11
A038	云南大学学报自然科学版	578	15	0.34	0.456	12	0.57	55.3	11	5.02	0.23
A002	浙江大学学报理学版	465	18	0.08	0.314	21	0.08	40.3	20	4.56	0.11
U028	浙江理工大学学报	157	55	-0.64	0.173	49	-0.40	27.7	51	1.59	0.10
A019	郑州大学学报理学版	256	38	-0.41	0.276	27	-0.05	30.1	47	2.23	0.10
A007	中国科学技术大学学报	571	16	0.32	0.231	34	-0.20	44.0	17	5.26	0.28
A102	中国科学院研究生院学报	296	34	-0.31	0.228	37	-0.21	39.9	22	3.18	0.18
A036	中山大学学报自然科学版	1151	2	1.66	0.487	8	0.68	71.3	4	8.52	0.28
	61 种期刊平均值	432			0. 290						

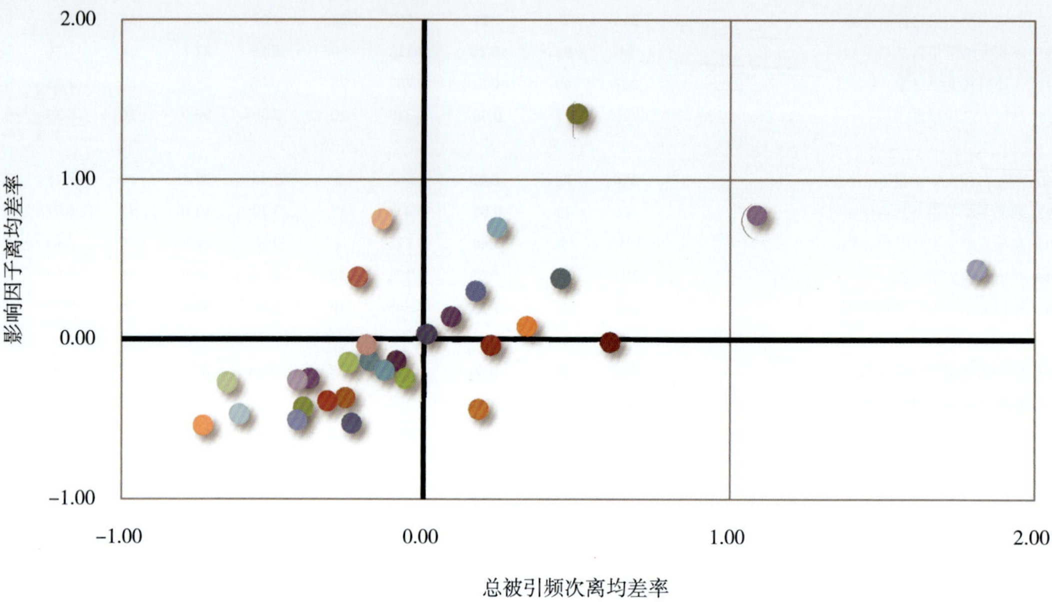

2010年师范大学学报类期刊总被引频次和影响因子离均差率的分布图

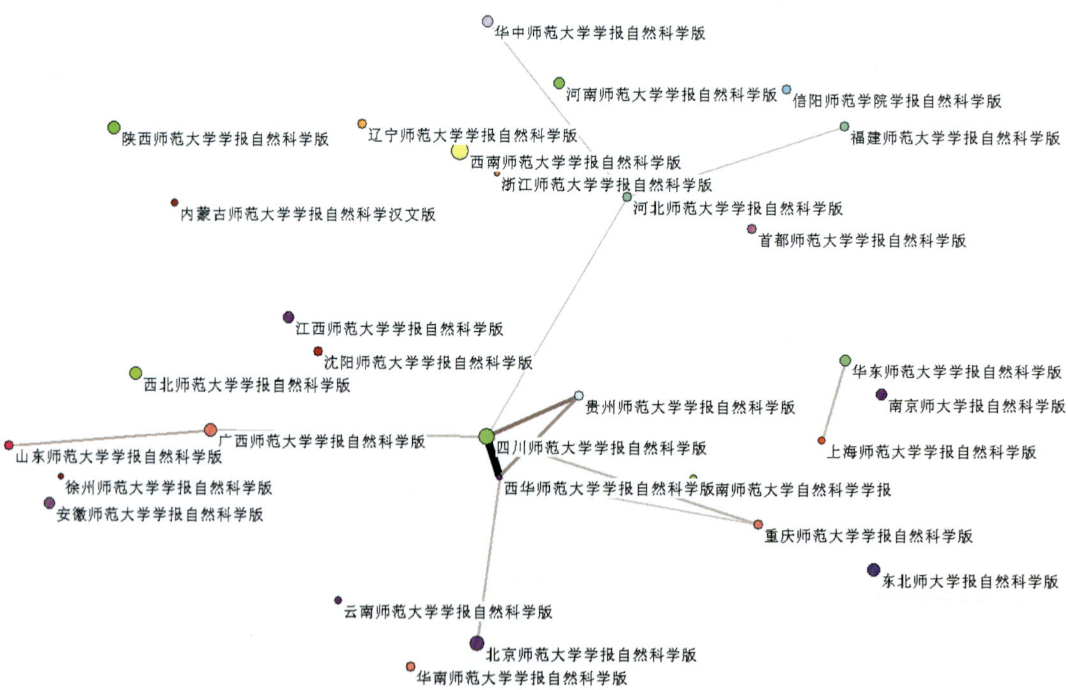

2010年师范大学学报类期刊互引关系示意图

表 6-3　2010 年师范大学学报类期刊主要指标

CODE	刊名	总被引频次			影响因子			综合评价总分		学科扩散指标	学科影响指标
		数值	排名	离均差率	数值	排名	离均差率	数值	排名		
A009	安徽师范大学学报自然科学版	364	12	0.01	0.305	11	0.03	36.4	18	5.33	0.40
A010	北京师范大学学报自然科学版	581	3	0.61	0.290	12	-0.02	53.7	6	10.37	0.57
A512	重庆师范大学学报自然科学版	312	16	-0.14	0.521	3	0.75	50.7	9	4.27	0.33
A030	东北师大学报自然科学版	543	4	0.50	0.716	1	1.41	73.6	1	7.83	0.50
A078	福建师范大学学报自然科学版	330	14	-0.09	0.254	16	-0.14	42.1	11	6.83	0.40
A062	广西师范大学学报自然科学版	525	5	0.45	0.409	7	0.38	55.9	5	7.93	0.43
A527	贵州师范大学学报自然科学版	267	22	-0.26	0.188	23	-0.37	34.9	22	3.90	0.27
A076	河北师范大学学报自然科学版	275	20	-0.24	0.140	29	-0.53	36.1	19	6.90	0.43
A058	河南师范大学学报自然科学版	439	8	0.22	0.286	13	-0.04	37.8	15	6.67	0.43
A055	湖南师范大学自然科学学报	218	25	-0.40	0.169	25	-0.43	35.5	20	5.13	0.20
A054	华东师范大学学报自然科学版	394	11	0.09	0.339	9	0.14	53.0	8	7.83	0.43
A052	华南师范大学学报自然科学版	295	17	-0.18	0.255	15	-0.14	36.8	17	6.33	0.30
A004	华中师范大学学报自然科学版	425	9	0.18	0.165	26	-0.44	40.9	12	8.10	0.50
A112	江西师范大学学报自然科学版	424	10	0.17	0.385	8	0.30	40.8	13	4.70	0.40
A072	辽宁师范大学学报自然科学版	245	23	-0.32	0.182	24	-0.39	29.2	27	5.50	0.20
A061	南京师大学报自然科学版	341	13	-0.06	0.223	19	-0.25	42.5	10	7.80	0.30
A111	内蒙古师范大学学报自然科学汉文版	223	24	-0.38	0.222	20	-0.25	26.9	28	2.93	0.13
A057	山东师范大学学报自然科学版	315	15	-0.13	0.237	18	-0.20	23.7	29	4.90	0.43
A066	陕西师范大学学报自然科学版	484	6	0.34	0.322	10	0.08	53.3	7	8.60	0.57
A043	上海师范大学学报自然科学版	211	26	-0.42	0.145	28	-0.51	34.2	23	5.30	0.37
A586	沈阳师范大学学报自然科学版	282	19	-0.22	0.412	6	0.39	37.4	16	3.13	0.07
A023	首都师范大学学报自然科学版	269	21	-0.25	0.253	17	-0.15	35.0	21	6.30	0.23
A033	四川师范大学学报自然科学版	750	2	1.08	0.529	2	0.78	69.3	2	7.30	0.47
A022	西北师范大学学报自然科学版	449	7	0.24	0.505	4	0.70	60.6	4	7.40	0.53
A148	西华师范大学学报自然科学版	97	30	-0.73	0.137	30	-0.54	30.8	25	2.40	0.10
A064	西南师范大学学报自然科学版	1015	1	1.81	0.429	5	0.44	67.2	3	9.37	0.47
A510	信阳师范学院学报自然科学版	291	18	-0.19	0.285	14	-0.04	38.0	14	5.07	0.33
A502	徐州师范大学学报自然科学版	128	29	-0.65	0.216	22	-0.27	21.2	30	2.57	0.27
A053	云南师范大学学报自然科学版	210	27	-0.42	0.221	21	-0.26	33.2	24	4.60	0.33
A051	浙江师范大学学报自然科学版	139	28	-0.61	0.156	27	-0.47	30.5	26	3.47	0.20
	30 种期刊平均值	361			0. 297						

数学类

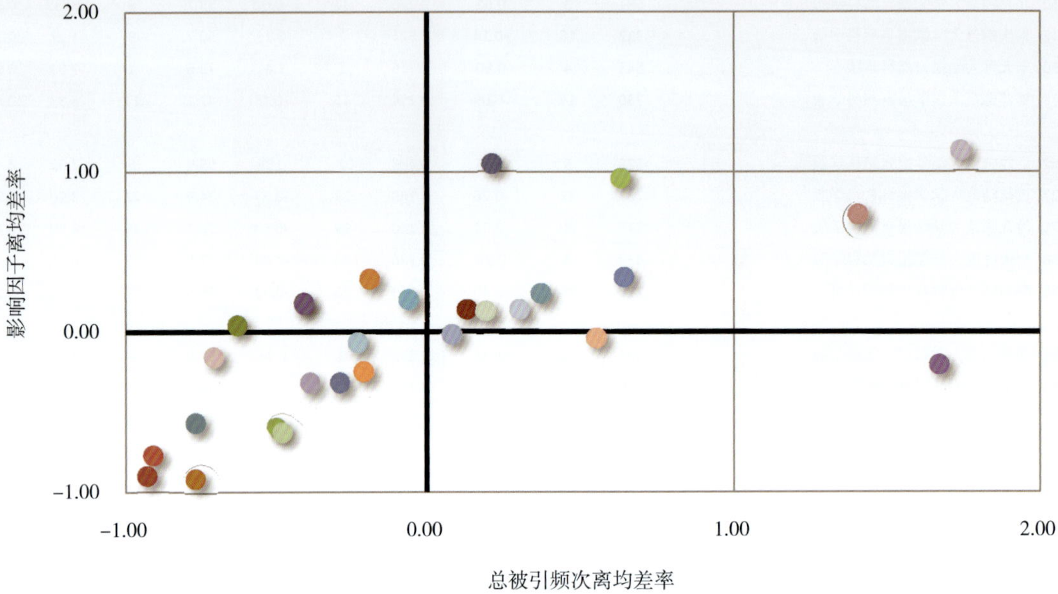

2010 年数学类期刊总被引频次和影响因子离均差率的分布图

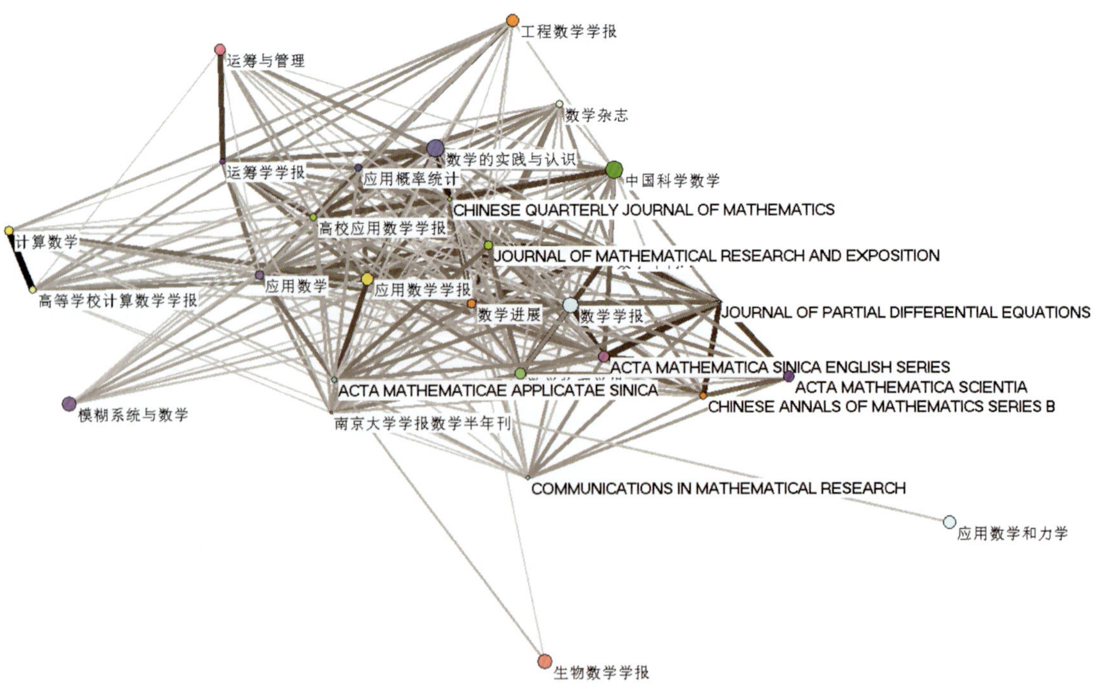

2010 年数学类期刊互引关系示意图

表 6-4　2010 年数学类期刊主要指标

CODE	刊名	总被引频次			影响因子			综合评价总分		学科扩散指标	学科影响指标
		数值	排名	离均差率	数值	排名	离均差率	数值	排名		
C096	ACTA MATHEMATICA SCIENTIA	421	9	0.21	0.453	2	1.05	64.0	3	3.00	0.82
B030	ACTA MATHEMATICA SINICA ENGLISH SERIES	394	11	0.13	0.251	11	0.14	52.3	11	3.07	0.79
I051	ACTA MATHEMATICAE APPLICATAE SINICA	130	23	-0.63	0.230	14	0.04	48.7	15	2.64	0.43
B023	CHINESE ANNALS OF MATHEMATICS SERIES B	205	19	-0.41	0.260	9	0.18	51.4	13	2.04	0.71
B022	CHINESE QUARTERLY JOURNAL OF MATHEMATICS	80	25	-0.77	0.096	23	-0.57	30.8	24	1.71	0.36
B010	COMMUNICATIONS IN MATHEMATICAL RESEARCH	79	26	-0.77	0.020	28	-0.91	27.4	25	1.79	0.46
B005	JOURNAL OF MATHEMATICAL RESEARCH AND EXPOSITION	249	17	-0.29	0.150	22	-0.32	43.1	20	3.46	0.64
B024	JOURNAL OF PARTIAL DIFFERENTIAL EQUATIONS	24	28	-0.93	0.023	27	-0.90	21.8	27	0.68	0.36
B002	高等学校计算数学学报	173	22	-0.50	0.091	24	-0.59	35.2	23	3.00	0.46
B003	高校应用数学学报	205	19	-0.41	0.258	10	0.17	51.9	12	4.14	0.50
B031	工程数学学报	477	7	0.37	0.275	7	0.24	48.5	16	5.75	0.68
B014	计算数学	284	14	-0.19	0.295	6	0.33	52.6	10	4.07	0.50
B017	模糊系统与数学	571	4	0.64	0.297	5	0.34	55.2	7	6.14	0.25
B016	南京大学学报数学半年刊	33	27	-0.91	0.050	26	-0.77	21.9	26	0.89	0.25
B009	生物数学学报	568	5	0.63	0.433	3	0.96	56.6	5	6.54	0.29
B015	数学的实践与认识	932	2	1.67	0.175	19	-0.21	49.5	14	11.57	0.43
B007	数学进展	329	13	-0.06	0.265	8	0.20	57.2	4	4.00	0.82
B004	数学年刊 A	275	15	-0.21	0.166	20	-0.25	45.2	17	3.29	0.68
C036	数学物理学报	378	12	0.08	0.216	15	-0.02	44.8	18	4.18	0.71
B006	数学学报	837	3	1.40	0.382	4	0.73	75.2	2	5.00	0.79
B012	数学杂志	183	21	-0.48	0.083	25	-0.62	20.4	28	2.86	0.46
B008	应用概率统计	213	18	-0.39	0.151	21	-0.32	39.6	22	3.57	0.39
B011	应用数学	270	16	-0.23	0.205	17	-0.07	43.6	19	4.29	0.64
B020	应用数学和力学	541	6	0.55	0.212	16	-0.04	52.7	9	8.07	0.36
B001	应用数学学报	454	8	0.30	0.251	11	0.14	56.6	5	6.00	0.86
B013	运筹学学报	100	24	-0.71	0.186	18	-0.16	40.0	21	2.04	0.25
B522	运筹与管理	417	10	0.19	0.249	13	0.13	53.4	8	5.64	0.25
A105	中国科学数学	955	1	1.74	0.471	1	1.13	93.9	1	15.04	0.61
	28 种期刊平均值	349			0. 221						

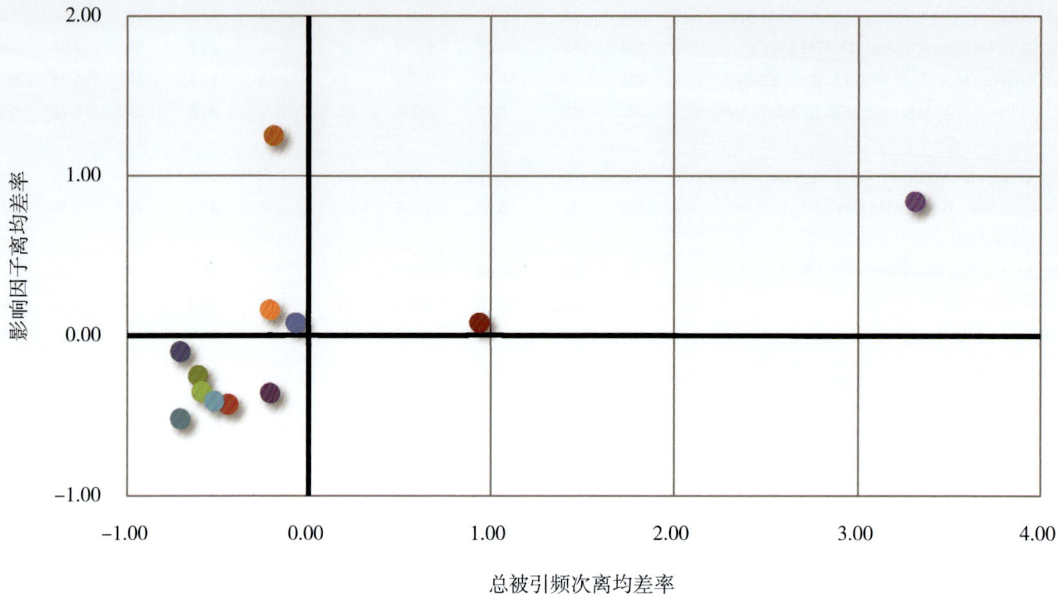

2010 年力学类期刊总被引频次和影响因子离均差率的分布图

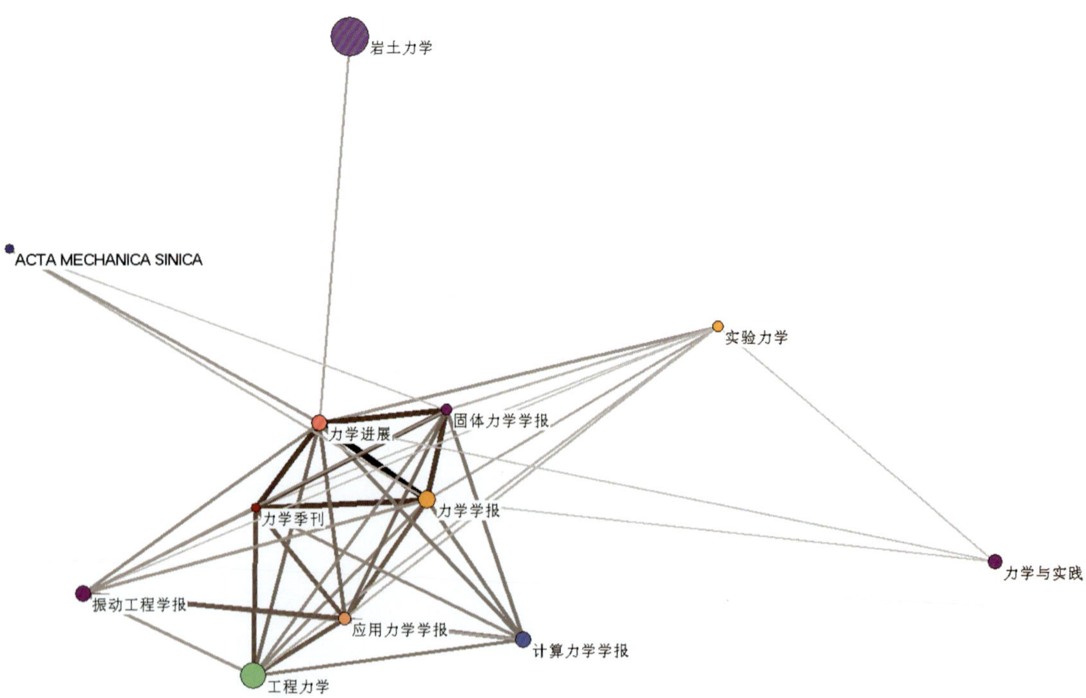

2010 年力学类期刊互引关系示意图

表 6-5　2010 年力学类期刊主要指标

CODE	刊名	总被引频次			影响因子			综合评价总分		学科扩散指标	学科影响指标
		数值	排名	离均差率	数值	排名	离均差率	数值	排名		
C105	ACTA MECHANICA SINICA	293	12	-0.71	0.409	6	-0.10	15.6	11	7.67	0.92
C002	工程力学	1982	2	0.94	0.491	5	0.08	43.0	3	26.92	1.00
C103	固体力学学报	399	10	-0.61	0.340	7	-0.25	30.9	6	12.17	0.83
C003	计算力学学报	809	5	-0.21	0.291	9	-0.36	27.2	7	20.33	0.83
C101	力学季刊	296	11	-0.71	0.221	12	-0.52	25.0	9	11.92	0.92
C102	力学进展	822	4	-0.19	1.028	1	1.25	70.1	1	24.83	1.00
C001	力学学报	954	3	-0.07	0.493	4	0.08	40.7	5	21.92	1.00
C104	力学与实践	570	7	-0.44	0.260	11	-0.43	5.1	12	18.42	0.75
C009	实验力学	418	9	-0.59	0.298	8	-0.35	21.7	10	15.75	0.92
C004	岩土力学	4404	1	3.31	0.839	2	0.84	63.1	2	26.17	1.00
C008	应用力学学报	491	8	-0.52	0.271	10	-0.41	26.9	8	19.25	1.00
Y004	振动工程学报	809	5	-0.21	0.530	3	0.16	41.2	4	20.42	0.92
	12 种期刊平均值	1021			0.456						

信息科学与系统科学类

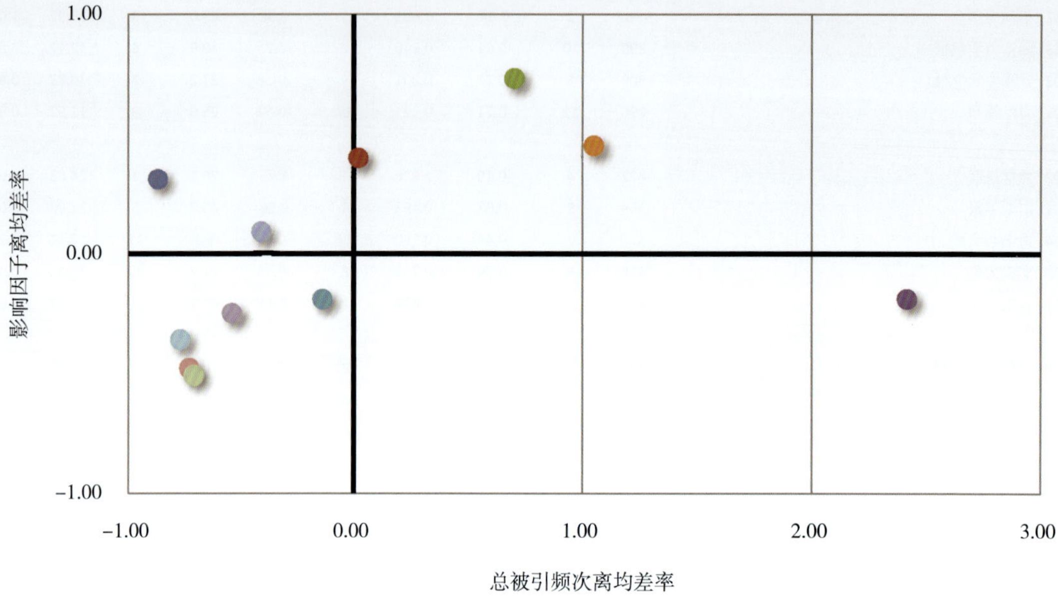

2010 年信息科学与系统科学类期刊总被引频次和影响因子离均差率的分布图

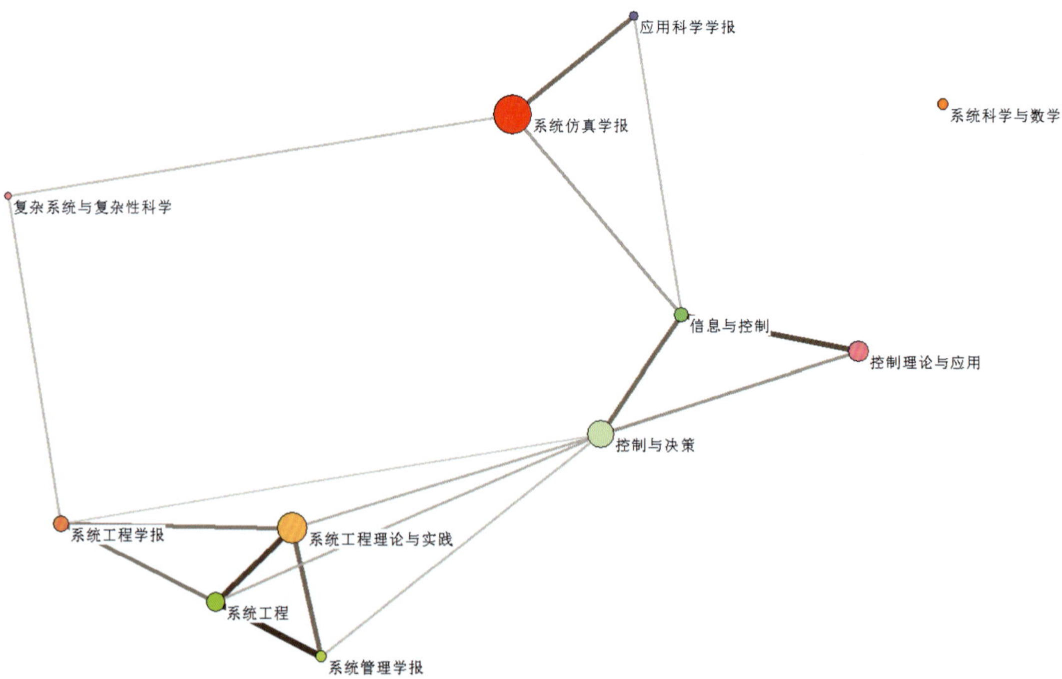

2010 年信息科学与系统科学类期刊互引关系示意图

表 6-6　2010 年信息科学与系统科学类期刊主要指标

CODE	刊名	总被引频次			影响因子			综合评价总分		学科扩散指标	学科影响指标
		数值	排名	离均差率	数值	排名	离均差率	数值	排名		
B029	复杂系统与复杂性科学	170	11	-0.87	0.559	4	0.31	37.4	5	7.18	0.64
R060	控制理论与应用	1352	4	0.02	0.598	3	0.40	41.0	4	26.64	0.82
S001	控制与决策	2264	3	0.70	0.738	1	0.73	62.9	2	34.64	1.00
S003	系统仿真学报	4542	1	2.41	0.344	7	-0.19	43.7	3	52.55	1.00
B028	系统工程	1139	5	-0.14	0.345	6	-0.19	32.5	7	28.00	0.91
B025	系统工程理论与实践	2735	2	1.05	0.620	2	0.45	66.0	1	43.18	0.91
B018	系统工程学报	782	6	-0.41	0.465	5	0.09	32.8	6	19.91	1.00
B027	系统管理学报	361	9	-0.73	0.224	10	-0.48	23.2	10	12.45	0.64
B021	系统科学与数学	380	8	-0.71	0.210	11	-0.51	15.1	11	13.64	0.64
S002	信息与控制	614	7	-0.54	0.321	8	-0.25	29.8	8	20.82	0.64
A015	应用科学学报	309	10	-0.77	0.272	9	-0.36	29.1	9	19.45	0.36
	11 种期刊平均值	1332			0. 427						

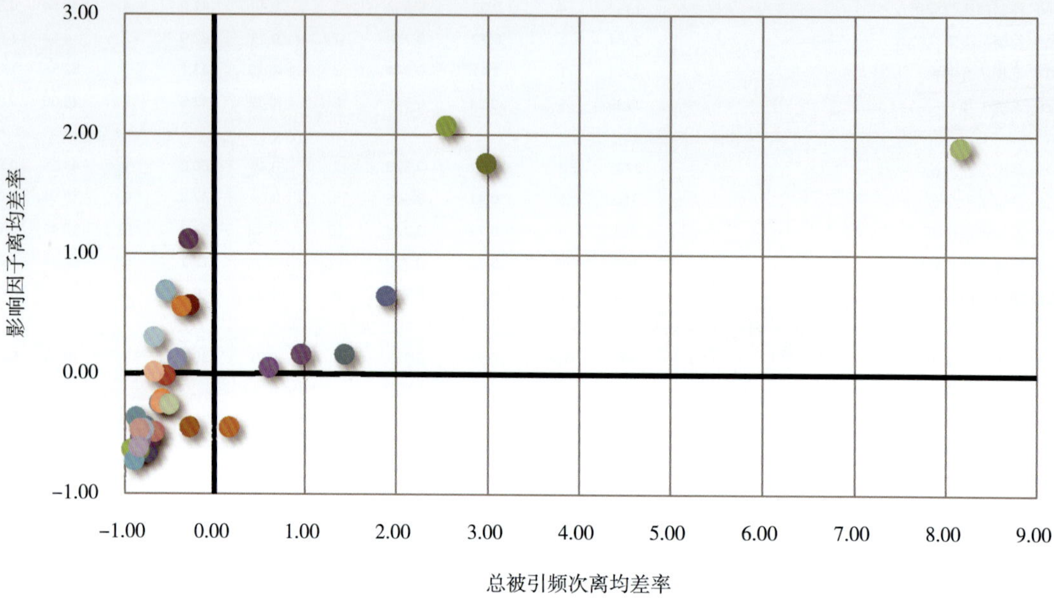

2010 年物理学类期刊总被引频次和影响因子离均差率的分布图

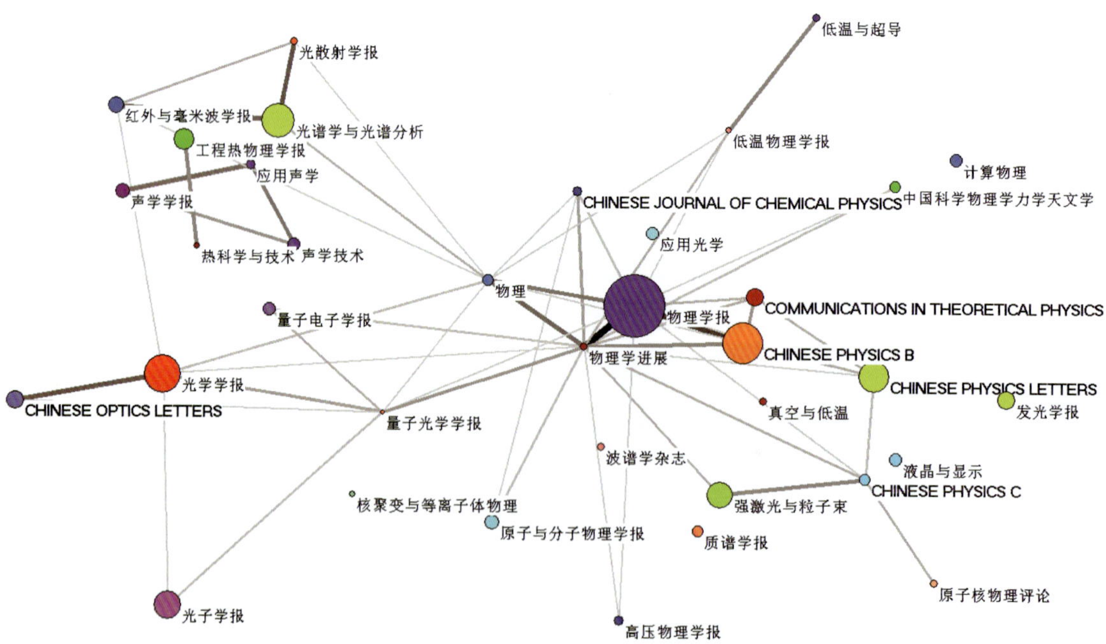

2010 年物理学类期刊互引关系示意图

表 6-7　2010 年物理学类期刊主要指标

CODE	刊名	总被引频次			影响因子			综合评价总分		学科扩散指标	学科影响指标
		数值	排名	离均差率	数值	排名	离均差率	数值	排名		
C070	CHINESE JOURNAL OF CHEMICAL PHYSICS	310	24	-0.75	0.179	35	-0.66	24.3	17	4.14	0.39
I071	CHINESE OPTICS LETTERS	875	10	-0.28	0.827	7	0.57	31.8	8	2.69	0.44
C106	CHINESE PHYSICS B	4840	2	2.98	1.459	3	1.76	52.5	3	6.17	0.67
C058	CHINESE PHYSICS C	353	23	-0.71	0.242	29	-0.54	18.1	28	2.06	0.47
C059	CHINESE PHYSICS LETTERS	2959	5	1.43	0.614	10	0.16	30.2	12	6.69	0.83
C095	COMMUNICATIONS IN THEORETICAL PHYSICS	878	9	-0.28	0.291	22	-0.45	18.4	27	2.28	0.53
C060	波谱学杂志	205	28	-0.83	0.244	28	-0.54	14.6	33	2.56	0.06
C055	低温物理学报	151	33	-0.88	0.201	31	-0.62	17.2	29	1.67	0.33
C031	低温与超导	195	29	-0.84	0.188	34	-0.64	9.9	36	1.83	0.22
C071	发光学报	866	11	-0.29	1.120	4	1.12	36.8	6	4.00	0.44
C056	高压物理学报	277	25	-0.77	0.293	21	-0.45	25.1	15	3.08	0.25
C073	工程热物理学报	1416	8	0.16	0.289	23	-0.45	30.4	11	8.67	0.33
C091	光谱学与光谱分析	3523	4	1.89	0.873	6	0.65	49.9	4	16.72	0.61
C097	光散射学报	189	31	-0.84	0.287	24	-0.46	20.3	25	2.56	0.33
C050	光学学报	4311	3	2.54	1.620	1	2.07	57.5	2	7.97	0.64
C037	光子学报	2386	6	0.96	0.610	11	0.16	31.4	9	8.36	0.72
C092	核聚变与等离子体物理	151	33	-0.88	0.333	20	-0.37	16.9	31	1.67	0.33
C035	红外与毫米波学报	761	12	-0.37	0.824	8	0.56	39.9	5	6.22	0.42
C094	计算物理	460	19	-0.62	0.398	17	-0.25	21.4	21	4.92	0.44
C032	量子电子学报	543	16	-0.55	0.519	15	-0.02	24.4	16	3.78	0.42
C110	量子光学学报	89	36	-0.93	0.190	33	-0.64	19.8	26	0.83	0.39
C007	强激光与粒子束	1944	7	0.60	0.557	13	0.05	22.7	19	5.64	0.61
C134	热科学与技术	127	35	-0.90	0.145	36	-0.73	20.7	23	2.22	0.08
C033	声学技术	502	17	-0.59	0.411	16	-0.22	16.7	32	4.50	0.19
C054	声学学报	705	13	-0.42	0.591	12	0.12	28.8	13	4.39	0.33
C090	物理	406	20	-0.67	0.267	27	-0.49	23.3	18	6.11	0.53
C006	物理学报	11141	1	8.15	1.532	2	1.90	74.4	1	15.22	0.89
C053	物理学进展	220	27	-0.82	0.238	30	-0.55	36.5	7	3.08	0.56
C503	液晶与显示	551	15	-0.55	0.891	5	0.69	21.0	22	2.64	0.19
C109	应用光学	470	18	-0.61	0.396	18	-0.25	17.1	30	3.44	0.28
C052	应用声学	254	26	-0.79	0.280	26	-0.47	21.7	20	3.58	0.19
C108	原子核物理评论	190	30	-0.84	0.281	25	-0.47	20.5	24	1.64	0.22
C057	原子与分子物理学报	598	14	-0.51	0.391	19	-0.26	14.4	34	2.33	0.39
C038	真空与低温	183	32	-0.85	0.200	32	-0.62	11.7	35	2.22	0.17
C034	质谱学报	389	22	-0.68	0.687	9	0.30	31.0	10	4.03	0.06
A103	中国科学物理学力学天文学	390	21	-0.68	0.531	14	0.01	28.3	14	3.75	0.47
	36 种期刊平均值	1217			0.528						

化学类

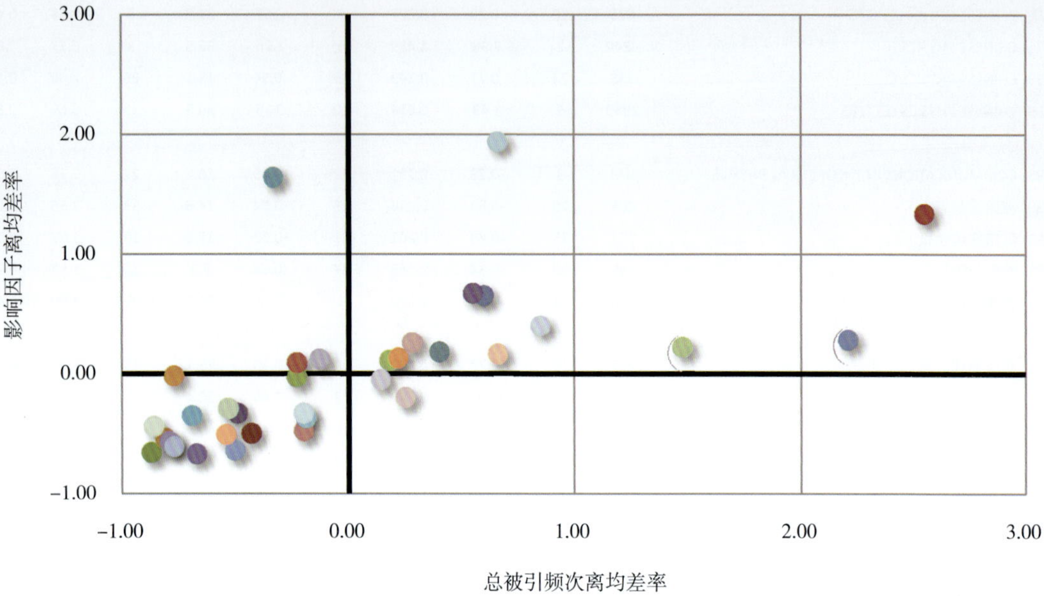

2010 年化学类期刊总被引频次和影响因子离均差率的分布图

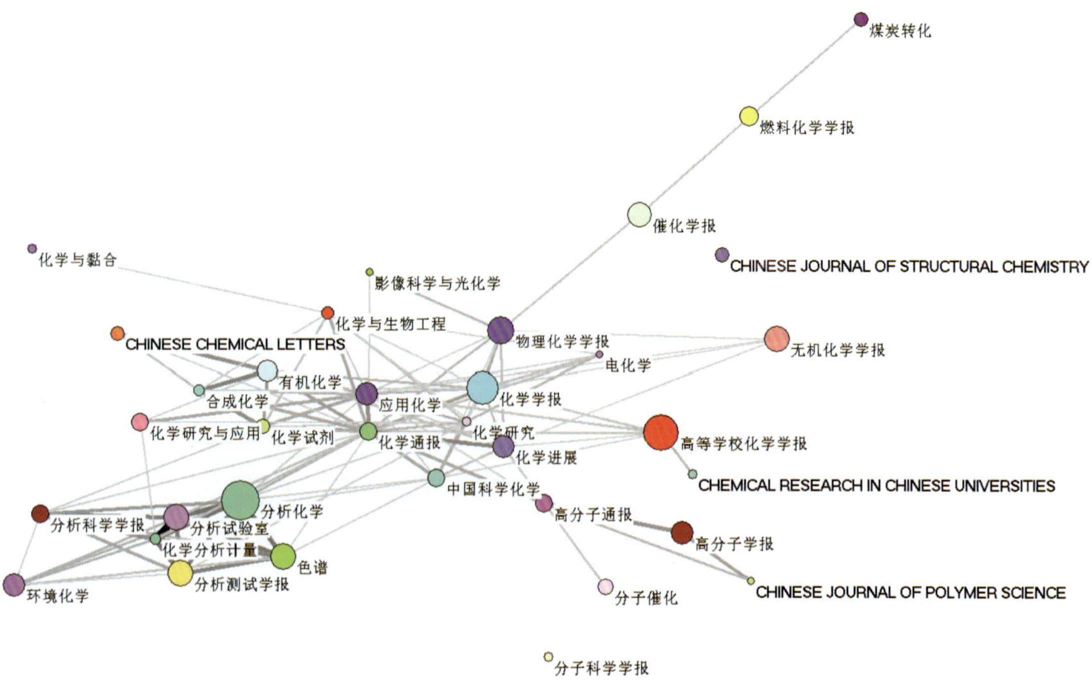

2010 年化学类期刊互引关系示意图

表 6-8　2010 年化学类期刊主要指标

CODE	刊名	总被引频次			影响因子			综合评价总分		学科扩散指标	学科影响指标
		数值	排名	离均差率	数值	排名	离均差率	数值	排名		
I139	CHEMICAL RESEARCH IN CHINESE UNIVERSITIES	270	31	-0.78	0.272	31	-0.59	22.8	32	3.17	0.69
D031	CHINESE CHEMICAL LETTERS	699	22	-0.43	0.328	27	-0.50	26.2	25	6.51	0.83
D017	CHINESE JOURNAL OF POLYMER SCIENCE	162	35	-0.87	0.224	34	-0.66	16.7	35	1.34	0.40
D019	CHINESE JOURNAL OF STRUCTURAL CHEMISTRY	623	23	-0.49	0.440	22	-0.33	17.9	34	2.20	0.66
D013	催化学报	1713	9	0.40	0.777	10	0.18	46.4	12	7.03	0.80
D036	电化学	232	33	-0.81	0.303	29	-0.54	29.6	22	2.89	0.49
D022	分析测试学报	1961	7	0.60	1.080	5	0.65	51.1	8	10.77	0.69
D005	分析化学	4352	1	2.55	1.529	3	1.33	80.8	1	16.43	0.94
D026	分析科学学报	943	19	-0.23	0.637	17	-0.03	35.1	20	7.66	0.69
D004	分析试验室	1905	8	0.55	1.096	4	0.67	48.0	9	9.37	0.60
D015	分子催化	828	21	-0.33	1.729	2	1.64	53.1	7	4.09	0.60
D035	分子科学学报	277	30	-0.77	0.640	16	-0.02	24.9	29	2.74	0.46
D020	高等学校化学学报	3932	2	2.20	0.839	7	0.28	64.8	3	16.69	1.00
T002	高分子通报	943	19	-0.23	0.717	15	0.09	41.1	15	7.06	0.66
D021	高分子学报	1452	13	0.18	0.725	14	0.11	43.4	13	7.17	0.86
D602	合成化学	400	27	-0.67	0.217	35	-0.67	24.7	30	4.49	0.69
D604	化学分析计量	386	28	-0.69	0.426	23	-0.35	23.1	31	4.26	0.29
D506	化学进展	1499	12	0.22	0.743	12	0.13	53.8	6	12.69	0.89
D011	化学试剂	617	24	-0.50	0.238	33	-0.64	25.6	26	5.89	0.69
D018	化学通报	982	17	-0.20	0.342	26	-0.48	37.4	19	10.40	0.80
D030	化学学报	3025	3	1.47	0.801	9	0.22	57.8	4	14.23	1.00
D501	化学研究	263	32	-0.79	0.282	30	-0.57	25.3	27	4.03	0.54
D037	化学研究与应用	998	16	-0.19	0.411	24	-0.37	30.8	21	9.14	0.89
T553	化学与生物工程	563	26	-0.54	0.319	28	-0.51	27.6	24	7.80	0.71
T931	化学与黏合	280	29	-0.77	0.259	32	-0.61	22.0	33	3.40	0.26
D024	环境化学	1567	10	0.28	0.825	8	0.26	46.7	11	10.86	0.74
D027	煤炭转化	579	25	-0.53	0.464	20	-0.29	28.6	23	3.60	0.14
D002	燃料化学学报	1069	15	-0.13	0.733	13	0.12	40.3	17	5.51	0.57
D012	色谱	2035	6	0.66	1.926	1	1.94	69.4	2	10.03	0.74
D023	无机化学学报	2039	5	0.66	0.764	11	0.16	47.3	10	9.09	0.86
D001	物理化学学报	2265	4	0.85	0.920	6	0.40	54.6	5	10.63	0.91
D016	应用化学	1532	11	0.25	0.524	19	-0.20	41.8	14	11.91	0.94
D014	影像科学与光化学	173	34	-0.86	0.368	25	-0.44	25.2	28	2.91	0.34
D025	有机化学	1402	14	0.14	0.623	18	-0.05	40.1	18	7.06	0.80
A106	中国科学化学	979	18	-0.20	0.442	21	-0.33	40.8	16	10.66	0.71
	35 种期刊平均值	1227			0. 656						

天文学类

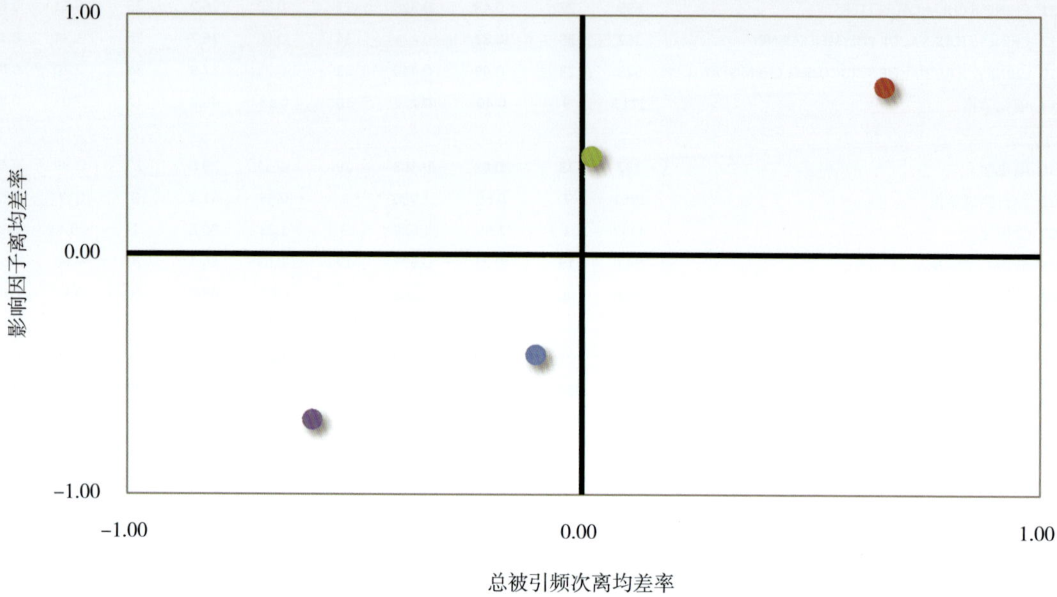

2010年天文学类期刊总被引频次和影响因子离均差率的分布图

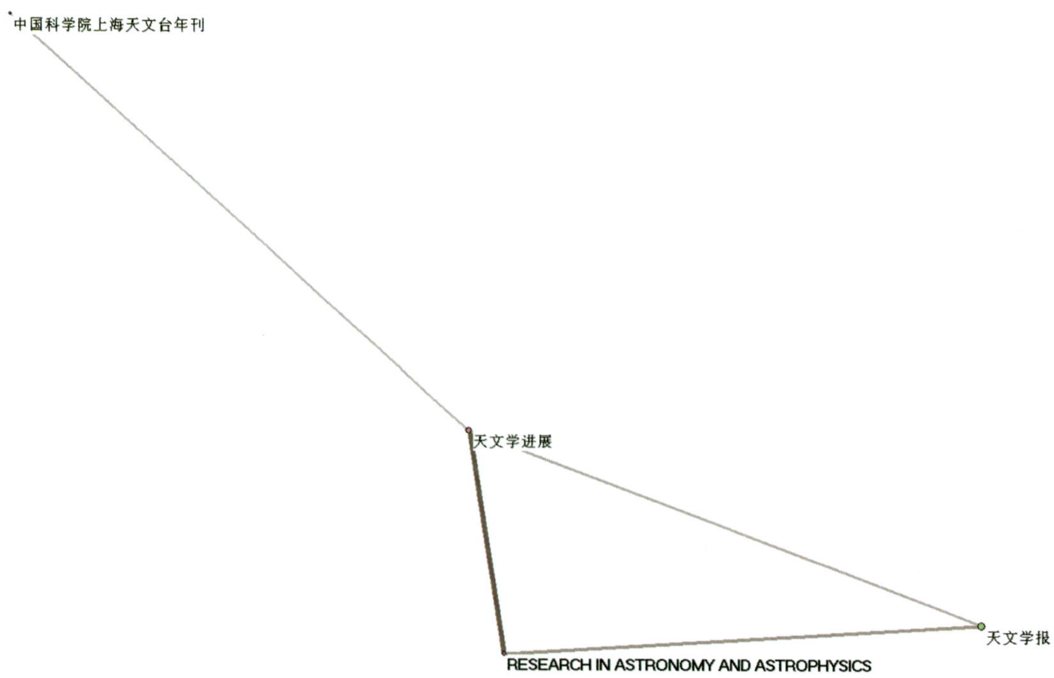

2010年天文学类期刊互引关系示意图

表 6-9　2010 年天文学类期刊主要指标

CODE	刊名	总被引频次			影响因子			综合评价总分		学科扩散指标	学科影响指标
		数值	排名	离均差率	数值	排名	离均差率	数值	排名		
C072	RESEARCH IN ASTRONOMY AND ASTROPHYSICS	91	3	-0.10	0.111	3	-0.42	51.8	3	8.50	0.75
E023	天文学报	168	1	0.66	0.323	1	0.70	77.2	1	15.50	1.00
E114	天文学进展	103	2	0.02	0.267	2	0.41	67.0	2	12.00	1.00
E355	中国科学院上海天文台年刊	41	4	-0.59	0.059	4	-0.69	0.0	4	6.50	0.50
	4 种期刊平均值	101			0. 190						

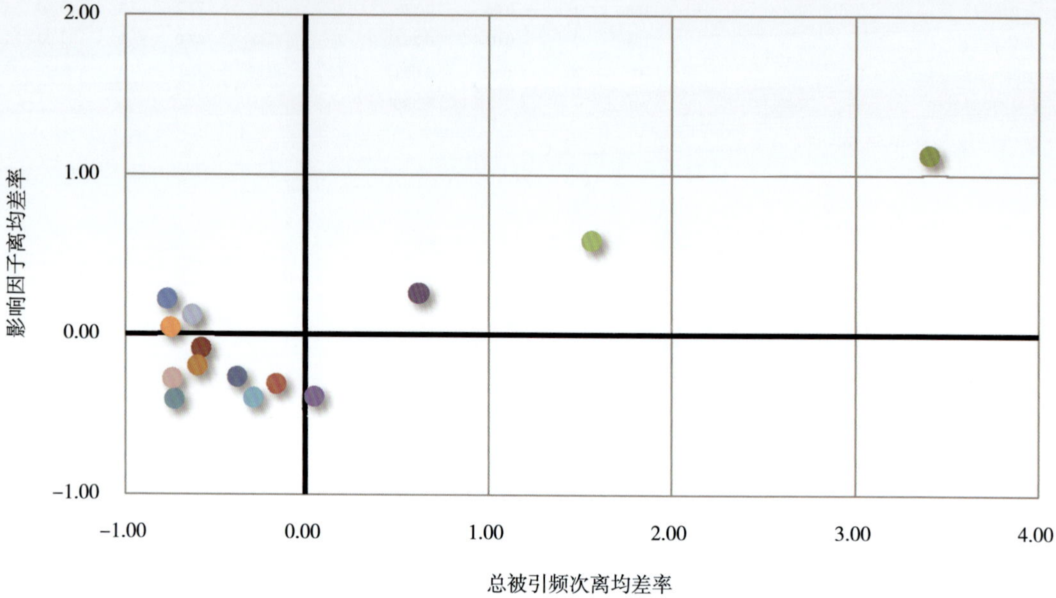

2010 年测绘学类期刊总被引频次和影响因子离均差率的分布图

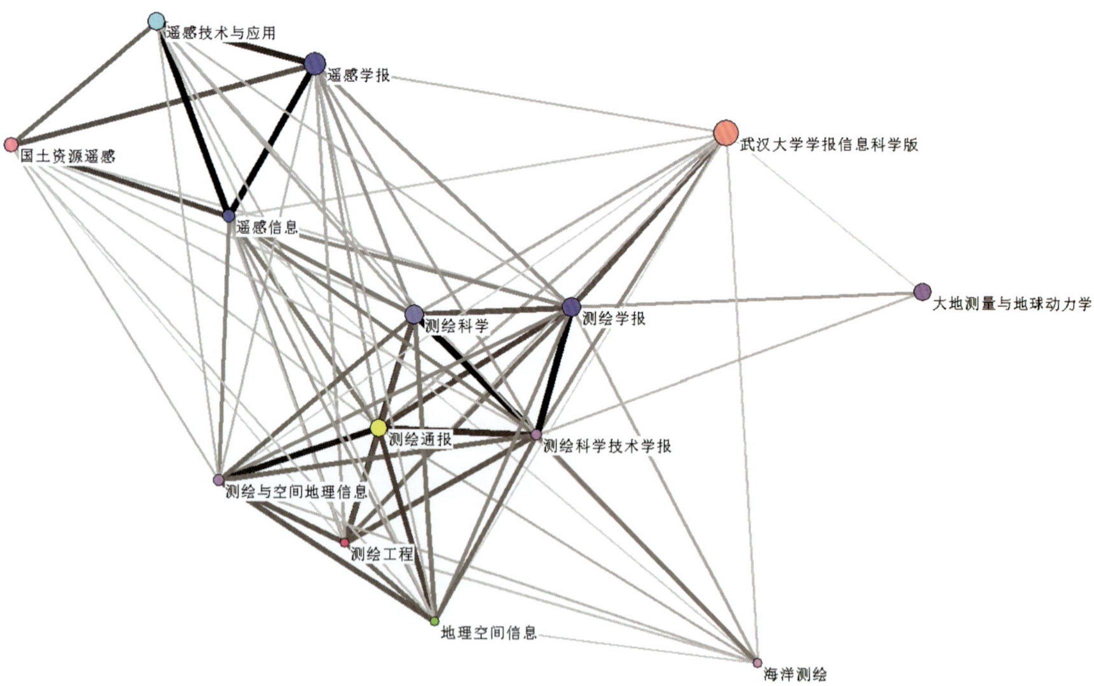

2010 年测绘学类期刊互引关系示意图

表 6-10　2010 年测绘学类期刊主要指标

CODE	刊名	总被引频次			影响因子			综合评价总分		学科扩散指标	学科影响指标
		数值	排名	离均差率	数值	排名	离均差率	数值	排名		
E543	测绘工程	316	12	-0.62	0.227	12	-0.54	20.6	11	8.43	1.00
E600	测绘科学	1152	3	0.40	0.405	8	-0.19	43.2	8	17.71	1.00
E615	测绘科学技术学报	346	11	-0.58	0.308	10	-0.38	29.4	10	8.64	0.93
E510	测绘通报	984	6	0.19	0.362	9	-0.27	35.8	9	14.93	1.00
E152	测绘学报	1070	4	0.30	0.960	1	0.93	78.6	2	14.57	1.00
E164	测绘与空间地理信息	393	10	-0.52	0.189	13	-0.62	13.3	14	9.00	0.79
E144	大地测量与地球动力学	1031	5	0.25	0.763	4	0.54	51.3	6	8.43	1.00
E639	地理空间信息	309	14	-0.63	0.181	14	-0.64	15.2	12	8.86	0.93
E591	国土资源遥感	657	8	-0.20	0.608	5	0.22	53.1	5	13.00	0.93
E651	海洋测绘	310	13	-0.62	0.243	11	-0.51	14.0	13	7.71	1.00
E107	武汉大学学报信息科学版	2024	1	1.46	0.592	6	0.19	70.6	3	22.07	1.00
Z543	遥感技术与应用	918	7	0.11	0.767	3	0.54	65.7	4	17.00	1.00
S024	遥感信息	483	9	-0.41	0.488	7	-0.02	46.5	7	12.79	1.00
Z006	遥感学报	1539	2	0.87	0.865	2	0.74	87.5	1	20.71	1.00
	14 种期刊平均值	824			0.497						

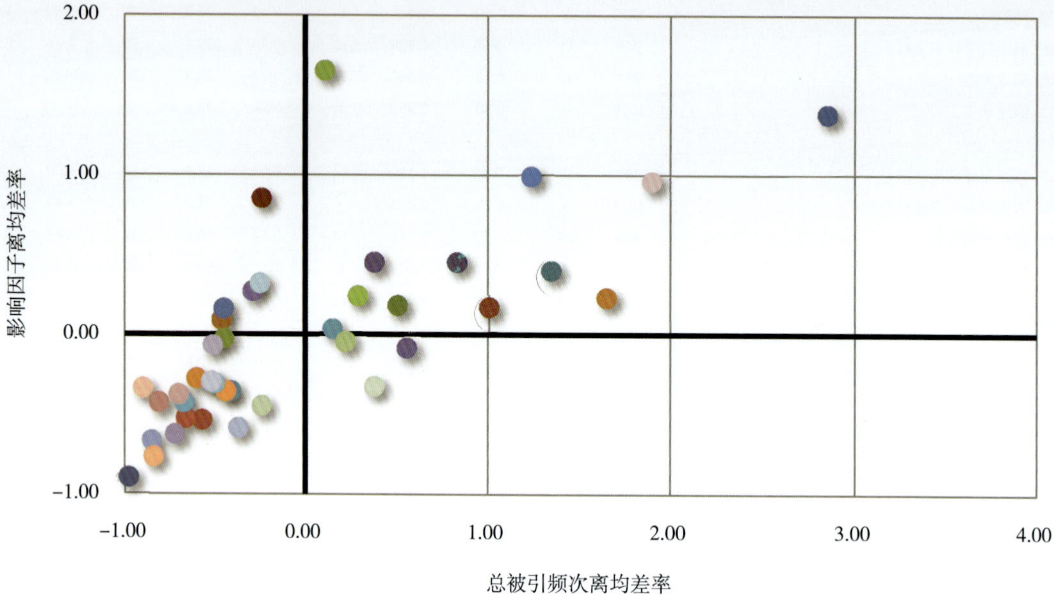

2010 年地球科学类期刊总被引频次和影响因子离均差率的分布图

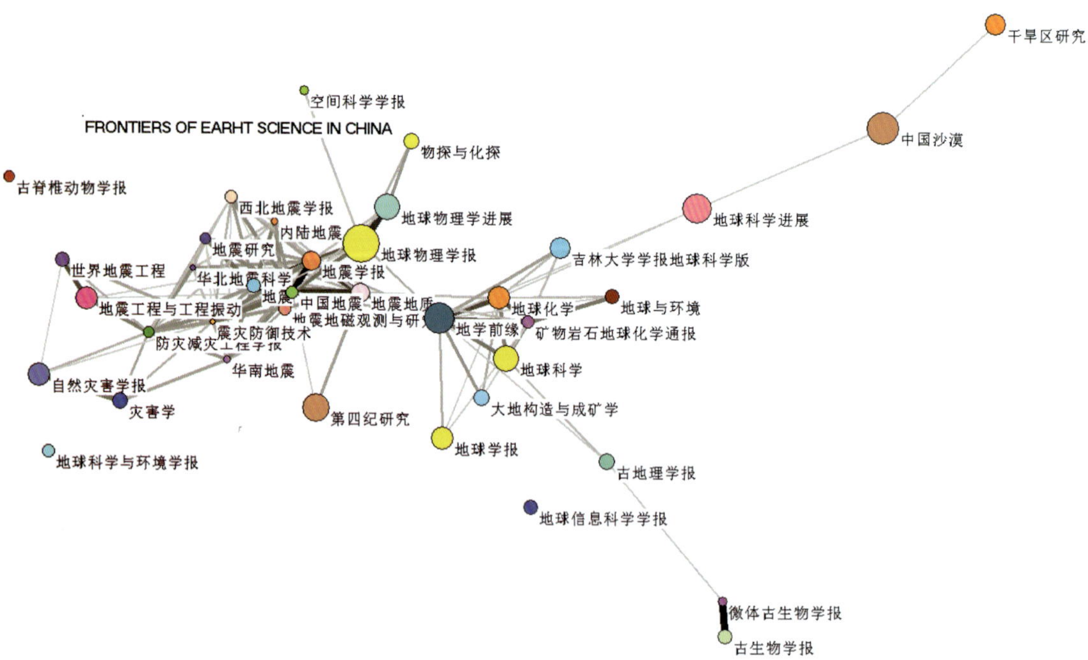

2010 年地球科学类期刊互引关系示意图

表 6-11 2010 年地球科学类期刊主要指标

CODE	刊名	总被引频次			影响因子			综合评价总分		学科扩散指标	学科影响指标
		数值	排名	离均差率	数值	排名	离均差率	数值	排名		
I220	FRONTIERS OF EARHT SCIENCE IN CHINA	17	39	-0.98	0.085	39	-0.90	16.7	37	0.31	0.08
E146	大地构造与成矿学	786	17	-0.24	1.551	5	0.85	51.0	10	2.56	0.41
E024	地球化学	1570	9	0.51	0.992	13	0.18	59.1	8	5.18	0.51
E142	地球科学	1899	7	0.83	1.216	6	0.45	62.3	7	6.31	0.72
E115	地球科学进展	2434	4	1.34	1.174	8	0.40	69.5	3	10.10	0.72
E004	地球科学与环境学报	560	25	-0.46	0.911	16	0.09	41.9	18	4.92	0.59
E153	地球物理学报	4001	1	2.85	1.998	2	1.38	86.4	1	7.72	0.82
E308	地球物理学进展	2076	6	1.00	0.983	14	0.17	41.3	19	5.82	0.69
E656	地球信息科学学报	570	24	-0.45	0.813	18	-0.03	37.8	25	4.46	0.33
E300	地球学报	1432	11	0.38	1.215	7	0.45	52.8	9	4.87	0.69
E549	地球与环境	608	21	-0.41	0.541	27	-0.36	38.6	24	5.03	0.49
E357	地学前缘	2747	3	1.65	1.031	12	0.23	69.9	2	7.59	0.87
E306	地震	571	23	-0.45	0.971	15	0.16	40.2	21	2.00	0.59
E119	地震地磁观测与研究	446	29	-0.57	0.387	34	-0.54	10.8	39	1.36	0.41
E150	地震地质	1154	15	0.11	2.220	1	1.65	66.9	5	3.28	0.74
E118	地震工程与工程振动	1623	8	0.56	0.760	21	-0.09	47.7	13	5.69	0.56
E143	地震学报	1194	14	0.15	0.865	17	0.03	48.5	12	3.59	0.69
E112	地震研究	418	30	-0.60	0.606	22	-0.28	24.4	32	2.10	0.64
E301	第四纪研究	2326	5	1.24	1.669	3	0.99	67.4	4	6.38	0.72
Z544	防灾减灾工程学报	353	31	-0.66	0.395	33	-0.53	36.3	27	3.90	0.49
E105	干旱区研究	1344	12	0.29	1.038	11	0.24	45.3	15	5.62	0.28
E601	古地理学报	734	19	-0.29	1.064	10	0.27	49.2	11	2.97	0.49
E304	古脊椎动物学报	342	32	-0.67	0.477	30	-0.43	28.5	30	0.85	0.21
E022	古生物学报	583	22	-0.44	0.539	28	-0.36	40.8	20	1.90	0.38
E141	华北地震科学	152	37	-0.85	0.279	37	-0.67	17.1	36	1.10	0.49
E103	华南地震	202	35	-0.81	0.477	30	-0.43	20.8	35	1.26	0.49
E116	吉林大学学报地球科学版	1264	13	0.22	0.801	19	-0.05	45.7	14	6.36	0.56
E140	空间科学学报	287	34	-0.72	0.309	36	-0.63	23.5	33	2.69	0.18
E504	矿物岩石地球化学通报	520	26	-0.50	0.583	24	-0.31	43.9	16	3.87	0.36
E104	内陆地震	164	36	-0.84	0.191	38	-0.77	13.3	38	1.00	0.41
E363	世界地震工程	655	20	-0.37	0.347	35	-0.59	31.8	28	4.13	0.44
E052	微体古生物学报	308	33	-0.70	0.524	29	-0.38	37.5	26	1.69	0.28
E138	物探与化探	790	16	-0.24	0.463	32	-0.45	22.4	34	4.08	0.41
E307	西北地震学报	506	27	-0.51	0.777	20	-0.07	27.7	31	2.13	0.62
E148	灾害学	777	18	-0.25	1.106	9	0.32	40.0	23	5.21	0.64
E316	震灾防御技术	108	38	-0.90	0.550	26	-0.34	29.6	29	1.18	0.49
E351	中国地震	503	28	-0.52	0.588	23	-0.30	40.1	22	2.31	0.62
E124	中国沙漠	3013	2	1.90	1.645	4	0.96	63.8	6	5.95	0.44
E137	自然灾害学报	1437	10	0.38	0.563	25	-0.33	43.1	17	8.54	0.74
	39 种期刊平均值	1038			0. 839						

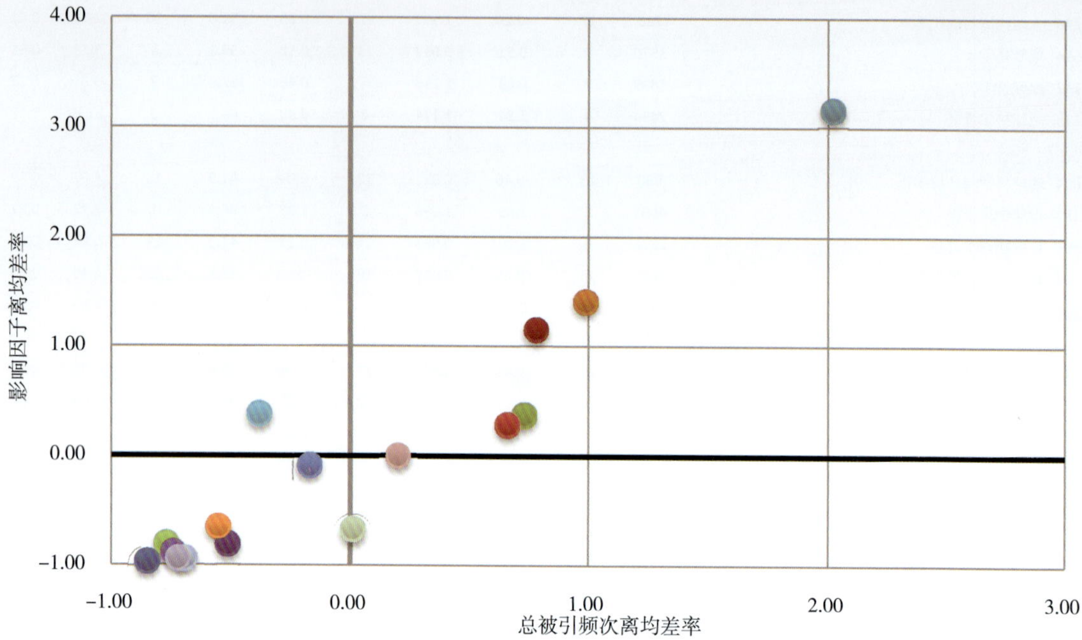

2010 年地理科学类期刊总被引频次和影响因子离均差率的分布图

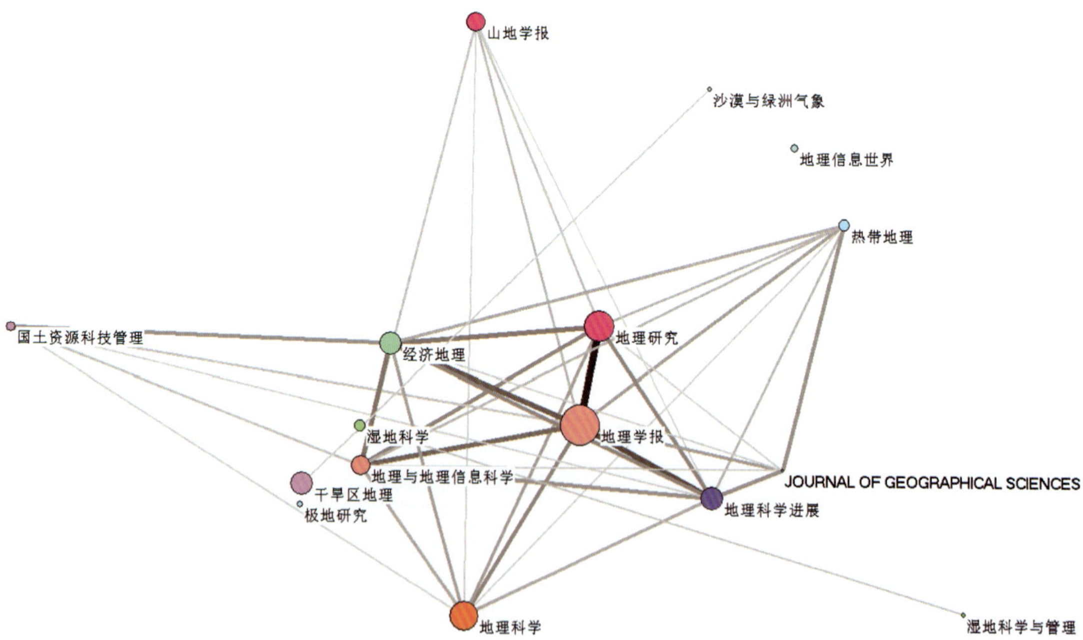

2010 年地理科学类期刊互引关系示意图

表 6-12　2010 年地理科学类期刊主要指标

CODE	刊名	总被引频次			影响因子			综合评价总分		学科扩散指标	学科影响指标
		数值	排名	离均差率	数值	排名	离均差率	数值	排名		
I063	JOURNAL OF GEOGRAPHICAL SCIENCES	34	16	-0.97	0.125	16.0	-0.85	36.3	8	1.22	0.22
E130	地理科学	2538	3	1.15	1.435	3.0	0.78	60.0	3	17.50	0.83
E584	地理科学进展	1617	5	0.37	1.393	4.0	0.73	59.4	4	15.11	0.94
E315	地理信息世界	224	12	-0.81	0.392	10.0	-0.51	19.4	15	3.83	0.33
E305	地理学报	4899	1	3.16	2.438	1.0	2.02	97.2	1	21.44	0.94
E310	地理研究	2843	2	1.41	1.605	2.0	0.99	67.0	2	18.44	0.94
E527	地理与地理信息科学	1070	8	-0.09	0.667	8.0	-0.17	40.3	7	15.28	0.72
E020	干旱区地理	1503	6	0.28	1.341	5.0	0.66	45.8	6	12.67	0.83
E578	国土资源科技管理	239	11	-0.80	0.182	15.0	-0.77	18.3	16	5.44	0.50
E007	极地研究	145	13	-0.88	0.211	14.0	-0.74	23.4	12	3.11	0.28
E599	经济地理	1620	4	0.38	0.497	9.0	-0.38	34.9	9	11.00	0.78
E563	热带地理	415	9	-0.65	0.364	11.0	-0.55	28.7	11	8.61	0.78
E635	沙漠与绿洲气象	71	15	-0.94	0.253	12.0	-0.69	7.2	18	1.78	0.17
E101	山地学报	1173	7	0.00	0.972	6.0	0.20	48.0	5	14.33	0.72
E302	湿地科学	391	10	-0.67	0.816	7.0	0.01	33.0	10	6.67	0.50
E636	湿地科学与管理	71	14	-0.94	0.225	13.0	-0.72	17.1	17	2.44	0.17
	16 种期刊平均值	1178			0. 807						

地质科学类

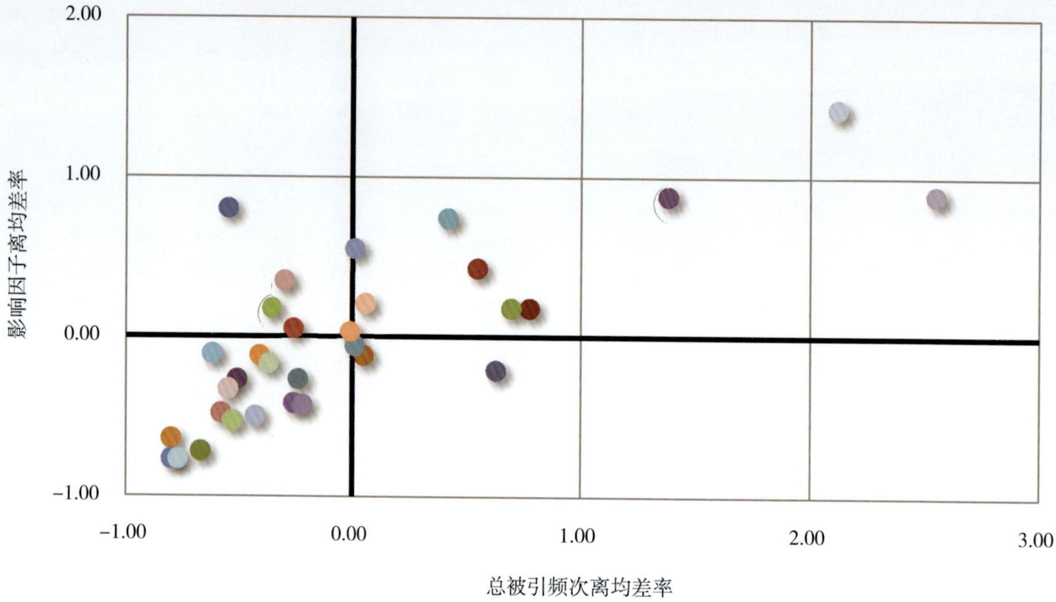

2010 年地质科学类期刊总被引频次和影响因子离均差率的分布图

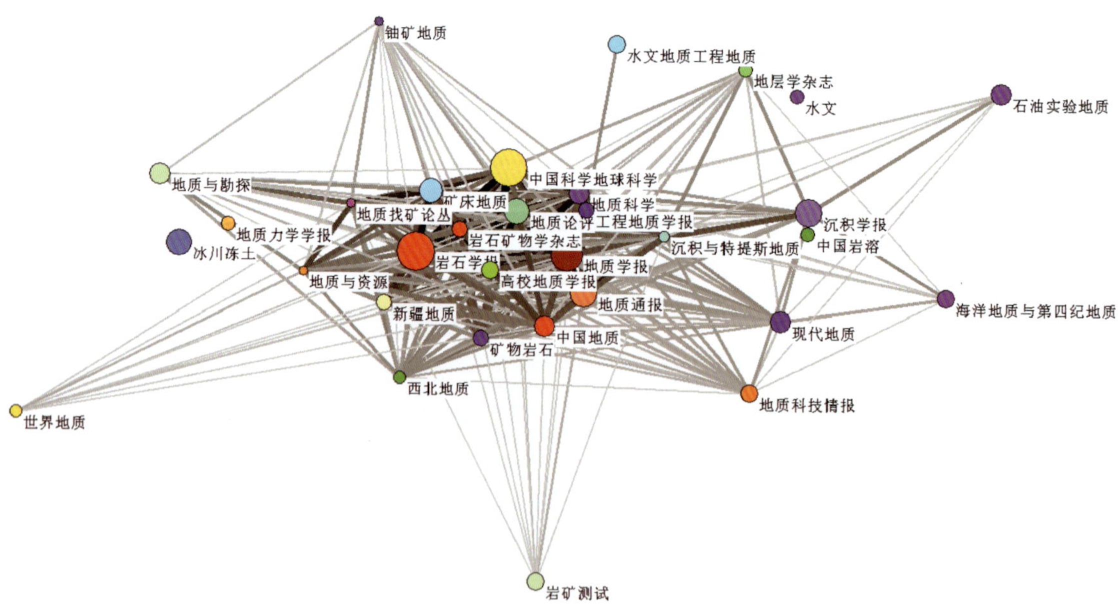

2010 年地质科学类期刊互引关系示意图

表 6-13　2010 年地质科学类期刊主要指标

CODE	刊名	总被引频次			影响因子			综合评价总分		学科扩散指标	学科影响指标
		数值	排名	离均差率	数值	排名	离均差率	数值	排名		
E135	冰川冻土	2087	6	0.63	0.750	20	-0.21	40.6	13	7.81	0.59
E113	沉积学报	2283	4	0.78	1.118	10	0.18	54.9	6	5.75	0.94
E547	沉积与特提斯地质	421	29	-0.67	0.269	30	-0.72	21.8	27	2.88	0.78
E133	地层学杂志	624	23	-0.51	0.693	21	-0.27	32.4	21	2.63	0.78
E362	地质科技情报	970	15	-0.24	0.689	22	-0.27	35.4	17	6.38	0.97
E139	地质科学	1345	10	0.05	0.828	18	-0.12	46.8	9	4.47	0.84
E026	地质力学学报	576	25	-0.55	1.697	4	0.80	35.0	19	4.03	0.78
E009	地质论评	1989	7	0.55	1.351	7	0.43	60.5	4	5.66	0.97
E127	地质通报	2177	5	0.70	1.116	11	0.18	52.9	7	6.28	1.00
E010	地质学报	3046	3	1.37	1.774	3	0.88	73.7	3	5.72	0.94
E151	地质与勘探	1295	12	0.01	0.892	15	-0.06	27.9	24	4.97	0.78
E525	地质与资源	262	31	-0.80	0.341	29	-0.64	16.9	31	2.81	0.69
E132	地质找矿论丛	257	32	-0.80	0.214	32	-0.77	17.2	30	2.34	0.63
E358	高校地质学报	954	17	-0.26	0.993	13	0.05	48.6	8	4.09	0.94
E360	工程地质学报	818	19	-0.36	1.115	12	0.18	37.3	15	5.59	0.44
E155	海洋地质与第四纪地质	955	16	-0.26	0.544	24	-0.42	35.3	18	4.75	0.78
E106	矿床地质	1818	8	0.42	1.648	5	0.74	59.8	5	2.88	0.84
E354	矿物岩石	760	21	-0.41	0.832	17	-0.12	36.0	16	5.28	0.94
E126	石油实验地质	1300	11	0.01	1.462	6	0.55	43.1	10	3.13	0.81
E548	世界地质	535	27	-0.58	0.491	26	-0.48	20.3	29	5.06	0.91
E540	水文	606	24	-0.53	0.445	28	-0.53	24.8	26	5.44	0.25
E154	水文地质工程地质	997	14	-0.22	0.534	25	-0.43	30.3	22	8.09	0.56
E125	西北地质	482	28	-0.62	0.845	16	-0.11	29.6	23	2.84	0.75
E027	现代地质	1275	13	-0.01	0.974	14	0.03	39.4	14	5.44	0.88
E159	新疆地质	735	22	-0.43	0.469	27	-0.50	20.5	28	2.91	0.75
E053	岩矿测试	904	18	-0.30	1.280	8	0.35	32.5	20	4.66	0.59
E157	岩石矿物学杂志	803	20	-0.37	0.784	19	-0.17	42.7	12	4.47	0.84
E309	岩石学报	4558	1	2.55	1.788	2	0.89	75.5	2	4.00	0.91
E051	铀矿地质	297	30	-0.77	0.220	31	-0.77	9.1	32	1.94	0.59
E654	中国地质	1364	9	0.06	1.144	9	0.21	42.9	11	5.06	0.91
A108	中国科学地球科学	3998	2	2.12	2.296	1	1.43	93.1	1	10.84	0.97
E303	中国岩溶	575	26	-0.55	0.630	23	-0.33	26.2	25	4.50	0.56
	32 种期刊平均值	1283			0. 945						

海洋科学类

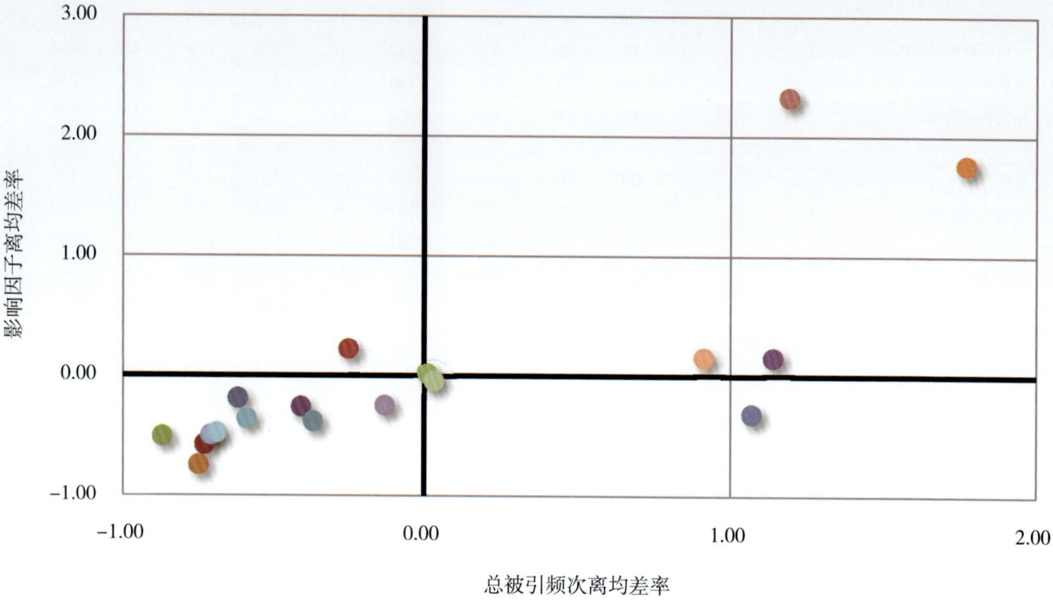

2010 年海洋科学类期刊总被引频次和影响因子离均差率的分布图

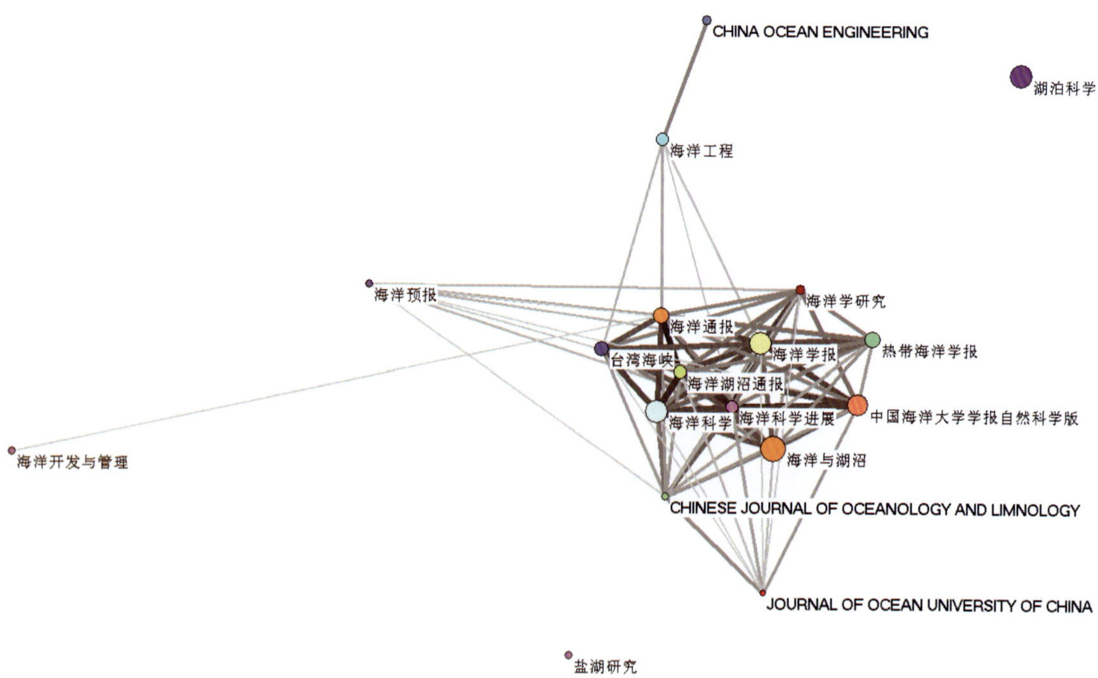

2010 年海洋科学类期刊互引关系示意图

表 6-14 2010 年海洋科学类期刊主要指标

CODE	刊名	总被引频次			影响因子			综合评价总分		学科扩散指标	学科影响指标
		数值	排名	离均差率	数值	排名	离均差率	数值	排名		
E158	CHINA OCEAN ENGINEERING	287	13	-0.62	0.413	8	-0.19	27.3	14	4.33	0.56
E012	CHINESE JOURNAL OF OCEANOLOGY AND LIMNOLOGY	205	16	-0.73	0.212	17	-0.58	34.1	13	4.33	0.83
I120	JOURNAL OF OCEAN UNIVERSITY OF CHINA	96	18	-0.87	0.250	16	-0.51	26.3	15	2.39	0.50
E131	海洋工程	443	11	-0.41	0.377	10	-0.26	34.2	12	7.67	0.72
E312	海洋湖沼通报	470	10	-0.37	0.317	13	-0.38	38.9	10	8.50	0.78
E147	海洋开发与管理	183	17	-0.75	0.126	18	-0.75	1.4	18	3.39	0.56
E145	海洋科学	1541	4	1.07	0.343	11	-0.32	58.8	5	16.28	0.89
E006	海洋科学进展	558	9	-0.25	0.618	3	0.22	50.5	6	9.22	0.89
E311	海洋通报	753	7	0.01	0.518	6	0.02	48.0	7	11.61	0.94
E003	海洋学报	1594	3	1.14	0.585	4	0.15	69.2	3	15.28	0.94
E149	海洋学研究	308	12	-0.59	0.325	12	-0.36	36.7	11	6.33	0.72
E008	海洋与湖沼	2064	1	1.77	1.404	2	1.76	88.8	1	15.39	1.00
E108	海洋预报	219	15	-0.71	0.256	15	-0.50	13.8	17	3.94	0.83
E111	湖泊科学	1634	2	1.19	1.688	1	2.32	87.5	2	14.50	0.83
E642	热带海洋学报	767	6	0.03	0.488	7	-0.04	48.0	7	9.44	0.83
E123	台湾海峡	652	8	-0.13	0.383	9	-0.25	44.0	9	8.89	0.94
E500	盐湖研究	233	14	-0.69	0.262	14	-0.48	25.9	16	4.89	0.11
E313	中国海洋大学学报自然科学版	1424	5	0.91	0.585	4	0.15	59.7	4	19.39	0.83
	18 种期刊平均值	746			0. 508						

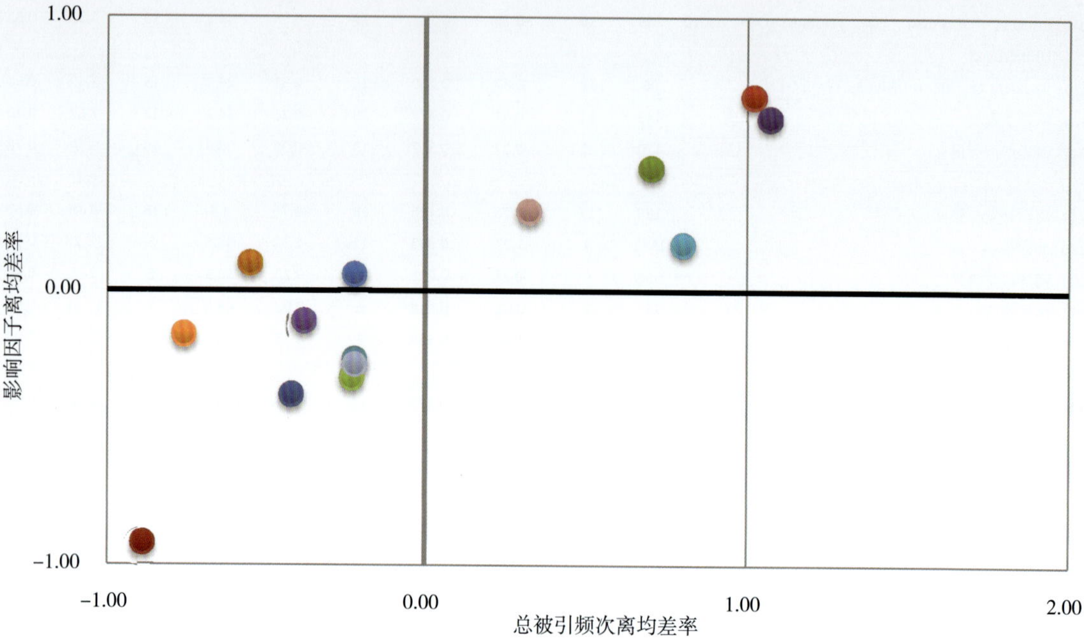

2010 年大气科学类期刊总被引频次和影响因子离均差率的分布图

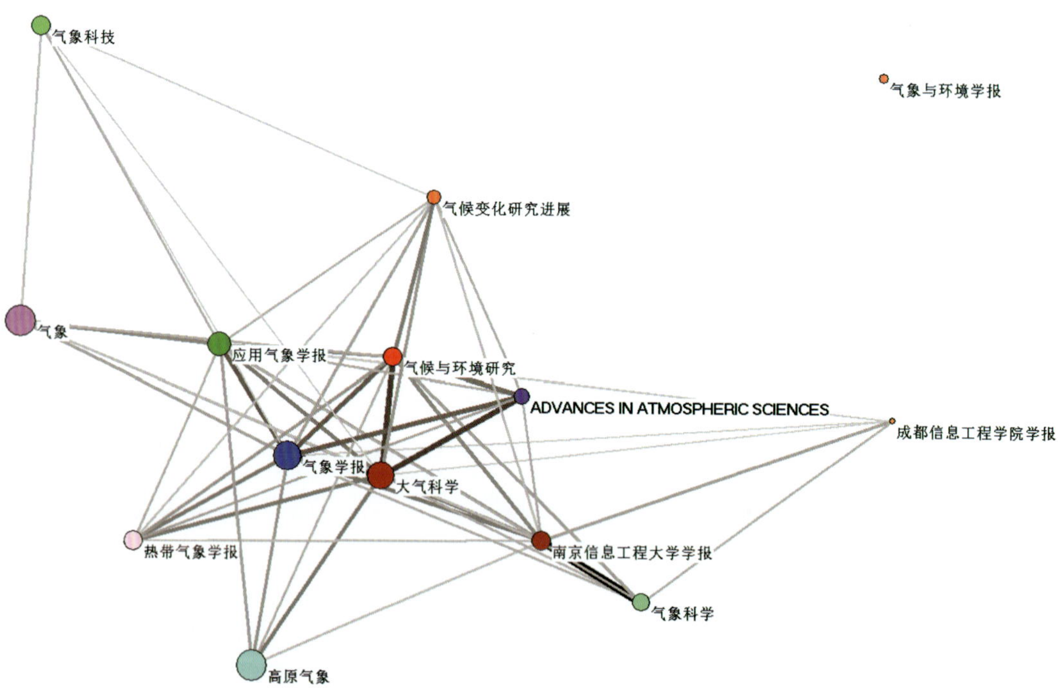

2010 年大气科学类期刊互引关系示意图

表 6-15　2010 年大气科学类期刊主要指标

CODE	刊名	总被引频次			影响因子			综合评价总分		学科扩散指标	学科影响指标
		数值	排名	离均差率	数值	排名	离均差率	数值	排名		
I062	ADVANCES IN ATMOSPHERIC SCIENCES	817	11	-0.42	0.654	13	-0.38	46.30	9	9.75	1.00
E011	成都信息工程学院学报	155	14	-0.89	0.080	14	-0.92	12.30	14	7.25	0.50
E109	大气科学	2373	4	0.70	1.539	3	0.45	81.40	1	15.75	1.00
E005	高原气象	2897	1	1.07	1.733	2	0.63	76.00	3	14.67	1.00
E120	南京信息工程大学学报	1086	8	-0.22	0.796	10	-0.25	47.00	8	14.00	1.00
E021	气候变化研究进展	624	12	-0.55	1.171	6	0.10	49.20	7	11.42	1.00
E361	气候与环境研究	1094	6	-0.22	1.128	7	0.06	57.00	6	15.17	1.00
E352	气象	2827	2	1.02	1.819	1	0.71	71.30	4	17.25	1.00
E566	气象科技	1076	9	-0.23	0.724	12	-0.32	29.30	12	10.61	0.72
E359	气象科学	873	10	-0.38	0.941	8	-0.11	37.60	11	11.92	1.00
E001	气象学报	2513	3	0.80	1.248	5	0.17	76.50	2	17.25	1.00
E633	气象与环境学报	330	13	-0.76	0.892	9	-0.16	26.40	13	5.50	0.33
E110	热带气象学报	1094	7	-0.22	0.775	11	-0.27	40.20	10	10.17	1.00
E122	应用气象学报	1843	5	0.32	1.375	4	0.29	66.90	5	17.83	1.00
	14 种期刊平均值	1400			1.063						

生物学类

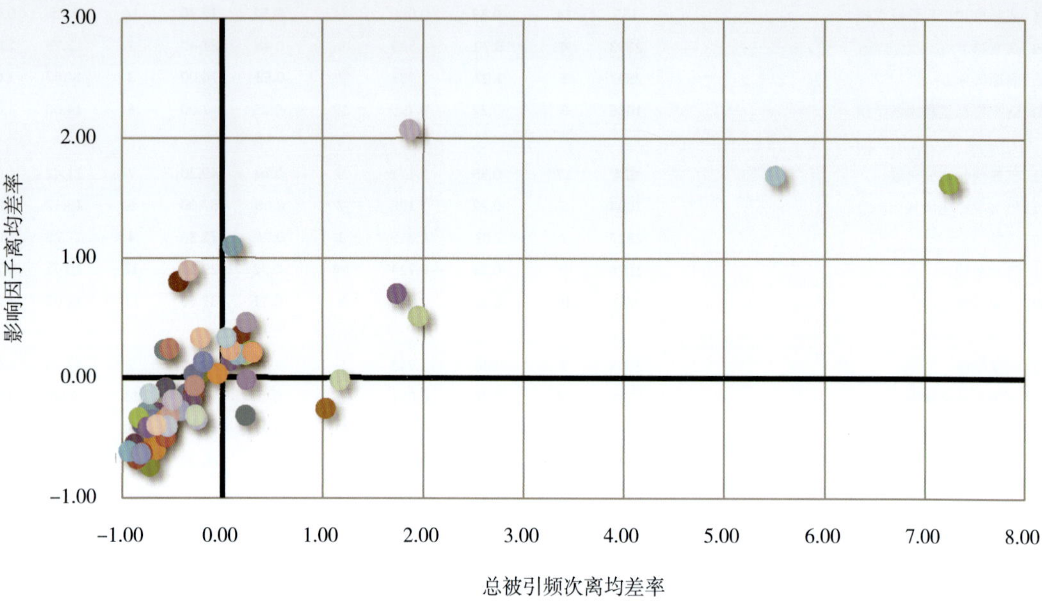

2010 年生物学类期刊总被引频次和影响因子离均差率的分布图

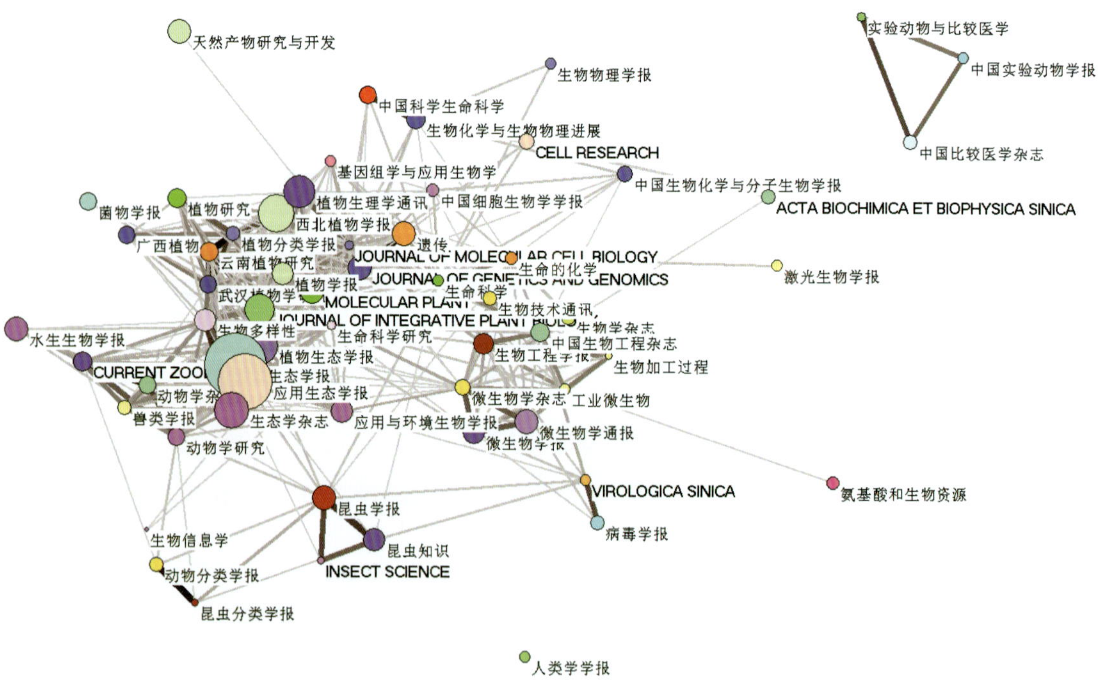

2010 年生物学类期刊互引关系示意图

表 6-16　2010 年生物学类期刊主要指标

CODE	刊名	总被引频次			影响因子			综合评价总分		学科扩散指标	学科影响指标
		数值	排名	离均差率	数值	排名	离均差率	数值	排名		
F034	ACTA BIOCHIMICA ET BIOPHYSICA SINICA	610	40	-0.57	0.556	28	-0.09	34.7	25	5.20	0.62
I072	CELL RESEARCH	795	33	-0.44	1.099	6	0.80	41.9	11	5.30	0.52
F017	CURRENT ZOOLOGY	1132	22	-0.21	0.634	22	0.04	35.5	23	3.78	0.55
I012	INSECT SCIENCE	165	59	-0.88	0.268	54	-0.56	22.1	53	0.87	0.20
F013	JOURNAL OF GENETICS AND GENOMICS	1754	13	0.23	0.412	39	-0.32	38.8	16	5.35	0.80
F029	JOURNAL OF INTEGRATIVE PLANT BIOLOGY	2897	7	1.03	0.454	34	-0.26	40.9	12	6.80	0.78
F021	JOURNAL OF MOLECULAR CELL BIOLOGY	269	55	-0.81	0.372	47	-0.39	25.4	49	2.60	0.40
F019	MOLECULAR PLANT	1682	14	0.18	0.822	10	0.35	46.6	8	4.22	0.65
G095	VIROLOGICA SINICA	381	50	-0.73	0.160	60	-0.74	26.6	45	2.55	0.27
F044	氨基酸和生物资源	485	43	-0.66	0.426	37	-0.30	22.0	54	3.67	0.38
G018	病毒学报	606	41	-0.58	0.750	14	0.23	36.0	21	3.12	0.28
F014	动物分类学报	577	42	-0.60	0.343	51	-0.44	14.9	59	1.88	0.30
F022	动物学研究	916	31	-0.36	0.524	30	-0.14	33.7	27	3.72	0.52
F043	动物学杂志	1021	27	-0.29	0.528	29	-0.13	31.7	33	3.72	0.45
F030	工业微生物	355	51	-0.75	0.404	41	-0.34	26.4	46	2.33	0.20
F028	广西植物	990	29	-0.31	0.488	33	-0.20	28.9	40	3.65	0.40
H245	基因组学与应用生物学	432	47	-0.70	0.401	43	-0.34	26.9	44	2.82	0.38
F045	激光生物学报	439	46	-0.69	0.278	53	-0.54	25.0	51	3.73	0.38
F018	菌物学报	1021	27	-0.29	0.622	24	0.02	30.9	35	3.48	0.45
F005	昆虫分类学报	206	58	-0.86	0.193	59	-0.68	21.3	55	1.10	0.15
F015	昆虫学报	1835	9	0.29	0.747	16	0.22	38.5	17	3.67	0.48
F035	昆虫知识	1538	18	0.08	0.695	20	0.14	32.0	31	3.17	0.38
F041	人类学学报	349	53	-0.76	0.434	36	-0.29	13.3	60	1.17	0.13
F042	生命的化学	474	45	-0.67	0.245	55	-0.60	25.4	49	4.80	0.43
F215	生命科学	407	48	-0.71	0.390	46	-0.36	33.2	29	4.48	0.40
F046	生命科学研究	283	54	-0.80	0.227	57	-0.63	28.0	42	2.98	0.40
Z014	生态学报	11763	1	7.24	1.606	3	1.63	82.7	1	8.87	0.63
Z028	生态学杂志	3909	5	1.74	1.039	7	0.70	51.2	5	6.90	0.55
F049	生物多样性	1569	16	0.10	1.284	4	1.10	53.4	4	4.27	0.53
F003	生物工程学报	1353	20	-0.05	0.630	23	0.03	35.0	24	6.27	0.65
F016	生物化学与生物物理进展	1161	21	-0.19	0.687	21	0.13	38.0	19	7.70	0.65
F224	生物技术通讯	621	38	-0.57	0.307	52	-0.50	25.5	47	5.00	0.43
F204	生物加工过程	232	57	-0.84	0.404	41	-0.34	27.5	43	1.75	0.20
F012	生物物理学报	352	52	-0.75	0.356	50	-0.42	30.6	36	3.45	0.33
F040	生物信息学	88	60	-0.94	0.229	56	-0.62	18.0	57	1.07	0.23
F213	生物学杂志	614	39	-0.57	0.395	45	-0.35	24.6	52	4.93	0.65
G387	实验动物与比较医学	260	56	-0.82	0.217	58	-0.64	16.9	58	2.42	0.13
F033	兽类学报	672	36	-0.53	0.758	13	0.24	30.4	37	1.70	0.32
F010	水生生物学报	1755	12	0.23	0.728	18	0.19	38.3	18	3.95	0.50
T611	天然产物研究与开发	1765	10	0.24	0.600	25	-0.02	32.0	31	6.52	0.50

表 6-16　2010 年生物学类期刊主要指标（续）

CODE	刊名	总被引频次			影响因子			综合评价总分		学科扩散指标	学科影响指标
		数值	排名	离均差率	数值	排名	离均差率	数值	排名		
F004	微生物学报	1638	15	0.15	0.724	19	0.19	39.9	13	6.42	0.58
F011	微生物学通报	1858	8	0.30	0.738	17	0.21	37.1	20	6.73	0.50
F225	微生物学杂志	827	32	-0.42	0.439	35	-0.28	29.4	39	5.73	0.50
F008	武汉植物学研究	1034	26	-0.28	0.570	27	-0.07	34.5	26	3.88	0.45
F020	西北植物学报	4219	3	1.95	0.921	8	0.51	47.1	7	5.90	0.58
F024	遗传	1765	10	0.24	0.890	9	0.46	43.9	9	5.75	0.62
Z018	应用生态学报	9295	2	5.51	1.640	2	1.69	76.6	2	8.35	0.60
F100	应用与环境生物学报	1541	17	0.08	0.750	14	0.23	39.5	14	5.90	0.63
F007	云南植物研究	1068	24	-0.25	0.398	44	-0.35	33.1	30	3.98	0.53
F039	植物分类学报	678	35	-0.53	0.415	38	-0.32	35.8	22	2.98	0.42
F038	植物生理学通讯	3093	6	1.17	0.599	26	-0.02	39.2	15	5.12	0.57
F009	植物生态学报	4081	4	1.86	1.870	1	2.07	70.0	3	5.33	0.48
F023	植物学报	1487	19	0.04	0.809	12	0.33	43.7	10	4.30	0.58
F050	植物研究	1109	23	-0.22	0.812	11	0.33	33.3	28	3.35	0.43
F048	中国比较医学杂志	649	37	-0.55	0.361	49	-0.41	19.0	56	4.65	0.17
A107	中国科学生命科学	948	30	-0.34	1.152	5	0.89	48.2	6	6.03	0.75
F255	中国生物工程杂志	1037	25	-0.27	0.412	39	-0.32	30.1	38	6.43	0.58
F002	中国生物化学与分子生物学报	717	34	-0.50	0.497	32	-0.19	31.0	34	5.40	0.57
F047	中国实验动物学报	391	49	-0.73	0.524	30	-0.14	25.5	47	3.18	0.18
F025	中国细胞生物学学报	483	44	-0.66	0.363	48	-0.40	28.5	41	4.65	0.43
	60 种期刊平均值	1428			0. 610						

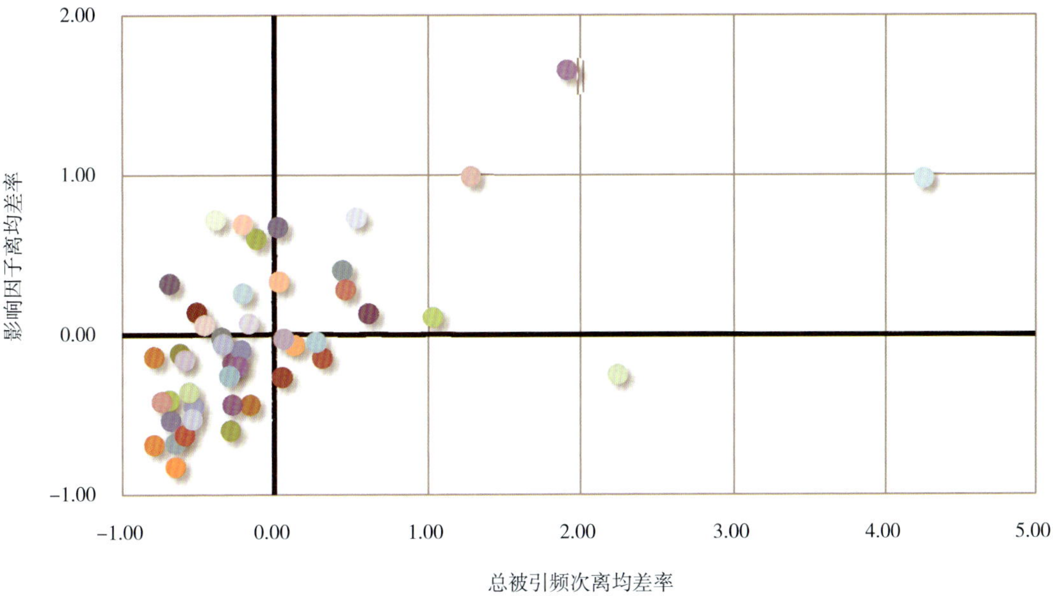

2010 年农学类期刊总被引频次和影响因子离均差率的分布图

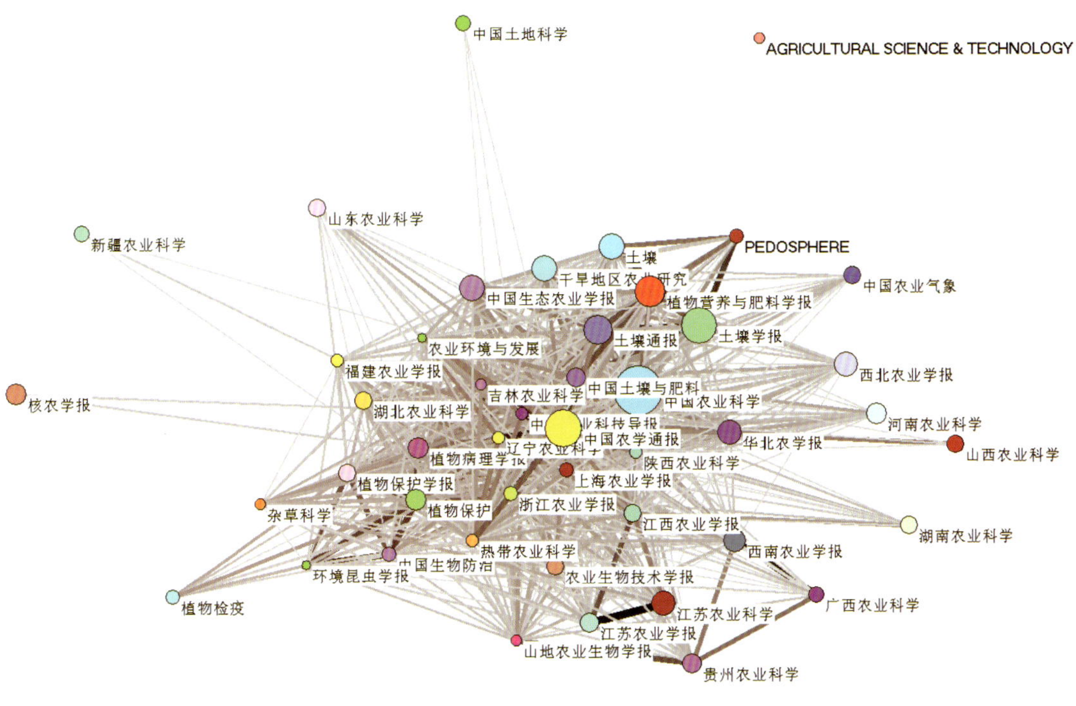

2010 年农学类期刊互引关系示意图

表 6-17　2010 年农学类期刊主要指标

CODE	刊名	总被引频次			影响因子			综合评价总分		学科扩散指标	学科影响指标
		数值	排名	离均差率	数值	排名	离均差率	数值	排名		
I145	AGRICULTURAL SCIENCE & TECHNOLOGY	409	42	-0.69	0.768	11	0.32	25.3	39	1.04	0.30
H046	PEDOSPHERE	637	32	-0.51	0.663	14	0.14	50.1	9	3.37	0.54
H265	福建农业学报	496	38	-0.62	0.513	25	-0.12	35.7	27	3.37	0.78
H045	干旱地区农业研究	2087	6	0.61	0.657	15	0.13	50.0	10	5.20	0.76
H069	广西农业科学	846	29	-0.35	0.573	19	-0.02	33.5	30	3.52	0.78
H275	贵州农业科学	1089	18	-0.16	0.327	38	-0.44	30.3	34	4.30	0.78
H042	核农学报	1323	16	0.02	0.977	7	0.67	49.3	13	4.33	0.74
H356	河南农业科学	1364	14	0.05	0.424	33	-0.27	32.7	31	4.72	0.83
H203	湖北农业科学	917	26	-0.29	0.232	42	-0.60	29.1	35	5.37	0.89
H231	湖南农业科学	941	24	-0.28	0.478	29	-0.18	25.7	37	3.70	0.80
H032	华北农学报	1866	9	0.44	0.816	9	0.40	54.2	5	4.89	0.93
H049	环境昆虫学报	271	45	-0.79	0.500	26	-0.14	39.2	24	1.76	0.54
H227	吉林农业科学	413	41	-0.68	0.267	41	-0.54	25.6	38	2.85	0.74
H700	江苏农业科学	1702	10	0.31	0.496	27	-0.15	37.2	25	5.72	0.91
H199	江苏农业学报	1138	17	-0.12	0.933	8	0.60	49.4	12	4.07	0.80
H701	江西农业学报	941	24	-0.28	0.329	37	-0.44	30.9	33	4.74	0.87
H261	辽宁农业科学	454	40	-0.65	0.187	44	-0.68	24.5	41	3.11	0.83
H773	农业环境与发展	269	46	-0.79	0.179	45	-0.69	18.7	45	2.52	0.57
H286	农业生物技术学报	1010	22	-0.22	0.524	24	-0.10	42.8	20	4.54	0.78
H516	热带农业科学	534	37	-0.59	0.219	43	-0.63	24.5	41	3.61	0.72
H070	山地农业生物学报	402	43	-0.69	0.347	35	-0.41	32.1	32	3.50	0.74
H804	山东农业科学	986	23	-0.24	0.468	30	-0.20	28.6	36	3.85	0.83
H390	山西农业科学	909	27	-0.30	0.432	32	-0.26	23.8	43	3.13	0.80
H217	陕西农业科学	461	39	-0.65	0.099	46	-0.83	17.9	46	3.57	0.80
H282	上海农业学报	614	33	-0.53	0.321	39	-0.45	34.4	29	3.76	0.78
H043	土壤	1891	8	0.46	0.750	12	0.28	52.5	7	5.83	0.78
H057	土壤通报	2643	5	1.03	0.646	16	0.11	52.9	6	6.76	0.89
H012	土壤学报	3783	3	1.91	1.550	1	1.65	80.3	2	7.20	0.87
H288	西北农业学报	1653	11	0.27	0.555	21	-0.05	41.4	23	6.17	0.93
H061	西南农业学报	1474	12	0.13	0.546	23	-0.07	41.7	21	5.22	0.91
H276	新疆农业科学	858	28	-0.34	0.550	22	-0.06	34.5	28	3.61	0.74
H989	杂草科学	334	44	-0.74	0.340	36	-0.42	23.3	44	2.15	0.54
H201	浙江农业学报	573	35	-0.56	0.374	34	-0.36	36.0	26	4.37	0.87
H577	植物保护	1374	13	0.06	0.566	20	-0.03	42.9	19	4.11	0.89
H014	植物保护学报	1032	20	-0.21	0.735	13	0.26	47.6	15	3.57	0.87
H052	植物病理学报	1332	15	0.03	0.778	10	0.33	49.6	11	3.61	0.87
H584	植物检疫	600	34	-0.54	0.274	40	-0.53	24.6	40	2.41	0.67
H890	植物营养与肥料学报	2956	4	1.28	1.163	2	0.99	66.8	3	4.91	0.80
H958	中国农学通报	4207	2	2.24	0.437	31	-0.25	51.9	8	9.80	0.98
H567	中国农业科技导报	538	36	-0.59	0.490	28	-0.16	41.7	21	4.04	0.87

表 6-17　2010 年农学类期刊主要指标（续）

CODE	刊名	总被引频次			影响因子			综合评价总分		学科扩散指标	学科影响指标
		数值	排名	离均差率	数值	排名	离均差率	数值	排名		
H030	中国农业科学	6823	1	4.25	1.154	3	0.98	87.7	1	8.80	0.96
H210	中国农业气象	1024	21	-0.21	0.988	6	0.69	48.4	14	3.78	0.72
H555	中国生态农业学报	1990	7	0.53	1.011	4	0.73	58.8	4	6.59	0.91
H044	中国生物防治	697	31	-0.46	0.618	18	0.06	43.2	18	3.11	0.74
H350	中国土地科学	796	30	-0.39	1.003	5	0.72	44.3	16	2.67	0.43
H233	中国土壤与肥料	1082	19	-0.17	0.622	17	0.07	44.2	17	3.93	0.80
	46 种期刊平均值	1299			0. 584						

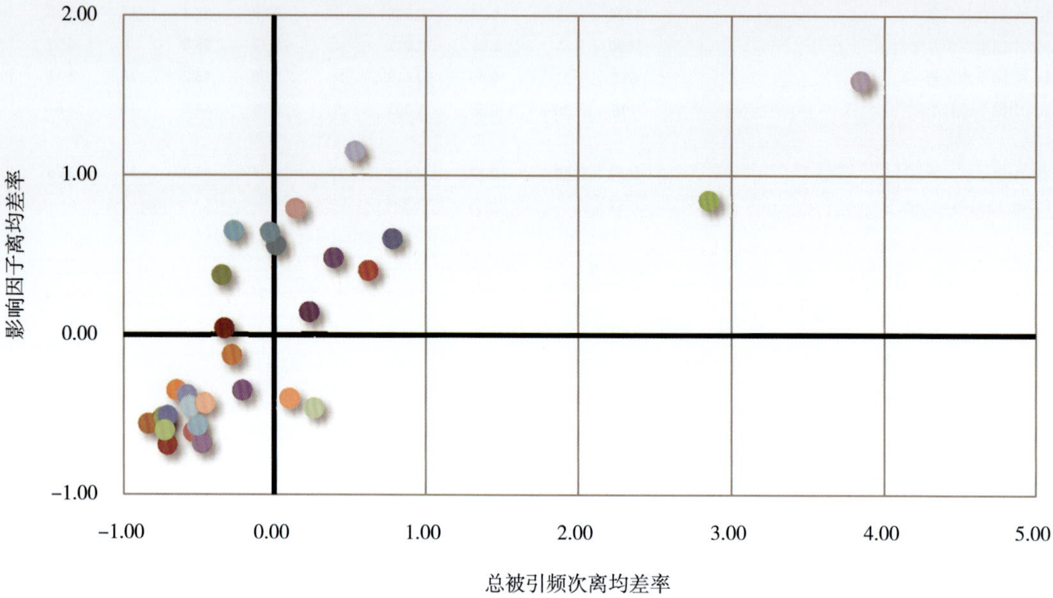

2010 年农艺学、园艺学类期刊总被引频次和影响因子离均差率的分布图

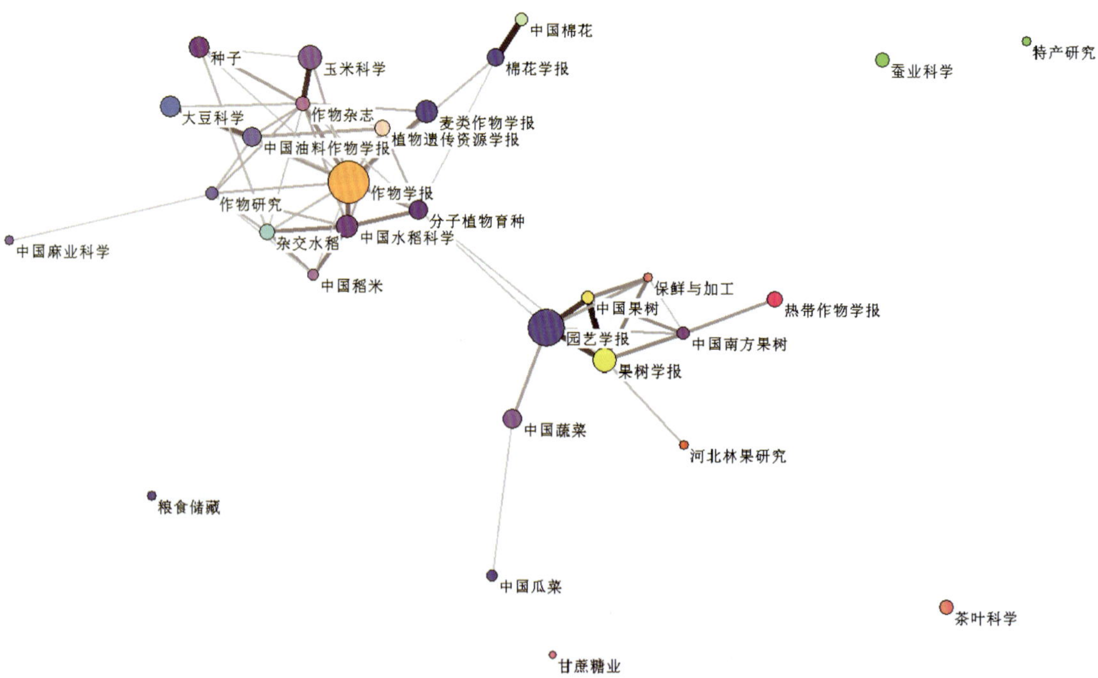

2010 年农艺学、园艺学类期刊互引关系示意图

表 6-18 2010 年农艺学、园艺学类期刊主要指标

CODE	刊名	总被引频次			影响因子			综合评价总分		学科扩散指标	学科影响指标
		数值	排名	离均差率	数值	排名	离均差率	数值	排名		
U645	保鲜与加工	257	29	-0.76	0.255	24	-0.54	27.6	16	2.53	0.20
H009	蚕业科学	706	16	-0.33	0.576	13	0.04	27.2	17	4.37	0.23
H001	茶叶科学	685	17	-0.35	0.755	11	0.37	43.8	11	4.97	0.37
H038	大豆科学	1296	8	0.23	0.628	12	0.14	38.2	12	5.67	0.67
H845	分子植物育种	1063	11	0.01	0.861	8	0.56	54.3	6	6.03	0.80
H844	甘蔗糖业	172	30	-0.84	0.244	25	-0.56	12.7	28	1.93	0.20
H028	果树学报	1877	3	0.78	0.881	7	0.60	58.6	5	6.10	0.67
H289	河北林果研究	303	26	-0.71	0.169	30	-0.69	22.9	23	3.63	0.33
U002	粮食储藏	276	28	-0.74	0.265	23	-0.52	10.3	29	1.80	0.13
H748	麦类作物学报	1464	6	0.39	0.817	9	0.48	50.0	8	5.17	0.63
H037	棉花学报	1022	12	-0.03	0.903	6	0.64	49.6	9	4.13	0.57
H223	热带作物学报	753	15	-0.28	0.479	14	-0.13	35.0	13	5.23	0.47
H041	特产研究	307	25	-0.71	0.272	22	-0.51	26.2	18	4.20	0.20
H909	玉米科学	1710	4	0.62	0.774	10	0.40	46.8	10	5.13	0.70
H039	园艺学报	4049	2	2.85	1.014	3	0.84	74.4	2	7.17	0.80
H293	杂交水稻	832	13	-0.21	0.360	15	-0.35	25.8	20	3.10	0.47
H238	植物遗传资源学报	766	14	-0.27	0.910	5	0.65	50.2	7	4.30	0.70
H939	中国稻米	373	24	-0.65	0.358	16	-0.35	21.9	25	2.90	0.40
H397	中国瓜菜	438	23	-0.58	0.343	17	-0.38	8.5	30	2.30	0.43
H215	中国果树	486	21	-0.54	0.214	28	-0.61	23.5	22	3.37	0.37
H212	中国麻业科学	284	27	-0.73	0.220	27	-0.60	13.0	27	2.47	0.27
H211	中国棉花	547	19	-0.48	0.175	29	-0.68	17.9	26	2.87	0.40
H273	中国南方果树	513	20	-0.51	0.235	26	-0.57	22.4	24	3.47	0.30
H207	中国蔬菜	1155	10	0.10	0.332	18	-0.40	26.2	18	5.27	0.63
H020	中国水稻科学	1607	5	0.53	1.189	2	1.15	69.6	3	5.90	0.63
H205	中国油料作物学报	1198	9	0.14	0.990	4	0.79	59.0	4	5.63	0.53
H103	种子	1324	7	0.26	0.300	21	-0.46	30.8	15	6.20	0.73
H034	作物学报	5093	1	3.84	1.431	1	1.59	98.4	1	8.40	0.83
H410	作物研究	459	22	-0.56	0.301	20	-0.45	25.7	21	4.00	0.67
H202	作物杂志	570	18	-0.46	0.317	19	-0.43	33.6	14	4.20	0.73
	30 种期刊平均值	1053			0.552						

农业工程类

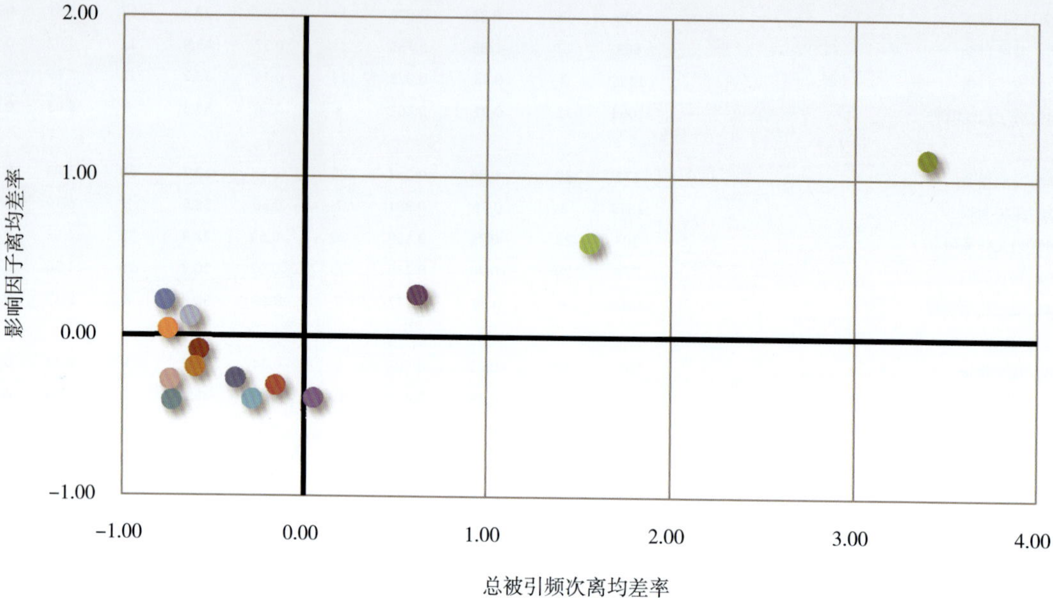

2010 年农业工程类期刊总被引频次和影响因子离均差率的分布图

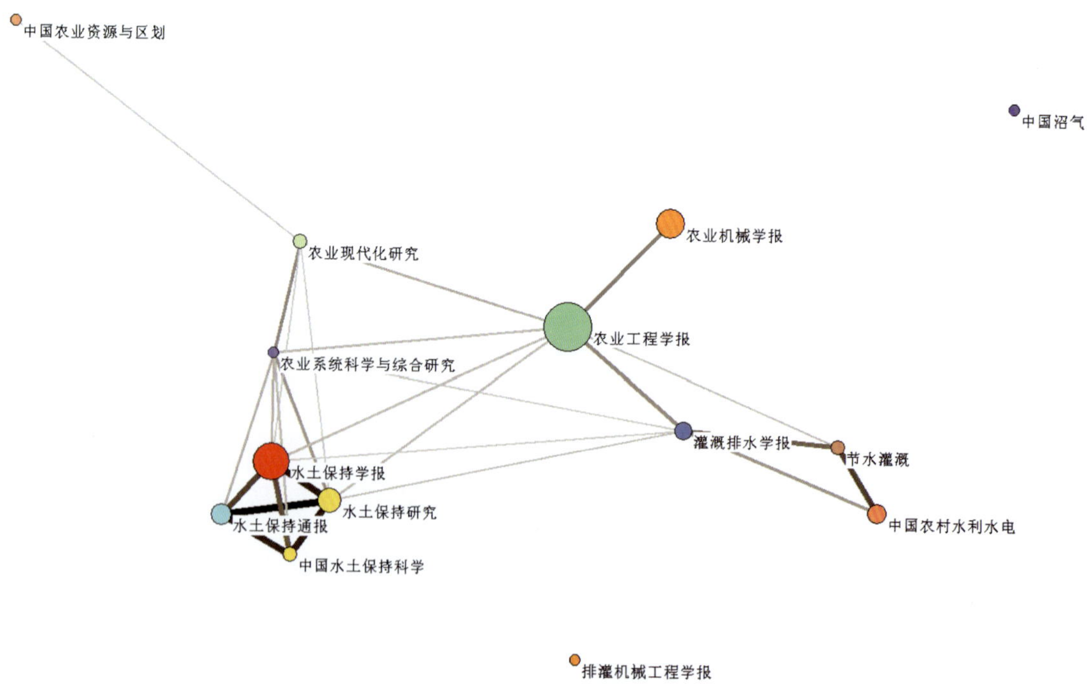

2010 年农业工程类期刊互引关系示意图

表 6-19　2010 年农业工程类期刊主要指标

CODE	刊名	总被引频次			影响因子			综合评价总分		学科扩散指标	学科影响指标
		数值	排名	离均差率	数值	排名	离均差率	数值	排名		
H226	灌溉排水学报	976	7	-0.38	0.460	9	-0.27	29.0	9	12.07	0.79
W567	节水灌溉	669	8	-0.58	0.573	7	-0.09	21.2	11	9.50	0.79
H279	农业工程学报	6958	1	3.40	1.347	1	1.13	90.8	1	38.71	1.00
H278	农业机械学报	2561	3	0.62	0.793	3	0.26	43.7	4	30.14	0.71
H237	农业系统科学与综合研究	432	11	-0.73	0.372	14	-0.41	33.8	7	12.14	0.86
H222	农业现代化研究	626	9	-0.60	0.503	8	-0.20	32.1	8	12.64	0.86
H219	排灌机械工程学报	366	14	-0.77	0.767	4	0.22	24.7	10	5.50	0.50
H015	水土保持通报	1336	5	-0.16	0.437	11	-0.31	37.2	6	17.21	0.86
H287	水土保持学报	4046	2	1.56	1.003	2	0.59	69.9	2	22.93	0.86
H056	水土保持研究	1658	4	0.05	0.387	12	-0.39	39.1	5	20.36	0.86
W005	中国农村水利水电	1128	6	-0.29	0.376	13	-0.40	9.3	14	15.07	0.79
H221	中国农业资源与区划	392	13	-0.75	0.658	6	0.04	18.5	12	7.07	0.71
H295	中国水土保持科学	590	10	-0.63	0.708	5	0.12	45.6	3	9.57	0.57
H204	中国沼气	409	12	-0.74	0.454	10	-0.28	14.2	13	8.00	0.50
	14 种期刊平均值	1582			0. 631						

农业大学学报类

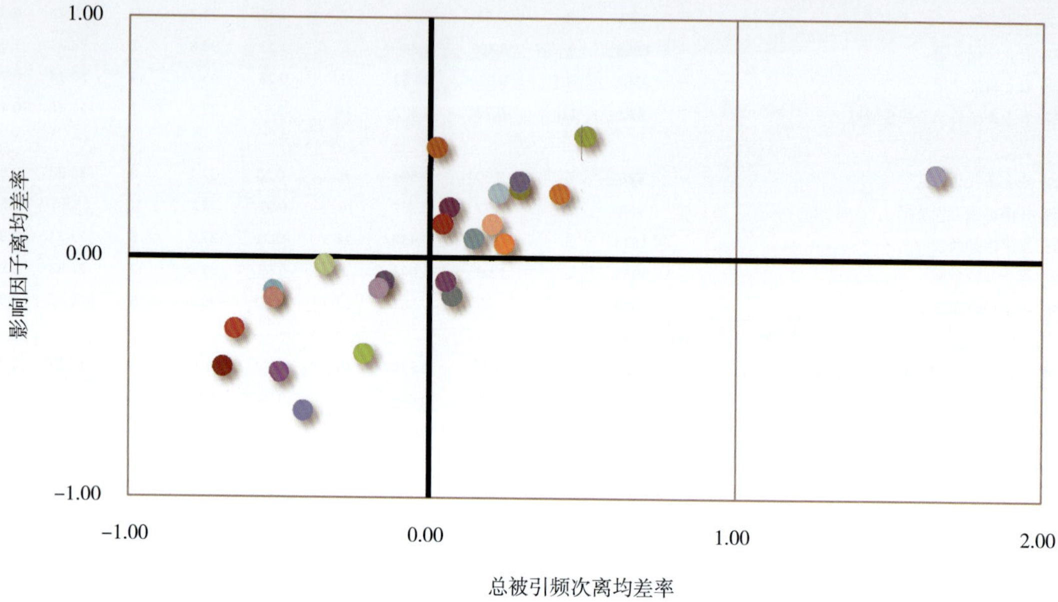

2010 年农业大学学报类期刊总被引频次和影响因子离均差率的分布图

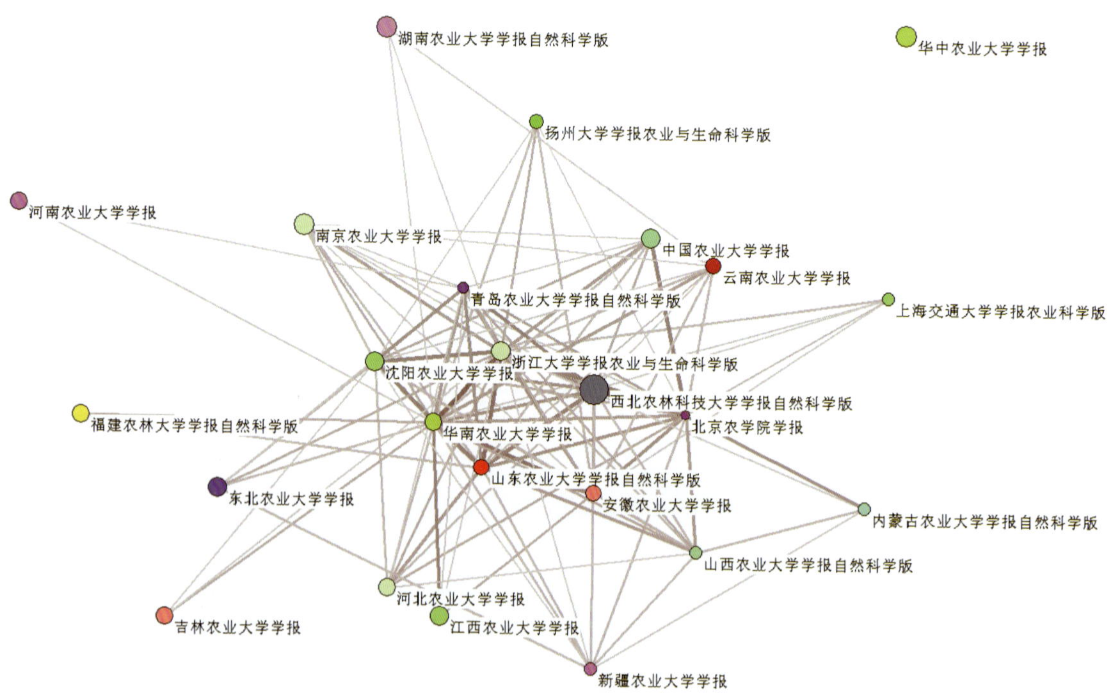

2010 年农业大学学报类期刊互引关系示意图

表 6-20　2010 年农业大学学报类期刊主要指标

CODE	刊名	总被引频次			影响因子			综合评价总分		学科扩散指标	学科影响指标
		数值	排名	离均差率	数值	排名	离均差率	数值	排名		
H002	安徽农业大学学报	809	15	-0.15	0.394	14	-0.10	50.5	15	11.92	0.92
H263	北京农学院学报	290	24	-0.69	0.238	22	-0.46	33.4	20	6.17	0.75
H006	东北农业大学学报	1219	5	0.29	0.565	5	0.29	52.2	13	11.17	0.71
H268	福建农林大学学报自然科学版	1003	11	0.06	0.530	8	0.21	56.7	10	10.58	0.92
H244	河北农业大学学报	1017	10	0.07	0.366	18	-0.16	49.5	16	11.63	0.96
H011	河南农业大学学报	962	14	0.02	0.637	2	0.46	62.7	7	9.38	0.88
H060	湖南农业大学学报自然科学版	1226	4	0.29	0.577	4	0.32	65.6	6	10.63	0.88
H013	华南农业大学学报	987	13	0.04	0.498	9	0.14	61.4	9	11.13	0.88
H003	华中农业大学学报	1417	2	0.50	0.659	1	0.51	70.5	4	12.54	0.88
H243	吉林农业大学学报	998	12	0.05	0.392	15	-0.10	47.2	18	12.08	0.79
H283	江西农业大学学报	1083	9	0.14	0.470	11	0.08	61.9	8	11.83	0.96
H021	南京农业大学学报	1347	3	0.42	0.554	6	0.27	74.2	2	11.42	1.00
H271	内蒙古农业大学学报自然科学版	545	19	-0.42	0.158	24	-0.64	24.1	24	8.17	0.67
H267	青岛农业大学学报自然科学版	335	23	-0.65	0.304	20	-0.30	33.3	21	5.79	0.54
H031	山东农业大学学报自然科学版	741	17	-0.22	0.264	21	-0.40	30.9	23	10.63	0.92
H393	山西农业大学学报自然科学版	477	20	-0.50	0.228	23	-0.48	32.3	22	8.33	0.63
H022	上海交通大学学报农业科学版	450	22	-0.52	0.378	17	-0.14	47.4	17	7.83	0.71
H024	沈阳农业大学学报	1174	6	0.24	0.463	12	0.06	55.2	11	11.46	0.88
H018	西北农林科技大学学报自然科学版	2508	1	1.65	0.596	3	0.36	91.0	1	18.42	1.00
H908	新疆农业大学学报	459	21	-0.52	0.362	19	-0.17	39.4	19	6.79	0.58
H016	扬州大学学报农业与生命科学版	616	18	-0.35	0.422	13	-0.03	51.0	14	7.21	0.71
H269	云南农业大学学报	782	16	-0.17	0.380	16	-0.13	52.3	12	9.96	0.88
H035	浙江大学学报农业与生命科学版	1154	7	0.22	0.553	7	0.27	71.7	3	13.96	0.96
H027	中国农业大学学报	1140	8	0.20	0.496	10	0.14	68.3	5	14.25	0.92
	24 种期刊平均值	947			0.437						

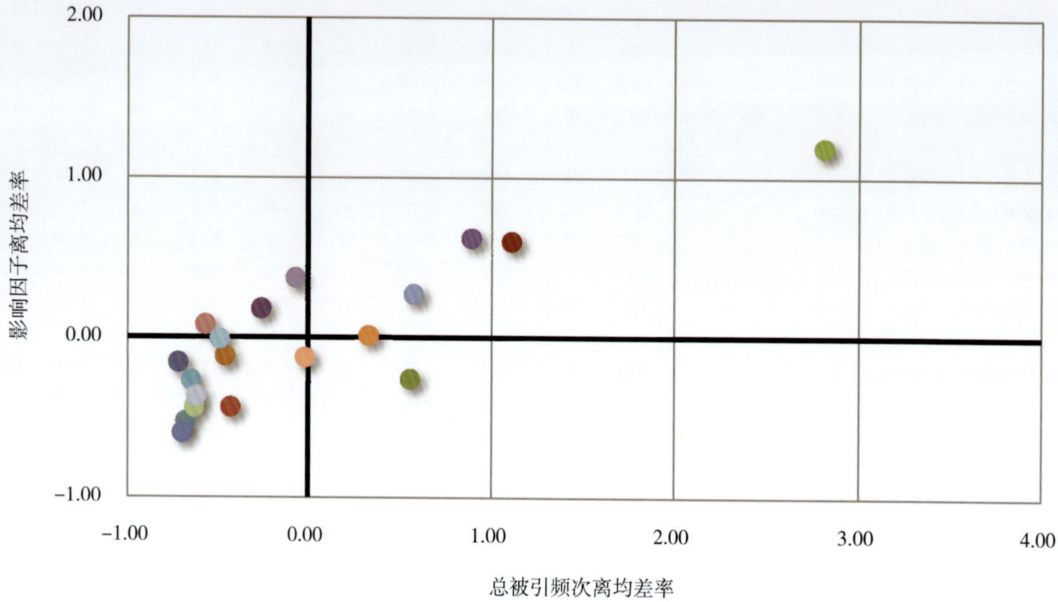

2010 年林学类期刊总被引频次和影响因子离均差率的分布图

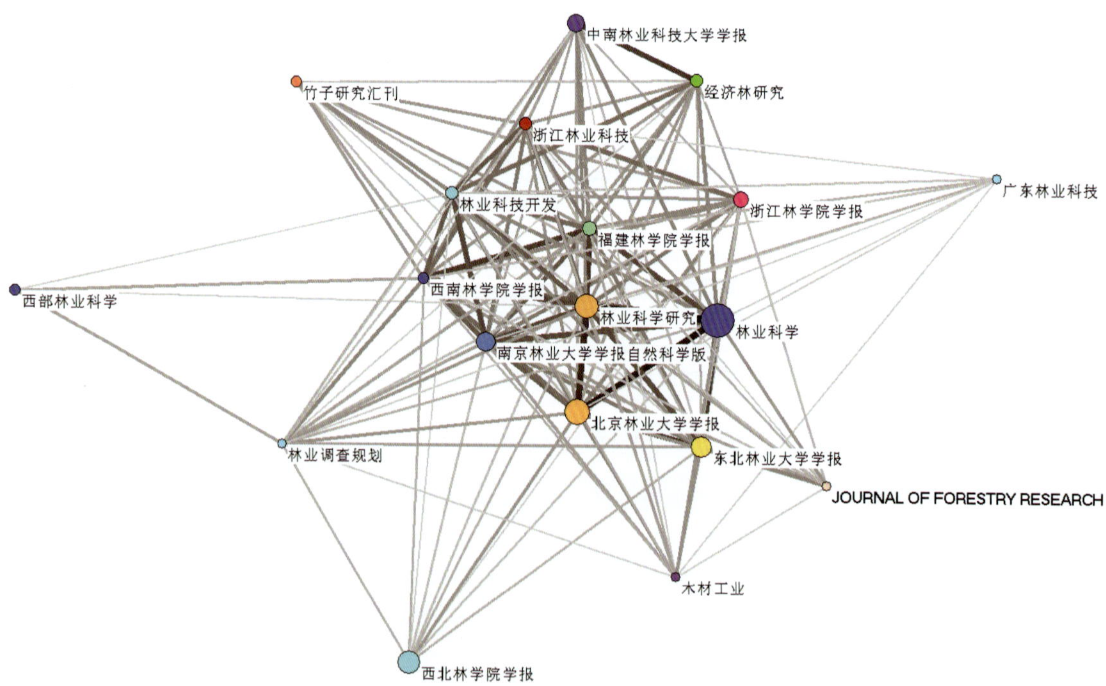

2010 年林学类期刊互引关系示意图

表 6-21　2010 年林学类期刊主要指标

CODE	刊名	总被引频次			影响因子			综合评价总分		学科扩散指标	学科影响指标
		数值	排名	离均差率	数值	排名	离均差率	数值	排名		
I018	JOURNAL OF FORESTRY RESEARCH	256	19	-0.72	0.392	12	-0.16	36.1	9	6.37	0.79
H025	北京林业大学学报	1920	2	1.11	0.751	3	0.60	70.1	2	14.68	0.95
H262	东北林业大学学报	1418	5	0.56	0.348	13	-0.26	40.8	8	16.63	0.95
H051	福建林学院学报	673	9	-0.26	0.550	6	0.18	44.9	6	8.32	0.89
H893	广东林业科技	290	17	-0.68	0.219	18	-0.53	10.7	19	4.16	0.79
H266	经济林研究	494	11	-0.46	0.410	10	-0.12	35.3	10	6.58	0.89
H102	林业调查规划	277	18	-0.70	0.189	19	-0.60	14.2	18	5.95	0.84
H740	林业科技开发	520	10	-0.43	0.262	17	-0.44	26.7	14	6.63	0.95
H280	林业科学	3469	1	2.81	1.026	1	1.19	94.6	1	15.42	0.95
H281	林业科学研究	1718	3	0.89	0.756	2	0.62	68.0	3	11.53	0.89
U533	木材工业	322	16	-0.65	0.342	14	-0.27	21.2	15	3.89	0.84
H033	南京林业大学学报自然科学版	1209	6	0.33	0.474	8	0.01	47.8	4	13.63	0.95
H224	西北林学院学报	1442	4	0.58	0.596	5	0.27	42.6	7	12.74	0.89
H385	西部林业科学	390	13	-0.57	0.506	7	0.08	21.1	16	5.26	0.89
H270	西南林学院学报	336	15	-0.63	0.264	16	-0.44	33.2	12	6.58	0.84
H019	浙江林学院学报	844	8	-0.07	0.641	4	0.37	47.5	5	10.53	0.95
H277	浙江林业科技	467	12	-0.49	0.465	9	-0.01	34.8	11	7.53	0.95
H053	中南林业科技大学学报	890	7	-0.02	0.408	11	-0.13	31.9	13	12.32	0.95
H026	竹子研究汇刊	346	14	-0.62	0.297	15	-0.37	20.9	17	4.05	0.84
	19 种期刊平均值	910			0. 468						

畜牧、兽医科学类

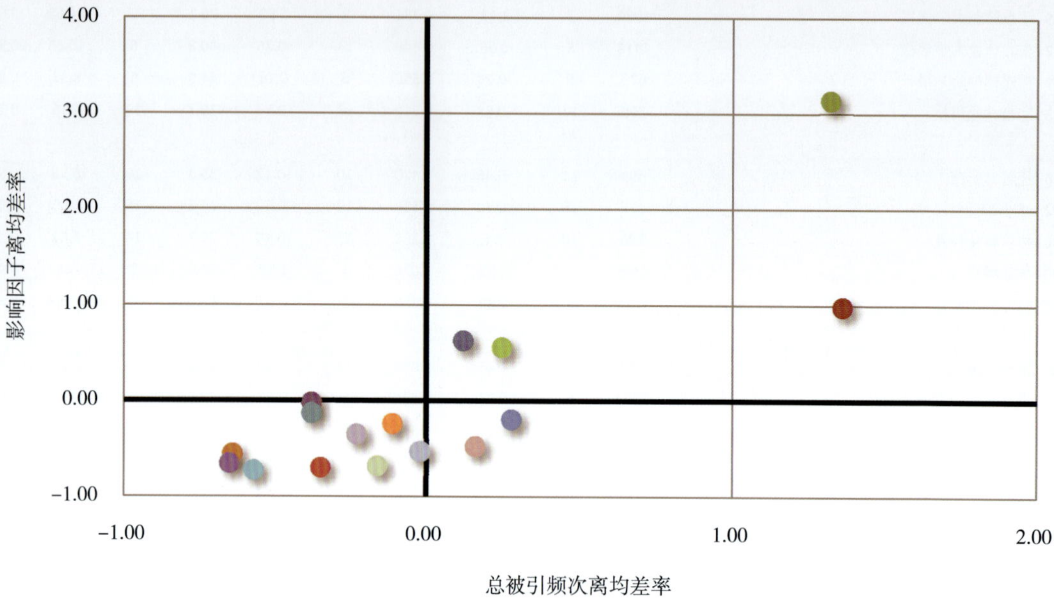

2010 年畜牧、兽医科学类期刊总被引频次和影响因子离均差率的分布图

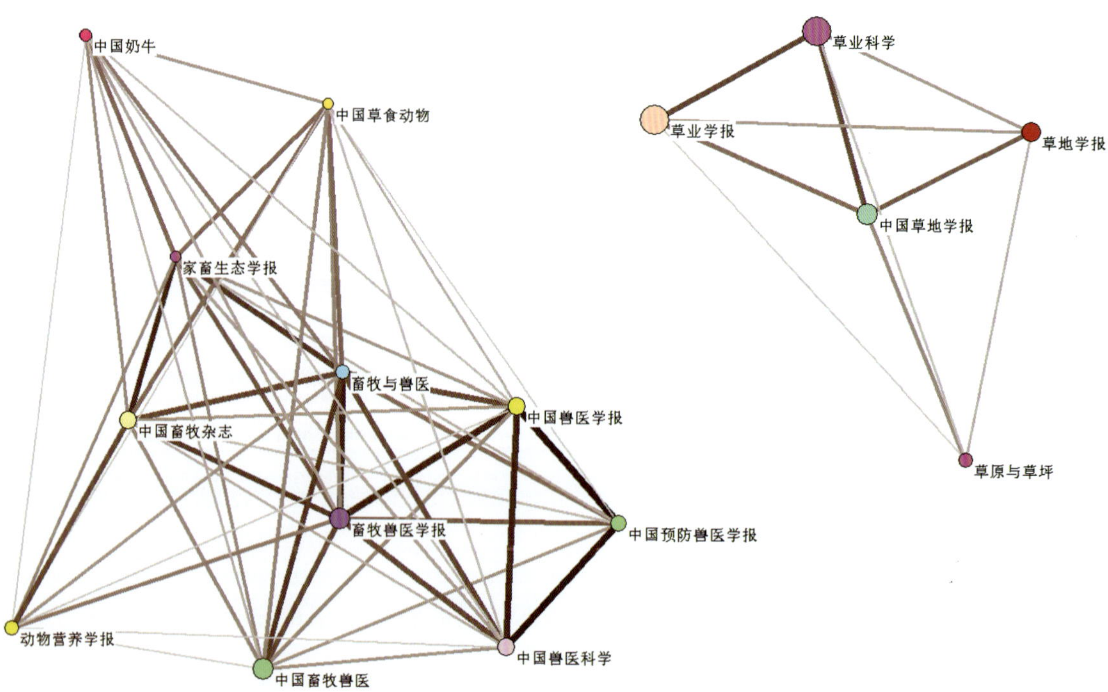

2010 年畜牧、兽医科学类期刊互引关系示意图

表 6-22　2010 年畜牧、兽医科学类期刊主要指标

CODE	刊名	总被引频次			影响因子			综合评价总分		学科扩散指标	学科影响指标
		数值	排名	离均差率	数值	排名	离均差率	数值	排名		
H525	草地学报	1187	6	0.12	1.138	3	0.62	46.9	5	9.50	0.56
H234	草业科学	2497	1	1.36	1.393	2	0.98	59.1	2	12.94	0.81
H527	草业学报	2455	2	1.32	2.908	1	3.14	86.1	1	11.81	0.69
H538	草原与草坪	653	12	-0.38	0.690	5	-0.02	21.6	13	6.19	0.56
F231	动物营养学报	653	12	-0.38	0.610	6	-0.13	32.3	9	5.81	0.94
H240	家畜生态学报	383	15	-0.64	0.306	12	-0.56	26.0	12	5.88	1.00
H023	畜牧兽医学报	1353	3	0.28	0.565	7	-0.20	50.6	3	11.38	0.94
H218	畜牧与兽医	686	11	-0.35	0.214	15	-0.70	26.2	11	9.50	1.00
H213	中国草地学报	1318	4	0.25	1.092	4	0.55	50.5	4	10.00	0.69
H241	中国草食动物	375	16	-0.65	0.236	13	-0.66	13.6	15	4.75	0.94
H952	中国奶牛	455	14	-0.57	0.188	16	-0.73	11.7	16	3.81	0.75
H326	中国兽医科学	943	8	-0.11	0.537	8	-0.24	39.5	6	10.38	0.69
H225	中国兽医学报	1034	7	-0.02	0.331	11	-0.53	37.2	7	12.88	0.81
H294	中国畜牧兽医	1227	5	0.16	0.365	10	-0.48	21.4	14	11.44	1.00
H242	中国畜牧杂志	893	9	-0.16	0.224	14	-0.68	28.0	10	8.00	1.00
H099	中国预防兽医学报	811	10	-0.23	0.457	9	-0.35	36.0	8	8.19	0.63
	16 种期刊平均值	1058			0. 703						

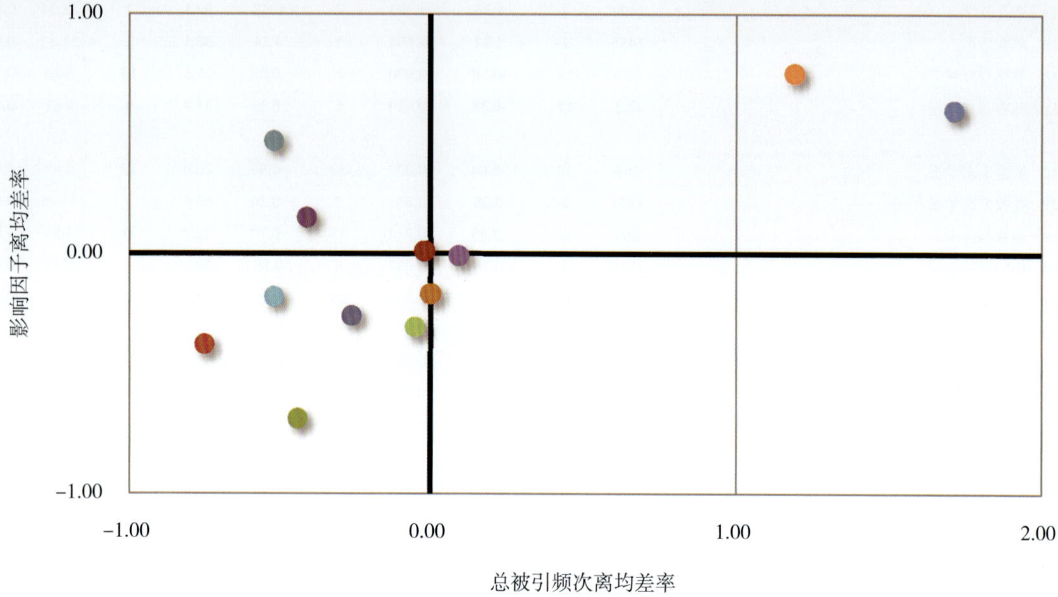

2010 年水产学类期刊总被引频次和影响因子离均差率的分布图

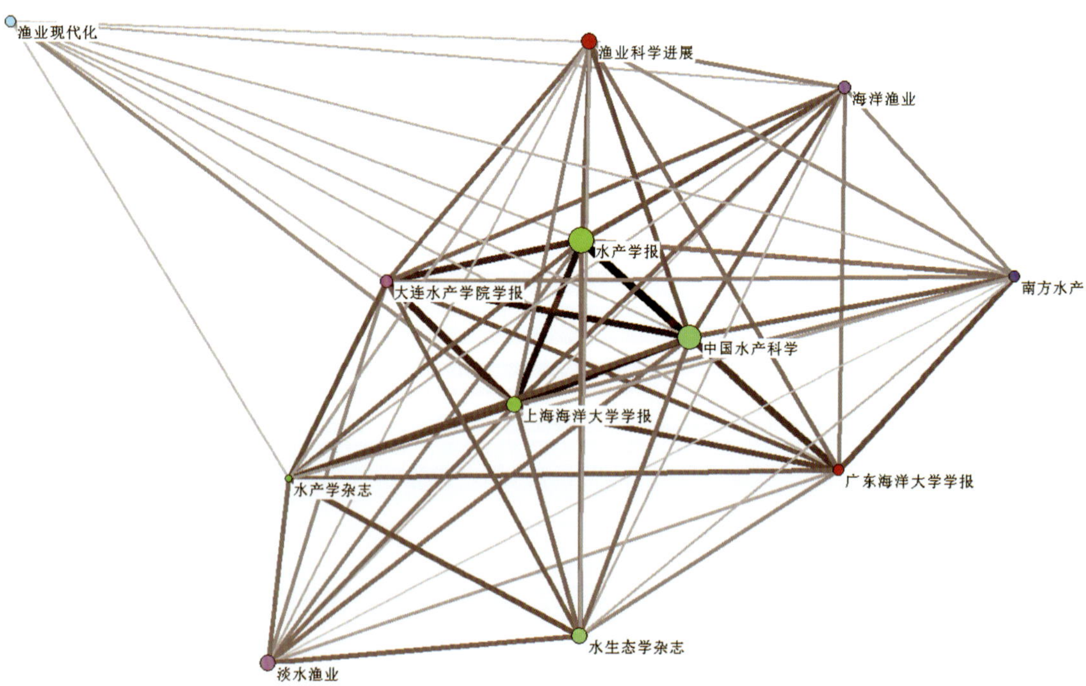

2010 年水产学类期刊互引关系示意图

表 6-23 2010 年水产学类期刊主要指标

CODE	刊名	总被引频次			影响因子			综合评价总分		学科扩散指标	学科影响指标
		数值	排名	离均差率	数值	排名	离均差率	数值	排名		
H005	大连水产学院学报	555	7	-0.26	0.502	9	-0.26	44	8	10.75	1.00
H040	淡水渔业	736	5	-0.02	0.682	5	0.01	47	7	11.17	1.00
H272	广东海洋大学学报	421	9	-0.44	0.212	12	-0.69	23	11	11.08	1.00
H284	海洋渔业	444	8	-0.41	0.774	4	0.15	48	6	6.92	0.92
H068	南方水产	365	10	-0.52	0.994	3	0.47	54	3	6.67	0.92
H292	上海海洋大学学报	753	4	0.00	0.558	7	-0.17	50	5	11.67	1.00
H008	水产学报	2047	1	1.71	1.081	2	0.60	92	2	14.92	1.00
H232	水产学杂志	187	12	-0.75	0.418	11	-0.38	25	10	5.00	0.92
H850	水生态学杂志	713	6	-0.05	0.463	10	-0.31	37	9	13.08	1.00
H998	渔业科学进展	822	3	0.09	0.669	6	-0.01	52	4	11.50	1.00
H220	渔业现代化	359	11	-0.52	0.556	8	-0.18	15	12	6.17	1.00
H290	中国水产科学	1649	2	1.19	1.178	1	0.75	93	1	14.17	1.00
	12 种期刊平均值	754			0. 674						

预防医学与卫生学类

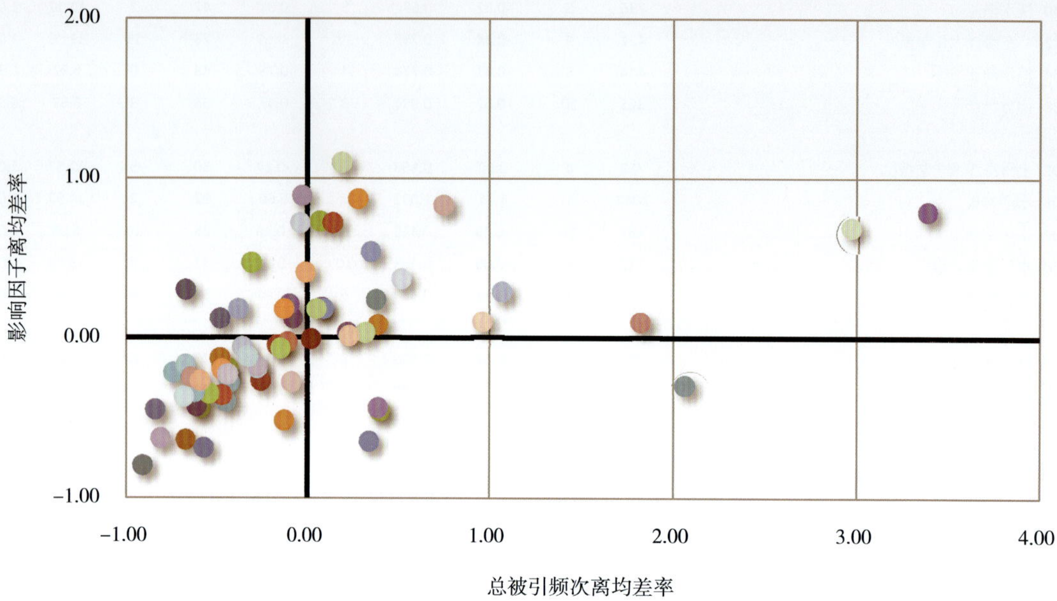

2010 年预防医学与卫生学类期刊总被引频次和影响因子离均差率的分布图

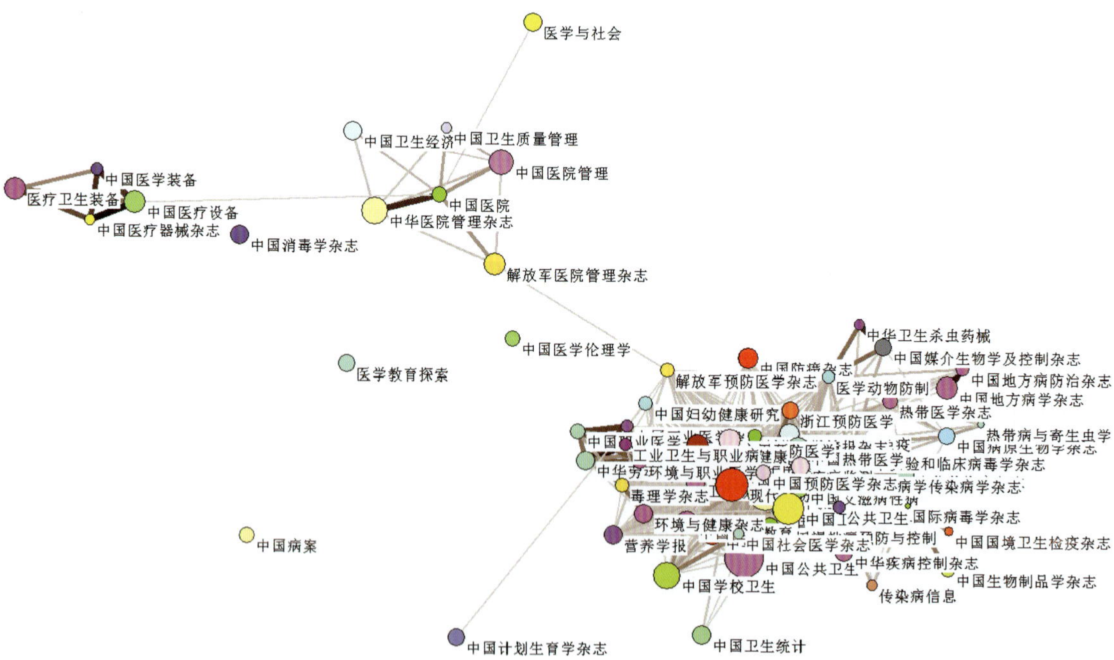

2010 年预防医学与卫生学类期刊互引关系示意图

表 6-24　2010 年预防医学与卫生学类期刊主要指标

CODE	刊名	总被引频次			影响因子			综合评价总分		学科扩散指标	学科影响指标
		数值	排名	离均差率	数值	排名	离均差率	数值	排名		
G458	传染病信息	379	60	-0.67	0.598	14	0.30	49.4	12	2.10	0.43
G542	毒理学杂志	601	50	-0.47	0.377	39	-0.18	41.4	22	3.57	0.39
G025	工业卫生与职业病	470	55	-0.59	0.257	58	-0.44	30.7	50	2.15	0.39
G207	公共卫生与预防医学	442	57	-0.61	0.261	57	-0.43	25.0	58	2.51	0.67
G495	国际病毒学杂志	103	67	-0.91	0.092	67	-0.80	32.1	43	1.24	0.30
G930	国际流行病学传染病学杂志	375	61	-0.67	0.167	64	-0.64	31.4	46	2.54	0.49
G525	华南预防医学	587	52	-0.48	0.512	24	0.12	36.4	32	2.31	0.64
Z031	环境与健康杂志	1161	25	0.02	0.456	31	-0.01	45.0	20	4.81	0.67
G882	环境与职业医学	633	46	-0.44	0.371	42	-0.19	37.3	30	3.09	0.55
G452	疾病监测	1043	29	-0.08	0.515	23	0.12	39.3	27	2.52	0.76
G315	解放军医院管理杂志	1565	12	0.38	0.569	16	0.24	35.5	35	2.21	0.45
G961	解放军预防医学杂志	593	51	-0.48	0.398	37	-0.13	33.1	40	3.60	0.60
G448	热带病与寄生虫学	181	66	-0.84	0.253	60	-0.45	23.5	63	0.78	0.25
G609	热带医学杂志	835	37	-0.26	0.333	48	-0.27	31.5	45	3.73	0.70
G768	实用预防医学	1585	9	0.40	0.250	61	-0.46	32.9	41	5.76	0.85
G079	卫生研究	1380	18	0.22	0.475	28	0.03	52.9	9	5.79	0.67
G963	现代预防医学	3474	3	2.06	0.324	51	-0.29	48.7	14	8.21	0.97
G605	医疗卫生装备	1581	10	0.39	0.494	27	0.08	34.3	37	3.37	0.34
G482	医学动物防制	492	54	-0.57	0.140	66	-0.69	17.9	66	2.30	0.63
S590	医学教育探索	938	36	-0.17	0.434	33	-0.05	27.8	54	1.97	0.43
G964	医学与社会	1219	23	0.07	0.793	6	0.73	40.0	26	2.28	0.57
G089	营养学报	1221	22	0.08	0.548	18	0.19	54.0	7	5.46	0.49
G518	预防医学情报杂志	629	47	-0.45	0.277	56	-0.40	26.6	56	2.72	0.76
G479	浙江预防医学	981	34	-0.13	0.221	62	-0.52	24.4	60	4.15	0.75
G884	职业与健康	1517	14	0.34	0.159	65	-0.65	26.9	55	5.22	0.84
G985	中国艾滋病性病	1295	20	0.14	0.789	8	0.72	58.4	4	2.48	0.57
G750	中国病案	780	40	-0.31	0.673	11	0.47	25.5	57	1.52	0.36
G339	中国病原生物学杂志	1022	31	-0.10	0.557	17	0.21	45.5	19	2.64	0.58
G099	中国地方病防治杂志	649	44	-0.43	0.331	49	-0.28	30.3	52	2.27	0.57
G098	中国地方病学杂志	1457	16	0.28	0.858	3	0.87	55.7	6	2.76	0.57
G290	中国防痨杂志	1232	21	0.09	0.543	19	0.18	40.5	25	2.85	0.54
G687	中国妇幼健康研究	602	49	-0.47	0.294	54	-0.36	30.7	50	3.12	0.43
G244	中国工业医学杂志	525	53	-0.54	0.298	53	-0.35	29.0	53	2.19	0.40
G102	中国公共卫生	4973	1	3.39	0.822	5	0.79	80.3	2	8.91	0.93
G637	中国国境卫生检疫杂志	300	64	-0.74	0.360	44	-0.22	24.7	59	1.27	0.43
G907	中国计划生育学杂志	992	33	-0.13	0.540	22	0.18	40.6	24	2.90	0.39
G787	中国健康教育	1527	13	0.35	0.706	10	0.54	49.4	12	3.00	0.75
G613	中国慢性病预防与控制	1008	32	-0.11	0.444	32	-0.03	41.2	23	3.40	0.63
G598	中国媒介生物学及控制杂志	965	35	-0.15	0.425	35	-0.07	34.0	38	1.88	0.49
G629	中国热带医学	1573	11	0.39	0.255	59	-0.44	35.8	34	5.84	0.81

表 6-24　2010 年预防医学与卫生学类期刊主要指标（续）

CODE	刊名	总被引频次			影响因子			综合评价总分		学科扩散指标	学科影响指标
		数值	排名	离均差率	数值	排名	离均差率	数值	排名		
G366	中国社会医学杂志	432	58	-0.62	0.305	52	-0.34	31.6	44	2.28	0.52
G258	中国生物制品学杂志	605	48	-0.47	0.366	43	-0.20	31.2	47	2.72	0.36
G429	中国食品卫生杂志	698	43	-0.38	0.542	21	0.18	44.0	21	3.12	0.43
G988	中国卫生检验杂志	3200	4	1.82	0.505	26	0.10	49.9	11	7.21	0.73
S725	中国卫生经济	1189	24	0.05	0.543	19	0.18	36.8	31	2.31	0.55
G253	中国卫生统计	1103	27	-0.03	0.866	2	0.89	51.1	10	3.94	0.72
G752	中国卫生质量管理	374	62	-0.67	0.382	38	-0.17	24.2	61	1.30	0.40
G284	中国消毒学杂志	1118	26	-0.01	0.647	12	0.41	35.2	36	2.61	0.49
G908	中国学校卫生	2348	5	1.07	0.593	15	0.29	46.4	17	3.28	0.67
G124	中国医疗器械杂志	412	59	-0.64	0.344	46	-0.25	30.9	49	2.27	0.21
G679	中国医疗设备	1495	15	0.32	0.473	29	0.03	31.2	47	2.61	0.30
G709	中国医学教育技术	219	65	-0.81	0.168	63	-0.63	12.4	67	0.87	0.22
G911	中国医学伦理学	817	38	-0.28	0.373	41	-0.19	24.0	62	1.73	0.36
S591	中国医学装备	461	56	-0.59	0.335	47	-0.27	21.9	64	1.46	0.33
Q918	中国医院	726	42	-0.36	0.433	34	-0.06	32.5	42	1.88	0.39
G454	中国医院管理	1985	7	0.75	0.838	4	0.83	53.5	8	2.69	0.54
G314	中国疫苗和免疫	1354	19	0.19	0.963	1	1.10	59.3	3	1.79	0.51
G753	中国预防医学杂志	817	38	-0.28	0.375	40	-0.18	37.7	28	3.78	0.73
G945	中国职业医学	764	41	-0.33	0.404	36	-0.12	33.4	39	2.45	0.48
G136	中华传染病杂志	1390	17	0.23	0.463	30	0.01	47.1	16	4.22	0.52
G302	中华疾病控制杂志	1092	28	-0.04	0.790	7	0.72	48.2	15	3.94	0.79
G149	中华劳动卫生职业病杂志	1036	30	-0.09	0.329	50	-0.28	36.3	33	3.39	0.45
G152	中华流行病学杂志	4493	2	2.96	0.778	9	0.69	82.0	1	7.66	0.90
G162	中华实验和临床病毒学杂志	635	45	-0.44	0.354	45	-0.23	37.7	28	2.96	0.46
G740	中华卫生杀虫药械	363	63	-0.68	0.287	55	-0.37	21.4	65	0.87	0.28
G591	中华医院管理杂志	2226	6	0.96	0.507	25	0.10	45.6	18	3.12	0.57
G177	中华预防医学杂志	1729	8	0.52	0.629	13	0.37	56.9	5	5.42	0.76
	67 种期刊平均值	1134			0.459						

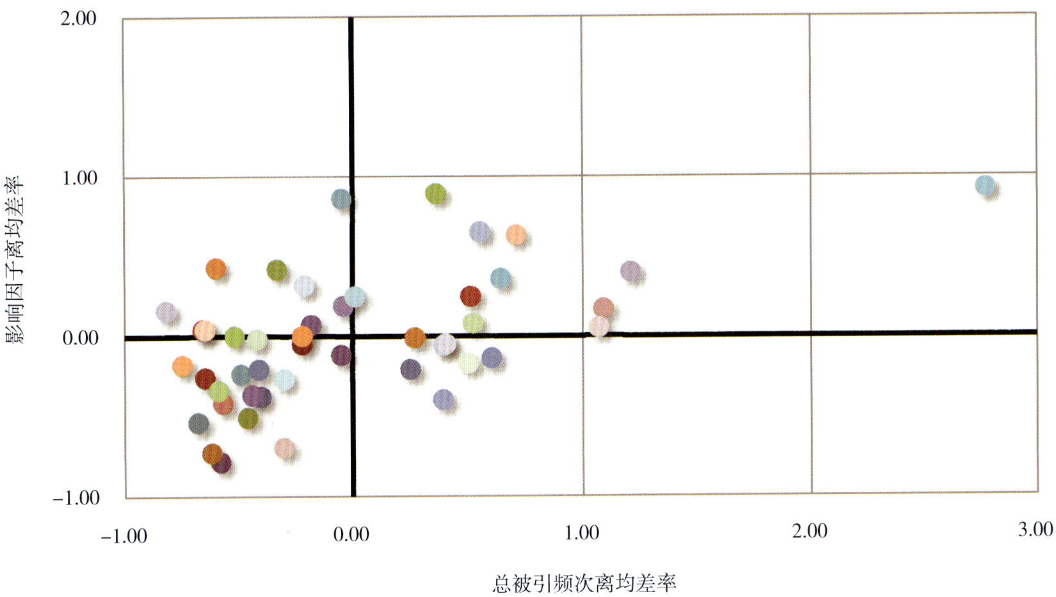

2010 年基础医学类期刊总被引频次和影响因子离均差率的分布图

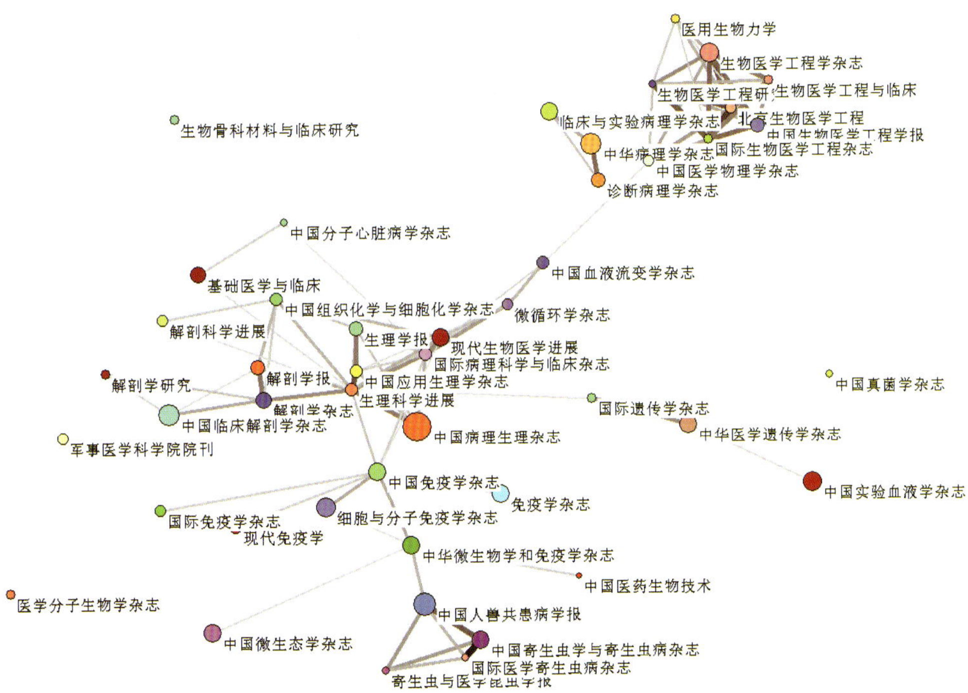

2010 年基础医学类期刊互引关系示意图

表 6-25　2010 年基础医学类期刊主要指标

CODE	刊名	总被引频次			影响因子			综合评价总分		学科扩散指标	学科影响指标
		数值	排名	离均差率	数值	排名	离均差率	数值	排名		
G004	北京生物医学工程	391	29	-0.40	0.245	39	-0.38	33.2	37	3.76	0.35
G350	国际病理科学与临床杂志	508	25	-0.22	0.376	26	-0.05	47.8	17	6.22	0.39
G983	国际免疫学杂志	352	33	-0.46	0.195	42	-0.51	32.9	38	4.17	0.35
G928	国际生物医学工程杂志	271	37	-0.58	0.081	46	-0.79	30.5	42	3.22	0.41
G499	国际医学寄生虫病杂志	206	44	-0.68	0.182	43	-0.54	31.3	40	1.48	0.13
G984	国际遗传学杂志	246	40	-0.62	0.106	45	-0.73	36.2	34	3.48	0.24
G003	基础医学与临床	811	17	0.25	0.311	33	-0.21	37.5	31	7.80	0.39
G292	寄生虫与医学昆虫学报	229	41	-0.65	0.294	35	-0.26	36.3	33	1.33	0.13
G507	解剖科学进展	438	28	-0.33	0.560	7	0.42	37.7	30	3.76	0.35
G049	解剖学报	619	21	-0.05	0.349	28	-0.12	43.9	18	5.61	0.50
G358	解剖学研究	330	34	-0.49	0.301	34	-0.24	25.7	45	3.39	0.17
G050	解剖学杂志	829	16	0.27	0.390	23	-0.01	40.1	21	6.30	0.35
G052	军事医学科学院院刊	384	30	-0.41	0.314	32	-0.21	38.6	25	4.59	0.28
G274	临床与实验病理学杂志	981	10	0.51	0.493	11	0.25	41.9	20	5.76	0.30
G056	免疫学杂志	883	15	0.36	0.746	2	0.89	51.9	9	5.80	0.37
F203	生理科学进展	535	22	-0.18	0.421	17	0.07	50.9	10	6.67	0.41
F001	生理学报	621	20	-0.05	0.735	3	0.86	68.7	2	5.72	0.35
G401	生物骨科材料与临床研究	261	39	-0.60	0.566	6	0.43	39.1	23	2.41	0.15
G006	生物医学工程学杂志	1043	7	0.60	0.339	29	-0.14	50.0	12	9.30	0.52
G332	生物医学工程研究	219	43	-0.66	0.411	19	0.04	38.6	25	2.74	0.20
G603	生物医学工程与临床	311	35	-0.52	0.396	21	0.00	37.8	28	3.72	0.15
G210	微循环学杂志	364	32	-0.44	0.249	38	-0.37	30.0	43	3.98	0.28
G188	细胞与分子免疫学杂志	1067	6	0.64	0.537	9	0.36	49.7	14	8.04	0.57
G067	现代免疫学	510	24	-0.22	0.394	22	0.00	39.1	23	5.41	0.46
F250	现代生物医学进展	908	13	0.39	0.237	40	-0.40	33.3	36	8.57	0.41
G333	医学分子生物学杂志	277	36	-0.57	0.231	41	-0.42	35.7	35	3.57	0.33
G088	医用生物力学	268	38	-0.59	0.261	37	-0.34	31.3	40	2.28	0.26
G259	诊断病理学杂志	627	19	-0.04	0.469	13	0.19	38.6	25	4.87	0.28
G096	中国病理生理杂志	2452	1	2.77	0.760	1	0.92	78.1	1	10.80	0.67
G402	中国分子心脏病学杂志	161	45	-0.75	0.322	31	-0.18	37.2	32	2.35	0.13
G105	中国寄生虫学与寄生虫病杂志	1010	8	0.55	0.653	4	0.65	62.7	3	3.72	0.26
G108	中国临床解剖学杂志	1363	3	1.09	0.462	14	0.17	49.9	13	6.00	0.39
G111	中国免疫学杂志	990	9	0.52	0.425	16	0.08	54.4	5	8.07	0.59
G112	中国人兽共患病学报	1437	2	1.21	0.553	8	0.40	61.3	4	5.87	0.33
G115	中国生物医学工程学报	655	18	0.01	0.493	11	0.25	53.7	6	6.04	0.28
G883	中国实验血液学杂志	1116	5	0.71	0.642	5	0.63	53.2	7	5.96	0.46
G517	中国微生态学杂志	907	14	0.39	0.370	27	-0.06	40.1	21	6.37	0.20
G952	中国血液流变学杂志	455	27	-0.30	0.119	44	-0.70	21.4	46	4.93	0.33
G622	中国医学物理学杂志	376	31	-0.42	0.388	24	-0.02	32.0	39	3.41	0.24
G531	中国医药生物技术	114	46	-0.82	0.457	15	0.16	43.8	19	1.91	0.15

表 6-25　2010 年基础医学类期刊主要指标（续）

CODE	刊名	总被引频次			影响因子			综合评价总分		学科扩散指标	学科影响指标
		数值	排名	离均差率	数值	排名	离均差率	数值	排名		
G130	中国应用生理学杂志	457	26	-0.30	0.288	36	-0.27	37.8	28	4.87	0.35
H067	中国真菌学杂志	228	42	-0.65	0.411	19	0.04	26.2	44	1.93	0.11
G134	中国组织化学与细胞化学杂志	517	23	-0.21	0.521	10	0.32	50.6	11	5.59	0.39
G135	中华病理学杂志	1346	4	1.07	0.415	18	0.05	52.6	8	7.72	0.48
G165	中华微生物学和免疫学杂志	976	11	0.50	0.329	30	-0.17	49.4	15	7.33	0.54
G175	中华医学遗传学杂志	911	12	0.40	0.377	25	-0.05	49.3	16	6.07	0.41
	46 种期刊平均值	651			0. 395						

医学综合类

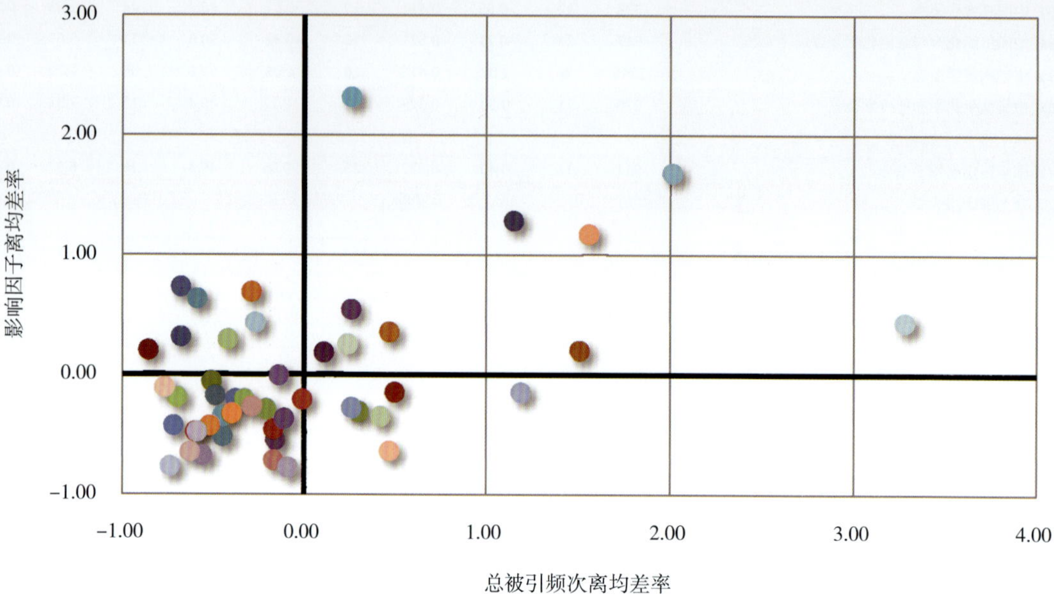

2010 年医学综合类期刊总被引频次和影响因子离均差率的分布图

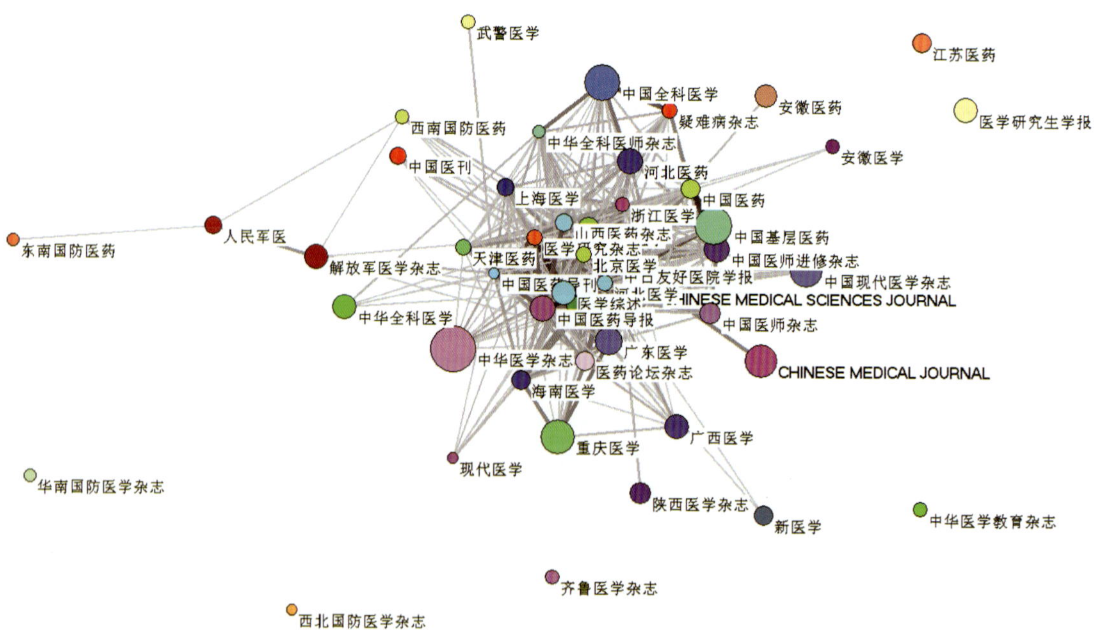

2010 年医学综合类期刊互引关系示意图

表 6-26 2010 年医学综合类期刊主要指标

CODE	刊名	总被引频次			影响因子			综合评价总分		学科扩散指标	学科影响指标
		数值	排名	离均差率	数值	排名	离均差率	数值	排名		
I201	CHINESE MEDICAL JOURNAL	3060	6	1.15	0.891	3	1.28	66.5	2	12.35	0.88
G126	CHINESE MEDICAL SCIENCES JOURNAL	204	48	-0.86	0.469	16	0.20	44.9	7	3.13	0.40
G786	安徽医学	698	35	-0.51	0.369	19	-0.06	23.6	35	4.94	0.75
Q906	安徽医药	1581	16	0.11	0.463	17	0.18	31.8	19	6.56	0.79
G016	北京医学	728	34	-0.49	0.321	23	-0.18	32.2	17	6.40	0.75
G225	重庆医学	3578	4	1.51	0.471	15	0.20	40.7	10	10.65	0.94
G944	东南国防医药	461	42	-0.68	0.511	12	0.31	22.3	40	2.79	0.60
G026	广东医学	2132	7	0.50	0.331	21	-0.15	39.7	11	10.25	0.92
G816	广西医学	1849	11	0.30	0.269	31	-0.31	29.1	25	8.35	0.94
G941	海南医学	1195	21	-0.16	0.175	42	-0.55	21.8	41	6.33	0.85
G641	河北医学	781	32	-0.45	0.186	41	-0.52	23.4	37	5.48	0.69
G898	河北医药	2101	8	0.47	0.526	11	0.35	33.2	16	7.31	0.81
G340	华南国防医学杂志	461	42	-0.68	0.675	5	0.73	35.0	13	3.04	0.46
G294	华西医学	1183	22	-0.17	0.211	38	-0.46	27.7	28	8.27	0.71
G046	江苏医药	1124	24	-0.21	0.278	30	-0.29	23.8	33	7.13	0.77
G048	解放军医学杂志	1803	12	0.26	0.604	8	0.54	50.6	5	9.83	0.88
G759	齐鲁医学杂志	578	39	-0.59	0.638	7	0.63	32.1	18	4.17	0.73
G805	人民军医	1014	27	-0.29	0.660	6	0.69	30.3	23	5.48	0.73
G923	山西医药杂志	879	29	-0.38	0.309	25	-0.21	27.2	29	6.65	0.77
G630	陕西医学杂志	1415	17	-0.01	0.307	27	-0.21	23.2	39	6.56	0.73
G069	上海医学	953	28	-0.33	0.309	25	-0.21	34.0	14	7.56	0.92
G575	四川医学	1269	19	-0.11	0.245	35	-0.37	28.3	26	8.08	0.90
G076	天津医药	778	33	-0.45	0.255	33	-0.35	31.0	21	6.73	0.79
G707	武警医学	684	36	-0.52	0.224	36	-0.43	21.6	44	5.75	0.79
G245	西北国防医学杂志	404	45	-0.72	0.223	37	-0.43	21.4	45	3.81	0.56
G312	西南国防医药	572	40	-0.60	0.204	39	-0.48	21.7	42	4.81	0.65
G223	现代医学	421	44	-0.70	0.316	24	-0.19	23.8	33	4.15	0.63
G721	新医学	1223	20	-0.14	0.389	18	-0.01	29.9	24	6.75	0.83
G281	医学研究生学报	1803	12	0.26	1.296	1	2.31	60.3	3	7.90	0.85
G480	医学研究杂志	855	30	-0.40	0.261	32	-0.33	35.9	12	8.13	0.88
G860	医学综述	1800	14	0.26	0.283	29	-0.28	41.2	9	10.48	0.90
G723	医药论坛杂志	1178	23	-0.17	0.110	46	-0.72	20.8	46	7.13	0.79
G455	疑难病杂志	823	31	-0.42	0.505	13	0.29	31.5	20	4.19	0.75
G810	浙江医学	629	37	-0.56	0.126	45	-0.68	23.5	36	5.88	0.83
G902	中国基层医药	4287	2	2.01	1.046	2	1.68	49.5	6	5.44	0.73
G776	中国全科医学	3657	3	1.56	0.850	4	1.17	53.2	4	8.31	0.88
G237	中国现代医学杂志	3125	5	1.19	0.331	21	-0.15	41.9	8	11.75	0.92
G809	中国医刊	1018	26	-0.29	0.285	28	-0.27	24.0	32	6.69	0.81
G306	中国医师进修杂志	2020	10	0.42	0.254	34	-0.35	25.2	30	6.81	0.85
G313	中国医师杂志	1303	18	-0.09	0.086	48	-0.78	23.3	38	7.88	0.88

表 6-26　2010 年医学综合类期刊主要指标（续）

CODE	刊名	总被引频次			影响因子			综合评价总分		学科扩散指标	学科影响指标
		数值	排名	离均差率	数值	排名	离均差率	数值	排名		
G519	中国医药	1038	25	-0.27	0.558	10	0.43	33.7	15	2.23	0.33
G644	中国医药导报	2092	9	0.47	0.140	43	-0.64	28.1	27	9.00	0.92
G924	中国医药导刊	372	46	-0.74	0.089	47	-0.77	20.1	47	4.21	0.69
G526	中华全科医师杂志	531	41	-0.63	0.136	44	-0.65	21.7	42	4.60	0.67
G515	中华全科医学	1774	15	0.24	0.487	14	0.25	24.4	31	5.81	0.83
G705	中华医学教育杂志	584	38	-0.59	0.202	40	-0.48	18.1	48	2.13	0.35
G176	中华医学杂志	6102	1	3.28	0.559	9	0.43	70.8	1	14.52	0.98
G180	中日友好医院学报	328	47	-0.77	0.349	20	-0.11	30.4	22	4.17	0.52
	48 种期刊平均值	1426			0. 391						

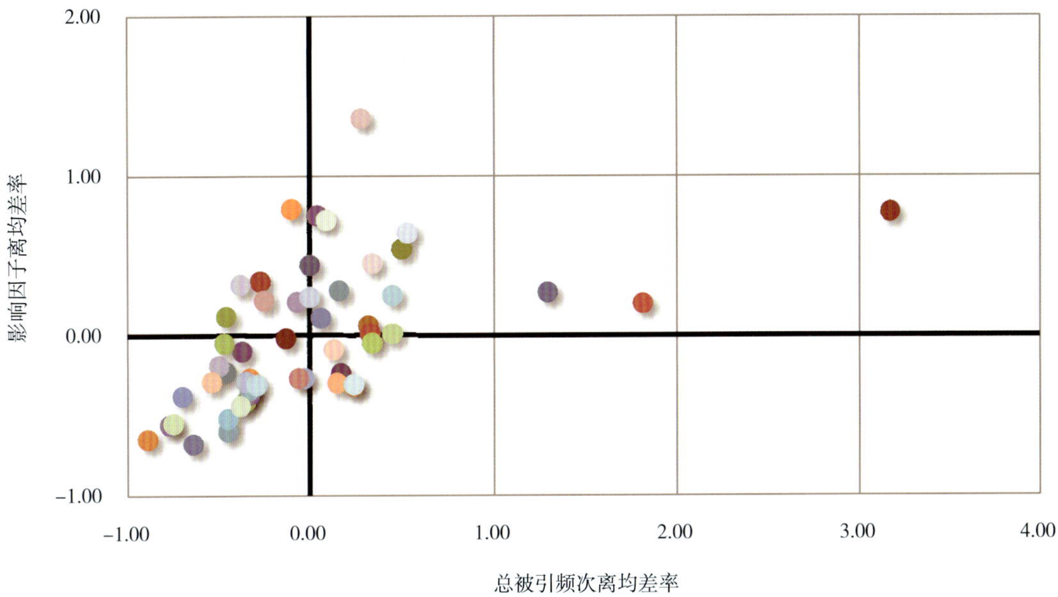

2010 年医科大学学报类期刊总被引频次和影响因子离均差率的分布图

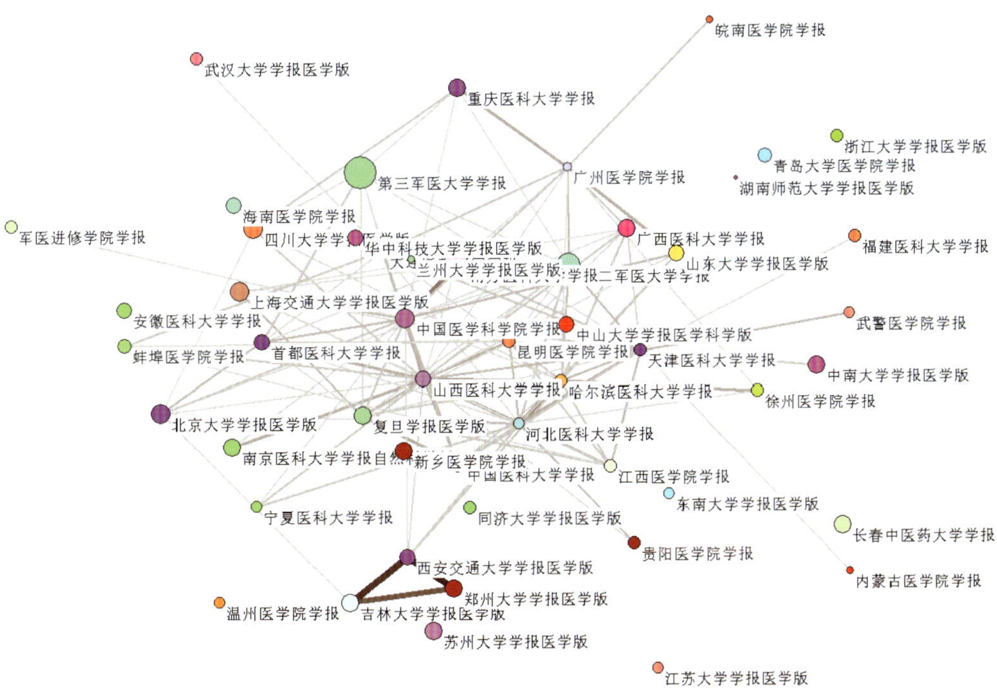

2010 年医科大学学报类期刊互引关系示意图

表 6-27　2010 年医科大学学报类期刊主要指标

CODE	刊名	总被引频次			影响因子			综合评价总分		学科扩散指标	学科影响指标
		数值	排名	离均差率	数值	排名	离均差率	数值	排名		
G012	安徽医科大学学报	758	22	0.00	0.542	9	0.44	31.6	31	5.82	0.53
G741	蚌埠医学院学报	662	28	-0.13	0.369	24	-0.02	30.7	34	4.35	0.37
G002	北京大学学报医学版	1132	5	0.50	0.582	7	0.54	56.8	4	9.29	0.78
G992	长春中医药大学学报	889	15	0.17	0.286	31	-0.24	23.0	47	3.76	0.16
G186	重庆医科大学学报	1002	11	0.32	0.399	21	0.06	37.6	20	7.57	0.61
G020	大连医科大学学报	409	42	-0.46	0.292	30	-0.23	30.8	33	4.63	0.31
G005	第二军医大学学报	1733	3	1.29	0.478	13	0.27	59.7	2	11.12	0.82
G021	第三军医大学学报	3153	1	3.17	0.668	3	0.77	68.5	1	11.69	0.92
G057	东南大学学报医学版	405	43	-0.46	0.424	19	0.12	37.1	22	4.33	0.39
G024	福建医科大学学报	479	37	-0.37	0.338	28	-0.10	35.6	25	5.37	0.43
G068	复旦学报医学版	881	16	0.16	0.481	12	0.28	51.4	9	8.39	0.75
G028	广西医科大学学报	942	13	0.24	0.255	40	-0.32	35.3	26	7.35	0.67
G029	广州医学院学报	274	47	-0.64	0.122	51	-0.68	21.9	48	3.51	0.31
G031	贵阳医学院学报	555	30	-0.27	0.506	10	0.34	39.8	19	4.04	0.27
G033	哈尔滨医科大学学报	494	35	-0.35	0.223	44	-0.41	31.8	29	5.57	0.53
G416	海南医学院学报	790	21	0.04	0.659	4	0.75	44.7	16	3.33	0.43
G035	河北医科大学学报	413	41	-0.45	0.151	49	-0.60	23.4	46	4.61	0.39
G548	湖南师范大学学报医学版	83	51	-0.89	0.132	50	-0.65	16.4	51	1.29	0.06
G077	华中科技大学学报医学版	806	20	0.06	0.420	20	0.11	41.8	17	7.00	0.69
G014	吉林大学学报医学版	1004	10	0.33	0.382	22	0.01	47.9	14	7.12	0.57
G453	江苏大学学报医学版	400	44	-0.47	0.360	25	-0.05	31.0	32	4.37	0.41
G047	江西医学院学报	505	33	-0.33	0.238	42	-0.37	28.2	37	4.88	0.45
G187	军医进修学院学报	504	34	-0.33	0.248	41	-0.34	26.3	40	4.47	0.29
G053	昆明医学院学报	507	32	-0.33	0.275	33	-0.27	28.2	37	4.80	0.51
G395	兰州大学学报医学版	228	48	-0.70	0.235	43	-0.38	26.4	39	2.86	0.27
G023	南方医科大学学报	2126	2	1.81	0.451	18	0.20	56.2	6	11.45	0.94
G058	南京医科大学学报自然科学版	1018	8	0.34	0.358	26	-0.05	36.2	23	7.75	0.71
G513	内蒙古医学院学报	175	50	-0.77	0.166	48	-0.56	25.1	42	2.29	0.14
G665	宁夏医科大学学报	417	40	-0.45	0.182	46	-0.52	20.0	49	4.37	0.33
G061	青岛大学医学院学报	685	27	-0.10	0.674	2	0.79	37.5	21	4.55	0.39
G062	山东大学学报医学版	736	24	-0.03	0.277	32	-0.27	35.8	24	6.65	0.65
G064	山西医科大学学报	712	25	-0.06	0.274	34	-0.27	34.0	27	6.73	0.63
G066	上海交通大学学报医学版	1098	6	0.45	0.381	23	0.01	48.5	13	8.67	0.75
G073	首都医科大学学报	707	26	-0.07	0.455	17	0.21	48.8	11	6.71	0.55
G045	四川大学学报医学版	1098	6	0.45	0.472	14	0.25	48.7	12	8.43	0.78
G074	苏州大学学报医学版	867	17	0.15	0.264	37	-0.30	25.6	41	6.61	0.63
G508	天津医科大学学报	492	36	-0.35	0.267	35	-0.29	32.2	28	5.53	0.43
G965	同济大学学报医学版	565	29	-0.25	0.459	16	0.22	28.5	36	4.78	0.51
G996	皖南医学院学报	191	49	-0.75	0.169	47	-0.55	16.5	50	2.27	0.22
G702	温州医学院学报	381	45	-0.50	0.305	29	-0.19	24.4	44	4.22	0.29

表 6-27　2010 年医科大学学报类期刊主要指标（续）

CODE	刊名	总被引频次 数值	总被引频次 排名	总被引频次 离均差率	影响因子 数值	影响因子 排名	影响因子 离均差率	综合评价总分 数值	综合评价总分 排名	学科扩散指标	学科影响指标
G038	武汉大学学报医学版	537	31	-0.29	0.261	38	-0.31	31.8	29	5.90	0.45
G771	武警医学院学报	351	46	-0.54	0.266	36	-0.29	25.0	43	3.96	0.24
G081	西安交通大学学报医学版	754	23	0.00	0.469	15	0.24	47.8	15	6.71	0.57
G328	新乡医学院学报	970	12	0.28	0.891	1	1.36	57.5	3	4.10	0.49
G565	徐州医学院学报	472	38	-0.38	0.212	45	-0.44	24.1	45	5.06	0.51
G091	浙江大学学报医学版	466	39	-0.38	0.498	11	0.32	49.0	10	5.37	0.39
G036	郑州大学学报医学版	935	14	0.24	0.260	39	-0.31	28.9	35	7.27	0.65
G123	中国医科大学学报	853	18	0.13	0.343	27	-0.09	40.9	18	7.37	0.71
G125	中国医学科学院学报	1158	4	0.53	0.620	6	0.64	56.3	5	8.96	0.65
G039	中南大学学报医学版	1014	9	0.34	0.548	8	0.45	53.9	8	8.24	0.76
G181	中山大学学报医学科学版	826	19	0.09	0.647	5	0.72	55.9	7	6.71	0.59
	51 种期刊平均值	757			0.377						

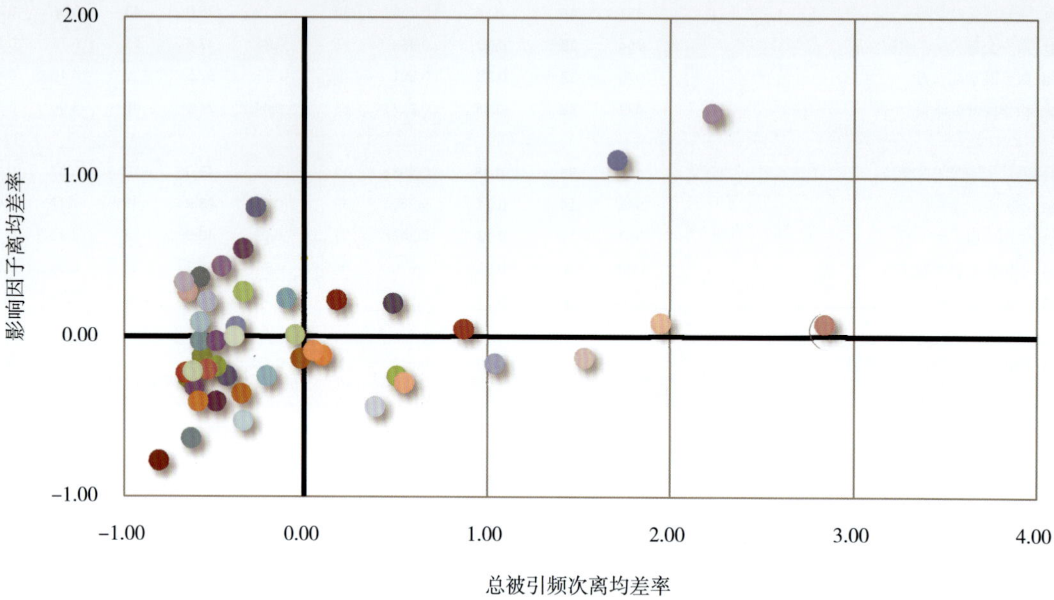

2010 年药学类期刊总被引频次和影响因子离均差率的分布图

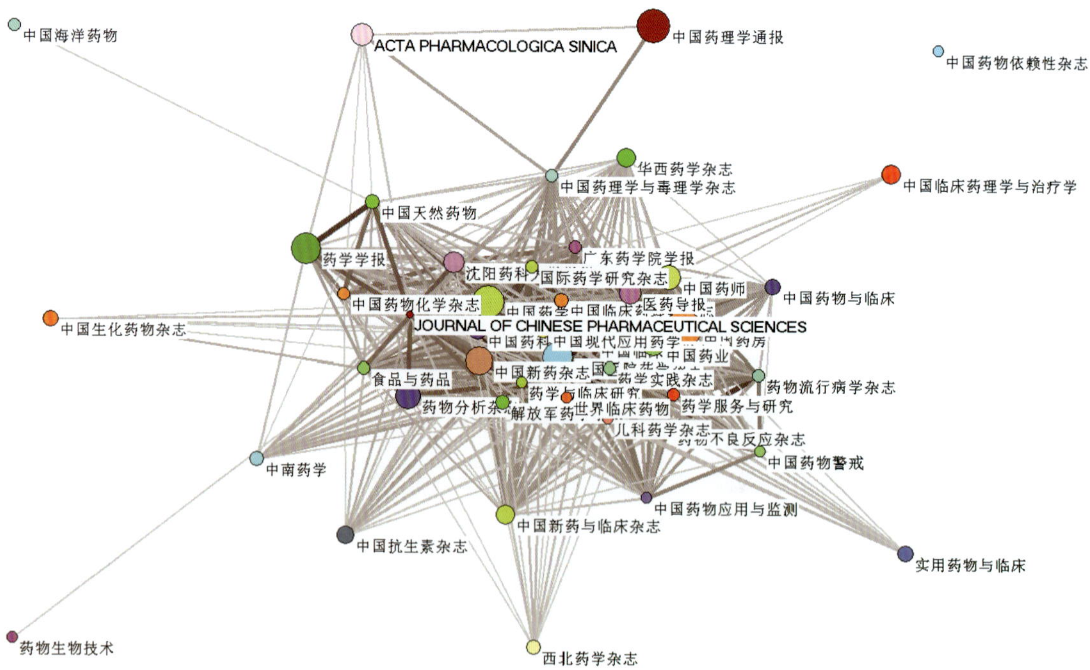

2010 年药学类期刊互引关系示意图

表 6-28　2010 年药学类期刊主要指标

CODE	刊名	总被引频次			影响因子			综合评价总分		学科扩散指标	学科影响指标
		数值	排名	离均差率	数值	排名	离均差率	数值	排名		
G001	ACTA PHARMACOLOGICA SINICA	1608	10	0.49	0.623	13	0.21	57.5	4	10.58	0.84
I227	JOURNAL OF CHINESE PHARMACEUTICAL SCIENCES	203	45	-0.81	0.114	45	-0.78	27.5	35	2.67	0.60
G920	儿科药学杂志	380	42	-0.65	0.379	36	-0.26	26.2	38	3.36	0.58
G027	广东药学院学报	549	28	-0.49	0.302	40	-0.41	29.3	30	5.53	0.69
G933	国际药学研究杂志	452	34	-0.58	0.704	6	0.37	46.7	6	5.04	0.76
G044	华西药学杂志	1057	15	-0.02	0.441	27	-0.14	30.4	27	6.22	0.87
G295	解放军药学学报	614	26	-0.43	0.388	33	-0.25	29.5	28	4.96	0.78
G071	沈阳药科大学学报	1271	12	0.18	0.636	11	0.23	43.3	12	7.04	0.89
G748	食品与药品	462	33	-0.57	0.449	25	-0.13	31.6	25	4.67	0.64
G834	实用药物与临床	714	20	-0.34	0.800	4	0.55	35.2	18	4.24	0.64
G485	世界临床药物	396	40	-0.63	0.186	44	-0.64	26.1	39	4.13	0.67
G792	西北药学杂志	702	23	-0.35	0.330	39	-0.36	17.3	45	4.62	0.76
G403	药物不良反应杂志	786	19	-0.27	0.933	3	0.81	43.5	11	4.62	0.76
G087	药物分析杂志	2012	7	0.87	0.543	18	0.05	42.5	13	6.62	0.84
G877	药物流行病学杂志	545	30	-0.49	0.418	29	-0.19	20.9	43	3.29	0.62
G514	药物生物技术	423	38	-0.61	0.351	38	-0.32	27.6	34	4.40	0.53
G977	药学服务与研究	452	34	-0.58	0.502	21	-0.03	26.9	36	3.20	0.78
G440	药学实践杂志	443	37	-0.59	0.302	40	-0.41	28.6	31	4.04	0.69
G008	药学学报	2916	4	1.71	1.085	2	1.11	75.1	1	11.40	0.93
G527	药学与临床研究	363	43	-0.66	0.395	32	-0.23	27.8	33	3.20	0.67
G844	医药导报	1628	9	0.51	0.386	34	-0.25	34.1	21	8.07	0.84
G104	中国海洋药物	547	29	-0.49	0.497	22	-0.03	34.3	20	4.31	0.60
G107	中国抗生素杂志	972	17	-0.10	0.637	10	0.24	39.4	16	6.51	0.89
G870	中国临床药理学与治疗学	1187	13	0.10	0.454	24	-0.12	32.4	24	7.09	0.84
G109	中国临床药理学杂志	670	24	-0.38	0.546	17	0.06	34.8	19	5.16	0.82
G544	中国临床药学杂志	492	31	-0.54	0.405	30	-0.21	30.8	26	4.18	0.87
G268	中国生化药物杂志	713	21	-0.34	0.658	8	0.28	35.7	17	5.89	0.69
G101	中国天然药物	586	27	-0.46	0.743	5	0.44	48.4	5	4.24	0.71
G849	中国现代应用药学	853	18	-0.21	0.386	34	-0.25	34.1	21	5.96	0.91
G250	中国新药与临床杂志	1135	14	0.05	0.470	23	-0.09	33.0	23	6.71	0.82
G747	中国新药杂志	2196	6	1.04	0.430	28	-0.17	45.6	8	10.53	0.98
G318	中国药房	4121	1	2.83	0.556	16	0.08	45.2	9	9.42	0.89
G120	中国药科大学学报	1025	16	-0.05	0.521	19	0.01	45.1	10	6.80	0.87
G121	中国药理学通报	3477	2	2.23	1.236	1	1.40	74.1	2	11.93	0.93
G122	中国药理学与毒理学杂志	452	34	-0.58	0.559	14	0.09	42.4	14	4.84	0.62
G878	中国药师	1672	8	0.55	0.367	37	-0.29	27.9	32	6.71	0.84
G220	中国药物化学杂志	491	32	-0.54	0.629	12	0.22	39.8	15	4.02	0.73
G227	中国药物警戒	382	41	-0.65	0.658	8	0.28	24.8	40	2.04	0.56
G248	中国药物依赖性杂志	407	39	-0.62	0.404	31	-0.22	22.4	42	3.02	0.40
G713	中国药物应用与监测	354	44	-0.67	0.690	7	0.34	29.4	29	2.91	0.62

表 6-28　2010 年药学类期刊主要指标（续）

CODE	刊名	总被引频次			影响因子			综合评价总分		学科扩散指标	学科影响指标
		数值	排名	离均差率	数值	排名	离均差率	数值	排名		
G621	中国药物与临床	707	22	-0.34	0.240	43	-0.53	24.8	40	6.44	0.67
G009	中国药学杂志	3172	3	1.95	0.559	14	0.09	58.7	3	11.71	1.00
G755	中国药业	1492	11	0.39	0.289	42	-0.44	26.4	37	7.18	0.93
G243	中国医院药学杂志	2722	5	1.53	0.447	26	-0.13	46.3	7	9.33	0.98
G599	中南药学	655	25	-0.39	0.513	20	0.00	20.1	44	4.24	0.71
	45 种期刊平均值	1077			0.515						

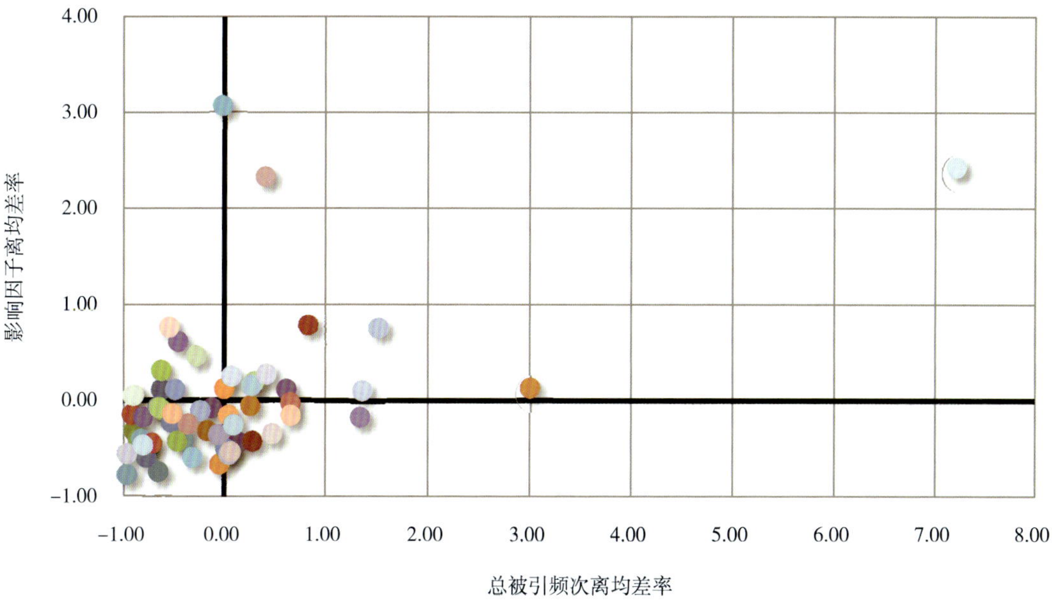

2010 年临床医学类期刊总被引频次和影响因子离均差率的分布图

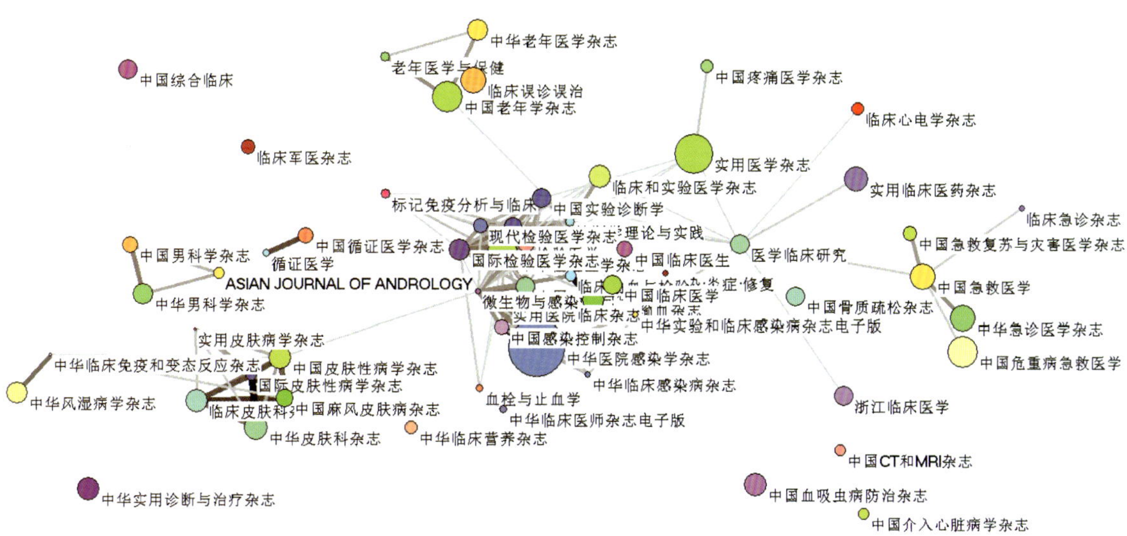

2010 年临床医学类期刊互引关系示意图

表 6-29　2010 年临床医学类期刊主要指标

CODE	刊名	总被引频次			影响因子			综合评价总分		学科扩散指标	学科影响指标
		数值	排名	离均差率	数值	排名	离均差率	数值	排名		
I282	ASIAN JOURNAL OF ANDROLOGY	429	42	-0.63	0.559	18	0.11	35.3	10	2.32	0.31
G410	标记免疫分析与临床	249	49	-0.78	0.273	49	-0.46	23.3	46	2.39	0.41
G392	感染·炎症·修复	116	55	-0.90	0.343	39	-0.32	24.5	42	1.19	0.14
G362	国际检验医学杂志	1312	17	0.14	0.281	47	-0.44	20.8	54	5.53	0.61
G889	国际皮肤性病学杂志	396	45	-0.66	0.125	58	-0.75	25.0	39	2.90	0.39
G638	检验医学	950	29	-0.17	0.345	38	-0.32	26.9	33	4.76	0.64
G628	老年医学与保健	253	48	-0.78	0.204	55	-0.60	24.1	44	2.39	0.25
G664	临床和实验医学杂志	1473	14	0.28	0.287	45	-0.43	25.3	37	6.58	0.63
G345	临床急诊杂志	156	53	-0.86	0.297	43	-0.41	18.5	57	1.31	0.22
G204	临床检验杂志	1009	28	-0.12	0.465	25	-0.08	33.6	14	4.75	0.63
G881	临床军医杂志	689	34	-0.40	0.293	44	-0.42	23.0	47	4.81	0.49
G230	临床皮肤科杂志	1448	16	0.26	0.474	23	-0.06	28.0	28	4.63	0.46
G797	临床输血与检验	386	46	-0.66	0.469	24	-0.07	24.7	40	2.05	0.29
G942	临床误诊误治	2112	6	0.83	0.897	4	0.78	22.2	52	4.24	0.49
G585	临床心电学杂志	443	41	-0.62	0.456	27	-0.10	22.4	51	2.24	0.36
Q919	实用临床医药杂志	1866	9	0.62	0.557	19	0.11	29.7	22	4.59	0.36
G652	实用皮肤病学杂志	32	59	-0.97	0.112	59	-0.78	14.5	58	0.24	0.05
G324	实用医学杂志	4593	2	2.99	0.570	14	0.13	39.1	7	9.46	0.81
G760	实用医院临床杂志	542	39	-0.53	0.388	35	-0.23	21.9	53	3.64	0.39
G651	微生物与感染	96	57	-0.92	0.427	30	-0.15	39.2	6	1.24	0.19
G653	现代检验医学杂志	608	36	-0.47	0.287	45	-0.43	24.7	40	3.76	0.49
G346	血栓与止血学	218	51	-0.81	0.411	34	-0.18	27.9	30	2.25	0.32
G627	循证医学	198	52	-0.83	0.298	42	-0.41	25.3	37	2.12	0.19
G545	医学临床研究	1095	26	-0.05	0.166	57	-0.67	23.7	45	6.25	0.63
G433	浙江临床医学	1165	23	0.01	0.245	51	-0.51	22.6	50	5.85	0.49
G615	诊断学理论与实践	322	47	-0.72	0.277	48	-0.45	29.5	23	3.29	0.42
G546	中国 CT 和 MRI 杂志	427	43	-0.63	0.660	9	0.31	20.6	55	1.83	0.22
G631	中国感染控制杂志	617	35	-0.46	0.811	7	0.61	32.7	16	3.25	0.49
G337	中国感染与化疗杂志	1126	25	-0.02	2.051	1	3.07	56.6	2	3.86	0.54
G663	中国骨质疏松杂志	1146	24	0.00	0.562	15	0.12	32.1	18	4.47	0.25
G852	中国急救复苏与灾害医学杂志	587	37	-0.49	0.561	16	0.11	13.7	59	1.66	0.20
G241	中国急救医学	1909	7	0.66	0.491	22	-0.03	35.0	12	6.29	0.64
G239	中国介入心脏病学杂志	400	44	-0.65	0.465	25	-0.08	29.1	25	2.69	0.36
G247	中国老年学杂志	2689	5	1.34	0.418	33	-0.17	35.6	9	8.76	0.68
G814	中国临床医生	782	32	-0.32	0.202	56	-0.60	20.0	56	4.25	0.54
G974	中国临床医学	1194	21	0.04	0.423	31	-0.16	29.0	27	6.63	0.66
G110	中国麻风皮肤病杂志	879	30	-0.24	0.449	28	-0.11	26.6	36	3.71	0.49
G303	中国男科学杂志	736	33	-0.36	0.377	36	-0.25	26.8	34	3.31	0.34
G311	中国皮肤性病学杂志	1491	13	0.30	0.601	12	0.19	29.5	23	4.76	0.54
G853	中国实验诊断学	1087	27	-0.06	0.325	41	-0.36	29.1	25	5.97	0.66

表 6-29　2010 年临床医学类期刊主要指标（续）

CODE	刊名	总被引频次			影响因子			综合评价总分		学科扩散指标	学科影响指标
		数值	排名	离均差率	数值	排名	离均差率	数值	排名		
G796	中国输血杂志	1457	15	0.27	0.582	13	0.15	26.7	35	3.25	0.51
G521	中国疼痛医学杂志	548	38	-0.52	0.431	29	-0.14	27.8	31	3.47	0.25
G116	中国危重病急救医学	2906	3	1.52	0.880	6	0.75	48.1	3	6.44	0.61
G675	中国血吸虫病防治杂志	1620	12	0.41	1.676	3	2.33	47.4	4	1.75	0.12
G396	中国循证医学杂志	831	31	-0.28	0.736	8	0.46	36.6	8	4.69	0.42
G667	中国综合临床	1194	21	0.04	0.215	54	-0.57	24.2	43	5.37	0.53
G286	中华风湿病学杂志	1255	18	0.09	0.373	37	-0.26	33.7	13	5.22	0.66
G555	中华急诊医学杂志	1906	8	0.66	0.422	32	-0.16	31.8	19	5.86	0.63
G174	中华检验医学杂志	2712	4	1.36	0.560	17	0.11	44.5	5	7.15	0.75
G150	中华老年医学杂志	1224	20	0.06	0.230	52	-0.54	27.4	32	5.75	0.61
G692	中华临床感染病杂志	120	54	-0.90	0.528	20	0.05	28.0	28	1.03	0.19
G693	中华临床免疫和变态反应杂志	37	58	-0.97	0.220	53	-0.56	30.0	21	0.53	0.08
G504	中华临床医师杂志电子版	224	50	-0.81	0.268	50	-0.47	23.0	47	2.27	0.31
G824	中华临床营养杂志	515	40	-0.55	0.885	5	0.76	35.2	11	3.25	0.27
G282	中华男科学杂志	1226	19	0.07	0.630	11	0.25	31.7	20	4.76	0.39
G157	中华皮肤科杂志	1709	10	0.48	0.326	40	-0.35	33.1	15	5.36	0.64
G703	中华实验和临床感染病杂志电子版	109	56	-0.91	0.528	20	0.05	32.5	17	1.14	0.19
G367	中华实用诊断与治疗杂志	1638	11	0.42	0.639	10	0.27	22.9	49	4.80	0.41
G194	中华医院感染学杂志	9432	1	7.19	1.731	2	2.43	66.9	1	7.17	0.76
	59 种期刊平均值	1151			0. 504						

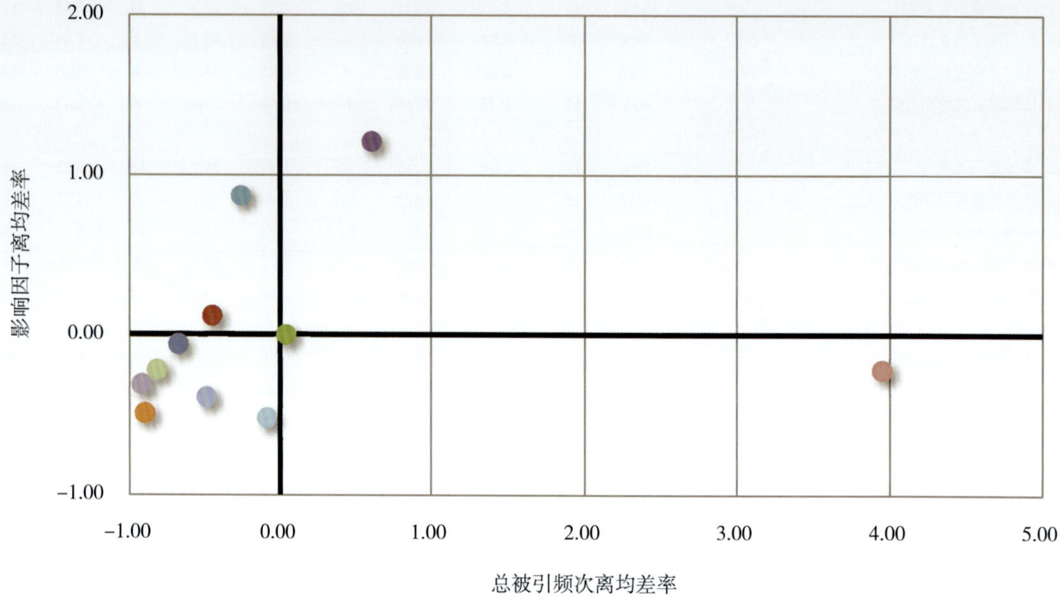

2010 年保健医学类期刊总被引频次和影响因子离均差率的分布图

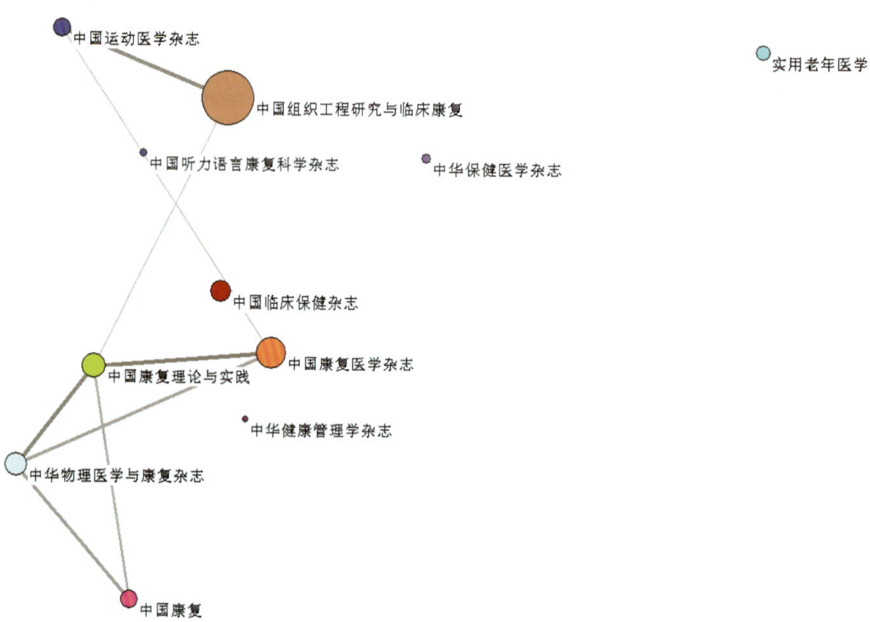

2010 年保健医学类期刊互引关系示意图

表 6-30　2010 年保健医学类主要指标

CODE	刊名	总被引频次			影响因子			综合评价总分		学科扩散指标	学科影响指标
		数值	排名	离均差率	数值	排名	离均差率	数值	排名		
G700	实用老年医学	567	8	-0.68	0.569	5	-0.06	24.0	8	17.73	0.64
G323	中国康复	974	6	-0.45	0.678	3	0.12	31.8	6	17.36	0.73
G400	中国康复理论与实践	1848	3	0.04	0.602	4	0.00	40.5	5	30.64	1.00
G106	中国康复医学杂志	2853	2	0.61	1.332	1	1.21	63.8	2	29.27	0.91
G447	中国临床保健杂志	1319	5	-0.26	1.128	2	0.87	51.4	3	17.36	0.55
G437	中国听力语言康复科学杂志	184	10	-0.90	0.309	10	-0.49	14.6	10	3.91	0.36
G131	中国运动医学杂志	912	7	-0.49	0.367	9	-0.39	40.9	4	19.36	0.55
G299	中国组织工程研究与临床康复	8768	1	3.95	0.470	7	-0.22	71.5	1	69.27	1.00
G502	中华保健医学杂志	321	9	-0.82	0.473	6	-0.22	20.3	9	12.45	0.55
G751	中华健康管理学杂志	142	11	-0.92	0.417	8	-0.31	6.4	11	4.00	0.18
G166	中华物理医学与康复杂志	1609	4	-0.09	0.292	11	-0.52	29.1	7	28.09	0.82
	11 种期刊平均值	1772			0.603						

妇产科学、儿科学类

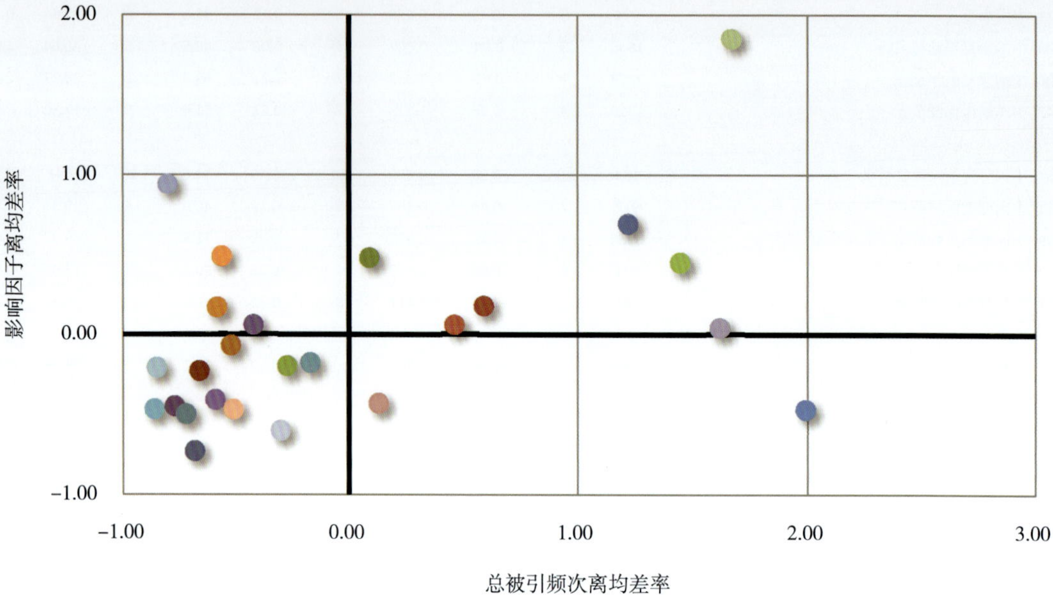

2010 年妇产科学、儿科学类期刊总被引频次和影响因子离均差率的分布图

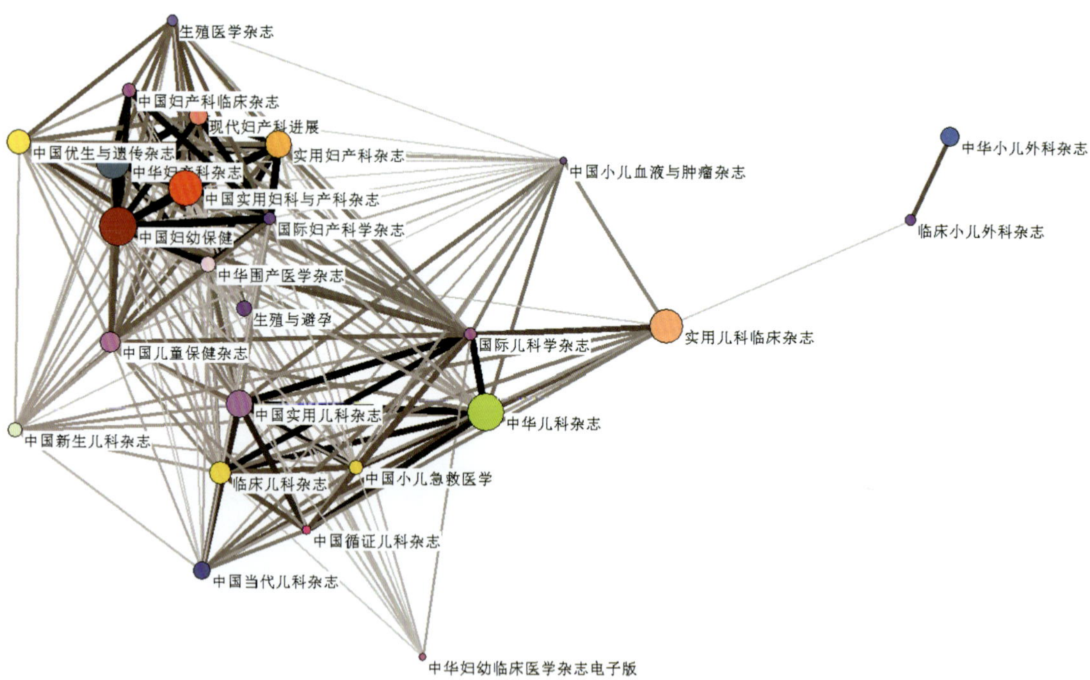

2010 年妇产科学、儿科学类期刊互引关系示意图

表 6-31　2010 年妇产科学、儿科学类期刊主要指标

CODE	刊名	总被引频次			影响因子			综合评价总分		学科扩散指标	学科影响指标
		数值	排名	离均差率	数值	排名	离均差率	数值	排名		
G936	国际儿科学杂志	478	20	-0.68	0.149	25	-0.73	31.4	14	8.12	0.64
G659	国际妇产科学杂志	505	19	-0.66	0.427	16	-0.23	37.3	11	7.36	0.56
G607	临床儿科杂志	1623	9	0.09	0.822	5	0.48	47.0	6	12.40	0.80
Q909	临床小儿外科杂志	346	22	-0.77	0.305	19	-0.45	13.6	25	5.36	0.60
G624	生殖医学杂志	416	21	-0.72	0.278	23	-0.50	26.2	19	6.64	0.40
G072	生殖与避孕	713	15	-0.52	0.514	12	-0.07	30.6	17	7.28	0.40
G875	实用儿科临床杂志	3309	5	1.22	0.935	3	0.69	56.9	4	16.20	0.76
G586	实用妇产科杂志	2365	6	0.59	0.655	7	0.18	45.7	8	11.28	0.68
G300	现代妇产科进展	1092	11	-0.27	0.445	14	-0.20	37.5	10	10.20	0.60
G901	中国当代儿科杂志	866	13	-0.42	0.589	9	0.06	34.5	12	10.00	0.72
G825	中国儿童保健杂志	1239	10	-0.17	0.457	13	-0.18	28.0	18	8.24	0.68
G456	中国妇产科临床杂志	629	17	-0.58	0.647	8	0.17	34.4	13	8.20	0.52
G680	中国妇幼保健	4455	1	1.99	0.294	20	-0.47	41.1	9	16.36	0.92
G273	中国实用儿科杂志	2180	7	0.46	0.585	10	0.06	46.3	7	12.92	0.72
G228	中国实用妇科与产科杂志	3643	4	1.45	0.801	6	0.45	61.8	3	13.76	0.80
G765	中国小儿急救医学	609	18	-0.59	0.326	17	-0.41	23.6	22	7.04	0.64
G845	中国小儿血液与肿瘤杂志	214	25	-0.86	0.293	21	-0.47	22.1	23	4.12	0.48
G082	中国新生儿科杂志	652	16	-0.56	0.823	4	0.49	31.3	15	6.24	0.76
G756	中国循证儿科杂志	303	23	-0.80	1.074	2	0.94	51.8	5	4.88	0.64
G706	中国优生与遗传杂志	1690	8	0.13	0.317	18	-0.43	25.2	21	12.24	0.92
G138	中华儿科杂志	3983	2	1.67	1.578	1	1.85	86.8	1	17.68	0.88
G142	中华妇产科杂志	3908	3	1.62	0.575	11	0.04	66.6	2	16.28	0.80
G689	中华妇幼临床医学杂志电子版	227	24	-0.85	0.438	15	-0.21	16.3	24	3.60	0.68
G296	中华围产医学杂志	733	14	-0.51	0.293	21	-0.47	31.2	16	7.56	0.92
G169	中华小儿外科杂志	1043	12	-0.30	0.219	24	-0.60	26.2	19	9.12	0.64
	25 种期刊平均值	1489			0. 554						

护理医学类

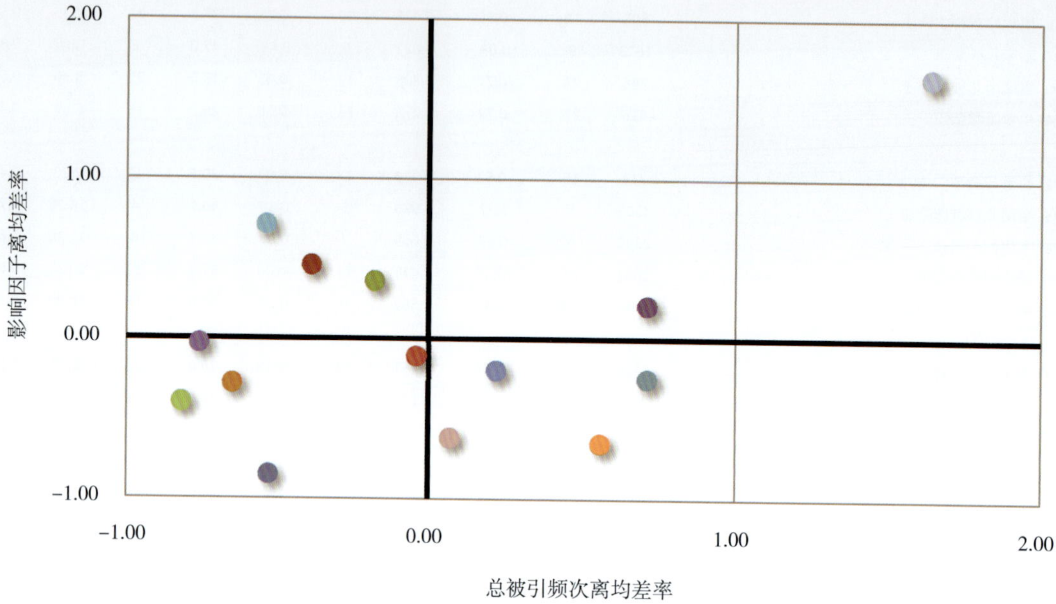

2010 年护理医学类期刊总被引频次和影响因子离均差率的分布图

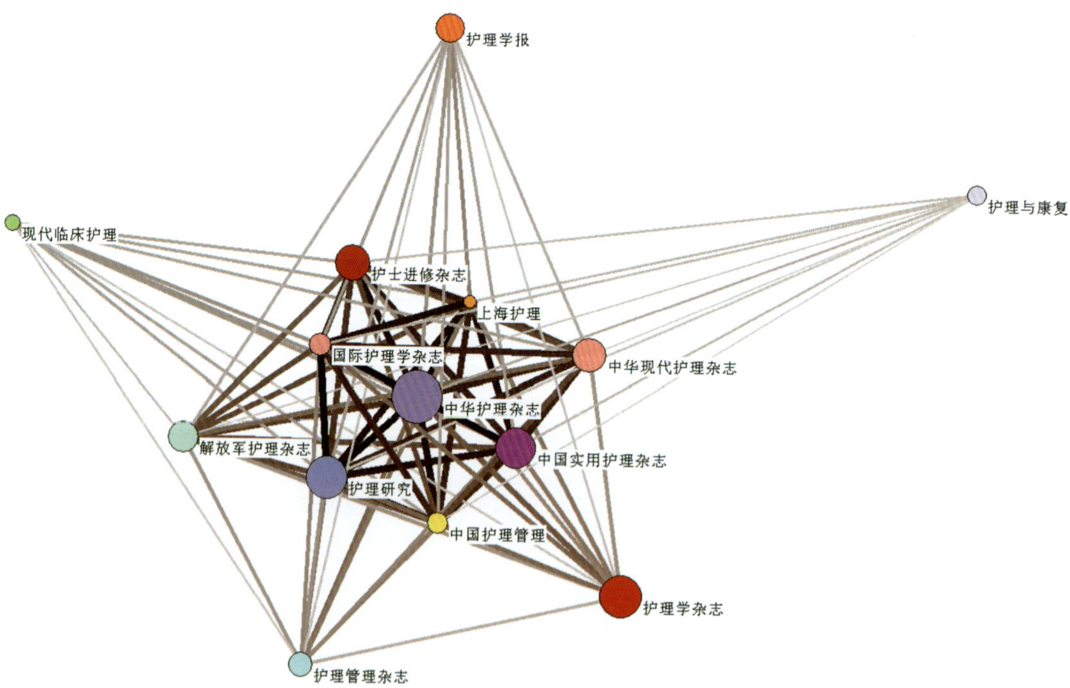

2010 年护理医学类期刊互引关系示意图

表 6-32　2010 年护理医学类期刊主要指标

CODE	刊名	总被引频次			影响因子			综合评价总分		学科扩散指标	学科影响指标
		数值	排名	离均差率	数值	排名	离均差率	数值	排名		
G967	国际护理学杂志	1435	10	-0.53	0.087	14	-0.85	22.3	13	12.36	1.00
G336	护理管理杂志	1861	9	-0.39	0.840	3	0.46	43.1	7	10.00	1.00
G987	护理学报	2523	8	-0.18	0.779	4	0.36	36.2	9	13.50	1.00
G503	护理学杂志	5251	3	0.71	0.697	5	0.21	54.7	2	18.79	1.00
G654	护理研究	5257	2	0.71	0.428	9	-0.25	54.3	3	21.71	1.00
G460	护理与康复	1085	12	-0.65	0.416	10	-0.28	12.7	14	9.00	1.00
G734	护士进修杂志	3765	5	0.22	0.459	8	-0.20	43.8	6	16.57	1.00
G316	解放军护理杂志	2959	7	-0.04	0.510	7	-0.11	38.7	8	16.43	1.00
G330	上海护理	563	14	-0.82	0.346	11	-0.40	31.0	10	8.57	1.00
G438	现代临床护理	735	13	-0.76	0.554	6	-0.03	24.0	12	8.14	1.00
G417	中国护理管理	1400	11	-0.54	0.980	2	0.71	48.3	4	9.14	1.00
G305	中国实用护理杂志	4802	4	0.56	0.199	13	-0.65	47.1	5	18.36	1.00
G146	中华护理杂志	8112	1	1.64	1.517	1	1.64	100.0	1	23.50	1.00
G847	中华现代护理杂志	3305	6	0.07	0.220	12	-0.62	29.8	11	17.93	1.00
	14 种期刊平均值	3075			0. 574						

神经病学、精神病学类

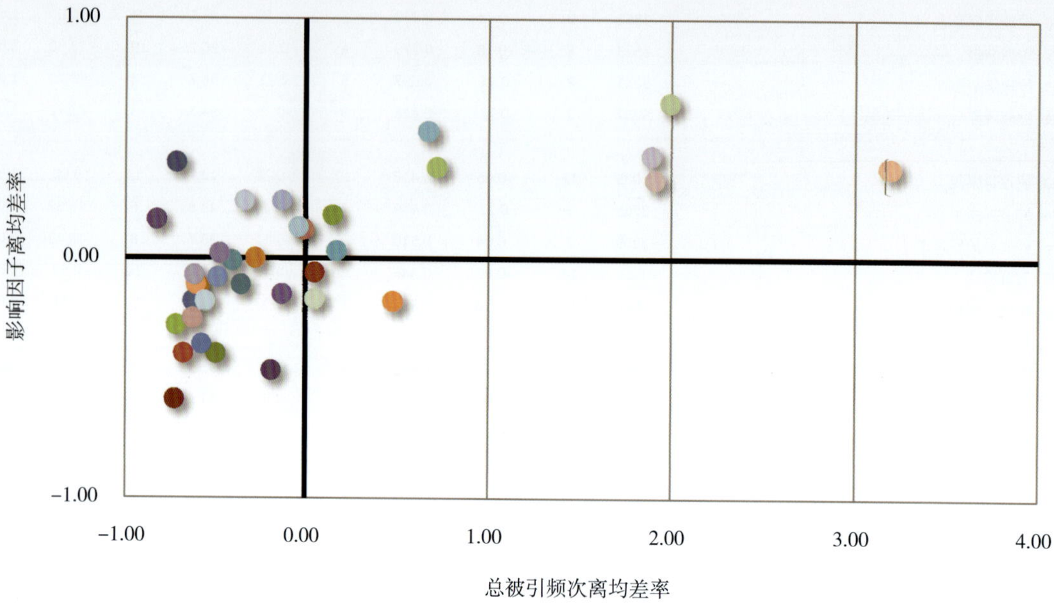

2010 年神经病学、精神病学类期刊总被引频次和影响因子离均差率的分布图

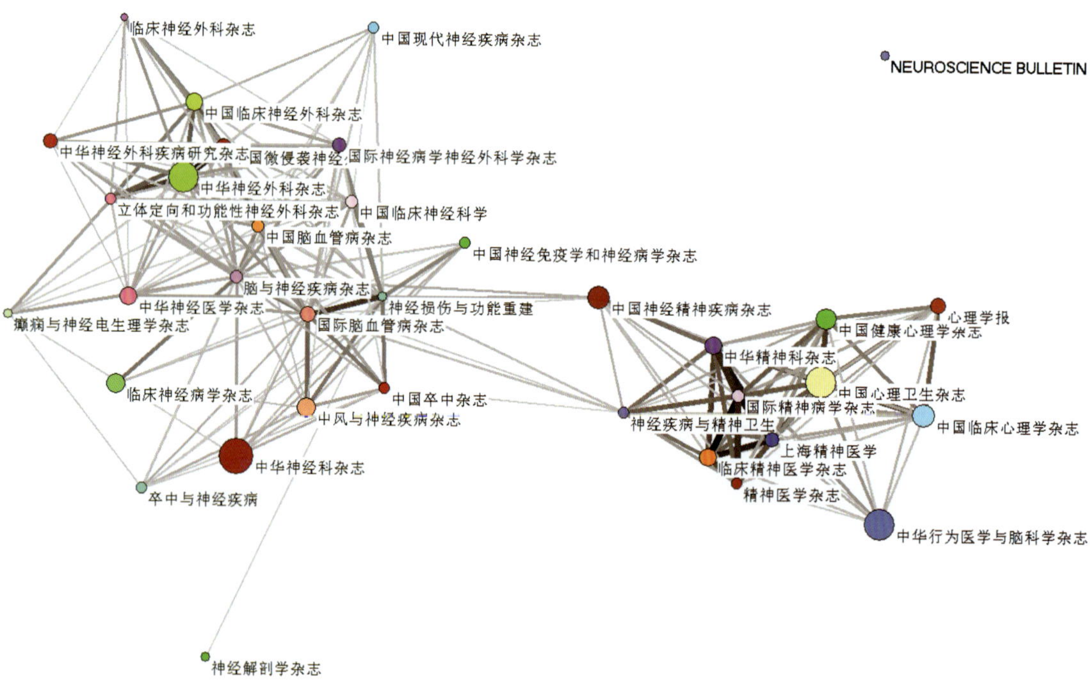

2010 年神经病学、精神病学类期刊互引关系示意图

表 6-33　2010 年神经病学、精神病学类期刊主要指标

CODE	刊名	总被引频次 数值	总被引频次 排名	总被引频次 离均差率	影响因子 数值	影响因子 排名	影响因子 离均差率	综合评价总分 数值	综合评价总分 排名	学科扩散指标	学科影响指标
G278	NEUROSCIENCE BULLETIN	264	32	-0.72	0.642	4	0.40	55.3	5	4.20	0.57
G361	癫痫与神经电生理学杂志	252	34	-0.73	0.189	35	-0.59	15.0	35	3.43	0.60
G929	国际精神病学杂志	467	23	-0.50	0.276	32	-0.40	26.9	27	5.17	0.46
G939	国际脑血管病杂志	755	16	-0.19	0.243	34	-0.47	35.6	16	6.74	0.69
G426	国际神经病学神经外科学杂志	591	19	-0.36	0.409	21	-0.11	33.6	19	6.31	0.71
G953	精神医学杂志	380	26	-0.59	0.407	23	-0.12	22.9	30	3.40	0.37
G580	立体定向和功能性神经外科杂志	343	29	-0.63	0.375	27	-0.18	21.7	34	3.17	0.49
G310	临床精神医学杂志	974	11	0.05	0.433	18	-0.06	32.6	20	5.37	0.51
G309	临床神经病学杂志	1066	9	0.15	0.541	10	0.18	39.5	11	7.43	0.77
G802	临床神经外科杂志	161	35	-0.83	0.535	11	0.16	22.1	32	1.97	0.40
G288	脑与神经疾病杂志	549	20	-0.41	0.455	17	-0.01	37.8	12	6.03	0.69
G343	上海精神医学	668	17	-0.28	0.458	16	0.00	36.7	13	5.17	0.43
G329	神经疾病与精神卫生	388	25	-0.58	0.294	31	-0.36	22.4	31	4.37	0.63
G070	神经解剖学杂志	300	31	-0.68	0.274	33	-0.40	29.2	24	4.37	0.37
G319	神经损伤与功能重建	257	33	-0.72	0.332	30	-0.28	31.6	21	3.89	0.49
E046	心理学报	811	15	-0.13	0.392	24	-0.15	42.9	9	5.37	0.51
G094	中风与神经疾病杂志	1086	8	0.17	0.472	14	0.03	36.3	14	7.74	0.74
G784	中国健康心理学杂志	1375	7	0.48	0.375	27	-0.18	21.9	33	5.69	0.43
G536	中国临床神经科学	474	22	-0.49	0.422	20	-0.08	31.5	22	5.49	0.74
G794	中国临床神经外科杂志	917	12	-0.01	0.515	13	0.12	34.8	18	5.89	0.63
G221	中国临床心理学杂志	1594	5	0.72	0.633	5	0.38	49.7	8	5.80	0.69
G422	中国脑血管病杂志	480	21	-0.48	0.470	15	0.02	36.2	15	4.77	0.66
G114	中国神经精神疾病杂志	1552	6	0.67	0.702	2	0.53	55.5	4	9.46	0.97
G242	中国神经免疫学和神经病学杂志	364	27	-0.61	0.408	22	-0.11	27.4	26	4.71	0.51
G959	中国微侵袭神经外科杂志	812	14	-0.13	0.569	9	0.24	41.0	10	5.54	0.69
G623	中国现代神经疾病杂志	340	30	-0.63	0.343	29	-0.25	23.3	29	3.89	0.66
G117	中国心理卫生杂志	2780	2	1.99	0.761	1	0.65	73.0	2	8.00	0.60
G529	中国卒中杂志	356	28	-0.62	0.426	19	-0.07	29.2	24	4.00	0.60
G159	中华精神科杂志	891	13	-0.04	0.520	12	0.13	50.2	7	6.40	0.54
G197	中华神经科杂志	3879	1	3.18	0.633	5	0.38	74.2	1	10.77	0.91
G976	中华神经外科疾病研究杂志	609	18	-0.34	0.572	8	0.24	35.2	17	5.46	0.54
G160	中华神经外科杂志	2707	3	1.91	0.612	7	0.33	53.6	6	8.63	0.74
G446	中华神经医学杂志	978	10	0.05	0.382	25	-0.17	30.0	23	7.00	0.74
G263	中华行为医学与脑科学杂志	2681	4	1.89	0.660	3	0.43	56.2	3	9.83	0.77
G229	卒中与神经疾病	413	24	-0.56	0.376	26	-0.18	25.2	28	4.57	0.57
	35 种期刊平均值	929			0. 460						

口腔医学类

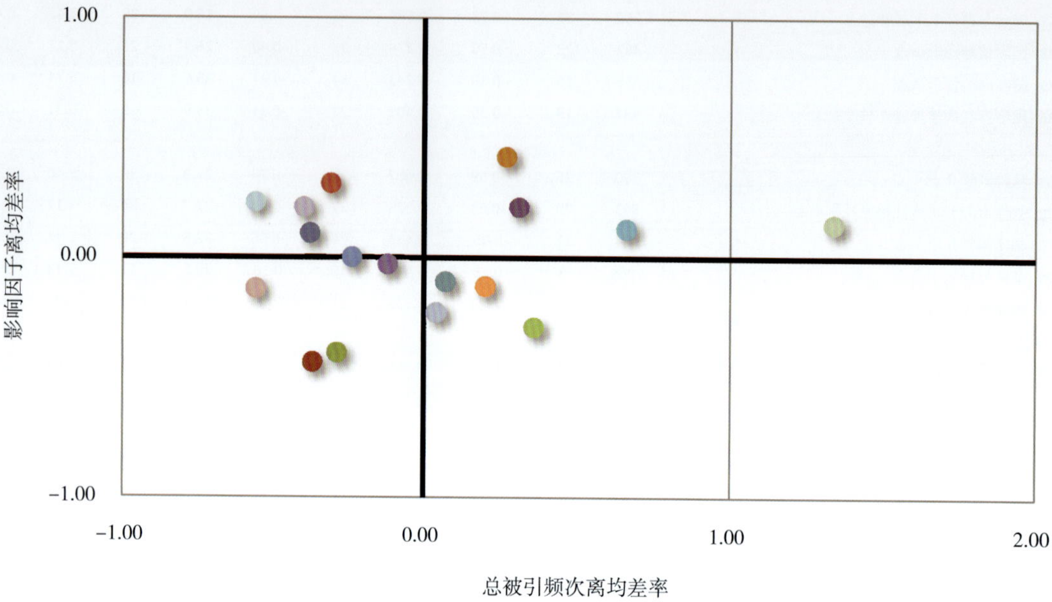

2010 年口腔医学类期刊总被引频次和影响因子离均差率的分布图

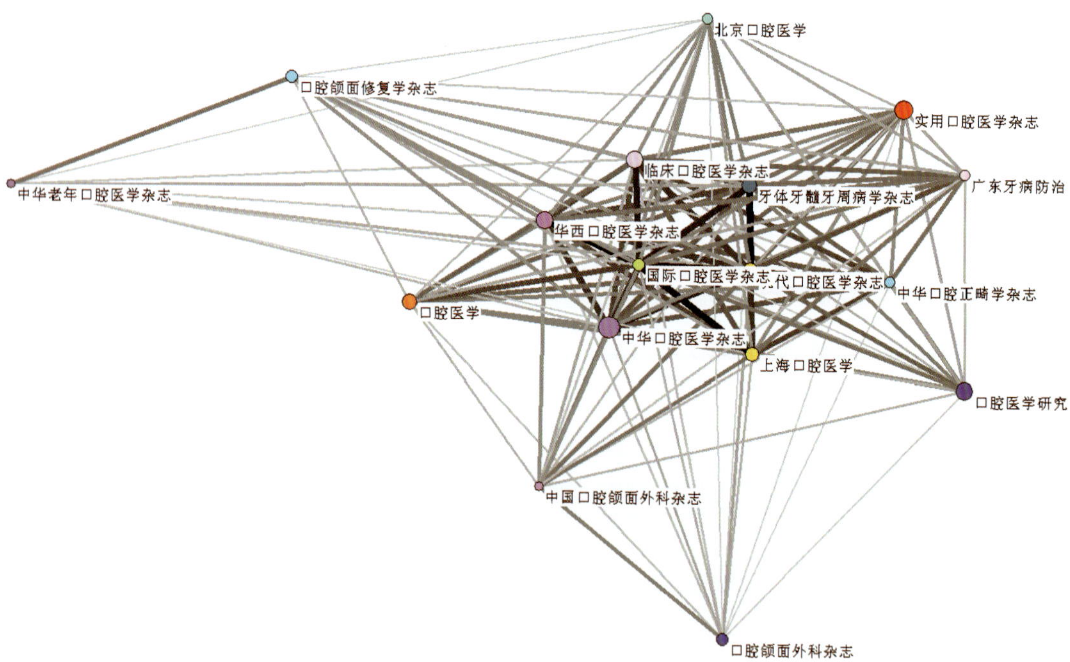

2010 年口腔医学类期刊互引关系示意图

表 6-34　2010 年口腔医学类期刊主要指标

CODE	刊名	总被引频次			影响因子			综合评价总分		学科扩散指标	学科影响指标
		数值	排名	离均差率	数值	排名	离均差率	数值	排名		
G500	北京口腔医学	432	14	-0.38	0.491	8	0.10	40.6	11	7.00	1.00
G390	广东牙病防治	434	13	-0.37	0.250	17	-0.44	14.5	17	7.24	1.00
G997	国际口腔医学杂志	490	11	-0.29	0.268	16	-0.40	38.7	13	8.71	0.94
G043	华西口腔医学杂志	905	4	0.31	0.541	4	0.21	64.5	2	11.24	1.00
G325	口腔医学	737	7	0.07	0.403	11	-0.10	31.8	15	8.59	1.00
G266	口腔医学研究	878	5	0.27	0.637	1	0.42	54.9	3	9.88	1.00
G246	口腔颌面外科杂志	524	10	-0.24	0.449	9	0.00	40.3	12	8.18	0.94
G894	口腔颌面修复学杂志	479	12	-0.31	0.587	2	0.31	43.0	8	5.41	0.94
G287	临床口腔医学杂志	942	3	0.36	0.320	15	-0.29	37.2	14	11.88	1.00
G283	上海口腔医学	610	9	-0.12	0.433	10	-0.03	51.2	5	9.82	1.00
G224	实用口腔医学杂志	1147	2	0.66	0.501	7	0.12	54.1	4	11.82	1.00
G321	现代口腔医学杂志	833	6	0.20	0.394	12	-0.12	50.2	6	11.24	1.00
G189	牙体牙髓牙周病学杂志	717	8	0.04	0.344	14	-0.23	40.8	10	9.06	0.82
G441	中国口腔颌面外科杂志	302	17	-0.56	0.391	13	-0.13	41.8	9	6.12	0.88
G148	中华口腔医学杂志	1622	1	1.34	0.510	6	0.14	80.8	1	14.94	1.00
G280	中华口腔正畸学杂志	413	15	-0.40	0.541	4	0.21	47.9	7	4.88	0.94
G833	中华老年口腔医学杂志	305	16	-0.56	0.553	3	0.23	29.1	16	4.06	0.82
	17 种期刊平均值	692			0. 448						

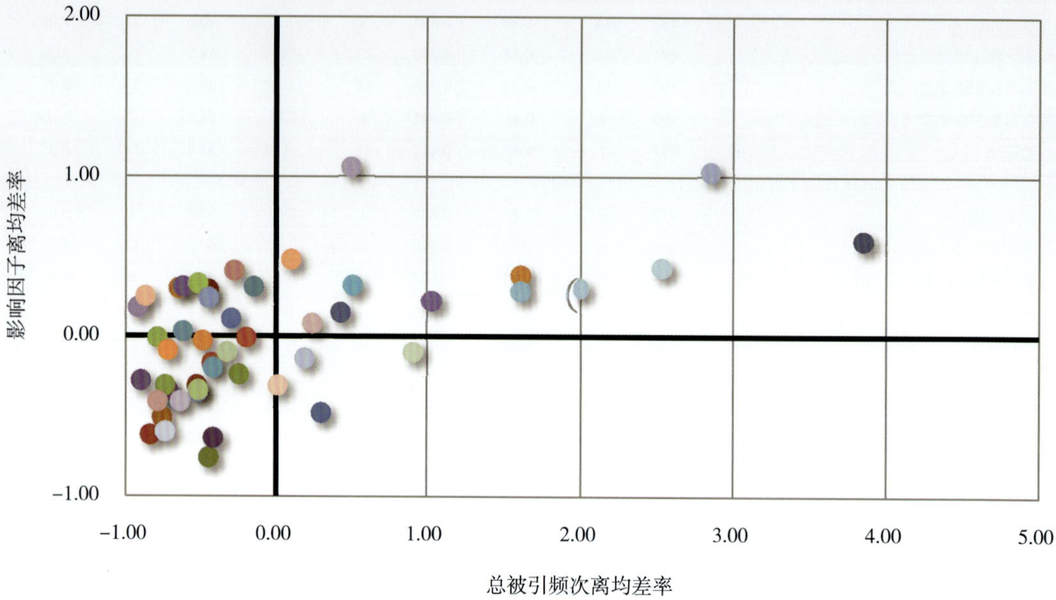

2010 年内科学类期刊总被引频次和影响因子离均差率的分布图

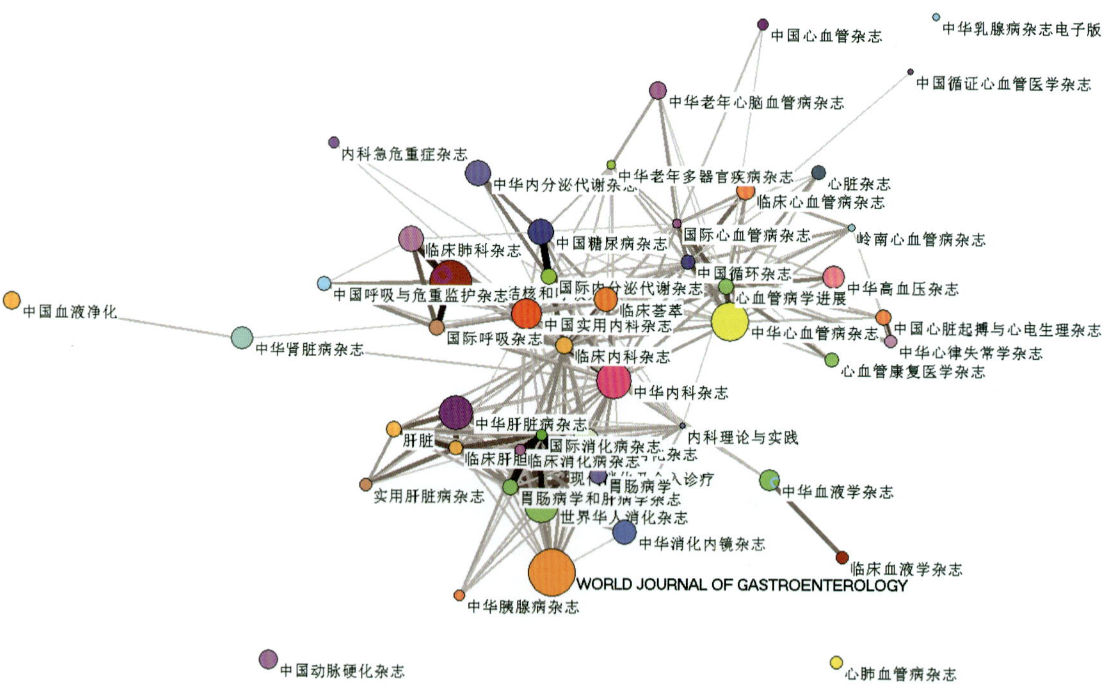

2010 年内科学类期刊互引关系示意图

表 6-35　2010 年内科学类期刊主要指标

CODE	刊名	总被引频次			影响因子			综合评价总分		学科扩散指标	学科影响指标
		数值	排名	离均差率	数值	排名	离均差率	数值	排名		
G275	WORLD JOURNAL OF GASTROENTEROLOGY	6418	1	3.85	0.808	3	0.60	83.2	1	12.02	0.73
G803	肝脏	733	26	-0.45	0.652	14	0.29	41.8	13	4.86	0.35
G938	国际呼吸杂志	731	28	-0.45	0.119	49	-0.76	27.9	38	5.47	0.20
G415	国际内分泌代谢杂志	773	23	-0.42	0.181	48	-0.64	32.1	29	5.65	0.33
G660	国际消化病杂志	429	38	-0.68	0.308	41	-0.39	31.6	30	4.16	0.31
G940	国际心血管病杂志	315	43	-0.76	0.245	45	-0.51	29.8	33	3.43	0.29
Q908	临床肺科杂志	1897	11	0.43	0.582	20	0.15	28.2	37	5.96	0.31
G501	临床肝胆病杂志	626	33	-0.53	0.350	35	-0.31	29.3	34	4.73	0.27
G257	临床内科杂志	994	19	-0.25	0.383	33	-0.24	32.5	27	6.94	0.82
G855	临床消化病杂志	372	39	-0.72	0.331	39	-0.34	25.4	43	3.51	0.37
G261	临床心血管病杂志	1128	17	-0.15	0.660	10	0.31	37.5	20	5.20	0.53
G293	临床血液学杂志	470	37	-0.65	0.656	12	0.30	38.0	19	3.67	0.14
G658	临床荟萃	1723	12	0.30	0.264	44	-0.48	27.4	39	8.06	0.86
G491	岭南心血管病杂志	213	46	-0.84	0.192	47	-0.62	21.6	48	2.71	0.24
G662	内科急危重症杂志	346	41	-0.74	0.348	36	-0.31	23.6	45	3.49	0.35
G523	内科理论与实践	138	48	-0.90	0.363	34	-0.28	31.2	31	2.10	0.39
G746	实用肝脏病杂志	501	35	-0.62	0.521	23	0.03	28.4	36	3.67	0.29
G190	世界华人消化杂志	3458	5	1.61	0.694	7	0.38	60.6	6	10.18	0.53
G800	胃肠病学	931	21	-0.30	0.559	21	0.11	40.1	15	5.33	0.41
G326	胃肠病学和肝病学杂志	750	25	-0.43	0.420	31	-0.17	33.1	25	5.20	0.39
G451	现代消化及介入诊疗	282	44	-0.79	0.500	24	-0.01	33.5	24	2.98	0.29
G083	心肺血管病杂志	503	34	-0.62	0.658	11	0.31	23.7	44	3.39	0.43
G419	心血管病学进展	771	24	-0.42	0.404	32	-0.20	38.7	18	5.35	0.47
G578	心血管康复医学杂志	671	29	-0.49	0.491	26	-0.03	23.4	46	3.76	0.29
G260	心脏杂志	641	30	-0.52	0.330	40	-0.35	23.3	47	4.37	0.47
G234	中国动脉硬化杂志	1065	18	-0.20	0.498	25	-0.01	35.9	22	5.61	0.47
G973	中国呼吸与危重监护杂志	634	31	-0.52	0.671	8	0.33	39.3	17	3.65	0.20
G267	中国实用内科杂志	2684	7	1.03	0.613	18	0.22	49.3	9	9.39	0.94
G211	中国糖尿病杂志	1993	9	0.51	0.665	9	0.32	51.3	8	7.80	0.65
G380	中国心血管杂志	366	40	-0.72	0.457	27	-0.09	29.1	35	3.45	0.33
G203	中国心脏起搏与心电生理杂志	733	26	-0.45	0.625	17	0.24	32.6	26	3.31	0.39
G633	中国血液净化	953	20	-0.28	0.712	6	0.41	41.5	14	4.10	0.33
G119	中国循环杂志	631	32	-0.52	0.332	38	-0.34	30.7	32	4.88	0.51
G645	中国循证心血管医学杂志	102	49	-0.92	0.595	19	0.18	33.6	23	0.45	0.06
G231	中华肝脏病杂志	3452	6	1.61	0.646	15	0.28	61.0	5	8.55	0.59
G235	中华高血压杂志	1463	15	0.10	0.744	4	0.48	46.3	10	6.35	0.55
G147	中华结核和呼吸杂志	5103	2	2.85	1.024	2	1.03	78.2	2	9.57	0.61
G639	中华老年多器官疾病杂志	282	44	-0.79	0.299	42	-0.41	25.7	42	3.20	0.35
G876	中华老年心脑血管病杂志	889	22	-0.33	0.453	29	-0.10	32.3	28	5.33	0.51
G155	中华内分泌代谢杂志	1983	10	0.50	1.039	1	1.06	58.3	7	7.69	0.55

表 6-35　2010 年内科学类期刊主要指标（续）

CODE	刊名	总被引频次			影响因子			综合评价总分		学科扩散指标	学科影响指标
		数值	排名	离均差率	数值	排名	离均差率	数值	排名		
G156	中华内科杂志	3957	4	1.99	0.656	12	0.30	61.7	4	10.73	0.98
G505	中华乳腺病杂志电子版	167	47	-0.87	0.630	16	0.25	27.3	40	1.47	0.02
G161	中华肾脏病杂志	1577	14	0.19	0.431	30	-0.14	42.6	12	6.51	0.49
G285	中华消化内镜杂志	1648	13	0.24	0.546	22	0.08	36.7	21	5.37	0.41
G168	中华消化杂志	2530	8	0.91	0.455	28	-0.10	45.8	11	7.61	0.53
G892	中华心律失常学杂志	472	36	-0.64	0.295	43	-0.41	25.9	41	2.80	0.31
G170	中华心血管病杂志	4674	3	2.53	0.721	5	0.43	70.2	3	8.67	0.67
G172	中华血液学杂志	1335	16	0.01	0.348	36	-0.31	39.7	16	6.51	0.47
G610	中华胰腺病杂志	346	41	-0.74	0.204	46	-0.60	20.5	49	2.59	0.27
	49 种期刊平均值	1324			0.504						

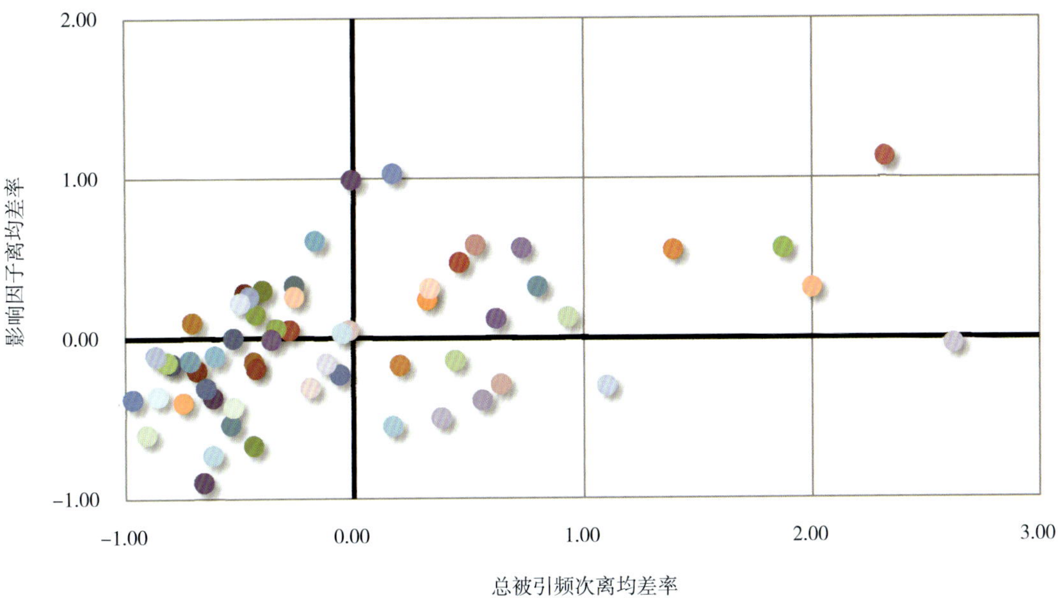

2010 年外科学类期刊总被引频次和影响因子离均差率的分布图

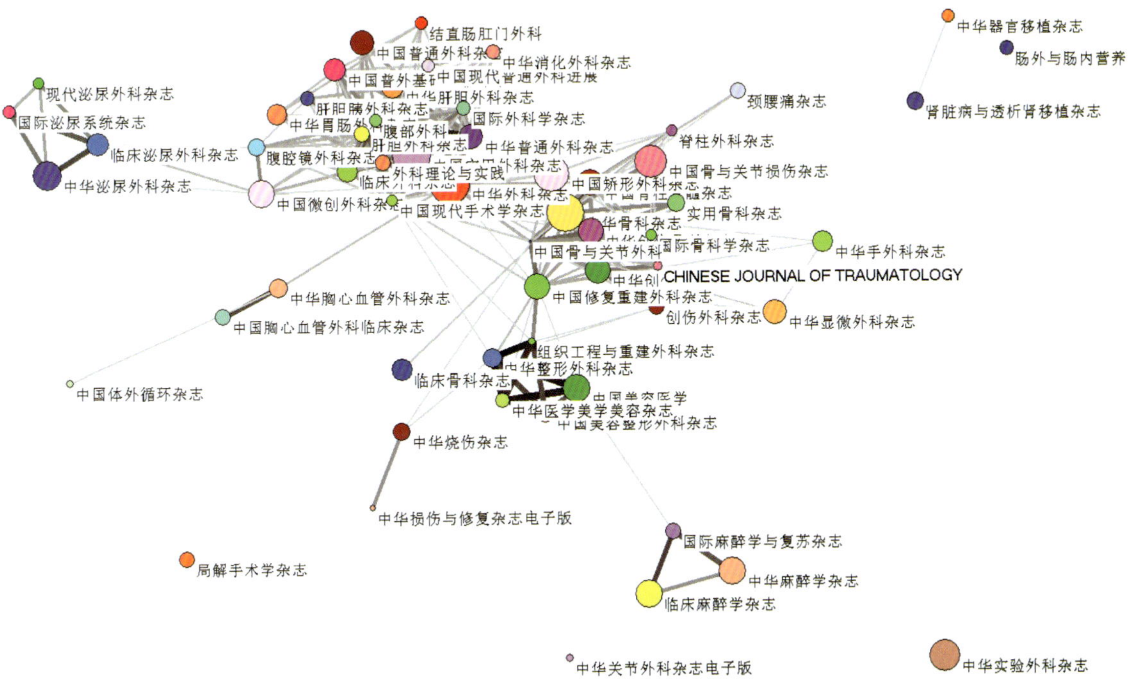

2010 年外科学类期刊互引关系示意图

表 6-36 2010 年外科学类期刊主要指标

CODE	刊名	总被引频次			影响因子			综合评价总分		学科扩散指标	学科影响指标
		数值	排名	离均差率	数值	排名	离均差率	数值	排名		
I200	CHINESE JOURNAL OF TRAUMATOLOGY	260	54	-0.80	0.452	37	-0.16	38.8	33	2.08	0.42
G264	肠外与肠内营养	689	40	-0.48	0.684	15	0.28	42.7	18	3.24	0.37
G322	创伤外科杂志	793	34	-0.40	0.697	14	0.30	45.3	13	3.64	0.64
G957	腹部外科	511	46	-0.62	0.340	48	-0.37	28.4	51	2.61	0.36
G338	腹腔镜外科杂志	983	30	-0.26	0.714	10	0.33	35.7	36	2.63	0.46
G879	肝胆外科杂志	745	37	-0.44	0.457	35	-0.15	36.8	35	3.31	0.41
G690	肝胆胰外科杂志	620	43	-0.53	0.535	28	0.00	32.2	43	2.75	0.41
G498	国际骨科学杂志	411	50	-0.69	0.430	41	-0.20	40.0	27	2.75	0.46
G975	国际麻醉学与复苏杂志	740	38	-0.44	0.179	57	-0.67	33.8	40	3.88	0.27
G349	国际泌尿系统杂志	448	49	-0.66	0.054	59	-0.90	27.6	53	3.42	0.17
G954	国际外科学杂志	618	44	-0.54	0.244	54	-0.54	30.5	47	4.12	0.68
G439	脊柱外科杂志	392	51	-0.71	0.592	23	0.10	33.2	42	1.85	0.41
G869	结直肠肛门外科	464	48	-0.65	0.371	45	-0.31	25.8	56	2.41	0.25
G677	颈腰痛杂志	754	36	-0.43	0.434	40	-0.19	27.2	55	2.59	0.29
G553	局解手术学杂志	764	35	-0.43	0.615	20	0.15	28.6	50	3.12	0.32
G291	临床骨科杂志	1314	22	-0.01	1.068	3	0.99	42.0	23	3.03	0.51
G222	临床麻醉学杂志	2396	8	0.80	0.706	11	0.32	49.7	11	4.93	0.44
G317	临床泌尿外科杂志	1598	19	0.20	0.447	39	-0.17	40.3	25	4.49	0.42
G256	临床外科杂志	1255	25	-0.06	0.415	42	-0.23	35.4	37	4.90	0.85
G202	肾脏病与透析肾移植杂志	961	31	-0.28	0.563	25	0.05	47.1	12	4.02	0.10
G457	实用骨科杂志	876	32	-0.34	0.566	24	0.06	31.9	44	2.93	0.49
G601	外科理论与实践	845	33	-0.36	0.528	29	-0.01	43.5	16	4.07	0.47
G341	现代泌尿外科杂志	376	52	-0.72	0.459	33	-0.14	29.0	49	2.56	0.27
G249	中国骨与关节损伤杂志	3176	5	1.39	0.832	8	0.55	50.4	9	3.83	0.51
G648	中国骨与关节外科	42	59	-0.97	0.333	49	-0.38	31.4	45	0.54	0.20
G192	中国脊柱脊髓杂志	1947	14	0.46	0.787	9	0.47	54.9	6	4.00	0.49
G233	中国矫形外科杂志	3821	4	1.87	0.837	6	0.56	62.5	4	5.53	0.56
G428	中国美容医学	2149	11	0.62	0.598	22	0.12	39.1	32	4.08	0.32
G297	中国美容整形外科杂志	1098	27	-0.17	0.862	4	0.61	40.6	24	2.42	0.36
G226	中国普通外科杂志	1753	18	0.32	0.667	18	0.24	42.5	21	4.75	0.56
G269	中国普外基础与临床杂志	1551	21	0.17	1.086	2	1.03	51.6	8	4.25	0.49
G272	中国实用外科杂志	4420	2	2.32	1.140	1	1.13	79.4	1	6.25	0.76
G444	中国体外循环杂志	235	55	-0.82	0.455	36	-0.15	29.6	48	1.47	0.19
G373	中国微创外科杂志	2298	9	0.73	0.836	7	0.56	50.2	10	5.34	0.86
G841	中国现代普通外科进展	514	45	-0.61	0.475	31	-0.11	30.9	46	3.07	0.44
G885	中国现代手术学杂志	338	53	-0.75	0.323	51	-0.40	28.0	52	2.53	0.58
G232	中国胸心血管外科临床杂志	717	39	-0.46	0.673	17	0.26	39.6	28	2.98	0.31
G118	中国修复重建外科杂志	2029	13	0.53	0.848	5	0.58	58.7	5	5.31	0.66
G408	中华创伤骨科杂志	1915	15	0.44	0.459	33	-0.14	45.1	14	3.93	0.53
G137	中华创伤杂志	2075	12	0.56	0.326	50	-0.39	43.1	17	5.68	0.81

表 6-36 2010 年外科学类期刊主要指标（续）

CODE	刊名	总被引频次			影响因子			综合评价总分		学科扩散指标	学科影响指标
		数值	排名	离均差率	数值	排名	离均差率	数值	排名		
G262	中华肝胆外科杂志	1559	20	0.17	0.239	55	-0.55	33.5	41	4.69	0.49
G143	中华骨科杂志	3987	3	2.00	0.700	12	0.31	69.2	2	5.49	0.59
G691	中华关节外科杂志电子版	170	57	-0.87	0.475	31	-0.11	19.9	58	0.76	0.22
G153	中华麻醉学杂志	2184	10	0.64	0.382	43	-0.29	44.8	15	5.27	0.47
G154	中华泌尿外科杂志	2561	7	0.93	0.605	21	0.13	53.5	7	5.17	0.49
G254	中华普通外科杂志	1838	16	0.38	0.270	53	-0.50	40.2	26	5.32	0.58
G158	中华器官移植杂志	500	47	-0.62	0.145	58	-0.73	27.3	54	3.02	0.46
G900	中华烧伤杂志	989	29	-0.26	0.678	16	0.26	42.6	19	3.41	0.39
G163	中华实验外科杂志	2790	6	1.10	0.373	44	-0.30	39.6	28	7.27	0.95
G848	中华手外科杂志	1299	23	-0.02	0.561	26	0.05	35.3	38	3.10	0.49
G506	中华损伤与修复杂志电子版	122	58	-0.91	0.214	56	-0.60	14.9	59	0.90	0.24
G164	中华外科杂志	4813	1	2.62	0.514	30	-0.04	67.8	3	8.29	0.97
G793	中华胃肠外科杂志	1266	24	-0.05	0.552	27	0.03	42.3	22	4.25	0.46
G167	中华显微外科杂志	1766	17	0.33	0.700	12	0.31	38.6	34	3.36	0.54
G978	中华消化外科杂志	665	41	-0.50	0.655	19	0.22	42.6	19	2.93	0.46
G171	中华胸心血管外科杂志	1075	28	-0.19	0.370	46	-0.31	39.3	31	4.00	0.49
G489	中华医学美学美容杂志	622	42	-0.53	0.306	52	-0.43	25.6	57	1.92	0.19
G178	中华整形外科杂志	1168	26	-0.12	0.449	38	-0.16	39.6	28	3.34	0.51
G701	组织工程与重建外科杂志	185	56	-0.86	0.344	47	-0.36	34.9	39	1.12	0.20
	59 种期刊平均值	1330			0. 536						

眼科学、耳鼻咽喉科学类

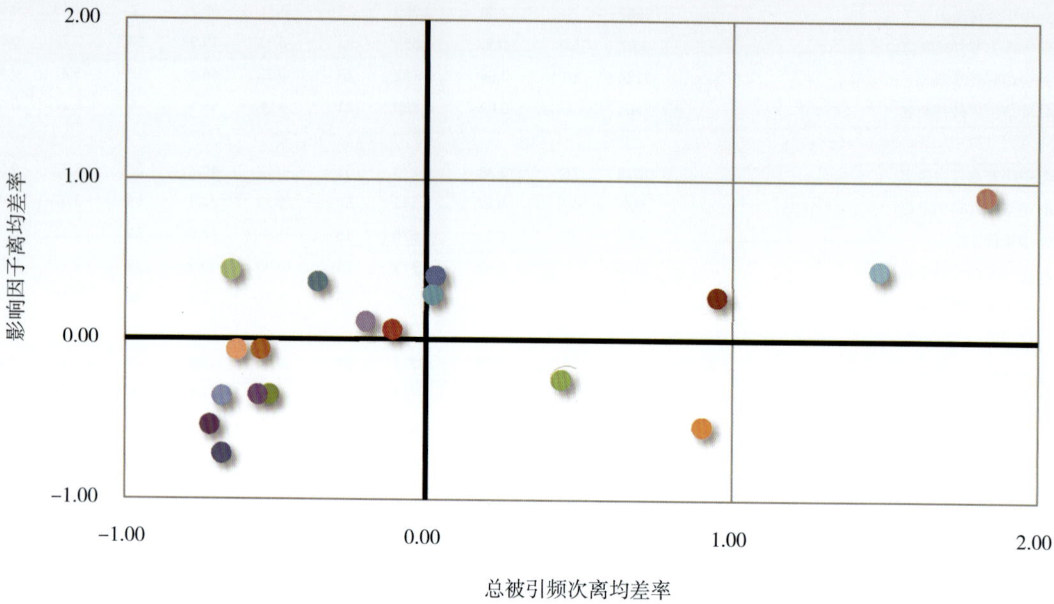

2010 年眼科学、耳鼻咽喉科学类期刊总被引频次和影响因子离均差率的分布图

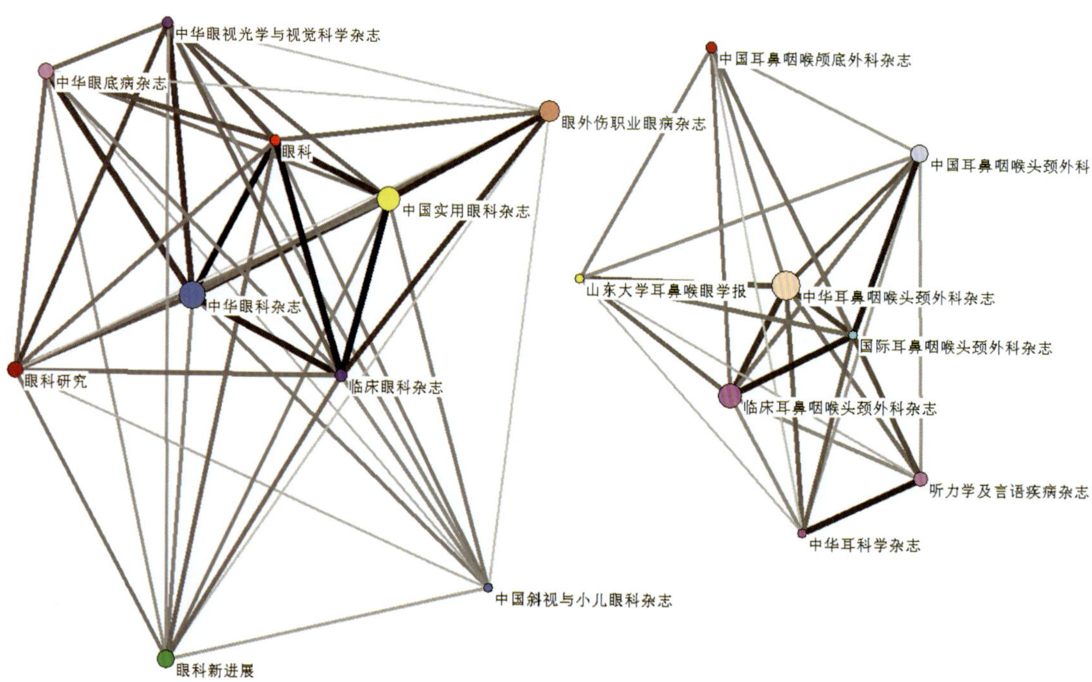

2010 年眼科学、耳鼻咽喉科学类期刊互引关系示意图

表 6-37　2010 年眼科学、耳鼻咽喉科学类期刊主要指标

CODE	刊名	总被引频次			影响因子			综合评价总分		学科扩散指标	学科影响指标
		数值	排名	离均差率	数值	排名	离均差率	数值	排名		
G436	国际耳鼻咽喉头颈外科杂志	295	17	-0.68	0.107	18	-0.72	35.1	12	7.22	0.56
G276	临床耳鼻咽喉头颈外科杂志	1825	3	0.95	0.492	7	0.27	55.9	3	16.89	0.67
Q913	临床眼科杂志	448	11	-0.52	0.253	13	-0.35	26.6	14	6.67	0.72
G742	山东大学耳鼻喉眼学报	260	18	-0.72	0.177	17	-0.54	19.6	17	6.33	0.72
G238	听力学及言语疾病杂志	602	10	-0.36	0.528	5	0.36	46.0	6	7.11	0.44
G962	眼科	422	12	-0.55	0.358	11	-0.07	34.0	13	6.61	0.61
G554	眼科新进展	961	6	0.03	0.540	4	0.40	45.2	8	9.83	0.67
G773	眼科研究	832	8	-0.11	0.410	9	0.06	45.9	7	10.61	0.61
G990	眼外伤职业眼病杂志	1348	5	0.44	0.294	12	-0.24	25.0	15	8.39	0.67
G270	中国耳鼻咽喉颅底外科杂志	413	13	-0.56	0.252	14	-0.35	22.3	16	7.33	0.50
G543	中国耳鼻咽喉头颈外科	957	7	0.02	0.495	6	0.28	46.6	5	12.06	0.72
G872	中国实用眼科杂志	1779	4	0.90	0.178	16	-0.54	41.6	10	12.00	0.67
G298	中国斜视与小儿眼科杂志	296	16	-0.68	0.246	15	-0.36	18.6	18	3.83	0.50
G139	中华耳鼻咽喉头颈外科杂志	2644	1	1.83	0.740	1	0.91	85.6	1	18.00	0.72
G743	中华耳科学杂志	328	15	-0.65	0.553	3	0.43	48.1	4	5.50	0.44
G191	中华眼底病杂志	747	9	-0.20	0.430	8	0.11	43.4	9	7.72	0.61
G173	中华眼科杂志	2318	2	1.48	0.558	2	0.44	73.2	2	15.17	0.72
G873	中华眼视光学与视觉科学杂志	346	14	-0.63	0.359	10	-0.07	37.4	11	5.50	0.61
	18 种期刊平均值	935			0.387						

肿瘤学类

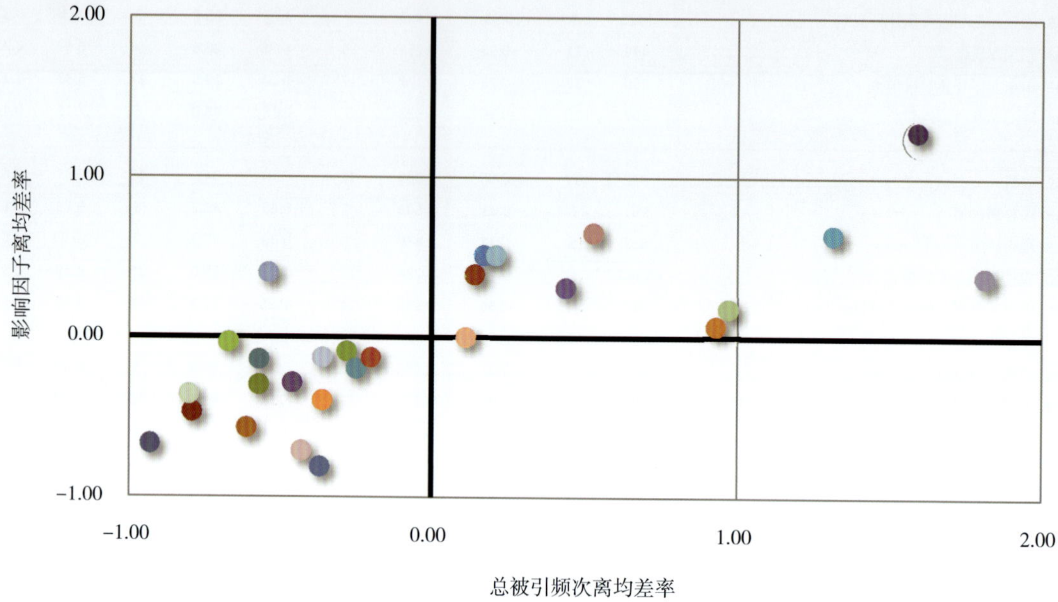

2010 年肿瘤学类期刊总被引频次和影响因子离均差率的分布图

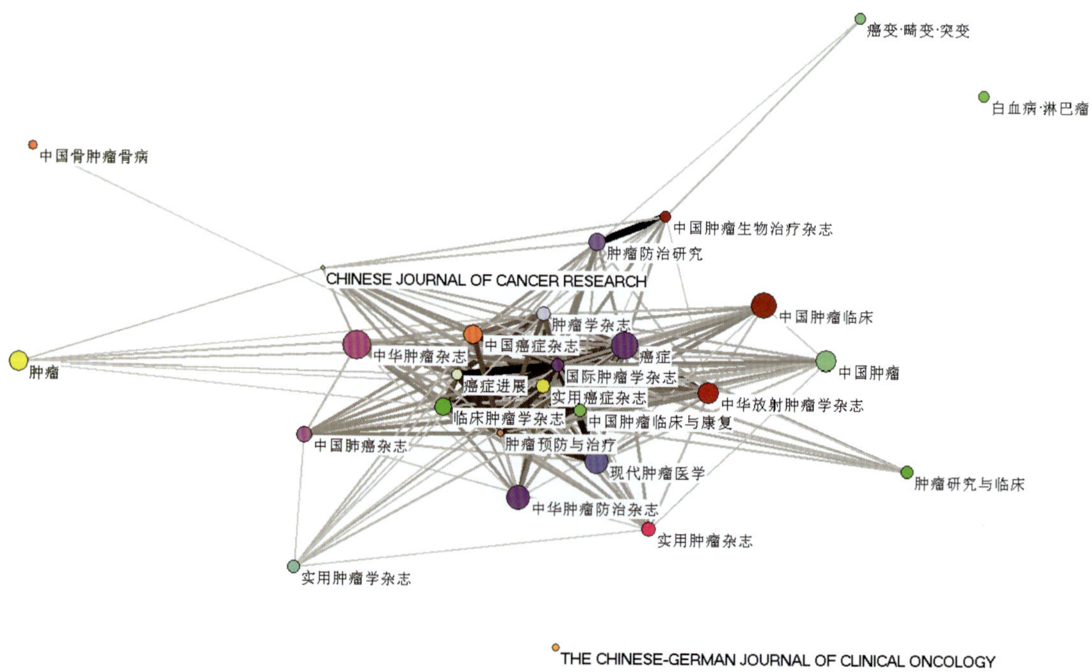

2010 年肿瘤学类期刊互引关系示意图

表 6-38　2010 年肿瘤学类期刊主要指标

CODE	刊名	总被引频次			影响因子			综合评价总分		学科扩散指标	学科影响指标
		数值	排名	离均差率	数值	排名	离均差率	数值	排名		
I037	CHINESE JOURNAL OF CANCER RESEARCH	61	27	-0.93	0.140	25	-0.67	34.2	18	1.74	0.41
G616	THE CHINESE-GERMAN JOURNAL OF CLINICAL ONCOLOGY	187	25	-0.79	0.222	23	-0.47	14.0	26	3.59	0.67
G549	癌变·畸变·突变	378	22	-0.57	0.294	20	-0.30	38.2	14	7.44	0.48
G011	癌症	2297	2	1.58	0.960	1	1.29	88.3	1	16.56	1.00
G481	癌症进展	383	21	-0.57	0.363	17	-0.14	37.3	16	6.56	0.85
G550	白血病·淋巴瘤	351	23	-0.61	0.180	24	-0.57	13.8	27	4.85	0.59
G937	国际肿瘤学杂志	558	17	-0.37	0.081	27	-0.81	33.9	19	9.44	0.81
Q910	临床肿瘤学杂志	1013	10	0.14	0.585	7	0.39	49.4	8	11.07	0.93
G512	实用癌症杂志	642	14	-0.28	0.382	14	-0.09	37.5	15	9.00	0.89
G856	实用肿瘤学杂志	481	19	-0.46	0.299	19	-0.29	25.6	23	7.19	0.70
G890	实用肿瘤杂志	667	13	-0.25	0.336	18	-0.20	33.7	20	8.74	0.85
G826	现代肿瘤医学	1714	5	0.93	0.448	11	0.07	45.2	11	13.85	0.96
G538	中国癌症杂志	1043	9	0.17	0.633	5	0.51	53.7	6	11.33	0.93
G320	中国肺癌杂志	708	12	-0.20	0.366	15	-0.13	42.7	12	8.22	0.81
G857	中国骨肿瘤骨病	290	24	-0.67	0.407	13	-0.03	15.9	25	3.52	0.41
G642	中国肿瘤	1283	7	0.44	0.552	9	0.31	48.4	9	12.67	0.89
G133	中国肿瘤临床	2056	3	1.31	0.689	3	0.64	62.9	3	14.41	1.00
G636	中国肿瘤临床与康复	565	16	-0.36	0.252	22	-0.40	29.5	21	9.00	0.78
G255	中国肿瘤生物治疗杂志	405	20	-0.54	0.589	6	0.40	54.9	4	6.37	0.67
G251	中华放射肿瘤学杂志	1358	6	0.53	0.691	2	0.65	54.8	5	7.67	0.89
G858	中华肿瘤防治杂志	1755	4	0.97	0.495	10	0.18	46.2	10	14.04	0.96
G179	中华肿瘤杂志	2498	1	1.81	0.578	8	0.38	67.9	2	15.81	1.00
G184	肿瘤	1080	8	0.21	0.635	4	0.51	51.8	7	11.96	0.93
G185	肿瘤防治研究	983	11	0.11	0.420	12	0.00	40.3	13	11.00	0.89
G412	肿瘤学杂志	573	15	-0.36	0.366	15	-0.13	35.2	17	8.78	0.93
G522	肿瘤研究与临床	506	18	-0.43	0.122	26	-0.71	17.5	24	7.26	0.74
G695	肿瘤预防与治疗	181	26	-0.80	0.267	21	-0.36	26.6	22	3.89	0.59
	27 种期刊平均值	889			0. 420						

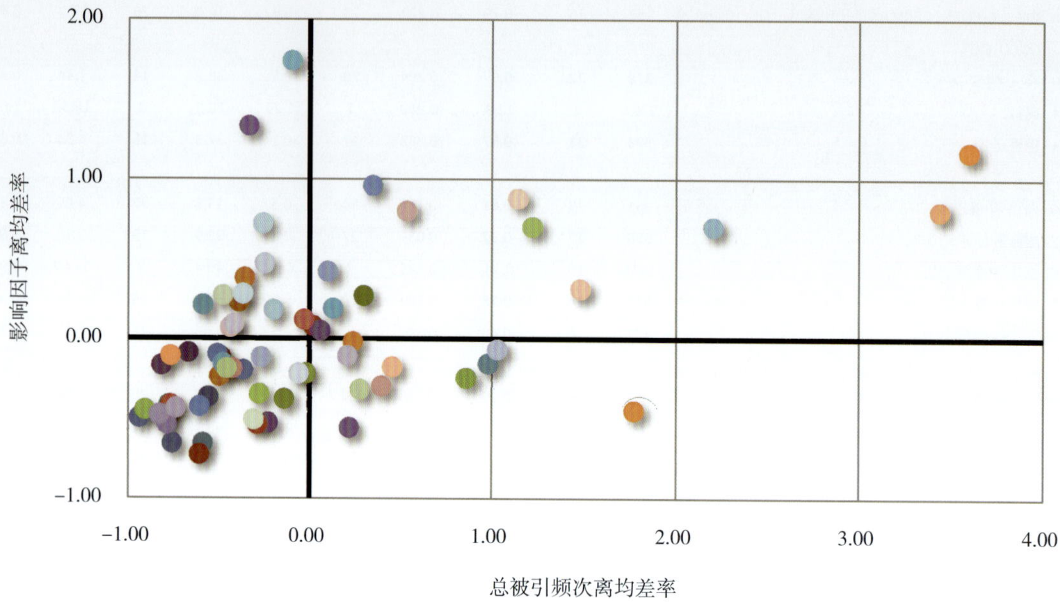

2010 年中医学与中药学类期刊总被引频次和影响因子离均差率的分布图

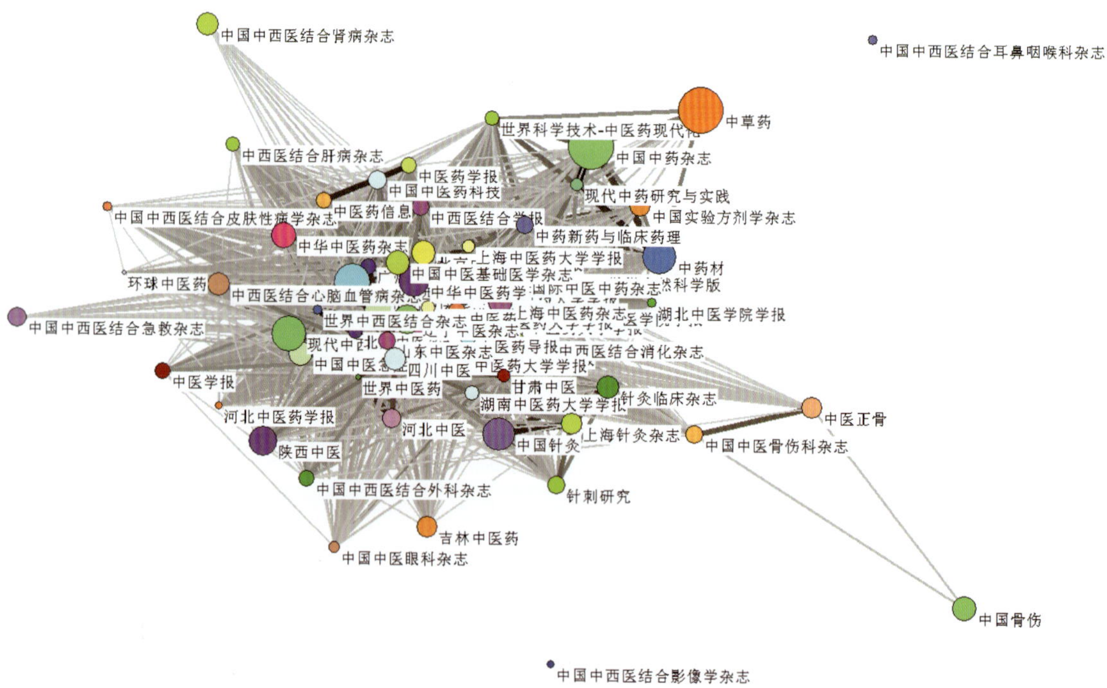

2010 年中医学与中药学类期刊互引关系示意图

表 6-39　2010 年中医学与中药学类期刊主要指标

CODE	刊名	总被引频次 数值	总被引频次 排名	总被引频次 离均差率	影响因子 数值	影响因子 排名	影响因子 离均差率	综合评价总分 数值	综合评价总分 排名	学科扩散指标	学科影响指标
G013	安徽中医学院学报	588	51	-0.56	0.264	49	-0.37	30.3	39	2.64	0.87
G620	北京中医药	685	48	-0.49	0.368	33	-0.12	32.4	36	2.72	0.88
G017	北京中医药大学学报	1751	15	0.30	0.531	16	0.27	47.0	10	3.64	0.97
G019	成都中医药大学学报	437	56	-0.67	0.381	29	-0.09	34.9	26	2.28	0.84
G699	甘肃中医	553	52	-0.59	0.142	65	-0.66	18.0	64	2.22	0.87
G030	广州中医药大学学报	822	41	-0.39	0.511	18	0.23	41.2	17	3.37	0.99
G032	贵阳中医学院学报	323	58	-0.76	0.142	65	-0.66	21.6	59	2.22	0.78
G934	国际中医中药杂志	520	55	-0.61	0.112	67	-0.73	24.2	55	2.87	0.84
G384	河北中医	1153	28	-0.14	0.260	50	-0.38	22.1	57	2.57	0.87
G301	河北中医药学报	236	64	-0.82	0.347	37	-0.17	21.7	58	1.25	0.63
G334	湖北中医学院学报	295	61	-0.78	0.241	51	-0.42	20.6	61	2.01	0.85
G041	湖南中医药大学学报	676	49	-0.50	0.319	44	-0.24	27.8	43	2.90	0.90
G656	环球中医药	78	67	-0.94	0.208	59	-0.50	17.3	65	0.72	0.34
G719	吉林中医药	1372	23	0.02	0.450	24	0.08	21.2	60	2.76	0.91
G397	江苏中医药	1314	24	-0.02	0.327	42	-0.22	33.0	33	3.01	0.99
G850	辽宁中医药大学学报	1035	30	-0.23	0.198	61	-0.53	26.6	46	3.67	0.96
G646	辽宁中医杂志	2660	9	0.98	0.351	36	-0.16	42.4	16	4.97	1.00
G059	南京中医药大学学报自然科学版	858	38	-0.36	0.575	13	0.38	44.4	14	3.12	0.93
G063	山东中医药大学学报	847	39	-0.37	0.332	41	-0.20	34.5	28	2.93	0.97
G574	山东中医杂志	950	35	-0.29	0.191	63	-0.54	26.0	48	3.00	0.97
G725	陕西中医	2504	10	0.86	0.312	45	-0.25	25.6	49	3.72	0.97
G596	上海针灸杂志	1418	22	0.06	0.437	26	0.05	33.4	30	2.30	0.90
G946	上海中医药大学学报	546	53	-0.59	0.505	19	0.21	44.2	15	2.39	0.87
G389	上海中医药杂志	1660	17	0.24	0.410	27	-0.02	38.1	20	3.69	0.97
G906	世界科学技术-中医药现代化	653	50	-0.51	0.376	30	-0.10	40.3	18	2.78	0.78
G484	世界中西医结合杂志	268	63	-0.80	0.209	58	-0.50	26.5	47	1.91	0.76
G483	世界中医药	120	66	-0.91	0.230	56	-0.45	22.8	56	0.96	0.52
G745	四川中医	1643	18	0.22	0.185	64	-0.56	28.4	42	3.13	0.96
G626	天津中医药	704	46	-0.48	0.352	35	-0.16	34.7	27	2.37	0.94
G951	现代中西医结合杂志	3718	4	1.77	0.232	55	-0.44	38.0	21	7.39	0.96
G486	现代中药研究与实践	528	54	-0.61	0.236	53	-0.43	29.1	40	2.91	0.70
G090	云南中医学院学报	303	60	-0.77	0.240	52	-0.42	24.3	54	1.88	0.73
G092	浙江中医药大学学报	964	34	-0.28	0.273	48	-0.35	28.6	41	3.93	0.93
G093	针刺研究	881	37	-0.34	0.971	2	1.33	53.8	7	1.99	0.78
G488	针灸临床杂志	1511	20	0.13	0.496	20	0.19	30.6	38	2.13	0.85
G007	中草药	6178	1	3.60	0.904	3	1.17	76.6	1	8.61	0.93
G103	中国骨伤	1819	14	0.35	0.819	4	0.96	37.2	22	3.67	0.76
G604	中国实验方剂学杂志	1309	25	-0.03	0.465	22	0.12	32.5	34	3.87	0.88
G600	中国针灸	2983	6	1.22	0.710	9	0.70	53.1	9	3.24	0.91
G347	中国中西医结合耳鼻咽喉科杂志	283	62	-0.79	0.193	62	-0.54	15.8	66	1.72	0.39

表 6-39　2010 年中医学与中药学类期刊主要指标（续）

CODE	刊名	总被引频次			影响因子			综合评价总分		学科扩散指标	学科影响指标
		数值	排名	离均差率	数值	排名	离均差率	数值	排名		
G843	中国中西医结合急救杂志	1211	27	-0.10	1.143	1	1.74	56.9	5	3.10	0.82
G757	中国中西医结合皮肤性病学杂志	307	59	-0.77	0.372	31	-0.11	24.6	52	1.60	0.46
G846	中国中西医结合肾病杂志	1483	21	0.10	0.591	12	0.42	33.5	29	3.66	0.84
G758	中国中西医结合外科杂志	763	43	-0.43	0.338	39	-0.19	25.5	50	3.69	0.82
G528	中国中西医结合消化杂志	725	45	-0.46	0.337	40	-0.19	31.1	37	2.52	0.79
G678	中国中西医结合影像学杂志	224	65	-0.83	0.215	57	-0.48	12.0	67	1.48	0.34
G182	中国中西医结合杂志	4300	3	2.20	0.710	9	0.70	68.1	3	6.49	1.00
G132	中国中药杂志	5961	2	3.44	0.752	6	0.80	76.0	2	8.81	0.94
G240	中国中医骨伤科杂志	976	33	-0.27	0.367	34	-0.12	27.4	44	2.76	0.76
G632	中国中医基础医学杂志	1874	13	0.40	0.292	46	-0.30	35.7	25	4.00	1.00
G524	中国中医急症	1718	16	0.28	0.284	47	-0.32	26.7	45	3.76	0.93
G749	中国中医眼科杂志	343	57	-0.74	0.235	54	-0.44	20.1	63	1.42	0.58
G551	中国中医药科技	1068	29	-0.20	0.494	21	0.18	33.4	30	3.54	0.91
G832	中国中医药信息杂志	1964	12	0.46	0.340	38	-0.18	38.3	19	5.13	0.97
G859	中华中医药学刊	2726	8	1.03	0.388	28	-0.07	46.5	12	5.84	0.99
G910	中华中医药杂志	2069	11	0.54	0.750	7	0.80	46.7	11	3.85	0.99
G842	中西医结合肝病杂志	701	47	-0.48	0.529	17	0.27	33.1	32	2.63	0.69
G597	中西医结合心脑血管病杂志	1624	19	0.21	0.372	31	-0.11	32.5	34	4.40	0.91
G442	中西医结合学报	999	32	-0.26	0.718	8	0.72	54.2	6	3.64	0.90
G183	中药材	3335	5	1.48	0.546	14	0.31	53.7	8	7.28	0.88
G564	中药新药与临床药理	1001	31	-0.25	0.614	11	0.47	46.0	13	3.67	0.84
G685	中医学报	747	44	-0.44	0.447	25	0.07	20.3	62	2.58	0.79
G681	中医药导报	920	36	-0.31	0.205	60	-0.51	25.2	51	3.55	0.91
G943	中医药信息	783	42	-0.42	0.453	23	0.09	37.1	23	2.79	0.84
G812	中医药学报	840	40	-0.37	0.532	15	0.28	36.8	24	3.21	0.91
G010	中医杂志	2874	7	1.14	0.782	5	0.88	57.0	4	3.96	1.00
G643	中医正骨	1266	26	-0.06	0.325	43	-0.22	24.6	52	2.91	0.84
	67 种期刊平均值	1343			0. 417						

军事医学与特种医学、医学影像学类

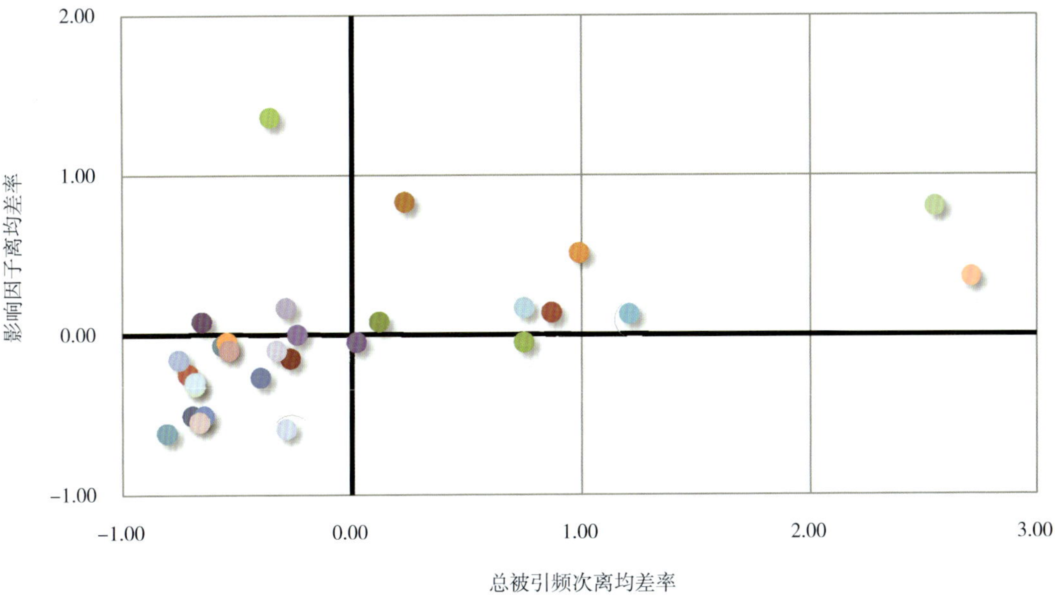

2010 年军事医学与特种医学、医学影像学类期刊总被引频次和影响因子离均差率的分布图

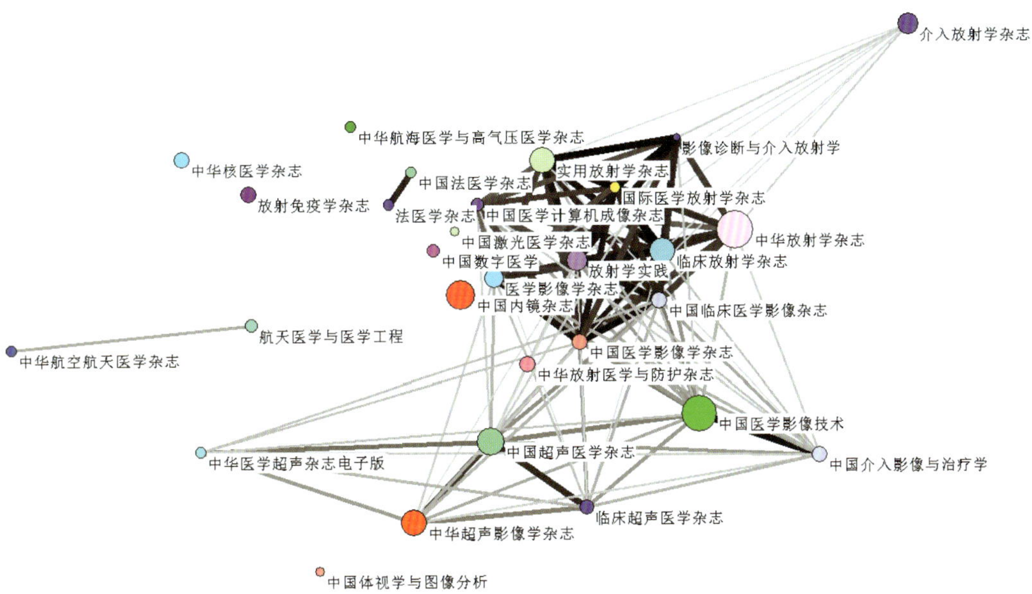

2010 年军事医学与特种医学、医学影像学类期刊互引关系示意图

表 6-40　2010 年军事医学与特种医学、医学影像学类期刊主要指标

CODE	刊名	总被引频次			影响因子			综合评价总分		学科扩散指标	学科影响指标
		数值	排名	离均差率	数值	排名	离均差率	数值	排名		
G874	法医学杂志	335	26	-0.70	0.235	25	-0.51	17.4	25	4.38	0.10
G893	放射免疫学杂志	811	12	-0.27	0.412	19	-0.15	21.7	21	7.97	0.28
G608	放射学实践	1247	9	0.12	0.525	10	0.08	37.4	11	8.83	0.79
G661	国际医学放射学杂志	375	22	-0.66	0.523	11	0.08	43.6	8	5.38	0.62
G034	航天医学与医学工程	474	20	-0.57	0.451	16	-0.07	34.6	13	5.86	0.21
G886	介入放射学杂志	1372	8	0.23	0.884	2	0.83	44.7	7	8.66	0.59
G880	临床超声医学杂志	666	17	-0.40	0.353	22	-0.27	24.5	20	6.17	0.45
G271	临床放射学杂志	2089	5	0.87	0.554	8	0.14	46.3	5	11.34	0.76
G534	实用放射学杂志	1946	7	0.75	0.458	15	-0.05	39.8	10	10.41	0.76
G265	医学影像学杂志	1141	10	0.02	0.460	14	-0.05	33.7	14	9.62	0.83
G649	影像诊断与介入放射学	215	29	-0.81	0.186	29	-0.62	19.6	23	3.76	0.55
G097	中国超声医学杂志	2215	4	0.99	0.733	4	0.51	53.7	3	11.07	0.62
G100	中国法医学杂志	387	21	-0.65	0.235	25	-0.51	18.6	24	5.03	0.21
R013	中国激光医学杂志	311	27	-0.72	0.364	21	-0.25	21.3	22	4.21	0.07
G206	中国介入影像与治疗学	717	16	-0.36	1.141	1	1.36	50.2	4	5.14	0.66
G304	中国临床医学影像杂志	844	11	-0.24	0.486	12	0.00	33.3	15	8.38	0.76
G277	中国内镜杂志	2458	3	1.20	0.548	9	0.13	41.9	9	10.45	0.41
G926	中国数字医学	501	19	-0.55	0.461	13	-0.05	16.4	27	2.66	0.14
G561	中国体视学与图像分析	269	28	-0.76	0.408	20	-0.16	26.9	18	4.97	0.14
G236	中国医学计算机成像杂志	518	18	-0.54	0.436	18	-0.10	31.2	16	6.03	0.66
G127	中国医学影像技术	3959	2	2.55	0.870	3	0.80	68.0	1	14.72	0.79
G193	中国医学影像学杂志	795	13	-0.29	0.568	6	0.17	37.4	11	8.66	0.72
G195	中华超声影像学杂志	1953	6	0.75	0.566	7	0.17	44.8	6	10.28	0.76
G140	中华放射学杂志	4142	1	2.71	0.659	5	0.36	67.9	2	14.34	0.86
G141	中华放射医学与防护杂志	790	14	-0.29	0.205	28	-0.58	24.6	19	8.07	0.41
G335	中华航海医学与高气压医学杂志	373	23	-0.67	0.216	27	-0.55	14.0	29	4.14	0.17
G144	中华航空航天医学杂志	351	24	-0.69	0.328	24	-0.32	16.4	27	2.76	0.24
G145	中华核医学杂志	742	15	-0.33	0.438	17	-0.10	28.9	17	7.03	0.62
Q920	中华医学超声杂志电子版	341	25	-0.69	0.340	23	-0.30	16.8	26	3.59	0.48
	29 种期刊平均值	1115			0. 484						

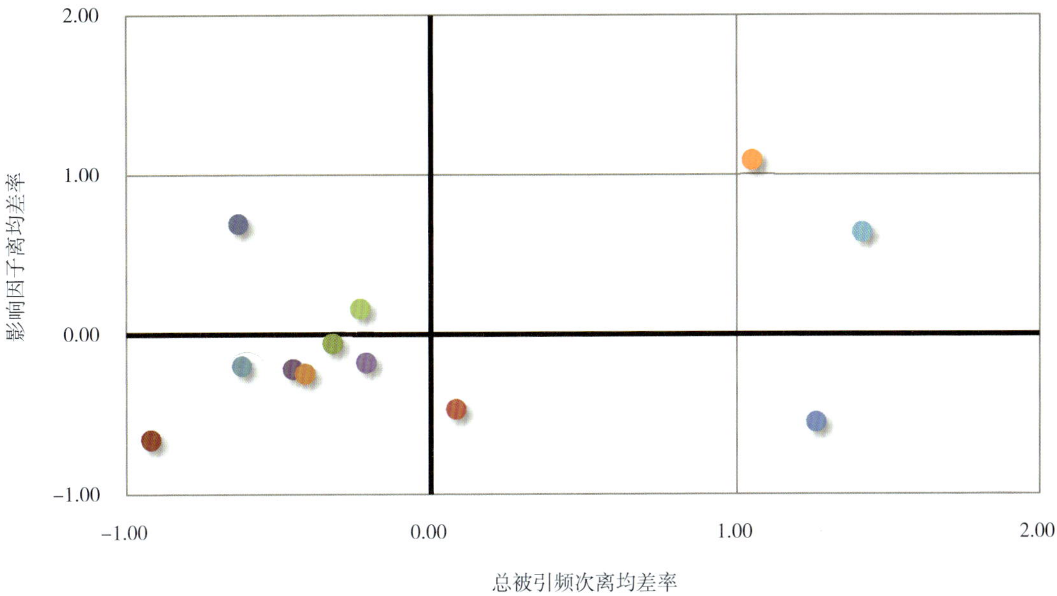

2010年工程与技术科学综合类期刊总被引频次和影响因子离均差率的分布图

2010年工程与技术科学综合类期刊互引关系示意图

表 6-41　2010 年工程与技术科学综合类期刊主要指标

CODE	刊名	总被引频次			影响因子			综合评价总分		学科扩散指标	学科影响指标
		数值	排名	离均差率	数值	排名	离均差率	数值	排名		
E626	CT 理论与应用研究	179	11	-0.63	0.533	2	0.69	44.9	5	7.33	0.17
T082	ENGINEERING SCIENCES	38	12	-0.92	0.106	12	-0.66	21.8	11	2.42	0.17
R711	测试技术学报	327	7	-0.32	0.297	5	-0.06	40.6	6	12.75	0.33
J057	工业工程	264	9	-0.45	0.247	8	-0.22	37.7	7	9.92	0.33
J019	河北工业科技	183	10	-0.62	0.255	7	-0.19	30.0	9	9.50	0.25
S718	技术经济	286	8	-0.41	0.237	9	-0.25	26.3	10	6.92	0.42
A537	科学技术与工程	1092	2	1.26	0.141	11	-0.55	46.8	4	44.08	0.42
A149	物流技术	524	4	0.08	0.167	10	-0.47	17.4	12	11.33	0.42
A580	应用基础与工程科学学报	370	6	-0.23	0.368	4	0.16	53.5	3	18.58	0.42
N830	中国测试	382	5	-0.21	0.260	6	-0.18	35.5	8	16.75	0.33
N754	中国工程科学	1163	1	1.41	0.518	3	0.64	77.5	2	45.08	0.58
A109	中国科学技术科学	992	3	1.05	0.659	1	1.09	92.2	1	28.25	0.33
	12 种期刊平均值	483			0. 316						

工程与技术大学学报类

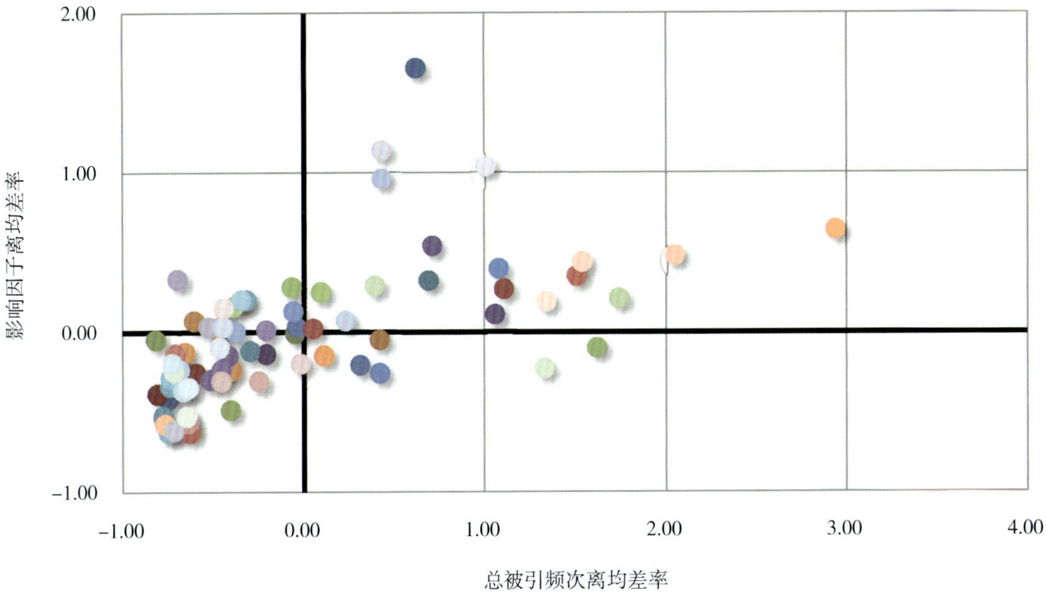

2010 年工程与技术大学学报类期刊总被引频次和影响因子离均差率的分布图

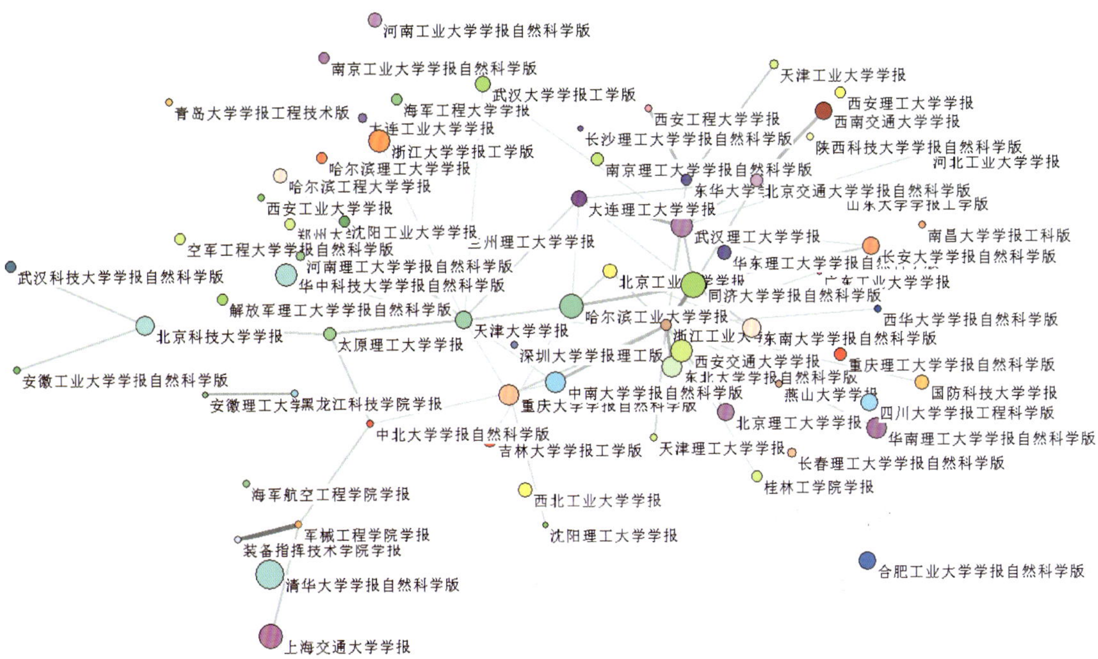

2010 年工程与技术大学学报类期刊互引关系示意图

表 6-42 2010 年工程与技术大学学报类期刊主要指标

CODE	刊名	总被引频次			影响因子			综合评价总分		学科扩散指标	学科影响指标
		数值	排名	离均差率	数值	排名	离均差率	数值	排名		
M031	安徽工业大学学报自然科学版	161	66	-0.75	0.172	63	-0.42	27.3	48	1.62	0.14
K027	安徽理工大学学报自然科学版	123	70	-0.81	0.182	62	-0.39	24.2	57	1.14	0.06
J030	北京工业大学学报	605	28	-0.05	0.295	34	-0.01	41.5	23	4.37	0.42
X014	北京交通大学学报自然科学版	504	31	-0.21	0.254	42	-0.14	39.0	30	3.83	0.38
M030	北京科技大学学报	1069	14	0.69	0.393	12	0.32	49.3	17	4.63	0.48
N001	北京理工大学学报	898	18	0.42	0.283	35	-0.05	42.2	20	5.55	0.58
X036	长安大学学报自然科学版	1024	15	0.62	0.786	1	1.65	66.2	4	3.21	0.48
N056	长春理工大学学报自然科学版	256	50	-0.60	0.220	54	-0.26	14.8	70	1.99	0.20
J066	长沙理工大学学报自然科学版	116	71	-0.82	0.283	35	-0.05	31.6	41	0.87	0.08
J021	重庆大学学报自然科学版	1308	11	1.06	0.330	24	0.11	60.3	7	7.62	0.61
N757	重庆理工大学学报自然科学版	442	34	-0.30	0.260	39	-0.12	25.6	55	2.86	0.24
U512	大连工业大学学报	249	51	-0.61	0.319	25	0.07	28.2	46	2.07	0.07
J024	大连理工大学学报	832	21	0.31	0.235	47	-0.21	44.4	18	5.51	0.48
J023	东北大学学报自然科学版	1338	9	1.11	0.377	15	0.27	54.1	14	6.49	0.65
U014	东华大学学报自然科学版	377	40	-0.41	0.151	64	-0.49	26.0	51	2.49	0.17
J028	东南大学学报自然科学版	1081	13	0.71	0.456	6	0.54	61.6	5	6.46	0.62
J029	广东工业大学学报	141	69	-0.78	0.141	65	-0.53	21.7	62	1.49	0.13
M033	桂林工学院学报	381	39	-0.40	0.226	50	-0.24	30.4	42	2.52	0.17
A040	国防科技大学学报	607	27	-0.04	0.306	27	0.03	38.7	31	3.34	0.27
X025	哈尔滨工程大学学报	667	25	0.05	0.302	31	0.02	40.8	25	3.75	0.52
J003	哈尔滨工业大学学报	1664	4	1.62	0.267	37	-0.10	56.9	13	8.56	0.73
J013	哈尔滨理工大学学报	365	41	-0.42	0.251	44	-0.15	20.0	65	2.54	0.23
J055	海军工程大学学报	434	35	-0.32	0.355	19	0.20	27.8	47	2.38	0.17
Y029	海军航空工程学院学报	214	56	-0.66	0.257	40	-0.13	19.0	67	1.41	0.18
J053	合肥工业大学学报自然科学版	898	18	0.42	0.221	53	-0.26	35.3	34	6.27	0.54
J017	河北工业大学学报	235	52	-0.63	0.109	70	-0.63	22.9	59	2.45	0.23
U004	河南工业大学学报自然科学版	589	30	-0.07	0.380	14	0.28	39.1	29	2.21	0.08
K526	河南理工大学学报自然科学版	305	48	-0.52	0.209	56	-0.30	23.0	58	1.97	0.11
K505	黑龙江科技学院学报	163	64	-0.74	0.195	59	-0.34	15.4	69	1.18	0.08
T021	华东理工大学学报自然科学版	705	23	0.11	0.253	43	-0.15	41.3	24	4.93	0.41
J004	华南理工大学学报自然科学版	1317	10	1.08	0.417	9	0.40	57.8	11	7.38	0.59
J033	华中科技大学学报自然科学版	1590	6	1.51	0.402	10	0.35	57.4	12	7.89	0.76
J042	吉林大学学报工学版	693	24	0.09	0.371	16	0.25	39.3	28	3.73	0.42
A121	解放军理工大学学报自然科学版	343	44	-0.46	0.226	50	-0.24	32.4	40	2.72	0.30
J056	军械工程学院学报	161	66	-0.75	0.109	70	-0.63	19.7	66	1.44	0.15
J059	空军工程大学学报自然科学版	337	46	-0.47	0.306	27	0.03	35.9	32	2.00	0.28
J008	兰州理工大学学报	599	29	-0.06	0.337	23	0.13	29.5	44	3.44	0.35
J050	南昌大学学报工科版	183	60	-0.71	0.255	41	-0.14	27.3	48	1.75	0.07
T011	南京工业大学学报自然科学版	387	38	-0.39	0.344	21	0.16	41.8	22	3.18	0.21
N011	南京理工大学学报自然科学版	500	32	-0.21	0.300	32	0.01	33.4	37	3.55	0.42

表 6-42　2010 年工程与技术大学学报类期刊主要指标（续）

CODE	刊名	总被引频次 数值	总被引频次 排名	总被引频次 离均差率	影响因子 数值	影响因子 排名	影响因子 离均差率	综合评价总分 数值	综合评价总分 排名	学科扩散指标	学科影响指标
U018	青岛大学学报工程技术版	163	64	-0.74	0.211	55	-0.29	22.2	61	1.51	0.10
J001	清华大学学报自然科学版	2497	1	2.94	0.487	5	0.64	74.6	1	9.90	0.83
J022	山东大学学报工学版	395	37	-0.38	0.298	33	0.00	39.8	26	3.38	0.28
U025	陕西科技大学学报自然科学版	229	53	-0.64	0.128	67	-0.57	21.2	63	2.35	0.13
X006	上海交通大学学报	1739	3	1.74	0.358	17	0.21	58.2	9	7.73	0.76
A515	深圳大学学报理工版	191	59	-0.70	0.395	11	0.33	29.2	45	1.59	0.15
J052	沈阳工业大学学报	412	36	-0.35	0.357	18	0.20	39.8	26	2.56	0.20
J027	沈阳理工大学学报	147	68	-0.77	0.125	68	-0.58	20.4	64	1.46	0.07
J051	四川大学学报工程科学版	904	17	0.43	0.581	4	0.96	61.1	6	5.23	0.45
J011	太原理工大学学报	475	33	-0.25	0.204	58	-0.31	33.0	38	4.07	0.30
A041	天津大学学报	884	20	0.39	0.383	13	0.29	53.9	16	6.15	0.55
U017	天津工业大学学报	300	49	-0.53	0.306	27	0.03	33.0	38	2.14	0.17
J054	天津理工大学学报	198	58	-0.69	0.227	49	-0.24	25.7	54	2.08	0.15
J032	同济大学学报自然科学版	1926	2	2.04	0.439	7	0.48	67.4	2	7.38	0.69
W014	武汉大学学报工学版	778	22	0.23	0.319	25	0.07	41.9	21	4.34	0.45
M032	武汉科技大学学报自然科学版	341	45	-0.46	0.205	57	-0.31	26.9	50	2.99	0.28
J006	武汉理工大学学报	1479	8	1.33	0.229	48	-0.23	43.3	19	7.86	0.65
U030	西安工程大学学报	176	61	-0.72	0.113	69	-0.62	13.2	71	1.14	0.11
J036	西安工业大学学报	208	57	-0.67	0.187	61	-0.37	24.6	56	2.03	0.23
X030	西安交通大学学报	1610	5	1.54	0.428	8	0.44	60.3	7	7.13	0.62
J002	西安理工大学学报	351	42	-0.45	0.305	30	0.03	35.4	33	2.89	0.23
Y023	西北工业大学学报	621	26	-0.02	0.239	45	-0.20	35.1	35	3.73	0.45
J045	西华大学学报自然科学版	176	61	-0.72	0.222	52	-0.25	22.5	60	1.72	0.18
X032	西南交通大学学报	907	16	0.43	0.636	2	1.14	58.0	10	4.35	0.44
J025	燕山大学学报	173	63	-0.73	0.239	45	-0.20	26.0	51	1.52	0.15
A017	浙江大学学报工学版	1485	7	1.34	0.353	20	0.19	54.1	14	7.21	0.58
J016	浙江工业大学学报	335	47	-0.47	0.267	37	-0.10	34.4	36	3.30	0.27
J012	郑州大学学报工学版	347	43	-0.45	0.341	22	0.15	29.8	43	2.76	0.24
N002	中北大学学报自然科学版	223	55	-0.65	0.139	66	-0.53	26.0	51	2.18	0.14
K001	中南大学学报自然科学版	1270	12	1.00	0.605	3	1.04	66.6	3	5.52	0.48
A133	装备指挥技术学院学报	228	54	-0.64	0.194	60	-0.35	16.5	68	1.41	0.14
	71 种期刊平均值	634			0. 297						

材料科学类

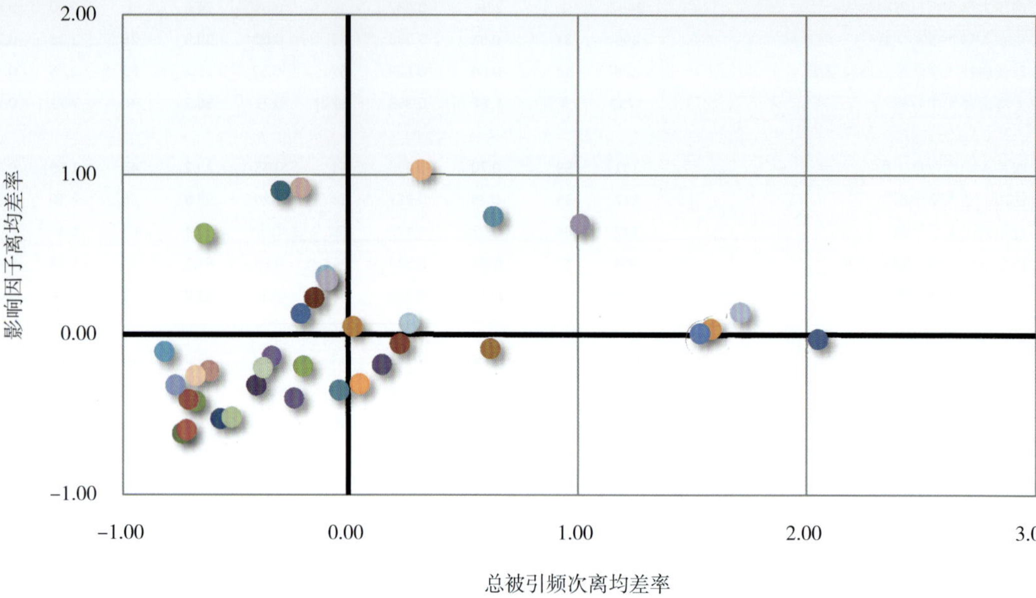

2010 年材料科学类期刊总被引频次和影响因子离均差率的分布图

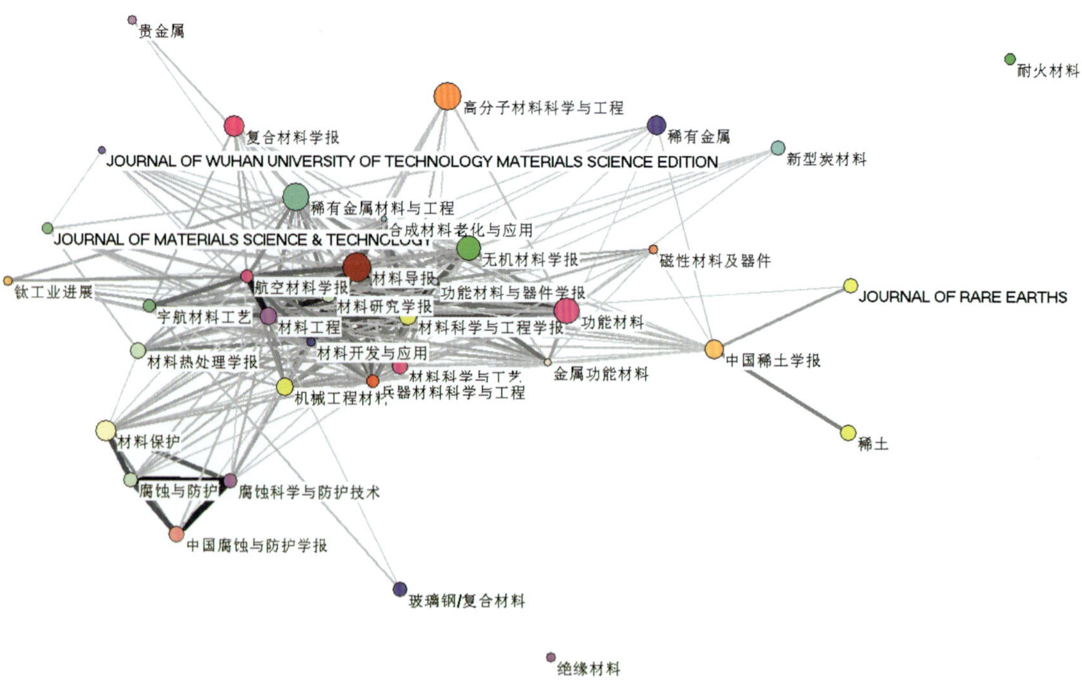

2010 年材料科学类期刊互引关系示意图

表 6-43　2010 年材料科学类期刊主要指标

CODE	刊名	总被引频次			影响因子			综合评价总分		学科扩散指标	学科影响指标
		数值	排名	离均差率	数值	排名	离均差率	数值	排名		
M015	JOURNAL OF MATERIALS SCIENCE & TECHNOLOGY	354	27	-0.57	0.195	34	-0.53	29.9	26	3.11	0.61
M035	JOURNAL OF RARE EARTHS	702	17	-0.15	0.515	9	0.23	46.5	13	5.03	0.67
I090	JOURNAL OF WUHAN UNIVERSITY OF TECHNOLOGY MATERIALS SCIENCE EDITION	214	34	-0.74	0.159	36	-0.62	21.7	33	3.06	0.44
N085	兵器材料科学与工程	488	25	-0.41	0.284	27	-0.32	30.3	25	4.94	0.78
V040	玻璃钢/复合材料	580	22	-0.30	0.798	3	0.90	39.2	21	3.36	0.44
M005	材料保护	1344	7	0.62	0.382	18	-0.09	42.8	17	6.28	0.81
M103	材料导报	2528	1	2.05	0.407	16	-0.03	75.4	1	13.25	0.97
Y007	材料工程	1019	10	0.23	0.394	17	-0.06	47.1	12	6.81	0.94
M010	材料开发与应用	262	31	-0.68	0.242	32	-0.42	25.2	31	3.33	0.56
M008	材料科学与工程学报	955	11	0.15	0.338	21	-0.19	46.1	14	9.31	0.94
M006	材料科学与工艺	793	14	-0.04	0.274	29	-0.35	39.5	19	6.00	0.86
N026	材料热处理学报	848	13	0.02	0.441	13	0.05	44.1	16	4.14	0.69
M009	材料研究学报	653	20	-0.21	0.475	11	0.13	51.1	9	6.50	0.94
R048	磁性材料及器件	240	32	-0.71	0.246	31	-0.41	17.8	35	2.11	0.39
M003	腐蚀科学与防护技术	665	18	-0.20	0.336	22	-0.20	35.6	23	4.64	0.67
M505	腐蚀与防护	626	21	-0.24	0.250	30	-0.40	24.4	32	3.92	0.56
Y019	复合材料学报	1353	6	0.63	0.730	4	0.74	63.1	6	6.97	0.75
T001	高分子材料科学与工程	2135	3	1.58	0.435	14	0.04	60.9	7	9.11	0.64
N039	功能材料	2098	4	1.53	0.422	15	0.01	65.0	5	12.17	0.92
M502	功能材料与器件学报	234	33	-0.72	0.166	35	-0.60	29.1	28	3.33	0.42
M048	贵金属	296	29	-0.64	0.681	6	0.63	44.8	15	2.69	0.25
Y027	航空材料学报	544	23	-0.34	0.362	20	-0.14	39.5	19	4.47	0.75
T057	合成材料老化与应用	151	36	-0.82	0.374	19	-0.11	29.9	26	1.92	0.31
M004	机械工程材料	869	12	0.05	0.289	26	-0.31	37.2	22	5.72	0.75
M051	金属功能材料	193	35	-0.77	0.283	28	-0.32	27.5	29	2.42	0.50
R016	绝缘材料	313	28	-0.62	0.323	24	-0.23	21.4	34	2.33	0.33
M042	耐火材料	400	26	-0.52	0.202	33	-0.52	10.8	36	2.11	0.36
M544	钛工业进展	267	30	-0.68	0.308	25	-0.26	26.0	30	2.19	0.47
D003	无机材料学报	1670	5	1.01	0.708	5	0.69	72.7	2	9.36	0.89
M041	稀土	749	16	-0.10	0.572	7	0.37	40.7	18	5.61	0.61
M029	稀有金属	1094	8	0.32	0.849	1	1.03	65.6	3	6.64	0.78
M052	稀有金属材料与工程	2246	2	1.71	0.478	10	0.14	65.4	4	8.81	0.92
M102	新型炭材料	657	19	-0.21	0.806	2	0.92	57.2	8	4.56	0.58
Y020	宇航材料工艺	512	24	-0.38	0.332	23	-0.21	32.2	24	4.47	0.78
M007	中国腐蚀与防护学报	752	15	-0.09	0.563	8	0.34	48.6	11	3.94	0.69
M022	中国稀土学报	1050	9	0.27	0.447	12	0.07	50.7	10	7.83	0.69
	36 种期刊平均值	829			0. 419						

矿山工程技术类

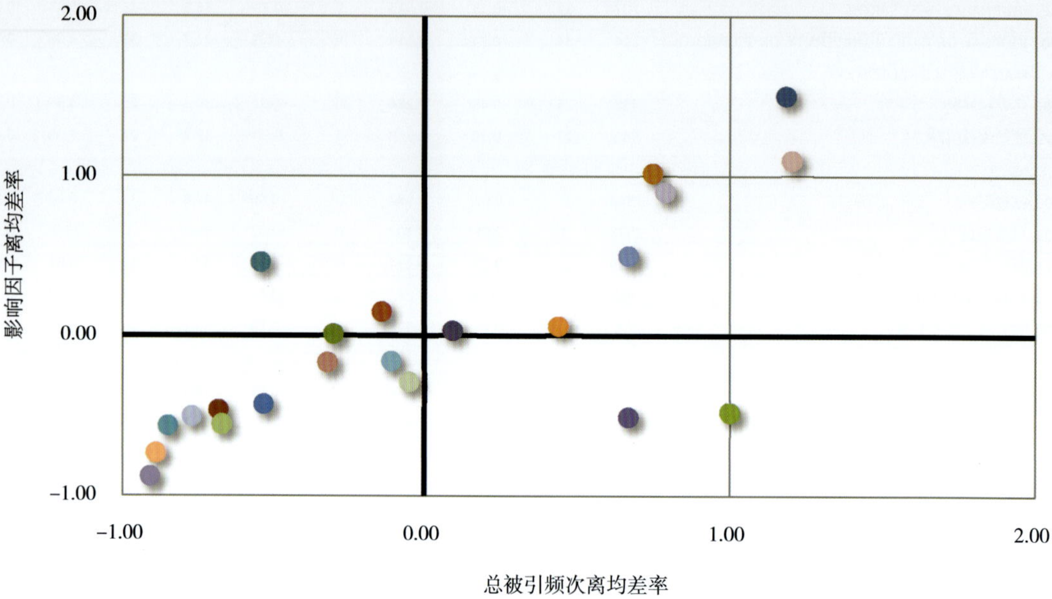

2010 年矿山工程技术类期刊总被引频次和影响因子离均差率的分布图

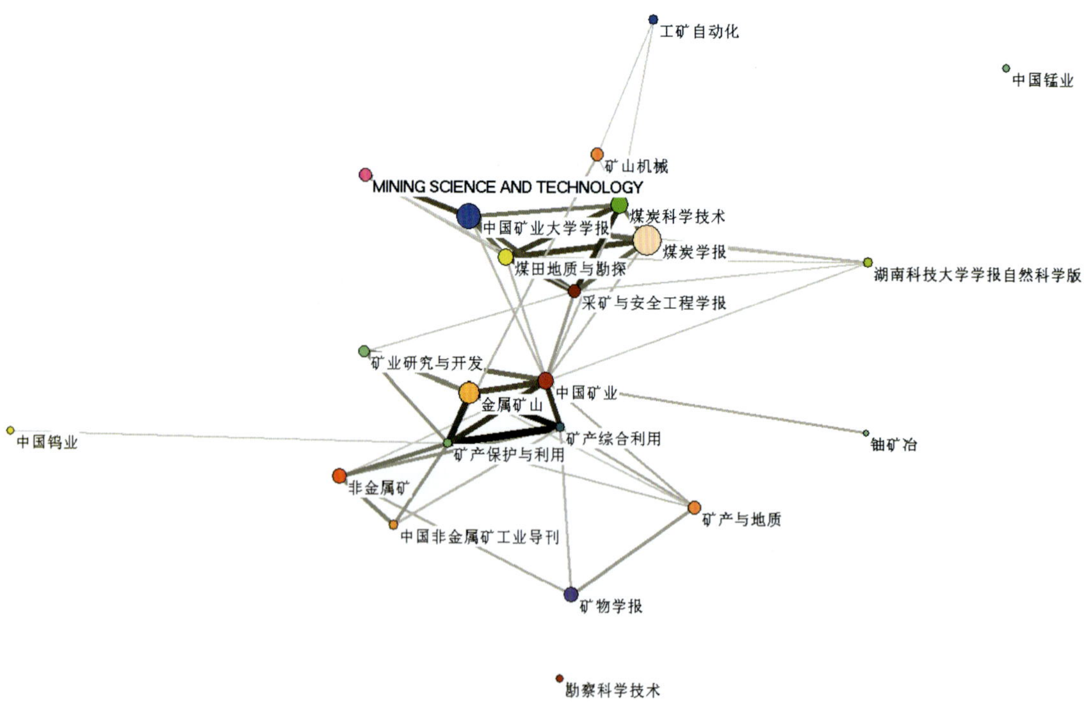

2010 年矿山工程技术类期刊互引关系示意图

表 6-44　2010 年矿山工程技术类期刊主要指标

CODE	刊名	总被引频次			影响因子			综合评价总分		学科扩散指标	学科影响指标
		数值	排名	离均差率	数值	排名	离均差率	数值	排名		
I184	MINING SCIENCE AND TECHNOLOGY	542	9	-0.16	1.032	2	1.45	49.7	4	5.23	0.55
K512	采矿与安全工程学报	517	10	-0.20	0.591	4	0.40	46.0	5	3.09	0.55
K002	非金属矿	594	8	-0.08	0.500	5	0.18	37.9	8	7.73	0.50
K018	工矿自动化	319	15	-0.50	0.153	20	-0.64	7.3	22	4.45	0.41
K016	湖南科技大学学报自然科学版	329	14	-0.49	0.491	6	0.16	42.8	6	7.50	0.45
K022	金属矿山	1397	3	1.17	0.472	7	0.12	37.2	9	9.64	1.00
M018	勘察科学技术	183	21	-0.72	0.150	21	-0.64	20.3	17	4.45	0.23
K525	矿产保护与利用	277	17	-0.57	0.287	14	-0.32	28.3	14	4.86	0.68
K025	矿产与地质	508	11	-0.21	0.270	16	-0.36	29.5	12	5.27	0.55
K004	矿产综合利用	301	16	-0.53	0.395	10	-0.06	31.0	11	5.00	0.68
K014	矿山机械	491	12	-0.24	0.073	22	-0.83	10.2	21	6.00	0.50
E350	矿物学报	673	7	0.05	0.459	8	0.09	53.6	3	8.64	0.50
K010	矿业研究与开发	407	13	-0.37	0.237	17	-0.44	24.9	15	5.82	0.59
K005	煤炭科学技术	952	4	0.48	0.293	13	-0.31	29.4	13	7.09	0.55
K017	煤炭学报	2603	1	3.05	1.109	1	1.63	80.4	1	12.95	0.68
K009	煤田地质与勘探	717	6	0.12	0.318	11	-0.25	40.6	7	7.55	0.64
K020	铀矿冶	146	22	-0.77	0.220	18	-0.48	12.4	20	2.50	0.36
V023	中国非金属矿工业导刊	272	18	-0.58	0.208	19	-0.51	19.6	18	5.55	0.45
K030	中国矿业	840	5	0.31	0.280	15	-0.34	31.8	10	10.82	0.91
K015	中国矿业大学学报	1651	2	1.57	1.009	3	1.39	77.7	2	15.95	0.73
K036	中国锰业	203	20	-0.68	0.294	12	-0.30	17.7	19	2.50	0.27
K035	中国钨业	234	19	-0.64	0.441	9	0.05	20.6	16	3.09	0.23
	22 种期刊平均值	643			0. 422						

能源科学技术类

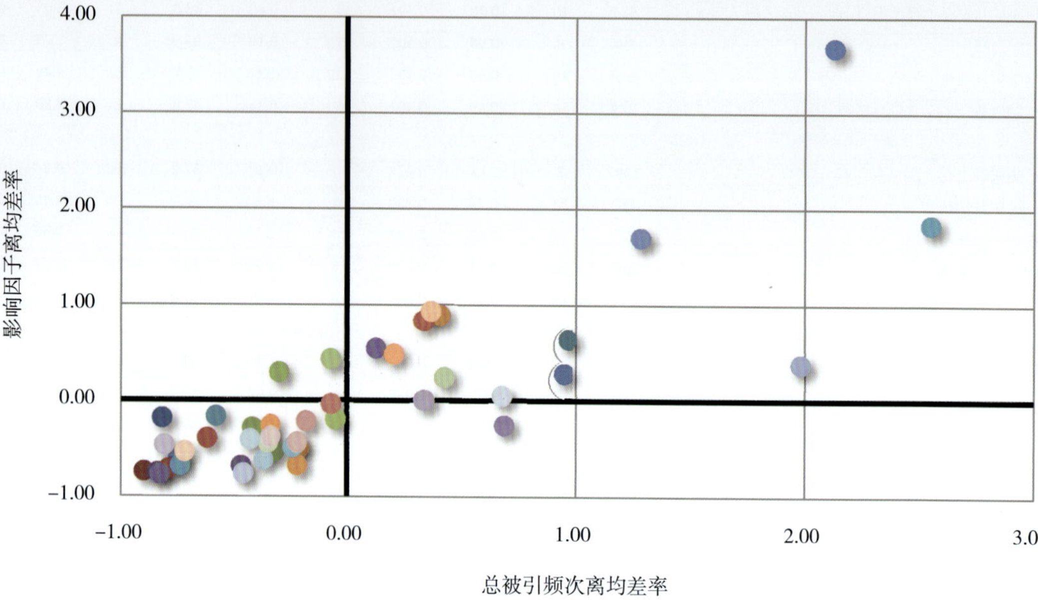

2010 年能源科学技术类期刊总被引频次和影响因子离均差率的分布图

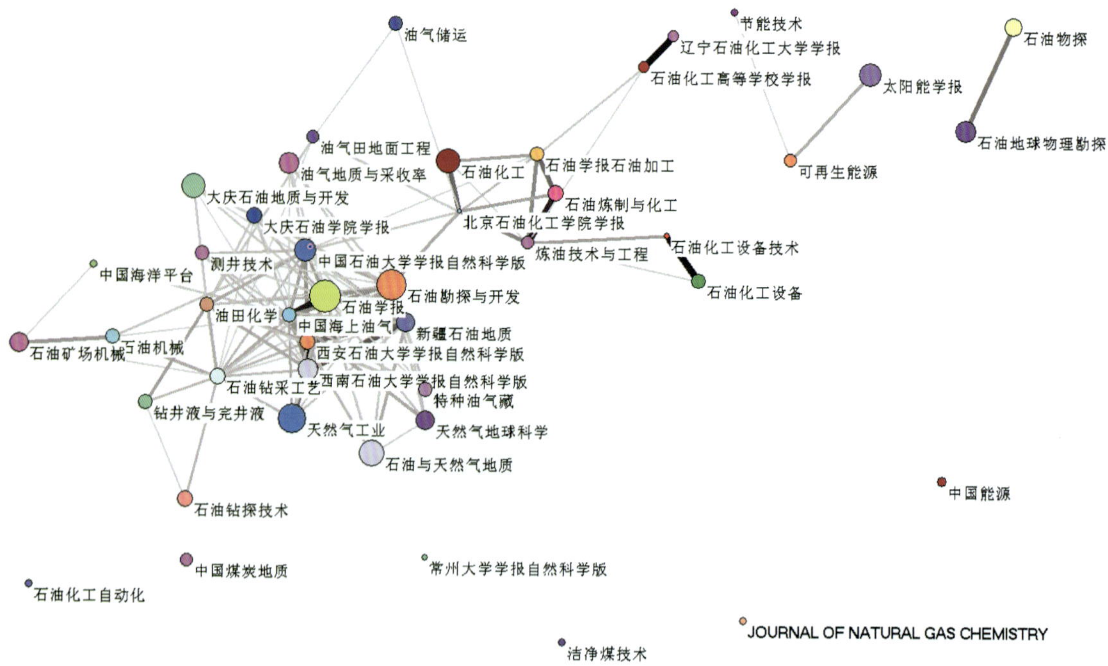

2010 年能源科学技术类期刊互引关系示意图

表 6-45 2010 年能源科学技术类期刊主要指标

CODE	刊名	总被引频次			影响因子			综合评价总分		学科扩散指标	学科影响指标
		数值	排名	离均差率	数值	排名	离均差率	数值	排名		
I105	JOURNAL OF NATURAL GAS CHEMISTRY	162	41	-0.82	0.473	19	-0.18	27.4	26	0.98	0.07
L530	北京石油化工学院学报	90	44	-0.90	0.150	41	-0.74	26.3	28	1.64	0.20
L017	测井技术	614	25	-0.32	0.272	33	-0.53	25.8	29	2.18	0.55
L036	常州大学学报自然科学版	141	43	-0.84	0.141	42	-0.75	25.8	29	2.36	0.11
L512	大庆石油地质与开发	1762	5	0.96	0.941	7	0.64	42.4	10	2.57	0.64
L004	大庆石油学院学报	713	20	-0.21	0.288	32	-0.50	33.7	18	4.11	0.70
L587	节能技术	223	38	-0.75	0.222	35	-0.61	21.2	37	2.55	0.20
K553	洁净煤技术	190	39	-0.79	0.169	40	-0.71	16.6	42	1.70	0.25
L516	可再生能源	522	30	-0.42	0.415	24	-0.28	32.1	19	4.32	0.20
L014	炼油技术与工程	474	33	-0.47	0.186	37	-0.68	22.1	35	2.48	0.43
L035	辽宁石油化工大学学报	378	34	-0.58	0.484	18	-0.16	25.0	32	3.18	0.34
L016	石油地球物理勘探	1269	10	0.41	1.084	5	0.89	46.6	7	2.61	0.45
L015	石油化工	1742	6	0.94	0.734	13	0.28	50.2	5	5.52	0.50
L034	石油化工高等学校学报	345	35	-0.62	0.348	26	-0.39	34.6	17	3.23	0.39
L023	石油化工设备	625	24	-0.30	0.739	12	0.29	21.6	36	2.52	0.34
L021	石油化工设备技术	156	42	-0.83	0.130	44	-0.77	17.9	41	1.41	0.23
L522	石油化工自动化	236	37	-0.74	0.185	38	-0.68	10.7	44	1.43	0.11
L019	石油机械	700	22	-0.22	0.181	39	-0.68	25.3	31	3.64	0.68
L031	石油勘探与开发	2809	2	2.13	2.689	1	3.68	88.6	1	3.75	0.73
L032	石油矿场机械	1199	13	0.34	1.048	6	0.83	27.9	25	2.11	0.48
L030	石油炼制与化工	856	16	-0.05	0.462	20	-0.20	29.8	24	3.20	0.43
L005	石油物探	1011	15	0.13	0.885	8	0.54	39.1	13	1.93	0.43
L028	石油学报	3183	1	2.55	1.632	2	1.84	79.2	2	5.93	0.80
L012	石油学报石油加工	595	27	-0.34	0.422	23	-0.26	35.9	16	2.89	0.48
L006	石油与天然气地质	2047	4	1.28	1.551	3	1.70	62.7	3	2.66	0.48
L008	石油钻采工艺	836	17	-0.07	0.552	17	-0.04	31.3	20	2.20	0.61
L025	石油钻探技术	830	18	-0.07	0.819	10	0.43	30.3	23	2.00	0.59
L009	太阳能学报	1512	7	0.69	0.423	22	-0.26	44.6	9	8.50	0.23
L505	特种油气藏	682	23	-0.24	0.291	31	-0.49	27.2	27	2.09	0.61
L518	天然气地球科学	1082	14	0.21	0.847	9	0.48	40.0	12	2.25	0.48
L029	天然气工业	2670	3	1.98	0.790	11	0.38	53.9	4	5.20	0.84
L010	西安石油大学学报自然科学版	740	19	-0.18	0.450	21	-0.22	37.9	15	3.75	0.68
L002	西南石油大学学报自然科学版	1281	9	0.43	0.710	14	0.24	46.0	8	3.70	0.77
L007	新疆石油地质	1204	12	0.34	0.575	16	0.00	38.1	14	2.64	0.59
L027	油气储运	568	29	-0.37	0.219	36	-0.62	18.4	40	3.00	0.66
L504	油气地质与采收率	1233	11	0.37	1.109	4	0.93	41.9	11	2.39	0.64
L020	油气田地面工程	483	32	-0.46	0.135	43	-0.76	15.2	43	2.57	0.61
L033	油田化学	701	21	-0.22	0.320	29	-0.44	30.6	22	2.80	0.61
L013	中国海上油气	584	28	-0.35	0.324	28	-0.44	30.9	21	2.82	0.75
L026	中国海洋平台	166	40	-0.81	0.308	30	-0.46	24.3	33	1.66	0.16

表 6-45　2010 年能源科学技术类期刊主要指标（续）

CODE	刊名	总被引频次			影响因子			综合评价总分		学科扩散指标	学科影响指标
		数值	排名	离均差率	数值	排名	离均差率	数值	排名		
K037	中国煤炭地质	511	31	-0.43	0.342	27	-0.40	20.0	39	2.18	0.27
R524	中国能源	255	36	-0.72	0.269	34	-0.53	23.4	34	2.64	0.27
L001	中国石油大学学报自然科学版	1510	8	0.68	0.601	15	0.05	49.1	6	6.36	0.84
L018	钻井液与完井液	596	26	-0.34	0.355	25	-0.38	20.3	38	1.57	0.55
	44 种期刊平均值	897			0.574						

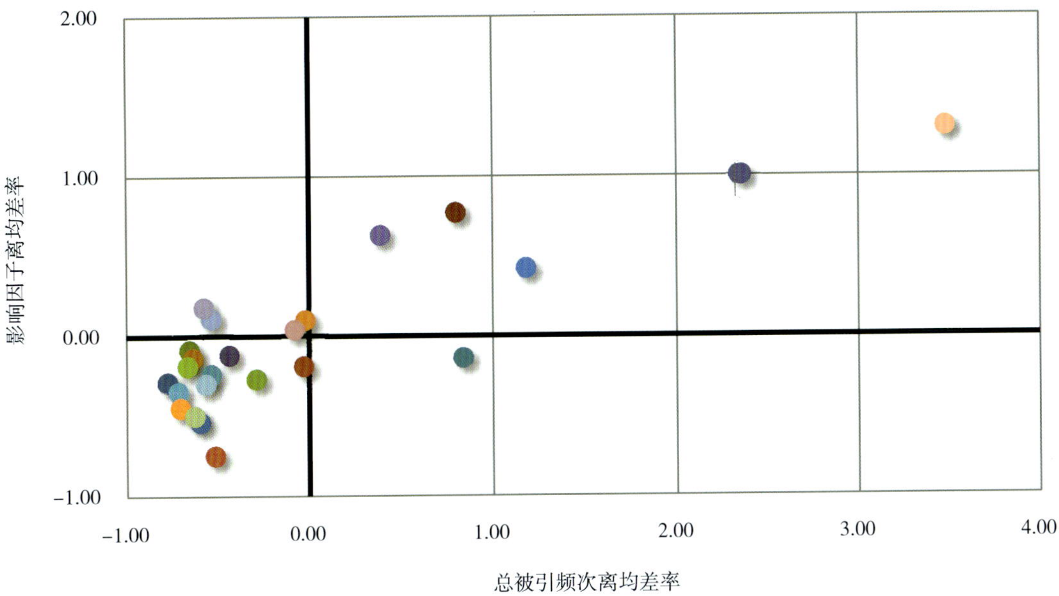

2010 年冶金工程技术类期刊总被引频次和影响因子离均差率的分布图

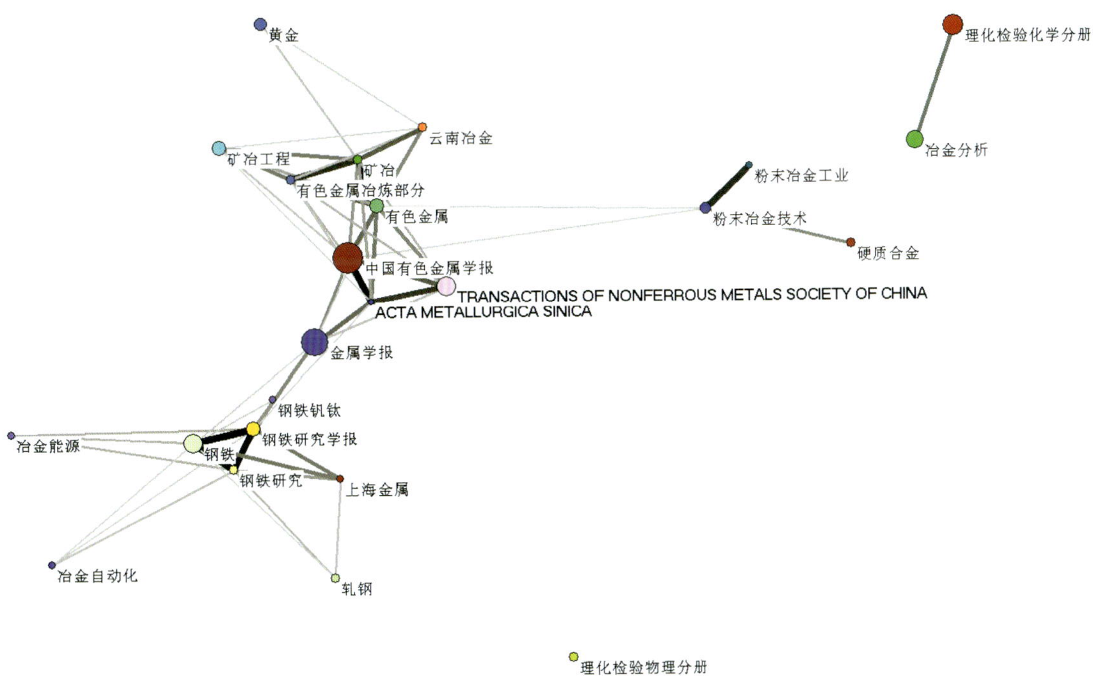

2010 年冶金工程技术类期刊互引关系示意图

表 6-46 2010 年冶金工程技术类期刊主要指标

CODE	刊名	总被引频次			影响因子			综合评价总分		学科扩散指标	学科影响指标
		数值	排名	离均差率	数值	排名	离均差率	数值	排名		
M100	ACTA METALLURGICA SINICA	142	24	-0.78	0.260	18	-0.29	38.3	9	2.83	0.38
M104	TRANSACTIONS OF NONFERROUS METALS SOCIETY OF CHINA	1167	5	0.80	0.647	3	0.77	60.7	3	8.29	0.54
M105	粉末冶金工业	222	20	-0.66	0.333	10	-0.09	31.2	13	3.08	0.38
M039	粉末冶金技术	361	11	-0.44	0.322	11	-0.12	36.7	11	4.50	0.42
M050	钢铁	1192	4	0.84	0.313	13	-0.14	41.0	7	7.46	0.71
M013	钢铁钒钛	236	19	-0.64	0.314	12	-0.14	23.6	18	2.88	0.54
M027	钢铁研究	260	17	-0.60	0.169	23	-0.54	22.5	21	4.21	0.75
M019	钢铁研究学报	629	8	-0.03	0.297	14	-0.19	41.2	6	5.63	0.71
M631	黄金	462	10	-0.29	0.269	17	-0.27	24.8	16	4.33	0.46
M012	金属学报	2168	2	2.34	0.732	2	1.00	82.3	2	10.75	0.79
M101	矿冶	300	13	-0.54	0.277	16	-0.24	32.0	12	5.21	0.38
M045	矿冶工程	638	7	-0.02	0.401	8	0.10	38.3	9	7.75	0.67
M001	理化检验化学分册	1417	3	1.18	0.520	5	0.42	51.0	4	10.21	0.21
M002	理化检验物理分册	312	12	-0.52	0.090	24	-0.75	15.7	23	5.83	0.58
M021	上海金属	216	21	-0.67	0.297	14	-0.19	29.2	14	3.13	0.63
M023	冶金分析	899	6	0.39	0.598	4	0.63	39.4	8	5.67	0.46
M047	冶金能源	182	23	-0.72	0.239	20	-0.35	22.6	20	3.54	0.46
M026	冶金自动化	188	22	-0.71	0.203	21	-0.45	16.7	22	3.13	0.33
M014	硬质合金	296	14	-0.54	0.406	7	0.11	22.9	19	2.46	0.42
M036	有色金属	595	9	-0.08	0.381	9	0.04	43.2	5	8.63	0.67
M020	有色金属冶炼部分	243	18	-0.63	0.182	22	-0.50	23.8	17	2.92	0.50
M506	云南冶金	270	16	-0.58	0.433	6	0.18	27.5	15	3.58	0.50
M043	轧钢	277	15	-0.57	0.258	19	-0.30	12.8	24	2.92	0.58
M028	中国有色金属学报	2905	1	3.48	0.841	1	1.30	94.4	1	13.83	0.83
	24 种期刊平均值	649			0.366						

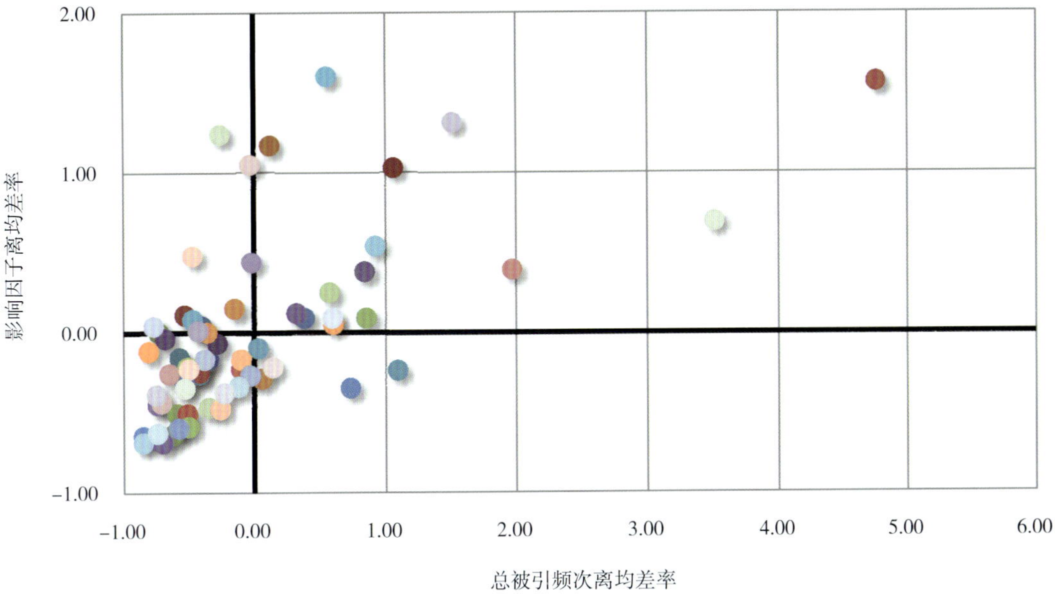

2010 年机械工程类期刊总被引频次和影响因子离均差率的分布图

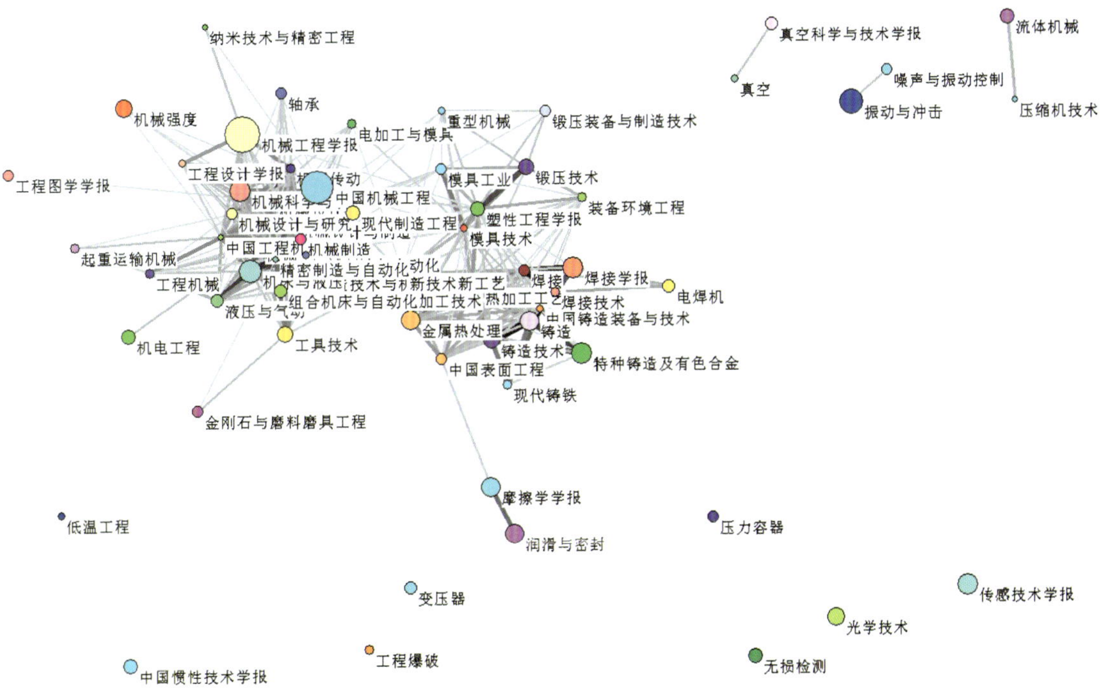

2010 年机械工程类期刊互引关系示意图

表 6-47　2010 年机械工程类期刊主要指标

CODE	刊名	总被引频次			影响因子			综合评价总分		学科扩散指标	学科影响指标
		数值	排名	离均差率	数值	排名	离均差率	数值	排名		
N101	变压器	447	32	-0.35	0.237	33	-0.17	17.0	58	1.17	0.13
N060	传感技术学报	1413	6	1.06	0.579	7	1.03	57.6	5	5.20	0.45
N019	低温工程	188	57	-0.73	0.284	27	0.00	33.6	27	0.98	0.17
N067	电焊机	492	31	-0.28	0.266	29	-0.07	16.1	59	1.25	0.27
N027	电加工与模具	292	49	-0.57	0.238	32	-0.16	24.2	43	1.28	0.45
N070	锻压技术	770	18	0.12	0.619	5	1.17	45.1	12	1.55	0.47
N082	锻压装备与制造技术	410	36	-0.40	0.296	24	0.04	14.9	60	0.91	0.41
N105	工程爆破	322	48	-0.53	0.316	17	0.11	21.0	49	1.02	0.08
N049	工程机械	263	52	-0.62	0.102	61	-0.64	14.3	61	1.55	0.38
N590	工程设计学报	223	54	-0.68	0.274	28	-0.04	35.9	23	1.73	0.41
N061	工程图学学报	400	37	-0.42	0.210	42	-0.26	29.3	31	2.45	0.38
N064	工具技术	728	19	0.06	0.202	45	-0.29	25.0	39	2.19	0.53
N015	光学技术	949	15	0.38	0.310	20	0.09	43.9	13	3.64	0.34
N076	焊接	399	38	-0.42	0.214	41	-0.25	28.7	33	1.52	0.39
N624	焊接技术	282	51	-0.59	0.139	56	-0.51	18.2	53	1.19	0.31
N021	焊接学报	1262	9	0.84	0.394	13	0.38	45.5	11	2.78	0.58
N069	机床与液压	1434	5	1.09	0.216	40	-0.24	34.1	25	4.28	0.77
N672	机电工程	582	27	-0.15	0.327	15	0.15	33.5	28	2.88	0.52
N040	机械传动	326	46	-0.53	0.193	46	-0.32	24.8	41	1.64	0.52
N051	机械工程学报	3959	1	4.76	0.731	2	1.56	91.6	1	7.27	0.92
N050	机械科学与技术	1270	8	0.85	0.311	19	0.09	46.4	10	4.58	0.78
N057	机械强度	910	16	0.32	0.319	16	0.12	41.4	15	3.63	0.64
N047	机械设计	707	20	0.03	0.256	30	-0.10	38.1	19	3.31	0.63
N054	机械设计与研究	437	34	-0.36	0.286	26	0.00	37.0	21	2.55	0.61
N028	机械设计与制造	1190	10	0.73	0.185	48	-0.35	34.1	25	4.64	0.69
N053	机械与电子	337	45	-0.51	0.139	56	-0.51	26.1	37	2.53	0.52
N682	机械制造	341	43	-0.50	0.116	58	-0.59	24.8	41	2.09	0.58
N515	机械制造与自动化	207	55	-0.70	0.089	63	-0.69	20.8	50	1.83	0.42
N048	金刚石与磨料磨具工程	367	40	-0.47	0.307	21	0.08	27.4	35	1.27	0.38
N083	金属热处理	1096	11	0.60	0.300	22	0.05	38.5	17	2.84	0.63
N749	精密制造与自动化	103	63	-0.85	0.100	62	-0.65	18.1	54	0.75	0.33
N023	流体机械	615	25	-0.10	0.220	38	-0.23	33.2	29	2.66	0.38
N087	模具工业	338	44	-0.51	0.222	36	-0.22	20.1	51	1.06	0.39
N107	模具技术	182	58	-0.74	0.156	53	-0.45	17.5	56	0.81	0.39
N084	摩擦学学报	1068	14	0.55	0.740	1	1.60	67.9	3	3.34	0.63
M655	纳米技术与精密工程	128	62	-0.81	0.251	31	-0.12	36.8	22	1.05	0.22
N041	起重运输机械	287	50	-0.58	0.113	59	-0.60	9.5	63	1.33	0.41
N071	热加工工艺	2041	3	1.97	0.397	12	0.39	37.3	20	2.72	0.59
N029	润滑与密封	1082	13	0.57	0.355	14	0.25	38.3	18	3.83	0.59
T580	塑性工程学报	674	21	-0.02	0.409	11	0.44	46.6	9	2.05	0.50

表 6-47 2010 年机械工程类期刊主要指标（续）

CODE	刊名	总被引频次			影响因子			综合评价总分		学科扩散指标	学科影响指标
		数值	排名	离均差率	数值	排名	离均差率	数值	排名		
N065	特种铸造及有色合金	1316	7	0.92	0.439	9	0.54	43.7	14	1.94	0.42
N044	无损检测	621	24	-0.10	0.237	33	-0.17	22.5	47	2.61	0.42
N111	现代制造工程	666	22	-0.03	0.208	44	-0.27	29.3	31	3.00	0.73
M011	现代铸铁	240	53	-0.65	0.210	42	-0.26	14.2	62	0.47	0.13
N080	新技术新工艺	447	32	-0.35	0.151	54	-0.47	23.2	44	2.72	0.69
N052	压力容器	390	39	-0.43	0.288	25	0.01	25.0	39	1.64	0.36
N068	压缩机技术	102	64	-0.85	0.089	63	-0.69	5.2	64	0.64	0.11
N035	液压与气动	507	29	-0.26	0.149	55	-0.48	17.4	57	1.84	0.48
C100	噪声与振动控制	428	35	-0.38	0.237	33	-0.17	29.6	30	2.58	0.38
N086	真空	202	56	-0.71	0.160	52	-0.44	23.1	45	1.39	0.17
N025	真空科学与技术学报	507	29	-0.26	0.638	4	1.24	47.9	7	2.03	0.19
N030	振动与冲击	1725	4	1.51	0.657	3	1.31	63.9	4	4.91	0.53
N046	制造技术与机床	602	26	-0.12	0.189	47	-0.34	26.0	38	2.22	0.55
N103	中国表面工程	361	41	-0.47	0.421	10	0.48	47.0	8	1.80	0.44
N089	中国工程机械学报	158	61	-0.77	0.297	23	0.04	35.5	24	1.50	0.34
N104	中国惯性技术学报	664	23	-0.03	0.584	6	1.05	50.1	6	2.22	0.19
N059	中国机械工程	3100	2	3.51	0.482	8	0.69	72.4	2	6.86	0.91
N072	中国铸造装备与技术	172	60	-0.75	0.173	51	-0.39	21.1	48	0.67	0.19
N055	重型机械	176	59	-0.74	0.106	60	-0.63	18.6	52	1.03	0.53
N022	轴承	345	42	-0.50	0.219	39	-0.23	17.9	55	1.44	0.47
N075	铸造	1094	12	0.59	0.312	18	0.09	39.9	16	2.06	0.50
N081	铸造技术	786	17	0.14	0.222	36	-0.22	28.0	34	2.28	0.48
N034	装备环境工程	324	47	-0.53	0.185	48	-0.35	23.0	46	2.02	0.44
N088	组合机床与自动化加工技术	530	28	-0.23	0.176	50	-0.38	26.6	36	2.06	0.44
	64 种期刊平均值	687			0. 285						

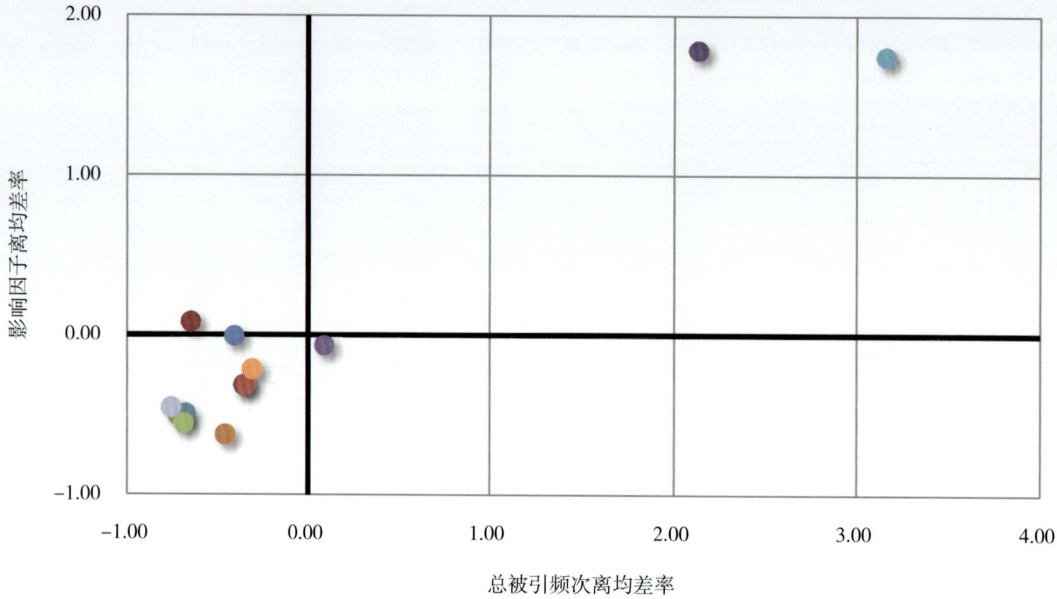

2010 年仪器仪表技术类期刊总被引频次和影响因子离均差率的分布图

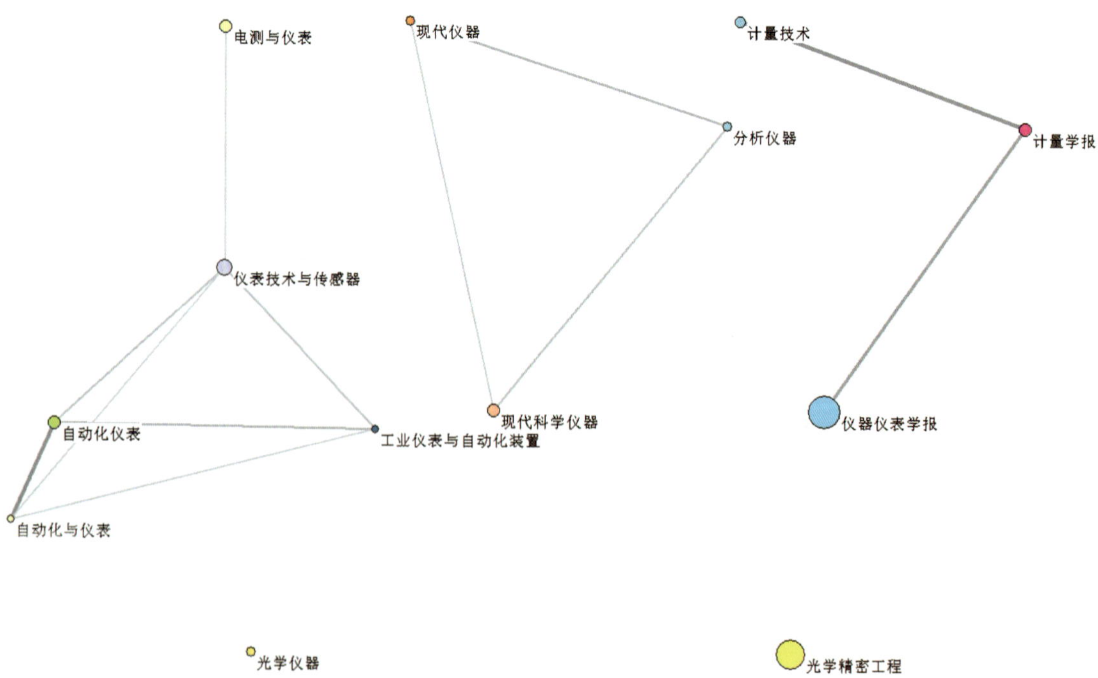

2010 年仪器仪表技术类期刊互引关系示意图

表 6-48　2010 年仪器仪表技术类期刊主要指标

CODE	刊名	总被引频次			影响因子			综合评价总分		学科扩散指标	学科影响指标
		数值	排名	离均差率	数值	排名	离均差率	数值	排名		
R673	电测与仪表	505	6	-0.36	0.270	7	-0.32	27.7	8	11.46	0.69
D062	分析仪器	271	9	-0.65	0.429	3	0.08	33.4	4	9.31	0.54
N037	工业仪表与自动化装置	223	12	-0.72	0.193	11	-0.51	20.9	11	8.85	0.46
N033	光学精密工程	2457	2	2.13	1.105	1	1.78	74.8	2	20.23	0.62
N031	光学仪器	255	10	-0.68	0.199	10	-0.50	20.8	12	7.38	0.77
N038	计量技术	421	8	-0.46	0.145	13	-0.63	2.3	13	9.92	0.77
N014	计量学报	467	7	-0.41	0.392	4	-0.01	37.8	3	12.15	0.92
N100	现代科学仪器	512	5	-0.35	0.268	8	-0.32	29.4	5	16.38	0.85
N115	现代仪器	241	11	-0.69	0.176	12	-0.56	22.3	10	10.92	0.62
N074	仪表技术与传感器	857	3	0.09	0.371	5	-0.07	28.4	7	17.92	0.92
N066	仪器仪表学报	3262	1	3.16	1.089	2	1.74	88.7	1	34.77	1.00
N013	自动化仪表	544	4	-0.31	0.310	6	-0.22	28.6	6	14.31	0.85
S501	自动化与仪表	192	13	-0.76	0.215	9	-0.46	23.8	9	8.00	0.69
	13 种期刊平均值	785			0. 397						

兵工技术类

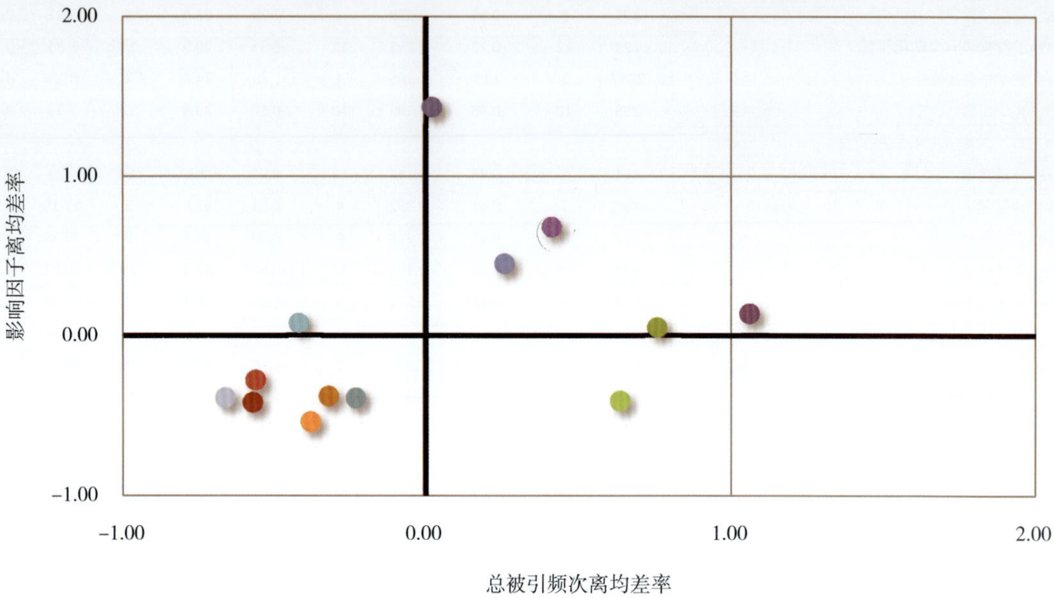

2010 年兵工技术类期刊总被引频次和影响因子离均差率的分布图

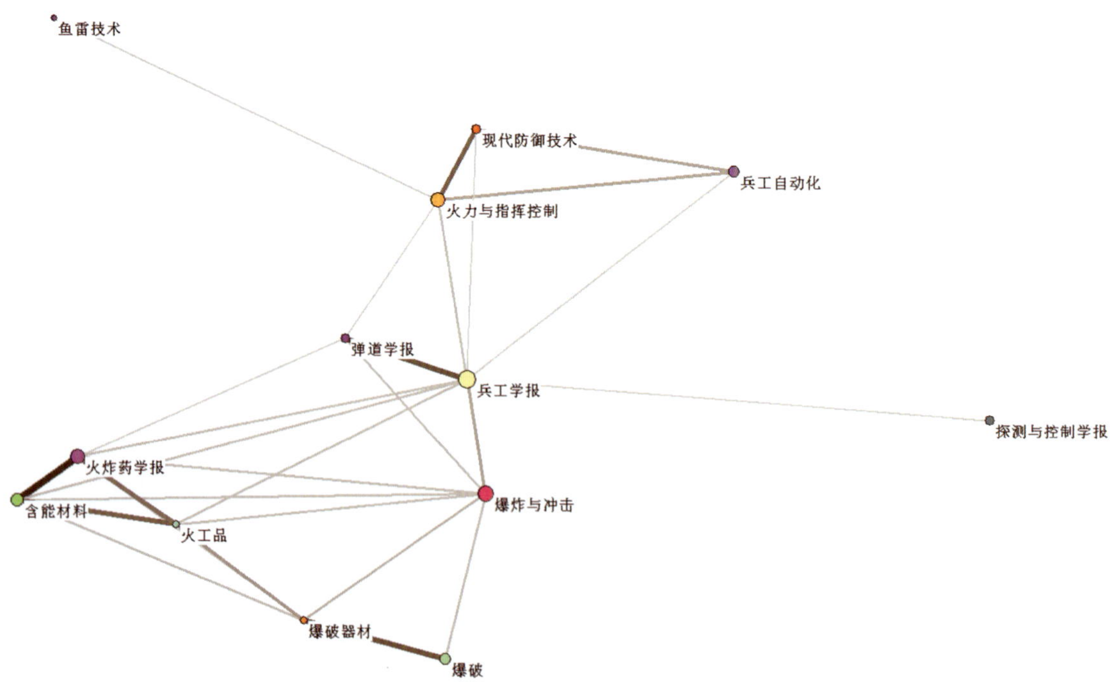

2010 年兵工技术类期刊互引关系示意图

表 6-49 2010 年兵工技术类期刊主要指标

CODE	刊名	总被引频次			影响因子			综合评价总分		学科扩散指标	学科影响指标
		数值	排名	离均差率	数值	排名	离均差率	数值	排名		
N017	爆破	436	6	0.02	0.715	1	1.43	49.4	5	5.23	0.46
N012	爆破器材	185	12	-0.57	0.170	12	-0.42	14.7	13	3.46	0.54
N006	爆炸与冲击	756	2	0.76	0.308	6	0.05	67.7	2	13.08	0.69
N008	兵工学报	884	1	1.06	0.335	4	0.14	73.3	1	20.15	0.92
R730	兵工自动化	332	7	-0.23	0.180	9	-0.39	28.8	8	11.23	0.69
N004	弹道学报	291	8	-0.32	0.183	8	-0.38	29.4	7	7.54	0.85
L586	含能材料	542	5	0.26	0.425	3	0.45	51.3	4	7.15	0.62
N042	火工品	187	11	-0.56	0.212	7	-0.28	15.3	12	3.54	0.69
N005	火力与指挥控制	702	3	0.64	0.173	11	-0.41	48.9	6	12.31	0.62
N007	火炸药学报	604	4	0.41	0.495	2	0.68	55.1	3	7.00	0.77
N043	探测与控制学报	247	10	-0.42	0.317	5	0.08	28.5	9	6.54	0.62
Y561	现代防御技术	268	9	-0.38	0.135	13	-0.54	24.9	10	6.77	0.62
N907	鱼雷技术	147	13	-0.66	0.179	10	-0.39	16.2	11	3.77	0.31
	13 种期刊平均值	429			0.294						

动力与电力工程类

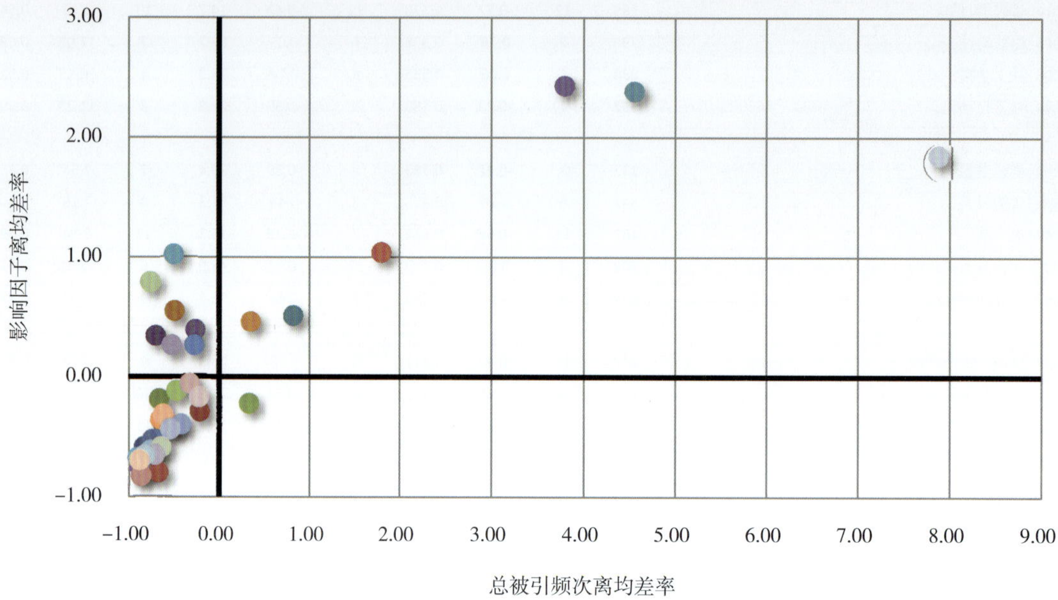

2010 年动力与电力工程类期刊总被引频次和影响因子离均差率的分布图

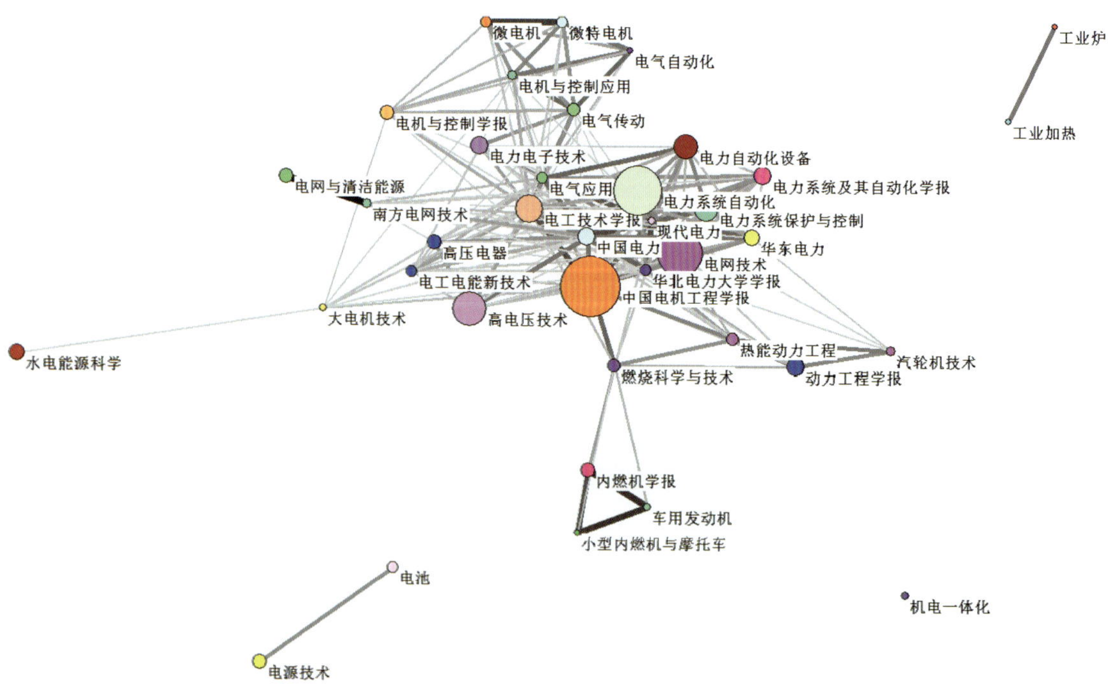

2010 年动力与电力工程类期刊互引关系示意图

表 6-50　2010 年动力与电力工程类期刊主要指标

CODE	刊名	总被引频次			影响因子			综合评价总分		学科扩散指标	学科影响指标
		数值	排名	离均差率	数值	排名	离均差率	数值	排名		
N024	车用发动机	197	32	-0.84	0.195	28	-0.59	25.1	22	1.84	0.16
R051	大电机技术	178	33	-0.86	0.102	36	-0.79	15.4	37	1.61	0.45
R003	电池	414	24	-0.67	0.388	17	-0.19	25.4	21	3.05	0.21
R010	电工电能新技术	359	26	-0.71	0.638	11	0.34	30.9	15	2.29	0.71
R043	电工技术学报	2260	5	0.82	0.720	8	0.51	46.8	5	6.29	0.76
R088	电机与控制学报	623	15	-0.50	0.741	7	0.55	39.1	7	4.18	0.58
R045	电机与控制应用	315	28	-0.75	0.225	26	-0.53	23.3	26	2.61	0.61
R011	电力电子技术	967	8	-0.22	0.340	19	-0.29	24.6	23	4.37	0.71
N102	电力系统保护与控制	1654	7	0.33	0.371	18	-0.22	24.1	24	4.00	0.68
R071	电力系统及其自动化学报	911	10	-0.27	0.665	10	0.39	33.6	11	3.55	0.74
S019	电力系统自动化	6891	2	4.55	1.611	2	2.38	72.8	2	6.16	0.76
R090	电力自动化设备	1675	6	0.35	0.698	9	0.46	34.6	10	4.37	0.74
R044	电气传动	466	20	-0.62	0.279	24	-0.42	26.9	18	3.45	0.58
R029	电气应用	393	25	-0.68	0.095	37	-0.80	19.6	33	3.32	0.71
R058	电气自动化	123	37	-0.90	0.137	34	-0.71	23.7	25	1.63	0.29
R039	电网技术	5954	3	3.79	1.637	1	2.43	69.5	3	6.37	0.71
R116	电网与清洁能源	604	17	-0.51	0.962	5	1.02	26.1	19	1.97	0.45
R019	电源技术	610	16	-0.51	0.280	23	-0.41	27.0	17	5.47	0.61
P003	动力工程学报	900	11	-0.28	0.599	12	0.26	32.2	12	4.50	0.55
R038	高电压技术	3481	4	1.80	0.971	4	1.04	48.7	4	6.42	0.68
R037	高压电器	643	14	-0.48	0.420	15	-0.12	22.4	27	2.47	0.68
P009	工业加热	131	36	-0.89	0.120	35	-0.75	20.0	31	1.82	0.18
P005	工业炉	113	38	-0.91	0.153	32	-0.68	12.7	38	1.24	0.08
R046	华北电力大学学报	420	23	-0.66	0.304	21	-0.36	31.2	13	4.84	0.74
R752	华东电力	712	13	-0.43	0.287	22	-0.40	21.5	29	3.63	0.66
R099	机电一体化	159	34	-0.87	0.080	38	-0.83	19.9	32	2.39	0.18
R117	南方电网技术	286	29	-0.77	0.853	6	0.79	35.3	9	0.63	0.39
P004	内燃机学报	586	18	-0.53	0.599	12	0.26	42.2	6	3.79	0.21
P001	汽轮机技术	282	30	-0.77	0.182	29	-0.62	19.5	34	2.45	0.45
P011	燃烧科学与技术	456	21	-0.63	0.325	20	-0.32	37.8	8	4.00	0.26
P006	热能动力工程	558	19	-0.55	0.266	25	-0.44	31.2	13	4.63	0.34
P007	水电能源科学	831	12	-0.33	0.448	14	-0.06	21.6	28	4.55	0.47
R057	微电机	430	22	-0.65	0.197	27	-0.59	18.3	36	3.11	0.45
R085	微特电机	346	27	-0.72	0.169	30	-0.65	20.2	30	2.79	0.45
R089	现代电力	206	31	-0.83	0.161	31	-0.66	25.8	20	2.53	0.58
P010	小型内燃机与摩托车	135	35	-0.89	0.141	33	-0.70	18.8	35	1.58	0.13
R040	中国电机工程学报	10986	1	7.85	1.361	3	1.85	85.8	1	11.16	0.89
R511	中国电力	953	9	-0.23	0.398	16	-0.17	29.6	16	5.50	0.68
	38 种期刊平均值	1242			0. 477						

核科学技术类

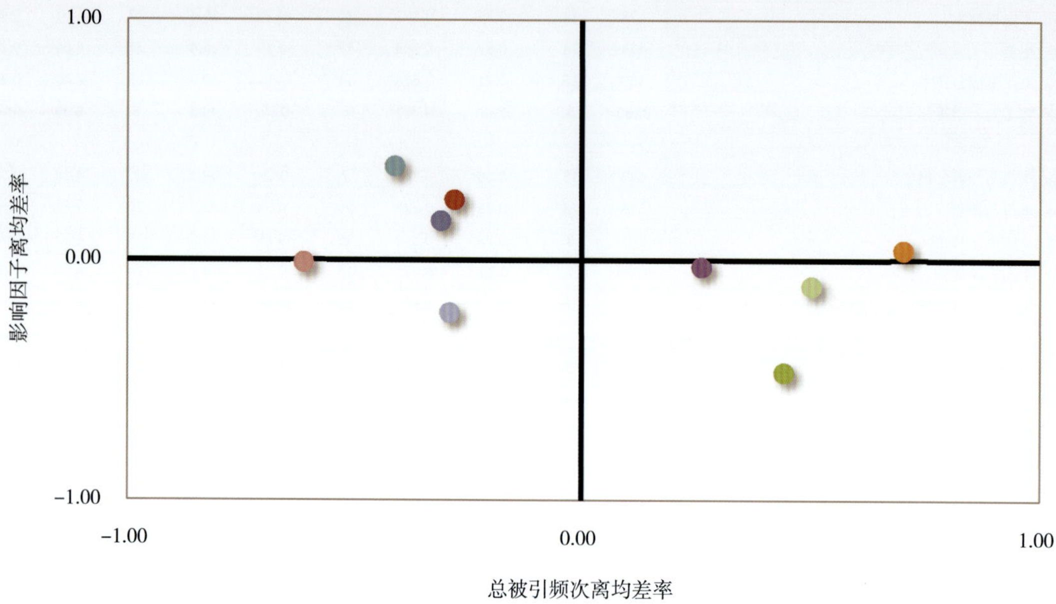

2010 年核科学技术类期刊总被引频次和影响因子离均差率的分布图

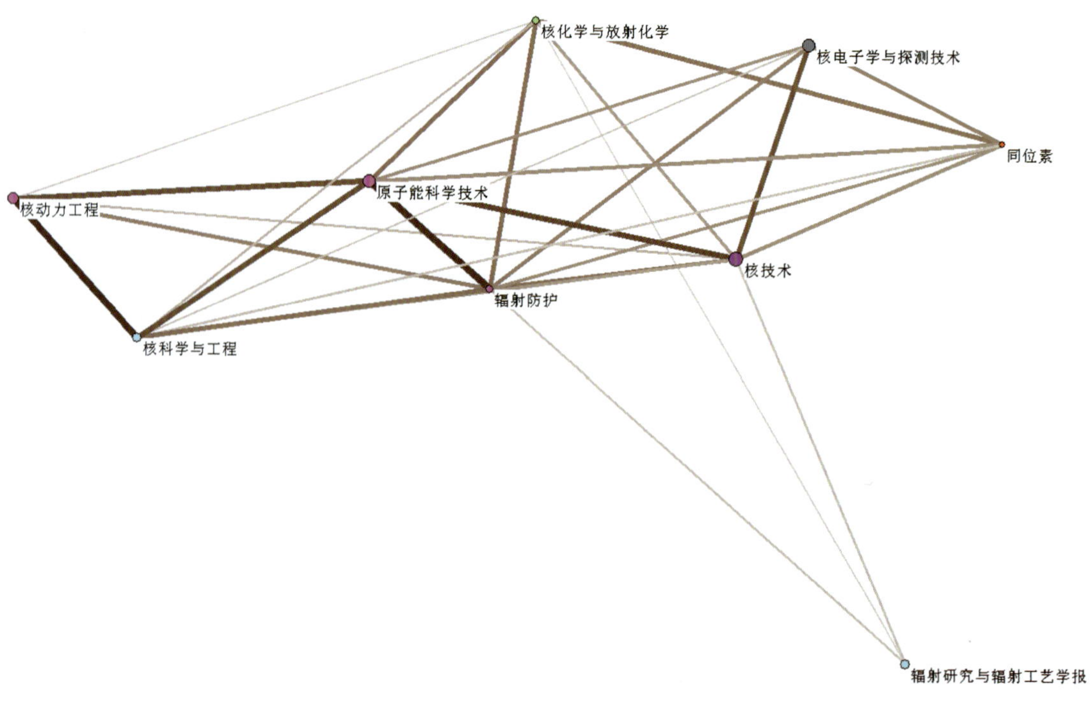

2010 年核科学技术类期刊互引关系示意图

表 6-51　2010 年核科学技术类期刊主要指标

CODE	刊名	总被引频次 数值	总被引频次 排名	总被引频次 离均差率	影响因子 数值	影响因子 排名	影响因子 离均差率	综合评价总分 数值	综合评价总分 排名	学科扩散指标	学科影响指标
Q006	辐射防护	230	7	-0.31	0.318	3	0.16	54.9	4	10.22	0.89
Q005	辐射研究与辐射工艺学报	240	5	-0.28	0.340	2	0.25	70.0	2	14.56	0.67
Q007	核电子学与探测技术	484	3	0.44	0.144	9	-0.47	27.5	9	15.89	0.78
Q004	核动力工程	422	4	0.26	0.265	6	-0.03	45.6	6	13.33	0.67
Q002	核化学与放射化学	197	8	-0.41	0.379	1	0.39	52.9	5	7.44	0.78
Q001	核技术	570	1	0.70	0.283	4	0.04	74.6	1	22.00	1.00
Q009	核科学与工程	237	6	-0.29	0.214	8	-0.22	31.8	8	7.67	1.00
Q003	同位素	132	9	-0.61	0.271	5	-0.01	45.6	6	7.22	0.56
Q008	原子能科学技术	502	2	0.50	0.244	7	-0.11	61.5	3	14.67	1.00
	9 种期刊平均值	335			0. 273						

电子、通信与自动控制类

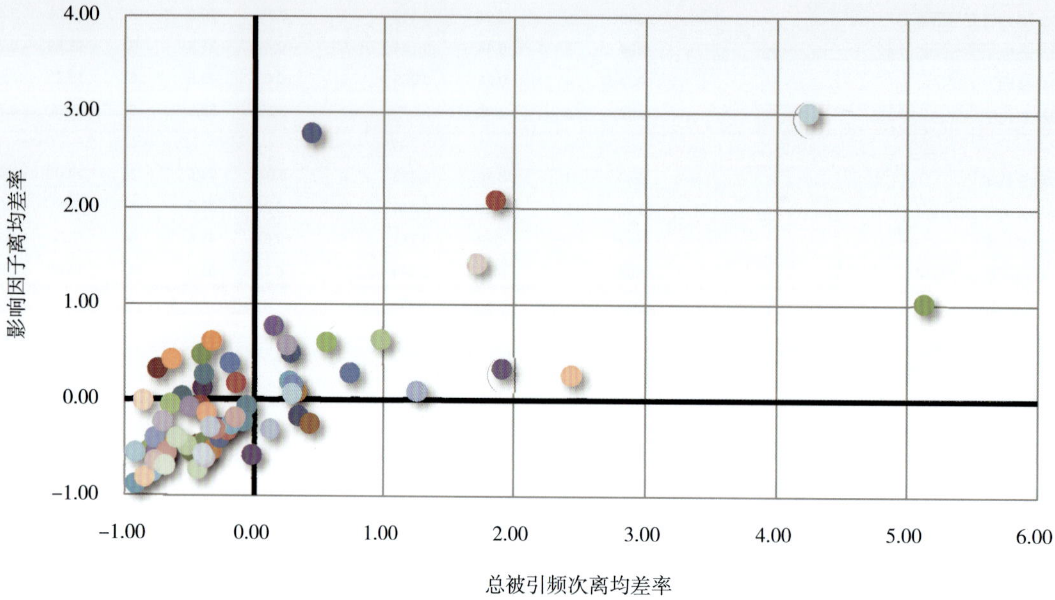

2010 年电子、通信与自动控制类期刊总被引频次和影响因子离均差率的分布图

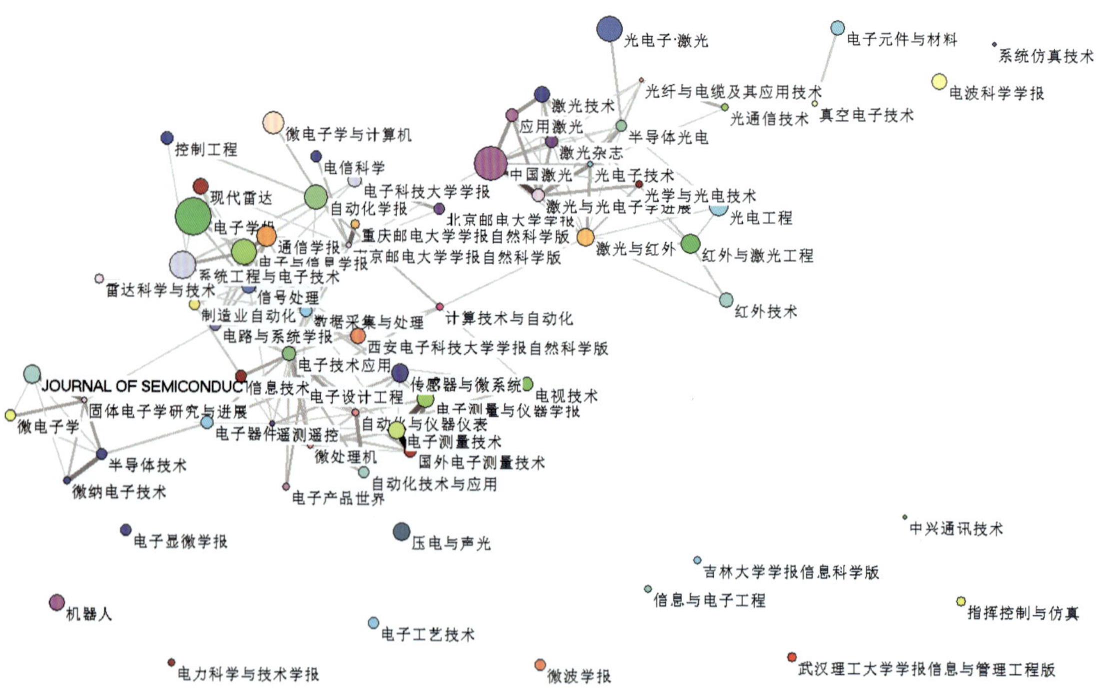

2010 年电子、通信与自动控制类期刊互引关系示意图

表 6-52 2010 年电子、通信与自动控制类期刊主要指标

CODE	刊名	总被引频次			影响因子			综合评价总分		学科扩散指标	学科影响指标
		数值	排名	离均差率	数值	排名	离均差率	数值	排名		
R062	JOURNAL OF SEMICONDUCTORS	895	13	0.34	0.316	34	-0.17	37.5	16	2.77	0.52
R024	半导体光电	376	45	-0.44	0.197	50	-0.48	28.4	39	1.91	0.45
R063	半导体技术	345	46	-0.49	0.174	55	-0.54	23.7	49	2.20	0.51
R018	北京邮电大学学报	402	39	-0.40	0.427	23	0.12	35.1	23	1.77	0.38
R559	重庆邮电大学学报自然科学版	295	49	-0.56	0.392	27	0.03	30.4	33	1.46	0.41
R532	传感器与微系统	959	12	0.43	0.285	38	-0.25	36.2	21	4.48	0.59
R007	电波科学学报	856	17	0.28	0.571	11	0.49	34.4	24	2.07	0.46
R654	电力科学与技术学报	166	59	-0.75	0.504	16	0.32	35.4	22	1.19	0.12
R516	电路与系统学报	400	41	-0.40	0.207	48	-0.46	33.1	26	2.43	0.58
R537	电视技术	490	30	-0.27	0.267	41	-0.30	12.7	69	1.28	0.38
R684	电信科学	409	38	-0.39	0.480	19	0.26	18.5	62	1.25	0.33
R055	电子测量技术	893	14	0.33	0.412	25	0.08	28.3	40	2.88	0.54
R021	电子测量与仪器学报	963	11	0.44	1.443	2	2.78	62.0	4	2.13	0.41
R651	电子产品世界	213	54	-0.68	0.168	59	-0.56	15.2	67	1.22	0.33
R548	电子工艺技术	396	42	-0.41	0.562	12	0.47	17.3	63	1.19	0.22
R067	电子技术应用	659	22	-0.02	0.162	61	-0.58	27.9	41	3.07	0.49
R036	电子科技大学学报	630	23	-0.06	0.355	30	-0.07	40.8	14	3.59	0.62
R512	电子器件	446	34	-0.33	0.178	53	-0.53	29.3	36	2.70	0.64
R724	电子设计工程	490	30	-0.27	0.228	47	-0.40	22.6	54	1.99	0.32
R001	电子显微学报	388	43	-0.42	0.355	30	-0.07	36.7	17	3.33	0.12
R006	电子学报	4105	1	5.13	0.771	5	1.02	75.8	2	6.59	0.93
R022	电子与信息学报	1944	4	1.90	0.507	15	0.33	51.4	8	4.45	0.75
R020	电子元件与材料	608	24	-0.09	0.293	37	-0.23	31.1	29	2.51	0.26
R047	固体电子学研究与进展	148	63	-0.78	0.158	62	-0.59	26.5	44	0.94	0.33
R026	光电工程	1167	9	0.74	0.488	17	0.28	43.6	10	3.54	0.59
R061	光电子·激光	1915	5	1.86	1.181	3	2.09	57.5	5	3.64	0.57
R082	光电子技术	125	65	-0.81	0.179	52	-0.53	28.7	37	1.01	0.25
R031	光通信技术	188	58	-0.72	0.173	56	-0.55	17.3	63	0.96	0.39
R017	光纤与电缆及其应用技术	51	69	-0.92	0.045	69	-0.88	14.6	68	0.41	0.19
R097	光学与光电技术	196	57	-0.71	0.190	51	-0.50	24.3	47	1.22	0.28
R683	国外电子测量技术	545	28	-0.19	0.526	14	0.38	25.3	46	1.57	0.29
R535	红外技术	577	25	-0.14	0.447	21	0.17	30.1	34	2.29	0.39
R084	红外与激光工程	1045	10	0.56	0.612	9	0.60	43.0	12	2.84	0.55
S004	机器人	773	20	0.15	0.676	6	0.77	49.5	9	2.74	0.29
R025	激光技术	850	18	0.27	0.454	20	0.19	30.6	31	1.93	0.35
R514	激光与光电子学进展	452	33	-0.33	0.616	8	0.61	42.6	13	1.49	0.33
R521	激光与红外	871	15	0.30	0.441	22	0.15	32.4	27	2.90	0.48
R028	激光杂志	528	29	-0.21	0.258	44	-0.32	30.9	30	2.61	0.33
R586	吉林大学学报信息科学版	233	52	-0.65	0.361	29	-0.05	28.5	38	1.23	0.26
S507	计算技术与自动化	161	60	-0.76	0.175	54	-0.54	26.0	45	1.49	0.17

表 6-52　2010 年电子、通信与自动控制类期刊主要指标（续）

CODE	刊名	总被引频次			影响因子			综合评价总分		学科扩散指标	学科影响指标
		数值	排名	离均差率	数值	排名	离均差率	数值	排名		
S503	控制工程	551	27	-0.18	0.283	39	-0.26	36.7	17	3.03	0.32
R096	雷达科学与技术	242	51	-0.64	0.543	13	0.42	22.8	53	0.97	0.29
R008	南京邮电大学学报自然科学版	155	62	-0.77	0.231	45	-0.40	38.3	15	1.41	0.35
R005	数据采集与处理	467	32	-0.30	0.264	43	-0.31	36.4	19	2.99	0.51
R065	通信学报	1324	8	0.98	0.622	7	0.63	54.7	6	3.72	0.68
R070	微波学报	337	47	-0.50	0.352	32	-0.08	26.9	42	1.59	0.35
S005	微处理机	141	64	-0.79	0.092	67	-0.76	19.9	59	1.14	0.22
R064	微电子学	422	36	-0.37	0.330	33	-0.14	22.0	57	1.71	0.45
R004	微电子学与计算机	1512	7	1.26	0.415	24	0.09	31.3	28	3.30	0.54
R098	微纳电子技术	216	53	-0.68	0.173	56	-0.55	33.5	25	1.62	0.33
J018	武汉理工大学学报信息与管理工程版	322	48	-0.52	0.199	49	-0.48	26.6	43	2.36	0.16
R009	西安电子科技大学学报自然科学版	836	19	0.25	0.599	10	0.57	43.4	11	3.36	0.67
S505	系统仿真技术	54	68	-0.92	0.170	58	-0.55	23.5	50	0.64	0.07
R059	系统工程与电子技术	2307	3	2.44	0.483	18	0.26	53.5	7	5.70	0.68
R087	现代雷达	752	21	0.12	0.265	42	-0.31	23.4	51	1.97	0.52
R034	信号处理	571	26	-0.15	0.310	35	-0.19	36.3	20	2.84	0.68
R519	信息技术	378	44	-0.44	0.104	66	-0.73	22.2	56	2.90	0.43
R652	信息与电子工程	197	56	-0.71	0.294	36	-0.23	15.8	66	1.10	0.30
R069	压电与声光	865	16	0.29	0.406	26	0.06	29.5	35	2.70	0.39
S031	遥测遥控	98	66	-0.85	0.074	68	-0.81	19.1	61	0.94	0.32
R033	应用激光	444	35	-0.34	0.271	40	-0.29	30.6	31	2.22	0.17
R032	真空电子技术	156	61	-0.77	0.139	64	-0.64	16.5	65	0.88	0.22
N091	指挥控制与仿真	267	50	-0.60	0.229	46	-0.40	23.1	52	1.23	0.19
S023	制造业自动化	418	37	-0.38	0.150	63	-0.61	22.5	55	2.32	0.25
R066	中国激光	3496	2	4.22	1.532	1	3.01	79.9	1	3.41	0.46
R775	中兴通讯技术	95	67	-0.86	0.380	28	-0.01	24.1	48	0.61	0.19
R737	自动化技术与应用	401	40	-0.40	0.166	60	-0.57	20.6	58	2.42	0.26
S026	自动化学报	1819	6	1.71	0.928	4	1.43	67.8	3	5.29	0.58
R611	自动化与仪器仪表	206	55	-0.69	0.120	65	-0.69	19.8	60	1.45	0.20
	69 种期刊平均值	670			0.382						

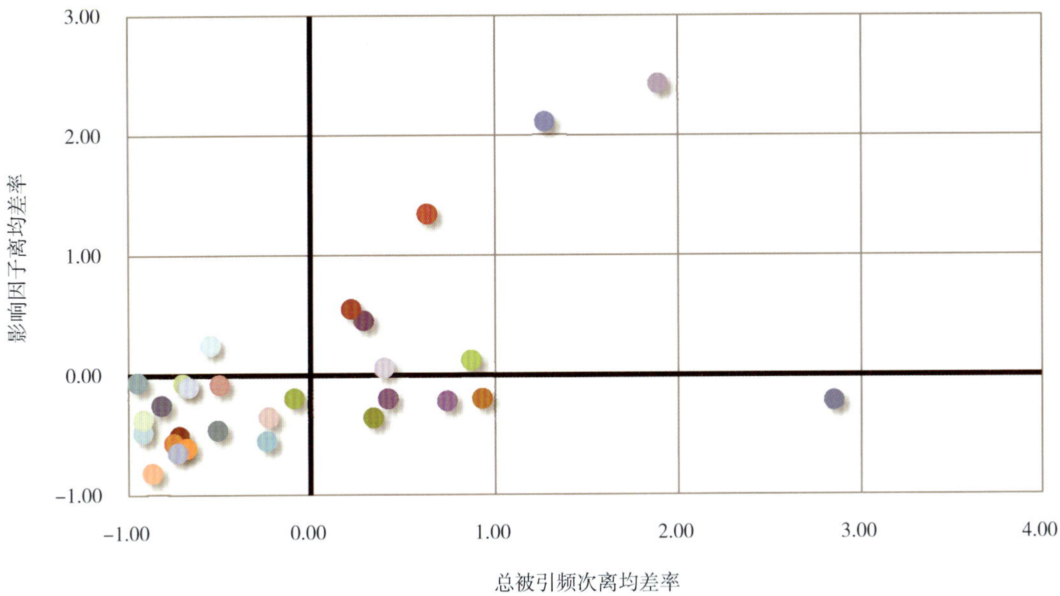

2010 年计算机科学技术类期刊总被引频次和影响因子离均差率的分布图

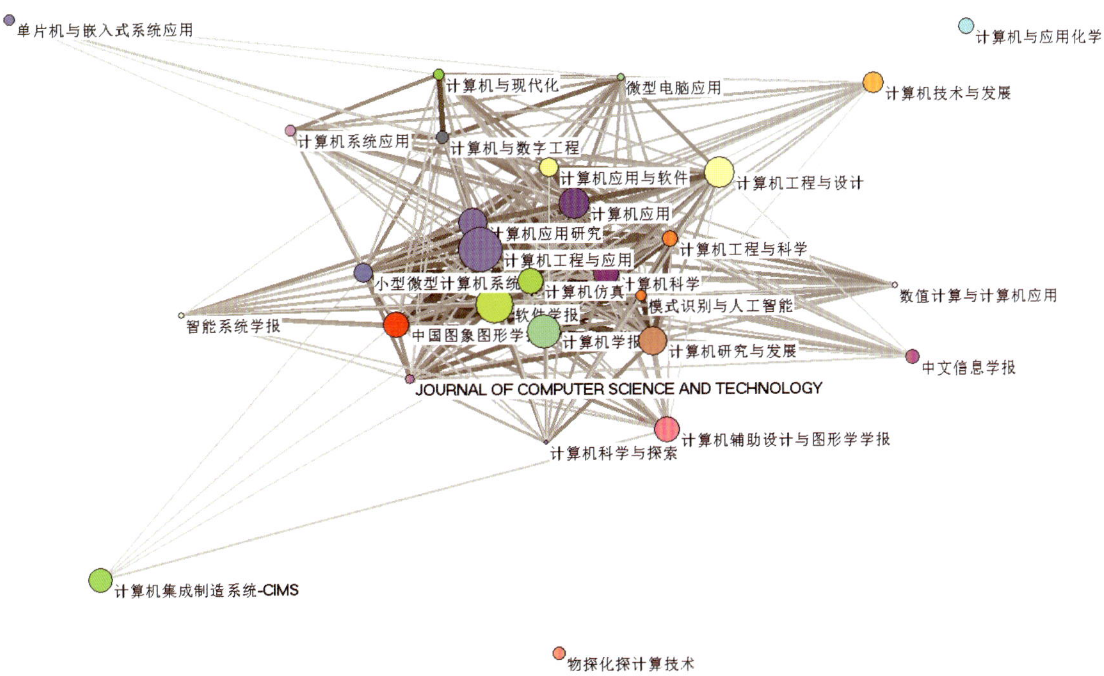

2010 年计算机科学技术类期刊互引关系示意图

表 6-53　2010 年计算机科学技术类期刊主要指标

CODE	刊名	总被引频次			影响因子			综合评价总分		学科扩散指标	学科影响指标
		数值	排名	离均差率	数值	排名	离均差率	数值	排名		
S051	JOURNAL OF COMPUTER SCIENCE AND TECHNOLOGY	269	25	-0.82	0.311	18	-0.25	38.0	12	3.28	0.76
S086	单片机与嵌入式系统应用	415	22	-0.72	0.205	24	-0.51	19.8	27	4.79	0.52
S049	计算机仿真	1980	10	0.34	0.265	20	-0.36	30.0	18	15.03	0.90
S013	计算机辅助设计与图形学学报	1909	11	0.29	0.601	5	0.45	46.7	7	11.07	0.86
S034	计算机工程与科学	730	17	-0.51	0.226	22	-0.46	30.6	17	8.10	0.79
S022	计算机工程与设计	2865	4	0.93	0.331	15	-0.20	35.8	14	14.83	0.86
S025	计算机工程与应用	5709	1	2.85	0.324	16	-0.22	58.4	4	21.97	0.90
S030	计算机集成制造系统-CIMS	1811	12	0.22	0.645	4	0.55	45.4	8	8.41	0.69
S520	计算机技术与发展	1350	13	-0.09	0.336	13	-0.19	24.3	22	9.83	0.76
S006	计算机科学	2099	8	0.42	0.333	14	-0.20	45.3	9	12.28	0.90
S085	计算机科学与探索	71	29	-0.95	0.390	9	-0.06	29.6	19	0.97	0.45
S509	计算机系统应用	374	24	-0.75	0.177	26	-0.57	20.9	25	4.76	0.52
S018	计算机学报	3361	3	1.27	1.290	2	2.11	79.5	2	13.52	1.00
S021	计算机研究与发展	2416	7	0.63	0.971	3	1.34	66.4	3	10.86	0.93
S029	计算机应用	2778	5	0.87	0.465	7	0.12	48.8	5	16.14	0.93
S016	计算机应用研究	2574	6	0.74	0.323	17	-0.22	45.1	10	16.10	0.93
S009	计算机应用与软件	1124	15	-0.24	0.188	25	-0.55	27.2	21	10.28	0.79
S048	计算机与数字工程	481	20	-0.68	0.160	27	-0.61	22.6	23	7.21	0.72
S500	计算机与现代化	407	23	-0.73	0.147	28	-0.65	16.6	29	5.41	0.52
S014	计算机与应用化学	747	16	-0.50	0.380	11	-0.08	20.9	25	7.07	0.41
S015	模式识别与人工智能	439	21	-0.70	0.388	10	-0.07	39.4	11	5.69	0.79
S011	软件学报	4286	2	1.89	1.422	1	2.43	88.8	1	13.59	0.97
S032	数值计算与计算机应用	115	28	-0.92	0.214	23	-0.48	28.2	20	2.45	0.41
S033	微型电脑应用	187	26	-0.87	0.075	29	-0.82	17.6	28	3.34	0.55
E136	物探化探计算技术	483	19	-0.67	0.375	12	-0.10	21.1	24	3.28	0.10
S027	小型微型计算机系统	1144	14	-0.23	0.270	19	-0.35	37.3	13	9.03	0.86
S052	智能系统学报	120	27	-0.92	0.261	21	-0.37	30.9	16	2.52	0.59
R083	中国图象图形学报	2079	9	0.40	0.439	8	0.06	47.3	6	13.34	0.90
S020	中文信息学报	672	18	-0.55	0.520	6	0.25	33.5	15	3.93	0.76
	29 种期刊平均值	1483			0. 415						

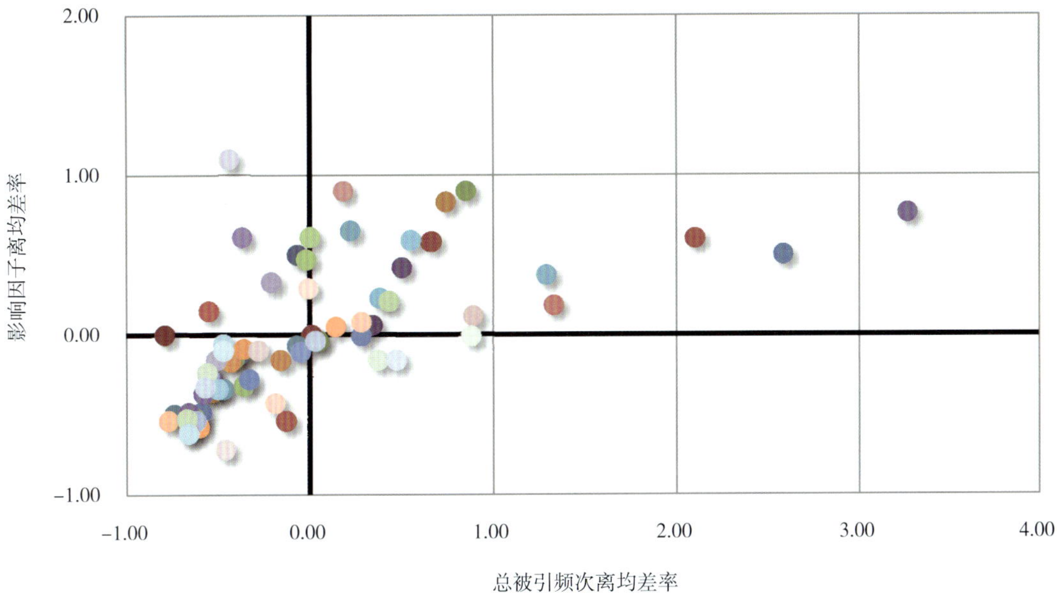

2010 年化学工程类期刊总被引频次和影响因子离均差率的分布图

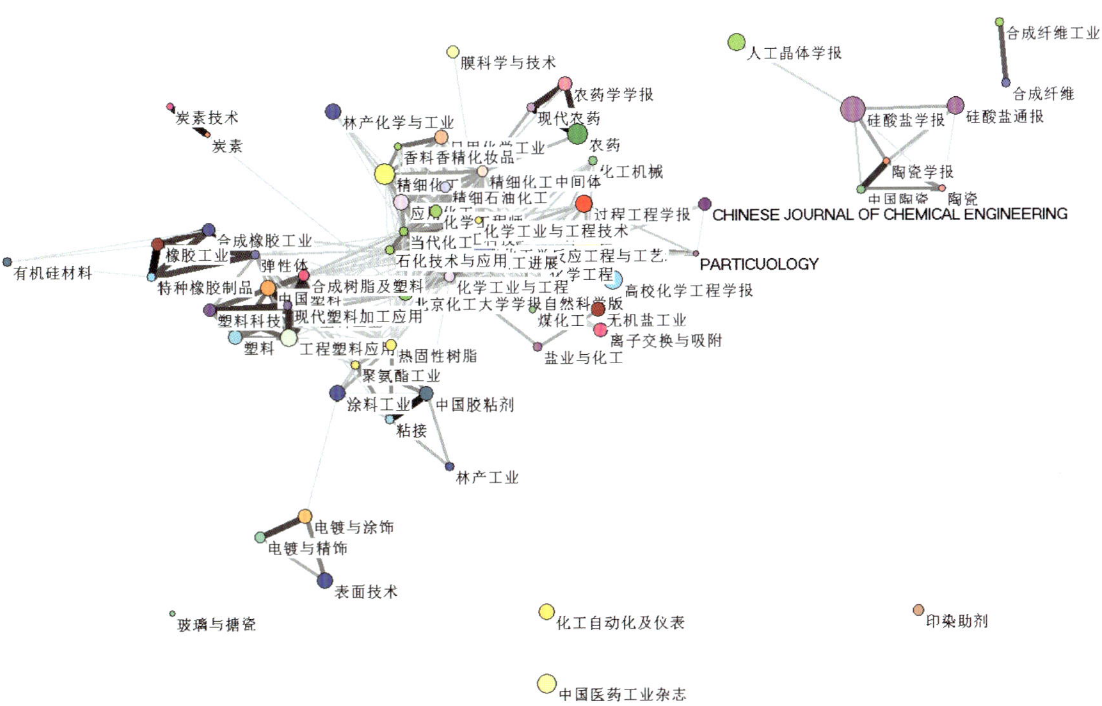

2010 年化学工程类期刊互引关系示意图

表 6-54 2010 年化学工程类期刊主要指标

CODE	刊名	总被引频次			影响因子			综合评价总分		学科扩散指标	学科影响指标
		数值	排名	离均差率	数值	排名	离均差率	数值	排名		
T100	CHINESE JOURNAL OF CHEMICAL ENGINEERING	542	30	-0.07	0.567	13	0.50	54.9	9	2.64	0.38
I202	PARTICUOLOGY	123	69	-0.79	0.380	27	0.00	40.9	27	0.87	0.16
T020	北京化工大学学报自然科学版	611	23	0.05	0.364	31	-0.04	44.9	21	3.96	0.77
T098	表面技术	779	17	0.34	0.402	25	0.06	42.1	24	2.48	0.38
T051	玻璃与搪瓷	151	67	-0.74	0.188	60	-0.50	16.6	68	0.87	0.12
T941	当代化工	274	52	-0.53	0.244	55	-0.36	27.3	55	1.99	0.57
T508	电镀与精饰	361	41	-0.38	0.332	40	-0.12	31.2	46	1.33	0.14
T598	电镀与涂饰	587	25	0.01	0.380	27	0.00	37.4	35	1.59	0.23
T016	高校化学工程学报	1074	8	0.85	0.719	3	0.90	64.9	5	4.26	0.72
T003	工程塑料应用	874	12	0.50	0.537	15	0.42	45.5	20	2.61	0.54
T563	工业催化	542	30	-0.07	0.353	34	-0.07	41.9	25	2.16	0.45
T004	硅酸盐通报	1009	9	0.74	0.693	4	0.83	56.7	8	3.35	0.46
T005	硅酸盐学报	2078	2	2.58	0.569	12	0.50	76.2	2	5.64	0.62
T008	过程工程学报	963	10	0.66	0.597	11	0.58	65.3	4	4.62	0.61
T505	合成树脂及塑料	343	42	-0.41	0.322	41	-0.15	33.7	43	1.35	0.49
T067	合成纤维	271	53	-0.53	0.272	50	-0.28	24.1	61	1.23	0.32
T065	合成纤维工业	306	47	-0.47	0.252	53	-0.34	26.4	59	1.19	0.35
T018	合成橡胶工业	486	33	-0.16	0.320	42	-0.16	36.5	37	1.51	0.51
T006	化工机械	238	59	-0.59	0.192	59	-0.49	22.6	64	1.35	0.20
T101	化工进展	1803	3	2.10	0.607	9	0.60	75.3	3	6.36	0.86
T532	化工科技	216	62	-0.63	0.181	61	-0.52	30.5	47	1.88	0.59
T007	化工学报	2480	1	3.27	0.667	5	0.76	85.8	1	6.67	0.88
T066	化工自动化及仪表	710	20	0.22	0.626	6	0.65	36.4	38	1.86	0.17
T009	化学反应工程与工艺	334	43	-0.43	0.315	46	-0.17	38.0	33	1.74	0.46
T025	化学工程	744	18	0.28	0.374	29	-0.01	44.1	23	3.13	0.61
T567	化学工程师	504	32	-0.13	0.175	65	-0.54	29.6	51	3.59	0.64
T076	化学工业与工程	372	38	-0.36	0.256	51	-0.32	37.7	34	2.70	0.64
T501	化学工业与工程技术	198	64	-0.66	0.194	58	-0.49	26.8	57	1.71	0.36
T102	精细化工	1330	5	1.29	0.518	16	0.37	60.8	6	5.04	0.74
T955	精细化工中间体	369	39	-0.36	0.344	35	-0.09	35.8	39	2.39	0.59
T542	精细石油化工	392	37	-0.33	0.273	49	-0.28	35.2	41	2.00	0.58
T512	聚氨酯工业	264	54	-0.55	0.437	22	0.15	35.7	40	1.19	0.45
T010	离子交换与吸附	569	28	-0.02	0.557	14	0.47	53.9	11	3.00	0.58
U037	林产工业	242	58	-0.58	0.239	56	-0.37	28.1	54	1.01	0.26
T017	林产化学与工业	803	15	0.38	0.468	19	0.23	53.6	12	3.67	0.49
T060	煤化工	234	60	-0.60	0.161	66	-0.58	19.7	67	1.30	0.30
T077	膜科学与技术	552	29	-0.05	0.336	39	-0.11	39.7	30	2.19	0.45
T034	农药	1352	4	1.33	0.448	21	0.18	52.3	14	3.61	0.20
H404	农药学学报	581	26	0.00	0.609	7	0.61	59.7	7	2.45	0.12
T105	热固性树脂	364	40	-0.37	0.609	7	0.61	48.0	17	1.45	0.46

表 6-54　2010 年化学工程类期刊主要指标（续）

CODE	刊名	总被引频次 数值	总被引频次 排名	总被引频次 离均差率	影响因子 数值	影响因子 排名	影响因子 离均差率	综合评价总分 数值	综合评价总分 排名	学科扩散指标	学科影响指标
T013	人工晶体学报	901	11	0.55	0.602	10	0.59	52.9	13	2.77	0.36
T070	日用化学工业	662	22	0.14	0.399	26	0.05	44.5	22	2.91	0.54
T933	石化技术与应用	263	55	-0.55	0.279	48	-0.26	28.6	52	1.48	0.39
T106	塑料	687	21	0.18	0.720	2	0.90	49.8	16	1.91	0.46
T014	塑料工业	829	14	0.43	0.459	20	0.21	47.1	18	2.26	0.55
T536	塑料科技	458	35	-0.21	0.503	17	0.33	40.1	29	1.58	0.49
T500	弹性体	293	50	-0.50	0.250	54	-0.34	30.1	49	1.23	0.41
T527	炭素	132	68	-0.77	0.176	63	-0.54	26.7	58	0.96	0.28
T015	炭素技术	220	61	-0.62	0.176	63	-0.54	22.7	63	1.43	0.26
V524	陶瓷	200	63	-0.66	0.146	67	-0.61	13.8	69	0.94	0.13
V531	陶瓷学报	191	66	-0.67	0.177	62	-0.53	25.6	60	1.23	0.22
T999	特种橡胶制品	287	51	-0.51	0.318	44	-0.16	28.2	53	1.17	0.35
T074	天然气化工	308	46	-0.47	0.355	33	-0.06	36.7	36	1.51	0.42
T103	涂料工业	743	19	0.28	0.409	24	0.08	38.1	32	2.29	0.61
T072	无机盐工业	599	24	0.03	0.363	32	-0.04	33.7	43	2.48	0.54
T063	现代化工	1100	6	0.89	0.424	23	0.12	54.5	10	5.01	0.78
H417	现代农药	258	56	-0.56	0.288	47	-0.24	30.3	48	1.65	0.10
T929	现代塑料加工应用	306	47	-0.47	0.342	36	-0.10	33.8	42	1.33	0.41
T073	香料香精化妆品	196	65	-0.66	0.144	68	-0.62	21.9	65	1.36	0.19
T064	橡胶工业	472	34	-0.19	0.217	57	-0.43	27.0	56	1.68	0.42
T054	盐业与化工	252	57	-0.57	0.253	52	-0.33	23.9	62	1.25	0.22
T104	印染助剂	421	36	-0.28	0.342	36	-0.10	31.8	45	1.39	0.35
T949	应用化工	794	16	0.37	0.318	44	-0.16	41.8	26	4.09	0.72
T916	有机硅材料	328	44	-0.44	0.796	1	1.10	50.8	15	1.12	0.39
T569	粘接	306	47	-0.47	0.340	38	-0.10	29.7	50	1.10	0.39
T075	中国胶粘剂	573	27	-0.01	0.490	18	0.29	39.4	31	1.72	0.48
T022	中国塑料	855	13	0.47	0.319	43	-0.16	40.6	28	2.26	0.55
T068	中国陶瓷	316	45	-0.46	0.106	69	-0.72	21.1	66	1.48	0.29
T019	中国医药工业杂志	1091	7	0.88	0.374	29	-0.01	47.1	18	3.90	0.28
	69 种期刊平均值	581			0. 379						

轻工、纺织科学技术、食品科学技术类

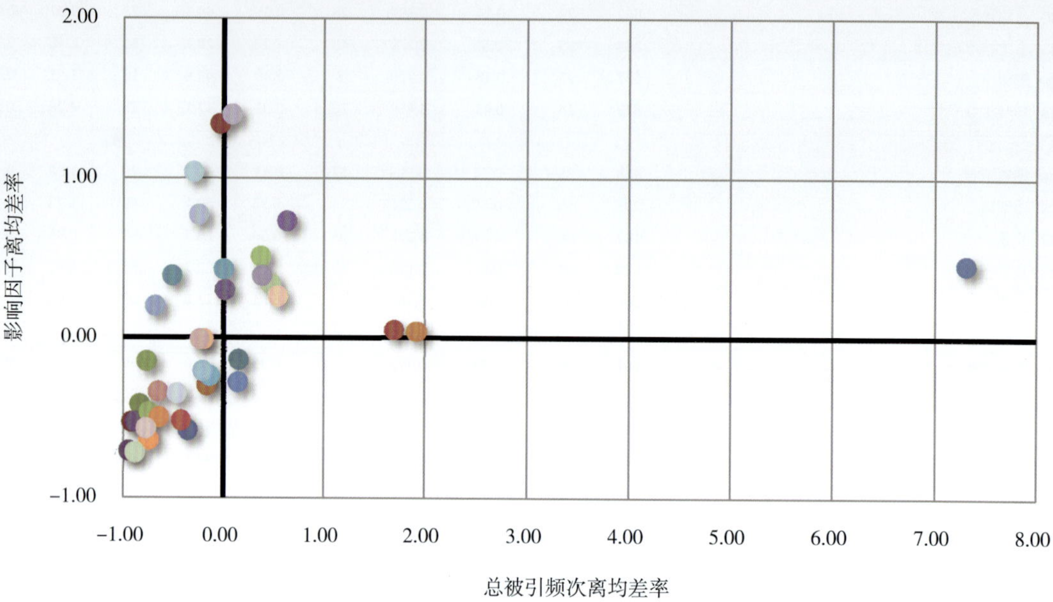

2010 年轻工、纺织科学技术、食品科学技术类期刊总被引频次和影响因子离均差率的分布图

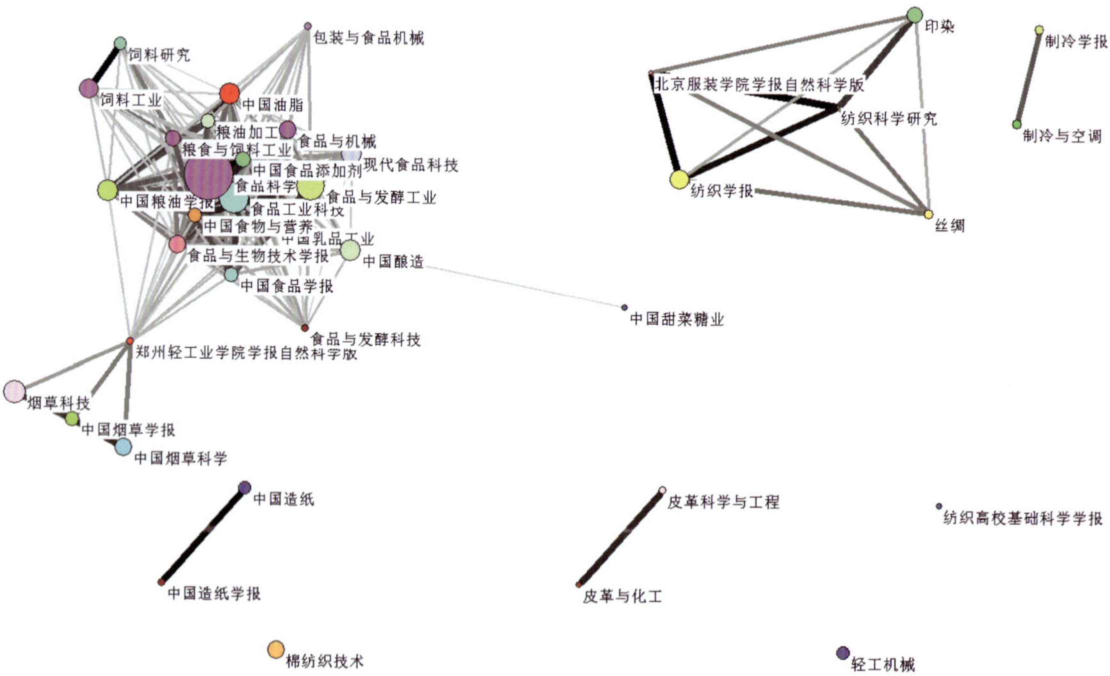

2010 年轻工、纺织科学技术、食品科学技术类期刊互引关系示意图

表 6-55 2010 年轻工、纺织科学技术、食品科学技术类期刊主要指标

CODE	刊名	总被引频次			影响因子			综合评价总分		学科扩散指标	学科影响指标
		数值	排名	离均差率	数值	排名	离均差率	数值	排名		
U521	包装与食品机械	169	33	-0.82	0.216	28	-0.45	23.5	33	1.61	0.50
U019	北京服装学院学报自然科学版	75	37	-0.92	0.184	33	-0.53	28.2	25	1.24	0.16
U013	纺织高校基础科学学报	151	34	-0.84	0.228	27	-0.42	26.5	27	1.58	0.16
U015	纺织科学研究	48	38	-0.95	0.114	37	-0.71	20.4	37	0.58	0.13
U053	纺织学报	1062	9	0.15	0.336	19	-0.14	33.5	21	4.29	0.37
U055	粮食与饲料工业	774	16	-0.17	0.275	24	-0.30	31.7	22	4.13	0.58
U008	粮油加工	592	22	-0.36	0.165	35	-0.58	24.6	30	3.50	0.47
U036	棉纺织技术	888	14	-0.04	0.919	2	1.34	36.5	17	1.29	0.26
U602	皮革科学与工程	210	31	-0.77	0.332	20	-0.15	26.2	28	1.50	0.18
U604	皮革与化工	114	35	-0.88	0.186	32	-0.53	27.0	26	1.37	0.29
U535	轻工机械	442	25	-0.52	0.543	9	0.39	31.3	23	2.18	0.29
U005	食品工业科技	2711	2	1.92	0.406	16	0.04	49.8	8	9.08	0.68
U006	食品科学	7701	1	7.31	0.572	7	0.46	77.6	1	14.08	0.68
U035	食品与发酵工业	2503	3	1.70	0.411	15	0.05	52.3	6	8.92	0.63
U641	食品与发酵科技	231	29	-0.75	0.207	29	-0.47	23.0	34	1.74	0.34
U547	食品与机械	935	12	0.01	0.509	12	0.30	43.0	11	4.45	0.53
U029	食品与生物技术学报	931	13	0.00	0.562	8	0.43	53.5	5	6.74	0.63
U056	丝绸	320	26	-0.65	0.195	30	-0.50	21.5	36	1.37	0.24
H862	饲料工业	1053	10	0.14	0.284	23	-0.28	35.7	18	5.55	0.55
H864	饲料研究	525	23	-0.43	0.190	31	-0.52	24.4	31	3.45	0.34
U010	现代食品科技	1268	8	0.37	0.590	6	0.51	42.4	12	6.11	0.66
U562	烟草科技	1509	4	0.63	0.677	5	0.73	47.4	9	3.95	0.34
U054	印染	798	15	-0.14	0.296	22	-0.24	23.8	32	3.18	0.26
U003	郑州轻工业学院学报自然科学版	231	29	-0.75	0.142	36	-0.64	28.9	24	3.45	0.42
U011	制冷学报	288	28	-0.69	0.469	14	0.20	42.2	13	2.13	0.24
U640	制冷与空调	313	27	-0.66	0.259	25	-0.34	25.4	29	2.55	0.21
U001	中国粮油学报	1359	6	0.47	0.526	11	0.34	50.9	7	5.13	0.53
U609	中国酿造	1282	7	0.38	0.543	9	0.39	39.0	14	4.34	0.58
U052	中国乳品工业	730	18	-0.21	0.309	21	-0.21	35.4	19	3.45	0.53
U635	中国食品添加剂	742	17	-0.20	0.388	18	-0.01	37.8	15	5.05	0.55
U007	中国食品学报	691	20	-0.25	0.692	4	0.77	55.9	3	4.74	0.53
U563	中国食物与营养	703	19	-0.24	0.389	17	-0.01	37.6	16	5.58	0.55
U567	中国甜菜糖业	102	36	-0.89	0.111	38	-0.72	14.9	38	1.34	0.26
H208	中国烟草科学	1004	11	0.08	0.942	1	1.40	59.4	2	2.63	0.16
U647	中国烟草学报	646	21	-0.30	0.799	3	1.04	55.9	3	2.97	0.26
U032	中国油脂	1423	5	0.54	0.495	13	0.26	44.5	10	6.11	0.58
U012	中国造纸	490	24	-0.47	0.253	26	-0.35	22.2	35	2.97	0.21
U033	中国造纸学报	204	32	-0.78	0.167	34	-0.57	33.9	20	2.34	0.26
	38 种期刊平均值	927			0. 392						

土木建筑工程类

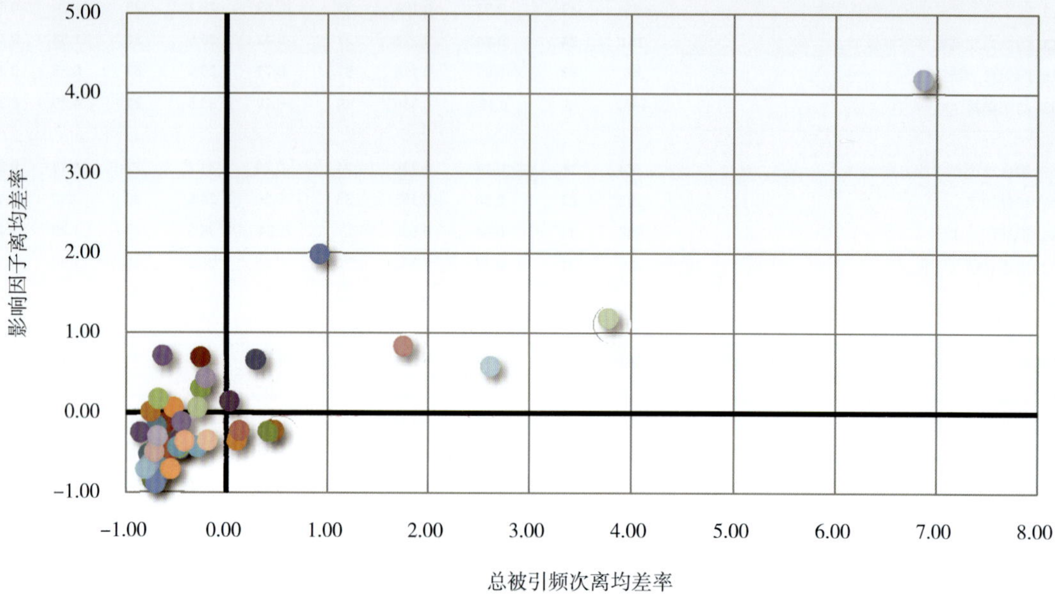

2010 年土木建筑工程类期刊总被引频次和影响因子离均差率的分布图

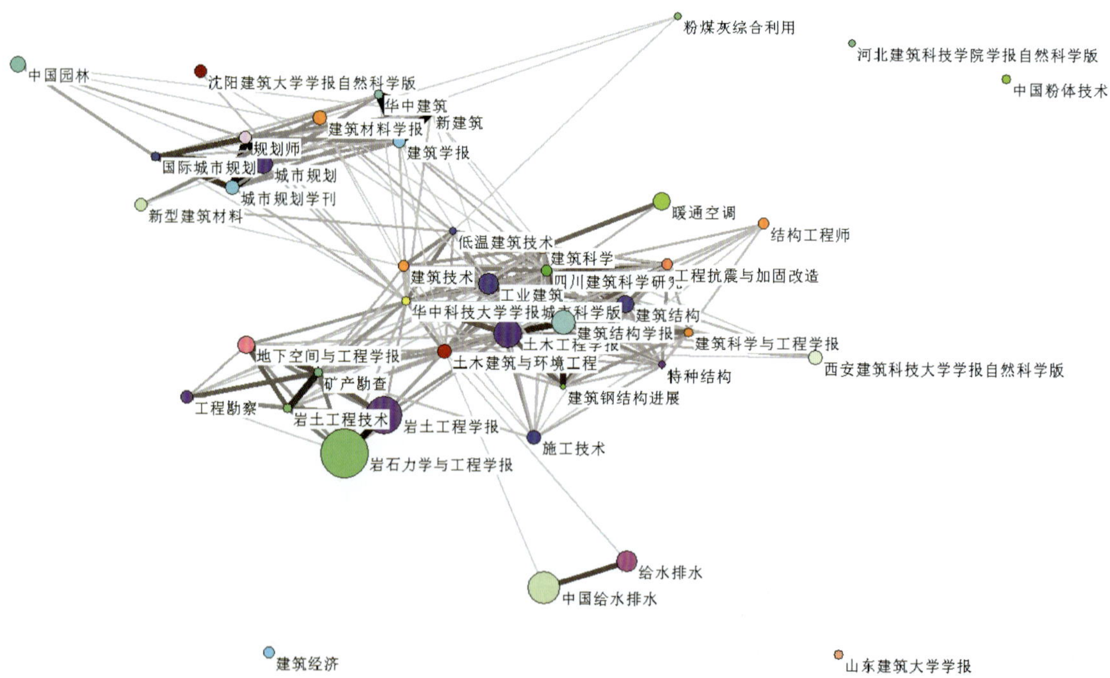

2010 年土木建筑工程类期刊互引关系示意图

表 6-56　2010 年土木建筑工程类期刊主要指标

CODE	刊名	总被引频次			影响因子			综合评价总分		学科扩散指标	学科影响指标
		数值	排名	离均差率	数值	排名	离均差率	数值	排名		
V050	城市规划	1146	8	0.29	0.632	7	0.66	30.7	11	3.60	0.45
V028	城市规划学刊	657	14	-0.26	0.644	6	0.69	35.6	8	2.90	0.36
V020	低温建筑技术	234	37	-0.74	0.057	41	-0.85	14.6	38	2.60	0.71
V031	地下空间与工程学报	917	11	0.03	0.433	12	0.14	29.5	12	4.12	0.57
V052	粉煤灰综合利用	198	40	-0.78	0.181	35	-0.52	15.4	37	2.29	0.33
V021	给水排水	1301	6	0.47	0.300	19	-0.21	24.7	19	5.93	0.33
V030	工程勘察	481	20	-0.46	0.208	32	-0.45	24.0	21	3.76	0.43
V033	工程抗震与加固改造	345	27	-0.61	0.331	17	-0.13	26.9	16	2.26	0.52
V010	工业建筑	1250	7	0.41	0.288	21	-0.24	29.3	13	5.31	0.79
V572	规划师	475	21	-0.46	0.255	24	-0.33	18.6	29	2.40	0.43
V529	国际城市规划	263	34	-0.70	0.318	18	-0.17	28.6	15	1.38	0.29
K032	河北建筑科技学院学报自然科学版	214	38	-0.76	0.386	15	0.01	17.7	33	2.29	0.36
V506	华中建筑	275	32	-0.69	0.069	40	-0.82	4.9	42	1.50	0.45
V035	华中科技大学学报城市科学版	286	30	-0.68	0.251	25	-0.34	25.8	18	4.00	0.50
V051	建筑材料学报	657	14	-0.26	0.497	10	0.30	33.0	9	4.33	0.55
V057	建筑钢结构进展	121	42	-0.86	0.286	22	-0.25	23.3	22	1.07	0.33
V045	建筑技术	339	28	-0.62	0.115	37	-0.70	16.1	36	2.93	0.64
V014	建筑结构	972	10	0.10	0.249	26	-0.35	20.7	25	3.33	0.67
V044	建筑结构学报	1699	5	0.92	1.134	2	1.98	50.7	3	4.45	0.64
S635	建筑经济	391	25	-0.56	0.205	33	-0.46	7.1	41	1.98	0.33
V005	建筑科学	470	22	-0.47	0.212	31	-0.44	24.4	20	3.93	0.88
V013	建筑科学与工程学报	323	29	-0.64	0.653	5	0.71	38.0	6	2.76	0.50
V047	建筑学报	453	23	-0.49	0.217	30	-0.43	21.5	23	2.02	0.57
V049	结构工程师	412	24	-0.53	0.403	13	0.06	16.3	35	2.36	0.57
V054	矿产勘查	257	35	-0.71	0.043	42	-0.89	19.9	27	2.69	0.38
V032	暖通空调	1003	9	0.13	0.292	20	-0.23	18.0	31	3.74	0.52
V012	山东建筑大学学报	285	31	-0.68	0.447	11	0.17	13.9	39	2.50	0.40
V011	沈阳建筑大学学报自然科学版	490	19	-0.45	0.335	16	-0.12	29.1	14	4.60	0.60
V043	施工技术	633	16	-0.29	0.219	29	-0.43	12.7	40	3.00	0.71
V007	四川建筑科学研究	390	26	-0.56	0.110	38	-0.71	21.2	24	3.60	0.74
V027	特种结构	200	39	-0.77	0.133	36	-0.65	16.5	34	1.98	0.43
V029	土木工程学报	2435	4	1.75	0.697	4	0.83	48.6	4	6.69	0.67
V019	土木建筑与环境工程	628	17	-0.29	0.402	14	0.06	38.3	5	6.07	0.88
V018	西安建筑科技大学学报自然科学版	698	13	-0.21	0.544	9	0.43	32.1	10	5.55	0.74
V026	新建筑	172	41	-0.81	0.110	38	-0.71	17.8	32	1.14	0.38
V056	新型建筑材料	515	18	-0.42	0.245	28	-0.36	18.3	30	3.29	0.43
C005	岩石力学与工程学报	6968	1	6.86	1.972	1	4.18	91.1	1	9.17	0.64
V574	岩土工程技术	244	36	-0.72	0.193	34	-0.49	20.0	26	2.33	0.40
V037	岩土工程学报	4221	2	3.76	0.835	3	1.19	58.4	2	7.45	0.67
V568	中国粉体技术	271	33	-0.69	0.265	23	-0.30	26.0	17	3.60	0.07

表 6-56　2010 年土木建筑工程类期刊主要指标（续）

CODE	刊名	总被引频次			影响因子			综合评价总分		学科扩散指标	学科影响指标
		数值	排名	离均差率	数值	排名	离均差率	数值	排名		
V036	中国给水排水	3201	3	2.61	0.603	8	0.58	36.2	7	8.88	0.33
V039	中国园林	720	12	-0.19	0.247	27	-0.35	19.0	28	3.24	0.31
	42 种期刊平均值	886			0. 381						

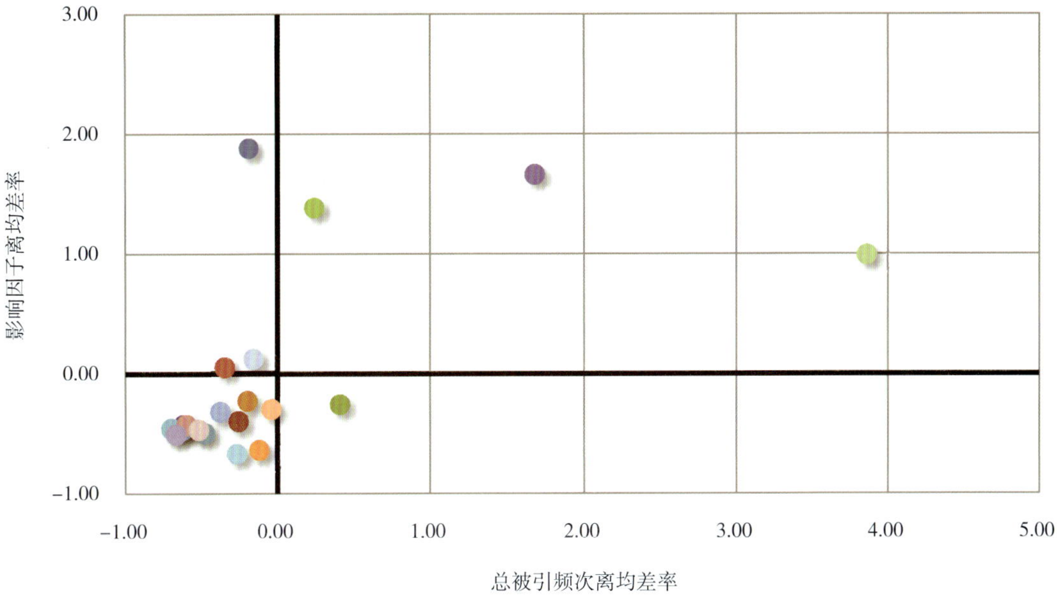

2010 年水利工程类期刊总被引频次和影响因子离均差率的分布图

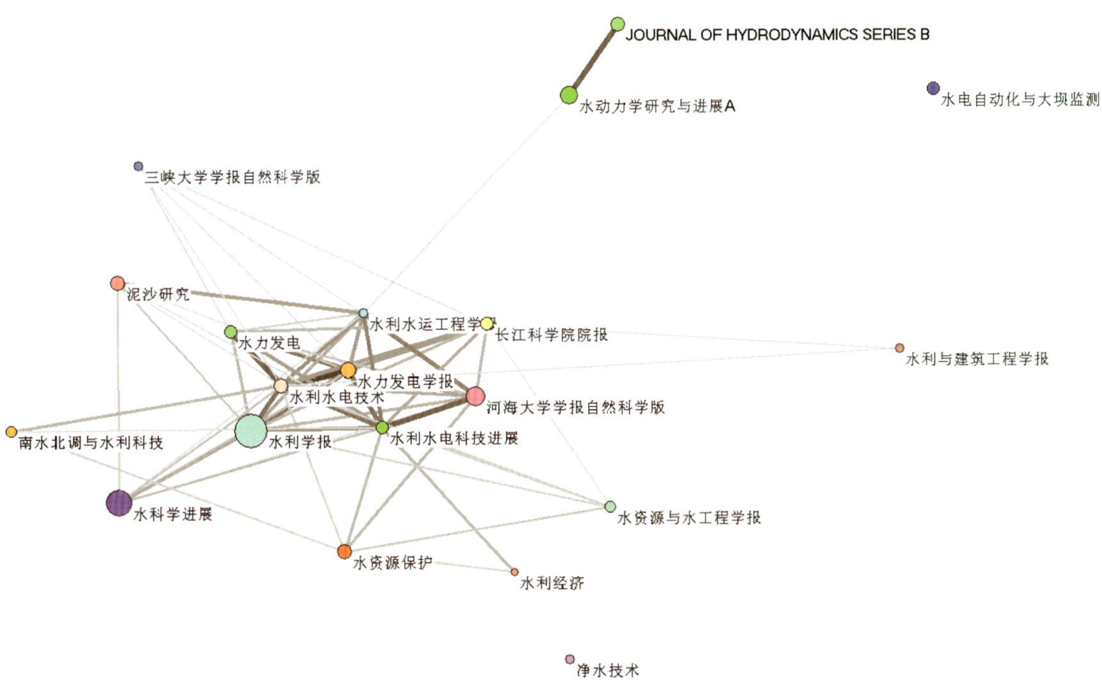

2010 年水利工程类期刊互引关系示意图

表 6-57　2010 年水利工程类期刊主要指标

CODE	刊名	总被引频次			影响因子			综合评价总分		学科扩	学科影
		数值	排名	离均差率	数值	排名	离均差率	数值	排名	散指标	响指标
W015	JOURNAL OF HYDRODYNAMICS SERIES B	600	8	-0.19	1.442	1	1.88	55.6	4	4.65	0.55
W010	长江科学院院报	548	10	-0.26	0.299	11	-0.40	31.5	11	9.55	0.90
W012	河海大学学报自然科学版	1043	3	0.41	0.371	8	-0.26	45.9	5	15.30	1.00
Z553	净水技术	280	17	-0.62	0.284	13	-0.43	28.7	13	4.95	0.20
W590	南水北调与水利科技	382	14	-0.48	0.253	17	-0.50	17.3	17	5.00	0.75
W002	泥沙研究	593	9	-0.20	0.385	7	-0.23	38.7	7	6.50	0.70
R086	三峡大学学报自然科学版	275	18	-0.63	0.268	15	-0.47	26.7	14	7.75	0.50
V034	水电自动化与大坝监测	477	12	-0.35	0.527	6	0.05	13.7	20	3.95	0.65
W004	水动力学研究与进展 A	918	4	0.24	1.194	3	1.38	59.9	3	10.55	0.85
W013	水科学进展	1979	2	1.68	1.333	2	1.66	79.1	2	14.50	0.95
R587	水利经济	219	20	-0.70	0.273	14	-0.46	16.5	18	3.15	0.60
W011	水利水电技术	648	6	-0.12	0.179	19	-0.64	25.4	15	10.60	0.95
W502	水利水电科技进展	454	13	-0.38	0.340	10	-0.32	38.0	8	7.70	0.95
W006	水利水运工程学报	293	16	-0.60	0.288	12	-0.43	34.3	10	5.45	0.85
W003	水利学报	3588	1	3.86	0.996	4	0.99	85.8	1	19.95	0.95
W026	水利与建筑工程学报	246	19	-0.67	0.245	18	-0.51	15.6	19	5.10	0.60
R050	水力发电	541	11	-0.27	0.166	20	-0.67	20.0	16	6.80	0.85
R049	水力发电学报	709	5	-0.04	0.349	9	-0.30	35.5	9	8.15	0.90
R566	水资源保护	618	7	-0.16	0.562	5	0.12	39.7	6	9.60	0.85
W570	水资源与水工程学报	357	15	-0.52	0.267	16	-0.47	29.6	12	7.75	0.70
	20 种期刊平均值	738			0. 501						

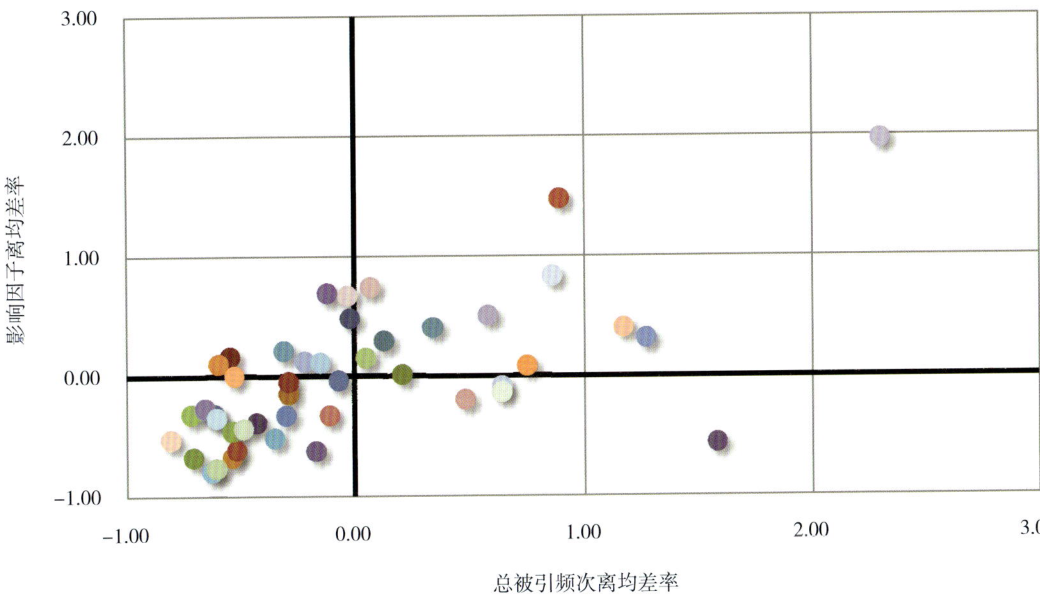

2010 年交通运输工程类期刊总被引频次和影响因子离均差率的分布图

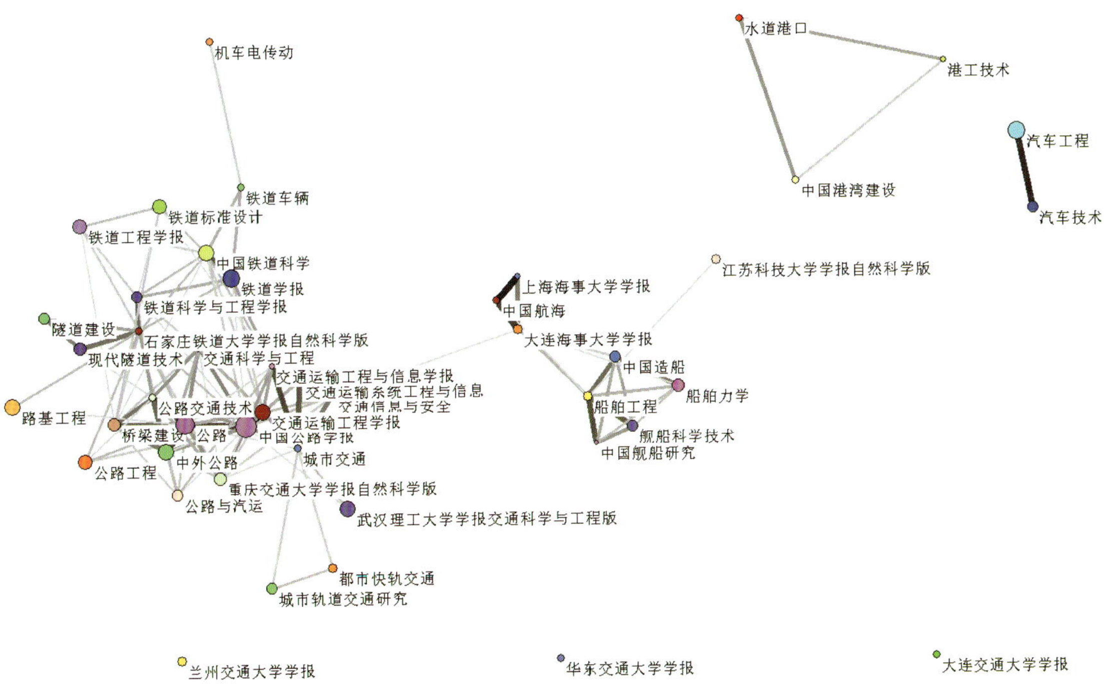

2010 年交通运输工程类期刊互引关系示意图

表 6-58 2010 年交通运输工程类期刊主要指标

CODE	刊名	总被引频次			影响因子			综合评价总分		学科扩散指标	学科影响指标
		数值	排名	离均差率	数值	排名	离均差率	数值	排名		
X043	城市轨道交通研究	435	17	-0.02	0.458	8	0.48	29.3	30	1.78	0.42
X046	城市交通	199	36	-0.55	0.357	14	0.16	37.1	19	1.44	0.40
X029	重庆交通大学学报自然科学版	538	13	0.21	0.313	20	0.01	43.4	11	3.96	0.71
X010	船舶工程	252	30	-0.43	0.190	34	-0.39	32.0	26	2.18	0.29
X633	船舶力学	502	14	0.13	0.399	12	0.29	45.6	10	2.53	0.29
X024	大连海事大学学报	314	26	-0.29	0.263	26	-0.15	39.7	16	3.96	0.40
X001	大连交通大学学报	169	40	-0.62	0.211	29	-0.32	31.4	28	2.49	0.16
X034	都市快轨交通	315	25	-0.29	0.294	23	-0.05	22.6	42	1.16	0.36
X028	港工技术	127	43	-0.71	0.100	42	-0.68	18.7	43	1.49	0.20
X579	公路	1142	2	1.58	0.135	39	-0.56	46.9	8	4.73	0.64
X022	公路工程	593	12	0.34	0.432	10	0.40	37.1	19	2.64	0.56
X047	公路交通技术	204	34	-0.54	0.098	43	-0.68	24.2	39	1.80	0.38
X682	公路与汽运	412	19	-0.07	0.296	22	-0.04	23.0	41	1.93	0.44
X003	华东交通大学学报	212	32	-0.52	0.117	40	-0.62	32.2	25	3.20	0.24
X011	机车电传动	204	34	-0.54	0.167	36	-0.46	17.0	44	1.53	0.20
Y564	舰船科学技术	369	23	-0.17	0.114	41	-0.63	26.5	36	3.18	0.24
X015	江苏科技大学学报自然科学版	305	28	-0.31	0.374	13	0.21	38.0	17	3.07	0.24
X002	交通科学与工程	178	37	-0.60	0.340	18	0.10	42.5	14	2.31	0.47
X020	交通信息与安全	311	27	-0.30	0.206	32	-0.33	32.7	24	2.82	0.47
X672	交通运输工程学报	838	5	0.89	0.764	2	1.47	76.2	2	4.20	0.82
X694	交通运输工程与信息学报	126	44	-0.72	0.211	29	-0.32	31.6	27	1.44	0.38
X685	交通运输系统工程与信息	389	21	-0.12	0.521	5	0.69	50.0	6	2.49	0.51
X016	兰州交通大学学报	288	29	-0.35	0.147	37	-0.52	27.4	33	3.38	0.36
X570	路基工程	776	7	0.75	0.334	19	0.08	31.0	29	2.42	0.42
X018	汽车工程	1004	3	1.27	0.405	11	0.31	59.4	5	4.58	0.31
X013	汽车技术	396	20	-0.11	0.207	31	-0.33	34.7	23	2.89	0.24
X021	桥梁建设	467	16	0.05	0.355	15	0.15	36.6	21	2.22	0.44
X038	上海海事大学学报	149	42	-0.66	0.227	28	-0.27	35.2	22	1.87	0.31
X042	石家庄铁道大学学报自然科学版	163	41	-0.63	0.062	45	-0.80	27.8	32	2.31	0.38
X533	水道港口	210	33	-0.53	0.309	21	0.00	25.7	37	1.16	0.16
X634	隧道建设	346	24	-0.22	0.346	16	0.12	26.7	35	1.42	0.38
X517	铁道标准设计	656	11	0.48	0.247	27	-0.20	27.4	33	2.02	0.56
X019	铁道车辆	172	38	-0.61	0.072	44	-0.77	14.7	45	1.38	0.29
X521	铁道工程学报	698	10	0.58	0.463	7	0.50	42.4	15	3.00	0.56
X007	铁道科学与工程学报	378	22	-0.15	0.343	17	0.11	43.0	12	3.36	0.53
X005	铁道学报	963	4	1.17	0.433	9	0.40	63.2	4	5.40	0.69
X017	武汉理工大学学报交通科学与工程版	727	8	0.64	0.281	24	-0.09	47.3	7	6.22	0.84
X673	现代隧道技术	473	15	0.07	0.538	4	0.74	43.0	12	2.18	0.42
X035	中国港湾建设	224	31	-0.49	0.173	35	-0.44	23.8	40	1.87	0.40
X031	中国公路学报	1460	1	2.30	0.917	1	1.97	99.7	1	5.56	0.73

表 6-58　2010 年交通运输工程类期刊主要指标（续）

CODE	刊名	总被引频次			影响因子			综合评价总分		学科扩散指标	学科影响指标
		数值	排名	离均差率	数值	排名	离均差率	数值	排名		
X039	中国航海	171	39	-0.61	0.202	33	-0.35	29.3	30	1.44	0.33
N108	中国舰船研究	83	45	-0.81	0.145	38	-0.53	25.0	38	0.98	0.13
X004	中国铁道科学	824	6	0.86	0.566	3	0.83	64.4	3	4.84	0.67
X012	中国造船	428	18	-0.03	0.515	6	0.67	46.8	9	2.36	0.33
X539	中外公路	725	9	0.64	0.266	25	-0.14	37.7	18	3.22	0.58
	45 种期刊平均值	443			0. 309						

航空、航天科学技术类

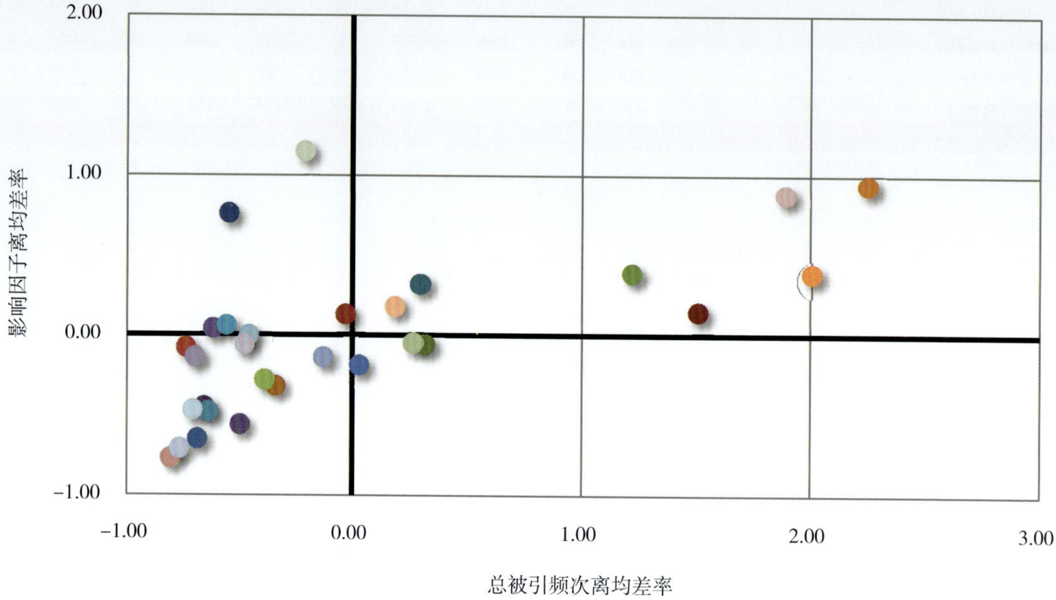

2010 年航空、航天科学技术类期刊总被引频次和影响因子离均差率的分布图

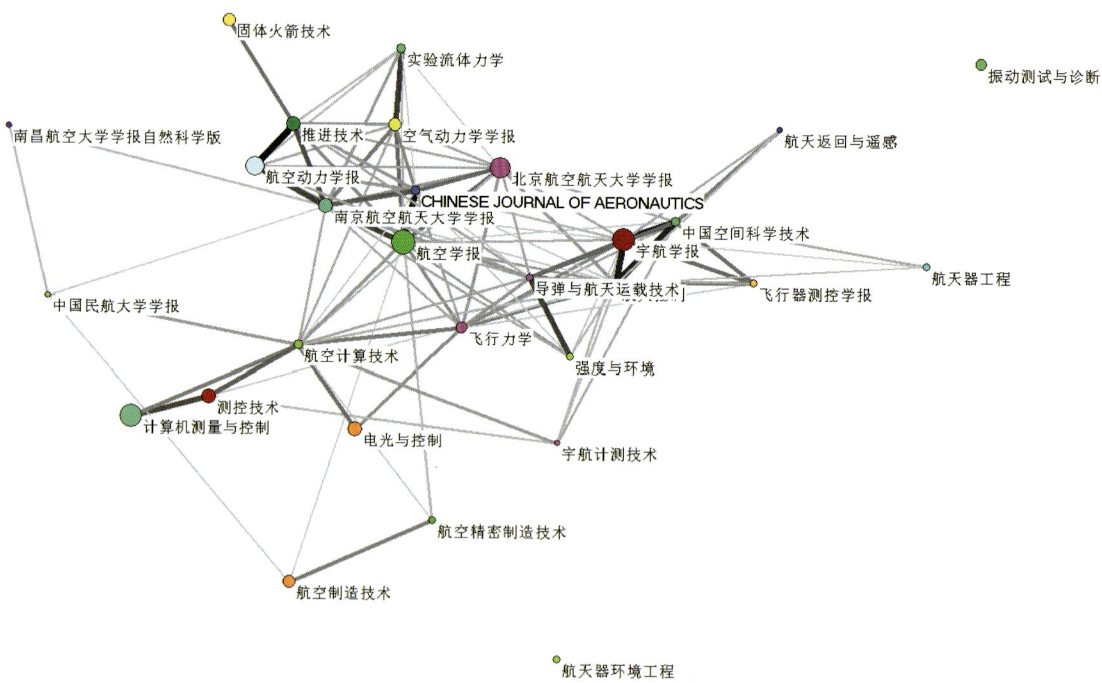

2010 年航空、航天科学技术类期刊互引关系示意图

表 6-59　2010 年航空、航天科学技术类期刊主要指标

CODE	刊名	总被引频次			影响因子			综合评价总分		学科扩散指标	学科影响指标
		数值	排名	离均差率	数值	排名	离均差率	数值	排名		
I122	CHINESE JOURNAL OF AERONAUTICS	240	19	-0.55	0.545	4	0.76	60.6	4	3.62	0.41
Y001	北京航空航天大学学报	1333	4	1.51	0.354	9	0.15	64.4	3	12.93	0.93
Y022	测控技术	704	6	0.32	0.290	16	-0.06	45.2	10	8.72	0.62
Y503	导弹与航天运载技术	182	23	-0.66	0.171	23	-0.45	28.6	23	3.31	0.69
R740	电光与控制	693	7	0.30	0.409	7	0.32	40.9	12	5.17	0.31
Y006	飞行力学	351	14	-0.34	0.211	22	-0.32	31.8	19	3.34	0.69
Y030	飞行器测控学报	166	24	-0.69	0.108	27	-0.65	19.3	29	2.66	0.34
Y013	固体火箭技术	516	11	-0.03	0.349	10	0.13	39.1	14	4.24	0.45
Y017	航空动力学报	1181	5	1.22	0.428	5	0.39	54.5	7	6.41	0.76
Y031	航空计算技术	266	18	-0.50	0.137	26	-0.56	30.0	21	4.97	0.48
Y012	航空精密制造技术	194	22	-0.64	0.160	25	-0.48	27.8	25	3.21	0.28
Y002	航空学报	1731	1	2.25	0.599	2	0.94	90.5	1	10.97	0.86
Y014	航空制造技术	550	10	0.03	0.250	20	-0.19	33.4	16	5.41	0.55
Y034	航天返回与遥感	139	27	-0.74	0.283	17	-0.08	32.8	18	2.48	0.38
Y015	航天控制	325	15	-0.39	0.223	21	-0.28	33.3	17	3.41	0.62
Y033	航天器工程	204	21	-0.62	0.321	12	0.04	28.9	22	2.21	0.38
Y032	航天器环境工程	235	20	-0.56	0.329	11	0.06	25.1	26	2.14	0.38
S050	计算机测量与控制	1594	2	2.00	0.428	5	0.39	54.8	6	9.62	0.59
Y016	空气动力学学报	464	12	-0.13	0.266	18	-0.14	43.0	11	4.52	0.59
Y011	南昌航空大学学报自然科学版	100	29	-0.81	0.070	29	-0.77	24.1	27	2.62	0.10
Y026	南京航空航天大学学报	677	8	0.27	0.294	14	-0.05	53.5	8	9.86	0.76
Y009	强度与环境	162	25	-0.70	0.265	19	-0.14	28.1	24	2.69	0.45
Y018	实验流体力学	286	16	-0.46	0.310	13	0.00	39.7	13	3.97	0.55
Y025	推进技术	632	9	0.19	0.366	8	0.18	49.7	9	4.07	0.55
Y008	宇航计测技术	121	28	-0.77	0.090	28	-0.71	21.0	28	2.48	0.31
Y024	宇航学报	1538	3	1.89	0.582	3	0.88	79.1	2	9.03	0.97
Y010	振动测试与诊断	422	13	-0.21	0.663	1	1.15	57.4	5	4.86	0.14
Y003	中国空间科学技术	278	17	-0.48	0.291	15	-0.06	37.9	15	3.45	0.55
Y028	中国民航大学学报	152	26	-0.71	0.163	24	-0.47	31.2	20	3.03	0.31
	29 种期刊平均值	532			0. 309						

环境科学技术、安全科学技术类

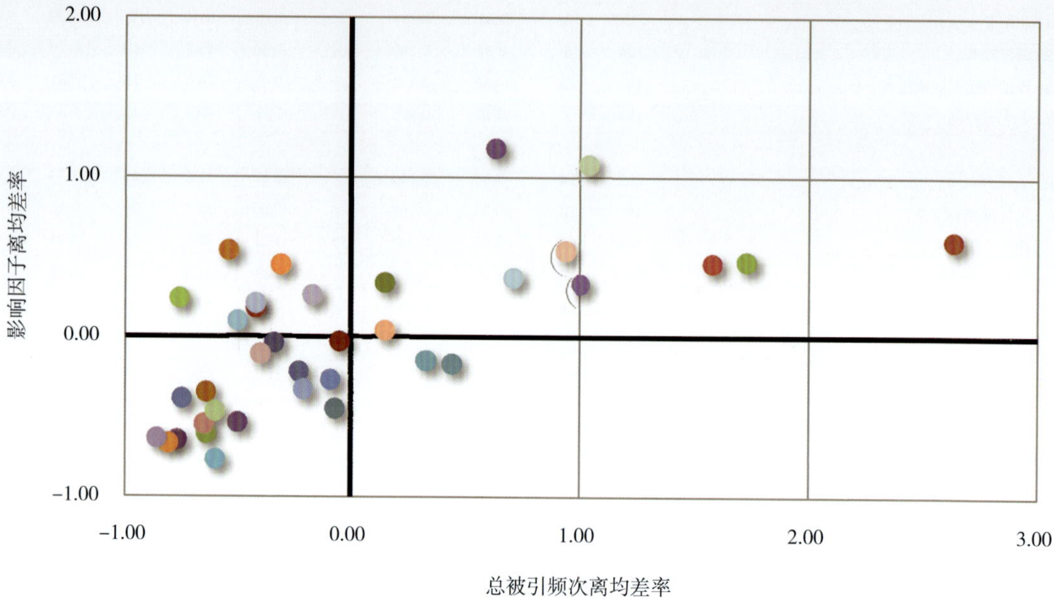

2010 年环境科学技术、安全科学技术类期刊总被引频次和影响因子离均差率的分布图

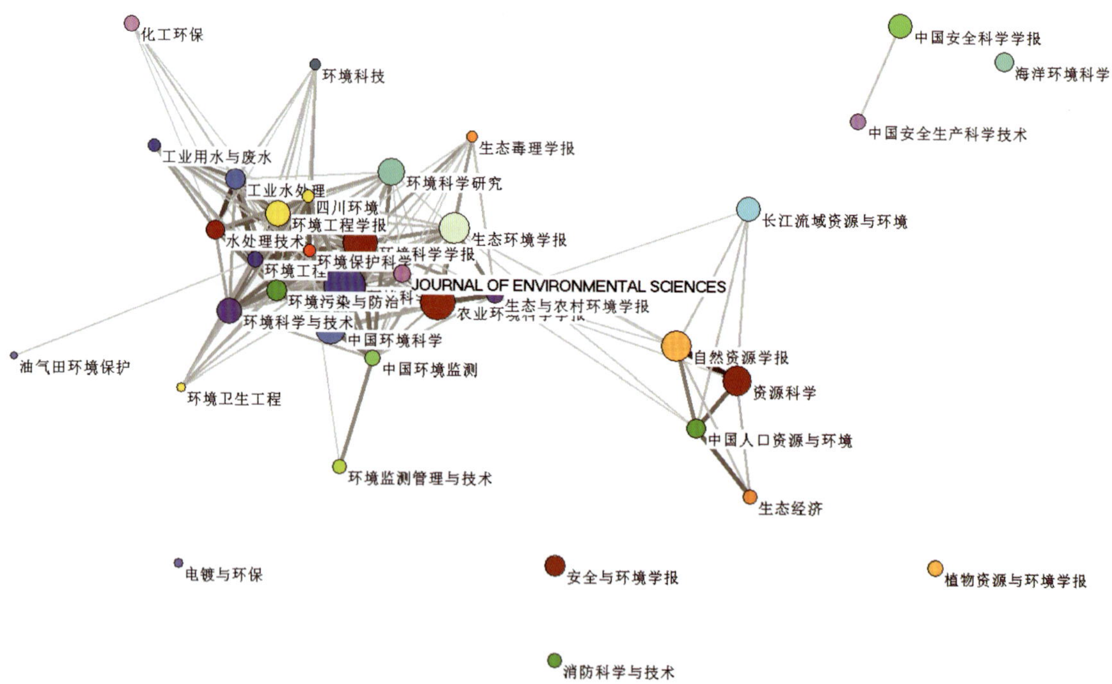

2010 年环境科学技术、安全科学技术类期刊互引关系示意图

表 6-60　2010 年环境科学技术、安全科学技术类期刊主要指标

CODE	刊名	总被引频次			影响因子			综合评价总分		学科扩散指标	学科影响指标
		数值	排名	离均差率	数值	排名	离均差率	数值	排名		
Z027	JOURNAL OF ENVIRONMENTAL SCIENCES	942	20	-0.34	0.675	19	-0.04	49.5	11	7.69	0.75
Z549	安全与环境学报	1363	13	-0.05	0.681	18	-0.03	36.1	23	8.72	0.89
Z029	长江流域资源与环境	1646	12	0.15	0.941	10	0.34	55.3	10	8.67	0.81
Z015	电镀与环保	330	34	-0.77	0.247	34	-0.65	20.0	33	1.92	0.17
Z013	工业水处理	1337	14	-0.07	0.383	28	-0.45	32.5	25	8.11	0.64
Z032	工业用水与废水	513	29	-0.64	0.456	26	-0.35	23.8	31	3.78	0.56
Z010	海洋环境科学	1104	18	-0.23	0.548	23	-0.22	40.1	18	5.33	0.69
Z009	化工环保	830	22	-0.42	0.828	15	0.18	34.3	24	5.39	0.64
Z017	环境保护科学	511	30	-0.64	0.276	32	-0.61	25.7	28	6.28	0.81
Z005	环境工程	719	24	-0.50	0.323	30	-0.54	28.3	26	7.39	0.78
Z021	环境工程学报	2055	9	0.44	0.584	22	-0.17	48.0	13	11.97	0.89
Z554	环境监测管理与技术	661	26	-0.54	1.080	5	0.54	38.9	20	4.17	0.69
Z506	环境科技	364	32	-0.75	0.426	27	-0.39	23.2	32	4.08	0.72
Z004	环境科学	5197	1	2.63	1.125	3	0.60	86.5	1	15.64	0.89
Z003	环境科学学报	3914	2	1.73	1.033	6	0.47	77.3	3	14.86	0.97
Z002	环境科学研究	2328	8	0.63	1.531	1	1.18	73.5	5	11.22	0.89
Z025	环境科学与技术	1902	10	0.33	0.597	21	-0.15	45.3	16	11.78	0.92
Z035	环境卫生工程	275	35	-0.81	0.228	35	-0.67	15.1	34	2.72	0.58
Z019	环境污染与防治	1304	15	-0.09	0.515	24	-0.27	42.0	17	10.00	0.92
Z008	农业环境科学学报	3700	3	1.58	1.024	7	0.46	74.2	4	11.67	0.89
Z034	生态毒理学报	349	33	-0.76	0.867	13	0.24	45.9	15	3.22	0.44
H784	生态环境学报	2863	5	1.00	0.933	11	0.33	67.2	7	12.14	0.83
S784	生态经济	569	28	-0.60	0.159	36	-0.77	24.0	30	5.00	0.61
Z023	生态与农村环境学报	995	19	-0.31	1.018	8	0.45	56.0	9	6.92	0.64
Z016	水处理技术	1135	17	-0.21	0.473	25	-0.33	36.4	22	7.14	0.67
Z007	四川环境	495	31	-0.65	0.316	31	-0.55	28.1	27	6.28	0.81
T953	消防科学与技术	572	27	-0.60	0.371	29	-0.47	9.2	36	2.44	0.14
Z538	油气田环境保护	199	36	-0.86	0.255	33	-0.64	13.7	35	2.14	0.50
Z551	植物资源与环境学报	710	25	-0.50	0.773	16	0.10	46.4	14	5.67	0.31
G129	中国安全科学学报	1647	11	0.15	0.729	17	0.04	39.6	19	9.36	0.39
Z552	中国安全生产科学技术	830	22	-0.42	0.849	14	0.21	25.7	28	3.22	0.14
Z030	中国环境监测	855	21	-0.40	0.624	20	-0.11	37.1	21	6.97	0.78
Z001	中国环境科学	2924	4	1.04	1.457	2	1.08	77.9	2	14.03	0.89
Z546	中国人口资源与环境	1191	16	-0.17	0.885	12	0.26	49.1	12	6.61	0.72
Z022	资源科学	2448	7	0.71	0.957	9	0.37	62.1	8	9.64	0.64
Z012	自然资源学报	2764	6	0.93	1.083	4	0.54	70.6	6	9.92	0.64
	36 种期刊平均值	1432			0. 701						

管理学类

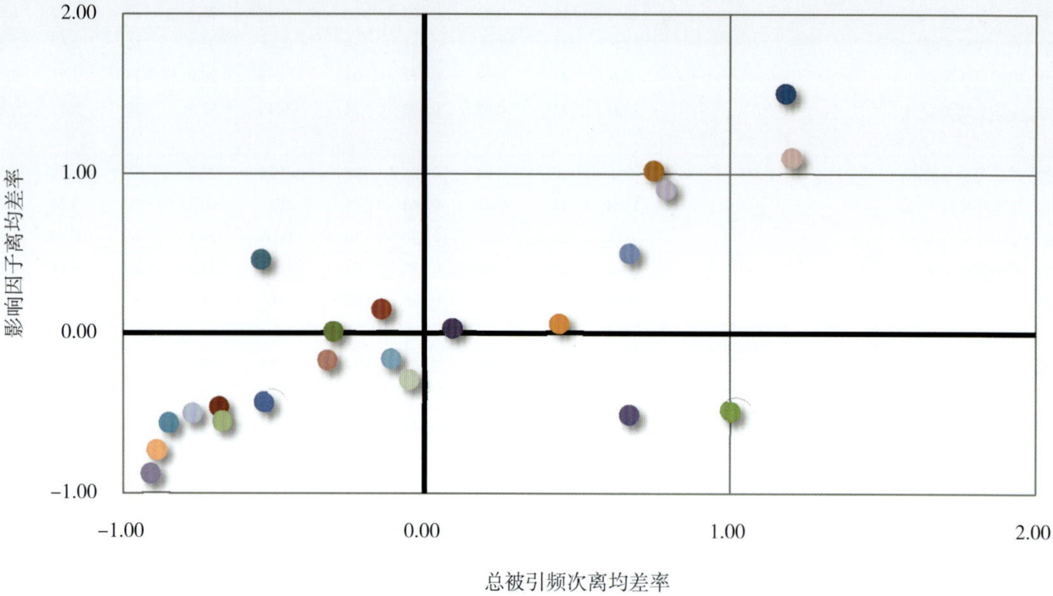

2010 年管理学类期刊总被引频次和影响因子离均差率的分布图

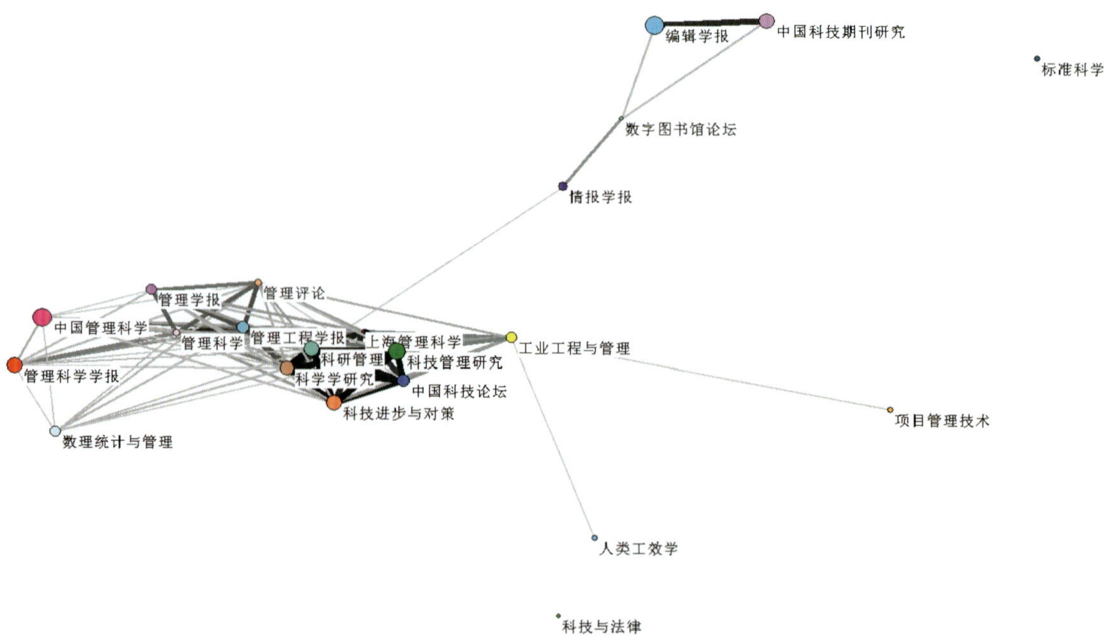

2010 年管理学类期刊互引关系示意图

表 6-61　2010 年管理学类期刊主要指标

CODE	刊名	总被引频次			影响因子			综合评价总分		学科扩散指标	学科影响指标
		数值	排名	离均差率	数值	排名	离均差率	数值	排名		
A570	编辑学报	1045	2	1.18	0.809	1	1.50	66.1	4	3.59	0.27
W568	标准科学	152	18	-0.68	0.174	15	-0.46	12.5	19	2.68	0.27
N110	工业工程与管理	337	13	-0.30	0.328	10	0.01	46.8	11	4.86	0.68
W007	管理工程学报	520	9	0.09	0.335	9	0.03	57.8	6	5.64	0.68
W018	管理科学	220	16	-0.54	0.473	6	0.46	57.5	7	3.14	0.73
W008	管理科学学报	837	5	0.75	0.654	3	1.02	78.2	2	7.14	0.77
W025	管理评论	224	15	-0.53	0.184	14	-0.43	38.3	16	3.09	0.68
W016	管理学报	414	12	-0.14	0.372	7	0.15	49.4	9	3.73	0.77
S812	科技管理研究	958	3	1.00	0.170	16	-0.48	45.4	13	7.82	0.86
R588	科技进步与对策	802	6	0.67	0.158	18	-0.51	47.6	10	7.05	0.77
W027	科技与法律	71	20	-0.85	0.142	20	-0.56	8.1	22	0.68	0.23
W514	科学学研究	688	8	0.44	0.345	8	0.06	59.7	5	4.82	1.00
W531	科研管理	798	7	0.67	0.487	5	0.50	73.2	3	5.68	0.82
W020	情报学报	324	14	-0.32	0.268	12	-0.17	39.6	15	3.91	0.59
N106	人类工效学	157	17	-0.67	0.147	19	-0.55	27.1	17	3.45	0.27
W023	上海管理科学	41	22	-0.91	0.038	22	-0.88	23.7	18	1.18	0.32
W009	数理统计与管理	424	11	-0.11	0.272	11	-0.16	45.5	12	9.50	0.59
W022	数字图书馆论坛	53	21	-0.89	0.087	21	-0.73	12.3	20	0.77	0.23
W024	项目管理技术	110	19	-0.77	0.162	17	-0.50	10.9	21	1.23	0.23
W021	中国管理科学	1056	1	1.20	0.682	2	1.10	84.1	1	7.95	0.73
A098	中国科技论坛	456	10	-0.05	0.229	13	-0.29	41.0	14	4.45	0.50
A583	中国科技期刊研究	858	4	0.79	0.614	4	0.90	51.5	8	3.41	0.36
	22 种期刊平均值	479			0. 324						

表 7 2010 年中国科技期刊综合评价总分排名

CODE	刊名	总被引频次		影响因子		综合评价总分	
		数值	排名	数值	排名	数值	排名
G146	中华护理杂志	8112	7	1.517	39	100.0	1
X031	中国公路学报	1460	360	0.917	156	99.7	2
H034	作物学报	5093	24	1.431	46	98.4	3
A075	科学通报	5938	18	0.746	269	97.2	4
E305	地理学报	4899	26	2.438	3	97.2	4
H280	林业科学	3469	78	1.026	115	94.6	6
M028	中国有色金属学报	2905	106	0.841	190	94.4	7
A105	中国科学数学	955	653	0.471	732	93.9	8
H290	中国水产科学	1649	296	1.178	69	93.4	9
A108	中国科学地球科学	3998	53	2.296	4	93.1	10
H008	水产学报	2047	202	1.081	100	92.3	11
A109	中国科学技术科学	992	616	0.659	360	92.2	12
N051	机械工程学报	3959	56	0.731	287	91.6	13
C005	岩石力学与工程学报	6968	9	1.972	8	91.1	14
H018	西北农林科技大学学报自然科学版	2508	143	0.596	464	91.0	15
H279	农业工程学报	6958	10	1.347	54	90.8	16
Y002	航空学报	1731	273	0.599	453	90.5	17
E008	海洋与湖沼	2064	199	1.404	48	88.8	18
S011	软件学报	4286	42	1.422	47	88.8	18
N066	仪器仪表学报	3262	85	1.089	95	88.7	20
L031	石油勘探与开发	2809	115	2.689	2	88.6	21
G011	癌症	2297	168	0.960	141	88.3	22
H030	中国农业科学	6823	12	1.154	73	87.7	23
E111	湖泊科学	1634	303	1.688	18	87.5	24
Z006	遥感学报	1539	336	0.865	178	87.5	24
G138	中华儿科杂志	3983	55	1.578	30	86.8	26
Z004	环境科学	5197	22	1.125	83	86.5	27
E153	地球物理学报	4001	52	1.998	7	86.4	28
H527	草业学报	2455	152	2.908	1	86.1	29
R040	中国电机工程学报	10986	3	1.361	52	85.8	30
T007	化工学报	2480	149	0.667	349	85.8	30
W003	水利学报	3588	71	0.996	124	85.8	30
G139	中华耳鼻咽喉头颈外科杂志	2644	132	0.740	275	85.6	33
W021	中国管理科学	1056	562	0.682	332	84.1	34
G275	WORLD JOURNAL OF GASTROENTEROLOGY	6418	13	0.808	219	83.2	35
Z014	生态学报	11763	1	1.606	28	82.7	36
M012	金属学报	2168	180	0.732	286	82.3	37
G152	中华流行病学杂志	4493	34	0.778	239	82.0	38
E109	大气科学	2373	160	1.539	34	81.4	39

表 7　2010 年中国科技期刊综合评价总分排名（续）

CODE	刊名	总被引频次		影响因子		综合评价总分	
		数值	排名	数值	排名	数值	排名
D005	分析化学	4352	38	1.529	38	80.8	40
G148	中华口腔医学杂志	1622	308	0.510	645	80.8	40
K017	煤炭学报	2603	134	1.109	88	80.4	42
G102	中国公共卫生	4973	25	0.822	206	80.3	43
H012	土壤学报	3783	65	1.550	33	80.3	43
R066	中国激光	3496	74	1.532	35	79.9	45
S018	计算机学报	3361	81	1.290	59	79.5	46
G272	中国实用外科杂志	4420	36	1.140	78	79.4	47
L028	石油学报	3183	88	1.632	25	79.2	48
W013	水科学进展	1979	218	1.333	56	79.1	49
Y024	宇航学报	1538	337	0.582	485	79.1	49
E152	测绘学报	1070	549	0.960	141	78.6	51
E102	成都理工大学学报自然科学版	1010	597	0.763	253	78.2	52
G147	中华结核和呼吸杂志	5103	23	1.024	116	78.2	52
W008	管理科学学报	837	756	0.654	374	78.2	52
G096	中国病理生理杂志	2452	153	0.760	256	78.1	55
Z001	中国环境科学	2924	103	1.457	42	77.9	56
K015	中国矿业大学学报	1651	295	1.009	121	77.7	57
U006	食品科学	7701	8	0.572	500	77.6	58
N754	中国工程科学	1163	488	0.518	630	77.5	59
Z003	环境科学学报	3914	60	1.033	111	77.3	60
E023	天文学报	168	1870	0.323	1213	77.2	61
G007	中草药	6178	14	0.904	159	76.6	62
Z018	应用生态学报	9295	5	1.640	23	76.6	62
E001	气象学报	2513	142	1.248	62	76.5	64
H004	西南大学学报自然科学版	1555	331	0.575	494	76.5	64
T005	硅酸盐学报	2078	195	0.569	506	76.2	66
X672	交通运输工程学报	838	755	0.764	251	76.2	66
E005	高原气象	2897	107	1.733	14	76.0	68
G132	中国中药杂志	5961	16	0.752	261	76.0	68
R006	电子学报	4105	48	0.771	247	75.8	70
E309	岩石学报	4558	32	1.788	12	75.5	71
M103	材料导报	2528	140	0.407	918	75.4	72
T101	化工进展	1803	255	0.607	441	75.3	73
B006	数学学报	837	756	0.382	992	75.2	74
G008	药学学报	2916	104	1.085	97	75.1	75
N033	光学精密工程	2457	151	1.105	91	74.8	76
J001	清华大学学报自然科学版	2497	147	0.487	699	74.6	77
Q001	核技术	570	1084	0.283	1377	74.6	77
C006	物理学报	11141	2	1.532	35	74.4	79
H039	园艺学报	4049	50	1.014	119	74.4	79
G197	中华神经科杂志	3879	63	0.633	403	74.2	81
H021	南京农业大学学报	1347	403	0.554	548	74.2	81
Z008	农业环境科学学报	3700	68	1.024	116	74.2	81

表 7　2010 年中国科技期刊综合评价总分排名（续）

CODE	刊名	总被引频次		影响因子		综合评价总分	
		数值	排名	数值	排名	数值	排名
G121	中国药理学通报	3477	76	1.236	63	74.1	84
E010	地质学报	3046	96	1.774	13	73.7	85
A030	东北师大学报自然科学版	543	1120	0.716	300	73.6	86
A005	北京大学学报自然科学版	1027	580	0.497	668	73.5	87
Z002	环境科学研究	2328	163	1.531	37	73.5	87
N008	兵工学报	884	715	0.335	1165	73.3	89
G173	中华眼科杂志	2318	165	0.558	537	73.2	90
W531	科研管理	798	797	0.487	699	73.2	90
G117	中国心理卫生杂志	2780	117	0.761	255	73.0	92
S019	电力系统自动化	6891	11	1.611	27	72.8	93
D003	无机材料学报	1670	289	0.708	307	72.7	94
N059	中国机械工程	3100	93	0.482	706	72.4	95
H035	浙江大学学报农业与生命科学版	1154	493	0.553	551	71.7	96
G299	中国组织工程研究与临床康复	8768	6	0.470	734	71.5	97
A036	中山大学学报自然科学版	1151	497	0.487	699	71.3	98
E352	气象	2827	114	1.819	11	71.3	98
G176	中华医学杂志	6102	15	0.559	531	70.8	100
E107	武汉大学学报信息科学版	2024	208	0.592	468	70.6	101
Z012	自然资源学报	2764	119	1.083	99	70.6	101
H003	华中农业大学学报	1417	375	0.659	360	70.5	103
G170	中华心血管病杂志	4674	30	0.721	294	70.2	104
C102	力学进展	822	777	1.028	114	70.1	105
H025	北京林业大学学报	1920	227	0.751	262	70.1	105
F009	植物生态学报	4081	49	1.870	10	70.0	107
Q005	辐射研究与辐射工艺学报	240	1707	0.340	1143	70.0	107
E357	地学前缘	2747	120	1.031	113	69.9	109
H287	水土保持学报	4046	51	1.003	122	69.9	109
H020	中国水稻科学	1607	315	1.189	67	69.6	111
E115	地球科学进展	2434	156	1.174	70	69.5	112
R039	电网技术	5954	17	1.637	24	69.5	112
D012	色谱	2035	206	1.926	9	69.4	114
A033	四川师范大学学报自然科学版	750	845	0.529	603	69.3	115
E003	海洋学报	1594	317	0.585	478	69.2	116
G143	中华骨科杂志	3987	54	0.700	313	69.2	116
F001	生理学报	621	1002	0.735	281	68.7	118
G021	第三军医大学学报	3153	91	0.668	348	68.5	119
H027	中国农业大学学报	1140	504	0.496	673	68.3	120
G182	中国中西医结合杂志	4300	40	0.710	304	68.1	121
G127	中国医学影像技术	3959	56	0.870	175	68.0	122
H281	林业科学研究	1718	277	0.756	259	68.0	122
G140	中华放射学杂志	4142	46	0.659	360	67.9	124
G179	中华肿瘤杂志	2498	146	0.578	491	67.9	124
N084	摩擦学学报	1068	553	0.740	275	67.9	124
G164	中华外科杂志	4813	28	0.514	638	67.8	127

表 7　2010 年中国科技期刊综合评价总分排名（续）

CODE	刊名	总被引频次		影响因子		综合评价总分	
		数值	排名	数值	排名	数值	排名
S026	自动化学报	1819	251	0.928	152	67.8	127
N006	爆炸与冲击	756	836	0.308	1272	67.7	129
E301	第四纪研究	2326	164	1.669	20	67.4	130
J032	同济大学学报自然科学版	1926	226	0.439	822	67.4	130
A064	西南师范大学学报自然科学版	1015	592	0.429	851	67.2	132
H784	生态环境学报	2863	111	0.933	149	67.2	132
E114	天文学进展	103	1953	0.267	1442	67.0	134
E310	地理研究	2843	113	1.605	29	67.0	134
E122	应用气象学报	1843	246	1.375	51	66.9	136
E150	地震地质	1154	493	2.220	5	66.9	136
G194	中华医院感染学杂志	9432	4	1.731	15	66.9	136
H890	植物营养与肥料学报	2956	102	1.163	72	66.8	139
G142	中华妇产科杂志	3908	62	0.575	494	66.6	140
K001	中南大学学报自然科学版	1270	440	0.605	443	66.6	140
I201	CHINESE MEDICAL JOURNAL	3060	95	0.891	164	66.5	142
S021	计算机研究与发展	2416	157	0.971	135	66.4	143
X036	长安大学学报自然科学版	1024	582	0.786	235	66.2	144
A570	编辑学报	1045	565	0.809	217	66.1	145
B025	系统工程理论与实践	2735	121	0.620	423	66.0	146
A016	兰州大学学报自然科学版	911	689	0.569	506	65.7	147
Z543	遥感技术与应用	918	682	0.767	249	65.7	147
H060	湖南农业大学学报自然科学版	1226	457	0.577	492	65.6	149
M029	稀有金属	1094	527	0.849	185	65.6	149
M052	稀有金属材料与工程	2246	173	0.478	711	65.4	151
T008	过程工程学报	963	644	0.597	462	65.3	152
A025	南京大学学报自然科学	809	789	0.553	551	65.2	153
N039	功能材料	2098	189	0.422	872	65.0	154
T016	高校化学工程学报	1074	548	0.719	297	64.9	155
D020	高等学校化学学报	3932	59	0.839	192	64.8	156
G043	华西口腔医学杂志	905	698	0.541	583	64.5	157
X004	中国铁道科学	824	775	0.566	513	64.4	158
Y001	北京航空航天大学学报	1333	412	0.354	1094	64.4	158
C096	ACTA MATHEMATICA SCIENTIA	421	1323	0.453	792	64.0	160
N030	振动与冲击	1725	275	0.657	368	63.9	161
E124	中国沙漠	3013	98	1.645	22	63.8	162
G106	中国康复医学杂志	2853	112	1.332	57	63.8	162
X005	铁道学报	963	644	0.433	837	63.2	164
C004	岩土力学	4404	37	0.839	192	63.1	165
Y019	复合材料学报	1353	396	0.730	288	63.1	165
G133	中国肿瘤临床	2056	200	0.689	327	62.9	167
S001	控制与决策	2264	171	0.738	278	62.9	167
G105	中国寄生虫学与寄生虫病杂志	1010	597	0.653	376	62.7	169
H011	河南农业大学学报	962	647	0.637	395	62.7	169
L006	石油与天然气地质	2047	202	1.551	31	62.7	169

表 7　2010 年中国科技期刊综合评价总分排名（续）

CODE	刊名	总被引频次		影响因子		综合评价总分	
		数值	排名	数值	排名	数值	排名
G233	中国矫形外科杂志	3821	64	0.837	195	62.5	172
E142	地球科学	1899	235	1.216	64	62.3	173
A035	吉林大学学报理学版	883	717	0.492	685	62.1	174
Z022	资源科学	2448	154	0.957	143	62.1	174
R021	电子测量与仪器学报	963	644	1.443	43	62.0	176
H283	江西农业大学学报	1083	540	0.470	734	61.9	177
G228	中国实用妇科与产科杂志	3643	70	0.801	221	61.8	178
G156	中华内科杂志	3957	58	0.656	370	61.7	179
J028	东南大学学报自然科学版	1081	544	0.456	779	61.6	180
Q008	原子能科学技术	502	1180	0.244	1547	61.5	181
H013	华南农业大学学报	987	621	0.498	665	61.4	182
G112	中国人兽共患病学报	1437	366	0.553	551	61.3	183
J051	四川大学学报工程科学版	904	699	0.581	489	61.1	184
G231	中华肝脏病杂志	3452	80	0.646	383	61.0	185
T001	高分子材料科学与工程	2135	183	0.435	833	60.9	186
J035	江苏大学学报自然科学版	681	932	0.621	422	60.8	187
T102	精细化工	1330	414	0.518	630	60.8	187
M104	TRANSACTIONS OF NONFERROUS METALS SOCIETY OF CHINA	1167	485	0.647	379	60.7	189
A022	西北师范大学学报自然科学版	449	1275	0.505	652	60.6	190
G190	世界华人消化杂志	3458	79	0.694	320	60.6	190
I122	CHINESE JOURNAL OF AERONAUTICS	240	1707	0.545	571	60.6	190
E009	地质论评	1989	213	1.351	53	60.5	193
G281	医学研究生学报	1803	255	1.296	58	60.3	194
J021	重庆大学学报自然科学版	1308	426	0.330	1189	60.3	194
X030	西安交通大学学报	1610	312	0.428	853	60.3	194
E130	地理科学	2538	138	1.435	45	60.0	197
W004	水动力学研究与进展 A	918	682	1.194	66	59.9	198
E106	矿床地质	1818	253	1.648	21	59.8	199
E313	中国海洋大学学报自然科学版	1424	371	0.585	478	59.7	200
G005	第二军医大学学报	1733	272	0.478	711	59.7	200
H404	农药学学报	581	1065	0.609	438	59.7	200
W514	科学学研究	688	923	0.345	1117	59.7	200
E584	地理科学进展	1617	311	1.393	49	59.4	204
H208	中国烟草科学	1004	603	0.942	144	59.4	204
X018	汽车工程	1004	603	0.405	925	59.4	204
G314	中国疫苗和免疫	1354	395	0.963	139	59.3	207
E024	地球化学	1570	326	0.992	127	59.1	208
H234	草业科学	2497	147	1.393	49	59.1	208
H205	中国油料作物学报	1198	468	0.990	128	59.0	210
E145	海洋科学	1541	334	0.343	1129	58.8	211
H555	中国生态农业学报	1990	212	1.011	120	58.8	211
G009	中国药学杂志	3172	90	0.559	531	58.7	213
G118	中国修复重建外科杂志	2029	207	0.848	187	58.7	213

表 7 2010 年中国科技期刊综合评价总分排名（续）

CODE	刊名	总被引频次		影响因子		综合评价总分	
		数值	排名	数值	排名	数值	排名
H028	果树学报	1877	238	0.881	172	58.6	215
A063	厦门大学学报自然科学版	946	666	0.345	1117	58.4	216
G985	中国艾滋病性病	1295	433	0.789	233	58.4	216
S025	计算机工程与应用	5709	19	0.324	1210	58.4	216
V037	岩土工程学报	4221	43	0.835	197	58.4	216
G155	中华内分泌代谢杂志	1983	215	1.039	108	58.3	220
X006	上海交通大学学报	1739	271	0.358	1079	58.2	221
X032	西南交通大学学报	907	696	0.636	399	58.0	222
D030	化学学报	3025	97	0.801	221	57.8	223
J004	华南理工大学学报自然科学版	1317	420	0.417	886	57.8	223
W007	管理工程学报	520	1145	0.335	1165	57.8	223
N060	传感技术学报	1413	379	0.579	490	57.6	226
C050	光学学报	4311	39	1.620	26	57.5	227
G001	ACTA PHARMACOLOGICA SINICA	1608	314	0.623	417	57.5	227
G328	新乡医学院学报	970	639	0.891	164	57.5	227
R061	光电子·激光	1915	228	1.181	68	57.5	227
W018	管理科学	220	1754	0.473	724	57.5	227
J033	华中科技大学学报自然科学版	1590	320	0.402	935	57.4	232
Y010	振动测试与诊断	422	1319	0.663	354	57.4	232
B007	数学进展	329	1522	0.265	1456	57.2	234
M102	新型炭材料	657	957	0.806	220	57.2	234
E361	气候与环境研究	1094	527	1.128	81	57.0	236
G010	中医杂志	2874	109	0.782	237	57.0	236
G177	中华预防医学杂志	1729	274	0.629	411	56.9	238
G843	中国中西医结合急救杂志	1211	464	1.143	76	56.9	238
G875	实用儿科临床杂志	3309	83	0.935	148	56.9	238
J003	哈尔滨工业大学学报	1664	290	0.267	1442	56.9	238
G002	北京大学学报医学版	1132	509	0.582	485	56.8	242
H268	福建农林大学学报自然科学版	1003	606	0.530	601	56.7	243
T004	硅酸盐通报	1009	600	0.693	321	56.7	243
B001	应用数学学报	454	1265	0.251	1518	56.6	245
B009	生物数学学报	568	1090	0.433	837	56.6	245
G337	中国感染与化疗杂志	1126	513	2.051	6	56.6	245
G125	中国医学科学院学报	1158	491	0.620	423	56.3	248
G023	南方医科大学学报	2126	185	0.451	796	56.2	249
G263	中华行为医学与脑科学杂志	2681	129	0.660	356	56.2	249
A024	武汉大学学报理学版	719	879	0.315	1249	56.0	251
Z023	生态与农村环境学报	995	614	1.018	118	56.0	251
A062	广西师范大学学报自然科学版	525	1139	0.409	909	55.9	253
G181	中山大学学报医学科学版	826	774	0.647	379	55.9	253
G276	临床耳鼻咽喉头颈外科杂志	1825	250	0.492	685	55.9	253
U007	中国食品学报	691	920	0.692	323	55.9	253
U647	中国烟草学报	646	974	0.799	225	55.9	253
G098	中国地方病学杂志	1457	361	0.858	182	55.7	258

表 7　2010 年中国科技期刊综合评价总分排名（续）

CODE	刊名	总被引频次		影响因子		综合评价总分	
		数值	排名	数值	排名	数值	排名
W015	JOURNAL OF HYDRODYNAMICS SERIES B	600	1039	1.442	44	55.6	259
G114	中国神经精神疾病杂志	1552	332	0.702	312	55.5	260
A038	云南大学学报自然科学版	578	1069	0.456	779	55.3	261
G278	NEUROSCIENCE BULLETIN	264	1663	0.642	387	55.3	261
Z029	长江流域资源与环境	1646	299	0.941	145	55.3	261
B017	模糊系统与数学	571	1080	0.297	1309	55.2	264
H024	沈阳农业大学学报	1174	482	0.463	753	55.2	264
N007	火炸药学报	604	1033	0.495	676	55.1	266
E113	沉积学报	2283	169	1.118	85	54.9	267
G192	中国脊柱脊髓杂志	1947	222	0.787	234	54.9	267
G255	中国肿瘤生物治疗杂志	405	1362	0.589	474	54.9	267
G266	口腔医学研究	878	723	0.637	395	54.9	267
Q006	辐射防护	230	1730	0.318	1236	54.9	267
T100	CHINESE JOURNAL OF CHEMICAL ENGINEERING	542	1122	0.567	512	54.9	267
G251	中华放射肿瘤学杂志	1358	394	0.691	324	54.8	273
S050	计算机测量与控制	1594	317	0.428	853	54.8	273
G503	护理学杂志	5251	21	0.697	316	54.7	275
R065	通信学报	1324	415	0.622	419	54.7	275
D001	物理化学学报	2265	170	0.920	154	54.6	277
A028	湖南大学学报自然科学版	662	952	0.377	1011	54.5	278
T063	现代化工	1100	521	0.424	867	54.5	278
Y017	航空动力学报	1181	480	0.428	853	54.5	278
G111	中国免疫学杂志	990	618	0.425	864	54.4	281
G654	护理研究	5257	20	0.428	853	54.3	282
H845	分子植物育种	1063	559	0.861	181	54.3	282
G442	中西医结合学报	999	610	0.718	298	54.2	284
H032	华北农学报	1866	240	0.816	212	54.2	284
A017	浙江大学学报工学版	1485	353	0.353	1096	54.1	286
G224	实用口腔医学杂志	1147	498	0.501	661	54.1	286
J023	东北大学学报自然科学版	1338	408	0.377	1011	54.1	286
G089	营养学报	1221	461	0.548	563	54.0	289
A041	天津大学学报	884	715	0.383	988	53.9	290
G039	中南大学学报医学版	1014	593	0.548	563	53.9	290
L029	天然气工业	2670	130	0.790	231	53.9	290
T010	离子交换与吸附	569	1088	0.557	540	53.9	290
D506	化学进展	1499	348	0.743	272	53.8	294
G093	针刺研究	881	719	0.971	135	53.8	294
A010	北京师范大学学报自然科学版	581	1065	0.290	1346	53.7	296
G097	中国超声医学杂志	2215	175	0.733	284	53.7	296
G115	中国生物医学工程学报	655	962	0.493	682	53.7	296
G183	中药材	3335	82	0.546	567	53.7	296
G538	中国癌症杂志	1043	567	0.633	403	53.7	296
E350	矿物学报	673	937	0.459	765	53.6	301
G160	中华神经外科杂志	2707	126	0.612	434	53.6	301

表 7　2010 年中国科技期刊综合评价总分排名（续）

CODE	刊名	总被引频次		影响因子		综合评价总分	
		数值	排名	数值	排名	数值	排名
T017	林产化学与工业	803	794	0.468	744	53.6	301
A580	应用基础与工程科学学报	370	1442	0.368	1050	53.5	304
G154	中华泌尿外科杂志	2561	136	0.605	443	53.5	304
G454	中国医院管理	1985	214	0.838	194	53.5	304
R059	系统工程与电子技术	2307	166	0.483	705	53.5	304
U029	食品与生物技术学报	931	679	0.562	523	53.5	304
Y026	南京航空航天大学学报	677	934	0.294	1322	53.5	304
H068	南方水产	365	1448	0.994	125	53.5	304
B522	运筹与管理	417	1333	0.249	1529	53.4	311
F049	生物多样性	1569	327	1.284	60	53.4	311
A066	陕西师范大学学报自然科学版	484	1208	0.322	1219	53.3	313
G776	中国全科医学	3657	69	0.850	184	53.2	314
G883	中国实验血液学杂志	1116	517	0.642	387	53.2	314
D015	分子催化	828	772	1.729	16	53.1	316
E591	国土资源遥感	657	957	0.608	440	53.1	316
G600	中国针灸	2983	99	0.710	304	53.1	316
A054	华东师范大学学报自然科学版	394	1382	0.339	1153	53.0	319
E127	地质通报	2177	179	1.116	86	52.9	320
G079	卫生研究	1380	384	0.475	717	52.9	320
H057	土壤通报	2643	133	0.646	383	52.9	320
Q002	核化学与放射化学	197	1813	0.379	1008	52.9	320
T013	人工晶体学报	901	702	0.602	447	52.9	320
E300	地球学报	1432	370	1.215	65	52.8	325
B020	应用数学和力学	541	1127	0.212	1668	52.7	326
A032	西北大学学报自然科学版	780	816	0.377	1011	52.6	327
B014	计算数学	284	1615	0.295	1319	52.6	327
G135	中华病理学杂志	1346	404	0.415	889	52.6	327
C106	CHINESE PHYSICS B	4840	27	1.459	41	52.5	330
H043	土壤	1891	237	0.750	263	52.5	330
B030	ACTA MATHEMATICA SINICA ENGLISH SERIES	394	1382	0.251	1518	52.3	332
H269	云南农业大学学报	782	812	0.380	1002	52.3	332
T034	农药	1352	399	0.448	804	52.3	332
U035	食品与发酵工业	2503	145	0.411	900	52.3	332
H006	东北农业大学学报	1219	462	0.565	518	52.2	336
B003	高校应用数学学报	205	1791	0.258	1486	51.9	337
G056	免疫学杂志	883	717	0.746	269	51.9	337
H958	中国农学通报	4207	45	0.437	828	51.9	337
H998	渔业科学进展	822	777	0.669	347	51.9	337
C072	RESEARCH IN ASTRONOMY AND ASTROPHYSICS	91	1967	0.111	1941	51.8	341
G184	肿瘤	1080	545	0.635	401	51.8	341
G756	中国循证儿科杂志	303	1574	1.074	103	51.8	341
G269	中国普外基础与临床杂志	1551	333	1.086	96	51.6	344
A583	中国科技期刊研究	858	735	0.614	430	51.5	345
B023	CHINESE ANNALS OF MATHEMATICS SERIES B	205	1791	0.260	1477	51.4	346

表 7　2010 年中国科技期刊综合评价总分排名（续）

CODE	刊名	总被引频次		影响因子		综合评价总分	
		数值	排名	数值	排名	数值	排名
G068	复旦学报医学版	881	719	0.481	708	51.4	346
G447	中国临床保健杂志	1319	418	1.128	81	51.4	346
R022	电子与信息学报	1944	224	0.507	648	51.4	346
E144	大地测量与地球动力学	1031	579	0.763	253	51.3	350
G211	中国糖尿病杂志	1993	211	0.665	352	51.3	350
L586	含能材料	542	1122	0.425	864	51.3	350
G283	上海口腔医学	610	1020	0.433	837	51.2	353
Z028	生态学杂志	3909	61	1.039	108	51.2	353
D022	分析测试学报	1961	220	1.080	101	51.1	355
G253	中国卫生统计	1103	520	0.866	177	51.1	355
M009	材料研究学报	653	965	0.475	717	51.1	355
E146	大地构造与成矿学	786	808	1.551	31	51.0	358
H016	扬州大学学报农业与生命科学版	616	1012	0.422	872	51.0	358
M001	理化检验化学分册	1417	375	0.520	626	51.0	358
F203	生理科学进展	535	1132	0.421	877	50.9	361
U001	中国粮油学报	1359	393	0.526	611	50.9	361
T916	有机硅材料	328	1524	0.796	227	50.8	363
A512	重庆师范大学学报自然科学版	312	1552	0.521	621	50.7	364
M022	中国稀土学报	1050	564	0.447	807	50.7	364
V044	建筑结构学报	1699	284	1.134	80	50.7	364
G048	解放军医学杂志	1803	255	0.604	445	50.6	367
G134	中国组织化学与细胞化学杂志	517	1150	0.521	621	50.6	367
H023	畜牧兽医学报	1353	396	0.565	518	50.6	367
E006	海洋科学进展	558	1098	0.618	426	50.5	370
H002	安徽农业大学学报	809	789	0.394	955	50.5	370
H213	中国草地学报	1318	419	1.092	94	50.5	370
G249	中国骨与关节损伤杂志	3176	89	0.832	198	50.4	373
G159	中华精神科杂志	891	710	0.520	626	50.2	374
G321	现代口腔医学杂志	833	761	0.394	955	50.2	374
G373	中国微创外科杂志	2298	167	0.836	196	50.2	374
H238	植物遗传资源学报	766	829	0.910	158	50.2	374
L015	石油化工	1742	270	0.734	283	50.2	374
G206	中国介入影像与治疗学	717	881	1.141	77	50.2	374
H046	PEDOSPHERE	637	979	0.663	354	50.1	380
N104	中国惯性技术学报	664	951	0.584	482	50.1	380
G006	生物医学工程学杂志	1043	567	0.339	1153	50.0	382
H045	干旱地区农业研究	2087	192	0.657	368	50.0	382
H748	麦类作物学报	1464	358	0.817	211	50.0	382
X685	交通运输系统工程与信息	389	1397	0.521	621	50.0	382
C091	光谱学与光谱分析	3523	73	0.873	174	49.9	386
G108	中国临床解剖学杂志	1363	391	0.462	760	49.9	386
G988	中国卫生检验杂志	3200	87	0.505	652	49.9	386
K008	辽宁工程技术大学学报自然科学版	903	701	0.323	1213	49.8	389
T106	塑料	687	925	0.720	295	49.8	389

表 7　2010 年中国科技期刊综合评价总分排名（续）

CODE	刊名	总被引频次		影响因子		综合评价总分	
		数值	排名	数值	排名	数值	排名
U005	食品工业科技	2711	125	0.406	922	49.8	389
G188	细胞与分子免疫学杂志	1067	556	0.537	591	49.7	392
G221	中国临床心理学杂志	1594	317	0.633	403	49.7	392
G222	临床麻醉学杂志	2396	158	0.706	309	49.7	392
Y025	推进技术	632	984	0.366	1056	49.7	392
I184	MINING SCIENCE AND TECHNOLOGY	542	1122	1.032	112	49.7	392
H037	棉花学报	1022	584	0.903	160	49.6	397
H052	植物病理学报	1332	413	0.778	239	49.6	397
H292	上海海洋大学学报	753	840	0.558	537	49.6	397
B015	数学的实践与认识	932	678	0.175	1799	49.5	400
G902	中国基层医药	4287	41	1.046	107	49.5	400
H244	河北农业大学学报	1017	591	0.366	1056	49.5	400
S004	机器人	773	824	0.676	339	49.5	400
Z027	JOURNAL OF ENVIRONMENTAL SCIENCES	942	670	0.675	340	49.5	400
G165	中华微生物学和免疫学杂志	976	632	0.329	1193	49.4	405
G458	传染病信息	379	1419	0.598	458	49.4	405
G787	中国健康教育	1527	340	0.706	309	49.4	405
H199	江苏农业学报	1138	506	0.933	149	49.4	405
N017	爆破	436	1298	0.715	301	49.4	405
Q910	临床肿瘤学杂志	1013	595	0.585	478	49.4	405
W016	管理学报	414	1340	0.372	1034	49.4	405
G175	中华医学遗传学杂志	911	689	0.377	1011	49.3	412
G267	中国实用内科杂志	2684	128	0.613	433	49.3	412
H042	核农学报	1323	417	0.977	132	49.3	412
M030	北京科技大学学报	1069	551	0.393	960	49.3	412
E601	古地理学报	734	865	1.064	105	49.2	416
E021	气候变化研究进展	624	997	1.171	71	49.2	416
L001	中国石油大学学报自然科学版	1510	345	0.601	449	49.1	418
Z546	中国人口资源与环境	1191	474	0.885	168	49.1	418
G091	浙江大学学报医学版	466	1245	0.498	665	49.0	420
N005	火力与指挥控制	702	906	0.173	1808	48.9	421
G073	首都医科大学学报	707	897	0.455	784	48.8	422
S029	计算机应用	2778	118	0.465	746	48.8	422
G045	四川大学学报医学版	1098	522	0.472	729	48.7	424
G963	现代预防医学	3474	77	0.324	1210	48.7	424
R038	高电压技术	3481	75	0.971	135	48.7	424
I051	ACTA MATHEMATICAE APPLICATAE SINICA	130	1926	0.230	1593	48.7	424
E358	高校地质学报	954	656	0.993	126	48.6	428
M007	中国腐蚀与防护学报	752	843	0.563	520	48.6	428
V029	土木工程学报	2435	155	0.697	316	48.6	428
B031	工程数学学报	477	1222	0.275	1406	48.5	431
E143	地震学报	1194	470	0.865	178	48.5	431
G066	上海交通大学学报医学版	1098	522	0.381	999	48.5	431
G642	中国肿瘤	1283	435	0.552	556	48.4	434

表 7 2010 年中国科技期刊综合评价总分排名（续）

CODE	刊名	总被引频次		影响因子		综合评价总分	
		数值	排名	数值	排名	数值	排名
H210	中国农业气象	1024	582	0.988	129	48.4	434
G101	中国天然药物	586	1059	0.743	272	48.4	434
G417	中国护理管理	1400	381	0.980	131	48.3	437
A107	中国科学生命科学	948	665	1.152	74	48.2	438
G302	中华疾病控制杂志	1092	531	0.790	231	48.2	438
G116	中国危重病急救医学	2906	105	0.880	173	48.1	440
G743	中华耳科学杂志	328	1524	0.553	551	48.1	440
D004	分析试验室	1905	233	1.096	93	48.0	442
E101	山地学报	1173	483	0.972	134	48.0	442
E311	海洋通报	753	840	0.518	630	48.0	442
E642	热带海洋学报	767	828	0.488	695	48.0	442
T105	热固性树脂	364	1450	0.609	438	48.0	442
Z021	环境工程学报	2055	201	0.584	482	48.0	442
G014	吉林大学学报医学版	1004	603	0.382	992	47.9	448
G280	中华口腔正畸学杂志	413	1342	0.541	583	47.9	448
N025	真空科学与技术学报	507	1166	0.638	392	47.9	448
G081	西安交通大学学报医学版	754	838	0.469	738	47.8	451
G350	国际病理科学与临床杂志	508	1164	0.376	1018	47.8	451
H033	南京林业大学学报自然科学版	1209	465	0.474	722	47.8	451
E118	地震工程与工程振动	1623	306	0.760	256	47.7	454
H014	植物保护学报	1032	578	0.735	281	47.6	455
R588	科技进步与对策	802	796	0.158	1855	47.6	455
H019	浙江林学院学报	844	751	0.641	389	47.5	457
H284	海洋渔业	444	1283	0.774	244	47.5	457
G675	中国血吸虫病防治杂志	1620	309	1.676	19	47.4	459
H022	上海交通大学学报农业科学版	450	1274	0.378	1010	47.4	459
U562	烟草科技	1509	346	0.677	338	47.4	459
D023	无机化学学报	2039	205	0.764	251	47.3	462
R083	中国图象图形学报	2079	194	0.439	822	47.3	462
X017	武汉理工大学学报交通科学与工程版	727	874	0.281	1387	47.3	462
H243	吉林农业大学学报	998	611	0.392	961	47.2	465
F020	西北植物学报	4219	44	0.921	153	47.1	466
G136	中华传染病杂志	1390	383	0.463	753	47.1	466
G202	肾脏病与透析肾移植杂志	961	648	0.563	520	47.1	466
G305	中国实用护理杂志	4802	29	0.199	1715	47.1	466
H040	淡水渔业	736	860	0.682	332	47.1	466
T014	塑料工业	829	770	0.459	765	47.1	466
T019	中国医药工业杂志	1091	534	0.374	1026	47.1	466
Y007	材料工程	1019	588	0.394	955	47.1	466
E120	南京信息工程大学学报	1086	537	0.796	227	47.0	474
G017	北京中医药大学学报	1751	269	0.531	599	47.0	474
G607	临床儿科杂志	1623	306	0.822	206	47.0	474
N103	中国表面工程	361	1457	0.421	877	47.0	474
H525	草地学报	1187	477	1.138	79	46.9	478

表 7　2010 年中国科技期刊综合评价总分排名（续）

CODE	刊名	总被引频次		影响因子		综合评价总分	
		数值	排名	数值	排名	数值	排名
X579	公路	1142	502	0.135	1909	46.9	478
A537	科学技术与工程	1092	531	0.141	1893	46.8	480
E139	地质科学	1345	405	0.828	200	46.8	480
H909	玉米科学	1710	281	0.774	244	46.8	480
N110	工业工程与管理	337	1507	0.328	1197	46.8	480
R043	电工技术学报	2260	172	0.720	295	46.8	480
X012	中国造船	428	1310	0.515	633	46.8	480
D024	环境化学	1567	328	0.825	203	46.7	486
G910	中华中医药杂志	2069	198	0.750	263	46.7	486
S013	计算机辅助设计与图形学学报	1909	230	0.601	449	46.7	486
G933	国际药学研究杂志	452	1270	0.704	311	46.7	486
F019	MOLECULAR PLANT	1682	286	0.822	206	46.6	490
G543	中国耳鼻咽喉头颈外科	957	652	0.495	676	46.6	490
L016	石油地球物理勘探	1269	442	1.084	98	46.6	490
T580	塑性工程学报	674	936	0.409	909	46.6	490
G859	中华中医药学刊	2726	122	0.388	974	46.5	494
M035	JOURNAL OF RARE EARTHS	702	906	0.515	633	46.5	494
S024	遥感信息	483	1210	0.488	695	46.5	494
D013	催化学报	1713	280	0.777	241	46.4	497
G908	中国学校卫生	2348	162	0.593	467	46.4	497
N050	机械科学与技术	1270	440	0.311	1258	46.4	497
Z551	植物资源与环境学报	710	893	0.773	246	46.4	497
G235	中华高血压杂志	1463	359	0.744	271	46.3	501
G243	中国医院药学杂志	2722	123	0.447	807	46.3	501
G271	临床放射学杂志	2089	191	0.554	548	46.3	501
G273	中国实用儿科杂志	2180	178	0.585	478	46.3	501
I062	ADVANCES IN ATMOSPHERIC SCIENCES	817	781	0.654	374	46.3	501
G858	中华肿瘤防治杂志	1755	265	0.495	676	46.2	506
M008	材料科学与工程学报	955	653	0.338	1155	46.1	507
G238	听力学及言语疾病杂志	602	1035	0.528	605	46.0	508
G564	中药新药与临床药理	1001	609	0.614	430	46.0	508
L002	西南石油大学学报自然科学版	1281	437	0.710	304	46.0	508
K512	采矿与安全工程学报	517	1150	0.591	470	46.0	508
G773	眼科研究	832	762	0.410	906	45.9	512
W012	河海大学学报自然科学版	1043	567	0.371	1039	45.9	512
Z034	生态毒理学报	349	1478	0.867	176	45.9	512
E020	干旱区地理	1503	347	1.341	55	45.8	515
G168	中华消化杂志	2530	139	0.455	784	45.8	515
E116	吉林大学学报地球科学版	1264	447	0.801	221	45.7	517
G586	实用妇产科杂志	2365	161	0.655	372	45.7	517
G591	中华医院管理杂志	2226	174	0.507	648	45.6	519
G747	中国新药杂志	2196	176	0.430	848	45.6	519
H295	中国水土保持科学	590	1053	0.708	307	45.6	519
Q003	同位素	132	1923	0.271	1425	45.6	519

表 7　2010 年中国科技期刊综合评价总分排名（续）

CODE	刊名	总被引频次		影响因子		综合评价总分	
		数值	排名	数值	排名	数值	排名
Q004	核动力工程	422	1319	0.265	1456	45.6	519
X633	船舶力学	502	1180	0.399	940	45.6	519
A645	科技导报	982	626	0.475	717	45.5	525
G339	中国病原生物学杂志	1022	584	0.557	540	45.5	525
N021	焊接学报	1262	448	0.394	955	45.5	525
T003	工程塑料应用	874	727	0.537	591	45.5	525
W009	数理统计与管理	424	1315	0.272	1419	45.5	525
S030	计算机集成制造系统-CIMS	1811	254	0.645	385	45.4	530
S812	科技管理研究	958	651	0.170	1816	45.4	530
E105	干旱区研究	1344	406	1.038	110	45.3	532
G322	创伤外科杂志	793	803	0.697	316	45.3	532
S006	计算机科学	2099	188	0.333	1170	45.3	532
Z025	环境科学与技术	1902	234	0.597	462	45.3	532
B004	数学年刊 A	275	1635	0.166	1831	45.2	536
G318	中国药房	4121	47	0.556	544	45.2	536
G554	眼科新进展	961	648	0.540	587	45.2	536
G826	现代肿瘤医学	1714	279	0.448	804	45.2	536
Y022	测控技术	704	903	0.290	1346	45.2	536
G120	中国药科大学学报	1025	581	0.521	621	45.1	541
G408	中华创伤骨科杂志	1915	228	0.459	765	45.1	541
N070	锻压技术	770	827	0.619	425	45.1	541
S016	计算机应用研究	2574	135	0.323	1213	45.1	541
Z031	环境与健康杂志	1161	489	0.456	779	45.0	545
E626	CT 理论与应用研究	179	1849	0.533	597	44.9	546
G126	CHINESE MEDICAL SCIENCES JOURNAL	204	1795	0.469	738	44.9	546
H051	福建林学院学报	673	937	0.550	559	44.9	546
T020	北京化工大学学报自然科学版	611	1019	0.364	1062	44.9	546
A006	四川大学学报自然科学版	911	689	0.309	1265	44.8	550
C036	数学物理学报	378	1421	0.216	1653	44.8	550
G153	中华麻醉学杂志	2184	177	0.382	992	44.8	550
G195	中华超声影像学杂志	1953	221	0.566	513	44.8	550
M048	贵金属	296	1585	0.681	334	44.8	550
G886	介入放射学杂志	1372	387	0.884	171	44.7	555
G416	海南医学院学报	790	805	0.659	360	44.7	555
A656	济南大学学报自然科学版	228	1736	0.355	1086	44.6	557
L009	太阳能学报	1512	342	0.423	870	44.6	557
G174	中华检验医学杂志	2712	124	0.560	529	44.5	559
T070	日用化学工业	662	952	0.399	940	44.5	559
U032	中国油脂	1423	372	0.495	676	44.5	559
G059	南京中医药大学学报自然科学版	858	735	0.575	494	44.4	562
J024	大连理工大学学报	832	762	0.235	1581	44.4	562
H350	中国土地科学	796	799	1.003	122	44.3	564
G946	上海中医药大学学报	546	1114	0.505	652	44.2	565
H233	中国土壤与肥料	1082	541	0.622	419	44.2	565

表 7　2010 年中国科技期刊综合评价总分排名（续）

CODE	刊名	总被引频次		影响因子		综合评价总分	
		数值	排名	数值	排名	数值	排名
N026	材料热处理学报	848	747	0.441	817	44.1	567
T025	化学工程	744	852	0.374	1026	44.1	567
A007	中国科学技术大学学报	571	1080	0.231	1590	44.0	569
A045	暨南大学学报自然科学与医学版	449	1275	0.282	1384	44.0	569
E123	台湾海峡	652	969	0.383	988	44.0	569
G429	中国食品卫生杂志	698	913	0.542	580	44.0	569
E504	矿物岩石地球化学通报	520	1145	0.583	484	43.9	573
F024	遗传	1765	262	0.890	167	43.9	573
G049	解剖学报	619	1007	0.349	1104	43.9	573
N015	光学技术	949	664	0.310	1261	43.9	573
A115	实验室研究与探索	2160	181	0.672	345	43.9	573
G531	中国医药生物技术	114	1947	0.457	774	43.8	578
G734	护士进修杂志	3765	66	0.459	765	43.8	578
H001	茶叶科学	685	927	0.755	260	43.8	578
F023	植物学报	1487	352	0.809	217	43.7	581
H278	农业机械学报	2561	136	0.793	229	43.7	581
N065	特种铸造及有色合金	1316	421	0.439	822	43.7	581
S003	系统仿真学报	4542	33	0.344	1123	43.7	581
B011	应用数学	270	1648	0.205	1695	43.6	585
H005	大连水产学院学报	555	1101	0.502	659	43.6	585
R026	光电工程	1167	485	0.488	695	43.6	585
G661	国际医学放射学杂志	375	1430	0.523	620	43.6	585
G403	药物不良反应杂志	786	808	0.933	149	43.5	589
G601	外科理论与实践	845	750	0.528	605	43.5	589
D021	高分子学报	1452	363	0.725	291	43.4	591
G191	中华眼底病杂志	747	848	0.430	848	43.4	591
R009	西安电子科技大学学报自然科学版	836	758	0.599	453	43.4	591
X029	重庆交通大学学报自然科学版	538	1129	0.313	1254	43.4	591
G071	沈阳药科大学学报	1271	439	0.636	399	43.3	595
J006	武汉理工大学学报	1479	355	0.229	1597	43.3	595
E600	测绘科学	1152	496	0.405	925	43.2	597
H044	中国生物防治	697	917	0.618	426	43.2	597
M036	有色金属	595	1045	0.381	999	43.2	597
B005	JOURNAL OF MATHEMATICAL RESEARCH AND EXPOSITION	249	1693	0.150	1868	43.1	600
E126	石油实验地质	1300	430	1.462	40	43.1	600
E137	自然灾害学报	1437	366	0.563	520	43.1	600
G137	中华创伤杂志	2075	197	0.326	1203	43.1	600
G336	护理管理杂志	1861	242	0.840	191	43.1	600
A905	自然杂志	428	1310	0.407	918	43.0	605
C002	工程力学	1982	216	0.491	687	43.0	605
G894	口腔颌面修复学杂志	479	1219	0.587	477	43.0	605
R084	红外与激光工程	1045	565	0.612	434	43.0	605
U547	食品与机械	935	676	0.509	647	43.0	605

表 7　2010 年中国科技期刊综合评价总分排名（续）

CODE	刊名	总被引频次		影响因子		综合评价总分	
		数值	排名	数值	排名	数值	排名
X007	铁道科学与工程学报	378	1421	0.343	1129	43.0	605
X673	现代隧道技术	473	1231	0.538	590	43.0	605
Y016	空气动力学学报	464	1248	0.266	1451	43.0	605
E046	心理学报	811	785	0.392	961	42.9	613
E654	中国地质	1364	389	1.144	75	42.9	613
H577	植物保护	1374	386	0.566	513	42.9	613
H286	农业生物技术学报	1010	597	0.524	615	42.8	616
K016	湖南科技大学学报自然科学版	329	1522	0.491	687	42.8	616
M005	材料保护	1344	406	0.382	992	42.8	616
E157	岩石矿物学杂志	803	794	0.784	236	42.7	619
G264	肠外与肠内营养	689	921	0.684	331	42.7	619
G320	中国肺癌杂志	708	896	0.366	1056	42.7	619
G161	中华肾脏病杂志	1577	324	0.431	846	42.6	622
G900	中华烧伤杂志	989	620	0.678	336	42.6	622
G978	中华消化外科杂志	665	949	0.655	372	42.6	622
H224	西北林学院学报	1442	365	0.596	464	42.6	622
R514	激光与光电子学进展	452	1270	0.616	428	42.6	622
A001	复旦学报自然科学版	493	1191	0.196	1721	42.5	627
A061	南京师大学报自然科学版	341	1499	0.223	1622	42.5	627
G087	药物分析杂志	2012	210	0.543	574	42.5	627
G226	中国普通外科杂志	1753	268	0.667	349	42.5	627
X002	交通科学与工程	178	1850	0.340	1143	42.5	627
G122	中国药理学与毒理学杂志	452	1270	0.559	531	42.4	632
L512	大庆石油地质与开发	1762	264	0.941	145	42.4	632
U010	现代食品科技	1268	444	0.590	473	42.4	632
X521	铁道工程学报	698	913	0.463	753	42.4	632
G646	辽宁中医杂志	2660	131	0.351	1101	42.4	632
G793	中华胃肠外科杂志	1266	445	0.552	556	42.3	637
N001	北京理工大学学报	898	705	0.283	1377	42.2	638
P004	内燃机学报	586	1059	0.599	453	42.2	638
U011	制冷学报	288	1604	0.469	738	42.2	638
A078	福建师范大学学报自然科学版	330	1518	0.254	1504	42.1	641
T098	表面技术	779	818	0.402	935	42.1	641
G291	临床骨科杂志	1314	422	1.068	104	42.0	643
Z019	环境污染与防治	1304	427	0.515	633	42.0	643
E004	地球科学与环境学报	560	1097	0.911	157	41.9	645
G237	中国现代医学杂志	3125	92	0.331	1182	41.9	645
G274	临床与实验病理学杂志	981	628	0.493	682	41.9	645
G277	中国内镜杂志	2458	150	0.548	563	41.9	645
I072	CELL RESEARCH	795	800	1.099	92	41.9	645
L504	油气地质与采收率	1233	454	1.109	88	41.9	645
T563	工业催化	542	1122	0.353	1096	41.9	645
W014	武汉大学学报工学版	778	819	0.319	1230	41.9	645
D016	应用化学	1532	339	0.524	615	41.8	653

表 7　2010 年中国科技期刊综合评价总分排名（续）

CODE	刊名	总被引频次		影响因子		综合评价总分	
		数值	排名	数值	排名	数值	排名
G077	华中科技大学学报医学版	806	793	0.420	879	41.8	653
G441	中国口腔颌面外科杂志	302	1578	0.391	967	41.8	653
G803	肝脏	733	866	0.652	378	41.8	653
T011	南京工业大学学报自然科学版	387	1401	0.344	1123	41.8	653
T949	应用化工	794	802	0.318	1236	41.8	653
H061	西南农业学报	1474	356	0.546	567	41.7	659
H567	中国农业科技导报	538	1129	0.490	693	41.7	659
G872	中国实用眼科杂志	1779	259	0.178	1790	41.6	661
G633	中国血液净化	953	658	0.712	303	41.5	662
J030	北京工业大学学报	605	1031	0.295	1319	41.5	662
G542	毒理学杂志	601	1038	0.377	1011	41.4	664
H288	西北农业学报	1653	294	0.555	547	41.4	664
N057	机械强度	910	693	0.319	1230	41.4	664
E308	地球物理学进展	2076	196	0.983	130	41.3	667
T021	华东理工大学学报自然科学版	705	901	0.253	1507	41.3	667
G030	广州中医药大学学报	822	777	0.511	643	41.2	669
G613	中国慢性病预防与控制	1008	602	0.444	815	41.2	669
M019	钢铁研究学报	629	987	0.297	1309	41.2	669
Y004	振动工程学报	809	789	0.530	601	41.2	669
G860	医学综述	1800	258	0.283	1377	41.2	669
T002	高分子通报	943	667	0.717	299	41.1	674
G680	中国妇幼保健	4455	35	0.294	1322	41.1	674
A098	中国科技论坛	456	1261	0.229	1597	41.0	676
G959	中国微侵袭神经外科杂志	812	784	0.569	506	41.0	676
M050	钢铁	1192	473	0.313	1254	41.0	676
R060	控制理论与应用	1352	399	0.598	458	41.0	676
A004	华中师范大学学报自然科学版	425	1314	0.165	1837	40.9	680
F029	JOURNAL OF INTEGRATIVE PLANT BIOLOGY	2897	107	0.454	788	40.9	680
G123	中国医科大学学报	853	744	0.343	1129	40.9	680
G131	中国运动医学杂志	912	688	0.367	1053	40.9	680
I202	PARTICUOLOGY	123	1933	0.380	1002	40.9	680
R740	电光与控制	693	918	0.409	909	40.9	680
A106	中国科学化学	979	630	0.442	816	40.8	686
A112	江西师范大学学报自然科学版	424	1315	0.385	986	40.8	686
E022	古生物学报	583	1063	0.539	589	40.8	686
G189	牙体牙髓牙周病学杂志	717	881	0.344	1123	40.8	686
H262	东北林业大学学报	1418	373	0.348	1108	40.8	686
R036	电子科技大学学报	630	986	0.355	1086	40.8	686
X025	哈尔滨工程大学学报	667	945	0.302	1293	40.8	686
C001	力学学报	954	656	0.493	682	40.7	693
G225	重庆医学	3578	72	0.471	732	40.7	693
M041	稀土	749	847	0.572	500	40.7	693
E135	冰川冻土	2087	192	0.750	263	40.6	696
G297	中国美容整形外科杂志	1098	522	0.862	180	40.6	696

表 7　2010 年中国科技期刊综合评价总分排名（续）

CODE	刊名	总被引频次		影响因子		综合评价总分	
		数值	排名	数值	排名	数值	排名
G500	北京口腔医学	432	1302	0.491	687	40.6	696
K009	煤田地质与勘探	717	881	0.318	1236	40.6	696
R711	测试技术学报	327	1527	0.297	1309	40.6	696
T022	中国塑料	855	741	0.319	1230	40.6	696
G907	中国计划生育学杂志	992	616	0.540	587	40.6	696
G290	中国防痨杂志	1232	455	0.543	574	40.5	703
G400	中国康复理论与实践	1848	245	0.602	447	40.5	703
A002	浙江大学学报理学版	465	1247	0.314	1251	40.3	705
D002	燃料化学学报	1069	551	0.733	284	40.3	705
E527	地理与地理信息科学	1070	549	0.667	349	40.3	705
G185	肿瘤防治研究	983	624	0.420	879	40.3	705
G246	口腔颌面外科杂志	524	1142	0.449	800	40.3	705
G317	临床泌尿外科杂志	1598	316	0.447	807	40.3	705
G906	世界科学技术-中医药现代化	653	965	0.376	1018	40.3	705
E110	热带气象学报	1094	527	0.775	243	40.2	712
E306	地震	571	1080	0.971	135	40.2	712
G254	中华普通外科杂志	1838	247	0.270	1428	40.2	712
A056	上海大学学报自然科学版	303	1574	0.200	1713	40.1	715
D025	有机化学	1402	380	0.623	417	40.1	715
E351	中国地震	503	1178	0.588	476	40.1	715
G050	解剖学杂志	829	770	0.390	969	40.1	715
G517	中国微生态学杂志	907	696	0.370	1046	40.1	715
G800	胃肠病学	931	679	0.559	531	40.1	715
T536	塑料科技	458	1259	0.503	657	40.1	715
Z010	海洋环境科学	1104	519	0.548	563	40.1	715
B013	运筹学学报	100	1959	0.186	1755	40.0	723
E148	灾害学	777	821	1.106	90	40.0	723
L518	天然气地球科学	1082	541	0.847	188	40.0	723
G964	医学与社会	1219	462	0.793	229	40.0	723
G498	国际骨科学杂志	411	1351	0.430	848	40.0	723
A102	中国科学院研究生院学报	296	1585	0.228	1602	39.9	728
C035	红外与毫米波学报	761	833	0.824	204	39.9	728
F004	微生物学报	1638	301	0.724	292	39.9	728
N075	铸造	1094	527	0.312	1256	39.9	728
A020	山东大学学报理学版	416	1336	0.345	1117	39.8	732
G031	贵阳医学院学报	555	1101	0.506	650	39.8	732
G220	中国药物化学杂志	491	1196	0.629	411	39.8	732
G534	实用放射学杂志	1946	223	0.458	771	39.8	732
J022	山东大学学报工学版	395	1381	0.298	1305	39.8	732
J052	沈阳工业大学学报	412	1347	0.357	1083	39.8	732
G026	广东医学	2132	184	0.331	1182	39.7	738
G172	中华血液学杂志	1335	411	0.348	1108	39.7	738
R566	水资源保护	618	1008	0.562	523	39.7	738
T077	膜科学与技术	552	1104	0.336	1160	39.7	738

表7 2010年中国科技期刊综合评价总分排名（续）

CODE	刊名	总被引频次		影响因子		综合评价总分	
		数值	排名	数值	排名	数值	排名
X024	大连海事大学学报	314	1549	0.263	1469	39.7	738
Y018	实验流体力学	286	1610	0.310	1261	39.7	738
B008	应用概率统计	213	1772	0.151	1864	39.6	744
G129	中国安全科学学报	1647	298	0.729	289	39.6	744
G163	中华实验外科杂志	2790	116	0.373	1031	39.6	744
G178	中华整形外科杂志	1168	484	0.449	800	39.6	744
G232	中国胸心血管外科临床杂志	717	881	0.673	343	39.6	744
W020	情报学报	324	1530	0.268	1436	39.6	744
A026	内蒙古大学学报自然科学版	453	1268	0.248	1532	39.5	750
F100	应用与环境生物学报	1541	334	0.750	263	39.5	750
G309	临床神经病学杂志	1066	557	0.541	583	39.5	750
H326	中国兽医科学	943	667	0.537	591	39.5	750
J014	河南科技大学学报自然科学版	423	1317	0.345	1117	39.5	750
M006	材料科学与工艺	793	803	0.274	1409	39.5	750
Y027	航空材料学报	544	1118	0.362	1069	39.5	750
E027	现代地质	1275	438	0.974	133	39.4	757
G107	中国抗生素杂志	972	637	0.637	395	39.4	757
H908	新疆农业大学学报	459	1257	0.362	1069	39.4	757
M023	冶金分析	899	704	0.598	458	39.4	757
S015	模式识别与人工智能	439	1291	0.388	974	39.4	757
T075	中国胶粘剂	573	1075	0.490	693	39.4	757
A150	西安科技大学学报	354	1466	0.482	706	39.4	757
G171	中华胸心血管外科杂志	1075	547	0.370	1046	39.3	764
G973	中国呼吸与危重监护杂志	634	981	0.671	346	39.3	764
J042	吉林大学学报工学版	693	918	0.371	1039	39.3	764
G452	疾病监测	1043	567	0.515	633	39.3	764
A081	中国科学基金	311	1554	0.550	559	39.2	768
F038	植物生理学通讯	3093	94	0.599	453	39.2	768
H049	环境昆虫学报	271	1643	0.500	662	39.2	768
V040	玻璃钢/复合材料	580	1067	0.798	226	39.2	768
G651	微生物与感染	96	1963	0.427	857	39.2	768
G067	现代免疫学	510	1163	0.394	955	39.1	773
G324	实用医学杂志	4593	31	0.570	504	39.1	773
G401	生物骨科材料与临床研究	261	1672	0.566	513	39.1	773
G428	中国美容医学	2149	182	0.598	458	39.1	773
H056	水土保持研究	1658	292	0.387	981	39.1	773
L005	石油物探	1011	596	0.885	168	39.1	773
R088	电机与控制学报	623	999	0.741	274	39.1	773
U004	河南工业大学学报自然科学版	589	1054	0.380	1002	39.1	773
Y013	固体火箭技术	516	1152	0.349	1104	39.1	773
X014	北京交通大学学报自然科学版	504	1175	0.254	1504	39.0	782
U609	中国酿造	1282	436	0.543	574	39.0	782
A029	福州大学学报自然科学版	417	1333	0.230	1593	38.9	784
E312	海洋湖沼通报	470	1235	0.317	1241	38.9	784

表 7　2010 年中国科技期刊综合评价总分排名（续）

CODE	刊名	总被引频次		影响因子		综合评价总分	
		数值	排名	数值	排名	数值	排名
Z554	环境监测管理与技术	661	955	1.080	101	38.9	784
A042	广西大学学报自然科学版	372	1438	0.463	753	38.8	787
F013	JOURNAL OF GENETICS AND GENOMICS	1754	267	0.412	895	38.8	787
I200	CHINESE JOURNAL OF TRAUMATOLOGY	260	1673	0.452	795	38.8	787
A040	国防科技大学学报	607	1028	0.306	1280	38.7	790
G316	解放军护理杂志	2959	100	0.510	645	38.7	790
G419	心血管病学进展	771	826	0.404	928	38.7	790
W002	泥沙研究	593	1048	0.385	986	38.7	790
G997	国际口腔医学杂志	490	1199	0.268	1436	38.7	790
E549	地球与环境	608	1025	0.541	583	38.6	795
G052	军事医学科学院院刊	384	1406	0.314	1251	38.6	795
G167	中华显微外科杂志	1766	261	0.700	313	38.6	795
G259	诊断病理学杂志	627	992	0.469	738	38.6	795
G332	生物医学工程研究	219	1758	0.411	900	38.6	795
F015	昆虫学报	1835	248	0.747	268	38.5	800
N083	金属热处理	1096	525	0.300	1298	38.5	800
F010	水生生物学报	1755	265	0.728	290	38.3	802
G832	中国中医药信息杂志	1964	219	0.340	1143	38.3	802
M045	矿冶工程	638	978	0.401	938	38.3	802
M100	ACTA METALLURGICA SINICA	142	1914	0.260	1477	38.3	802
N029	润滑与密封	1082	541	0.355	1086	38.3	802
R008	南京邮电大学学报自然科学版	155	1897	0.231	1590	38.3	802
V019	土木建筑与环境工程	628	991	0.402	935	38.3	802
W025	管理评论	224	1741	0.184	1766	38.3	802
G549	癌变·畸变·突变	378	1421	0.294	1322	38.2	810
H038	大豆科学	1296	432	0.628	413	38.2	810
G389	上海中医药杂志	1660	291	0.410	906	38.1	812
L007	新疆石油地质	1204	466	0.575	494	38.1	812
N047	机械设计	707	897	0.256	1492	38.1	812
T103	涂料工业	743	853	0.409	909	38.1	812
F016	生物化学与生物物理进展	1161	489	0.687	329	38.0	816
G293	临床血液学杂志	470	1235	0.656	370	38.0	816
G951	现代中西医结合杂志	3718	67	0.232	1588	38.0	816
S051	JOURNAL OF COMPUTER SCIENCE AND TECHNOLOGY	269	1651	0.311	1258	38.0	816
T009	化学反应工程与工艺	334	1515	0.315	1249	38.0	816
V013	建筑科学与工程学报	323	1532	0.653	376	38.0	816
W502	水利水电科技进展	454	1265	0.340	1143	38.0	816
X015	江苏科技大学学报自然科学版	305	1570	0.374	1026	38.0	816
A510	信阳师范学院学报自然科学版	291	1598	0.285	1368	38.0	816
K002	非金属矿	594	1047	0.500	662	37.9	825
L010	西安石油大学学报自然科学版	740	857	0.450	798	37.9	825
Y003	中国空间科学技术	278	1627	0.291	1342	37.9	825
A058	河南师范大学学报自然科学版	439	1291	0.286	1364	37.8	828

表 7　2010 年中国科技期刊综合评价总分排名（续）

CODE	刊名	总被引频次		影响因子		综合评价总分	
		数值	排名	数值	排名	数值	排名
E656	地球信息科学学报	570	1084	0.813	214	37.8	828
G130	中国应用生理学杂志	457	1260	0.288	1352	37.8	828
G288	脑与神经疾病杂志	549	1108	0.455	784	37.8	828
G603	生物医学工程与临床	311	1554	0.396	948	37.8	828
N014	计量学报	467	1240	0.392	961	37.8	828
P011	燃烧科学与技术	456	1261	0.325	1206	37.8	828
U635	中国食品添加剂	742	854	0.388	974	37.8	828
A113	实验技术与管理	1832	249	0.542	580	37.8	828
G162	中华实验和临床病毒学杂志	635	980	0.354	1094	37.7	837
G507	解剖科学进展	438	1294	0.560	529	37.7	837
J057	工业工程	264	1663	0.247	1534	37.7	837
T076	化学工业与工程	372	1438	0.256	1492	37.7	837
G753	中国预防医学杂志	817	781	0.375	1022	37.7	837
X539	中外公路	725	876	0.266	1451	37.7	837
E359	气象科学	873	728	0.941	145	37.6	843
G186	重庆医科大学学报	1002	608	0.399	940	37.6	843
U563	中国食物与营养	703	905	0.389	972	37.6	843
E052	微体古生物学报	308	1562	0.524	615	37.5	846
G003	基础医学与临床	811	785	0.311	1258	37.5	846
G061	青岛大学医学院学报	685	927	0.674	342	37.5	846
G261	临床心血管病杂志	1128	511	0.660	356	37.5	846
G300	现代妇产科进展	1092	531	0.445	813	37.5	846
G512	实用癌症杂志	642	976	0.382	992	37.5	846
R062	JOURNAL OF SEMICONDUCTORS	895	707	0.316	1245	37.5	846
D018	化学通报	982	626	0.342	1136	37.4	853
G193	中国医学影像学杂志	795	800	0.568	511	37.4	853
G608	放射学实践	1247	452	0.525	614	37.4	853
G873	中华眼视光学与视觉科学杂志	346	1482	0.359	1077	37.4	853
I041	JOURNAL OF ZHEJIANG UNIVERSITY SCIENCE A	209	1781	0.159	1851	37.4	853
T598	电镀与涂饰	587	1056	0.380	1002	37.4	853
B029	复杂系统与复杂性科学	170	1865	0.559	531	37.4	853
A586	沈阳师范大学学报自然科学版	282	1619	0.412	895	37.4	853
E360	工程地质学报	818	780	1.115	87	37.3	861
G481	癌症进展	383	1407	0.363	1065	37.3	861
G882	环境与职业医学	633	982	0.371	1039	37.3	861
N071	热加工工艺	2041	204	0.397	947	37.3	861
S027	小型微型计算机系统	1144	501	0.270	1428	37.3	861
G659	国际妇产科学杂志	505	1172	0.427	857	37.3	861
H850	水生态学杂志	713	887	0.463	753	37.3	861
G103	中国骨伤	1819	251	0.819	209	37.2	868
G287	临床口腔医学杂志	942	670	0.320	1227	37.2	868
G402	中国分子心脏病学杂志	161	1884	0.322	1219	37.2	868
H015	水土保持通报	1336	410	0.437	828	37.2	868
H225	中国兽医学报	1034	576	0.331	1182	37.2	868

表7　2010年中国科技期刊综合评价总分排名（续）

CODE	刊名	总被引频次		影响因子		综合评价总分	
		数值	排名	数值	排名	数值	排名
H700	江苏农业科学	1702	283	0.496	673	37.2	868
K022	金属矿山	1397	382	0.472	729	37.2	868
M004	机械工程材料	869	730	0.289	1349	37.2	868
F011	微生物学通报	1858	243	0.738	278	37.1	876
G057	东南大学学报医学版	405	1362	0.424	867	37.1	876
G943	中医药信息	783	811	0.453	792	37.1	876
X022	公路工程	593	1048	0.432	844	37.1	876
X046	城市交通	199	1807	0.357	1083	37.1	876
Z030	中国环境监测	855	741	0.624	416	37.1	876
N054	机械设计与研究	437	1296	0.286	1364	37.0	882
A052	华南师范大学学报自然科学版	295	1590	0.255	1495	36.8	883
C071	发光学报	866	732	1.120	84	36.8	883
G879	肝胆外科杂志	745	851	0.457	774	36.8	883
M655	纳米技术与精密工程	128	1927	0.251	1518	36.8	883
S725	中国卫生经济	1189	476	0.543	574	36.8	883
G812	中医药学报	840	753	0.532	598	36.8	883
E149	海洋学研究	308	1562	0.325	1206	36.7	889
G285	中华消化内镜杂志	1648	297	0.546	567	36.7	889
G343	上海精神医学	668	944	0.458	771	36.7	889
M039	粉末冶金技术	361	1457	0.322	1219	36.7	889
R001	电子显微学报	388	1399	0.355	1086	36.7	889
S503	控制工程	551	1105	0.283	1377	36.7	889
T074	天然气化工	308	1562	0.355	1086	36.7	889
G396	中国循证医学杂志	831	765	0.736	280	36.6	896
J020	昆明理工大学学报理工版	379	1419	0.174	1804	36.6	896
X021	桥梁建设	467	1240	0.355	1086	36.6	896
C053	物理学进展	220	1754	0.238	1566	36.5	899
T018	合成橡胶工业	486	1205	0.320	1227	36.5	899
U036	棉纺织技术	888	714	0.919	155	36.5	899
A009	安徽师范大学学报自然科学版	364	1450	0.305	1285	36.4	902
G525	华南预防医学	587	1056	0.512	642	36.4	902
R005	数据采集与处理	467	1240	0.264	1463	36.4	902
T066	化工自动化及仪表	710	893	0.626	414	36.4	902
Z016	水处理技术	1135	507	0.473	724	36.4	902
G094	中风与神经疾病杂志	1086	537	0.472	729	36.3	907
G149	中华劳动卫生职业病杂志	1036	574	0.329	1193	36.3	907
G292	寄生虫与医学昆虫学报	229	1731	0.294	1322	36.3	907
I063	JOURNAL OF GEOGRAPHICAL SCIENCES	34	1994	0.125	1919	36.3	907
R034	信号处理	571	1080	0.310	1261	36.3	907
Z544	防灾减灾工程学报	353	1469	0.395	950	36.3	907
G058	南京医科大学学报自然科学版	1018	589	0.358	1079	36.2	913
G422	中国脑血管病杂志	480	1218	0.470	734	36.2	913
G987	护理学报	2523	141	0.779	238	36.2	913
V036	中国给水排水	3201	86	0.603	446	36.2	913

表 7 2010 年中国科技期刊综合评价总分排名（续）

CODE	刊名	总被引频次		影响因子		综合评价总分	
		数值	排名	数值	排名	数值	排名
G984	国际遗传学杂志	246	1698	0.106	1951	36.2	913
R532	传感器与微系统	959	650	0.285	1368	36.2	913
A076	河北师范大学学报自然科学版	275	1635	0.140	1897	36.1	919
Z549	安全与环境学报	1363	391	0.681	334	36.1	919
I018	JOURNAL OF FORESTRY RESEARCH	256	1683	0.392	961	36.1	919
E354	矿物岩石	760	834	0.832	198	36.0	922
G018	病毒学报	606	1029	0.750	263	36.0	922
H099	中国预防兽医学报	811	785	0.457	774	36.0	922
H201	浙江农业学报	573	1075	0.374	1026	36.0	922
G234	中国动脉硬化杂志	1065	558	0.498	665	35.9	926
J059	空军工程大学学报自然科学版	337	1507	0.306	1280	35.9	926
L012	石油学报石油加工	595	1045	0.422	872	35.9	926
N590	工程设计学报	223	1747	0.274	1409	35.9	926
G480	医学研究杂志	855	741	0.261	1472	35.9	926
E510	测绘通报	984	623	0.362	1069	35.8	931
F039	植物分类学报	678	933	0.415	889	35.8	931
G062	山东大学学报医学版	736	860	0.277	1399	35.8	931
G629	中国热带医学	1573	325	0.255	1495	35.8	931
T955	精细化工中间体	369	1443	0.344	1123	35.8	931
S022	计算机工程与设计	2865	110	0.331	1182	35.8	931
G268	中国生化药物杂志	713	887	0.658	364	35.7	937
G333	医学分子生物学杂志	277	1628	0.231	1590	35.7	937
G338	腹腔镜外科杂志	983	624	0.714	302	35.7	937
H265	福建农业学报	496	1187	0.513	640	35.7	937
T512	聚氨酯工业	264	1663	0.437	828	35.7	937
H862	饲料工业	1053	563	0.284	1371	35.7	937
G632	中国中医基础医学杂志	1874	239	0.292	1338	35.7	937
G024	福建医科大学学报	479	1219	0.338	1155	35.6	944
G247	中国老年学杂志	2689	127	0.418	883	35.6	944
G939	国际脑血管病杂志	755	837	0.243	1553	35.6	944
M003	腐蚀科学与防护技术	665	949	0.336	1160	35.6	944
V028	城市规划学刊	657	957	0.644	386	35.6	944
A055	湖南师范大学自然科学学报	218	1762	0.169	1819	35.5	949
F017	CURRENT ZOOLOGY	1132	509	0.634	402	35.5	949
G315	解放军医院管理杂志	1565	329	0.569	506	35.5	949
N089	中国工程机械学报	158	1890	0.297	1309	35.5	949
N830	中国测试	382	1409	0.260	1477	35.5	949
R049	水力发电学报	709	895	0.349	1104	35.5	949
A008	南开大学学报自然科学版	282	1619	0.162	1841	35.4	955
E362	地质科技情报	970	639	0.689	327	35.4	955
G256	临床外科杂志	1255	449	0.415	889	35.4	955
J002	西安理工大学学报	351	1473	0.305	1285	35.4	955
U052	中国乳品工业	730	870	0.309	1265	35.4	955
R654	电力科学与技术学报	166	1872	0.504	656	35.4	955

表 7　2010 年中国科技期刊综合评价总分排名（续）

CODE	刊名	总被引频次		影响因子		综合评价总分	
		数值	排名	数值	排名	数值	排名
E155	海洋地质与第四纪地质	955	653	0.544	572	35.3	961
G028	广西医科大学学报	942	670	0.255	1495	35.3	961
G848	中华手外科杂志	1299	431	0.561	527	35.3	961
H266	经济林研究	494	1189	0.410	906	35.3	961
I282	ASIAN JOURNAL OF ANDROLOGY	429	1308	0.559	531	35.3	961
J053	合肥工业大学学报自然科学版	898	705	0.221	1632	35.3	961
R117	南方电网技术	286	1610	0.853	183	35.3	961
B002	高等学校计算数学学报	173	1857	0.091	1966	35.2	968
G284	中国消毒学杂志	1118	516	0.647	379	35.2	968
G412	肿瘤学杂志	573	1075	0.366	1056	35.2	968
G824	中华临床营养杂志	515	1153	0.885	168	35.2	968
G976	中华神经外科疾病研究杂志	609	1023	0.572	500	35.2	968
T542	精细石油化工	392	1386	0.273	1415	35.2	968
X038	上海海事大学学报	149	1908	0.227	1607	35.2	968
G834	实用药物与临床	714	886	0.800	224	35.2	968
D026	分析科学学报	943	667	0.637	395	35.1	976
R018	北京邮电大学学报	402	1365	0.427	857	35.1	976
Y023	西北工业大学学报	621	1002	0.239	1561	35.1	976
G436	国际耳鼻咽喉头颈外科杂志	295	1590	0.107	1949	35.1	976
A023	首都师范大学学报自然科学版	269	1651	0.253	1507	35.0	980
E026	地质力学学报	576	1073	1.697	17	35.0	980
F003	生物工程学报	1353	396	0.630	407	35.0	980
G241	中国急救医学	1909	230	0.491	687	35.0	980
G340	华南国防医学杂志	461	1252	0.675	340	35.0	980
H223	热带作物学报	753	840	0.479	710	35.0	980
E599	经济地理	1620	309	0.497	668	34.9	986
G019	成都中医药大学学报	437	1296	0.381	999	34.9	986
G701	组织工程与重建外科杂志	185	1835	0.344	1123	34.9	986
A527	贵州师范大学学报自然科学版	267	1659	0.188	1748	34.9	986
A013	南昌大学学报理科版	348	1480	0.274	1409	34.8	990
A014	山西大学学报自然科学版	316	1541	0.160	1846	34.8	990
A615	石河子大学学报自然科学版	431	1306	0.290	1346	34.8	990
G109	中国临床药理学杂志	670	942	0.546	567	34.8	990
G794	中国临床神经外科杂志	917	684	0.515	633	34.8	990
H277	浙江林业科技	467	1240	0.465	746	34.8	990
F034	ACTA BIOCHIMICA ET BIOPHYSICA SINICA	610	1020	0.556	544	34.7	996
G626	天津中医药	704	903	0.352	1099	34.7	996
X013	汽车技术	396	1377	0.207	1689	34.7	996
A083	科技通报	507	1166	0.234	1587	34.6	999
G034	航天医学与医学工程	474	1227	0.451	796	34.6	999
L034	石油化工高等学校学报	345	1490	0.348	1108	34.6	999
R090	电力自动化设备	1675	287	0.698	315	34.6	999
F008	武汉植物学研究	1034	576	0.570	504	34.5	1003
G063	山东中医药大学学报	847	748	0.332	1175	34.5	1003

表 7 2010 年中国科技期刊综合评价总分排名（续）

CODE	刊名	总被引频次		影响因子		综合评价总分	
		数值	排名	数值	排名	数值	排名
G901	中国当代儿科杂志	866	732	0.589	474	34.5	1003
H276	新疆农业科学	858	735	0.550	559	34.5	1003
G456	中国妇产科临床杂志	629	987	0.647	379	34.4	1007
H282	上海农业学报	614	1014	0.321	1223	34.4	1007
J016	浙江工业大学学报	335	1512	0.267	1442	34.4	1007
R007	电波科学学报	856	739	0.571	503	34.4	1007
G104	中国海洋药物	547	1112	0.497	668	34.3	1011
G605	医疗卫生装备	1581	322	0.494	680	34.3	1011
W006	水利水运工程学报	293	1594	0.288	1352	34.3	1011
Z009	化工环保	830	767	0.828	200	34.3	1011
A043	上海师范大学学报自然科学版	211	1776	0.145	1881	34.2	1015
E131	海洋工程	443	1285	0.377	1011	34.2	1015
I037	CHINESE JOURNAL OF CANCER RESEARCH	61	1983	0.140	1897	34.2	1015
E012	CHINESE JOURNAL OF OCEANOLOGY AND LIMNOLOGY	205	1791	0.212	1668	34.1	1018
G844	医药导报	1628	304	0.386	983	34.1	1018
G849	中国现代应用药学	853	744	0.386	983	34.1	1018
N028	机械设计与制造	1190	475	0.185	1762	34.1	1018
N069	机床与液压	1434	369	0.216	1653	34.1	1018
A110	宁夏大学学报自然科学版	224	1741	0.240	1558	34.0	1023
G064	山西医科大学学报	712	891	0.274	1409	34.0	1023
G069	上海医学	953	658	0.309	1265	34.0	1023
G962	眼科	422	1319	0.358	1079	34.0	1023
G598	中国媒介生物学及控制杂志	965	642	0.425	864	34.0	1023
U033	中国造纸学报	204	1795	0.167	1827	33.9	1028
G937	国际肿瘤学杂志	558	1098	0.081	1977	33.9	1028
H237	农业系统科学与综合研究	432	1302	0.372	1034	33.8	1030
G975	国际麻醉学与复苏杂志	740	857	0.179	1784	33.8	1030
T929	现代塑料加工应用	306	1567	0.342	1136	33.8	1030
A080	高技术通讯	688	923	0.117	1929	33.7	1033
F022	动物学研究	916	687	0.524	615	33.7	1033
G265	医学影像学杂志	1141	503	0.460	763	33.7	1033
G286	中华风湿病学杂志	1255	449	0.373	1031	33.7	1033
G890	实用肿瘤杂志	667	945	0.336	1160	33.7	1033
L004	大庆石油学院学报	713	887	0.288	1352	33.7	1033
T072	无机盐工业	599	1041	0.363	1065	33.7	1033
T505	合成树脂及塑料	343	1494	0.322	1219	33.7	1033
G519	中国医药	1038	572	0.558	537	33.7	1033
G204	临床检验杂志	1009	600	0.465	746	33.6	1042
H202	作物杂志	570	1084	0.317	1241	33.6	1042
N019	低温工程	188	1828	0.284	1371	33.6	1042
R071	电力系统及其自动化学报	911	689	0.665	352	33.6	1042
G426	国际神经病学神经外科学杂志	591	1052	0.409	909	33.6	1042
G645	中国循证心血管医学杂志	102	1956	0.595	466	33.6	1042

表 7 2010 年中国科技期刊综合评价总分排名（续）

CODE	刊名	总被引频次		影响因子		综合评价总分	
		数值	排名	数值	排名	数值	排名
G262	中华肝胆外科杂志	1559	330	0.239	1561	33.5	1048
G451	现代消化及介入诊疗	282	1619	0.500	662	33.5	1048
G846	中国中西医结合肾病杂志	1483	354	0.591	470	33.5	1048
R098	微纳电子技术	216	1764	0.173	1808	33.5	1048
S020	中文信息学报	672	939	0.520	626	33.5	1048
U053	纺织学报	1062	560	0.336	1160	33.5	1048
H069	广西农业科学	846	749	0.573	498	33.5	1048
N672	机电工程	582	1064	0.327	1200	33.5	1048
D062	分析仪器	271	1643	0.429	851	33.4	1056
G551	中国中医药科技	1068	553	0.494	680	33.4	1056
G945	中国职业医学	764	830	0.404	928	33.4	1056
H263	北京农学院学报	290	1601	0.238	1566	33.4	1056
N011	南京理工大学学报自然科学版	500	1185	0.300	1298	33.4	1056
Y014	航空制造技术	550	1107	0.250	1523	33.4	1056
G596	上海针灸杂志	1418	373	0.437	828	33.4	1056
F050	植物研究	1109	518	0.812	215	33.3	1063
G304	中国临床医学影像杂志	844	751	0.486	703	33.3	1063
H267	青岛农业大学学报自然科学版	335	1512	0.304	1290	33.3	1063
Y015	航天控制	325	1529	0.223	1622	33.3	1063
F250	现代生物医学进展	908	695	0.237	1571	33.3	1063
A053	云南师范大学学报自然科学版	210	1778	0.221	1632	33.2	1068
F215	生命科学	407	1357	0.390	969	33.2	1068
G004	北京生物医学工程	391	1389	0.245	1540	33.2	1068
G439	脊柱外科杂志	392	1386	0.592	468	33.2	1068
G898	河北医药	2101	187	0.526	611	33.2	1068
H270	西南林学院学报	336	1511	0.264	1463	33.2	1068
N023	流体机械	615	1013	0.220	1636	33.2	1068
F007	云南植物研究	1068	553	0.398	943	33.1	1075
G157	中华皮肤科杂志	1709	282	0.326	1203	33.1	1075
G326	胃肠病学和肝病学杂志	750	845	0.420	879	33.1	1075
G842	中西医结合肝病杂志	701	909	0.529	603	33.1	1075
G961	解放军预防医学杂志	593	1048	0.398	943	33.1	1075
R516	电路与系统学报	400	1368	0.207	1689	33.1	1075
E302	湿地科学	391	1389	0.816	212	33.0	1081
G250	中国新药与临床杂志	1135	507	0.470	734	33.0	1081
G397	江苏中医药	1314	422	0.327	1200	33.0	1081
J011	太原理工大学学报	475	1225	0.204	1701	33.0	1081
U017	天津工业大学学报	300	1580	0.306	1280	33.0	1081
U031	天津科技大学学报	207	1783	0.282	1384	33.0	1081
V051	建筑材料学报	657	957	0.497	668	33.0	1081
G768	实用预防医学	1585	321	0.250	1523	32.9	1088
G983	国际免疫学杂志	352	1471	0.195	1722	32.9	1088
A018	湘潭大学自然科学学报	220	1754	0.163	1839	32.8	1090
A067	河南大学学报自然科学版	247	1696	0.186	1755	32.8	1090

表 7　2010 年中国科技期刊综合评价总分排名（续）

CODE	刊名	总被引频次		影响因子		综合评价总分	
		数值	排名	数值	排名	数值	排名
B018	系统工程学报	782	812	0.465	746	32.8	1090
Y034	航天返回与遥感	139	1919	0.283	1377	32.8	1090
G631	中国感染控制杂志	617	1010	0.811	216	32.7	1094
H356	河南农业科学	1364	389	0.424	867	32.7	1094
X020	交通信息与安全	311	1554	0.206	1692	32.7	1094
G203	中国心脏起搏与心电生理杂志	733	866	0.625	415	32.6	1097
G310	临床精神医学杂志	974	635	0.433	837	32.6	1097
A003	安徽大学学报自然科学版	207	1783	0.206	1692	32.5	1099
B028	系统工程	1139	505	0.345	1117	32.5	1099
E053	岩矿测试	904	699	1.280	61	32.5	1099
G257	临床内科杂志	994	615	0.383	988	32.5	1099
G597	中西医结合心脑血管病杂志	1624	305	0.372	1034	32.5	1099
G604	中国实验方剂学杂志	1309	425	0.465	746	32.5	1099
Q918	中国医院	726	875	0.433	837	32.5	1099
Z013	工业水处理	1337	409	0.383	988	32.5	1099
G703	中华实验和临床感染病杂志电子版	109	1951	0.528	605	32.5	1099
A121	解放军理工大学学报自然科学版	343	1494	0.226	1611	32.4	1108
E133	地层学杂志	624	997	0.693	321	32.4	1108
G870	中国临床药理学与治疗学	1187	477	0.454	788	32.4	1108
R521	激光与红外	871	729	0.441	817	32.4	1108
G620	北京中医药	685	927	0.368	1050	32.4	1108
A087	新疆大学学报自然科学版	206	1786	0.148	1874	32.3	1113
G876	中华老年心脑血管病杂志	889	712	0.453	792	32.3	1113
F231	动物营养学报	653	965	0.610	436	32.3	1113
H393	山西农业大学学报自然科学版	477	1222	0.228	1602	32.3	1113
G016	北京医学	728	872	0.321	1223	32.2	1117
G508	天津医科大学学报	492	1192	0.267	1442	32.2	1117
G690	肝胆胰外科杂志	620	1006	0.535	594	32.2	1117
P003	动力工程学报	900	703	0.599	453	32.2	1117
X003	华东交通大学学报	212	1775	0.117	1929	32.2	1117
Y020	宇航材料工艺	512	1158	0.332	1175	32.2	1117
G415	国际内分泌代谢杂志	773	824	0.181	1777	32.1	1123
G663	中国骨质疏松杂志	1146	499	0.562	523	32.1	1123
H070	山地农业生物学报	402	1365	0.347	1112	32.1	1123
H222	农业现代化研究	626	993	0.503	657	32.1	1123
L516	可再生能源	522	1144	0.415	889	32.1	1123
V018	西安建筑科技大学学报自然科学版	698	913	0.544	572	32.1	1123
G759	齐鲁医学杂志	578	1069	0.638	392	32.1	1123
G495	国际病毒学杂志	103	1953	0.092	1964	32.1	1123
F035	昆虫知识	1538	337	0.695	319	32.0	1131
G622	中国医学物理学杂志	376	1427	0.388	974	32.0	1131
M101	矿冶	300	1580	0.277	1399	32.0	1131
T611	天然产物研究与开发	1765	262	0.600	452	32.0	1131
X010	船舶工程	252	1690	0.190	1740	32.0	1131

表 7　2010 年中国科技期刊综合评价总分排名（续）

CODE	刊名	总被引频次		影响因子		综合评价总分	
		数值	排名	数值	排名	数值	排名
G457	实用骨科杂志	876	725	0.566	513	31.9	1136
H053	中南林业科技大学学报	890	711	0.408	915	31.9	1136
E363	世界地震工程	655	962	0.347	1112	31.8	1138
G033	哈尔滨医科大学学报	494	1189	0.223	1622	31.8	1138
G038	武汉大学学报医学版	537	1131	0.261	1472	31.8	1138
G323	中国康复	974	635	0.678	336	31.8	1138
G325	口腔医学	737	859	0.403	933	31.8	1138
G555	中华急诊医学杂志	1906	232	0.422	872	31.8	1138
K030	中国矿业	840	753	0.280	1390	31.8	1138
Q009	核科学与工程	237	1713	0.214	1661	31.8	1138
Q906	安徽医药	1581	322	0.463	753	31.8	1138
T104	印染助剂	421	1323	0.342	1136	31.8	1138
Y006	飞行力学	351	1473	0.211	1674	31.8	1138
I071	CHINESE OPTICS LETTERS	875	726	0.827	202	31.8	1138
A084	黑龙江大学自然科学学报	222	1752	0.257	1489	31.7	1150
F043	动物学杂志	1021	586	0.528	605	31.7	1150
G282	中华男科学杂志	1226	457	0.630	407	31.7	1150
U055	粮食与饲料工业	774	823	0.275	1406	31.7	1150
A031	河北大学学报自然科学版	305	1570	0.153	1861	31.6	1154
G012	安徽医科大学学报	758	835	0.542	580	31.6	1154
G319	神经损伤与功能重建	257	1679	0.332	1175	31.6	1154
G748	食品与药品	462	1250	0.449	800	31.6	1154
G366	中国社会医学杂志	432	1302	0.305	1285	31.6	1154
X694	交通运输工程与信息学报	126	1931	0.211	1674	31.6	1154
J066	长沙理工大学学报自然科学版	116	1944	0.283	1377	31.6	1154
G660	国际消化病杂志	429	1308	0.308	1272	31.6	1154
G455	疑难病杂志	823	776	0.505	652	31.5	1162
G536	中国临床神经科学	474	1227	0.422	872	31.5	1162
G609	热带医学杂志	835	760	0.333	1170	31.5	1162
W010	长江科学院院报	548	1110	0.299	1302	31.5	1162
A021	华侨大学学报自然科学版	259	1677	0.284	1371	31.4	1166
C037	光子学报	2386	159	0.610	436	31.4	1166
G936	国际儿科学杂志	478	1221	0.149	1872	31.4	1166
X001	大连交通大学学报	169	1868	0.211	1674	31.4	1166
G930	国际流行病学传染病学杂志	375	1430	0.167	1827	31.4	1166
G648	中国骨与关节外科	42	1989	0.333	1170	31.4	1166
G082	中国新生儿科杂志	652	969	0.823	205	31.3	1172
G088	医用生物力学	268	1656	0.261	1472	31.3	1172
L008	石油钻采工艺	836	758	0.552	556	31.3	1172
R004	微电子学与计算机	1512	342	0.415	889	31.3	1172
U535	轻工机械	442	1288	0.543	574	31.3	1172
G499	国际医学寄生虫病杂志	206	1786	0.182	1770	31.3	1172
G236	中国医学计算机成像杂志	518	1149	0.436	832	31.2	1178
G258	中国生物制品学杂志	605	1031	0.366	1056	31.2	1178

表 7　2010 年中国科技期刊综合评价总分排名（续）

CODE	刊名	总被引频次		影响因子		综合评价总分	
		数值	排名	数值	排名	数值	排名
G296	中华围产医学杂志	733	866	0.293	1332	31.2	1178
M105	粉末冶金工业	222	1752	0.333	1170	31.2	1178
P006	热能动力工程	558	1098	0.266	1451	31.2	1178
R046	华北电力大学学报	420	1329	0.304	1290	31.2	1178
T508	电镀与精饰	361	1457	0.332	1175	31.2	1178
Y028	中国民航大学学报	152	1899	0.163	1839	31.2	1178
G523	内科理论与实践	138	1921	0.363	1065	31.2	1178
G679	中国医疗设备	1495	349	0.473	724	31.2	1178
G528	中国中西医结合消化杂志	725	876	0.337	1158	31.1	1188
R020	电子元件与材料	608	1025	0.293	1332	31.1	1188
A514	扬州大学学报自然科学版	162	1880	0.236	1578	31.0	1190
C034	质谱学报	389	1397	0.687	329	31.0	1190
F002	中国生物化学与分子生物学报	717	881	0.497	668	31.0	1190
G076	天津医药	778	819	0.255	1495	31.0	1190
G330	上海护理	563	1095	0.346	1115	31.0	1190
G453	江苏大学学报医学版	400	1368	0.360	1074	31.0	1190
K004	矿产综合利用	301	1579	0.395	950	31.0	1190
X570	路基工程	776	822	0.334	1169	31.0	1190
C103	固体力学学报	399	1374	0.340	1143	30.9	1198
F018	菌物学报	1021	586	0.622	419	30.9	1198
G124	中国医疗器械杂志	412	1347	0.344	1123	30.9	1198
G841	中国现代普通外科进展	514	1155	0.475	717	30.9	1198
H031	山东农业大学学报自然科学版	741	856	0.264	1463	30.9	1198
H701	江西农业学报	941	673	0.329	1193	30.9	1198
L013	中国海上油气	584	1061	0.324	1210	30.9	1198
R010	电工电能新技术	359	1461	0.638	392	30.9	1198
R028	激光杂志	528	1137	0.258	1486	30.9	1198
S052	智能系统学报	120	1939	0.261	1472	30.9	1198
B022	CHINESE QUARTERLY JOURNAL OF MATHEMATICS	80	1973	0.096	1962	30.8	1208
D037	化学研究与应用	998	611	0.411	900	30.8	1208
G020	大连医科大学学报	409	1353	0.292	1338	30.8	1208
G544	中国临床药学杂志	492	1192	0.405	925	30.8	1208
H103	种子	1324	415	0.300	1298	30.8	1208
A148	西华师范大学学报自然科学版	97	1962	0.137	1905	30.8	1208
G025	工业卫生与职业病	470	1235	0.257	1489	30.7	1214
G119	中国循环杂志	631	985	0.332	1175	30.7	1214
G687	中国妇幼健康研究	602	1035	0.294	1322	30.7	1214
G741	蚌埠医学院学报	662	952	0.369	1048	30.7	1214
V050	城市规划	1146	499	0.632	406	30.7	1214
F012	生物物理学报	352	1471	0.356	1085	30.6	1219
G072	生殖与避孕	713	887	0.514	638	30.6	1219
L033	油田化学	701	909	0.320	1227	30.6	1219
R025	激光技术	850	746	0.454	788	30.6	1219

表 7　2010 年中国科技期刊综合评价总分排名（续）

CODE	刊名	总被引频次		影响因子		综合评价总分	
		数值	排名	数值	排名	数值	排名
R033	应用激光	444	1283	0.271	1425	30.6	1219
S034	计算机工程与科学	730	870	0.226	1611	30.6	1219
G488	针灸临床杂志	1511	344	0.496	673	30.6	1219
A051	浙江师范大学学报自然科学版	139	1919	0.156	1859	30.5	1226
J031	上海理工大学学报	291	1598	0.226	1611	30.5	1226
T532	化工科技	216	1764	0.181	1777	30.5	1226
G928	国际生物医学工程杂志	271	1643	0.081	1977	30.5	1226
G954	国际外科学杂志	618	1008	0.244	1547	30.5	1226
C073	工程热物理学报	1416	377	0.289	1349	30.4	1231
F033	兽类学报	672	939	0.758	258	30.4	1231
G044	华西药学杂志	1057	561	0.441	817	30.4	1231
G180	中日友好医院学报	328	1524	0.349	1104	30.4	1231
M033	桂林工学院学报	381	1412	0.226	1611	30.4	1231
R559	重庆邮电大学学报自然科学版	295	1590	0.392	961	30.4	1231
A039	湖北大学学报自然科学版	229	1731	0.157	1858	30.3	1237
E154	水文地质工程地质	997	613	0.534	596	30.3	1237
G013	安徽中医学院学报	588	1055	0.264	1463	30.3	1237
G099	中国地方病防治杂志	649	971	0.331	1182	30.3	1237
G805	人民军医	1014	593	0.660	356	30.3	1237
H275	贵州农业科学	1089	535	0.327	1200	30.3	1237
H417	现代农药	258	1678	0.288	1352	30.3	1237
L025	石油钻探技术	830	767	0.819	209	30.3	1237
N085	兵器材料科学与工程	488	1204	0.284	1371	30.3	1237
C059	CHINESE PHYSICS LETTERS	2959	100	0.614	430	30.2	1246
A019	郑州大学学报理学版	256	1683	0.276	1403	30.1	1247
F255	中国生物工程杂志	1037	573	0.412	895	30.1	1247
R535	红外技术	577	1071	0.447	807	30.1	1247
T500	弹性体	293	1594	0.250	1523	30.1	1247
E002	东华理工大学学报自然科学版	243	1702	0.229	1597	30.0	1251
G210	微循环学杂志	364	1450	0.249	1529	30.0	1251
G446	中华神经医学杂志	978	631	0.382	992	30.0	1251
S049	计算机仿真	1980	217	0.265	1456	30.0	1251
Y031	航空计算技术	266	1662	0.137	1905	30.0	1251
J019	河北工业科技	183	1838	0.255	1495	30.0	1251
G693	中华临床免疫和变态反应杂志	37	1993	0.220	1636	30.0	1251
M015	JOURNAL OF MATERIALS SCIENCE & TECHNOLOGY	354	1466	0.195	1722	29.9	1258
T057	合成材料老化与应用	151	1902	0.374	1026	29.9	1258
V548	西南科技大学学报	151	1902	0.191	1737	29.9	1258
G721	新医学	1223	460	0.389	972	29.9	1258
G847	中华现代护理杂志	3305	84	0.220	1636	29.8	1262
J012	郑州大学学报工学版	347	1481	0.341	1141	29.8	1262
L030	石油炼制与化工	856	739	0.462	760	29.8	1262
S002	信息与控制	614	1014	0.321	1223	29.8	1262

表 7　2010 年中国科技期刊综合评价总分排名（续）

CODE	刊名	总被引频次		影响因子		综合评价总分	
		数值	排名	数值	排名	数值	排名
G940	国际心血管病杂志	315	1544	0.245	1540	29.8	1262
Q919	实用临床医药杂志	1866	240	0.557	540	29.7	1267
T569	粘接	306	1567	0.340	1143	29.7	1267
C100	噪声与振动控制	428	1310	0.237	1571	29.6	1269
D036	电化学	232	1726	0.303	1292	29.6	1269
E125	西北地质	482	1214	0.845	189	29.6	1269
G444	中国体外循环杂志	235	1717	0.455	784	29.6	1269
R511	中国电力	953	658	0.398	943	29.6	1269
T567	化学工程师	504	1175	0.175	1799	29.6	1269
W570	水资源与水工程学报	357	1463	0.267	1442	29.6	1269
E316	震灾防御技术	108	1952	0.550	559	29.6	1269
S085	计算机科学与探索	71	1979	0.390	969	29.6	1269
G295	解放军药学学报	614	1014	0.388	974	29.5	1278
G311	中国皮肤性病学杂志	1491	351	0.601	449	29.5	1278
G615	诊断学理论与实践	322	1534	0.277	1399	29.5	1278
G636	中国肿瘤临床与康复	565	1093	0.252	1515	29.5	1278
J008	兰州理工大学学报	599	1041	0.337	1158	29.5	1278
K025	矿产与地质	508	1164	0.270	1428	29.5	1278
R069	压电与声光	865	734	0.406	922	29.5	1278
V031	地下空间与工程学报	917	684	0.433	837	29.5	1278
F225	微生物学杂志	827	773	0.439	822	29.4	1286
G713	中国药物应用与监测	354	1466	0.690	325	29.4	1286
K005	煤炭科学技术	952	661	0.293	1332	29.4	1286
N004	弹道学报	291	1598	0.183	1769	29.4	1286
N100	现代科学仪器	512	1158	0.268	1436	29.4	1286
E615	测绘科学技术学报	346	1482	0.308	1272	29.4	1286
G027	广东药学院学报	549	1108	0.302	1293	29.3	1292
G501	临床肝胆病杂志	626	993	0.350	1103	29.3	1292
N061	工程图学学报	400	1368	0.210	1680	29.3	1292
N111	现代制造工程	666	947	0.208	1685	29.3	1292
R512	电子器件	446	1281	0.178	1790	29.3	1292
U021	哈尔滨商业大学学报自然科学版	398	1376	0.244	1547	29.3	1292
V010	工业建筑	1250	451	0.288	1352	29.3	1292
X039	中国航海	171	1864	0.202	1706	29.3	1292
X043	城市轨道交通研究	435	1299	0.458	771	29.3	1292
E566	气象科技	1076	546	0.724	292	29.3	1292
A072	辽宁师范大学学报自然科学版	245	1700	0.182	1770	29.2	1302
A515	深圳大学学报理工版	191	1822	0.395	950	29.2	1302
G070	神经解剖学杂志	300	1580	0.274	1409	29.2	1302
M021	上海金属	216	1764	0.297	1309	29.2	1302
G529	中国卒中杂志	356	1464	0.426	860	29.2	1302
A015	应用科学学报	309	1560	0.272	1419	29.1	1307
G166	中华物理医学与康复杂志	1609	313	0.292	1338	29.1	1307
G239	中国介入心脏病学杂志	400	1368	0.465	746	29.1	1307

表 7　2010 年中国科技期刊综合评价总分排名（续）

CODE	刊名	总被引频次		影响因子		综合评价总分	
		数值	排名	数值	排名	数值	排名
G833	中华老年口腔医学杂志	305	1570	0.553	551	29.1	1307
G853	中国实验诊断学	1087	536	0.325	1206	29.1	1307
H203	湖北农业科学	917	684	0.232	1588	29.1	1307
M502	功能材料与器件学报	234	1720	0.166	1831	29.1	1307
V011	沈阳建筑大学学报自然科学版	490	1199	0.335	1165	29.1	1307
G486	现代中药研究与实践	528	1137	0.236	1578	29.1	1307
G380	中国心血管杂志	366	1446	0.457	774	29.1	1307
G816	广西医学	1849	244	0.269	1432	29.1	1307
G244	中国工业医学杂志	525	1139	0.298	1305	29.0	1318
G341	现代泌尿外科杂志	376	1427	0.459	765	29.0	1318
G974	中国临床医学	1194	470	0.423	870	29.0	1318
H226	灌溉排水学报	976	632	0.460	763	29.0	1318
F028	广西植物	990	618	0.488	695	28.9	1322
G036	郑州大学学报医学版	935	676	0.260	1477	28.9	1322
G145	中华核医学杂志	742	854	0.438	826	28.9	1322
U003	郑州轻工业学院学报自然科学版	231	1728	0.142	1889	28.9	1322
Y033	航天器工程	204	1795	0.321	1223	28.9	1322
C054	声学学报	705	901	0.591	470	28.8	1327
R730	兵工自动化	332	1517	0.180	1782	28.8	1327
E563	热带地理	415	1338	0.364	1062	28.7	1329
N076	焊接	399	1374	0.214	1661	28.7	1329
R082	光电子技术	125	1932	0.179	1784	28.7	1329
Z553	净水技术	280	1625	0.284	1371	28.7	1329
D027	煤炭转化	579	1068	0.464	752	28.6	1333
G092	浙江中医药大学学报	964	643	0.273	1415	28.6	1333
G440	药学实践杂志	443	1285	0.302	1293	28.6	1333
H804	山东农业科学	986	622	0.468	744	28.6	1333
N013	自动化仪表	544	1118	0.310	1261	28.6	1333
T933	石化技术与应用	263	1666	0.279	1393	28.6	1333
Y503	导弹与航天运载技术	182	1844	0.171	1815	28.6	1333
V529	国际城市规划	263	1666	0.318	1236	28.6	1333
G553	局解手术学杂志	764	830	0.615	429	28.6	1333
E304	古脊椎动物学报	342	1498	0.477	714	28.5	1342
F025	中国细胞生物学学报	483	1210	0.363	1065	28.5	1342
N043	探测与控制学报	247	1696	0.317	1241	28.5	1342
R586	吉林大学学报信息科学版	233	1724	0.361	1072	28.5	1342
G965	同济大学学报医学版	565	1093	0.459	765	28.5	1342
G746	实用肝脏病杂志	501	1183	0.521	621	28.4	1347
G957	腹部外科	511	1160	0.340	1143	28.4	1347
N074	仪表技术与传感器	857	738	0.371	1039	28.4	1347
R024	半导体光电	376	1427	0.197	1719	28.4	1347
G745	四川中医	1643	300	0.185	1762	28.4	1347
A103	中国科学物理学力学天文学	390	1393	0.531	599	28.3	1352
G575	四川医学	1269	442	0.245	1540	28.3	1352

表 7　2010 年中国科技期刊综合评价总分排名（续）

CODE	刊名	总被引频次		影响因子		综合评价总分	
		数值	排名	数值	排名	数值	排名
K525	矿产保护与利用	277	1628	0.287	1358	28.3	1352
Z005	环境工程	719	879	0.323	1213	28.3	1352
R055	电子测量技术	893	708	0.412	895	28.3	1352
G047	江西医学院学报	505	1172	0.238	1566	28.2	1357
G053	昆明医学院学报	507	1166	0.275	1406	28.2	1357
Q908	临床肺科杂志	1897	236	0.582	485	28.2	1357
S032	数值计算与计算机应用	115	1946	0.214	1661	28.2	1357
T999	特种橡胶制品	287	1606	0.318	1236	28.2	1357
U019	北京服装学院学报自然科学版	75	1978	0.184	1766	28.2	1357
U512	大连工业大学学报	249	1693	0.319	1230	28.2	1357
U037	林产工业	242	1704	0.239	1561	28.1	1364
Y009	强度与环境	162	1880	0.265	1456	28.1	1364
Z007	四川环境	495	1188	0.316	1245	28.1	1364
G644	中国医药导报	2092	190	0.140	1897	28.1	1364
F046	生命科学研究	283	1617	0.227	1607	28.0	1368
G230	临床皮肤科杂志	1448	364	0.474	722	28.0	1368
G825	中国儿童保健杂志	1239	453	0.457	774	28.0	1368
G885	中国现代手术学杂志	338	1505	0.323	1213	28.0	1368
H242	中国畜牧杂志	893	708	0.224	1618	28.0	1368
N081	铸造技术	786	808	0.222	1626	28.0	1368
G692	中华临床感染病杂志	120	1939	0.528	605	28.0	1368
E151	地质与勘探	1295	433	0.892	162	27.9	1375
G346	血栓与止血学	218	1762	0.411	900	27.9	1375
G878	中国药师	1672	288	0.367	1053	27.9	1375
G938	国际呼吸杂志	731	869	0.119	1926	27.9	1375
L032	石油矿场机械	1199	467	1.048	106	27.9	1375
R067	电子技术应用	659	956	0.162	1841	27.9	1375
G041	湖南中医药大学学报	676	935	0.319	1230	27.8	1381
G521	中国疼痛医学杂志	548	1110	0.431	846	27.8	1381
J055	海军工程大学学报	434	1300	0.355	1086	27.8	1381
X042	石家庄铁道大学学报自然科学版	163	1877	0.062	1989	27.8	1381
Y012	航空精密制造技术	194	1819	0.160	1846	27.8	1381
G527	药学与临床研究	363	1455	0.395	950	27.8	1381
S590	医学教育探索	938	675	0.434	834	27.8	1381
E307	西北地震学报	506	1170	0.777	241	27.7	1388
G294	华西医学	1183	479	0.211	1674	27.7	1388
U028	浙江理工大学学报	157	1891	0.173	1808	27.7	1388
R673	电测与仪表	505	1172	0.270	1428	27.7	1388
G514	药物生物技术	423	1317	0.351	1101	27.6	1392
T553	化学与生物工程	563	1095	0.319	1230	27.6	1392
U645	保鲜与加工	257	1679	0.255	1495	27.6	1392
A136	江南大学学报自然科学版	203	1800	0.201	1711	27.6	1392
G349	国际泌尿系统杂志	448	1277	0.054	1992	27.6	1392
F204	生物加工过程	232	1726	0.404	928	27.5	1397

表 7　2010 年中国科技期刊综合评价总分排名（续）

CODE	刊名	总被引频次		影响因子		综合评价总分	
		数值	排名	数值	排名	数值	排名
M051	金属功能材料	193	1820	0.283	1377	27.5	1397
Q007	核电子学与探测技术	484	1208	0.144	1887	27.5	1397
M506	云南冶金	270	1648	0.433	837	27.5	1397
I227	JOURNAL OF CHINESE PHARMACEUTICAL SCIENCES	203	1800	0.114	1933	27.5	1397
B010	COMMUNICATIONS IN MATHEMATICAL RESEARCH	79	1974	0.020	1998	27.4	1402
G150	中华老年医学杂志	1224	459	0.230	1593	27.4	1402
G240	中国中医骨伤科杂志	976	632	0.367	1053	27.4	1402
G242	中国神经免疫学和神经病学杂志	364	1450	0.408	915	27.4	1402
G658	临床荟萃	1723	276	0.264	1463	27.4	1402
I105	JOURNAL OF NATURAL GAS CHEMISTRY	162	1880	0.473	724	27.4	1402
N048	金刚石与磨料磨具工程	367	1445	0.307	1277	27.4	1402
X016	兰州交通大学学报	288	1604	0.147	1875	27.4	1402
X517	铁道标准设计	656	961	0.247	1534	27.4	1402
E158	CHINA OCEAN ENGINEERING	287	1606	0.413	894	27.3	1411
G158	中华器官移植杂志	500	1185	0.145	1881	27.3	1411
M031	安徽工业大学学报自然科学版	161	1884	0.172	1814	27.3	1411
J050	南昌大学学报工科版	183	1838	0.255	1495	27.3	1411
T941	当代化工	274	1640	0.244	1547	27.3	1411
G505	中华乳腺病杂志电子版	167	1871	0.630	407	27.3	1411
C003	计算力学学报	809	789	0.291	1342	27.2	1417
G677	颈腰痛杂志	754	838	0.434	834	27.2	1417
G923	山西医药杂志	879	721	0.309	1265	27.2	1417
H009	蚕业科学	706	900	0.576	493	27.2	1417
S009	计算机应用与软件	1124	514	0.188	1748	27.2	1417
L505	特种油气藏	682	931	0.291	1342	27.2	1417
N106	人类工效学	157	1891	0.147	1875	27.1	1423
T012	青岛科技大学学报自然科学版	229	1731	0.194	1727	27.1	1423
R019	电源技术	610	1020	0.280	1390	27.0	1425
T064	橡胶工业	472	1232	0.217	1649	27.0	1425
U604	皮革与化工	114	1947	0.186	1755	27.0	1425
A012	海南大学学报自然科学版	211	1776	0.225	1615	26.9	1428
A111	内蒙古师范大学学报自然科学汉文版	223	1747	0.222	1626	26.9	1428
C008	应用力学学报	491	1196	0.271	1425	26.9	1428
G561	中国体视学与图像分析	269	1651	0.408	915	26.9	1428
G638	检验医学	950	662	0.345	1117	26.9	1428
G884	职业与健康	1517	341	0.159	1851	26.9	1428
G977	药学服务与研究	452	1270	0.502	659	26.9	1428
H245	基因组学与应用生物学	432	1302	0.401	938	26.9	1428
M032	武汉科技大学学报自然科学版	341	1499	0.205	1695	26.9	1428
R044	电气传动	466	1245	0.279	1393	26.9	1428
R070	微波学报	337	1507	0.352	1099	26.9	1428
V033	工程抗震与加固改造	345	1490	0.331	1182	26.9	1428

表 7　2010 年中国科技期刊综合评价总分排名（续）

CODE	刊名	总被引频次		影响因子		综合评价总分	
		数值	排名	数值	排名	数值	排名
G929	国际精神病学杂志	467	1240	0.276	1403	26.9	1428
G303	中国男科学杂志	736	860	0.377	1011	26.8	1441
T501	化学工业与工程技术	198	1809	0.194	1727	26.8	1441
G524	中国中医急症	1718	277	0.284	1371	26.7	1443
G796	中国输血杂志	1457	361	0.582	485	26.7	1443
H740	林业科技开发	520	1145	0.262	1470	26.7	1443
R086	三峡大学学报自然科学版	275	1635	0.268	1436	26.7	1443
T527	炭素	132	1923	0.176	1795	26.7	1443
X634	隧道建设	346	1482	0.346	1115	26.7	1443
A637	山东科学	170	1865	0.174	1804	26.7	1443
G095	VIROLOGICA SINICA	381	1412	0.160	1846	26.6	1450
G110	中国麻风皮肤病杂志	879	721	0.449	800	26.6	1450
G518	预防医学情报杂志	629	987	0.277	1399	26.6	1450
J018	武汉理工大学学报信息与管理工程版	322	1534	0.199	1715	26.6	1450
N088	组合机床与自动化加工技术	530	1136	0.176	1795	26.6	1450
Q913	临床眼科杂志	448	1277	0.253	1507	26.6	1450
G850	辽宁中医药大学学报	1035	575	0.198	1718	26.6	1450
G695	肿瘤预防与治疗	181	1847	0.267	1442	26.6	1450
R047	固体电子学研究与进展	148	1909	0.158	1855	26.5	1458
U013	纺织高校基础科学学报	151	1902	0.228	1602	26.5	1458
Y564	舰船科学技术	369	1443	0.114	1933	26.5	1458
G484	世界中西医结合杂志	268	1656	0.209	1683	26.5	1458
F030	工业微生物	355	1465	0.404	928	26.4	1462
G755	中国药业	1492	350	0.289	1349	26.4	1462
T065	合成纤维工业	306	1567	0.252	1515	26.4	1462
G395	兰州大学学报医学版	228	1736	0.235	1581	26.4	1462
E633	气象与环境学报	330	1518	0.892	162	26.4	1462
G187	军医进修学院学报	504	1175	0.248	1532	26.3	1467
I120	JOURNAL OF OCEAN UNIVERSITY OF CHINA	96	1963	0.250	1523	26.3	1467
L530	北京石油化工学院学报	90	1968	0.150	1868	26.3	1467
S718	技术经济	286	1610	0.237	1571	26.3	1467
D031	CHINESE CHEMICAL LETTERS	699	912	0.328	1197	26.2	1471
E303	中国岩溶	575	1074	0.630	407	26.2	1471
G169	中华小儿外科杂志	1043	567	0.219	1643	26.2	1471
G624	生殖医学杂志	416	1336	0.278	1396	26.2	1471
H041	特产研究	307	1565	0.272	1419	26.2	1471
H207	中国蔬菜	1155	492	0.332	1175	26.2	1471
H218	畜牧与兽医	686	926	0.214	1661	26.2	1471
U602	皮革科学与工程	210	1778	0.332	1175	26.2	1471
G920	儿科药学杂志	380	1415	0.379	1008	26.2	1471
H067	中国真菌学杂志	228	1736	0.411	900	26.2	1471
N053	机械与电子	337	1507	0.139	1901	26.1	1481
G485	世界临床药物	396	1377	0.186	1755	26.1	1481
R116	电网与清洁能源	604	1033	0.962	140	26.1	1481

表7　2010年中国科技期刊综合评价总分排名（续）

CODE	刊名	总被引频次		影响因子		综合评价总分	
		数值	排名	数值	排名	数值	排名
H240	家畜生态学报	383	1407	0.306	1280	26.0	1484
J025	燕山大学学报	173	1857	0.239	1561	26.0	1484
J058	河北科技大学学报	315	1544	0.476	716	26.0	1484
M544	钛工业进展	267	1659	0.308	1272	26.0	1484
N002	中北大学学报自然科学版	223	1747	0.139	1901	26.0	1484
N046	制造技术与机床	602	1035	0.189	1744	26.0	1484
S507	计算技术与自动化	161	1884	0.175	1799	26.0	1484
U014	东华大学学报自然科学版	377	1426	0.151	1864	26.0	1484
V568	中国粉体技术	271	1643	0.265	1456	26.0	1484
G574	山东中医杂志	950	662	0.191	1737	26.0	1484
E500	盐湖研究	233	1724	0.262	1470	25.9	1494
G892	中华心律失常学杂志	472	1232	0.295	1319	25.9	1494
H293	杂交水稻	832	762	0.360	1074	25.8	1496
L017	测井技术	614	1014	0.272	1419	25.8	1496
L036	常州大学学报自然科学版	141	1916	0.141	1893	25.8	1496
R089	现代电力	206	1786	0.161	1844	25.8	1496
V035	华中科技大学学报城市科学版	286	1610	0.251	1518	25.8	1496
G869	结直肠肛门外科	464	1248	0.371	1039	25.8	1496
G358	解剖学研究	330	1518	0.301	1296	25.7	1502
G639	中华老年多器官疾病杂志	282	1619	0.299	1302	25.7	1502
H231	湖南农业科学	941	673	0.478	711	25.7	1502
H410	作物研究	459	1257	0.301	1296	25.7	1502
J054	天津理工大学学报	198	1809	0.227	1607	25.7	1502
X533	水道港口	210	1778	0.309	1265	25.7	1502
Z017	环境保护科学	511	1160	0.276	1403	25.7	1502
Z552	中国安全生产科学技术	830	767	0.849	185	25.7	1502
D011	化学试剂	617	1010	0.238	1566	25.6	1510
G074	苏州大学学报医学版	867	731	0.264	1463	25.6	1510
G489	中华医学美学美容杂志	622	1001	0.306	1280	25.6	1510
H227	吉林农业科学	413	1342	0.267	1442	25.6	1510
V531	陶瓷学报	191	1822	0.177	1792	25.6	1510
N757	重庆理工大学学报自然科学版	442	1288	0.260	1477	25.6	1510
G856	实用肿瘤学杂志	481	1215	0.299	1302	25.6	1510
G725	陕西中医	2504	144	0.312	1256	25.6	1510
A535	广西科学	229	1731	0.112	1938	25.5	1518
F047	中国实验动物学报	391	1389	0.524	615	25.5	1518
F224	生物技术通讯	621	1002	0.307	1277	25.5	1518
G758	中国中西医结合外科杂志	763	832	0.338	1155	25.5	1518
G750	中国病案	780	816	0.673	343	25.5	1518
F021	JOURNAL OF MOLECULAR CELL BIOLOGY	269	1651	0.372	1034	25.4	1523
F042	生命的化学	474	1227	0.245	1540	25.4	1523
G855	临床消化病杂志	372	1438	0.331	1182	25.4	1523
R003	电池	414	1340	0.388	974	25.4	1523
U640	制冷与空调	313	1550	0.259	1484	25.4	1523

表 7　2010 年中国科技期刊综合评价总分排名（续）

CODE	刊名	总被引频次		影响因子		综合评价总分	
		数值	排名	数值	排名	数值	排名
W011	水利水电技术	648	973	0.179	1784	25.4	1523
A034	甘肃科学学报	386	1403	0.359	1077	25.3	1529
A201	世界科技研究与发展	375	1430	0.107	1949	25.3	1529
D501	化学研究	263	1666	0.282	1384	25.3	1529
G627	循证医学	198	1809	0.298	1305	25.3	1529
L019	石油机械	700	911	0.181	1777	25.3	1529
R683	国外电子测量技术	545	1115	0.526	611	25.3	1529
I145	AGRICULTURAL SCIENCE & TECHNOLOGY	409	1353	0.768	248	25.3	1529
G664	临床和实验医学杂志	1473	357	0.287	1358	25.3	1529
A077	贵州大学学报自然科学版	178	1850	0.145	1881	25.2	1537
D014	影像科学与光化学	173	1857	0.368	1050	25.2	1537
G229	卒中与神经疾病	413	1342	0.376	1018	25.2	1537
G306	中国医师进修杂志	2020	209	0.254	1504	25.2	1537
G681	中医药导报	920	681	0.205	1695	25.2	1537
G706	中国优生与遗传杂志	1690	285	0.317	1241	25.2	1537
M010	材料开发与应用	262	1670	0.242	1555	25.2	1537
A501	烟台大学学报自然科学与工程版	117	1943	0.206	1692	25.1	1544
C056	高压物理学报	277	1628	0.293	1332	25.1	1544
G513	内蒙古医学院学报	175	1856	0.166	1831	25.1	1544
N024	车用发动机	197	1813	0.195	1722	25.1	1544
Y032	航天器环境工程	235	1717	0.329	1193	25.1	1544
C101	力学季刊	296	1585	0.221	1632	25.0	1549
F045	激光生物学报	439	1291	0.278	1396	25.0	1549
G771	武警医学院学报	351	1473	0.266	1451	25.0	1549
G889	国际皮肤性病学杂志	396	1377	0.125	1919	25.0	1549
G990	眼外伤职业眼病杂志	1348	402	0.294	1322	25.0	1549
L035	辽宁石油化工大学学报	378	1421	0.484	704	25.0	1549
N052	压力容器	390	1393	0.288	1352	25.0	1549
N064	工具技术	728	872	0.202	1706	25.0	1549
N108	中国舰船研究	83	1971	0.145	1881	25.0	1549
G207	公共卫生与预防医学	442	1288	0.261	1472	25.0	1549
D035	分子科学学报	277	1628	0.640	390	24.9	1559
K010	矿业研究与开发	407	1357	0.237	1571	24.9	1559
Y561	现代防御技术	268	1656	0.135	1909	24.9	1559
E540	水文	606	1029	0.445	813	24.8	1562
G621	中国药物与临床	707	897	0.240	1558	24.8	1562
M631	黄金	462	1250	0.269	1432	24.8	1562
N040	机械传动	326	1528	0.193	1730	24.8	1562
N682	机械制造	341	1499	0.116	1931	24.8	1562
G227	中国药物警戒	382	1409	0.658	364	24.8	1562
D602	合成化学	400	1368	0.217	1649	24.7	1568
G653	现代检验医学杂志	608	1025	0.287	1358	24.7	1568
G797	临床输血与检验	386	1403	0.469	738	24.7	1568
V021	给水排水	1301	429	0.300	1298	24.7	1568

表 7　2010 年中国科技期刊综合评价总分排名（续）

CODE	刊名	总被引频次		影响因子		综合评价总分	
		数值	排名	数值	排名	数值	排名
H219	排灌机械工程学报	366	1446	0.767	249	24.7	1568
G637	中国国境卫生检疫杂志	300	1580	0.360	1074	24.7	1568
F213	生物学杂志	614	1014	0.395	950	24.6	1574
G141	中华放射医学与防护杂志	790	805	0.205	1695	24.6	1574
G757	中国中西医结合皮肤性病学杂志	307	1565	0.372	1034	24.6	1574
H584	植物检疫	600	1039	0.274	1409	24.6	1574
J036	西安工业大学学报	208	1782	0.187	1753	24.6	1574
R011	电力电子技术	967	641	0.340	1143	24.6	1574
U008	粮油加工	592	1051	0.165	1837	24.6	1574
A079	中国基础科学	157	1891	0.184	1766	24.6	1574
G643	中医正骨	1266	445	0.325	1206	24.6	1574
G392	感染·炎症·修复	116	1944	0.343	1129	24.5	1583
G880	临床超声医学杂志	666	947	0.353	1096	24.5	1583
H261	辽宁农业科学	454	1265	0.187	1753	24.5	1583
H516	热带农业科学	534	1134	0.219	1643	24.5	1583
H232	水产学杂志	187	1831	0.418	883	24.5	1583
C032	量子电子学报	543	1120	0.519	629	24.4	1588
E112	地震研究	418	1330	0.606	442	24.4	1588
G702	温州医学院学报	381	1412	0.305	1285	24.4	1588
H864	饲料研究	525	1139	0.190	1740	24.4	1588
M505	腐蚀与防护	626	993	0.250	1523	24.4	1588
V005	建筑科学	470	1235	0.212	1668	24.4	1588
G515	中华全科医学	1774	260	0.487	699	24.4	1588
G479	浙江预防医学	981	628	0.221	1632	24.4	1588
C070	CHINESE JOURNAL OF CHEMICAL PHYSICS	310	1558	0.179	1784	24.3	1596
G090	云南中医学院学报	303	1574	0.240	1558	24.3	1596
L026	中国海洋平台	166	1872	0.308	1272	24.3	1596
S520	计算机技术与发展	1350	401	0.336	1160	24.3	1596
R097	光学与光电技术	196	1816	0.190	1740	24.3	1596
G667	中国综合临床	1194	470	0.215	1658	24.2	1601
K027	安徽理工大学学报自然科学版	123	1933	0.182	1770	24.2	1601
N027	电加工与模具	292	1597	0.238	1566	24.2	1601
G934	国际中医中药杂志	520	1145	0.112	1938	24.2	1601
G752	中国卫生质量管理	374	1434	0.382	992	24.2	1601
X047	公路交通技术	204	1795	0.098	1961	24.2	1601
G565	徐州医学院学报	472	1232	0.212	1668	24.1	1607
G628	老年医学与保健	253	1689	0.204	1701	24.1	1607
H271	内蒙古农业大学学报自然科学版	545	1115	0.158	1855	24.1	1607
N102	电力系统保护与控制	1654	293	0.371	1039	24.1	1607
R775	中兴通讯技术	95	1965	0.380	1002	24.1	1607
T067	合成纤维	271	1643	0.272	1419	24.1	1607
Y011	南昌航空大学学报自然科学版	100	1959	0.070	1986	24.1	1607
G438	现代临床护理	735	863	0.554	548	24.0	1614
G700	实用老年医学	567	1092	0.569	506	24.0	1614

表 7　2010 年中国科技期刊综合评价总分排名（续）

CODE	刊名	总被引频次		影响因子		综合评价总分	
		数值	排名	数值	排名	数值	排名
G809	中国医刊	1018	589	0.285	1368	24.0	1614
G911	中国医学伦理学	817	781	0.373	1031	24.0	1614
V030	工程勘察	481	1215	0.208	1685	24.0	1614
S784	生态经济	569	1088	0.159	1851	24.0	1614
T054	盐业与化工	252	1690	0.253	1507	23.9	1620
G046	江苏医药	1124	514	0.278	1396	23.8	1621
G223	现代医学	421	1323	0.316	1245	23.8	1621
M020	有色金属冶炼部分	243	1702	0.182	1770	23.8	1621
S501	自动化与仪表	192	1821	0.215	1658	23.8	1621
U054	印染	798	797	0.296	1316	23.8	1621
X035	中国港湾建设	224	1741	0.173	1808	23.8	1621
Z032	工业用水与废水	513	1156	0.456	779	23.8	1621
H390	山西农业科学	909	694	0.432	844	23.8	1621
G083	心肺血管病杂志	503	1178	0.658	364	23.7	1629
G545	医学临床研究	1095	526	0.166	1831	23.7	1629
R058	电气自动化	123	1933	0.137	1905	23.7	1629
R063	半导体技术	345	1490	0.174	1804	23.7	1629
W023	上海管理科学	41	1990	0.038	1996	23.7	1629
A057	山东师范大学学报自然科学版	315	1544	0.237	1571	23.7	1629
G662	内科急危重症杂志	346	1482	0.348	1108	23.6	1635
G765	中国小儿急救医学	609	1023	0.326	1203	23.6	1635
M013	钢铁钒钛	236	1714	0.314	1251	23.6	1635
G786	安徽医学	698	913	0.369	1048	23.6	1635
E140	空间科学学报	287	1606	0.309	1265	23.5	1639
G448	热带病与寄生虫学	181	1847	0.253	1507	23.5	1639
H215	中国果树	486	1205	0.214	1661	23.5	1639
S505	系统仿真技术	54	1984	0.170	1816	23.5	1639
G810	浙江医学	629	987	0.126	1916	23.5	1639
U521	包装与食品机械	169	1868	0.216	1653	23.5	1639
E007	极地研究	145	1913	0.211	1674	23.4	1645
G035	河北医科大学学报	413	1342	0.151	1864	23.4	1645
H272	广东海洋大学学报	421	1323	0.212	1668	23.4	1645
R087	现代雷达	752	843	0.265	1456	23.4	1645
R524	中国能源	255	1686	0.269	1432	23.4	1645
G578	心血管康复医学杂志	671	941	0.491	687	23.4	1645
G641	河北医学	781	815	0.186	1755	23.4	1645
C090	物理	406	1361	0.267	1442	23.3	1652
G260	心脏杂志	641	977	0.330	1189	23.3	1652
G313	中国医师杂志	1303	428	0.086	1974	23.3	1652
G410	标记免疫分析与临床	249	1693	0.273	1415	23.3	1652
G623	中国现代神经疾病杂志	340	1503	0.343	1129	23.3	1652
H989	杂草科学	334	1515	0.340	1143	23.3	1652
R045	电机与控制应用	315	1544	0.225	1615	23.3	1652
V057	建筑钢结构进展	121	1937	0.286	1364	23.3	1652

表 7　2010 年中国科技期刊综合评价总分排名（续）

CODE	刊名	总被引频次		影响因子		综合评价总分	
		数值	排名	数值	排名	数值	排名
B027	系统管理学报	361	1457	0.224	1618	23.2	1660
G630	陕西医学杂志	1415	378	0.307	1277	23.2	1660
N080	新技术新工艺	447	1279	0.151	1864	23.2	1660
Z506	环境科技	364	1450	0.426	860	23.2	1660
N086	真空	202	1803	0.160	1846	23.1	1664
N091	指挥控制与仿真	267	1659	0.229	1597	23.1	1664
D604	化学分析计量	386	1403	0.426	860	23.1	1664
G881	临床军医杂志	689	921	0.293	1332	23.0	1667
N034	装备环境工程	324	1530	0.185	1762	23.0	1667
X682	公路与汽运	412	1347	0.296	1316	23.0	1667
K526	河南理工大学学报自然科学版	305	1570	0.209	1683	23.0	1667
U641	食品与发酵科技	231	1728	0.207	1689	23.0	1667
G504	中华临床医师杂志电子版	224	1741	0.268	1436	23.0	1667
G992	长春中医药大学学报	889	712	0.286	1364	23.0	1667
G367	中华实用诊断与治疗杂志	1638	301	0.639	391	22.9	1674
G953	精神医学杂志	380	1415	0.407	918	22.9	1674
H289	河北林果研究	303	1574	0.169	1819	22.9	1674
J017	河北工业大学学报	235	1717	0.109	1946	22.9	1674
M014	硬质合金	296	1585	0.406	922	22.9	1674
A011	河南科学	380	1415	0.126	1916	22.8	1679
I139	CHEMICAL RESEARCH IN CHINESE UNIVERSITIES	270	1648	0.272	1419	22.8	1679
R096	雷达科学与技术	242	1704	0.543	574	22.8	1679
G483	世界中医药	120	1939	0.230	1593	22.8	1679
A037	苏州大学学报自然科学版	94	1966	0.118	1928	22.7	1683
C007	强激光与粒子束	1944	224	0.557	540	22.7	1683
T015	炭素技术	220	1754	0.176	1795	22.7	1683
G433	浙江临床医学	1165	487	0.245	1540	22.6	1686
M047	冶金能源	182	1844	0.239	1561	22.6	1686
R724	电子设计工程	490	1199	0.228	1602	22.6	1686
T006	化工机械	238	1712	0.192	1735	22.6	1686
S048	计算机与数字工程	481	1215	0.160	1846	22.6	1686
X034	都市快轨交通	315	1544	0.294	1322	22.6	1686
J039	内蒙古工业大学学报自然科学版	79	1974	0.067	1988	22.5	1692
J045	西华大学学报自然科学版	176	1853	0.222	1626	22.5	1692
M027	钢铁研究	260	1673	0.169	1819	22.5	1692
N044	无损检测	621	1002	0.237	1571	22.5	1692
S023	制造业自动化	418	1330	0.150	1868	22.5	1692
E138	物探与化探	790	805	0.463	753	22.4	1697
G248	中国药物依赖性杂志	407	1357	0.404	928	22.4	1697
G329	神经疾病与精神卫生	388	1399	0.294	1322	22.4	1697
G585	临床心电学杂志	443	1285	0.456	779	22.4	1697
H273	中国南方果树	513	1156	0.235	1581	22.4	1697
R037	高压电器	643	975	0.420	879	22.4	1697

表 7　2010 年中国科技期刊综合评价总分排名（续）

CODE	刊名	总被引频次		影响因子		综合评价总分	
		数值	排名	数值	排名	数值	排名
G270	中国耳鼻咽喉颅底外科杂志	413	1342	0.252	1515	22.3	1703
N115	现代仪器	241	1706	0.176	1795	22.3	1703
G944	东南国防医药	461	1252	0.511	643	22.3	1703
G967	国际护理学杂志	1435	368	0.087	1972	22.3	1703
U012	中国造纸	490	1199	0.253	1507	22.2	1707
U018	青岛大学学报工程技术版	163	1877	0.211	1674	22.2	1707
G942	临床误诊误治	2112	186	0.897	161	22.2	1707
R519	信息技术	378	1421	0.104	1955	22.2	1707
G384	河北中医	1153	495	0.260	1477	22.1	1711
G802	临床神经外科杂志	161	1884	0.535	594	22.1	1711
G845	中国小儿血液与肿瘤杂志	214	1768	0.293	1332	22.1	1711
L014	炼油技术与工程	474	1227	0.186	1755	22.1	1711
I012	INSECT SCIENCE	165	1875	0.268	1436	22.1	1711
F044	氨基酸和生物资源	485	1207	0.426	860	22.0	1716
R064	微电子学	422	1319	0.330	1189	22.0	1716
T931	化学与黏合	280	1625	0.259	1484	22.0	1716
B016	南京大学学报数学半年刊	33	1995	0.050	1993	21.9	1719
G029	广州医学院学报	274	1640	0.122	1922	21.9	1719
G784	中国健康心理学杂志	1375	385	0.375	1022	21.9	1719
G760	实用医院临床杂志	542	1122	0.388	974	21.9	1719
H939	中国稻米	373	1436	0.358	1079	21.9	1719
T073	香料香精化妆品	196	1816	0.144	1887	21.9	1719
S591	中国医学装备	461	1252	0.335	1165	21.9	1719
B024	JOURNAL OF PARTIAL DIFFERENTIAL EQUATIONS	24	1997	0.023	1997	21.8	1726
E547	沉积与特提斯地质	421	1323	0.269	1432	21.8	1726
T082	ENGINEERING SCIENCES	38	1992	0.106	1951	21.8	1726
G941	海南医学	1195	469	0.175	1799	21.8	1726
C009	实验力学	418	1330	0.298	1305	21.7	1730
C052	应用声学	254	1688	0.280	1390	21.7	1730
G301	河北中医药学报	236	1714	0.347	1112	21.7	1730
G312	西南国防医药	572	1078	0.204	1701	21.7	1730
G526	中华全科医师杂志	531	1135	0.136	1908	21.7	1730
G580	立体定向和功能性神经外科杂志	343	1494	0.375	1022	21.7	1730
G893	放射免疫学杂志	811	785	0.412	895	21.7	1730
I090	JOURNAL OF WUHAN UNIVERSITY OF TECHNOLOGY MATERIALS SCIENCE EDITION	214	1768	0.159	1851	21.7	1730
J029	广东工业大学学报	141	1916	0.141	1893	21.7	1730
G032	贵阳中医学院学报	323	1532	0.142	1889	21.6	1739
G491	岭南心血管病杂志	213	1772	0.192	1735	21.6	1739
G707	武警医学	684	930	0.224	1618	21.6	1739
L023	石油化工设备	625	996	0.739	277	21.6	1739
P007	水电能源科学	831	765	0.448	804	21.6	1739
H538	草原与草坪	653	965	0.690	325	21.6	1739

表 7　2010 年中国科技期刊综合评价总分排名（续）

CODE	刊名	总被引频次		影响因子		综合评价总分	
		数值	排名	数值	排名	数值	排名
U056	丝绸	320	1539	0.195	1722	21.5	1745
V047	建筑学报	453	1268	0.217	1649	21.5	1745
R752	华东电力	712	891	0.287	1358	21.5	1745
C094	计算物理	460	1256	0.398	943	21.4	1748
G245	西北国防医学杂志	404	1364	0.223	1622	21.4	1748
G740	中华卫生杀虫药械	363	1455	0.287	1358	21.4	1748
G952	中国血液流变学杂志	455	1263	0.119	1926	21.4	1748
H294	中国畜牧兽医	1227	456	0.365	1061	21.4	1748
R016	绝缘材料	313	1550	0.323	1213	21.4	1748
F005	昆虫分类学报	206	1786	0.193	1730	21.3	1754
R013	中国激光医学杂志	311	1554	0.364	1062	21.3	1754
A502	徐州师范大学学报自然科学版	128	1927	0.216	1653	21.2	1756
L587	节能技术	223	1747	0.222	1626	21.2	1756
U025	陕西科技大学学报自然科学版	229	1731	0.128	1915	21.2	1756
U533	木材工业	322	1534	0.342	1136	21.2	1756
V007	四川建筑科学研究	390	1393	0.110	1943	21.2	1756
W567	节水灌溉	669	943	0.573	498	21.2	1756
G719	吉林中医药	1372	387	0.450	798	21.2	1756
E136	物探化探计算技术	483	1210	0.375	1022	21.1	1763
H385	西部林业科学	390	1393	0.506	650	21.1	1763
N072	中国铸造装备与技术	172	1860	0.173	1808	21.1	1763
T068	中国陶瓷	316	1541	0.106	1951	21.1	1763
C503	液晶与显示	551	1105	0.891	164	21.0	1767
N105	工程爆破	322	1534	0.316	1245	21.0	1767
Y008	宇航计测技术	121	1937	0.090	1967	21.0	1767
G877	药物流行病学杂志	545	1115	0.418	883	20.9	1770
H026	竹子研究汇刊	346	1482	0.297	1309	20.9	1770
N037	工业仪表与自动化装置	223	1747	0.193	1730	20.9	1770
S014	计算机与应用化学	747	848	0.380	1002	20.9	1770
S509	计算机系统应用	374	1434	0.177	1792	20.9	1770
E103	华南地震	202	1803	0.477	714	20.8	1775
N031	光学仪器	255	1686	0.199	1715	20.8	1775
G362	国际检验医学杂志	1312	424	0.281	1387	20.8	1775
G723	医药论坛杂志	1178	481	0.110	1943	20.8	1775
N515	机械制造与自动化	207	1783	0.089	1969	20.8	1775
V014	建筑结构	972	637	0.249	1529	20.7	1780
C134	热科学与技术	127	1929	0.145	1881	20.7	1780
E543	测绘工程	316	1541	0.227	1607	20.6	1782
K035	中国钨业	234	1720	0.441	817	20.6	1782
G334	湖北中医学院学报	295	1590	0.241	1557	20.6	1782
G546	中国 CT 和 MRI 杂志	427	1313	0.660	356	20.6	1782
R737	自动化技术与应用	401	1367	0.166	1831	20.6	1782
C108	原子核物理评论	190	1825	0.281	1387	20.5	1787
E159	新疆地质	735	863	0.469	738	20.5	1787

表 7　2010 年中国科技期刊综合评价总分排名（续）

CODE	刊名	总被引频次		影响因子		综合评价总分	
		数值	排名	数值	排名	数值	排名
G610	中华胰腺病杂志	346	1482	0.204	1701	20.5	1787
B012	数学杂志	183	1838	0.083	1976	20.4	1790
J027	沈阳理工大学学报	147	1910	0.125	1919	20.4	1790
U015	纺织科学研究	48	1988	0.114	1933	20.4	1790
E548	世界地质	535	1132	0.491	687	20.3	1793
G502	中华保健医学杂志	321	1538	0.473	724	20.3	1793
G685	中医学报	747	848	0.447	807	20.3	1793
L018	钻井液与完井液	596	1044	0.355	1086	20.3	1793
M018	勘察科学技术	183	1838	0.150	1868	20.3	1793
C097	光散射学报	189	1827	0.287	1358	20.3	1793
R085	微特电机	346	1482	0.169	1819	20.2	1799
G599	中南药学	655	962	0.513	640	20.1	1800
N087	模具工业	338	1505	0.222	1626	20.1	1800
G924	中国医药导刊	372	1438	0.089	1969	20.1	1800
G749	中国中医眼科杂志	343	1494	0.235	1581	20.1	1800
J013	哈尔滨理工大学学报	365	1448	0.251	1518	20.0	1804
P009	工业加热	131	1925	0.120	1924	20.0	1804
R050	水力发电	541	1127	0.166	1831	20.0	1804
V574	岩土工程技术	244	1701	0.193	1730	20.0	1804
Z015	电镀与环保	330	1518	0.247	1534	20.0	1804
G814	中国临床医生	782	812	0.202	1706	20.0	1804
G665	宁夏医科大学学报	417	1333	0.182	1770	20.0	1804
K037	中国煤炭地质	511	1160	0.342	1136	20.0	1804
R099	机电一体化	159	1889	0.080	1980	19.9	1812
S005	微处理机	141	1916	0.092	1964	19.9	1812
V054	矿产勘查	257	1679	0.043	1995	19.9	1812
G691	中华关节外科杂志电子版	170	1865	0.475	717	19.9	1812
C110	量子光学学报	89	1969	0.190	1740	19.8	1816
R611	自动化与仪器仪表	206	1786	0.120	1924	19.8	1816
S086	单片机与嵌入式系统应用	415	1338	0.205	1695	19.8	1816
J056	军械工程学院学报	161	1884	0.109	1946	19.7	1819
T060	煤化工	234	1720	0.161	1844	19.7	1819
G742	山东大学耳鼻喉眼学报	260	1673	0.177	1792	19.6	1821
R029	电气应用	393	1384	0.095	1963	19.6	1821
V023	中国非金属矿工业导刊	272	1642	0.208	1685	19.6	1821
G649	影像诊断与介入放射学	215	1767	0.186	1755	19.6	1821
P001	汽轮机技术	282	1619	0.182	1770	19.5	1825
E315	地理信息世界	224	1741	0.392	961	19.4	1826
Y030	飞行器测控学报	166	1872	0.108	1948	19.3	1827
S031	遥测遥控	98	1961	0.074	1983	19.1	1828
F048	中国比较医学杂志	649	971	0.361	1072	19.0	1829
V039	中国园林	720	878	0.247	1534	19.0	1829
Y029	海军航空工程学院学报	214	1768	0.257	1489	19.0	1829
A808	渤海大学学报自然科学版	78	1976	0.147	1875	18.9	1832

表 7　2010 年中国科技期刊综合评价总分排名（续）

CODE	刊名	总被引频次		影响因子		综合评价总分	
		数值	排名	数值	排名	数值	排名
P010	小型内燃机与摩托车	135	1922	0.141	1893	18.8	1833
X028	港工技术	127	1929	0.100	1958	18.7	1834
H773	农业环境与发展	269	1651	0.179	1784	18.7	1834
G100	中国法医学杂志	387	1401	0.235	1581	18.6	1836
G298	中国斜视与小儿眼科杂志	296	1585	0.246	1538	18.6	1836
N055	重型机械	176	1853	0.106	1951	18.6	1836
V572	规划师	475	1225	0.255	1495	18.6	1836
G345	临床急诊杂志	156	1894	0.297	1309	18.5	1840
H221	中国农业资源与区划	392	1386	0.658	364	18.5	1840
R684	电信科学	409	1353	0.480	709	18.5	1840
C095	COMMUNICATIONS IN THEORETICAL PHYSICS	878	723	0.291	1342	18.4	1843
L027	油气储运	568	1090	0.219	1643	18.4	1843
E578	国土资源科技管理	239	1711	0.182	1770	18.3	1845
R057	微电机	430	1307	0.197	1719	18.3	1845
V056	新型建筑材料	515	1153	0.245	1540	18.3	1845
N624	焊接技术	282	1619	0.139	1901	18.2	1848
C058	CHINESE PHYSICS C	353	1469	0.242	1555	18.1	1849
N749	精密制造与自动化	103	1953	0.100	1958	18.1	1849
G705	中华医学教育杂志	584	1061	0.202	1706	18.1	1849
V032	暖通空调	1003	606	0.292	1338	18.0	1852
F040	生物信息学	88	1970	0.229	1597	18.0	1852
G699	甘肃中医	553	1103	0.142	1889	18.0	1852
D019	CHINESE JOURNAL OF STRUCTURAL CHEMISTRY	623	999	0.440	821	17.9	1855
H211	中国棉花	547	1112	0.175	1799	17.9	1855
H217	陕西农业科学	461	1252	0.099	1960	17.9	1855
L021	石油化工设备技术	156	1894	0.130	1914	17.9	1855
N022	轴承	345	1490	0.219	1643	17.9	1855
G482	医学动物防制	492	1192	0.140	1897	17.9	1855
R048	磁性材料及器件	240	1707	0.246	1538	17.8	1861
V026	新建筑	172	1860	0.110	1943	17.8	1861
A093	前沿科学	53	1985	0.147	1875	17.8	1861
K032	河北建筑科技学院学报自然科学版	214	1768	0.386	983	17.7	1864
K036	中国锰业	203	1800	0.294	1322	17.7	1864
S033	微型电脑应用	187	1831	0.075	1982	17.6	1866
G522	肿瘤研究与临床	506	1170	0.122	1922	17.5	1867
N107	模具技术	182	1844	0.156	1859	17.5	1867
A658	青岛大学学报自然科学版	119	1942	0.081	1977	17.4	1869
N035	液压与气动	507	1166	0.149	1872	17.4	1869
G874	法医学杂志	335	1512	0.235	1581	17.4	1869
A149	物流技术	524	1142	0.167	1827	17.4	1869
R031	光通信技术	188	1828	0.173	1808	17.3	1873
W590	南水北调与水利科技	382	1409	0.253	1507	17.3	1873
R548	电子工艺技术	396	1377	0.562	523	17.3	1873
G656	环球中医药	78	1976	0.208	1685	17.3	1873

表 7 2010 年中国科技期刊综合评价总分排名（续）

CODE	刊名	总被引频次		影响因子		综合评价总分	
		数值	排名	数值	排名	数值	排名
G792	西北药学杂志	702	906	0.330	1189	17.3	1873
C055	低温物理学报	151	1902	0.201	1711	17.2	1878
E132	地质找矿论丛	257	1679	0.214	1661	17.2	1878
C109	应用光学	470	1235	0.396	948	17.1	1880
E141	华北地震科学	152	1899	0.279	1393	17.1	1880
E636	湿地科学与管理	71	1979	0.225	1615	17.1	1880
N101	变压器	447	1279	0.237	1571	17.0	1883
X011	机车电传动	204	1795	0.167	1827	17.0	1883
C092	核聚变与等离子体物理	151	1902	0.333	1170	16.9	1885
E525	地质与资源	262	1670	0.341	1141	16.9	1885
G387	实验动物与比较医学	260	1673	0.217	1649	16.9	1885
Q920	中华医学超声杂志电子版	341	1499	0.340	1143	16.8	1888
C033	声学技术	502	1180	0.411	900	16.7	1889
D017	CHINESE JOURNAL OF POLYMER SCIENCE	162	1880	0.224	1618	16.7	1889
M026	冶金自动化	188	1828	0.203	1705	16.7	1889
I220	FRONTIERS OF EARHT SCIENCE IN CHINA	17	1998	0.085	1975	16.7	1889
T051	玻璃与搪瓷	151	1902	0.188	1748	16.6	1893
S500	计算机与现代化	407	1357	0.147	1875	16.6	1893
K553	洁净煤技术	190	1825	0.169	1819	16.6	1893
A133	装备指挥技术学院学报	228	1736	0.194	1727	16.5	1896
G996	皖南医学院学报	191	1822	0.169	1819	16.5	1896
R032	真空电子技术	156	1894	0.139	1901	16.5	1896
R587	水利经济	219	1758	0.273	1415	16.5	1896
V027	特种结构	200	1805	0.133	1912	16.5	1896
G144	中华航空航天医学杂志	351	1473	0.328	1197	16.4	1901
G926	中国数字医学	501	1183	0.461	762	16.4	1901
G548	湖南师范大学学报医学版	83	1971	0.132	1913	16.4	1901
G689	中华妇幼临床医学杂志电子版	227	1740	0.438	826	16.3	1904
V049	结构工程师	412	1347	0.403	933	16.3	1904
N907	鱼雷技术	147	1910	0.179	1784	16.2	1906
N067	电焊机	492	1192	0.266	1451	16.1	1907
V045	建筑技术	339	1504	0.115	1932	16.1	1907
G857	中国骨肿瘤骨病	290	1601	0.407	918	15.9	1909
R652	信息与电子工程	197	1813	0.294	1322	15.8	1910
G347	中国中西医结合耳鼻咽喉科杂志	283	1617	0.193	1730	15.8	1910
M002	理化检验物理分册	312	1552	0.090	1967	15.7	1912
C105	ACTA MECHANICA SINICA	293	1594	0.409	909	15.6	1913
W026	水利与建筑工程学报	246	1698	0.245	1540	15.6	1913
R051	大电机技术	178	1850	0.102	1956	15.4	1915
V052	粉煤灰综合利用	198	1809	0.181	1777	15.4	1915
K505	黑龙江科技学院学报	163	1877	0.195	1722	15.4	1915
H220	渔业现代化	359	1461	0.556	544	15.3	1918
N042	火工品	187	1831	0.212	1668	15.3	1918
L020	油气田地面工程	483	1210	0.135	1909	15.2	1920

表 7　2010 年中国科技期刊综合评价总分排名（续）

CODE	刊名	总被引频次		影响因子		综合评价总分	
		数值	排名	数值	排名	数值	排名
R651	电子产品世界	213	1772	0.168	1825	15.2	1920
E639	地理空间信息	309	1560	0.181	1777	15.2	1920
B021	系统科学与数学	380	1415	0.210	1680	15.1	1923
Z035	环境卫生工程	275	1635	0.228	1602	15.1	1923
G361	癫痫与神经电生理学杂志	252	1690	0.189	1744	15.0	1925
F014	动物分类学报	577	1071	0.343	1129	14.9	1926
N082	锻压装备与制造技术	410	1352	0.296	1316	14.9	1926
U567	中国甜菜糖业	102	1956	0.111	1941	14.9	1926
G506	中华损伤与修复杂志电子版	122	1936	0.214	1661	14.9	1926
N056	长春理工大学学报自然科学版	256	1683	0.220	1636	14.8	1930
N012	爆破器材	185	1835	0.170	1816	14.7	1931
X019	铁道车辆	172	1860	0.072	1985	14.7	1931
C060	波谱学杂志	205	1791	0.244	1547	14.6	1933
G437	中国听力语言康复科学杂志	184	1837	0.309	1265	14.6	1933
R017	光纤与电缆及其应用技术	51	1987	0.045	1994	14.6	1933
V020	低温建筑技术	234	1720	0.057	1991	14.6	1933
G390	广东牙病防治	434	1300	0.250	1523	14.5	1937
G652	实用皮肤病学杂志	32	1996	0.112	1938	14.5	1937
C057	原子与分子物理学报	598	1043	0.391	967	14.4	1939
N049	工程机械	263	1666	0.102	1956	14.3	1940
H204	中国沼气	409	1353	0.454	788	14.2	1941
M011	现代铸铁	240	1707	0.210	1680	14.2	1941
H102	林业调查规划	277	1628	0.189	1744	14.2	1941
G335	中华航海医学与高气压医学杂志	373	1436	0.216	1653	14.0	1944
G616	THE CHINESE-GERMAN JOURNAL OF CLINICAL ONCOLOGY	187	1831	0.222	1626	14.0	1944
E651	海洋测绘	310	1558	0.243	1553	14.0	1944
V012	山东建筑大学学报	285	1614	0.447	807	13.9	1947
E108	海洋预报	219	1758	0.256	1492	13.8	1948
G550	白血病·淋巴瘤	351	1473	0.180	1782	13.8	1948
V524	陶瓷	200	1805	0.146	1880	13.8	1948
V034	水电自动化与大坝监测	477	1222	0.527	610	13.7	1951
G852	中国急救复苏与灾害医学杂志	587	1056	0.561	527	13.7	1951
Z538	油气田环境保护	199	1807	0.255	1495	13.7	1951
H241	中国草食动物	375	1430	0.236	1578	13.6	1954
Q909	临床小儿外科杂志	346	1482	0.305	1285	13.6	1954
E104	内陆地震	164	1876	0.191	1737	13.3	1956
F041	人类学学报	349	1478	0.434	834	13.3	1956
E164	测绘与空间地理信息	393	1384	0.189	1744	13.3	1956
U030	西安工程大学学报	176	1853	0.113	1936	13.2	1959
H212	中国麻业科学	284	1615	0.220	1636	13.0	1960
M043	轧钢	277	1628	0.258	1486	12.8	1961
P005	工业炉	113	1949	0.153	1861	12.7	1962
R537	电视技术	490	1199	0.267	1442	12.7	1962

表 7 2010 年中国科技期刊综合评价总分排名（续）

CODE	刊名	总被引频次		影响因子		综合评价总分	
		数值	排名	数值	排名	数值	排名
V043	施工技术	633	982	0.219	1643	12.7	1962
G460	护理与康复	1085	539	0.416	888	12.7	1962
H844	甘蔗糖业	172	1860	0.244	1547	12.7	1962
W568	标准科学	152	1899	0.174	1804	12.5	1967
G709	中国医学教育技术	219	1758	0.168	1825	12.4	1968
K020	铀矿冶	146	1912	0.220	1636	12.4	1968
E011	成都信息工程学院学报	155	1897	0.080	1980	12.3	1970
W022	数字图书馆论坛	53	1985	0.087	1972	12.3	1970
G678	中国中西医结合影像学杂志	224	1741	0.215	1658	12.0	1972
C038	真空与低温	183	1838	0.200	1713	11.7	1973
H952	中国奶牛	455	1263	0.188	1748	11.7	1973
W024	项目管理技术	110	1950	0.162	1841	10.9	1975
E119	地震地磁观测与研究	446	1281	0.387	981	10.8	1976
M042	耐火材料	400	1368	0.202	1706	10.8	1976
H893	广东林业科技	290	1601	0.219	1643	10.7	1978
L522	石油化工自动化	236	1714	0.185	1762	10.7	1978
U002	粮食储藏	276	1634	0.265	1456	10.3	1980
K014	矿山机械	491	1196	0.073	1984	10.2	1981
C031	低温与超导	195	1818	0.188	1748	9.9	1982
N041	起重运输机械	287	1606	0.113	1936	9.5	1983
W005	中国农村水利水电	1128	511	0.376	1018	9.3	1984
T953	消防科学与技术	572	1078	0.371	1039	9.2	1985
E051	铀矿地质	297	1584	0.220	1636	9.1	1986
H397	中国瓜菜	438	1294	0.343	1129	8.5	1987
W027	科技与法律	71	1979	0.142	1889	8.1	1988
K018	工矿自动化	319	1540	0.153	1861	7.3	1989
E635	沙漠与绿洲气象	71	1979	0.253	1507	7.2	1990
S635	建筑经济	391	1389	0.205	1695	7.1	1991
G751	中华健康管理学杂志	142	1914	0.417	886	6.4	1992
N068	压缩机技术	102	1956	0.089	1969	5.2	1993
C104	力学与实践	570	1084	0.260	1477	5.1	1994
V506	华中建筑	275	1635	0.069	1987	4.9	1995
N038	计量技术	421	1323	0.145	1881	2.3	1996
E147	海洋开发与管理	183	1838	0.126	1916	1.4	1997
E355	中国科学院上海天文台年刊	41	1990	0.059	1990	0.0	1998

8 2010年中国科技论文统计源期刊目录

表8 2010年1998种中国科技论文统计源期刊（中国科技核心期刊）目录

CODE	刊名	学科分类	主编
F034	ACTA BIOCHIMICA ET BIOPHYSICA SINICA	生物学类	张友尚
C096	ACTA MATHEMATICA SCIENTIA	数学类	丁夏畦
B030	ACTA MATHEMATICA SINICA ENGLISH SERIES	数学类	李炳仁
I051	ACTA MATHEMATICAE APPLICATAE SINICA	数学类	丁夏畦
C105	ACTA MECHANICA SINICA	力学类	程耿东
M100	ACTA METALLURGICA SINICA	冶金工程技术类	柯俊
G001	ACTA PHARMACOLOGICA SINICA	药学类	陈凯先
I062	ADVANCES IN ATMOSPHERIC SCIENCES	大气科学类	吴国雄；王会军；张大林
I145	AGRICULTURAL SCIENCE & TECHNOLOGY	农学类	袁隆平
I282	ASIAN JOURNAL OF ANDROLOGY	临床医学类	王一飞
I072	CELL RESEARCH	生物学类	姚鑫
I139	CHEMICAL RESEARCH IN CHINESE UNIVERSITIES	化学类	周其凤
E158	CHINA OCEAN ENGINEERING	海洋科学类	柯俊
B023	CHINESE ANNALS OF MATHEMATICS SERIES B	数学类	李大潜
D031	CHINESE CHEMICAL LETTERS	化学类	梁晓天
I122	CHINESE JOURNAL OF AERONAUTICS	航空、航天科学技术类	朱自强
I037	CHINESE JOURNAL OF CANCER RESEARCH	肿瘤学类	鄂征
T100	CHINESE JOURNAL OF CHEMICAL ENGINEERING	化学工程类	廖叶华
C070	CHINESE JOURNAL OF CHEMICAL PHYSICS	物理学类	杨学明
E012	CHINESE JOURNAL OF OCEANOLOGY AND LIMNOLOGY	海洋科学类	曾呈奎
D017	CHINESE JOURNAL OF POLYMER SCIENCE	化学类	冯新德
D019	CHINESE JOURNAL OF STRUCTURAL CHEMISTRY	化学类	张乾二
I200	CHINESE JOURNAL OF TRAUMATOLOGY	外科学类	王正国
I201	CHINESE MEDICAL JOURNAL	医学综合类	钱贻简
G126	CHINESE MEDICAL SCIENCES JOURNAL	医学综合类	刘德培
I071	CHINESE OPTICS LETTERS	物理学类	徐至展
C106	CHINESE PHYSICS B	物理学类	欧阳钟灿
C058	CHINESE PHYSICS C	物理学类	马基茂
C059	CHINESE PHYSICS LETTERS	物理学类	甘子钊
B022	CHINESE QUARTERLY JOURNAL OF MATHEMATICS	数学类	胡和生
B010	COMMUNICATIONS IN MATHEMATICAL RESEARCH	数学类	江泽坚
C095	COMMUNICATIONS IN THEORETICAL PHYSICS	物理学类	何祚庥
E626	CT理论与应用研究	工程与技术科学综合类	郭履灿
F017	CURRENT ZOOLOGY	生物学类	王祖望
T082	ENGINEERING SCIENCES	工程与技术科学综合类	樊代明
I220	FRONTIERS OF EARHT SCIENCE IN CHINA	地球科学类	殷鸿福
I012	INSECT SCIENCE	生物学类	王牧牧
I227	JOURNAL OF CHINESE PHARMACEUTICAL SCIENCES	药学类	张礼和
S051	JOURNAL OF COMPUTER SCIENCE AND TECHNOLOGY	计算机科学技术类	李国杰

表 8 2010 年 1998 种中国科技论文统计源期刊（中国科技核心期刊）目录（续）

CODE	刊名	学科分类	主编
Z027	JOURNAL OF ENVIRONMENTAL SCIENCES	环境科学技术、安全科学技术类	汤鸿霄
I018	JOURNAL OF FORESTRY RESEARCH	林学类	杨传平
F013	JOURNAL OF GENETICS AND GENOMICS	生物学类	薛勇彪
I063	JOURNAL OF GEOGRAPHICAL SCIENCES	地理科学类	郑度
W015	JOURNAL OF HYDRODYNAMICS SERIES B	水利工程类	周连第
F029	JOURNAL OF INTEGRATIVE PLANT BIOLOGY	生物学类	刘春明
M015	JOURNAL OF MATERIALS SCIENCE & TECHNOLOGY	材料科学类	王中光
B005	JOURNAL OF MATHEMATICAL RESEARCH AND EXPOSITION	数学类	徐利治
F021	JOURNAL OF MOLECULAR CELL BIOLOGY	生物学类	李党生
I105	JOURNAL OF NATURAL GAS CHEMISTRY	能源科学技术类	包信和; ALEXIS T. BELL
I120	JOURNAL OF OCEAN UNIVERSITY OF CHINA	海洋科学类	文圣常
B024	JOURNAL OF PARTIAL DIFFERENTIAL EQUATIONS	数学类	姜礼尚
M035	JOURNAL OF RARE EARTHS	材料科学类	徐光宪
R062	JOURNAL OF SEMICONDUCTORS	电子、通信与自动控制类	王守武
I090	JOURNAL OF WUHAN UNIVERSITY OF TECHNOLOGY MATERIALS SCIENCE EDITION	材料科学类	张清杰
I041	JOURNAL OF ZHEJIANG UNIVERSITY SCIENCE A	综合大学学报类	杨卫
I184	MINING SCIENCE AND TECHNOLOGY	矿山工程技术类	骆振福
F019	MOLECULAR PLANT	生物学类	许大全
G278	NEUROSCIENCE BULLETIN	神经病学、精神病学类	路长林
I202	PARTICUOLOGY	化学工程类	郭慕孙
H046	PEDOSPHERE	农学类	周健民
C072	RESEARCH IN ASTRONOMY AND ASTROPHYSICS	天文类	汪景琇; 景益鹏
G616	THE CHINESE-GERMAN JOURNAL OF CLINICAL ONCOLOGY	肿瘤学类	陈安民; 于世英; A.D.Ho
M104	TRANSACTIONS OF NONFERROUS METALS SOCIETY OF CHINA	冶金工程技术类	黄伯云
G095	VIROLOGICA SINICA	生物学类	陈新文
G275	WORLD JOURNAL OF GASTROENTEROLOGY	内科学类	马连生
G549	癌变·畸变·突变	肿瘤学类	程书钧
G011	癌症	肿瘤学类	曾益新
G481	癌症进展	肿瘤学类	赵平
A003	安徽大学学报自然科学版	综合大学学报类	胡舒合
M031	安徽工业大学学报自然科学版	工程与技术大学学报类	葛芦生
K027	安徽理工大学学报自然科学版	工程与技术大学学报类	刘泽功
H002	安徽农业大学学报	农业大学学报类	宛晓春
A009	安徽师范大学学报自然科学版	师范大学学报类	王伦
G012	安徽医科大学学报	医科大学学报类	张学军
G786	安徽医学	医学综合类	高开焰
Q906	安徽医药	医学综合类	刘自林
G013	安徽中医学院学报	中医学与中药学类	马宗华
Z549	安全与环境学报	环境科学技术、安全科学技术类	冯长根
F044	氨基酸和生物资源	生物学类	何光存
G550	白血病·淋巴瘤	肿瘤学类	陈赛娟
R024	半导体光电	电子、通信与自动控制类	蒋志伟
R063	半导体技术	电子、通信与自动控制类	赵小宁

表 8　2010 年 1998 种中国科技论文统计源期刊（中国科技核心期刊）目录（续）

CODE	刊名	学科分类	主编
G741	蚌埠医学院学报	医科大学学报类	祝延
U521	包装与食品机械	轻工、纺织科学技术、食品科学技术类	李善为
U645	保鲜与加工	农艺学、园艺学类	邢堑
N017	爆破	兵工技术类	梁开水
N012	爆破器材	兵工技术类	吕春绪
N006	爆炸与冲击	兵工技术类	刘仓理
G002	北京大学学报医学版	医科大学学报类	韩启德
A005	北京大学学报自然科学版	综合大学学报类	赵光达
U019	北京服装学院学报自然科学版	轻工、纺织科学技术、食品科学技术类	廖青
J030	北京工业大学学报	工程与技术大学学报类	隋允康
Y001	北京航空航天大学学报	航空、航天科学技术类	高镇同
T020	北京化工大学学报自然科学版	化学工程类	汪文川
X014	北京交通大学学报自然科学版	工程与技术大学学报类	宁滨
M030	北京科技大学学报	工程与技术大学学报类	徐金梧
G500	北京口腔医学	口腔医学类	王邦康
N001	北京理工大学学报	工程与技术大学学报类	梅凤翔
H025	北京林业大学学报	林学类	贺庆棠
H263	北京农学院学报	农业大学学报类	王有年
G004	北京生物医学工程	基础医学类	孙衍庆
A010	北京师范大学学报自然科学版	师范大学学报类	陈浩元
L530	北京石油化工学院学报	能源科学技术类	周海
G016	北京医学	医学综合类	何瑞祥
R018	北京邮电大学学报	电子、通信与自动控制类	刘杰
G620	北京中医药	中医学与中药学类	谢阳谷
G017	北京中医药大学学报	中医学与中药学类	王永炎
A570	编辑学报	管理学类	陈浩元
N101	变压器	机械工程类	刘杰
G410	标记免疫分析与临床	临床医学类	范振符
W568	标准科学	管理学类	赵宏春
T098	表面技术	化学工程类	吴护林
E135	冰川冻土	地质科学类	程国栋
N008	兵工学报	兵工技术类	高修柱
R730	兵工自动化	兵工技术类	黄荔
N085	兵器材料科学与工程	材料科学类	赵宝荣
G018	病毒学报	生物学类	侯云德
C060	波谱学杂志	物理学类	刘买利
V040	玻璃钢/复合材料	材料科学类	薛忠民
T051	玻璃与搪瓷	化学工程类	潘玉昆
A808	渤海大学学报自然科学版	综合大学学报类	曹万鹏
M005	材料保护	材料科学类	张建设
M103	材料导报	材料科学类	彭丹
Y007	材料工程	材料科学类	曹春晓
M010	材料开发与应用	材料科学类	王其红
M008	材料科学与工程学报	材料科学类	赵新兵

表 8　2010 年 1998 种中国科技论文统计源期刊（中国科技核心期刊）目录（续）

CODE	刊名	学科分类	主编
M006	材料科学与工艺	材料科学类	冯吉才
N026	材料热处理学报	材料科学类	周敬恩
M009	材料研究学报	材料科学类	叶恒强
K512	采矿与安全工程学报	矿山工程技术类	曹胜根
H009	蚕业科学	农艺学、园艺学类	郭锡杰
H525	草地学报	畜牧、兽医科学类	洪绂曾
H234	草业科学	畜牧、兽医科学类	侯扶江
H527	草业学报	畜牧、兽医科学类	南志标
H538	草原与草坪	畜牧、兽医科学类	师尚礼
E543	测绘工程	测绘学类	顾建高
E600	测绘科学	测绘学类	林宗坚
E615	测绘科学技术学报	测绘学类	张卫强
E510	测绘通报	测绘学类	白泊
E152	测绘学报	测绘学类	陈俊勇
E164	测绘与空间地理信息	测绘学类	鲍英华
L017	测井技术	能源科学技术类	陆大卫
Y022	测控技术	航空、航天科学技术类	金钢
R711	测试技术学报	工程与技术科学综合类	温廷敦
H001	茶叶科学	农艺学、园艺学类	陈宗懋
X036	长安大学学报自然科学版	工程与技术大学学报类	马建
N056	长春理工大学学报自然科学版	工程与技术大学学报类	于光伟
G992	长春中医药大学学报	医科大学学报类	曲晓波
W010	长江科学院院报	水利工程类	林绍忠
Z029	长江流域资源与环境	环境科学技术、安全科学技术类	许厚泽
J066	长沙理工大学学报自然科学版	工程与技术大学学报类	郑键龙
G264	肠外与肠内营养	外科学类	黎介寿
L036	常州大学学报自然科学版	能源科学技术类	林西平
N024	车用发动机	动力与电力工程类	段金栋
E113	沉积学报	地质科学类	孙枢
E547	沉积与特提斯地质	地质科学类	王剑
E102	成都理工大学学报自然科学版	综合大学学报类	刘家铎
E011	成都信息工程学院学报	大气科学类	陈运
G019	成都中医药大学学报	中医学与中药学类	梁繁荣
V050	城市规划	土木建筑工程类	吴良镛
V028	城市规划学刊	土木建筑工程类	董鉴泓
X043	城市轨道交通研究	交通运输工程类	孙章
X046	城市交通	交通运输工程类	王静霞
J021	重庆大学学报自然科学版	工程与技术大学学报类	孙才新
X029	重庆交通大学学报自然科学版	交通运输工程类	王昌贤
N757	重庆理工大学学报自然科学版	工程与技术大学学报类	刘全利
A512	重庆师范大学学报自然科学版	师范大学学报类	杨新民
G186	重庆医科大学学报	医科大学学报类	陈运贞
G225	重庆医学	医学综合类	陈雅棠
R559	重庆邮电大学学报自然科学版	电子、通信与自动控制类	李银国

表 8 2010 年 1998 种中国科技论文统计源期刊（中国科技核心期刊）目录（续）

CODE	刊名	学科分类	主编
N060	传感技术学报	机械工程类	黄庆安
R532	传感器与微系统	电子、通信与自动控制类	刘学林
G458	传染病信息	预防医学与卫生学类	王永怡
X010	船舶工程	交通运输工程类	闻雪友
X633	船舶力学	交通运输工程类	沈泓萃
G322	创伤外科杂志	外科学类	蒋耀光
R048	磁性材料及器件	材料科学类	马达
D013	催化学报	化学类	林励吾
E144	大地测量与地球动力学	测绘学类	姚运生
E146	大地构造与成矿学	地球科学类	夏斌
R051	大电机技术	动力与电力工程类	陶星明
H038	大豆科学	农艺学、园艺学类	刘忠堂
U512	大连工业大学学报	工程与技术大学学报类	刘贵伟
X024	大连海事大学学报	交通运输工程类	袁林新
X001	大连交通大学学报	交通运输工程类	杨德新
J024	大连理工大学学报	工程与技术大学学报类	程耿东
H005	大连水产学院学报	水产学类	姚杰
G020	大连医科大学学报	医科大学学报类	赵杰
E109	大气科学	大气科学类	黄荣辉
L512	大庆石油地质与开发	能源科学技术类	吴河勇
L004	大庆石油学院学报	能源科学技术类	阎铁
S086	单片机与嵌入式系统应用	计算机科学技术类	何立民
H040	淡水渔业	水产学类	魏开金
N004	弹道学报	兵工技术类	王中原
T941	当代化工	化学工程类	王雪丽
Y503	导弹与航天运载技术	航空、航天科学技术类	吴宏斌
N019	低温工程	机械工程类	杨思锋
V020	低温建筑技术	土木建筑工程类	徐仁生
C055	低温物理学报	物理学类	赵忠贤
C031	低温与超导	物理学类	严陆光
E133	地层学杂志	地质科学类	周志炎
E130	地理科学	地理科学类	朱颜明
E584	地理科学进展	地理科学类	李秀彬
E639	地理空间信息	测绘学类	张建仁
E315	地理信息世界	地理科学类	陈军
E305	地理学报	地理科学类	刘昌明
E310	地理研究	地理科学类	刘纪远
E527	地理与地理信息科学	地理科学类	孙立汉
E024	地球化学	地球科学类	涂光炽
E142	地球科学	地球科学类	王亨君
E115	地球科学进展	地球科学类	程国栋
E004	地球科学与环境学报	地球科学类	刘建明
E153	地球物理学报	地球科学类	刘光鼎
E308	地球物理学进展	地球科学类	刘光鼎

表 8 2010 年 1998 种中国科技论文统计源期刊（中国科技核心期刊）目录（续）

CODE	刊名	学科分类	主编
E656	地球信息科学学报	地球科学类	陈述彭
E300	地球学报	地球科学类	董树文
E549	地球与环境	地球科学类	欧阳自远
V031	地下空间与工程学报	土木建筑工程类	张永兴
E357	地学前缘	地球科学类	翟裕生
E306	地震	地球科学类	张国民
E119	地震地磁观测与研究	地球科学类	王椿镛
E150	地震地质	地球科学类	马瑾
E118	地震工程与工程振动	地球科学类	谢礼立
E143	地震学报	地球科学类	陈运泰
E112	地震研究	地球科学类	晏凤桐
E362	地质科技情报	地质科学类	姚书振
E139	地质科学	地质科学类	刘嘉麒
E026	地质力学学报	地质科学类	陈庆宣
E009	地质论评	地质科学类	任纪舜
E127	地质通报	地质科学类	肖序常
E010	地质学报	地质科学类	陈毓川
E151	地质与勘探	地质科学类	王京彬
E525	地质与资源	地质科学类	马德有
E132	地质找矿论丛	地质科学类	余和勇
G005	第二军医大学学报	医科大学学报类	吴孟超
G021	第三军医大学学报	医科大学学报类	王正国
E301	第四纪研究	地球科学类	丁仲礼
G361	癫痫与神经电生理学杂志	神经病学、精神病学类	吴逊
R007	电波科学学报	电子、通信与自动控制类	董庆生
R673	电测与仪表	仪器仪表技术类	高力伟
R003	电池	动力与电力工程类	文力
Z015	电镀与环保	环境科学技术、安全科学技术类	姚锡禄
T508	电镀与精饰	化学工程类	赵达均
T598	电镀与涂饰	化学工程类	谢素玲
R010	电工电能新技术	动力与电力工程类	林良真
R043	电工技术学报	动力与电力工程类	严陆光
R740	电光与控制	航空、航天科学技术类	刘红漫
N067	电焊机	机械工程类	彭亚萍
D036	电化学	化学类	田昭武
R088	电机与控制学报	动力与电力工程类	戈宝军
R045	电机与控制应用	动力与电力工程类	黄坚
N027	电加工与模具	机械工程类	叶军
R011	电力电子技术	动力与电力工程类	吕庆敏
R654	电力科学与技术学报	电子、通信与自动控制类	曾祥君
N102	电力系统保护与控制	动力与电力工程类	姚志清
R071	电力系统及其自动化学报	动力与电力工程类	李林川
S019	电力系统自动化	动力与电力工程类	薛禹胜
R090	电力自动化设备	动力与电力工程类	郭效军

表 8　2010 年 1998 种中国科技论文统计源期刊（中国科技核心期刊）目录（续）

CODE	刊名	学科分类	主编
R516	电路与系统学报	电子、通信与自动控制类	陈衍仪
R044	电气传动	动力与电力工程类	赵相宾
R029	电气应用	动力与电力工程类	张丰收
R058	电气自动化	动力与电力工程类	黄建民
R537	电视技术	电子、通信与自动控制类	哈宏疆
R039	电网技术	动力与电力工程类	吴玉生
R116	电网与清洁能源	动力与电力工程类	衣立东
R684	电信科学	电子、通信与自动控制类	梁海滨
R019	电源技术	动力与电力工程类	黄才勇
R055	电子测量技术	电子、通信与自动控制类	孙圣和
R021	电子测量与仪器学报	电子、通信与自动控制类	崔建平
R651	电子产品世界	电子、通信与自动控制类	王莹
R548	电子工艺技术	电子、通信与自动控制类	景璀
R067	电子技术应用	电子、通信与自动控制类	余莲
R036	电子科技大学学报	电子、通信与自动控制类	周小佳
R512	电子器件	电子、通信与自动控制类	雷威
R724	电子设计工程	电子、通信与自动控制类	金戈
R001	电子显微学报	电子、通信与自动控制类	张泽
R006	电子学报	电子、通信与自动控制类	王守觉
R022	电子与信息学报	电子、通信与自动控制类	朱敏慧
R020	电子元件与材料	电子、通信与自动控制类	钟彩霞
J023	东北大学学报自然科学版	工程与技术大学学报类	左良
H262	东北林业大学学报	林学类	李坚
H006	东北农业大学学报	农业大学学报类	李庆章
A030	东北师大学报自然科学版	师范大学学报类	薛康
U014	东华大学学报自然科学版	工程与技术大学学报类	孙福良
E002	东华理工大学学报自然科学版	综合大学学报类	王勇
G057	东南大学学报医学版	医科大学学报类	朱正娥
J028	东南大学学报自然科学版	工程与技术大学学报类	毛善锋
G944	东南国防医药	医学综合类	曹文献
P003	动力工程学报	动力与电力工程类	严宏强
F014	动物分类学报	生物学类	冯祚建
F022	动物学研究	生物学类	张亚平
F043	动物学杂志	生物学类	马勇
F231	动物营养学报	畜牧、兽医科学类	卢德勋
X034	都市快轨交通	交通运输工程类	施仲衡
G542	毒理学杂志	预防医学与卫生学类	高星
N070	锻压技术	机械工程类	陆辛
N082	锻压装备与制造技术	机械工程类	徐刚
G920	儿科药学杂志	药学类	李廷玉
C071	发光学报	物理学类	范希武
G874	法医学杂志	军事医学与特种医学、医学影像学类	朱广友
Z544	防灾减灾工程学报	地球科学类	杨军
U013	纺织高校基础科学学报	轻工、纺织科学技术、食品科学技术类	高勇

表 8 2010 年 1998 种中国科技论文统计源期刊（中国科技核心期刊）目录（续）

CODE	刊名	学科分类	主编
U015	纺织科学研究	轻工、纺织科学技术、食品科学技术类	李庆峰
U053	纺织学报	轻工、纺织科学技术、食品科学技术类	尹耐冬
G893	放射免疫学杂志	军事医学与特种医学、医学影像学类	萧祥熊
G608	放射学实践	军事医学与特种医学、医学影像学类	郭俊渊; 胡道予
Y006	飞行力学	航空、航天科学技术类	张东卫
Y030	飞行器测控学报	航空、航天科学技术类	廖凡
K002	非金属矿	矿山工程技术类	贾茂荣
D022	分析测试学报	化学类	程志青
D005	分析化学	化学类	汪尔康
D026	分析科学学报	化学类	程介克
D004	分析试验室	化学类	屠海令
D062	分析仪器	仪器仪表技术类	臧公玉
D015	分子催化	化学类	李树本
D035	分子科学学报	化学类	孙家钟
H845	分子植物育种	农艺学、园艺学类	张启发
V052	粉煤灰综合利用	土木建筑工程类	王长荣
M105	粉末冶金工业	冶金工程技术类	杨树森
M039	粉末冶金技术	冶金工程技术类	王尔德
Q006	辐射防护	核科学技术类	李德平
Q005	辐射研究与辐射工艺学报	核科学技术类	姚思德
H051	福建林学院学报	林学类	洪伟
H268	福建农林大学学报自然科学版	农业大学学报类	郑金贵
H265	福建农业学报	农学类	王景辉
A078	福建师范大学学报自然科学版	师范大学学报类	朱鹤健
G024	福建医科大学学报	医科大学学报类	林建银
A029	福州大学学报自然科学版	综合大学学报类	魏可镁
M003	腐蚀科学与防护技术	材料科学类	王福会
M505	腐蚀与防护	材料科学类	杨武
G068	复旦学报医学版	医科大学学报类	曹世龙
A001	复旦学报自然科学版	综合大学学报类	杨福家
Y019	复合材料学报	材料科学类	益小苏
B029	复杂系统与复杂性科学	信息科学与系统科学类	李天恒
G957	腹部外科	外科学类	陈孝平
G338	腹腔镜外科杂志	外科学类	姜希宏; 寿楠海
A034	甘肃科学学报	综合类	李枝葱
G699	甘肃中医	中医学与中药学类	潘文
H844	甘蔗糖业	农艺学、园艺学类	安玉兴
G879	肝胆外科杂志	外科学类	吴孟超
G690	肝胆胰外科杂志	外科学类	施维锦
G803	肝脏	内科学类	姚光弼
G392	感染·炎症·修复	临床医学类	盛志勇
H045	干旱地区农业研究	农学类	贾志宽
E020	干旱区地理	地理科学类	黄文房
E105	干旱区研究	地球科学类	夏训诚

表 8　2010 年 1998 种中国科技论文统计源期刊（中国科技核心期刊）目录（续）

CODE	刊名	学科分类	主编
M050	钢铁	冶金工程技术类	翁宇庆
M013	钢铁钒钛	冶金工程技术类	古隆建
M027	钢铁研究	冶金工程技术类	于仲洁
M019	钢铁研究学报	冶金工程技术类	干勇
X028	港工技术	交通运输工程类	贾立新
D020	高等学校化学学报	化学类	周其凤
B002	高等学校计算数学学报	数学类	陈志明
R038	高电压技术	动力与电力工程类	杨迎建
T001	高分子材料科学与工程	材料科学类	徐僖
T002	高分子通报	化学类	黄志镗
D021	高分子学报	化学类	王佛松
A080	高技术通讯	综合类	赵志耘
E358	高校地质学报	地质科学类	王德滋
T016	高校化学工程学报	化学工程类	岑沛霖
B003	高校应用数学学报	数学类	李大潜；林正炎
R037	高压电器	动力与电力工程类	薛晔
C056	高压物理学报	物理学类	经福谦
E005	高原气象	大气科学类	吕世华
V021	给水排水	土木建筑工程类	关兴旺
N105	工程爆破	机械工程类	张梅花
E360	工程地质学报	地质科学类	王思敬
N049	工程机械	机械工程类	张宏梅
V030	工程勘察	土木建筑工程类	方鸿琪
V033	工程抗震与加固改造	土木建筑工程类	王亚勇
C002	工程力学	力学类	袁驷
C073	工程热物理学报	物理学类	蔡睿贤
N590	工程设计学报	机械工程类	冯培恩
B031	工程数学学报	数学类	李大潜
T003	工程塑料应用	化学工程类	孙安垣
N061	工程图学学报	机械工程类	童秉枢
N064	工具技术	机械工程类	辛节之
K018	工矿自动化	矿山工程技术类	胡穗延
T563	工业催化	化学工程类	房根祥
J057	工业工程	工程与技术科学综合类	孙友松
N110	工业工程与管理	管理学类	饶芳权
P009	工业加热	动力与电力工程类	范超英
V010	工业建筑	土木建筑工程类	白云
P005	工业炉	动力与电力工程类	曹田力
Z013	工业水处理	环境科学技术、安全科学技术类	刘燕飞
F030	工业微生物	生物学类	严成钊
G025	工业卫生与职业病	预防医学与卫生学类	李涛
N037	工业仪表与自动化装置	仪器仪表技术类	印建安
Z032	工业用水与废水	环境科学技术、安全科学技术类	韩玲
G207	公共卫生与预防医学	预防医学与卫生学类	孙昌松

表 8　2010 年 1998 种中国科技论文统计源期刊（中国科技核心期刊）目录（续）

CODE	刊名	学科分类	主编
X579	公路	交通运输工程类	谭昌富
X022	公路工程	交通运输工程类	龚赛群
X047	公路交通技术	交通运输工程类	张力
X682	公路与汽运	交通运输工程类	付宏渊
N039	功能材料	材料科学类	赵光明
M502	功能材料与器件学报	材料科学类	邹世昌
E601	古地理学报	地球科学类	冯增昭
E304	古脊椎动物学报	地球科学类	张弥曼
E022	古生物学报	地球科学类	李星学
R047	固体电子学研究与进展	电子、通信与自动控制类	林金庭
Y013	固体火箭技术	航空、航天科学技术类	何晓兴
C103	固体力学学报	力学类	郑泉水
W007	管理工程学报	管理学类	许庆瑞
W018	管理科学	管理学类	于渤
W008	管理科学学报	管理学类	郭重庆
W025	管理评论	管理学类	石勇
W016	管理学报	管理学类	张金隆
H226	灌溉排水学报	农业工程类	庞鸿宾
R026	光电工程	电子、通信与自动控制类	马佳光
R061	光电子·激光	电子、通信与自动控制类	巴恩旭
R082	光电子技术	电子、通信与自动控制类	陈向真
C091	光谱学与光谱分析	物理学类	黄本立
C097	光散射学报	物理学类	杨经国
R031	光通信技术	电子、通信与自动控制类	汤志强
R017	光纤与电缆及其应用技术	电子、通信与自动控制类	鲍赛红
N015	光学技术	机械工程类	揭德尔
N033	光学精密工程	仪器仪表技术类	曹健林
C050	光学学报	物理学类	徐至展
N031	光学仪器	仪器仪表技术类	庄松林
R097	光学与光电技术	电子、通信与自动控制类	潘德彬
C037	光子学报	物理学类	侯洵
J029	广东工业大学学报	工程与技术大学学报类	张湘伟
H272	广东海洋大学学报	水产学类	刘楚吾
H893	广东林业科技	林学类	曾令海
G390	广东牙病防治	口腔医学类	章锦才
G027	广东药学院学报	药学类	朱家勇
G026	广东医学	医学综合类	苏焕群
A042	广西大学学报自然科学版	综合大学学报类	戴牧民
A535	广西科学	综合类	罗海鹏
H069	广西农业科学	农学类	李杨瑞
A062	广西师范大学学报自然科学版	师范大学学报类	梁宏
G028	广西医科大学学报	医科大学学报类	黄光武
G816	广西医学	医学综合类	杨光业
F028	广西植物	生物学类	李锋

表 8　2010 年 1998 种中国科技论文统计源期刊（中国科技核心期刊）目录（续）

CODE	刊名	学科分类	主编
G029	广州医学院学报	医科大学学报类	钟南山
G030	广州中医药大学学报	中医学与中药学类	陈蔚文
V572	规划师	土木建筑工程类	雷翔
T004	硅酸盐通报	化学工程类	闫法强
T005	硅酸盐学报	化学工程类	黄勇
M048	贵金属	材料科学类	侯树谦
G031	贵阳医学院学报	医科大学学报类	任锡麟
G032	贵阳中医学院学报	中医学与中药学类	梁光义
A077	贵州大学学报自然科学版	综合大学学报类	李坚石
H275	贵州农业科学	农学类	刘远坤
A527	贵州师范大学学报自然科学版	师范大学学报类	卢家鑫
M033	桂林工学院学报	工程与技术大学学报类	阮百尧
A040	国防科技大学学报	工程与技术大学学报类	卢锡城
G495	国际病毒学杂志	预防医学与卫生学类	庄辉
G350	国际病理科学与临床杂志	基础医学类	李元建
V529	国际城市规划	土木建筑工程类	夏宗轩
G936	国际儿科学杂志	妇产科学、儿科学类	李书琴
G436	国际耳鼻咽喉头颈外科杂志	眼科学、耳鼻咽喉科学类	王琪
G659	国际妇产科学杂志	妇产科学、儿科学类	郎景和
G498	国际骨科学杂志	外科学类	杨庆铭
G938	国际呼吸杂志	内科学类	凌亦凌
G967	国际护理学杂志	护理医学类	刘万车
G362	国际检验医学杂志	临床医学类	府伟灵
G929	国际精神病学杂志	神经病学、精神病学类	赵靖平
G997	国际口腔医学杂志	口腔医学类	巢永烈
G930	国际流行病学传染病学杂志	预防医学与卫生学类	毛江森
G975	国际麻醉学与复苏杂志	外科学类	曾因明
G349	国际泌尿系统杂志	外科学类	朱冬三
G983	国际免疫学杂志	基础医学类	李殿俊
G939	国际脑血管病杂志	神经病学、精神病学类	田增民
G415	国际内分泌代谢杂志	内科学类	陆再英
G889	国际皮肤性病学杂志	临床医学类	吴晓初
G426	国际神经病学神经外科学杂志	神经病学、精神病学类	刘运生；杨期东
G928	国际生物医学工程杂志	基础医学类	冷希岗
G954	国际外科学杂志	外科学类	刘建
G660	国际消化病杂志	内科学类	邱德凯
G940	国际心血管病杂志	内科学类	沈卫峰
G933	国际药学研究杂志	药学类	刘克良
G661	国际医学放射学杂志	军事医学与特种医学、医学影像学类	祁吉
G499	国际医学寄生虫病杂志	基础医学类	汤林华
G984	国际遗传学杂志	基础医学类	白静
G934	国际中医中药杂志	中医学与中药学类	曹洪欣
G937	国际肿瘤学杂志	肿瘤学类	韩金祥
E578	国土资源科技管理	地理科学类	黄宗理

表 8　2010 年 1998 种中国科技论文统计源期刊（中国科技核心期刊）目录（续）

CODE	刊名	学科分类	主编
E591	国土资源遥感	测绘学类	张炳熹
R683	国外电子测量技术	电子、通信与自动控制类	陈光(礻禹)
H028	果树学报	农艺学、园艺学类	王宇霖
T008	过程工程学报	化学工程类	刘会洲
X025	哈尔滨工程大学学报	工程与技术大学学报类	杨士莪
J003	哈尔滨工业大学学报	工程与技术大学学报类	段广仁
J013	哈尔滨理工大学学报	工程与技术大学学报类	张礼勇
U021	哈尔滨商业大学学报自然科学版	综合大学学报类	季宇彬
G033	哈尔滨医科大学学报	医科大学学报类	杨宝峰
J055	海军工程大学学报	工程与技术大学学报类	李泽良
Y029	海军航空工程学院学报	工程与技术大学学报类	钟阳春
A012	海南大学学报自然科学版	综合大学学报类	许文深
G941	海南医学	医学综合类	云露
G416	海南医学院学报	医科大学学报类	刘军保
E651	海洋测绘	测绘学类	翟国君
E155	海洋地质与第四纪地质	地质科学类	张光威
E131	海洋工程	海洋科学类	左其华
E312	海洋湖沼通报	海洋科学类	王彬华
Z010	海洋环境科学	环境科学技术、安全科学技术类	丁德文
E147	海洋开发与管理	海洋科学类	马瑞
E145	海洋科学	海洋科学类	周百成
E006	海洋科学进展	海洋科学类	袁业立
E311	海洋通报	海洋科学类	王宏
E003	海洋学报	海洋科学类	巢纪平
E149	海洋学研究	海洋科学类	王康墡
H284	海洋渔业	水产学类	庄平
E008	海洋与湖沼	海洋科学类	相建海
E108	海洋预报	海洋科学类	余宙文
L586	含能材料	兵工技术类	黄辉
N076	焊接	机械工程类	王守业
N624	焊接技术	机械工程类	胡胜
N021	焊接学报	机械工程类	王亚
Y027	航空材料学报	材料科学类	颜鸣皋
Y017	航空动力学报	航空、航天科学技术类	陶智
Y031	航空计算技术	航空、航天科学技术类	牛文生
Y012	航空精密制造技术	航空、航天科学技术类	吴晓峰
Y002	航空学报	航空、航天科学技术类	孙晓峰
Y014	航空制造技术	航空、航天科学技术类	刘柱
Y034	航天返回与遥感	航空、航天科学技术类	刘兆军
Y015	航天控制	航空、航天科学技术类	齐春棠
Y033	航天器工程	航空、航天科学技术类	彭成荣
Y032	航天器环境工程	航空、航天科学技术类	张润卿
G034	航天医学与医学工程	军事医学与特种医学、医学影像学类	陈善广
T057	合成材料老化与应用	材料科学类	杨育农

表 8　2010 年 1998 种中国科技论文统计源期刊（中国科技核心期刊）目录（续）

CODE	刊名	学科分类	主编
D602	合成化学	化学类	彭宇行
T505	合成树脂及塑料	化学工程类	洪定一
T067	合成纤维	化学工程类	金立国
T065	合成纤维工业	化学工程类	戴立平
T018	合成橡胶工业	化学工程类	朱景芬
J053	合肥工业大学学报自然科学版	工程与技术大学学报类	何晓雄
A031	河北大学学报自然科学版	综合大学学报类	孙汉文
J017	河北工业大学学报	工程与技术大学学报类	夏巨敏
J019	河北工业科技	工程与技术科学综合类	靳占忠
K032	河北建筑科技学院学报自然科学版	土木建筑工程类	李万庆
J058	河北科技大学学报	综合大学学报类	李强
H289	河北林果研究	农艺学、园艺学类	王慧军
H244	河北农业大学学报	农业大学学报类	王慧军
A076	河北师范大学学报自然科学版	师范大学学报类	李有成
G035	河北医科大学学报	医科大学学报类	温进坤
G641	河北医学	医学综合类	孟庆仁
G898	河北医药	医学综合类	狄岩
G384	河北中医	中医学与中药学类	李立
G301	河北中医药学报	中医学与中药学类	宗全和
W012	河海大学学报自然科学版	水利工程类	郭志平
A067	河南大学学报自然科学版	综合大学学报类	李小建
U004	河南工业大学学报自然科学版	工程与技术大学学报类	吴成福
J014	河南科技大学学报自然科学版	综合大学学报类	苏娟华
A011	河南科学	综合类	姜俊
K526	河南理工大学学报自然科学版	工程与技术大学学报类	邹友峰
H011	河南农业大学学报	农业大学学报类	王艳玲
H356	河南农业科学	农学类	张新友
A058	河南师范大学学报自然科学版	师范大学学报类	李红星
Q007	核电子学与探测技术	核科学技术类	朱志虹
Q004	核动力工程	核科学技术类	罗琦
Q002	核化学与放射化学	核科学技术类	王祥云
Q001	核技术	核科学技术类	盛康龙
C092	核聚变与等离子体物理	物理学类	李正武
Q009	核科学与工程	核科学技术类	阮可强
H042	核农学报	农学类	温贤芳
A084	黑龙江大学自然科学学报	综合大学学报类	陈念陔
K505	黑龙江科技学院学报	工程与技术大学学报类	赵国刚
R535	红外技术	电子、通信与自动控制类	苏君红
C035	红外与毫米波学报	物理学类	褚君浩
R084	红外与激光工程	电子、通信与自动控制类	孙再龙
A039	湖北大学学报自然科学版	综合大学学报类	吴传喜
H203	湖北农业科学	农学类	昌炎新
G334	湖北中医学院学报	中医学与中药学类	王华
E111	湖泊科学	海洋科学类	施雅风

表 8 2010 年 1998 种中国科技论文统计源期刊（中国科技核心期刊）目录（续）

CODE	刊名	学科分类	主编
A028	湖南大学学报自然科学版	综合大学学报类	王道平
K016	湖南科技大学学报自然科学版	矿山工程技术类	许中坚
H060	湖南农业大学学报自然科学版	农业大学学报类	官春云
H231	湖南农业科学	农学类	邹学校
G548	湖南师范大学学报医学版	医科大学学报类	符晓华
A055	湖南师范大学自然科学学报	师范大学学报类	谭容培
G041	湖南中医药大学学报	中医学与中药学类	尤昭玲
G336	护理管理杂志	护理医学类	张秀英
G987	护理学报	护理医学类	李亚洁
G503	护理学杂志	护理医学类	刘义兰
G654	护理研究	护理医学类	王斌全; 王益锵
G460	护理与康复	护理医学类	胡斌春
G734	护士进修杂志	护理医学类	过慧谨
E141	华北地震科学	地球科学类	罗兰格
R046	华北电力大学学报	动力与电力工程类	阎维平
H032	华北农学报	农学类	李广敏
R752	华东电力	动力与电力工程类	俞燮根
X003	华东交通大学学报	交通运输工程类	王全金
T021	华东理工大学学报自然科学版	工程与技术大学学报类	刘洪来
A054	华东师范大学学报自然科学版	师范大学学报类	王建磐
E103	华南地震	地球科学类	王正尚
G340	华南国防医学杂志	医学综合类	江建荣
J004	华南理工大学学报自然科学版	工程与技术大学学报类	李元元
H013	华南农业大学学报	农业大学学报类	庞雄飞
A052	华南师范大学学报自然科学版	师范大学学报类	翁佩萱
G525	华南预防医学	预防医学与卫生学类	杨杏芬
A021	华侨大学学报自然科学版	综合大学学报类	吴承业
G043	华西口腔医学杂志	口腔医学类	周学东
G044	华西药学杂志	药学类	张志荣
G294	华西医学	医学综合类	石应康
V506	华中建筑	土木建筑工程类	高介华
V035	华中科技大学学报城市科学版	土木建筑工程类	丁烈云
G077	华中科技大学学报医学版	医科大学学报类	田玉科
J033	华中科技大学学报自然科学版	工程与技术大学学报类	李培根
H003	华中农业大学学报	农业大学学报类	邓秀新
A004	华中师范大学学报自然科学版	师范大学学报类	邱紫华
Z009	化工环保	环境科学技术、安全科学技术类	杨再鹏
T006	化工机械	化学工程类	朱越
T101	化工进展	化学工程类	黄丽娟
T532	化工科技	化学工程类	鲁建春
T007	化工学报	化学工程类	李静海
T066	化工自动化及仪表	化学工程类	高长春
T009	化学反应工程与工艺	化学工程类	洪定一
D604	化学分析计量	化学类	孙安恒

表 8　2010 年 1998 种中国科技论文统计源期刊（中国科技核心期刊）目录（续）

CODE	刊名	学科分类	主编
T025	化学工程	化学工程类	程惠亭
T567	化学工程师	化学工程类	尚影
T076	化学工业与工程	化学工程类	韩金玉
T501	化学工业与工程技术	化学工程类	单居正
D506	化学进展	化学类	王夔
D011	化学试剂	化学类	李建华
D018	化学通报	化学类	朱道本
D030	化学学报	化学类	沈延昌
D501	化学研究	化学类	倪嘉缵
D037	化学研究与应用	化学类	赵华明
T931	化学与黏合	化学类	白雪峰
T553	化学与生物工程	化学类	刘安强
Z017	环境保护科学	环境科学技术、安全科学技术类	王振宇
Z005	环境工程	环境科学技术、安全科学技术类	翁仲颖
Z021	环境工程学报	环境科学技术、安全科学技术类	冯宗炜
D024	环境化学	化学类	汪桂斌
Z554	环境监测管理与技术	环境科学技术、安全科学技术类	朱琦琦
Z506	环境科技	环境科学技术、安全科学技术类	孙菱
Z004	环境科学	环境科学技术、安全科学技术类	欧阳自远
Z003	环境科学学报	环境科学技术、安全科学技术类	汤鸿宵
Z002	环境科学研究	环境科学技术、安全科学技术类	刘鸿亮
Z025	环境科学与技术	环境科学技术、安全科学技术类	纪洪盛
H049	环境昆虫学报	农学类	庞雄飞
Z035	环境卫生工程	环境科学技术、安全科学技术类	张范
Z019	环境污染与防治	环境科学技术、安全科学技术类	李全胜
Z031	环境与健康杂志	预防医学与卫生学类	王撷秀
G882	环境与职业医学	预防医学与卫生学类	张胜年
G656	环球中医药	中医学与中药学类	张伯礼
M631	黄金	冶金工程技术类	韦华南
N042	火工品	兵工技术类	侯毓悌
N005	火力与指挥控制	兵工技术类	高英武
N007	火炸药学报	兵工技术类	覃光明
X011	机车电传动	交通运输工程类	丁荣军
N069	机床与液压	机械工程类	闵新和
N672	机电工程	机械工程类	赵群
R099	机电一体化	动力与电力工程类	何剑秋
S004	机器人	电子、通信与自动控制类	王越超
N040	机械传动	机械工程类	王长路
M004	机械工程材料	材料科学类	杨武
N051	机械工程学报	机械工程类	宋天虎
N050	机械科学与技术	机械工程类	周宗锡
N057	机械强度	机械工程类	王长路
N047	机械设计	机械工程类	王庆禹
N054	机械设计与研究	机械工程类	邹慧君

表8 2010年1998种中国科技论文统计源期刊（中国科技核心期刊）目录（续）

CODE	刊名	学科分类	主编
N028	机械设计与制造	机械工程类	甄星耀
N053	机械与电子	机械工程类	付建平
N682	机械制造	机械工程类	施明
N515	机械制造与自动化	机械工程类	易红
G003	基础医学与临床	基础医学类	陈孟勤
H245	基因组学与应用生物学	生物学类	林炎坤
R025	激光技术	电子、通信与自动控制类	曹三松
F045	激光生物学报	生物学类	胡能书
R514	激光与光电子学进展	电子、通信与自动控制类	范滇元
R521	激光与红外	电子、通信与自动控制类	耿林
R028	激光杂志	电子、通信与自动控制类	程正学
E116	吉林大学学报地球科学版	地球科学类	林学钰
J042	吉林大学学报工学版	工程与技术大学学报类	任露泉
A035	吉林大学学报理学版	综合大学学报类	裘式纶
R586	吉林大学学报信息科学版	电子、通信与自动控制类	刘大有
G014	吉林大学学报医学版	医科大学学报类	李玉林
H243	吉林农业大学学报	农业大学学报类	肖振铎
H227	吉林农业科学	农学类	张世忠
G719	吉林中医药	中医学与中药学类	曲晓波
E007	极地研究	地理科学类	刘瑞源
G452	疾病监测	预防医学与卫生学类	祁国明
G439	脊柱外科杂志	外科学类	贾连顺
N038	计量技术	仪器仪表技术类	赵大宁
N014	计量学报	仪器仪表技术类	赵晓娜
S050	计算机测量与控制	航空、航天科学技术类	荀永明
S049	计算机仿真	计算机科学技术类	吴连伟
S013	计算机辅助设计与图形学学报	计算机科学技术类	吴恩华
S034	计算机工程与科学	计算机科学技术类	王志英
S022	计算机工程与设计	计算机科学技术类	沈志达
S025	计算机工程与应用	计算机科学技术类	怀进鹏
S030	计算机集成制造系统-CIMS	计算机科学技术类	杨海成
S520	计算机技术与发展	计算机科学技术类	王守智
S006	计算机科学	计算机科学技术类	彭丹
S085	计算机科学与探索	计算机科学技术类	何新贵
S509	计算机系统应用	计算机科学技术类	苏振泽
S018	计算机学报	计算机科学技术类	高文
S021	计算机研究与发展	计算机科学技术类	樊建平
S029	计算机应用	计算机科学技术类	张景中
S016	计算机应用研究	计算机科学技术类	刘营
S009	计算机应用与软件	计算机科学技术类	朱三元
S048	计算机与数字工程	计算机科学技术类	马中
S500	计算机与现代化	计算机科学技术类	魏国汶
S014	计算机与应用化学	计算机科学技术类	温浩
S507	计算技术与自动化	电子、通信与自动控制类	罗安

表 8　2010 年 1998 种中国科技论文统计源期刊（中国科技核心期刊）目录（续）

CODE	刊名	学科分类	主编
C003	计算力学学报	力学类	钟万勰
B014	计算数学	数学类	石钟慈
C094	计算物理	物理学类	沈隆钧
S718	技术经济	工程与技术科学综合类	吴贵生
A656	济南大学学报自然科学版	综合大学学报类	赵锡平
G292	寄生虫与医学昆虫学报	基础医学类	吴厚永
A045	暨南大学学报自然科学与医学版	综合大学学报类	陈光潮
H240	家畜生态学报	畜牧、兽医科学类	陈玉林
G638	检验医学	临床医学类	吕元
V051	建筑材料学报	土木建筑工程类	王培铭
V057	建筑钢结构进展	土木建筑工程类	孙飞飞
V045	建筑技术	土木建筑工程类	徐家和
V014	建筑结构	土木建筑工程类	张幼启
V044	建筑结构学报	土木建筑工程类	王有为
S635	建筑经济	土木建筑工程类	易冰源
V005	建筑科学	土木建筑工程类	徐培福
V013	建筑科学与工程学报	土木建筑工程类	周绪红
V047	建筑学报	土木建筑工程类	周畅
Y564	舰船科学技术	交通运输工程类	张素芳
A136	江南大学学报自然科学版	综合大学学报类	高卫东
G453	江苏大学学报医学版	医科大学学报类	许化溪
J035	江苏大学学报自然科学版	综合大学学报类	杨继昌
X015	江苏科技大学学报自然科学版	交通运输工程类	朱仁英
H700	江苏农业科学	农学类	常有宏
H199	江苏农业学报	农学类	严少华
G046	江苏医药	医学综合类	黄峻
G397	江苏中医药	中医学与中药学类	黄亚博
H283	江西农业大学学报	农业大学学报类	石庆华
H701	江西农业学报	农学类	罗奇祥
A112	江西师范大学学报自然科学版	师范大学学报类	颜长青
G047	江西医学院学报	医科大学学报类	傅克刚
X002	交通科学与工程	交通运输工程类	张建仁
X020	交通信息与安全	交通运输工程类	徐凯声
X672	交通运输工程学报	交通运输工程类	陈荫三
X694	交通运输工程与信息学报	交通运输工程类	彭其渊
X685	交通运输系统工程与信息	交通运输工程类	张国伍
L587	节能技术	能源科学技术类	尚德敏
W567	节水灌溉	农业工程类	燕在华
K553	洁净煤技术	能源科学技术类	宫月华
V049	结构工程师	土木建筑工程类	吕西林
G869	结直肠肛门外科	外科学类	高枫
G316	解放军护理杂志	护理医学类	李树贞
A121	解放军理工大学学报自然科学版	工程与技术大学学报类	徐金龙
G295	解放军药学学报	药学类	叶晓炜

表 8　2010 年 1998 种中国科技论文统计源期刊（中国科技核心期刊）目录（续）

CODE	刊名	学科分类	主编
G048	解放军医学杂志	医学综合类	贾万年
G315	解放军医院管理杂志	预防医学与卫生学类	黄伟灿
G961	解放军预防医学杂志	预防医学与卫生学类	晁福寰
G507	解剖科学进展	基础医学类	方秀斌
G049	解剖学报	基础医学类	章静波
G358	解剖学研究	基础医学类	姚志彬
G050	解剖学杂志	基础医学类	黄瀛
G886	介入放射学杂志	军事医学与特种医学、医学影像学类	陈星荣
N048	金刚石与磨料磨具工程	机械工程类	王琴
M051	金属功能材料	材料科学类	王新林
K022	金属矿山	矿山工程技术类	黄礼富
N083	金属热处理	机械工程类	徐跃明
M012	金属学报	冶金工程技术类	柯俊
E599	经济地理	地理科学类	陆大道
H266	经济林研究	林学类	胡芳名
N749	精密制造与自动化	机械工程类	夏萍
G953	精神医学杂志	神经病学、精神病学类	卢传华
T102	精细化工	化学工程类	邵玉昌
T955	精细化工中间体	化学工程类	王晓光
T542	精细石油化工	化学工程类	王立新
G677	颈腰痛杂志	外科学类	李嘉寿
Z553	净水技术	水利工程类	吴今明
G553	局解手术学杂志	外科学类	张绍祥
T512	聚氨酯工业	化学工程类	张骥红
R016	绝缘材料	材料科学类	李耀星
G052	军事医学科学院院刊	基础医学类	吴祖泽
J056	军械工程学院学报	工程与技术大学学报类	米东
G187	军医进修学院学报	医科大学学报类	周定标
F018	菌物学报	生物学类	戴玉成
M018	勘察科学技术	矿山工程技术类	杨书涛
A645	科技导报	综合类	冯长根
S812	科技管理研究	管理学类	蔡齐祥；黎懋明
R588	科技进步与对策	管理学类	穆荣平
A083	科技通报	综合类	温树伟
W027	科技与法律	管理学类	罗玉中
A537	科学技术与工程	工程与技术科学综合类	马阳
A075	科学通报	综合类	周光召；朱作言
W514	科学学研究	管理学类	方新
W531	科研管理	管理学类	穆荣平
L516	可再生能源	能源科学技术类	许晓凡
E140	空间科学学报	地球科学类	肖佐
J059	空军工程大学学报自然科学版	工程与技术大学学报类	张多林
Y016	空气动力学学报	航空、航天科学技术类	邓小刚
S503	控制工程	电子、通信与自动控制类	柴天佑

表 8 2010 年 1998 种中国科技论文统计源期刊（中国科技核心期刊）目录（续）

CODE	刊名	学科分类	主编
R060	控制理论与应用	信息科学与系统科学类	陈翰馥
S001	控制与决策	信息科学与系统科学类	张嗣瀛
G246	口腔颌面外科杂志	口腔医学类	王佐林
G894	口腔颌面修复学杂志	口腔医学类	王邦康
G325	口腔医学	口腔医学类	王林
G266	口腔医学研究	口腔医学类	樊明文
K525	矿产保护与利用	矿山工程技术类	张克仁
V054	矿产勘查	土木建筑工程类	王思敬
K025	矿产与地质	矿山工程技术类	贾国相
K004	矿产综合利用	矿山工程技术类	陈炳炎
E106	矿床地质	地质科学类	宋叔和
K014	矿山机械	矿山工程技术类	刘汉卿
E350	矿物学报	矿山工程技术类	涂光炽
E354	矿物岩石	地质科学类	兰江华
E504	矿物岩石地球化学通报	地球科学类	欧阳自远
M101	矿冶	冶金工程技术类	朱穗玲
M045	矿冶工程	冶金工程技术类	曾维勇
K010	矿业研究与开发	矿山工程技术类	周爱民
F005	昆虫分类学报	生物学类	袁锋
F015	昆虫学报	生物学类	黄大卫
F035	昆虫知识	生物学类	王琛柱
J020	昆明理工大学学报理工版	综合大学学报类	王华
G053	昆明医学院学报	医科大学学报类	冯忠堂
G395	兰州大学学报医学版	医科大学学报类	陈晓峰
A016	兰州大学学报自然科学版	综合大学学报类	苏力
X016	兰州交通大学学报	交通运输工程类	严松宏
J008	兰州理工大学学报	工程与技术大学学报类	孙品一
G628	老年医学与保健	临床医学类	王传馥
R096	雷达科学与技术	电子、通信与自动控制类	朱庆明
T010	离子交换与吸附	化学工程类	张全兴
M001	理化检验化学分册	冶金工程技术类	吴诚
M002	理化检验物理分册	冶金工程技术类	凌树森
C101	力学季刊	力学类	范立础
C102	力学进展	力学类	白以龙
C001	力学学报	力学类	杨卫
C104	力学与实践	力学类	朱克勤
G580	立体定向和功能性神经外科杂志	神经病学、精神病学类	汪业汉
L014	炼油技术与工程	能源科学技术类	张立新
U002	粮食储藏	农艺学、园艺学类	梁永生
U055	粮食与饲料工业	轻工、纺织科学技术、食品科学技术类	王杭
U008	粮油加工	轻工、纺织科学技术、食品科学技术类	牟广英
C032	量子电子学报	物理学类	龚和本
C110	量子光学学报	物理学类	彭坤墀
K008	辽宁工程技术大学学报自然科学版	综合大学学报类	邵良杉

表 8　2010 年 1998 种中国科技论文统计源期刊（中国科技核心期刊）目录（续）

CODE	刊名	学科分类	主编
H261	辽宁农业科学	农学类	李正德
A072	辽宁师范大学学报自然科学版	师范大学学报类	韩增林
L035	辽宁石油化工大学学报	能源科学技术类	王金保
G850	辽宁中医药大学学报	中医学与中药学类	康廷国
G646	辽宁中医杂志	中医学与中药学类	康廷国
U037	林产工业	化学工程类	许方荣
T017	林产化学与工业	化学工程类	宋湛谦
H740	林业科技开发	林学类	施季森
H280	林业科学	林学类	沈国舫
H281	林业科学研究	林学类	盛炜彤
H102	林业调查规划	林学类	曹善寿
G880	临床超声医学杂志	军事医学与特种医学、医学影像学类	杨浩
G607	临床儿科杂志	妇产科学、儿科学类	吴圣楣
G276	临床耳鼻咽喉头颈外科杂志	眼科学、耳鼻咽喉科学类	孔维佳; 黄选兆
G271	临床放射学杂志	军事医学与特种医学、医学影像学类	冯敢生
Q908	临床肺科杂志	内科学类	许学受
G501	临床肝胆病杂志	内科学类	贾继东
G291	临床骨科杂志	外科学类	戴尅戎; 江曙
G664	临床和实验医学杂志	临床医学类	刘建
G658	临床荟萃	内科学类	李春岩
G345	临床急诊杂志	临床医学类	彭南生
G204	临床检验杂志	临床医学类	武建国
G310	临床精神医学杂志	神经病学、精神病学类	侯钢
G881	临床军医杂志	临床医学类	薛蓬
G287	临床口腔医学杂志	口腔医学类	陈卫民
G222	临床麻醉学杂志	外科学类	张国楼; 徐建国
G317	临床泌尿外科杂志	外科学类	肖传国
G257	临床内科杂志	内科学类	宋善俊
G230	临床皮肤科杂志	临床医学类	赵辨
G309	临床神经病学杂志	神经病学、精神病学类	张贞浏
G802	临床神经外科杂志	神经病学、精神病学类	刘宏毅
G797	临床输血与检验	临床医学类	权循珍
G256	临床外科杂志	外科学类	邹声泉
G942	临床误诊误治	临床医学类	陈晓红
G855	临床消化病杂志	内科学类	易粹琼
Q909	临床小儿外科杂志	妇产科学、儿科学类	刘宏
G585	临床心电学杂志	临床医学类	郭继鸿
G261	临床心血管病杂志	内科学类	廖玉华
G293	临床血液学杂志	内科学类	宋善俊; 陆道培; 胡丽华
Q913	临床眼科杂志	眼科学、耳鼻咽喉科学类	陈逊
G274	临床与实验病理学杂志	基础医学类	龚西瑜
Q910	临床肿瘤学杂志	肿瘤学类	秦叔逵
G491	岭南心血管病杂志	内科学类	林曙光
N023	流体机械	机械工程类	宋东岚

表 8　2010 年 1998 种中国科技论文统计源期刊（中国科技核心期刊）目录（续）

CODE	刊名	学科分类	主编
X570	路基工程	交通运输工程类	卿三惠
H748	麦类作物学报	农艺学、园艺学类	张改生
T060	煤化工	化学工程类	闫少伟
K005	煤炭科学技术	矿山工程技术类	王金华
K017	煤炭学报	矿山工程技术类	胡省三
D027	煤炭转化	化学类	谢克昌
K009	煤田地质与勘探	矿山工程技术类	王丽
U036	棉纺织技术	轻工、纺织科学技术、食品科学技术类	闫磊
H037	棉花学报	农艺学、园艺学类	喻树迅
G056	免疫学杂志	基础医学类	朱锡华
B017	模糊系统与数学	数学类	刘应明
N087	模具工业	机械工程类	翁史振
N107	模具技术	机械工程类	阮雪榆
S015	模式识别与人工智能	计算机科学技术类	戴汝为
T077	膜科学与技术	化学工程类	刘宪秋
N084	摩擦学学报	机械工程类	薛群基
U533	木材工业	林学类	姜征
M655	纳米技术与精密工程	机械工程类	胡小唐
M042	耐火材料	材料科学类	柴俊兰
J050	南昌大学学报工科版	工程与技术大学学报类	徐冬蓉
A013	南昌大学学报理科版	综合大学学报类	徐冬荣
Y011	南昌航空大学学报自然科学版	航空、航天科学技术类	刘高航
R117	南方电网技术	动力与电力工程类	饶宏
H068	南方水产	水产学类	徐泽智
G023	南方医科大学学报	医科大学学报类	李康
B016	南京大学学报数学半年刊	数学类	周伯埙
A025	南京大学学报自然科学	综合大学学报类	龚昌德
T011	南京工业大学学报自然科学版	工程与技术大学学报类	陆小华
Y026	南京航空航天大学学报	航空、航天科学技术类	宣益民
N011	南京理工大学学报自然科学版	工程与技术大学学报类	宣益民
H033	南京林业大学学报自然科学版	林学类	余世袁
H021	南京农业大学学报	农业大学学报类	郑小波
A061	南京师大学报自然科学版	师范大学学报类	陈凌孚
E120	南京信息工程大学学报	大气科学类	李刚
G058	南京医科大学学报自然科学版	医科大学学报类	陈琪
R008	南京邮电大学学报自然科学版	电子、通信与自动控制类	黄维
G059	南京中医药大学学报自然科学版	中医学与中药学类	范欣生
A008	南开大学学报自然科学版	综合大学学报类	程津培
W590	南水北调与水利科技	水利工程类	徐振辞
G288	脑与神经疾病杂志	神经病学、精神病学类	毛俊雄
G662	内科急危重症杂志	内科学类	陆再英
G523	内科理论与实践	内科学类	王振义；陈家伦
E104	内陆地震	地球科学类	王海涛
A026	内蒙古大学学报自然科学版	综合大学学报类	罗辽复

表8　2010年1998种中国科技论文统计源期刊（中国科技核心期刊）目录（续）

CODE	刊名	学科分类	主编
J039	内蒙古工业大学学报自然科学版	综合大学学报类	孟昭昕
H271	内蒙古农业大学学报自然科学版	农业大学学报类	李畅游
A111	内蒙古师范大学学报自然科学汉文版	师范大学学报类	董祥林
G513	内蒙古医学院学报	医科大学学报类	王之烈
P004	内燃机学报	动力与电力工程类	苏万华
W002	泥沙研究	水利工程类	杜国翰
A110	宁夏大学学报自然科学版	综合大学学报类	李星
G665	宁夏医科大学学报	医科大学学报类	孙涛
T034	农药	化学工程类	刘长令
H404	农药学学报	化学工程类	王道全
H279	农业工程学报	农业工程类	杨邦杰
Z008	农业环境科学学报	环境科学技术、安全科学技术类	李文华
H773	农业环境与发展	农学类	高尚宾
H278	农业机械学报	农业工程类	诸慎友
H286	农业生物技术学报	农学类	武维华
H237	农业系统科学与综合研究	农业工程类	宋凤斌
H222	农业现代化研究	农业工程类	王克林
V032	暖通空调	土木建筑工程类	王曙明
H219	排灌机械工程学报	农业工程类	袁寿其
U602	皮革科学与工程	轻工、纺织科学技术、食品科学技术类	单志华
U604	皮革与化工	轻工、纺织科学技术、食品科学技术类	贾宏春
G759	齐鲁医学杂志	医学综合类	苗志敏
N041	起重运输机械	机械工程类	黄平
E021	气候变化研究进展	大气科学类	秦大河
E361	气候与环境研究	大气科学类	曾庆存
E352	气象	大气科学类	矫梅燕
E566	气象科技	大气科学类	徐祥德
E359	气象科学	大气科学类	余志豪
E001	气象学报	大气科学类	丁一汇
E633	气象与环境学报	大气科学类	刘晶淼
X018	汽车工程	交通运输工程类	孟嗣宗
X013	汽车技术	交通运输工程类	朱兴泽
P001	汽轮机技术	动力与电力工程类	张秋鸿
A093	前沿科学	综合类	张登义
Y009	强度与环境	航空、航天科学技术类	王梦魁
C007	强激光与粒子束	物理学类	杜祥琬
X021	桥梁建设	交通运输工程类	胡贵琼
U018	青岛大学学报工程技术版	工程与技术大学学报类	李天恒
A658	青岛大学学报自然科学版	综合大学学报类	李天恒
G061	青岛大学医学院学报	医科大学学报类	谢俊霞
T012	青岛科技大学学报自然科学版	综合大学学报类	马连湘
H267	青岛农业大学学报自然科学版	农业大学学报类	王金宝
U535	轻工机械	轻工、纺织科学技术、食品科学技术类	李德芳
J001	清华大学学报自然科学版	工程与技术大学学报类	梁恩忠

表 8　2010 年 1998 种中国科技论文统计源期刊（中国科技核心期刊）目录（续）

CODE	刊名	学科分类	主编
W020	情报学报	管理学类	武夷山
D002	燃料化学学报	化学类	彭少逸
P011	燃烧科学与技术	动力与电力工程类	尧命发
G448	热带病与寄生虫学	预防医学与卫生学类	蒋作君
E563	热带地理	地理科学类	许自策
E642	热带海洋学报	海洋科学类	施平
H516	热带农业科学	农学类	邱小强
E110	热带气象学报	大气科学类	薛纪善
G609	热带医学杂志	预防医学与卫生学类	余新炳
H223	热带作物学报	农艺学、园艺学类	余让水
T105	热固性树脂	化学工程类	王永红
N071	热加工工艺	机械工程类	张社会
C134	热科学与技术	物理学类	王补宣
P006	热能动力工程	动力与电力工程类	邹积国
T013	人工晶体学报	化学工程类	沈德忠
N106	人类工效学	管理学类	金会庆
F041	人类学学报	生物学类	吴新智
G805	人民军医	医学综合类	王敏
T070	日用化学工业	化学工程类	曹玉英
S011	软件学报	计算机科学技术类	李明树
N029	润滑与密封	机械工程类	贺石中
R086	三峡大学学报自然科学版	水利工程类	王康平
D012	色谱	化学类	卢佩章
E635	沙漠与绿洲气象	地理科学类	魏文寿
A063	厦门大学学报自然科学版	综合大学学报类	张鸿斌
H070	山地农业生物学报	农学类	金道超
E101	山地学报	地理科学类	钟祥浩
G742	山东大学耳鼻喉眼学报	眼科学、耳鼻咽喉科学类	栾信庸
J022	山东大学学报工学版	工程与技术大学学报类	邹增大
A020	山东大学学报理学版	综合大学学报类	靳光华
G062	山东大学学报医学版	医科大学学报类	龚瑶琴
V012	山东建筑大学学报	土木建筑工程类	方肇洪
A637	山东科学	综合类	王英龙
H031	山东农业大学学报自然科学版	农业大学学报类	温孚江
H804	山东农业科学	农学类	仲崇高
A057	山东师范大学学报自然科学版	师范大学学报类	宋文玉
G063	山东中医药大学学报	中医学与中药学类	皋永利
G574	山东中医杂志	中医学与中药学类	皋永利
A014	山西大学学报自然科学版	综合大学学报类	陈兆斌
H393	山西农业大学学报自然科学版	农业大学学报类	董常生
H390	山西农业科学	农学类	扆锁成
G064	山西医科大学学报	医科大学学报类	郭政
G923	山西医药杂志	医学综合类	董海原
U025	陕西科技大学学报自然科学版	工程与技术大学学报类	张美云

表 8 2010 年 1998 种中国科技论文统计源期刊（中国科技核心期刊）目录（续）

CODE	刊名	学科分类	主编
H217	陕西农业科学	农学类	白志礼
A066	陕西师范大学学报自然科学版	师范大学学报类	黄春长
G630	陕西医学杂志	医学综合类	杨世兴
G725	陕西中医	中医学与中药学类	杨世兴
A056	上海大学学报自然科学版	综合大学学报类	周邦新
W023	上海管理科学	管理学类	王方华
X038	上海海事大学学报	交通运输工程类	黄有方
H292	上海海洋大学学报	水产学类	周应祺
G330	上海护理	护理医学类	翁素贞
X006	上海交通大学学报	工程与技术大学学报类	郑杭
H022	上海交通大学学报农业科学版	农业大学学报类	沈为平
G066	上海交通大学学报医学版	医科大学学报类	沈晓明
M021	上海金属	冶金工程技术类	翟启杰
G343	上海精神医学	神经病学、精神病学类	王祖承
G283	上海口腔医学	口腔医学类	张志愿
J031	上海理工大学学报	综合大学学报类	庄松林
H282	上海农业学报	农学类	徐新春
A043	上海师范大学学报自然科学版	师范大学学报类	项家祥
G069	上海医学	医学综合类	汤钊猷
G596	上海针灸杂志	中医学与中药学类	黄琴峰
G946	上海中医药大学学报	中医学与中药学类	谢建群
G389	上海中医药杂志	中医学与中药学类	谢建群
A515	深圳大学学报理工版	工程与技术大学学报类	阮双琛
G329	神经疾病与精神卫生	神经病学、精神病学类	崔德华; 吴中学; 贾建平
G070	神经解剖学杂志	神经病学、精神病学类	李云庆
G319	神经损伤与功能重建	神经病学、精神病学类	王伟
J052	沈阳工业大学学报	工程与技术大学学报类	郭雨梅
V011	沈阳建筑大学学报自然科学版	土木建筑工程类	谭静文
J027	沈阳理工大学学报	工程与技术大学学报类	潘成胜
H024	沈阳农业大学学报	农业大学学报类	张玉龙
A586	沈阳师范大学学报自然科学版	师范大学学报类	张辉
G071	沈阳药科大学学报	药学类	吴春福
G202	肾脏病与透析肾移植杂志	外科学类	黎磊石
F203	生理科学进展	基础医学类	范少光
F001	生理学报	基础医学类	姚泰
F042	生命的化学	生物学类	祁国荣
F215	生命科学	生物学类	林其谁
F046	生命科学研究	生物学类	梁宋平
Z034	生态毒理学报	环境科学技术、安全科学技术类	王子健
H784	生态环境学报	环境科学技术、安全科学技术类	李定强
S784	生态经济	环境科学技术、安全科学技术类	高晓铃
Z014	生态学报	生物学类	冯宗炜
Z028	生态学杂志	生物学类	孙铁珩
Z023	生态与农村环境学报	环境科学技术、安全科学技术类	蔡道基

表 8　2010 年 1998 种中国科技论文统计源期刊（中国科技核心期刊）目录（续）

CODE	刊名	学科分类	主编
F049	生物多样性	生物学类	马克平
F003	生物工程学报	生物学类	焦瑞身
G401	生物骨科材料与临床研究	基础医学类	陈安民
F016	生物化学与生物物理进展	生物学类	王大成
F224	生物技术通讯	生物学类	黄培堂
F204	生物加工过程	生物学类	欧阳平凯
B009	生物数学学报	数学类	陈兰荪
F012	生物物理学报	生物学类	杨福愉
F040	生物信息学	生物学类	徐德昌
F213	生物学杂志	生物学类	罗家驎
G006	生物医学工程学杂志	基础医学类	陈槐卿
G332	生物医学工程研究	基础医学类	王勤; 康永军
G603	生物医学工程与临床	基础医学类	宋继昌
G624	生殖医学杂志	妇产科学、儿科学类	肖碧莲
G072	生殖与避孕	妇产科学、儿科学类	高尔生
C033	声学技术	物理学类	张淑英
C054	声学学报	物理学类	马大猷
V043	施工技术	土木建筑工程类	张可文
E302	湿地科学	地理科学类	陈宜瑜
E636	湿地科学与管理	地理科学类	彭镇华
A615	石河子大学学报自然科学版	综合大学学报类	向本春
T933	石化技术与应用	化学工程类	殷茜
X042	石家庄铁道大学学报自然科学版	交通运输工程类	王岳森
L016	石油地球物理勘探	能源科学技术类	钱荣钧
L015	石油化工	能源科学技术类	乔金樑
L034	石油化工高等学校学报	能源科学技术类	仲崇民
L023	石油化工设备	能源科学技术类	张漪芳
L021	石油化工设备技术	能源科学技术类	尹朝曦
L522	石油化工自动化	能源科学技术类	王发兵
L019	石油机械	能源科学技术类	贺会群
L031	石油勘探与开发	能源科学技术类	戴金星
L032	石油矿场机械	能源科学技术类	李国宏
L030	石油炼制与化工	能源科学技术类	汪燮卿
E126	石油实验地质	地质科学类	叶德燎
L005	石油物探	能源科学技术类	管路平
L028	石油学报	能源科学技术类	赵宗举
L012	石油学报石油加工	能源科学技术类	汪燮卿
L006	石油与天然气地质	能源科学技术类	王庭斌
L008	石油钻采工艺	能源科学技术类	董范
L025	石油钻探技术	能源科学技术类	马开华
G387	实验动物与比较医学	生物学类	刘瑞三
A113	实验技术与管理	综合类	李德华
C009	实验力学	力学类	方如华
Y018	实验流体力学	航空、航天科学技术类	乐嘉陵

表 8 2010 年 1998 种中国科技论文统计源期刊（中国科技核心期刊）目录（续）

CODE	刊名	学科分类	主编
A115	实验室研究与探索	综合类	夏有为
G512	实用癌症杂志	肿瘤学类	雷良华
G875	实用儿科临床杂志	妇产科学、儿科学类	郭学鹏
G534	实用放射学杂志	军事医学与特种医学、医学影像学类	鱼博浪; 宦怡
G586	实用妇产科杂志	妇产科学、儿科学类	王世阆
G746	实用肝脏病杂志	内科学类	周天仇
G457	实用骨科杂志	外科学类	卫小春
G224	实用口腔医学杂志	口腔医学类	赵铱民
G700	实用老年医学	保健医学类	刘昕曜
Q919	实用临床医药杂志	临床医学类	卜平
G652	实用皮肤病学杂志	临床医学类	杨蓉娅
G834	实用药物与临床	药学类	滕卫平
G324	实用医学杂志	临床医学类	苏焕群
G760	实用医院临床杂志	临床医学类	韩盛玺
G768	实用预防医学	预防医学与卫生学类	罗普泉
G856	实用肿瘤学杂志	肿瘤学类	庞达
G890	实用肿瘤杂志	肿瘤学类	张苏展
U005	食品工业科技	轻工、纺织科学技术、食品科学技术类	张铁鹰
U006	食品科学	轻工、纺织科学技术、食品科学技术类	白建华
U035	食品与发酵工业	轻工、纺织科学技术、食品科学技术类	朱庆裴
U641	食品与发酵科技	轻工、纺织科学技术、食品科学技术类	陈功
U547	食品与机械	轻工、纺织科学技术、食品科学技术类	黄寿恩
U029	食品与生物技术学报	轻工、纺织科学技术、食品科学技术类	裘松良
G748	食品与药品	药学类	高美霞
E363	世界地震工程	地球科学类	孙柏涛
E548	世界地质	地质科学类	孙革
G190	世界华人消化杂志	内科学类	马连生
A201	世界科技研究与发展	综合类	方曙
G906	世界科学技术-中医药现代化	中医学与中药学类	陈凯先
G485	世界临床药物	药学类	周斌
G484	世界中西医结合杂志	中医学与中药学类	路志正
G483	世界中医药	中医学与中药学类	李振吉
A023	首都师范大学学报自然科学版	师范大学学报类	梅向明
G073	首都医科大学学报	医科大学学报类	王晓民
F033	兽类学报	生物学类	王德华
R005	数据采集与处理	电子、通信与自动控制类	贲德
W009	数理统计与管理	管理学类	杨振海
B015	数学的实践与认识	数学类	林群
B007	数学进展	数学类	李亦
B004	数学年刊 A	数学类	李大潜
C036	数学物理学报	数学类	丁夏畦
B006	数学学报	数学类	王跃飞; 张立群
B012	数学杂志	数学类	齐民友
S032	数值计算与计算机应用	计算机科学技术类	石钟慈

表 8　2010 年 1998 种中国科技论文统计源期刊（中国科技核心期刊）目录（续）

CODE	刊名	学科分类	主编
W022	数字图书馆论坛	管理学类	张秀梅
H008	水产学报	水产学类	黄硕琳
H232	水产学杂志	水产学类	孙大江
Z016	水处理技术	环境科学技术、安全科学技术类	高从堦
X533	水道港口	交通运输工程类	赵冲久
P007	水电能源科学	动力与电力工程类	邴凤山; 张勇传
V034	水电自动化与大坝监测	水利工程类	薛禹胜
W004	水动力学研究与进展 A	水利工程类	周连第
W013	水科学进展	水利工程类	刘国纬
R050	水力发电	水利工程类	马连城
R049	水力发电学报	水利工程类	谷兆祺
R587	水利经济	水利工程类	郑垂勇
W011	水利水电技术	水利工程类	马德伟
W502	水利水电科技进展	水利工程类	芮孝芳
W006	水利水运工程学报	水利工程类	张瑞凯
W003	水利学报	水利工程类	陈炳新
W026	水利与建筑工程学报	水利工程类	梁宗祥
F010	水生生物学报	生物学类	桂建芳
H850	水生态学杂志	水产学类	常剑波
H015	水土保持通报	农业工程类	李锐
H287	水土保持学报	农业工程类	邵明安
H056	水土保持研究	农业工程类	刘国彬
E540	水文	地质科学类	邓坚
E154	水文地质工程地质	地质科学类	陈梦熊
R566	水资源保护	水利工程类	汪德爟
W570	水资源与水工程学报	水利工程类	蔡焕杰
U056	丝绸	轻工、纺织科学技术、食品科学技术类	宣友木
J051	四川大学学报工程科学版	工程与技术大学学报类	谢和平
G045	四川大学学报医学版	医科大学学报类	张肇达
A006	四川大学学报自然科学版	综合大学学报类	刘应明
Z007	四川环境	环境科学技术、安全科学技术类	叶宏
V007	四川建筑科学研究	土木建筑工程类	王永维
A033	四川师范大学学报自然科学版	师范大学学报类	周一阳
G575	四川医学	医学综合类	卓凯星
G745	四川中医	中医学与中药学类	方连举
H862	饲料工业	轻工、纺织科学技术、食品科学技术类	聂春宵
H864	饲料研究	轻工、纺织科学技术、食品科学技术类	李謇旭
G074	苏州大学学报医学版	医科大学学报类	阮长耿
A037	苏州大学学报自然科学版	综合大学学报类	钱培德
T106	塑料	化学工程类	杨明锦
T014	塑料工业	化学工程类	张志平
T536	塑料科技	化学工程类	于文杰
T580	塑性工程学报	机械工程类	陆辛
X634	隧道建设	交通运输工程类	张炜

表 8　2010 年 1998 种中国科技论文统计源期刊（中国科技核心期刊）目录（续）

CODE	刊名	学科分类	主编
E123	台湾海峡	海洋科学类	张金标
L009	太阳能学报	能源科学技术类	石定寰
J011	太原理工大学学报	工程与技术大学学报类	谢克昌
M544	钛工业进展	材料科学类	周廉
T500	弹性体	化学工程类	蔡小平
T527	炭素	化学工程类	张启彪
T015	炭素技术	化学工程类	解治友
N043	探测与控制学报	兵工技术类	张龙山
V524	陶瓷	化学工程类	苑克兴
V531	陶瓷学报	化学工程类	秦锡麟
H041	特产研究	农艺学、园艺学类	沈育杰
V027	特种结构	土木建筑工程类	舒亚俐
T999	特种橡胶制品	化学工程类	伍兆敏
L505	特种油气藏	能源科学技术类	张方礼
N065	特种铸造及有色合金	机械工程类	袁振国
A041	天津大学学报	工程与技术大学学报类	龚克
U017	天津工业大学学报	工程与技术大学学报类	杨庆新
U031	天津科技大学学报	综合大学学报类	王学魁
J054	天津理工大学学报	工程与技术大学学报类	马建标
G508	天津医科大学学报	医科大学学报类	郝希山
G076	天津医药	医学综合类	张愈
G626	天津中医药	中医学与中药学类	张伯礼
T611	天然产物研究与开发	生物学类	李伯刚
L518	天然气地球科学	能源科学技术类	戴金星
L029	天然气工业	能源科学技术类	冉隆辉
T074	天然气化工	化学工程类	古共伟
E023	天文学报	天文类	甘为群
E114	天文学进展	天文类	候金良
X517	铁道标准设计	交通运输工程类	刘家锋
X019	铁道车辆	交通运输工程类	刘保明
X521	铁道工程学报	交通运输工程类	何宁
X007	铁道科学与工程学报	交通运输工程类	胡湘陵
X005	铁道学报	交通运输工程类	杨浩
G238	听力学及言语疾病杂志	眼科学、耳鼻咽喉科学类	陶泽璋; 韩德民; 韩东一
R065	通信学报	电子、通信与自动控制类	杨义先
G965	同济大学学报医学版	医科大学学报类	傅继梁
J032	同济大学学报自然科学版	工程与技术大学学报类	李杰
Q003	同位素	核科学技术类	罗顺忠
T103	涂料工业	化学工程类	竺玉书
V029	土木工程学报	土木建筑工程类	徐培福
V019	土木建筑与环境工程	土木建筑工程类	黄宗明
H043	土壤	农学类	赵其国
H057	土壤通报	农学类	须湘成
H012	土壤学报	农学类	蔡祖聪

表 8　2010 年 1998 种中国科技论文统计源期刊（中国科技核心期刊）目录（续）

CODE	刊名	学科分类	主编
Y025	推进技术	航空、航天科学技术类	郑日恒
G601	外科理论与实践	外科学类	林言箴; 李宏为
G996	皖南医学院学报	医科大学学报类	李朝品
R070	微波学报	电子、通信与自动控制类	杨乃恒
S005	微处理机	电子、通信与自动控制类	谭延军
R057	微电机	动力与电力工程类	牒正文
R064	微电子学	电子、通信与自动控制类	成福康
R004	微电子学与计算机	电子、通信与自动控制类	李新龙
R098	微纳电子技术	电子、通信与自动控制类	李和委
F004	微生物学报	生物学类	李季伦
F011	微生物学通报	生物学类	何忠效
F225	微生物学杂志	生物学类	张忠泽
G651	微生物与感染	临床医学类	闻玉梅
R085	微特电机	动力与电力工程类	施进浩
E052	微体古生物学报	地球科学类	穆西南
S033	微型电脑应用	计算机科学技术类	朱仲英
G210	微循环学杂志	基础医学类	李艳
G079	卫生研究	预防医学与卫生学类	段国兴
G800	胃肠病学	内科学类	萧树东
G326	胃肠病学和肝病学杂志	内科学类	段芳龄
G702	温州医学院学报	医科大学学报类	瞿佳
D003	无机材料学报	材料科学类	郭景坤
D023	无机化学学报	化学类	游效曾
T072	无机盐工业	化学工程类	刘红光
N044	无损检测	机械工程类	王务同
W014	武汉大学学报工学版	工程与技术大学学报类	刘经南
A024	武汉大学学报理学版	综合大学学报类	刘经南
E107	武汉大学学报信息科学版	测绘学类	刘经南
G038	武汉大学学报医学版	医科大学学报类	刘经南
M032	武汉科技大学学报自然科学版	工程与技术大学学报类	刘光临
J006	武汉理工大学学报	工程与技术大学学报类	周祖德
X017	武汉理工大学学报交通科学与工程版	交通运输工程类	李腊元
J018	武汉理工大学学报信息与管理工程版	电子、通信与自动控制类	程森成
F008	武汉植物学研究	生物学类	郑重
G707	武警医学	医学综合类	李小萍
G771	武警医学院学报	医科大学学报类	李宏伟
C090	物理	物理学类	阎守胜
D001	物理化学学报	化学类	唐有祺
C006	物理学报	物理学类	王乃彦
C053	物理学进展	物理学类	冯端
A149	物流技术	工程与技术科学综合类	郑朝霞
E136	物探化探计算技术	计算机科学技术类	贺振华
E138	物探与化探	地球科学类	熊盛青
R009	西安电子科技大学学报自然科学版	电子、通信与自动控制类	梁昌洪

表 8　2010 年 1998 种中国科技论文统计源期刊（中国科技核心期刊）目录（续）

CODE	刊名	学科分类	主编
U030	西安工程大学学报	工程与技术大学学报类	姚穆
J036	西安工业大学学报	工程与技术大学学报类	刘卫国
V018	西安建筑科技大学学报自然科学版	土木建筑工程类	赵鸿铁
X030	西安交通大学学报	工程与技术大学学报类	陶文铨
G081	西安交通大学学报医学版	医科大学学报类	闫剑群
A150	西安科技大学学报	综合大学学报类	伍永平
J002	西安理工大学学报	工程与技术大学学报类	刘宏昭
L010	西安石油大学学报自然科学版	能源科学技术类	屈展
A032	西北大学学报自然科学版	综合大学学报类	赵重远
E307	西北地震学报	地球科学类	王兰民
E125	西北地质	地质科学类	夏林圻
Y023	西北工业大学学报	工程与技术大学学报类	胡沛泉
G245	西北国防医学杂志	医学综合类	王秦玲
H224	西北林学院学报	林学类	范升才
H018	西北农林科技大学学报自然科学版	农业大学学报类	赵忠
H288	西北农业学报	农学类	宋继学
A022	西北师范大学学报自然科学版	师范大学学报类	赵更吉
G792	西北药学杂志	药学类	杨世民
F020	西北植物学报	生物学类	胡正海
H385	西部林业科学	林学类	郎南军
J045	西华大学学报自然科学版	工程与技术大学学报类	罗中先
A148	西华师范大学学报自然科学版	师范大学学报类	杨树政
H004	西南大学学报自然科学版	综合大学学报类	向仲怀
G312	西南国防医药	医学综合类	王国建
X032	西南交通大学学报	工程与技术大学学报类	翟婉明
V548	西南科技大学学报	综合大学学报类	谭克锋
H270	西南林学院学报	林学类	刘惠民
H061	西南农业学报	农学类	李跃建
A064	西南师范大学学报自然科学版	师范大学学报类	李明
L002	西南石油大学学报自然科学版	能源科学技术类	杜志敏
M041	稀土	材料科学类	杨占峰
M029	稀有金属	材料科学类	屠海令
M052	稀有金属材料与工程	材料科学类	殷为宏
S505	系统仿真技术	电子、通信与自动控制类	万钢
S003	系统仿真学报	信息科学与系统科学类	李伯虎赵沁平
B028	系统工程	信息科学与系统科学类	陈收
B025	系统工程理论与实践	信息科学与系统科学类	陈光亚
B018	系统工程学报	信息科学与系统科学类	刘豹
R059	系统工程与电子技术	电子、通信与自动控制类	施荣
B027	系统管理学报	信息科学与系统科学类	王浣尘
B021	系统科学与数学	信息科学与系统科学类	陈翰馥
G188	细胞与分子免疫学杂志	基础医学类	金伯泉
E027	现代地质	地质科学类	邓军
R089	现代电力	动力与电力工程类	宋永华

表 8　2010 年 1998 种中国科技论文统计源期刊（中国科技核心期刊）目录（续）

CODE	刊名	学科分类	主编
Y561	现代防御技术	兵工技术类	成楚之
G300	现代妇产科进展	妇产科学、儿科学类	江森
T063	现代化工	化学工程类	张立萍
G653	现代检验医学杂志	临床医学类	刘勤社
N100	现代科学仪器	仪器仪表技术类	胡柏顺
G321	现代口腔医学杂志	口腔医学类	俞光岩
R087	现代雷达	电子、通信与自动控制类	陈玲
G438	现代临床护理	护理医学类	张振路
G341	现代泌尿外科杂志	外科学类	贺大林
G067	现代免疫学	基础医学类	周光炎
H417	现代农药	化学工程类	张湘宁
F250	现代生物医学进展	基础医学类	周晋
U010	现代食品科技	轻工、纺织科学技术、食品科学技术类	李琳
T929	现代塑料加工应用	化学工程类	顾越峰
X673	现代隧道技术	交通运输工程类	梅志荣
G451	现代消化及介入诊疗	内科学类	张万岱
G223	现代医学	医学综合类	孙载阳
N115	现代仪器	仪器仪表技术类	王效杰
G963	现代预防医学	预防医学与卫生学类	马骁
N111	现代制造工程	机械工程类	徐大湧
G951	现代中西医结合杂志	中医学与中药学类	戴砚田
G486	现代中药研究与实践	中医学与中药学类	胡世林; 赵国胜
G826	现代肿瘤医学	肿瘤学类	李树业
M011	现代铸铁	机械工程类	孙锋
T073	香料香精化妆品	化学工程类	金其璋
A018	湘潭大学自然科学学报	综合大学学报类	黄云清
W024	项目管理技术	管理学类	张星明
T064	橡胶工业	化学工程类	何晓玫
T953	消防科学与技术	环境科学技术、安全科学技术类	王铁强
P010	小型内燃机与摩托车	动力与电力工程类	何海生
S027	小型微型计算机系统	计算机科学技术类	林浒
G083	心肺血管病杂志	内科学类	陈宝田
E046	心理学报	神经病学、精神病学类	林文娟
G419	心血管病学进展	内科学类	赵聪
G578	心血管康复医学杂志	内科学类	刘江生
G260	心脏杂志	内科学类	裴建明
N080	新技术新工艺	机械工程类	刘滨
V026	新建筑	土木建筑工程类	袁培煌
A087	新疆大学学报自然科学版	综合大学学报类	郭晓峰
E159	新疆地质	地质科学类	李向东
H908	新疆农业大学学报	农业大学学报类	雒秋江
H276	新疆农业科学	农学类	戴健
L007	新疆石油地质	能源科学技术类	夏明生
G328	新乡医学院学报	医科大学学报类	乔汉臣

表 8　2010 年 1998 种中国科技论文统计源期刊（中国科技核心期刊）目录（续）

CODE	刊名	学科分类	主编
V056	新型建筑材料	土木建筑工程类	张美强
M102	新型炭材料	材料科学类	成会明
G721	新医学	医学综合类	陈规划
R034	信号处理	电子、通信与自动控制类	谢维信
R519	信息技术	电子、通信与自动控制类	姚彦茹
R652	信息与电子工程	电子、通信与自动控制类	李幼平
S002	信息与控制	信息科学与系统科学类	王天然
A510	信阳师范学院学报自然科学版	师范大学学报类	李俊
A502	徐州师范大学学报自然科学版	师范大学学报类	王超
G565	徐州医学院学报	医科大学学报类	吴永平
H023	畜牧兽医学报	畜牧、兽医科学类	文杰
H218	畜牧与兽医	畜牧、兽医科学类	石放雄
G346	血栓与止血学	临床医学类	刘泽霖
G627	循证医学	临床医学类	吴一龙
R069	压电与声光	电子、通信与自动控制类	胡少勤
N052	压力容器	机械工程类	王冰
N068	压缩机技术	机械工程类	吴丰
G189	牙体牙髓牙周病学杂志	口腔医学类	倪龙兴
U562	烟草科技	轻工、纺织科学技术、食品科学技术类	谢剑平
A501	烟台大学学报自然科学与工程版	综合大学学报类	郭善利
E053	岩矿测试	地质科学类	尹明
E157	岩石矿物学杂志	地质科学类	沈其韩
C005	岩石力学与工程学报	土木建筑工程类	冯夏庭
E309	岩石学报	地质科学类	从柏林
V574	岩土工程技术	土木建筑工程类	常士骠
V037	岩土工程学报	土木建筑工程类	沈珠江
C004	岩土力学	力学类	白世伟
E500	盐湖研究	海洋科学类	高世扬
T054	盐业与化工	化学工程类	夏万顺
G962	眼科	眼科学、耳鼻咽喉科学类	徐亮
G554	眼科新进展	眼科学、耳鼻咽喉科学类	杨尊之
G773	眼科研究	眼科学、耳鼻咽喉科学类	王丽娅
G990	眼外伤职业眼病杂志	眼科学、耳鼻咽喉科学类	张效房；杨敬文
J025	燕山大学学报	工程与技术大学学报类	张福成
H016	扬州大学学报农业与生命科学版	农业大学学报类	顾铭洪
A514	扬州大学学报自然科学版	综合大学学报类	郭荣
S031	遥测遥控	电子、通信与自动控制类	李艳华
Z543	遥感技术与应用	测绘学类	姜景山
S024	遥感信息	测绘学类	陈述彭
Z006	遥感学报	测绘学类	顾行发
G403	药物不良反应杂志	药学类	程经华
G087	药物分析杂志	药学类	涂国士
G877	药物流行病学杂志	药学类	曾繁典
G514	药物生物技术	药学类	吴梧桐

表 8 2010 年 1998 种中国科技论文统计源期刊（中国科技核心期刊）目录（续）

CODE	刊名	学科分类	主编
G977	药学服务与研究	药学类	胡晋红
G440	药学实践杂志	药学类	姜远英
G008	药学学报	药学类	王晓良
G527	药学与临床研究	药学类	王明时
M023	冶金分析	冶金工程技术类	贾云海
M047	冶金能源	冶金工程技术类	罗文泉
M026	冶金自动化	冶金工程技术类	沈黎颖
C503	液晶与显示	物理学类	黄锡珉
N035	液压与气动	机械工程类	宋京其
G605	医疗卫生装备	预防医学与卫生学类	孙景工
G482	医学动物防制	预防医学与卫生学类	段利国
G333	医学分子生物学杂志	基础医学类	邓耀祖
S590	医学教育探索	预防医学与卫生学类	雷寒
G545	医学临床研究	临床医学类	詹道友
G281	医学研究生学报	医学综合类	易学明
G480	医学研究杂志	医学综合类	赵瑞芹
G265	医学影像学杂志	军事医学与特种医学、医学影像学类	武乐斌
G964	医学与社会	预防医学与卫生学类	刘建凡
G860	医学综述	医学综合类	刘桂蕊
G844	医药导报	药学类	曾繁典
G723	医药论坛杂志	医学综合类	乔国祥
G088	医用生物力学	基础医学类	戴克戎
N074	仪表技术与传感器	仪器仪表技术类	刘凯
N066	仪器仪表学报	仪器仪表技术类	张钟华
F024	遗传	生物学类	薛勇彪
G455	疑难病杂志	医学综合类	马智
U054	印染	轻工、纺织科学技术、食品科学技术类	沈安京
T104	印染助剂	化学工程类	许关荣
G089	营养学报	预防医学与卫生学类	郭长江
D014	影像科学与光化学	化学类	佟振合
G649	影像诊断与介入放射学	军事医学与特种医学、医学影像学类	孟俊非
B008	应用概率统计	数学类	陈希孺
C109	应用光学	物理学类	王小鹏
T949	应用化工	化学工程类	朱明道
D016	应用化学	化学类	黄葆同
A580	应用基础与工程科学学报	工程与技术科学综合类	杨卫
R033	应用激光	电子、通信与自动控制类	王之江
A015	应用科学学报	信息科学与系统科学类	黄宏嘉
C008	应用力学学报	力学类	陈宜亨
E122	应用气象学报	大气科学类	周秀骥
Z018	应用生态学报	生物学类	沈善敏
C052	应用声学	物理学类	应崇福
B011	应用数学	数学类	陈庆益
B020	应用数学和力学	数学类	周哲纬

表8 2010年1998种中国科技论文统计源期刊（中国科技核心期刊）目录（续）

CODE	刊名	学科分类	主编
B001	应用数学学报	数学类	丁夏畦
F100	应用与环境生物学报	生物学类	吴宁
M014	硬质合金	冶金工程技术类	张忠健
L027	油气储运	能源科学技术类	杨祖佩
L504	油气地质与采收率	能源科学技术类	刘中云
L020	油气田地面工程	能源科学技术类	张良杰
Z538	油气田环境保护	环境科学技术、安全科学技术类	熊运实
L033	油田化学	能源科学技术类	徐僖
E051	铀矿地质	地质科学类	张金带
K020	铀矿冶	矿山工程技术类	张飞凤
T916	有机硅材料	化学工程类	杨晓勇
D025	有机化学	化学类	陈庆云
M036	有色金属	冶金工程技术类	金开生
M020	有色金属冶炼部分	冶金工程技术类	朱穗玲
N907	鱼雷技术	兵工技术类	杨芸
H998	渔业科学进展	水产学类	唐启升
H220	渔业现代化	水产学类	徐皓
Y020	宇航材料工艺	材料科学类	顾兆栴
Y008	宇航计测技术	航空、航天科学技术类	孙海燕
Y024	宇航学报	航空、航天科学技术类	庄逢甘
H909	玉米科学	农艺学、园艺学类	赵化春
G518	预防医学情报杂志	预防医学与卫生学类	康均行
H039	园艺学报	农艺学、园艺学类	李树德
C108	原子核物理评论	物理学类	靳根明
Q008	原子能科学技术	核科学技术类	赵志祥
C057	原子与分子物理学报	物理学类	芶清泉
A038	云南大学学报自然科学版	综合大学学报类	张克勤
H269	云南农业大学学报	农业大学学报类	朱有勇
A053	云南师范大学学报自然科学版	师范大学学报类	曾华
M506	云南冶金	冶金工程技术类	李晓阳
F007	云南植物研究	生物学类	李德铢
G090	云南中医学院学报	中医学与中药学类	周青
B013	运筹学学报	数学类	越民义
B522	运筹与管理	数学类	俞嘉第
H989	杂草科学	农学类	强胜
H293	杂交水稻	农艺学、园艺学类	袁隆平
E148	灾害学	地球科学类	胡斌
C100	噪声与振动控制	机械工程类	严济宽
M043	轧钢	冶金工程技术类	张海军
T569	粘接	化学工程类	章锋
A017	浙江大学学报工学版	工程与技术大学学报类	岑可法
A002	浙江大学学报理学版	综合大学学报类	郑小明
H035	浙江大学学报农业与生命科学版	农业大学学报类	程家安
G091	浙江大学学报医学版	医科大学学报类	来茂德

表 8　2010 年 1998 种中国科技论文统计源期刊（中国科技核心期刊）目录（续）

CODE	刊名	学科分类	主编
J016	浙江工业大学学报	工程与技术大学学报类	马淳安
U028	浙江理工大学学报	综合大学学报类	裘松良
H019	浙江林学院学报	林学类	周国模
H277	浙江林业科技	林学类	陈国富
G433	浙江临床医学	临床医学类	彭淑牖
H201	浙江农业学报	农学类	陈剑平
A051	浙江师范大学学报自然科学版	师范大学学报类	吴锋民
G810	浙江医学	医学综合类	李兰娟
G479	浙江预防医学	预防医学与卫生学类	丛黎明
G092	浙江中医药大学学报	中医学与中药学类	肖鲁伟
G093	针刺研究	中医学与中药学类	朱兵
G488	针灸临床杂志	中医学与中药学类	孙申田
N086	真空	机械工程类	李玉英
R032	真空电子技术	电子、通信与自动控制类	廖复疆
N025	真空科学与技术学报	机械工程类	李德杰
C038	真空与低温	物理学类	罗崇泰
G259	诊断病理学杂志	基础医学类	李维华
G615	诊断学理论与实践	临床医学类	王鸿利
Y010	振动测试与诊断	航空、航天科学技术类	赵淳生
Y004	振动工程学报	力学类	刘人怀
N030	振动与冲击	机械工程类	恽伟君
E316	震灾防御技术	地球科学类	高孟潭
J012	郑州大学学报工学版	工程与技术大学学报类	辛世俊
A019	郑州大学学报理学版	综合大学学报类	辛世俊
G036	郑州大学学报医学版	医科大学学报类	辛世俊
U003	郑州轻工业学院学报自然科学版	轻工、纺织科学技术、食品科学技术类	张福平
G884	职业与健康	预防医学与卫生学类	王撷秀
H577	植物保护	农学类	周大荣
H014	植物保护学报	农学类	彩万志
H052	植物病理学报	农学类	曾士迈
F039	植物分类学报	生物学类	杨亲二
H584	植物检疫	农学类	张立
F038	植物生理学通讯	生物学类	张景六
F009	植物生态学报	生物学类	马克平
F023	植物学报	生物学类	种康
F050	植物研究	生物学类	祖元刚
H238	植物遗传资源学报	农艺学、园艺学类	刘旭
H890	植物营养与肥料学报	农学类	金继运
Z551	植物资源与环境学报	环境科学技术、安全科学技术类	夏冰
N091	指挥控制与仿真	电子、通信与自动控制类	秦立富
U011	制冷学报	轻工、纺织科学技术、食品科学技术类	吴元炜
U640	制冷与空调	轻工、纺织科学技术、食品科学技术类	吴利平
N046	制造技术与机床	机械工程类	王晓林
S023	制造业自动化	电子、通信与自动控制类	黎晓东

表 8　2010 年 1998 种中国科技论文统计源期刊（中国科技核心期刊）目录（续）

CODE	刊名	学科分类	主编
C034	质谱学报	物理学类	赵墨田
S052	智能系统学报	计算机科学技术类	钟义信
N002	中北大学学报自然科学版	工程与技术大学学报类	潘德恒
G007	中草药	中医学与中药学类	汤立达
G094	中风与神经疾病杂志	神经病学、精神病学类	史玉泉
G546	中国 CT 和 MRI 杂志	临床医学类	王成林
G538	中国癌症杂志	肿瘤学类	沈镇宙
G985	中国艾滋病性病	预防医学与卫生学类	沈洁
G129	中国安全科学学报	环境科学技术、安全科学技术类	徐德蜀
Z552	中国安全生产科学技术	环境科学技术、安全科学技术类	邢娟娟
F048	中国比较医学杂志	生物学类	秦川
N103	中国表面工程	机械工程类	刘世参
G750	中国病案	预防医学与卫生学类	刘爱民
G096	中国病理生理杂志	基础医学类	李楚杰
G339	中国病原生物学杂志	预防医学与卫生学类	庄辉
H213	中国草地学报	畜牧、兽医科学类	侯向阳
H241	中国草食动物	畜牧、兽医科学类	杨耀光
N830	中国测试	工程与技术科学综合类	高洁
G097	中国超声医学杂志	军事医学与特种医学、医学影像学类	李建国
H294	中国畜牧兽医	畜牧、兽医科学类	李琍
H242	中国畜牧杂志	畜牧、兽医科学类	李德发
G901	中国当代儿科杂志	妇产科学、儿科学类	杨于嘉
H939	中国稻米	农艺学、园艺学类	李西明
G099	中国地方病防治杂志	预防医学与卫生学类	徐伟
G098	中国地方病学杂志	预防医学与卫生学类	孙殿军
E351	中国地震	地球科学类	丁国瑜
E654	中国地质	地质科学类	李廷栋
R040	中国电机工程学报	动力与电力工程类	郑健超
R511	中国电力	动力与电力工程类	刘建明
G234	中国动脉硬化杂志	内科学类	杨永宗
G825	中国儿童保健杂志	妇产科学、儿科学类	杨玉凤
G270	中国耳鼻咽喉颅底外科杂志	眼科学、耳鼻咽喉科学类	田勇泉；肖健云
G543	中国耳鼻咽喉头颈外科	眼科学、耳鼻咽喉科学类	韩德民
G100	中国法医学杂志	军事医学与特种医学、医学影像学类	刘耀
G290	中国防痨杂志	预防医学与卫生学类	张立兴
V023	中国非金属矿工业导刊	矿山工程技术类	田震远
G320	中国肺癌杂志	肿瘤学类	周清华
G402	中国分子心脏病学杂志	基础医学类	惠汝太
V568	中国粉体技术	土木建筑工程类	胡荣泽
M007	中国腐蚀与防护学报	材料科学类	柯伟
G456	中国妇产科临床杂志	妇产科学、儿科学类	魏丽惠
G680	中国妇幼保健	妇产科学、儿科学类	孙铎
G687	中国妇幼健康研究	预防医学与卫生学类	李旭
G631	中国感染控制杂志	临床医学类	吴安华

表 8　2010 年 1998 种中国科技论文统计源期刊（中国科技核心期刊）目录（续）

CODE	刊名	学科分类	主编
G337	中国感染与化疗杂志	临床医学类	汪复
X035	中国港湾建设	交通运输工程类	刘亚平
V036	中国给水排水	土木建筑工程类	丁堂堂
N089	中国工程机械学报	机械工程类	徐宝富
N754	中国工程科学	工程与技术科学综合类	汪旭光
G244	中国工业医学杂志	预防医学与卫生学类	周安寿; 阎波
G102	中国公共卫生	预防医学与卫生学类	王宇
X031	中国公路学报	交通运输工程类	王秉纲
G103	中国骨伤	中医学与中药学类	尚天裕
G249	中国骨与关节损伤杂志	外科学类	刘大雄; 郭林新
G648	中国骨与关节外科	外科学类	邱贵兴
G663	中国骨质疏松杂志	临床医学类	刘忠厚
G857	中国骨肿瘤骨病	肿瘤学类	徐万鹏
H397	中国瓜菜	农艺学、园艺学类	王坚
W021	中国管理科学	管理学类	蔡晨
N104	中国惯性技术学报	机械工程类	刘飞
G637	中国国境卫生检疫杂志	预防医学与卫生学类	罗荣杰
H215	中国果树	农艺学、园艺学类	米文广
L013	中国海上油气	能源科学技术类	姜伟
E313	中国海洋大学学报自然科学版	海洋科学类	文圣常
L026	中国海洋平台	能源科学技术类	陈祖宇
G104	中国海洋药物	药学类	关美君
X039	中国航海	交通运输工程类	黄蕴和
G973	中国呼吸与危重监护杂志	内科学类	刘春涛
G417	中国护理管理	护理医学类	严谓然
Z030	中国环境监测	环境科学技术、安全科学技术类	丁中元
Z001	中国环境科学	环境科学技术、安全科学技术类	王文兴
N059	中国机械工程	机械工程类	周佑启
G902	中国基层医药	医学综合类	吴孟超
A079	中国基础科学	综合类	林泉
R066	中国激光	电子、通信与自动控制类	周炳琨
R013	中国激光医学杂志	军事医学与特种医学、医学影像学类	顾瑛
G852	中国急救复苏与灾害医学杂志	临床医学类	李宗浩
G241	中国急救医学	临床医学类	单静
G192	中国脊柱脊髓杂志	外科学类	张光铂; 候树勋
G907	中国计划生育学杂志	预防医学与卫生学类	付伟
G105	中国寄生虫学与寄生虫病杂志	基础医学类	汤林华
G787	中国健康教育	预防医学与卫生学类	陶茂萱
G784	中国健康心理学杂志	神经病学、精神病学类	崔以泰; 张树峰
N108	中国舰船研究	交通运输工程类	朱英富
T075	中国胶粘剂	化学工程类	刘芳
G233	中国矫形外科杂志	外科学类	宁志杰
G239	中国介入心脏病学杂志	临床医学类	霍勇
G206	中国介入影像与治疗学	军事医学与特种医学、医学影像学类	邹英华

表 8 2010 年 1998 种中国科技论文统计源期刊（中国科技核心期刊）目录（续）

CODE	刊名	学科分类	主编
G323	中国康复	保健医学类	黄晓琳
G400	中国康复理论与实践	保健医学类	吴弦光; 李建军
G106	中国康复医学杂志	保健医学类	卓大宏
G107	中国抗生素杂志	药学类	谭仁祥
A098	中国科技论坛	管理学类	王元; 潘令珊
A583	中国科技期刊研究	管理学类	言静霞
A108	中国科学地球科学	地质科学类	周光召; 孙枢
A106	中国科学化学	化学类	周光召; 徐光宪
A081	中国科学基金	综合类	朱作言
A007	中国科学技术大学学报	综合大学学报类	王水
A109	中国科学技术科学	工程与技术科学综合类	周光召; 严陆光
A107	中国科学生命科学	生物学类	周光召; 梁栋材
A105	中国科学数学	数学类	周光召; 杨乐
A103	中国科学物理学力学天文学	物理学类	周光召
E355	中国科学院上海天文台年刊	天文类	胡小工
A102	中国科学院研究生院学报	综合大学学报类	陈希孺
Y003	中国空间科学技术	航空、航天科学技术类	侯深渊
G441	中国口腔颌面外科杂志	口腔医学类	邱蔚六
K030	中国矿业	矿山工程技术类	王燕国
K015	中国矿业大学学报	矿山工程技术类	骆振福
G247	中国老年学杂志	临床医学类	陈可冀; 赵吉光
U001	中国粮油学报	轻工、纺织科学技术、食品科学技术类	胡承淼
G447	中国临床保健杂志	保健医学类	胡世莲
G108	中国临床解剖学杂志	基础医学类	徐达传
G536	中国临床神经科学	神经病学、精神病学类	蒋雨平
G794	中国临床神经外科杂志	神经病学、精神病学类	马廉亭
G221	中国临床心理学杂志	神经病学、精神病学类	姚树桥
G870	中国临床药理学与治疗学	药学类	孙瑞元
G109	中国临床药理学杂志	药学类	韩启德
G544	中国临床药学杂志	药学类	王永铭
G814	中国临床医生	临床医学类	胡国臣
G974	中国临床医学	临床医学类	杨秉辉
G304	中国临床医学影像杂志	军事医学与特种医学、医学影像学类	郭启勇
G110	中国麻风皮肤病杂志	临床医学类	张福仁
H212	中国麻业科学	农艺学、园艺学类	熊和平
G613	中国慢性病预防与控制	预防医学与卫生学类	王撷秀
G598	中国媒介生物学及控制杂志	预防医学与卫生学类	刘起勇
K037	中国煤炭地质	能源科学技术类	赵克荣
G428	中国美容医学	外科学类	朱宏亮
G297	中国美容整形外科杂志	外科学类	高景恒
K036	中国锰业	矿山工程技术类	周柳霞
H211	中国棉花	农艺学、园艺学类	喻树迅
G111	中国免疫学杂志	基础医学类	杨贵贞
Y028	中国民航大学学报	航空、航天科学技术类	徐肖豪

表 8　2010 年 1998 种中国科技论文统计源期刊（中国科技核心期刊）目录（续）

CODE	刊名	学科分类	主编
H952	中国奶牛	畜牧、兽医科学类	杨秀文
G303	中国男科学杂志	临床医学类	江鱼
H273	中国南方果树	农艺学、园艺学类	王应旭
G422	中国脑血管病杂志	神经病学、精神病学类	刘承基; 凌锋
G277	中国内镜杂志	军事医学与特种医学、医学影像学类	张阳德
R524	中国能源	能源科学技术类	韩文科
U609	中国酿造	轻工、纺织科学技术、食品科学技术类	钟冠山
W005	中国农村水利水电	农业工程类	茆智
H958	中国农学通报	农学类	石元春
H027	中国农业大学学报	农业大学学报类	段若兰
H567	中国农业科技导报	农学类	范云六
H030	中国农业科学	农学类	翟虎渠
H210	中国农业气象	农学类	张厚瑄
H221	中国农业资源与区划	农业工程类	唐华俊
G311	中国皮肤性病学杂志	临床医学类	彭振辉
G226	中国普通外科杂志	外科学类	吕新生
G269	中国普外基础与临床杂志	外科学类	严律南
G776	中国全科医学	医学综合类	梁万年
G629	中国热带医学	预防医学与卫生学类	潘先海
Z546	中国人口资源与环境	环境科学技术、安全科学技术类	王伟中
G112	中国人兽共患病学报	基础医学类	于恩庶
U052	中国乳品工业	轻工、纺织科学技术、食品科学技术类	刘鹏
E124	中国沙漠	地球科学类	朱震达
G366	中国社会医学杂志	预防医学与卫生学类	卢祖洵
G114	中国神经精神疾病杂志	神经病学、精神病学类	曾进胜
G242	中国神经免疫学和神经病学杂志	神经病学、精神病学类	陈海波; 胡学强
G268	中国生化药物杂志	药学类	孙欣
H555	中国生态农业学报	农学类	刘昌明
H044	中国生物防治	农学类	杨怀文
F255	中国生物工程杂志	生物学类	张树庸
F002	中国生物化学与分子生物学报	生物学类	张迺蘅
G115	中国生物医学工程学报	基础医学类	刘德培
G258	中国生物制品学杂志	预防医学与卫生学类	封多佳
L001	中国石油大学学报自然科学版	能源科学技术类	陈淑娴
F047	中国实验动物学报	生物学类	邢瑞昌
G604	中国实验方剂学杂志	中医学与中药学类	姜廷良
G883	中国实验血液学杂志	基础医学类	唐佩弦
G853	中国实验诊断学	临床医学类	孙荣武; 高忠礼; 王鸿利
G273	中国实用儿科杂志	妇产科学、儿科学类	薛辛东
G228	中国实用妇科与产科杂志	妇产科学、儿科学类	张淑兰
G305	中国实用护理杂志	护理医学类	王国强
G267	中国实用内科杂志	内科学类	康健
G272	中国实用外科杂志	外科学类	刘永锋
G872	中国实用眼科杂志	眼科学、耳鼻咽喉科学类	张忠志

表 8　2010 年 1998 种中国科技论文统计源期刊（中国科技核心期刊）目录（续）

CODE	刊名	学科分类	主编
U635	中国食品添加剂	轻工、纺织科学技术、食品科学技术类	齐庆中
G429	中国食品卫生杂志	预防医学与卫生学类	李小芳
U007	中国食品学报	轻工、纺织科学技术、食品科学技术类	罗云波
U563	中国食物与营养	轻工、纺织科学技术、食品科学技术类	许世卫
H326	中国兽医科学	畜牧、兽医科学类	才学鹏
H225	中国兽医学报	畜牧、兽医科学类	王哲
G796	中国输血杂志	临床医学类	王憬惺
H207	中国蔬菜	农艺学、园艺学类	孙日飞
G926	中国数字医学	军事医学与特种医学、医学影像学类	李包罗；李华才
H290	中国水产科学	水产学类	曾一本
H020	中国水稻科学	农艺学、园艺学类	程式华
H295	中国水土保持科学	农业工程类	关君蔚
T022	中国塑料	化学工程类	杨惠娣
G211	中国糖尿病杂志	内科学类	纪立农
T068	中国陶瓷	化学工程类	吕建平
G521	中国疼痛医学杂志	临床医学类	韩济生
G561	中国体视学与图像分析	军事医学与特种医学、医学影像学类	刘国权
G444	中国体外循环杂志	外科学类	龙村
G101	中国天然药物	药学类	吴晓明
U567	中国甜菜糖业	轻工、纺织科学技术、食品科学技术类	秦文信
X004	中国铁道科学	交通运输工程类	阳建鸣
G437	中国听力语言康复科学杂志	保健医学类	聂滨
R083	中国图象图形学报	计算机科学技术类	李小文
H350	中国土地科学	农学类	程烨
H233	中国土壤与肥料	农学类	黄鸿翔
G116	中国危重病急救医学	临床医学类	沈中阳
G373	中国微创外科杂志	外科学类	侯宽永
G959	中国微侵袭神经外科杂志	神经病学、精神病学类	王伟民
G517	中国微生态学杂志	基础医学类	康白
G988	中国卫生检验杂志	预防医学与卫生学类	张绍武
S725	中国卫生经济	预防医学与卫生学类	蔡仁华
G253	中国卫生统计	预防医学与卫生学类	陈育德
G752	中国卫生质量管理	预防医学与卫生学类	曹荣桂
K035	中国钨业	矿山工程技术类	孔昭庆
M022	中国稀土学报	材料科学类	徐光宪
F025	中国细胞生物学学报	生物学类	郭礼和
G841	中国现代普通外科进展	外科学类	寿楠海
G623	中国现代神经疾病杂志	神经病学、精神病学类	只达石
G885	中国现代手术学杂志	外科学类	李永国
G237	中国现代医学杂志	医学综合类	张阳德
G849	中国现代应用药学	药学类	李连达
G284	中国消毒学杂志	预防医学与卫生学类	张文福
G765	中国小儿急救医学	妇产科学、儿科学类	赵群
G845	中国小儿血液与肿瘤杂志	妇产科学、儿科学类	胡亚美；袁伯伦

表 8 2010 年 1998 种中国科技论文统计源期刊（中国科技核心期刊）目录（续）

CODE	刊名	学科分类	主编
G298	中国斜视与小儿眼科杂志	眼科学、耳鼻咽喉科学类	任华明
G117	中国心理卫生杂志	神经病学、精神病学类	于欣
G380	中国心血管杂志	内科学类	于普林
G203	中国心脏起搏与心电生理杂志	内科学类	黄从新
G082	中国新生儿科杂志	妇产科学、儿科学类	冯琪
G250	中国新药与临床杂志	药学类	唐希灿
G747	中国新药杂志	药学类	桑国卫
G232	中国胸心血管外科临床杂志	外科学类	石应康
G118	中国修复重建外科杂志	外科学类	杨志明
G908	中国学校卫生	预防医学与卫生学类	季成叶
G675	中国血吸虫病防治杂志	临床医学类	周晓农
G633	中国血液净化	内科学类	王梅
G952	中国血液流变学杂志	基础医学类	王天佑
G119	中国循环杂志	内科学类	胡盛寿
G756	中国循证儿科杂志	妇产科学、儿科学类	桂永浩
G645	中国循证心血管医学杂志	内科学类	魏万林；胡大一
G396	中国循证医学杂志	临床医学类	李幼平
H208	中国烟草科学	轻工、纺织科学技术、食品科学技术类	王元英
U647	中国烟草学报	轻工、纺织科学技术、食品科学技术类	袁行思
E303	中国岩溶	地质科学类	刘再华
G318	中国药房	药学类	马劲
G120	中国药科大学学报	药学类	彭司勋
G121	中国药理学通报	药学类	魏伟；李俊
G122	中国药理学与毒理学杂志	药学类	张永祥
G878	中国药师	药学类	江德元
G220	中国药物化学杂志	药学类	张礼和
G227	中国药物警戒	药学类	金少鸿
G248	中国药物依赖性杂志	药学类	陆林
G713	中国药物应用与监测	药学类	郭代红
G621	中国药物与临床	药学类	董海原
G009	中国药学杂志	药学类	周海钧
G755	中国药业	药学类	刘斌
G809	中国医刊	医学综合类	刘益清
G123	中国医科大学学报	医科大学学报类	何维为
G124	中国医疗器械杂志	预防医学与卫生学类	胡宗泰
G679	中国医疗设备	预防医学与卫生学类	姜远海
G306	中国医师进修杂志	医学综合类	林三仁
G313	中国医师杂志	医学综合类	张宪安
G236	中国医学计算机成像杂志	军事医学与特种医学、医学影像学类	陈星荣
G709	中国医学教育技术	预防医学与卫生学类	朱宏亮
G125	中国医学科学院学报	医科大学学报类	刘德培
G911	中国医学伦理学	预防医学与卫生学类	王明旭
G622	中国医学物理学杂志	基础医学类	邓亲恺
G127	中国医学影像技术	军事医学与特种医学、医学影像学类	李坤成；姜玉新

表 8 2010 年 1998 种中国科技论文统计源期刊（中国科技核心期刊）目录（续）

CODE	刊名	学科分类	主编
G193	中国医学影像学杂志	军事医学与特种医学、医学影像学类	蔡幼铨; 周诚
S591	中国医学装备	预防医学与卫生学类	关伟
G519	中国医药	医学综合类	杨秋
G644	中国医药导报	医学综合类	张虎林
G924	中国医药导刊	医学综合类	胡大一
T019	中国医药工业杂志	化学工程类	周伟澄
G531	中国医药生物技术	基础医学类	赵铠
Q918	中国医院	预防医学与卫生学类	张宝库
G454	中国医院管理	预防医学与卫生学类	王环增
G243	中国医院药学杂志	药学类	陈华庭
G314	中国疫苗和免疫	预防医学与卫生学类	訾维廉
G130	中国应用生理学杂志	基础医学类	范明
G706	中国优生与遗传杂志	妇产科学、儿科学类	李崇高
H205	中国油料作物学报	农艺学、园艺学类	王汉中
U032	中国油脂	轻工、纺织科学技术、食品科学技术类	秦长泽
M028	中国有色金属学报	冶金工程技术类	黄伯云
H099	中国预防兽医学报	畜牧、兽医科学类	孔宪刚
G753	中国预防医学杂志	预防医学与卫生学类	庄辉
V039	中国园林	土木建筑工程类	王绍增
G131	中国运动医学杂志	保健医学类	李国平
X012	中国造船	交通运输工程类	吴有生
U012	中国造纸	轻工、纺织科学技术、食品科学技术类	邝仕均
U033	中国造纸学报	轻工、纺织科学技术、食品科学技术类	朱尹策
H204	中国沼气	农业工程类	王锡吾
G600	中国针灸	中医学与中药学类	刘炜宏
H067	中国真菌学杂志	基础医学类	温海
G945	中国职业医学	预防医学与卫生学类	黄汉林
G347	中国中西医结合耳鼻咽喉科杂志	中医学与中药学类	杨和钧; 唐有法
G843	中国中西医结合急救杂志	中医学与中药学类	王今达
G757	中国中西医结合皮肤性病学杂志	中医学与中药学类	秦万章
G846	中国中西医结合肾病杂志	中医学与中药学类	陈孝文
G758	中国中西医结合外科杂志	中医学与中药学类	吴咸中
G528	中国中西医结合消化杂志	中医学与中药学类	危北海; 李乾构; 陈泽民
G678	中国中西医结合影像学杂志	中医学与中药学类	杨培民
G182	中国中西医结合杂志	中医学与中药学类	陈可冀
G132	中国中药杂志	中医学与中药学类	肖培根
G240	中国中医骨伤科杂志	中医学与中药学类	李同生
G632	中国中医基础医学杂志	中医学与中药学类	孟庆云
G524	中国中医急症	中医学与中药学类	晁恩祥
G749	中国中医眼科杂志	中医学与中药学类	庄曾渊
G551	中国中医药科技	中医学与中药学类	陈可冀
G832	中国中医药信息杂志	中医学与中药学类	叶祖光
G642	中国肿瘤	肿瘤学类	赵平
G133	中国肿瘤临床	肿瘤学类	郝希山

表 8　2010 年 1998 种中国科技论文统计源期刊（中国科技核心期刊）目录（续）

CODE	刊名	学科分类	主编
G636	中国肿瘤临床与康复	肿瘤学类	谭颖波
G255	中国肿瘤生物治疗杂志	肿瘤学类	曹雪涛
N072	中国铸造装备与技术	机械工程类	师德玲
G667	中国综合临床	临床医学类	袁聚祥
G529	中国卒中杂志	神经病学、精神病学类	王拥军
G299	中国组织工程研究与临床康复	保健医学类	刘昆
G134	中国组织化学与细胞化学杂志	基础医学类	熊希凯
G502	中华保健医学杂志	保健医学类	郑秋甫
G135	中华病理学杂志	基础医学类	郑杰
G195	中华超声影像学杂志	军事医学与特种医学、医学影像学类	张运
G136	中华传染病杂志	预防医学与卫生学类	翁心华
G408	中华创伤骨科杂志	外科学类	裴国献
G137	中华创伤杂志	外科学类	王正国
G138	中华儿科杂志	妇产科学、儿科学类	杨锡强
G139	中华耳鼻咽喉头颈外科杂志	眼科学、耳鼻咽喉科学类	韩德民
G743	中华耳科学杂志	眼科学、耳鼻咽喉科学类	杨伟炎；韩东一
G140	中华放射学杂志	军事医学与特种医学、医学影像学类	戴建平
G141	中华放射医学与防护杂志	军事医学与特种医学、医学影像学类	苏旭
G251	中华放射肿瘤学杂志	肿瘤学类	徐国镇
G286	中华风湿病学杂志	临床医学类	栗占国
G142	中华妇产科杂志	妇产科学、儿科学类	郎景和
G689	中华妇幼临床医学杂志电子版	妇产科学、儿科学类	毛萌
G262	中华肝胆外科杂志	外科学类	刘永雄
G231	中华肝脏病杂志	内科学类	任红
G235	中华高血压杂志	内科学类	胡大一
G143	中华骨科杂志	外科学类	邱贵兴
G691	中华关节外科杂志电子版	外科学类	邱贵兴；余楠生
G263	中华行为医学与脑科学杂志	神经病学、精神病学类	杨菊贤
G335	中华航海医学与高气压医学杂志	军事医学与特种医学、医学影像学类	褚新奇
G144	中华航空航天医学杂志	军事医学与特种医学、医学影像学类	卢志平
G145	中华核医学杂志	军事医学与特种医学、医学影像学类	匡安仁
G146	中华护理杂志	护理医学类	刘苏君
G555	中华急诊医学杂志	临床医学类	江观玉
G302	中华疾病控制杂志	预防医学与卫生学类	叶冬青
G174	中华检验医学杂志	临床医学类	尚红
G751	中华健康管理学杂志	保健医学类	白书忠
G147	中华结核和呼吸杂志	内科学类	钟南山
G159	中华精神科杂志	神经病学、精神病学类	张明园
G148	中华口腔医学杂志	口腔医学类	王兴
G280	中华口腔正畸学杂志	口腔医学类	傅民魁
G149	中华劳动卫生职业病杂志	预防医学与卫生学类	王生
G639	中华老年多器官疾病杂志	内科学类	张和起
G833	中华老年口腔医学杂志	口腔医学类	刘洪臣
G876	中华老年心脑血管病杂志	内科学类	林运昌

表 8 2010 年 1998 种中国科技论文统计源期刊（中国科技核心期刊）目录（续）

CODE	刊名	学科分类	主编
G150	中华老年医学杂志	临床医学类	王建业
G692	中华临床感染病杂志	临床医学类	李兰娟
G693	中华临床免疫和变态反应杂志	临床医学类	张宏誉；张奉春
G504	中华临床医师杂志电子版	临床医学类	郭应禄；谌贻璞
G824	中华临床营养杂志	临床医学类	蒋朱明
G152	中华流行病学杂志	预防医学与卫生学类	李立明
G153	中华麻醉学杂志	外科学类	罗爱伦
G154	中华泌尿外科杂志	外科学类	张玲媛
G282	中华男科学杂志	临床医学类	黄宇峰
G155	中华内分泌代谢杂志	内科学类	潘长玉
G156	中华内科杂志	内科学类	王海燕
G157	中华皮肤科杂志	临床医学类	陈洪铎
G254	中华普通外科杂志	外科学类	杜如昱
G158	中华器官移植杂志	外科学类	陈实
G526	中华全科医师杂志	医学综合类	戴玉华
G515	中华全科医学	医学综合类	石建华；刘祖欣
G505	中华乳腺病杂志电子版	内科学类	孙燕；姜军
G900	中华烧伤杂志	外科学类	黄跃生
G197	中华神经科杂志	神经病学、精神病学类	秦震
G976	中华神经外科疾病研究杂志	神经病学、精神病学类	章翔
G160	中华神经外科杂志	神经病学、精神病学类	王忠诚
G446	中华神经医学杂志	神经病学、精神病学类	徐如祥
G161	中华肾脏病杂志	内科学类	陈香美
G162	中华实验和临床病毒学杂志	预防医学与卫生学类	洪涛
G703	中华实验和临床感染病杂志电子版	临床医学类	毛羽；张永利；成军
G163	中华实验外科杂志	外科学类	杨镇
G367	中华实用诊断与治疗杂志	临床医学类	马保根
G848	中华手外科杂志	外科学类	顾玉东
G506	中华损伤与修复杂志电子版	外科学类	孙永华
G164	中华外科杂志	外科学类	黄洁夫
G165	中华微生物学和免疫学杂志	基础医学类	沈心亮
G296	中华围产医学杂志	妇产科学、儿科学类	赵瑞琳
G740	中华卫生杀虫药械	预防医学与卫生学类	姜志宽
G793	中华胃肠外科杂志	外科学类	汪建平
G166	中华物理医学与康复杂志	保健医学类	郭正成
G167	中华显微外科杂志	外科学类	庞水发
G847	中华现代护理杂志	护理医学类	沈黎
G285	中华消化内镜杂志	内科学类	张齐联
G978	中华消化外科杂志	外科学类	董家鸿
G168	中华消化杂志	内科学类	许国铭
G169	中华小儿外科杂志	妇产科学、儿科学类	袁继炎
G892	中华心律失常学杂志	内科学类	陈新
G170	中华心血管病杂志	内科学类	胡大一
G171	中华胸心血管外科杂志	外科学类	朱晓东

表 8 2010 年 1998 种中国科技论文统计源期刊（中国科技核心期刊）目录（续）

CODE	刊名	学科分类	主编
G172	中华血液学杂志	内科学类	阮长耿
G191	中华眼底病杂志	眼科学、耳鼻咽喉科学类	严密
G173	中华眼科杂志	眼科学、耳鼻咽喉科学类	赵堪兴
G873	中华眼视光学与视觉科学杂志	眼科学、耳鼻咽喉科学类	瞿佳
Q920	中华医学超声杂志电子版	军事医学与特种医学、医学影像学类	王云亭
G705	中华医学教育杂志	医学综合类	程伯基
G489	中华医学美学美容杂志	外科学类	张其亮
G175	中华医学遗传学杂志	基础医学类	张思仲
G176	中华医学杂志	医学综合类	高润霖
G194	中华医院感染学杂志	临床医学类	朱士俊
G591	中华医院管理杂志	预防医学与卫生学类	金大鹏
G610	中华胰腺病杂志	内科学类	许国铭
G177	中华预防医学杂志	预防医学与卫生学类	陈育德
G178	中华整形外科杂志	外科学类	戚可名
G859	中华中医药学刊	中医学与中药学类	康廷国
G910	中华中医药杂志	中医学与中药学类	佘靖
G858	中华肿瘤防治杂志	肿瘤学类	于金明
G179	中华肿瘤杂志	肿瘤学类	赵平
G039	中南大学学报医学版	医科大学学报类	李桂源
K001	中南大学学报自然科学版	工程与技术大学学报类	黄伯云
H053	中南林业科技大学学报	林学类	吴晓芙
G599	中南药学	药学类	李焕德
G180	中日友好医院学报	医学综合类	谌贻璞
G181	中山大学学报医学科学版	医科大学学报类	陈汝筑
A036	中山大学学报自然科学版	综合大学学报类	张楚民
X539	中外公路	交通运输工程类	刘玉兰
S020	中文信息学报	计算机科学技术类	孙茂松
G842	中西医结合肝病杂志	中医学与中药学类	王伯祥
G597	中西医结合心脑血管病杂志	中医学与中药学类	王斌全；吕吉元
G442	中西医结合学报	中医学与中药学类	赵伟康
R775	中兴通讯技术	电子、通信与自动控制类	谢大雄
G183	中药材	中医学与中药学类	元四辉
G564	中药新药与临床药理	中医学与中药学类	王宁生
G685	中医学报	中医学与中药学类	郑玉玲；李俊德
G681	中医药导报	中医学与中药学类	袁长津
G943	中医药信息	中医学与中药学类	匡海学
G812	中医药学报	中医学与中药学类	匡海学
G010	中医杂志	中医学与中药学类	曹洪欣
G643	中医正骨	中医学与中药学类	郭维淮
G184	肿瘤	肿瘤学类	高玉堂
G185	肿瘤防治研究	肿瘤学类	陈焕朝
G412	肿瘤学杂志	肿瘤学类	毛伟敏
G522	肿瘤研究与临床	肿瘤学类	梁小波
G695	肿瘤预防与治疗	肿瘤学类	樊晋川

表 8　2010 年 1998 种中国科技论文统计源期刊（中国科技核心期刊）目录（续）

CODE	刊名	学科分类	主编
H103	种子	农艺学、园艺学类	张太平
N055	重型机械	机械工程类	刘存德
N022	轴承	机械工程类	杜迎辉
H026	竹子研究汇刊	林学类	王树东
N075	铸造	机械工程类	葛晨光
N081	铸造技术	机械工程类	邢建东
N034	装备环境工程	机械工程类	唐伦科
A133	装备指挥技术学院学报	工程与技术大学学报类	邹鹏
Z022	资源科学	环境科学技术、安全科学技术类	成升魁
R737	自动化技术与应用	电子、通信与自动控制类	吴冈
S026	自动化学报	电子、通信与自动控制类	谭铁牛
N013	自动化仪表	仪器仪表技术类	孙叔平
S501	自动化与仪表	仪器仪表技术类	高明璋
R611	自动化与仪器仪表	电子、通信与自动控制类	孙怀义
A905	自然杂志	综合类	董远达
E137	自然灾害学报	地球科学类	谢礼立
Z012	自然资源学报	环境科学技术、安全科学技术类	李文华
G229	卒中与神经疾病	神经病学、精神病学类	曾庆杏；张兆辉
N088	组合机床与自动化加工技术	机械工程类	宋鸿升
G701	组织工程与重建外科杂志	外科学类	曹谊林
L018	钻井液与完井液	能源科学技术类	张健庚
H034	作物学报	农艺学、园艺学类	辛志勇
H410	作物研究	农艺学、园艺学类	官春云
H202	作物杂志	农艺学、园艺学类	赵明

9 期刊变更表

表 9-1 期刊名称变更表

CODE	2011 年版刊名	2010 年版刊名
D019	CHINESE JOURNAL OF STRUCTURAL CHEMISTRY	结构化学
F013	JOURNAL OF GENETICS AND GENOMICS	遗传学报
B005	JOURNAL OF MATHEMATICAL RESEARCH AND EXPOSITION	数学研究与评论
R062	JOURNAL OF SEMICONDUCTORS	半导体学报
I202	PARTICUOLOGY	CHINA PARTICUOLOGY
L036	常州大学学报自然科学版	江苏工业学院学报
G361	癫痫与神经电生理学杂志	临床神经电生理学杂志
V054	矿产勘查	岩土工程界
Y011	南昌航空大学学报自然科学版	南昌航空工业学院学报自然科学版
H219	排灌机械工程学报	排灌机械
H267	青岛农业大学学报自然科学版	莱阳农学院学报
X042	石家庄铁道大学学报自然科学版	石家庄铁道学院学报
A053	云南师范大学学报自然科学版	云南师范大学自然科学学报
A108	中国科学地球科学	中国科学 D
A106	中国科学化学	中国科学 B
A109	中国科学技术科学	中国科学 E
A107	中国科学生命科学	中国科学 C
A105	中国科学数学	中国科学 A
A103	中国科学物理学力学天文学	中国科学 G
F025	中国细胞生物学学报	细胞生物学杂志
G873	中华眼视光学与视觉科学杂志	眼视光学杂志
G685	中医学报	河南中医学院学报
N757	重庆理工大学学报自然科学版	重庆工学院学报

表 9-2 2010 年度中国科技论文引文数据库（CSTPCD）增加的期刊

CODE	刊名	CODE	刊名
I220	FRONTIERS OF EARHT SCIENCE IN CHINA	R117	南方电网技术
I018	JOURNAL OF FORESTRY RESEARCH	X570	路基工程
I227	JOURNAL OF CHINESE PHARMACEUTICAL SCIENCES	G665	宁夏医科大学学报
U521	包装与食品机械	H773	农业环境与发展
A808	渤海大学学报自然科学版	E566	气象科技
H538	草原与草坪	E633	气象与环境学报
E615	测绘科学技术学报	H516	热带农业科学
E164	测绘与空间地理信息	E635	沙漠与绿洲气象
G992	长春中医药大学学报	A637	山东科学
J066	长沙理工大学学报自然科学版	A057	山东师范大学学报自然科学版
R532	传感器与微系统	H390	山西农业科学
S086	单片机与嵌入式系统应用	G725	陕西中医
E639	地理空间信息	E636	湿地科学与管理
R673	电测与仪表	L522	石油化工自动化
R654	电力科学与技术学报	A113	实验技术与管理
R116	电网与清洁能源	A115	实验室研究与探索
R055	电子测量技术	G652	实用皮肤病学杂志
H845	分子植物育种	H232	水产学杂志
G699	甘肃中医	H850	水生态学杂志
H844	甘蔗糖业	Z007	四川环境
W025	管理评论	G745	四川中医
W016	管理学报	G651	微生物与感染
G816	广西医学	A149	物流技术
G495	国际病毒学杂志	A150	西安科技大学学报
G659	国际妇产科学杂志	G792	西北药学杂志
G967	国际护理学杂志	A148	西华师范大学学报自然科学版
G929	国际精神病学杂志	G649	影像诊断与介入放射学
G349	国际泌尿系统杂志	G546	中国 CT 和 MRI 杂志
G660	国际消化病杂志	G648	中国骨与关节外科
G661	国际医学放射学杂志	K037	中国煤炭地质
Y029	海军航空工程学院学报	H952	中国奶牛
Y034	航天返回与遥感	G645	中国循证心血管医学杂志
J019	河北工业科技	G679	中国医疗设备
K505	黑龙江科技学院学报	S591	中国医学装备
G548	湖南师范大学学报医学版	G644	中国医药导报
G656	环球中医药	G678	中国中西医结合影像学杂志
S022	计算机工程与设计	G691	中华关节外科杂志电子版
S085	计算机科学与探索	G692	中华临床感染病杂志
S718	技术经济	G693	中华临床免疫和变态反应杂志
S635	建筑经济	G703	中华实验和临床感染病杂志电子版
K553	洁净煤技术	G705	中华医学教育杂志
S812	科技管理研究	G643	中医正骨
G664	临床和实验医学杂志	R737	自动化技术与应用

10 新入选中国科技论文统计源期刊

表 10 2011 年新入选中国科技论文统计源期刊（中国科技核心期刊）目录

CODE	刊名
I233	OPTOELECTRONICS LETTERS
H340	桉树科技
E045	暴雨灾害
A652	北华大学学报自然科学版
G670	成都医学院学报
P018	动力学与控制学报
E048	干旱气象
T078	高科技纤维与应用
D503	功能高分子学报
G982	国际生殖健康计划生育杂志
G986	国际输血及血液学杂志
Q911	国际眼科杂志
L037	海相油气地质
G684	河南中医
Z033	环境科技
M040	金属制品
G672	口腔材料器械杂志
G673	临床药物治疗杂志
K504	煤矿开采
K038	煤炭工程
U504	酿酒科技
T924	农药科学与管理

CODE	刊名
U515	肉类研究
R072	陕西电力
G674	实用手外科杂志
T079	塑料助剂
E047	亚热带资源与环境学报
N079	液压气动与密封
G769	中国病毒病杂志
S047	中国科学信息科学
K550	中国钼业
G715	中国生育健康杂志
U501	中国调味品
G716	中国卫生政策研究
G718	中国心血管病研究
G727	中国性科学
G619	中国眼耳鼻喉科杂志
G728	中华骨质疏松和骨矿盐疾病杂志
G579	中华口腔医学研究杂志电子版
G736	中华内分泌外科杂志
G737	中华生物医学工程杂志
G739	中华糖尿病杂志
A550	中南民族大学学报自然科学版
G764	中医药通报

图书在版编目(CIP)数据

2011年版中国科技期刊引证报告：核心版 / 中国科学技术信息研究所编著. -北京：科学技术文献出版社，2011.12

ISBN 978-7-5023-7104-3

Ⅰ. ①2… Ⅱ. ①中… Ⅲ. ①科技期刊-期刊索引-中国 Ⅳ. ①Z89：N55

中国版本图书馆 CIP 数据核字(2011)第 234230 号

2011 年版中国科技期刊引证报告（核心版）

策划编辑：周国臻　　责任编辑：周国臻　　责任出版：王杰馨

出 版 者　科学技术文献出版社
地　　址　北京市复兴路 15 号　邮编 100038
编 务 部　(010)58882938，58882087(传真)
发 行 部　(010)58882868，58882866（传真）
邮 购 部　(010)58882873
网　　址　http://www.stdp.com.cn
发 行 者　科学技术文献出版社发行　全国各地新华书店经销
印 刷 者　北京时尚印佳彩色印刷有限公司
版　　次　2011 年 12 月第 1 版　2011 年 12 月第 1 次印刷
开　　本　787×1092　1/16 开
字　　数　540 千
印　　张　22
书　　号　ISBN 978-7-5023-7104-3
定　　价　150.00 元